城市科技传播生态体系建设评估方法与应用示范

Evaluation Methods and Application Demonstration of Urban Science and Technology Communication Ecosystem Construction

张鹏岩　侯健◎著

中国经济出版社
CHINA ECONOMIC PUBLISHING HOUSE
北 京

图书在版编目（CIP）数据

城市科技传播生态体系建设评估方法与应用示范 / 张鹏岩，侯健著. -- 北京 : 中国经济出版社，2025. 3.
ISBN 978-7-5136-8121-6

Ⅰ. G206. 2

中国国家版本馆 CIP 数据核字第 2025PF2317 号

责任编辑　丁　楠
责任印制　李　伟
封面设计　久品轩

出版发行　中国经济出版社
印 刷 者　河北宝昌佳彩印刷有限公司
经 销 者　各地新华书店
开　　本　787mm×1092mm　1/16
印　　张　26. 5
字　　数　600 千字
版　　次　2025 年 3 月第 1 版
印　　次　2025 年 3 月第 1 次
定　　价　198. 00 元
广告经营许可证　京西工商广字第 8179 号

中国经济出版社 **网址** http://epc. sinopec. com/epc/ **社址** 北京市东城区安定门外大街 58 号 **邮编** 100011
本版图书如存在印装质量问题，请与本社销售中心联系调换（联系电话：010-57512564）

前言 | PREFACE

随着数字化、智能化技术的迅猛发展，科技传播已成为推动现代城市文明进步的核心力量和连接技术创新与城市发展的重要纽带。城市科技传播已不再局限于传统的信息传递功能，而是逐渐演变为重塑城市生态系统、推动社会经济发展的重要引擎。城市科技传播生态体系是一个复杂而庞大的系统，涉及科技创新、信息传播、政策支持、公众参与等多个维度。如何科学评估这一生态体系的建设成效，如何在实际应用中优化其运行机制，已成为当前城市管理和科技传播领域亟待解决的关键问题。因此，有针对性地构建一个科学、系统、全面且具有可操作性的科技传播生态体系建设评估框架，有助于推动科技传播领域的规范化与专业化发展。

在新媒体、大数据、人工智能等现代信息技术飞速发展的背景下，科技传播的内涵日益丰富，科技传播的渠道和方式也在发生着翻天覆地的变化。这些变化不仅为科技传播带来了新的机遇，也对其提出了新的挑战。基于此，本书旨在城市科技传播生态体系评估结果的基础上，树立科技传播标杆典范，指明科技传播事业的发展路径。在梳理科技传播生态体系的现状时，本书采用了问卷调查、访谈和文献分析等方式收集数据，并利用统计分析方法深度剖析数据。在指标评估方案的形成过程中，与不同学科、不同领域的相关专家学者进行了多次研讨，并召开专家研讨会深入讨论评估体系的各项关键内容。最终揭示了当前中国 36 个典型城市科技传播生态体系的建设水平，涵盖了科技传播的主体、内容、受众、渠道以及支撑要素等诸多方面。本书还对科技传播生态体系建设的现存问题进行了探讨，为进一步提出改进建议和策略奠定了坚实基础。科技传播生态体系的建设需要政策支持、人才培养、内容优化、渠道拓展等多方面的协同努力。本书基于评估结果，从不同维度出发，为提升科技传播生态体系建设提出了具体的建议和策略，以期能够为政府相关部门、科技传播机构、高校、企业等各方在城市科技传播生态的评估与建设方面提供有力的理论支撑和实践指导，共同推动我国科技传播事业的繁荣发展。

本书由张鹏岩、侯健拟定编写大纲并组织相关人员撰写而成。全书共有九章，具体分工如下：第一章，张鹏岩、侯健、杨丹执笔；第二章，侯健、李伶思、张鹏岩、杨丹执笔；第三章，李伶思、张鹏岩、刘振岳、张金炳执笔；第四章，张鹏岩、杨丹、刘振岳执笔；第五章，张鹏岩、张金炳、李伶思、杨丹执笔；第六章，张鹏岩、李伶思、杨丹执笔；第七章，侯健、张鹏岩、李伶思执笔；第八章，张鹏岩、侯健、张金炳执笔；第九章，张鹏岩、李伶思、刘振岳执笔。全书由张鹏岩统稿。

本书得到北京兰博新科信息技术有限公司、河北省高等学校科学研究项目（QN2025690）的技术支持和经费资助。在本书的撰写过程中，参考了诸多专家学者的研究成果及论文著作，使用了大量的统计数据，以确保研究成果的真实性和科学性。在此，我们向所有为本书作出贡献的人士表示衷心的感谢。本书引用的内容已进行明确标注，若有疏漏之处，诚请各位读者包涵。由于城市科技传播生态体系覆盖范围较大，书中不足之处，恳请各位读者批评指正并提出宝贵建议。

未来已来，科技传播正在重新定义城市的可能性。让我们共同探索，携手推动城市科技传播生态体系的建设，为现代城市文明的发展注入新的活力。

作　者

2025 年 1 月于北京

目录 | CONTENTS

第一章

绪　论

第一节　研究背景与目的

一、研究背景

党的二十大报告指出，必须坚持科技是第一生产力、人才是第一资源、创新是第一动力，深入实施科教兴国战略、人才强国战略、创新驱动发展战略，开辟发展新领域新赛道，不断塑造发展新动能新优势，将科技创新战略意义提升到新高度。[1]

科技传播是人类社会科技系统得以产生和存续的基本前提，是科技创新发展的支撑条件，是科技工作者进行科学技术发明及创造的基本支持。[2]一个国家的经济发展不仅依赖于资金、土地、资源、技术等生产要素的大规模投入，还依赖于国家科学技术的不断进步，依赖于国家科技创新系统的良好运作。[3]科技传播是为了适应社会对科学技术的发展需要，将科技成果应用于生活和生产实践，是实现“科技是第一生产力”的重要推动力，是促进科技创新、服务社会经济发展、助力建设科技强国的重要因素。[4-5]

开展科技传播生态体系建设评估，建立明晰的科技传播生态标准体系，有利于推动建设评估工作取得新成效，有利于推动国家科技传播中心发挥好使命职责，有利于推动地方城市提升科技创新水平和产业转型升级，有利于依托地方城市推动高校、院所、企业实现科技成果转移转化，完成好习近平总书记关于“广大科技工作者要把论文写在祖国的大地上，把科技成果应用在实现现代化的伟大事业中”的嘱托，通过科技传播促进经济社会发展和科学技术进步提升。

二、研究目的

科技传播生态体系建设评估以评估指标体系和建设标准导入，以中立视角系统评估研判城市科技传播生态，以标杆解析引导城市科技传播生态体系建设升级，定位为城市范围内科技传播生态从标准到落地全流程可应用的实践标尺和应用指导。

第二节　研究意义

通过制定科技传播生态体系建设评估指标，开展城市科技传播生态测评评估，形成城市科技传播生态评估评测结果，树立科技传播标杆典范，分析城市科技传播生态提升路径，为后续开展科技传播事业指明方向。

制定评估标准体系，促进科技传播规范发展。构建以城市为评估主体的科技传播生态体系建设评估指标体系，明确科技传播生态建设评估流程规范。通过明确科技传播的目标、内容、方式和效果等方面的要求，使科技传播更加有针对性、更加科学化，有助于推动科技传播领域的规范化和专业化发展，提高科技传播水平，不断追求更高成效和更广泛影响。

深化科技传播生态测评，把握科技传播行业脉搏。开展科技传播生态体系建设评估有助于科技传播者更全面地考量活动成效和渠道特点，及时发现和解决存在的问题，推动科技传播行业不断向前发展，从而提高科技传播的实际效果和社会影响力。

树立科技传播标杆典范，激励各参与方不断提升实力。通过以城市为单位进行科技传播生态的测评，评估机构形成城市科技传播生态体系建设评估评测结果，从而掌握城市科技传播生态发展现状。在标杆的引领下，科技传播工作者可以更清晰地学习借鉴成功案例和最佳实践，从而提高其传播活动的质量和效果，鼓舞从业者不断追求卓越，提升自身水平，对科技发展和创新起到推动作用。

分析生态提升路径，实现科技传播效果升级。基于城市科技传播生态发展现状，分析城市科技传播生态提升路径，为后续开展科技传播事业指明方向。分析总结对资源的优化配置和科技传播政策的制定具有重要意义，政府和相关机构可以有针对性地进行分配优化，为科技传播政策的制定提供依据，帮助政策制定者更好地了解科技传播的需求和挑战，制定更具前瞻性和针对性的政策，促进科技文明建设和科技产业升级。

第三节　研究内容

进行科技传播生态体系建设评估，有利于进一步了解科技传播生态发展现状，从而制定具有针对性的提升路径，提高科技传播水平。本书的具体研究内容分为以下四个方面：

（1）科技传播生态体系内涵与构成要素分析。以拉斯韦尔的5W传播模式为基础，界定科技传播生态体系包含的五大要素：科技传播主体、科技传播内容、科技传播受众、科技传播渠道、科技传播支撑要素。

（2）科技传播生态体系建设评估指标体系设计。立足我国科技传播发展的实际情况，以系统化的理论体系作为支撑，以科学性、系统性、适用性、全面性和可操作性为设计原则，从构建指标体系框架、选取特征指标、验证指标有效性以及确定指标权重四个环节出发，设计科技传播生态体系建设评估指标体系。

（3）科技传播生态体系现状评估。通过实证研究，评估科技传播生态体系的现状，发现存在的问题和不足。具体方法包括问卷调查、访谈和文献分析，利用统计分析方法对数据进行处理和分析，从而得出科技传播生态体系的现状和存在的问题。

（4）科技传播生态体系改进建议与策略。基于评估结果，从政策支持、人才培养、内容优化、渠道拓宽等方面提出提升科技传播生态体系建设的具体建议和策略，推动科技传播工作的发展和提升。

第四节 研究基础

一、国内外关于科技传播的论述

（一）国内关于科技传播的论述

1995 年 10 月，国内学者在清华大学召开了首届科技传播研讨会，会后由清华大学孙宝寅教授主编的会议论文集《科技传播导论》，集中体现了当时科技传播研究的成果。[6] 其中，关于科技传播的定义为："科技传播是科技信息运动的一种形式，其目的是实现科技信息的交流与共享。"

目前，学术界比较有代表性的观点有翟杰全的"跨时空知识共享"观点、吴国盛的"多元、平等、开放、互动"观点以及武志勇将科技传播区分为广义和狭义的观点。

1. "跨时空知识共享"观点

北京理工大学人文与社会科学学院教授翟杰全认为，科技传播是指科技知识信息通过跨越时空的扩散而使不同的个体间实现知识共享的过程。[7] 按传播渠道可将科技传播分为专业交流、科技教育、科学普及和技术传播四个方面。

专业交流是指在科技专家之间进行的相互交流，主要是交换分享最新科技情报的过程，主要途径有文献传播、学术会议、合作研究、个人交流等。主要方式有发表论文、出版专著、撰写研究报告、参与专业问题讨论等。

科技教育是指利用规范性的教育方式向受教育者传播知识与方法的过程，主要功能是使受教育者掌握科学技术专业知识，学习知识创造方法，获得运用知识的基本能力，培养具备科学技术知识素质和有专业发展潜质的人才。

科学普及则是面向普通民众的一种科技传播过程，主要功能是使公众理解科学技术，掌握必要的科学技术知识，提高科学技术素养，具备参与科学技术发展与应用政策讨论的知识基础。

技术传播是面向企业和社会部门等知识应用组织，通过技术转移、推广、示范以及应用组织的技术学习、技术采用等过程驱动的科学技术知识传播活动，是把科学技术与社会事务、社会经济过程有效连接并把科学技术运用于社会领域的重要环节。

2. "多元、平等、开放、互动"观点

清华大学科学史系主任吴国盛强调"多元、平等、开放、互动"的传播观念，将传播的理念引入对科学的理解之中，用传播的态度看待科学、对待科学，将科学传播分为科学界内部的交流、科学与其他文化之间的传播以及科学与公众之间的传播三个层面。[8]

科学界内部的交流包括学科同行之间的交流与跨学科交流，主要目的在于推进传统学科与新兴学科、中心学科与边缘学科之间的交流与对话。

科学与其他文化之间的传播，是基于一种新的科学观提出的观点。认为科学本质上也是一种文化现象，植根于特定的文化土壤，其理论创造和事业发展深受文化环境的制约。

科学与公众之间的传播，即通常所说的科技传播，不仅包括科技工作者向大众传播科技知识、科技思想以及科学精神，而且包括公众的科技思维和科学讨论与反馈。

3. "综合的科技传播"观点

华东师范大学传播学院教授武志勇，将科技传播区分为广义和狭义的观点。

广义的科技传播是指科学共同体和公众通过"平等"与"互动"的沟通，通过各种有效的媒介，将人类在认识自然和社会实践中所产生的科学、技术及相关的文化知识，在包括科学家在内的社会全体成员中传播与扩散，引发人们对科学的兴趣和理解，倡导科学方法，传播科学思想，弘扬科学精神。广义的科技传播包括科学共同体内部交流、正规的科技教育、非正规的科技教育及科学技术普及工作、技术传播等的促进科技知识通过有效传播媒介在多元的传播者与受众之间进行沟通与交流的实践。

狭义的科技传播是指科技知识、科技资料、科技情报等科技信息通过媒体等渠道进行传播、交流与共享。

4. CiteSpace 文献分析结果

通过中国知网（CNKI）数据库检索文献，在高级检索中设置关键词检索条件为"科技传播"，检索时间设置为建库至 2024 年 7 月 8 日，共搜索到文献 577 篇，剔除获奖信息、订阅信息、培训通知和重复文章等非相关资料后，共得到 492 篇文献。采用 Excel 和 Origin 2021 软件对所得到的发文量、作者分布、研究机构等数据进行分析（见图 1-1），对检索到的科技传播的相关文献数据采用 CiteSpace 软件（版本：6. 3. R1）进行文献关键词共现、聚类和时间线图分析，分析当前相关研究的主线和热点。由图 1-1 可知，关于科技传播发文量的趋势较为复杂，在进入 21 世纪后不断上升，并于 2014 年达到发文量顶峰，但近几年发文量呈现略有回落的趋势。

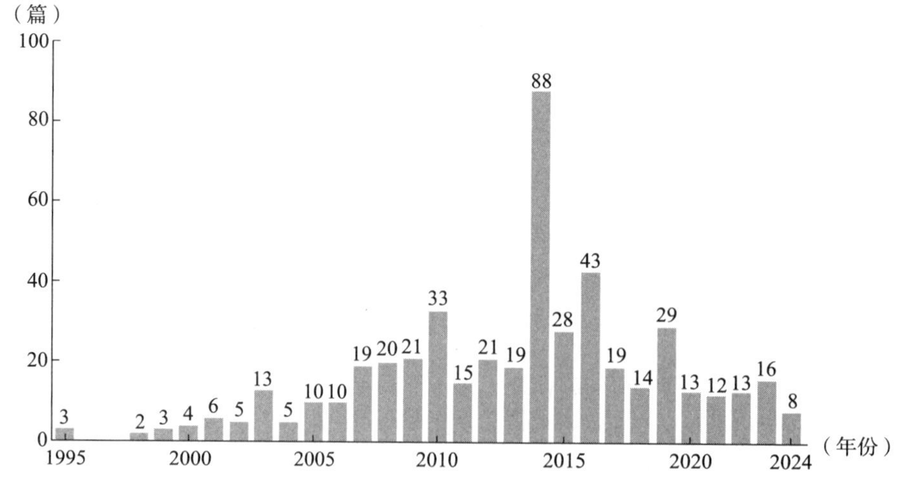

图 1-1 关于科技传播的发文量分布

将 492 篇相关文献数据录入 CiteSpace 软件，将节点参数（Types 参数）设置为关键词，时间切片设置为 5 年，g-index（K=25），时间片关键词 Top N 设置为 50，并在 CiteSpace 软件中使用时区视图（Timezone），得到科技传播关键词聚类时序图谱。进一步的词频聚类统计结果表明，在科技传播研究领域内，新媒体、融媒体、创新、微信、科学普及等是主要的关键词聚类，由图 1-2 可以明显看出，随着时间的推移，科技传播的主要渠道渐渐转移至新媒体、融媒体、自媒体等现代媒体平台，且模型模块值（Q）为 0.5129>0.3，平均轮廓值（S）为 0.9665>0.7，证明聚类结果较为可靠。

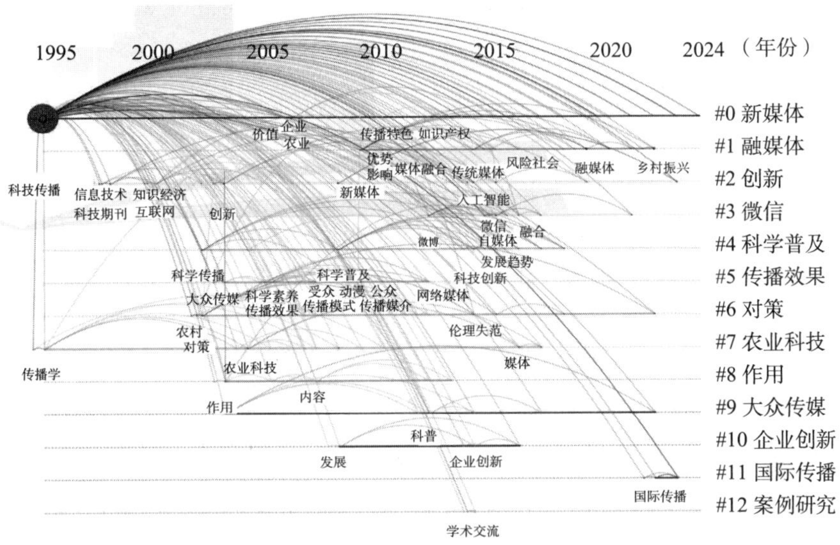

图 1-2 关键词时区视图图谱

（二）国外关于科技传播的论述

国外常用的科技传播概念术语有“Public Understanding of Science”（公众理解科学）、“Science Communication”（科学传播）和“Public Communication of Science & Technology”（科技公共传播）等，比较有代表性的是英国著名物理学家、科学社会学科奠基人贝尔纳（John Desmond Bernal）对“Scientific Communication”的理解、《科学与公众》报告对“Science Communication”的界定以及澳大利亚学者的“AEIOU 定义”。

国外对科技传播的理解和阐释主要可以分为两大类：一类是侧重科技传播的类别和形态；另一类是把重点放在科技传播对公众的影响，即公众反映的相关论述。[9-10]

1. 贝尔纳关于科技传播的论述

贝尔纳是最早注意到科技传播的科学社会学家之一，他在《科学的社会功能》一书中分析了当时科技传播领域存在的一系列问题，并提出了许多改进科技传播的具体建议。

贝尔纳认为，“科学情报（Scientific Information）数量之多已使其传播成为巨大问题”“除非采取某种措施，我们将面临知识一经获得就立即无用的局面”，因此“需要极为认真地考虑解决科技传播的全盘问题，不仅包括科学家之间交流的问题，而且包括向公众传播的问题”，[11]“这个问题可以划分为提供专门资料和提供一般资料两个部分：第一部分涉及科学出版物本身的职能和科学家个人联系的其他手段；第二部分涉及科学教育（Scientific Education）和科学普及（Popular Science）工作”。

贝尔纳认为，科技传播主要涉及两个方面的问题，分别为科学家之间（研究共同体内）的交流传播（Communication within research communities）和面向公众的科技信息传播（Communication of scientific and technical information to the public），即科学教育与科学普及工作，这两个方面的内容构成他所界定的科技传播的概念和生态体系。

2. 《科学与公众》关于科技传播的论述

《科学与公众》是由英国科技办公室和维尔康信托基金（Wellcome Trust）于2000年发布的一份调查报告，该报告分析了英国开展的科学传播活动，以及英国公众对待科学和科学家的态度的调查结果。

《科学与公众》报告将“科学传播”界定为：“发生于这样一些群体或组织之间的传播：科学共同体内的群体（包括学术界及工业界中的群体）、科学共同体和媒体、科学共同体和公众、科学共同体和政府或其他权力权威部门、科学共同体和政府及其他影响政策的机构、工业界和公众、媒体（包括博物馆及科学中心）和公众、政府和公众。”[12]

《科学与公众》报告认为，所谓的科学传播，不仅包括国内常说的科学普及（科学技术信息向公众的传播），还包括研究共同体内的传播（相当于贝尔纳所讨论的“科学家之间的交流”）。

3. 澳大利亚学者对科技传播的论述

无论是贝尔纳还是《科学与公众》报告对科技传播的论述都侧重科技传播的传播范围和领域，将科技传播活动分为不同的类别。澳大利亚学者则是从科技传播的目的和效果角度来对科技传播进行界定的。

最具代表性的是澳大利亚科学传播学者T. W. 伯恩斯（Terry Burns）、D. J. 奥康纳（John O'Connor）和S. M. 斯托克麦耶（Susan Stockmayer）于2003年给出的“AEIOU定义”。他们在《科学传播：当代定义》一文中这样解释“科学传播”，“使用适当的方法、媒介、活动和对话来引发个人对科学的这样一种或多种反应：意识（Awareness）、愉悦（Enjoyment）、兴趣（Interest）、意见（Opinion）和理解（Understanding）”，取每个单词的首字母正好组成“AEIOU”。[13]

二、科技传播定义范围

在了解和分析国内外学者和相关组织对“科技传播”概念的论述之后，本书对科技传播概念范围进行界定。

本书所界定的科技传播，是指面向科技工作者、企业和社会部门，通过各种有效的传播媒介，将科学技术知识、科技动态信息等内容进行传播与扩散，面向社会全体成员弘扬科学家精神，引发人们对科技的浓厚兴趣和正向理解，促进科技创新发展和科学技术进步提升。

在传统的科普体系下，科普传播的核心目标是服务公众科学素质提升。本书所研究界定的科技传播，需要以专业的视角去看待，其核心目标是服务科技创新体系发展。科技传播与科普的关系见图1-3。

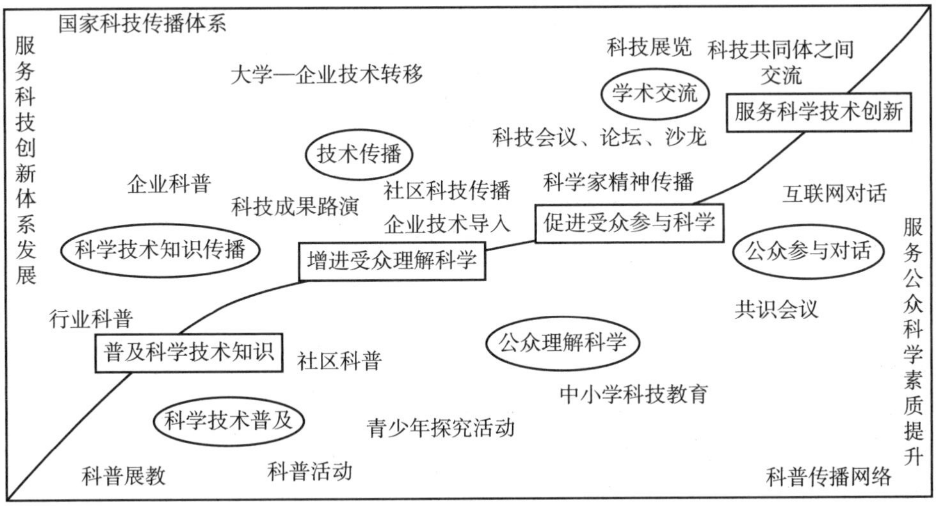

图 1-3　科技传播与科普的关系

三、科技传播生态建设评估

第三方评估是相对于第一方评估和第二方评估的概念。第一方评估是指政府部门组织的自我评价；第二方评估是指政府系统内，上级对下级做出的评价，都属于内部评价；第三方评估是指由独立于政府及其部门之外的第三方组织实施的评估，也称外部评估，通常包括独立第三方评估和委托第三方评估。[14]

第三方评估产生于我国政府绩效管理实践。党的十八大召开之前，受西方公共管理运动的影响，一些地方政府、民间机构和部分中央部委开展了政府绩效、公共政策第三方评估的探索。党的十八大召开之后，中央政府高度重视决策咨询工作，尤其是党的十八届三中全会之后，政府管理实践中多次要求在重大政策措施落实中引入社会力量开展第三方评估。第三方评估作为一项重要的治理工具，既是转变政府职能、创新政府管理方式的必然趋势，又是公共政策评估的未来发展方向。[15]

科技传播生态体系建设评估，是指以中立视角，基于评估指标体系和建设标准，评估研判城市科技传播生态体系，以标杆解析引导城市科技传播体系建设升级，定位为城市范围内科技传播生态从标准到落地全流程可应用的实践标尺和应用指导。

四、研究思路与技术路线

本书立足于我国科技传播实际，通过对现有文献进行细致梳理，在理解该领域研究脉络和理论基础的前提下，将拉斯韦尔的 5W 传播模式作为基石，基于科学性、系统性、适用性、全面性和可操作性的设计原则构建科技传播生态体系建设评估框架，系统评估城市科技传播生态现状，并基于评估结果，分析城市科技传播生态的发展现状和提升路径，提出科技传播生态体系建设的具体建议和策略（见图 1-4）。通过建立和应用科技传播生态评估标准体系，有助于推动国家和地方科技传播水平的提升，促进科技成果的转移和转化，从而服务于经济社会发展和科技进步。

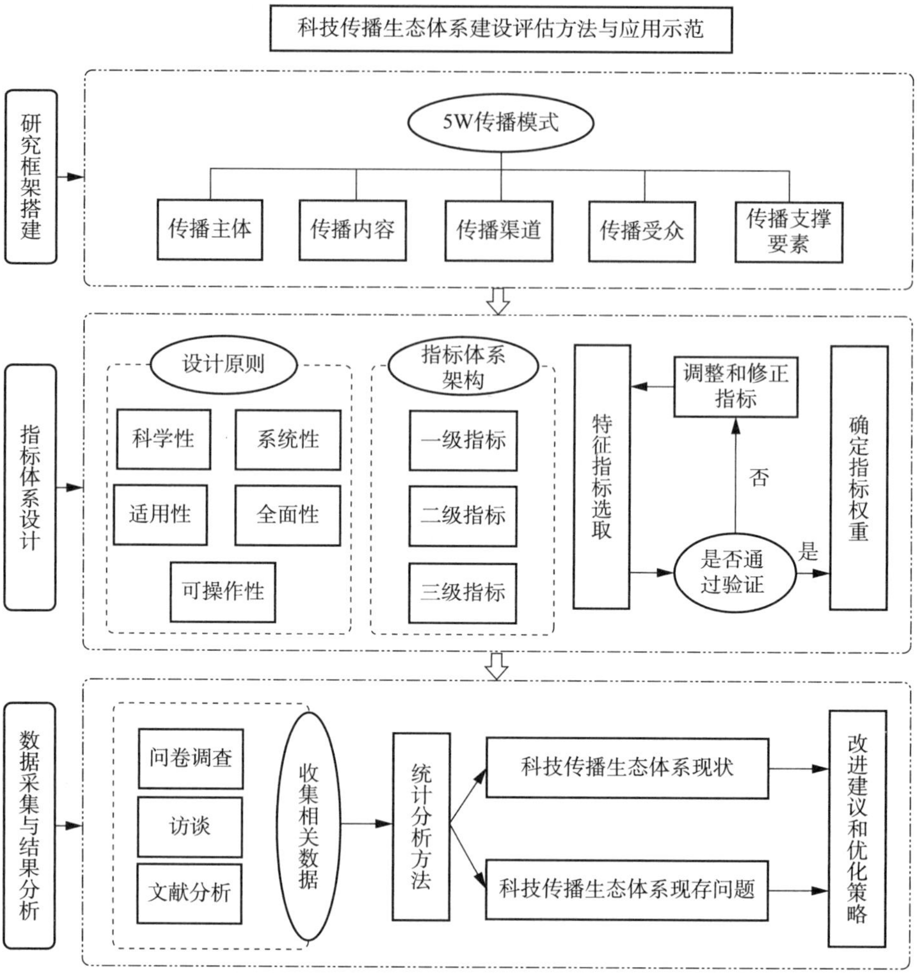

图 1-4　技术路线

第五节　研究框架

一、科技传播生态体系内涵

1948 年，美国传播学者拉斯韦尔在《社会传播的结构与功能》中提出了 5W 传播模式（见图 1-5），明确提出了传播过程及五个基本构成要素：谁（Who），说了什么（Says What），通过什么渠道（In Which Channel），对谁说（To Whom），取得了什么效果（With What Effect）。换言之，一个完整的传播过程为传播者→传播内容→传播渠道→受众→传播效果。[16-17]

基于拉斯韦尔的 5W 传播模式，科技传播生态建设评估所界定的科技传播生态体系包含以下五大要素：

科技传播主体：专职科技传播者、兼职科技传播者等。

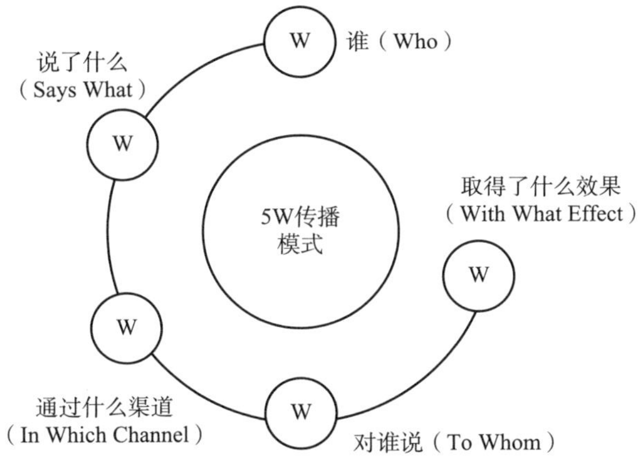

图 1-5　拉斯韦尔 5W 传播模式

科技传播内容：科学技术知识、科技动态信息、科学方法、科学思想、科学精神、科学家精神等。

科技传播渠道：科技传播媒介、科技传播活动等。

科技传播受众：科技工作者、社会公众、政府机构及知识应用组织等。

科技传播支撑要素：科技传播政策、科技传播资金、科技传播技术、科技传播研究与教育等。

科技传播生态链如图 1-6 所示。

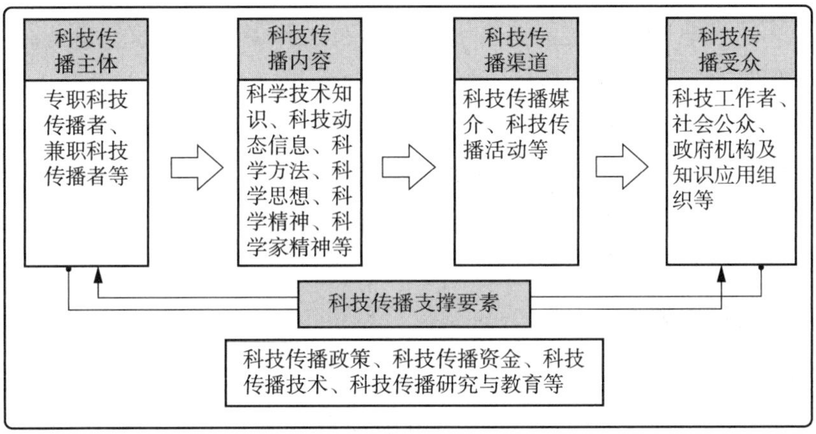

图 1-6　科技传播生态链

二、科技传播生态体系构成要素

（一）科技传播主体

科技传播主体，即科技传播者，是科技信息的提供者、科技传播行为的引发者。科技传播主体可以分为两种类型：一种是专职科技传播者；另一种是兼职科技传播者。[18]

1. 专职科技传播者

专职科技传播者是指以科技传播为主业的科技传播者。从工作性质来看，科技传播者大体可以分为两类：第一类是科技媒体工作者；第二类是在各种传播系统中专职从事科技传播工作的人员队伍。

科技媒体工作者主要分为两类：一类是在传统科技媒体机构中专门从事科技信息的采集、编辑、传播的科技新闻工作者；另一类是利用微信公众号、短视频、微博等新媒体渠道的科技自媒体工作者。科技新闻工作者是专职科技传播队伍中最关键的一环，是连接科技传播各环节的信息沟通桥梁。随着科学技术的不断发展，社会公众对科技信息的需求越发增强，从而需要一大批专门的科技新闻工作者。科技新闻工作者有较强的专业要求，不仅需要具备新闻工作者的基本从业素质，也需要具备一定的科技知识储备及对科技信息的辨别能力。此外，科技新闻工作者需要在客观报道科技新闻事件的同时，融入人文精神和社会关怀，才能报道出既有温度又有深度的科技新闻。

在社会各种传播系统中专职从事科技传播工作的人员队伍。包括在科技馆、科技情报信息机构、科技传播中心、科技传播研究机构、科技中介服务机构、科技型企业、各种专业协会学会、政府部门等机构中专职从事科技内容信息的讲解、加工、传播和新技术推广、咨询、服务的工作人员。

2. 兼职科技传播者

兼职科技传播者是指本职工作并非从事科技传播的人，其往往是科技信息的生产者，由于这类人群所从事的工作性质与科技传播工作有相当密切的关系，因而经常扮演科技传播者的角色。这类兼职科技传播者主要是指科技工作者、科学家、专业技术人员等科技共同体，主要来自科研机构、高校、科技型企业等。

科技共同体是科技信息的生产者，本职工作是科学知识的创造和技术成果的创新。但是，随着科学技术的不断发展和学科分类越发精细化，科技传播工作越发依赖科技共同体。科技共同体拥有比大众更前沿的科技信息资料，了解科技信息内容的来龙去脉，在科技传播工作中具备天然的独特优势。

（二）科技传播内容

1. 科学技术知识

科学技术知识主要指科学知识信息、应用技术信息等。[19]

科学知识信息是科学家在充分研究科学事实的基础上，经过对科学规律的抽象性归纳和总结，形成反映客观事物及其规律的一种科技信息，表现形式为科学概念、科学定理、科学观点、科学判断等。科技共同体利用科技期刊、科研报告、学术专著、学术研讨会等专业交流方式或私下个人交流等非专业交流方式，将科学技术知识从科研机构、大学、专业技术协会等知识组织中传播出去。

应用技术信息是指人们利用自然、改造社会环境的技能和方法的信息，反映了人们对科技实践经验的总结，包括技术知识和方法、发明创造、工艺流程、技术管理、设计程序等，也可以体现在技术设备、工具等物化形式中。应用技术信息的扩散，可以借助科技期刊、科研报告、学术专著、学术研讨会或个人交流等方式，也可以借助设备引进、技术转让、技术咨询服务、专利许可等技术贸易方式。

2. 科技动态信息

科技动态信息是反映科学技术发展动态的信息，包括新发明、新发现、新成果、新活动、新政策、新问题及有重要意义的科技工作者言行事迹等信息，这类信息一般通过报纸、电视、期刊等渠道传播。

科技动态信息可分为科技研究活动信息、科技应用活动信息、科技政策法规信息等类别。科技研究活动信息是反映科学技术研究的新进展、科技成果的新发现、科技研究人员活动的一类信息。科技应用活动信息是反映科技成果应用的一些信息。科技应用活动信息的传播不仅可以动态地反映科学技术在社会中的实际应用情况，而且可以产生良好的示范效应，推动企业或社会组织应用相关的科技成果，提高社会整体的科技创新水平。

3. 科学方法

科学方法是通过严密的观察实验、严格的逻辑推理，找到事物内部各要素之间及事物外部环境的相互关系和相互作用，确定其结构、运动变化和因果关系，形成规律性认识。

进行科技传播时，科学技术知识、科学方法、科学思想和科学精神的传播缺一不可，而且相互交融，但置于首位的应是科学方法的传播。这是因为科学技术知识是在不断变化发展的，能够应对这“万变”的是“不变”的科学方法。科学精神的树立和科学思想的升华，绝非一朝一夕就可以解决，要依赖于应用科学方法的长期实践。只有在应用科学方法解决问题的过程中，科学知识才能真正地在自己头脑中得以建构，科学思想才能逐步树立，科学精神才能弘扬。

4. 科学思想

科学思想是在各种特殊科学认识和研究方法的基础上提炼出来的，能够发现和解释其他同类或更多事物的合理观念和推断法则，对进一步的、更广泛的科学研究和社会实践具有导向作用。[20]科学思想的传播与科学技术知识、科学方法的传播不同。科学技术知识的传播一般比较具体，可以系统地向受众展示。科学方法具有很强的实践指导性，可以将传播工作与科技实践、案例相结合，能够达到很好的效果。但是，科学思想是基本的思想观念和理念，具有宏观性、抽象性、隐蔽性、开放性和普遍性，在传播过程中容易陷入“空对空”的困境。要解决这个问题，就需要做到科学思想传播具体化。一方面，以典型理论、经典思潮、著名科学家等具体的科技元素为载体传播相关科学思想；另一方面，在科技知识、科学方法传播中融入科学思想，在“就事论事”的基础上，由表及里地提高公众对科学思想的认识和掌握水平。科学思想传播的本质是使科学思想社会化的过程，是促使整个社会具备科学思维的过程。

5. 科学精神

科学精神是科学本身对科学实践活动所提出的规范、理念和价值要求，是科学作为一种客观存在的内在精神气质及其对象化的外在规范要求，是科学本质属性的体现。[21]其涉及对真理的追求、实践检验、理性怀疑、系统性和普适性等方面。

科学精神以特定的指向性表现于科学三个方面的内涵上：作为知识体系，要求逻辑严谨、自洽，且尽可能准确、完整地反映世界，包括反映世界的现象和现象背后的规律，实事求是、理性、客观、实证，就是这个维度上必然的、基本的要求；作为认识活动，要求遵从规范、可靠的认识方法，积极探索，越来越深入、广泛地认识世界，所以追求真理、实事求是、理性、实证、探索是这个维度的必然要求；作为社会建制，要求科学事业积极呼应经济社会需求，为推动发展、为世界提供福利起积极作用，创新、探索则满足了这一维度所要求的必然内涵。

因此，科学的知识体系、认识活动、社会建制决定了科学精神在这三个维度上的内涵，这些内涵中包括实证、理性、追求真理、实事求是、客观、探索、创新等要素。

在中国未来的发展中，科学精神将越来越重要，其根本原因在于经济社会发展需要社会成员更加广泛地、更深层次地参与到发展过程中。这种参与，需要人们坚持科学的理性和实证等原则去客观地认识事物和处理事物；需要人们坚持质疑精神，减少迷信和盲从，更多地发挥自身的创造性；需要人们坚持实事求是，积极探索创新，为整个国家的创新性发展形成足够广泛的支撑。

从个人角度来看，拥有科学精神，坚持理性、实证、实事求是等原则，才能更独立、更客观地进行观察，更自觉、更主动地应用科学的原则、方法和思想处理问题，才能踏踏实实从实际出发，不被打着真理幌子的假象蒙蔽双眼，进而积极、主动地从实践出发，做出更符合实际情况的判断，才能真正有效地参与社会事务和社会决策。从整个社会角度来看，只有更多的社会成员拥有科学精神，才能让公众参与的社会事务、社会决策产生意义。我国要实现第二个百年目标，需要更多的人具备科学精神，探索、创新，发挥能动作用。

科学精神是科学家对科技进步和人类文明最为重要及影响最为久远的贡献。科学家创造的科学知识固然重要，其所塑造和坚持的科学精神更值得传播。

自 2022 年 1 月 1 日起施行的《中华人民共和国科学技术进步法》第九条第一款规定："学校及其他教育机构应当坚持理论联系实际，注重培养受教育者的独立思考能力、实践能力、创新能力和批判性思维，以及追求真理、崇尚创新、实事求是的科学精神。"该条对科学精神基本内涵和承载主体予以法律界定，为培育科学精神提供了法律遵循。

6. 科学家精神

科学家精神源于科学精神，但又区别于科学精神。一般来说，科学精神是科学本身对科学实践活动所提出的规范、理念和价值要求，是科学作为一种客观存在的内在精神气质及其对象化的外在规范要求，是科学本质属性的体现，是科技工作者、科学共同体从事科技活动所必须秉持的理念和规范。科学精神一旦形成，主要呈现为一种客体性的精神体系。科学精神必然会影响、制约和塑造从事科技活动的科技工作者，通过与科技工作者知、情、意等内在心理系统的有机结合，实现内化于心、外化于行，经过长期实践进而转化为从事科学事业的科学共同体的共同精神气质、价值理念和行为规范，即科学家精神。[22] 相较于科学精神，科学家精神发生了一种"主体性的变化"，其嵌入了主体性的要素，蕴含了主体性的特质，从而使科学家精神本身具有独特的意义和价值。

2019年6月，中共中央办公厅、国务院办公厅联合发布《关于进一步弘扬科学家精神加强作风和学风建设的意见》，概括了新时代科学家精神的新内涵：一是胸怀祖国、服务人民的爱国精神；二是勇攀高峰、敢为人先的创新精神；三是追求真理、严谨治学的求实精神；四是淡泊名利、潜心研究的奉献精神；五是集智攻关、团结协作的协同精神；六是甘为人梯、奖掖后学的育人精神。

（三）科技传播渠道

1. 科技传播媒介

科技传播媒介可以分为传统大众媒体渠道和互联网传播渠道。传统大众媒体渠道主要包括报社、出版社、广播电视台等，互联网传播渠道主要包括网站、微博、微信公众号、短视频平台等。[23]

2. 科技传播活动

科技传播活动的形式主要包括科技成果路演、科技会议、论坛、沙龙、科技展览、科学家精神宣传活动等。

通过科技传播活动进行科技传播的缺点有辐射面较小、受时间限制较大、受众对内容的选择余地不大、组织成本高、活动效果受传播者的素质影响较大等。但是在专业交流的环境下，科技传播活动起到的科技传播作用仍然相当大。

（四）科技传播受众

1. 科技工作者

科技工作者在日常的科研工作中，需要及时获取前沿的科技动态，以应对日新月异的科技发展和瞬息万变的科技信息。现代科技发展方向日益多元化，学科分类日益细化，在本领域拥有丰富专业知识的科技专家不一定精通其他领域，因此不同领域之间的交流和融合变得格外重要。

2. 社会公众

社会公众主要是相对于专业的科技工作者群体而言，对科学技术所知不多的普通民众，他们既不从事某种专业的科学技术活动，一般也很难获得某些科技专业的系统知识。比如，在科学家进校园这种科学家精神宣传活动中，学生和教师就是该活动中的科技传播受众，他们聆听着科学家讲述的科学故事，感受着科学家传递出的科学家精神。

3. 政府机构

一般来说，政府机构更多扮演的是科技传播者的角色，尤其是我国的科技传播工作的主要推动力是政府行政力量。政府需要与科技工作者经常保持沟通，及时了解和掌握科技动态信息，并分析科技发展的状况，才能更好地制定相应的科技政策。

4. 知识应用组织

知识应用组织如科技型企业、高校及科研院所等。社会的知识创新一般是由这类知识应用组织来完成的。科技型企业可以靠自身的科研力量进行科学技术的创新活动，但与高校及科研院所建立有效合作，仍然是科技型企业获得新知识、新技术的重要途径。

（四）科技传播支撑要素

1. 科技传播政策

科技传播政策，是指由政策制定主体发布的促进科技传播事业发展的政策性文件，包括法律、法规、条例、通知、意见等。[24]作为科技政策的组成部分，科技传播政策具有公共政策的一般属性。广义上，科技传播政策可以理解为一种路线、方针、条例目标、措施或准则等，是国家行政机关、政党或其他社会利益团体为推动科技传播事业而采取的策略和方法。

构建国家科技传播体系，提高国家科技传播能力，完善科技传播的发展机制是推进创新型国家建设、提高科技核心竞争力的一项基础工程。在推进科技传播事业全面发展的过程中，加强政策引导和制度建设，对整合现有科技传播政策、强化科技传播能力建设具有重要的意义。

首先，科技传播能力是一个国家整合和配置其科技知识资源、扩散和转移其科技成果的一种基本能力，体现为有效传播科学技术知识和广泛扩散科学技术成果的实际效能。国家科技传播能力的强弱决定着一个国家能否有效促进科学技术知识的外部化、社会化、共享化，能否在整个社会范围内有效扩散和分配科技信息资源，并促进科学技术知识向应用领域的转移和转化，因而其是促进经济持续增长与社会健康发展的基础保障。

其次，科技传播能力发展状况受多种复杂因素的直接影响，既与先进传播技术在科技传播领域的普及程度、社会对科技传播的支持力度有关，又与国家范围内各类相关组织机构参与科技传播的活跃程度以及科技传播组织机构的实际传播能力有关。政府可以利用政策手段，促进科技中介机构、科学传播专业团体、科技媒体等传播力量的发展，推动科技传播技术的广泛应用和科技传播产业体系的建立，引导高校、科研机构、企业积极参与科技传播活动，组成一个基于科学技术知识生产与应用的社会互动网络，形成一个高效运行的国家科技传播体系。

最后，采取政策措施促进国家科技传播能力的不断提高和国家科技传播体系的高效运行，可以大大促进对现有科学技术信息资源的有效汇集与整合，促进科学技术知识向社会生产领域的转移和扩散，这对于解决长期存在的科技与产业经济脱节的问题，充分发挥科学技术支撑经济增长的作用，以及提高整个国家的科技竞争力、推进自主创新发展和建设创新型国家都具有重要意义。

总之，通过制定一系列科技传播政策，有利于创造并优化利于科技传播事业发展的社会环境，有利于促进国家创新驱动发展战略的实施。

2. 科技传播资金

科技传播资金是指用于科技成果传播、科学家精神传播等科技传播相关领域的资金投入。

3. 科技传播技术

科技传播技术是指应用于科技传播领域的现代化信息技术，主要涉及科技传播的内

容生产、传播存储、展示呈现等方面，人工智能、大数据、虚拟现实技术等是近年逐渐广泛应用的新兴信息技术。[25-27]

（1）人工智能（Artificial Intelligence，AI）技术在科技传播领域的应用。

AI 技术在科技传播领域具有广泛的应用，它可以提高信息传播的效率、个性化和互动性，以下是人工智能技术在科技传播中的应用。

内容生成：AI 技术可以用于自动生成科技新闻、文章和报告。通过自然语言处理（Natural Language Processing，NLP）技术，AI 技术可以从大量数据中提取关键信息，生成易于理解的文章。这对新闻机构和科技媒体来说可以提高新闻稿件的生成效率。

个性化推荐：AI 技术可以分析用户的兴趣和行为，为他们提供个性化的科技新闻和内容推荐。有助于吸引更多观众，并提供符合他们需求的信息。

数据可视化：AI 技术可以用于创建交互式数据可视化工具，帮助用户更好地理解科技数据和趋势。包括图表、图形和虚拟现实体验。

语音识别和生成：AI 技术可以用于语音识别，将科技信息转化为口头形式，使人们可以通过语音助手获取信息。此外，AI 技术还可以用于生成语音内容，如播客和语音科技新闻。

社交媒体分析：AI 技术可以分析社交媒体上关于科技话题的讨论，识别趋势和情感，从而帮助科技传播者更好地了解受众的反馈和需求。

自动化编辑和校对：AI 技术可以用于编辑和校对科技文章，检测语法和拼写错误，确保文章的准确性和可读性。

机器学习和预测：通过机器学习算法，AI 技术可以分析大量的科技数据，识别模式并做出预测，如科技趋势和市场变化。

总之，人工智能技术在科技传播中的应用可以提高信息传播的效率、个性化和互动性，为受众提供更好的科技知识获取体验。有助于扩大科技传播的影响力，使更多人受益于科技进步的知识和应用。

（2）大数据技术在科技传播领域的应用。

大数据在科技传播领域的应用具有重要意义，它可以帮助科技传播者更好地了解受众需求、优化内容、预测趋势，并提高传播效率。以下是大数据在科技传播中的主要应用。

受众洞察：利用大数据分析工具，科技传播者可以深入地了解受众的兴趣、行为和需求。通过分析社交媒体活动、搜索查询、网站访问等数据，可以创建受众画像，帮助定制内容以满足不同受众的需求。

内容优化：大数据分析可以揭示哪些科技话题的内容最受欢迎。有助于科技传播者优化内容战略，编辑更吸引人的科技新闻和故事。

趋势预测：大数据分析可以识别科技领域的新兴趋势和热点话题。有助于科技传播者在趋势形成之前就介入并报道，提高信息价值。

社交媒体分析：大数据工具可以监测社交媒体上关于科技话题的讨论和反应。有助于科技传播者了解公众对科技新闻和事件的看法，以及社交媒体上的争议和趋势。

广告和宣传优化：大数据分析可以帮助科技传播者更好地定位广告和宣传活动。通过分析广告效果和受众反馈，可以优化广告投放策略。

个性化推荐：基于大数据分析的个性化推荐系统可以为受众提供定制的科技内容。有助于提高用户参与度和满意度。

可视化数据呈现：利用大数据可视化工具，科技传播者可以将复杂的科技数据以图表、图形和交互式界面的形式呈现给受众，这使得科技信息更容易理解和吸引人。

科技研究：大数据分析也在科技研究领域发挥作用，帮助科学家分析大规模科技数据以发现新的科学知识和趋势。

总之，大数据在科技传播中的应用可以帮助科技传播者更好地满足受众需求、预测趋势、优化内容和提高传播效率。它为科技传播提供了有力的工具，有助于更广泛地传播科技知识和启发公众的科学兴趣。

（3）虚拟现实技术在科技传播领域的应用。

虚拟现实（Virtual Reality，VR）和增强现实（Augmented Reality，AR）在科技传播领域有许多潜在应用，可以帮助人们更好地理解科学技术知识。以下是 VR/AR 技术在科技传播领域的应用示例。

科学教育：VR/AR 技术可以用于创建虚拟实验室和科学探索体验，能够亲身体验科学现象和实验，而不仅仅是通过书本或屏幕学习。

科技新闻报道：新闻机构可以使用 VR 来报道科技新闻。例如，虚拟现实场景的报道可将观众带入新闻事件的中心，使他们更深入地了解事件的影响和背景。

科技产品演示和展览：在科技展览和会议上，AR 可以用于增强产品展示，为观众提供详细的产品信息和互动体验，有助于吸引更多观众。

科技演示视频：制作 VR 或 AR 演示视频，以更生动的方式展示科技产品和概念。观众可以通过头戴式设备或智能手机与视频互动。

科技解说和讲座：科技专家可以在虚拟演讲中使用 AR 元素，更生动地解释复杂的科技概念。观众可以通过 AR 眼镜或手机应用参与互动。

虚拟现实技术：VR 和 AR 这样的技术可以用于科技教育和科学演示。通过头戴式显示器或移动设备，用户可以在虚拟科学场景互动，增强学习科学的乐趣。

总体而言，VR 和 AR 为科技传播内容制作提供了丰富的工具和创意空间，使内容更具吸引力、互动性和教育性，还可以帮助观众更好地理解和欣赏科技领域的进展和创新。

4. 科技传播研究与教育

科技传播研究与教育，包括科技传播研究和科技教育两个方面的内容。其中，科技教育是关于人类有史以来所获得的科学知识和方法的传授以及科研技能的培养，目的是造就现代社会所必需的科技人才。科技传播研究则是指研究人类一切科技传播行为和过程发生、发展的规律及科技传播与人和社会的关系。

科技教育工作者主要分为两类：一类是在高校及科研院所传授科学技术知识的教师；另一类是从事科技传播研究工作的学者及专家。高校及科研院所的教师队伍数量是相当庞大的，承担着重要的科技传播任务，一方面教授了各种学科的科学技术知识课程，另一方面为科技传播事业培养了潜在的后备人才。科技传播研究工作的学者及专家，包括从事科学传播理论与实践、科技史、科学教育等研究的专业人员。这些专家及学者主要研究科技发展和传播的规律，擅长科技传播的理论研究，致力于寻找最新的科技传播模式和路径。

三、科技传播生态体系分析

（一）科技传播生态体系特征分析

1. 科技传播生态体系的基础特征

在科技传播发展的进程中，科技传播生态逐渐呈现一些共性的基本特征，主要包括专业性与科学性、社会化与共享化、浓厚的科学人文精神。[28]

（1）专业性与科学性。

首先，科技传播主体需要具备专业性特征。科技传播主体一般是科学家、科技工作者等科技共同体，或者是专业的科技新闻工作者以及政府的科技部门等群体或机构组织，这些群体或机构组织往往是科技工作的直接或间接接触者，经常接触到前沿的科学技术知识和科技动态信息。此外，他们本身又都在社会上具备一定的权威性，必须体现科技传播主体的专业性，对科技传播的内容及受众负责，对科技传播事业的发展负责。

其次，科技传播的内容呈现科学性特征。科技传播的内容主要是科学技术知识和科技动态信息等。这些内容往往是在严谨的科学实验或是科学实践的基础上获得的，是被广泛采纳并传播下来的内容，往往具备较强的科学性。

（2）社会化与共享化。

科技传播生态体系的社会化，主要体现在科技传播生态体系不是只发生在某些局部的科技传播活动或者是某些科学家群体中，而是存在于整个社会中；科技传播过程往往是有组织的，有专门的负责团队，如科技传播中心、高校科技处、技术转移中心等，这意味着整个国家科技传播系统都是具备社会化的。

科技传播生态体系的共享化，主要体现在科技传播的内容，其一般不是单一个体单独获取和接受的，而往往是可以共享流动的，并且是可以一起探讨的。科技传播生态体系的关键体现在于“传播”，即将科技科学技术知识、科技动态信息等科技传播内容，通过科技传播媒介传播到合适的受众中，以期让他们能够获取、理解并加以利用，这个过程就是共享化。

科技传播生态体系的社会化和共享化，主要体现在科技传播的两个过程，第一个过程是科技信息内容的外传过程，即科技信息内容的拥有者将自己发现及拥有的信息内容，传递给其他人或组织；第二个过程是科技信息内容的学习过程，即原本并不拥有某些科技信息内容的人或组织，获取并吸收传播出来的科技信息知识，以满足自己的特定需要。

（3）浓厚的科学人文精神。

科学与人文是两个截然不同的领域，科学属于纯粹理性的范畴，人文则可归属于人价值理性的范畴。科学追求的是真理，而人文追求的是真善美，科学家与人文学者之间的隔阂也由来已久。但科学与人文是社会发展的“鸟之双翼”，必须相互融合、协同发展，才能推动社会不断向前进步，科技传播就是科学与人文相融的体现，并且科技传播推动着科学与人文的交融。

科技传播必然具备人文精神，因为科技传播需要采用社会公众和群体组织乐于接受的方式来传播科技知识和科学精神等，以期最大限度地被受众吸纳并运用，获得最佳的传播效果。

因此，科技传播需要结合不同地区的文化习俗和文化特点，并且考虑特定环境中受众的心理和需求。例如，在科技影视作品中镜头和画面的运用都必须考虑观众的接受度和理解力等。

如果人们在接受科技知识和参与科技传播的过程中，能够感受到人文关怀，他们就会潜移默化地培养对科技信息的自觉意识，进而更积极主动地参与和推进科技传播。

2. 新媒体时代下的科技传播生态体系的特征

随着互联网技术和新媒体技术的迅猛发展，当前的科技传播生态进入了新媒体时代。在媒介融合的大环境背景下，科技传播生态体系呈现一些新特征。[29-30]

（1）科技传播主体越发多元化。

媒介融合时代，科技传播的主体彻底走下“神坛”，来到了社会公众中间，随着公众科学素养的不断提升和科技的不断进步，科技传播的主体也越来越呈现多元化和平民化的趋势。

当代的科技传播已经逐渐发展成为一个或多个主体共同参与传播的实践场域，由于有限的时间、精力和更重要的研究任务等，科技传播最初的科学家主体已经渐渐退居幕后，随之而起的传播主体即科学技术普及团体、政府机构、大众媒体、教育组织、工业部门等团体、机构和组织。

随着大数据技术的普及发展，普通民众也可以进行科技传播，普通民众利用网络就可以收集一些科技数据，在进行数据分析和加工处理后，将结果发布在网上，就完成了一次科技传播过程。

（2）科技传播方式越发多样化。

互联网技术对科技传播影响最明显的方面表现在传播方式的更新上，科技传播在运用传统的报纸杂志等平面媒体和广播电视等立体媒体的同时，运用得最多的还是新媒体时代的微博、微信、科学网站、数字图书馆和科技电子书等。

在互联网技术、数字技术、多媒体技术和大数据、移动终端等现代化信息技术的支持下，科技信息可以随时随地以文字、图像、音视频、动画等多种形式呈现在公众面前，大幅降低了公众对科技知识的理解和运用难度。

（3）科技传播内容越发丰富化。

科技传播的主题随着互联网时代的到来也变得更加丰富多样。以前很难解释清楚的科学实验和科学现象，如雾霾、电闪雷鸣等，在多媒体技术和网络技术的支持下，可以用视频和动画等形式进行科学解释，扩大了科技传播内容的领域和范围。

互联网的海量存储功能也进一步丰富了科技传播的内容，复杂的科技成果和科技知识能够完整地呈现给受众，受众通过检索就可以看到详细内容，并且可以通过超链接看到与之相关的其他内容，能够对科技现象或成果有比较全面、深入的了解。

（4）科技传播效果越发扩大化。

互联网技术和多媒体技术将科技传播的效果放大。首先，传播效率的提高增加了传受双方的互动性和活跃度，受众可以随时随地与传播者交流讨论，提高了传播内容的到达率和被接受率；其次，由于传播手段和方式的多样化和便捷性，传播的领域和范围扩大了，不仅可以传播到全国各地，还能传播到其他国家和地区；最后，储存、处理和传送一体化缩短了科技传播的时间从而扩大了传播时效。

（二）科技传播生态体系群体分析

随着科学技术的专业化发展以及科技与社会关系的复杂化，科技传播生态出现了参与主体多元化的发展趋势，发展成为科技共同体、媒体、政府、科技型企业等多个主体积极参与的社会领域。[31]

科技共同体：科技共同体是科技传播的知识产生者和权威。他们通过进行科学研究并发布研究论文，向同行和公众介绍新的科学发现。他们也可以通过参与科学会议和讲座，与其他科技传播群体合作，分享研究成果。

科技媒体工作者：科技媒体工作者是桥梁，将科学研究翻译成易于理解的文章和故事。他们负责报道科学新闻，让受众了解最新的科学发展。他们的作品可以出现在新闻媒体、科学杂志上等。

科技教育工作者：科技教育工作者的任务是将科学知识传授给学生，帮助他们理解科学原理和方法。他们通过教育课程、实验室实践和科学俱乐部等方式，培养学生的科学兴趣和科学素养。

科技传播机构：科技馆以及科技传播中心等科技传播机构，开展科技类展览、科技成果路演、科技会议等科技传播活动，将科技传播内容扩散开来。

政府和政策制定机构：政府和政策制定机构负责制定科技政策和法规，以保障科学的发展和应用。他们通过政策文件、政府报告和媒体宣传，传达政府在科学领域的关注点，促进科技传播事业的发展。

科技型企业和创新机构：科技型企业和创新机构通过产品推广、科技峰会和研发合作，向公众展示新技术和创新成果。他们在市场上推广科技产品，并为投资和创业提供支持。

（三）科技传播生态体系环境分析

1. 政策环境分析

（1）科技成果传播政策。

在推进科技传播事业全面发展的过程中，加强政策引导和制度建设起到了重要的作用（见表 1-1）。

表 1–1　科技成果传播政策

政策名称	发布日期	重点方向	主要内容
《中国科学技术协会事业发展“十四五”规划（2021—2025 年）》	2021 年 8 月	组织开展创新创业创造活动	组织开展创新创业大赛，办好年度全国大众创业万众创新活动周和“创响中国”系列活动，举办创新创业成果交易活动，展示最新创新创业成果，推介优秀创业团队。持续开展双创示范基地年度评估。依托国家科技传播中心，组织开展前沿成果、科技信息、科学文化等发布、传播和交流活动，促进科技成果转移转化
		建设“科创中国”服务平台	推出“科创中国”先导技术、引领人物、新锐企业、产学融通组织系列榜单，集中推介、转移转化技术成果，打造产业技术创新的风向标，支持有条件的地方政府设立技术交易服务中心
《“科创中国”三年行动计划（2021—2023 年）》	2021 年 1 月	发布“科创中国”榜单	持续推出“科创中国”先导技术、新锐企业、产学融通组织等系列榜单，围绕地方需求集中领域，推介、转移转化技术成果，打造技术服务与交易风向标。开展配套宣传推广，扩大榜单的社会影响力
		推出技术服务与交易系列活动	根据区域不同特点，每年选择 5 个左右重点领域，推出一批技术服务与交易活动，打造系列活动品牌。遴选推荐优秀技术团队，与国际科技组织、技术转移机构、高校院所等合作，定期发布技术项目、组织技术路演。全程跟踪活动成效，提高成果落地转化率。会同政府部门联合支持技术交易中心发展
《促进科技成果转移转化行动方案》	2016 年 4 月	强化科技成果转移转化市场化服务	构建国家技术交易网络平台。以“互联网+”科技成果转移转化为核心，以需求为导向，连接技术转移服务机构、投融资机构、高校、科研院所和企业等，集聚成果、资金、人才、服务、政策等各类创新要素，打造线上与线下相结合的国家技术交易网络平台。 健全区域性技术转移服务机构。支持地方和有关机构建立完善区域性、行业性技术市场，形成不同层级、不同领域技术交易有机衔接的新格局。在现有的技术转移区域中心、国际技术转移中心基础上，落实“一带一路”、京津冀协同发展、长江经济带等重大战略，进一步加强重点区域间资源共享与优势互补，提升跨区域技术转移与辐射功能，打造连接国内外技术、资本、人才等创新资源的技术转移网络
《实施〈中华人民共和国促进科技成果转化法〉若干规定》	2016 年 2 月	促进研究开发机构、高等院校技术转移	国家鼓励研究开发机构、高等院校通过转让、许可或者作价投资等方式，向企业或者其他组织转移科技成果。国家设立的研究开发机构和高等院校应当采取措施，优先向中小微企业转移科技成果，为大众创业、万众创新提供技术支持。 国家设立的研究开发机构、高等院校有权依法以持有的科技成果作价入股确认股权和出资比例，并通过发起人协议、投资协议或者公司章程等形式对科技成果的权属、作价、折股数量或者出资比例等事项明确约定，明晰产权

续表

政策名称	发布日期	重点方向	主要内容
《中华人民共和国促进科技成果转化法》（修正）	2015 年 8 月	组织实施	科技成果持有者可以采用下列方式进行科技成果转化： （一）自行投资实施转化； （二）向他人转让该科技成果； （三）许可他人使用该科技成果； （四）以该科技成果作为合作条件，与他人共同实施转化； （五）以该科技成果作价投资，折算股份或者出资比例； （六）其他协商确定的方式
		技术权益	科技成果完成单位与其他单位合作进行科技成果转化的，应当依法由合同约定该科技成果有关权益的归属。合同未作约定的，按照下列原则办理： （一）在合作转化中无新的发明创造的，该科技成果的权益，归该科技成果完成单位； （二）在合作转化中产生新的发明创造的，该新发明创造的权益归合作各方共有； （三）对合作转化中产生的科技成果，各方都有实施该项科技成果的权利，转让该科技成果应经合作各方同意

（2）科学家精神传播政策。

为推进科学家精神传播，近年陆续出台了很多相关政策性文件，包括方案、意见、办法等（见表 1-2）。

表 1-2　科学家精神传播政策

政策名称	发布日期	重点方向	主要内容
《“科学家（精神）进校园行动”实施方案》	2023 年 7 月	大力开展科学家精神宣讲教育	邀请院士专家走进校园开展科学家精神宣讲活动。组织科技辅导员、少先队员、共青团员讲述科学家故事。鼓励各地分层次建立科学家精神宣讲团。在“翱翔之翼大学生科技志愿服务行动”中，组织大学生走进中小学校开展科学家精神演讲报告
		深入开展科学家故事阅读推广	充分利用中小学现有读书角、图书架、书报亭，充实科学家故事图书。提升科学家精神出版物质量，推动出版社、科技馆等机构向中小学生推荐优秀书目并定期更新补充。以班级为单位举办故事分享会、主题班会，以学校或地区为单位组织开展读书征文、演讲朗诵等多种活动，支持科学家、科技辅导员深度参与学生故事分享，指导演讲朗诵等，推动形成阅读交流科学家故事浓厚氛围
《关于实施科技创新巾帼行动的意见》	2021 年 4 月	大力弘扬科学家精神，争做新时代科技创新排头兵	广大女科技工作者要认真践行胸怀祖国、服务人民的爱国精神，勇攀高峰、敢为人先的创新精神，追求真理、严谨治学的求实精神，淡泊名利、潜心研究的奉献精神，集智攻关、团结协作的协同精神，甘为人梯、奖掖后学的育人精神，秉持国家利益和人民利益至上，继承和发扬老一辈科学家心有大我、至诚报国的优秀品质，把自己的科学追求融入全面建设社会主义现代化国家的伟大事业中去

续表

政策名称	发布日期	重点方向	主要内容
《关于进一步弘扬科学家精神加强作风和学风建设的意见》	2019 年 6 月	加强宣传，营造尊重人才、尊崇创新的舆论氛围	大力宣传科学家精神。高度重视“人民科学家”等功勋荣誉表彰奖励获得者的精神宣传，大力表彰科技界的民族英雄和国家脊梁。推动科学家精神进校园、进课堂、进头脑。系统采集、妥善保存科学家学术成长资料，深入挖掘所蕴含的思想、人生积累和精神财富。建设科学家博物馆，探索在国家和地方博物馆中增加反映科技进步的相关展项，依托科技馆、国家重点实验室、重大科技工程纪念馆（遗迹）等设施建设一批科学家精神教育基地。 创新宣传方式。建立科技界与文艺界定期座谈交流、调研采风机制，引导支持文艺工作者运用影视剧、微视频、小说、诗歌、戏剧、漫画等多种艺术形式，讲好科技工作者科学报国故事。以“时代楷模”“最美科技工作者”“大国工匠”等宣传项目为抓手，积极选树、广泛宣传基层一线科技工作者和创新团队典型。支持有条件的高等学校和中学编排创作演出反映科学家精神的文艺作品，创新青少年思想政治教育手段

2. 经济环境分析

科技传播经济资源的丰富程度，直接影响科技传播生态体系的发展情况。国际上，通常采用 R&D（Research and Development）活动的规模和强度指标反映一国的科技实力和核心竞争力。[32] 在我国，全社会 R&D 经费总量及其投入强度分别从总量和比值两个角度反映我国科技创新投入的总规模和发展水平。由于本书研究的科技传播生态体系建设服务于国家科技创新发展，因而选取我国的 R&D 经费总量及投入强度，用来衡量分析科技传播的经济环境。

随着创新驱动发展战略的深入实施，我国 R&D 经费规模不断扩大，投入强度稳步提升，为我国科技创新实现更多“并跑”和“领跑”创造了有利条件。2016—2022 年，我国的 R&D 经费支出总额不断增加，由 2016 年的 15676.7 亿元升至 2022 年的 30782.9 亿元，增长了近 1 倍，我国科技创新实力将会进一步得到增强，对科技传播事业的发展也起到了巨大的促进作用（见图 1-7）。

同时，R&D 经费投入强度（R&D 经费占 GDP 比重）也在逐年上扬，由 2016 年的 2.10%升至 2022 年的 2.54%，可见我国对建立科技创新型国家和促进科技传播事业发展的信心和决心。

3. 教育环境分析

随着教育改革的不断推进，科技教育逐渐成为学校教育的重要组成部分，高等教育成为科技信息扩散传播的重要途径。科技教育的大力发展不仅促进了科学技术向社会成员的传播扩散，还培养了大批掌握科技知识的专业人才，从而将科技带到社会生产的各个领域。

2016—2021 年，我国研究生及以上在校生人数不断增加，从 198.1 万人增加到 333.2 万人，为我国实施科技强国战略、加强科技创新机构的建设打下了坚实的基础（见图 1-8）。

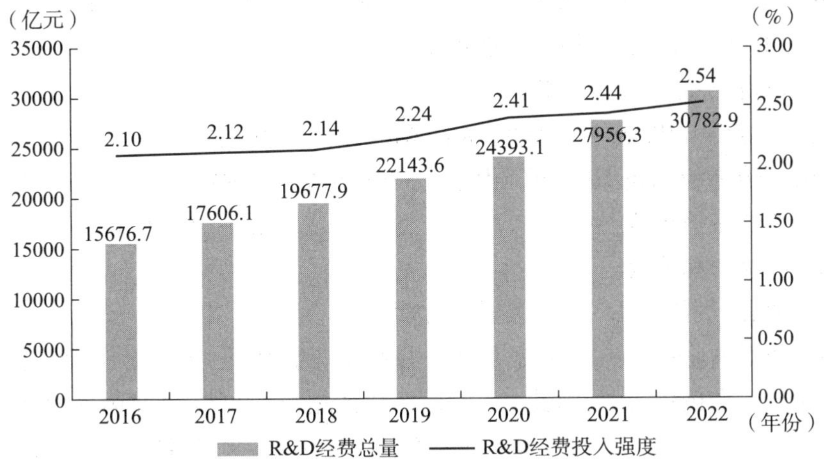

图 1-7　2016—2022 年我国 R&D 经费总量及投入强度

资料来源：国家统计局。

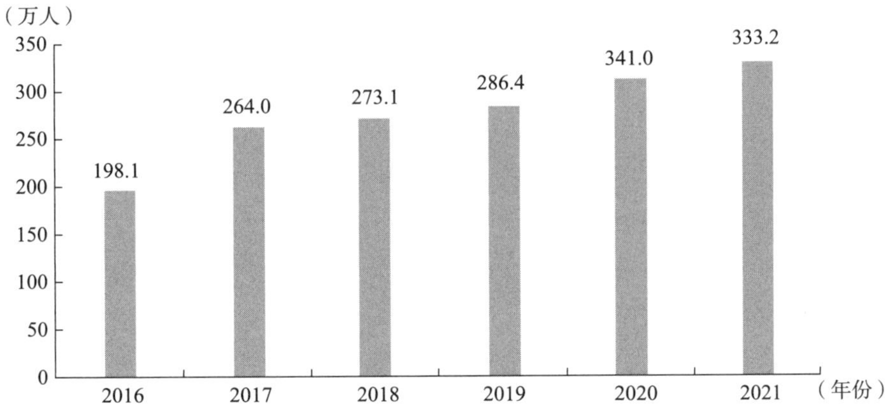

图 1-8　2016—2021 年我国研究生及以上在校生人数

资料来源：国家统计局。

良好的高等教育能够极大地促进科技在社会领域的应用，特别是那些高水平大学和研究型大学，它们凭借自身的科技研究和人才培养优势成为重要的知识创新和传播组织，一方面通过培养大批科技人才，将科技知识输送到社会各阶层；另一方面通过与公司企业、政府部门合作，不断向产业部门推送新的科技成果，在社会技术创新体系中扮演了极为重要的角色，为科技传播事业的发展起到了良好的促进作用。

4. 技术环境分析

数字技术赋能科技传播工作的价值性越发凸显，为科技传播的发展打开了新局面，具体表现在以下三个方面。

（1）打造泛在化科技传播环境。

随着移动端技术的普及，以微信、微博、抖音等为代表的新媒体传播媒介迅速发展起来，使得科技传播不再受限于时间和空间，用户可以随时随地通过移动设备获取科技信息，推动了科技传播环境朝着更便捷和可及的方向发展。人工智能与大数据的结合，促进了科技传播的方式越发智能化，实现对不同用户的行为数据的采集、处理和分析，打造更加匹配用户需求的泛在科技传播场景。

（2）提升科技传播效率和效果。

随着人工智能、大数据、云计算、VR/AR 等新一代信息技术迅速发展，催生出多种不同形态的科技传播应用场景。新一代信息技术实现了科技信息存储、处理、传送的一体化，重塑了科技传播内容生产的效率，丰富了科技传播内容的呈现形式，有效提升了科技传播流通的效率和效果。

（3）技术赋能科技决策，助力科技创新发展。

在数字化技术的驱动下，大数据系统为科技决策提供了强大的支持，有助于提高科技决策的智能化、准确性和及时性。一方面，大数据系统可以帮助科研团队迅速、准确地定位研究热点和前沿领域，有助于科研团队更有针对性地选择研究方向，提高科研效率和成果质量。另一方面，大数据系统可以服务于科技政策制定者，能够通过分析海量数据，为科技政策制定者提供全面、准确的信息，对促进国家科技传播体系发展和建设科技创新型国家具有重要意义。

第二章
评价体系

第一节　评价原则

构建科技传播生态体系建设第三方评估指标体系，需遵循以下原则。

一、科学性原则

构建科技传播生态体系建设第三方评估指标体系，按照科学性原则进行选取与界定，每一个选取的指标都应有明确的科学内涵。[33]从选取指标到建立指标体系，从确定研究方法到指标赋权计算，每一步都需要经过广泛的调研和充分的科学论证，确保充分体现科技传播生态体系建设的真实水平。

指标要素的科学性包含以下内容：一是特征性，评估指标应当是能够反映科技传播生态系统总体特征的指标。二是准确一致性，指标的选取要具有客观性，不能仅凭个人想法进行评判，要尽可能地避免主观臆断，方法的选择和指标权重的确定也要选用客观标准。三是完备性，选取指标应全面反映科技传播生态系统的特征。

二、系统性原则

科技传播生态系统是众多因素相互作用的结果，科技传播生态体系建设评估的各指标之间既要相互独立，又要反映科技传播生态系统中指标的相互联系。科技传播生态体系建设评估指标体系，需要从不同侧面反映科技传播生态系统中各子系统之间，以及各子系统与主系统之间的内在联系和主要特征，各评价指标构成一个多维的指标群，指标群中的各项指标既相互独立又彼此相连，共同构成科技传播生态系统的有机统一。[34]

科技传播生态体系建设第三方评估指标体系构建应当具有层次性，各子系统应当坚持遵循内在逻辑、由内而外层层渗入的原则，从而形成一个完善的指标评估体系，对科技传播生态体系建设进行系统性评价。

三、适用性原则

科技传播生态体系建设第三方评估指标体系应当对不同地区、不同时期的科技传播生态能力具有适用性。[35]要求在科技传播生态评估体系的指标选取和设计过程中，对评估指标进行无量纲化处理，以保证其结果可以在不同时间范围内、不同地区内进行横向与纵向的比较。

评估指标具有适应性，主要体现在以下四个方面：一是精练简明，各项评估指标的选取尽量简单明了，不宜过于烦琐，避免因细节繁冗而影响评价结果；二是易于理解，科技传播生态体系建设评估指标体系涉及的人员众多，包含科技传播者及受众等多种角色，评价指标的选取应当便于不同人群理解；三是数据的可获得性，科技传播生态体系建设评估指标体系应当确保所选取的指标及相关信息具有可获得性，能够将这些数据进行量化处理；四是稳定一致，尽可能选取各方认可的指标和计算方法，确保指标在选取过程和量化方式上的一致性。

四、全面性原则

科技传播生态系统是由众多因素相互作用而构成的多层次的系统，全面地选择各子系统相关指标，力求科技传播覆盖面广、信息量大。[36]

在设计指标和选取指标的过程中，全面地选择各子系统相关指标，以便于从不同层次上反映科技传播生态系统中各子系统的结构特征和状态，揭示科技传播生态系统中各子系统之间、各子系统与主系统之间的内在联系，进而对科技传播生态系统的等级优劣程度进行评价，力求信息的准确性和全面性。

五、可操作性原则

建立科技传播生态体系建设评估指标体系不仅要从理论角度论证指标设计的科学性和合理性，还要从实践角度分析其可行性与可操作性，建立评价体系的最终目的还是要考察科技传播生态体系建设的实际情况。设计科技传播生态体系建设评价体系，必须结合广泛调研和相关专家意见，在此基础上确保指标及相关信息具有可获得性，同时保证评价方法具有可操作性。[37]

第二节　评价思路

科技传播生态体系建设第三方评估指标体系，在设计上立足我国科技传播发展的实际情况，以系统化的理论体系作为支撑，最终确定的所有指标均经过有效性验证。科技传播生态体系建设第三方评估指标体系的设计思路，如图 2-1 所示，分为构建指标体系框架、选取特征指标、验证指标有效性以及确定指标权重四个环节。

构建指标体系框架：基于科技传播生态体系研究框架，构建能够覆盖科技传播生态体系建设关键要素的指标体系框架。

选取特征指标：根据指标设计原则，选取能够体现现阶段我国科技传播生态体系建设的特征指标。

验证指标有效性：基于内部研讨会及专家研讨会的讨论，验证指标设计的合理性及可操作性，进而对前期选取的指标进行补充、优化及删减，反复验证指标的有效性。

确定指标权重：科技传播生态体系建设评估指标权重设定，基于层次分析法与熵权法相结合的方式，确定各细分指标的重要性程度。

（1）层次分析法是由美国运筹学家 Thomas L. Saaty 于 20 世纪 70 年代提出的一种多层次权重分析决策方法，具有简单灵活、科学、实用的特点，可以使复杂的问题变得简单，

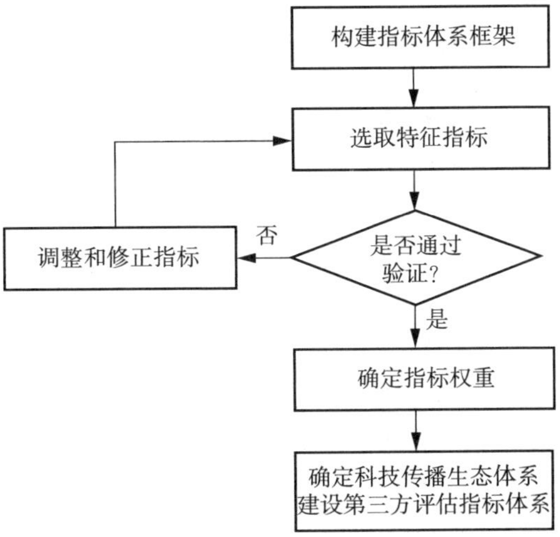

图 2-1　科技传播生态体系建设第三方评估指标体系设计思路

因此被广泛用于多目标分层次决策。[38-39] 其可以用来确定各指标的主观权重，步骤如下：

第一，建立递阶层次结构，依据人们对各因素重要程度的认知，采用 1～9 标度法对各因素进行赋值以此来构造判断矩阵。第二，计算指标主观权重 W_i。判断矩阵最大特征值 max 的归一化特征权向量 $W_i=(b_{i1}, b_{i2}, \cdots, b_{im})^T$ 反映了各因子对某因素的影响权重，即单序权值。

（2）熵权法作为一种客观赋权法，因其不受人为主观因素干扰的优点，被广泛应用于综合评价指标研究。[40-41] 对于某项指标，可以用熵值来判断其离散程度，信息熵值越小，指标的离散程度越大，指标对综合评价的影响（权重）就越大。如果某项指标的值全部相等，则该指标在综合评价中不起作用。[42]

第三节　指标体系构建

科技传播生态体系建设第三方评估指标体系涵盖“传播主体—传播内容—传播渠道—传播受众—传播支撑要素”5 个一级指标、11 个二级指标、34 个三级指标，具体指标构成如表 2-1 所示。[43-47]

表 2-1　科技传播生态体系建设第三方评估指标体系

一级指标	二级指标	三级指标
传播主体	传播机构	科技传播事业单位数量
		科技传统媒体和新媒体机构数量
		科学技术展览馆数量
		科学家精神教育基地数量
	传播人才	科技新闻工作人员数量
		科技自媒体人数
		科技场馆工作人员数量

续表

一级指标	二级指标	三级指标
传播内容	科学家精神传播	科学家精神宣传次数
		科学家精神宣传类型
	科技成果传播	科技成果数量
		技术转移成果数量
		科技创业成果数量
		开源开放成果数量
传播渠道	传播媒介	科技报纸种类
		科技期刊种类
		科技图书出版种类
		科技传播广播电视台频道数量
		科技传播互联网平台数量
	传播活动	科学家精神宣传活动数量
		科技展览举办场次
		科技会议、论坛、沙龙举办场次
		科技成果路演举办场次
传播受众	传播覆盖度	科技场馆参观人次
		科技传播互联网平台浏览人次
		科学家精神宣传活动参与人次
		科技展览参与人次
		科技会议、论坛、沙龙参与人次
		科技成果路演参与人次
传播支撑要素	传播政策	促进科技成果传播政策数量
		促进科学家精神传播政策数量
	传播资金	科技传播预算资金
	传播技术	内容生产新技术在科技展馆、互联网平台的应用情况
		传播服务新技术在科技展馆、互联网平台的应用情况
	传播教育	设置科技传播专业、研究方向的高校及科研院所数量

首先，评估组充分考察国内外相关指标体系，主要包括中国科协科学技术传播中心、中国标准化研究院、中国科学学与科技政策研究会制定的《科技传播能力评估通则》，北京理工大学人文社会科学学院制定的《国家科技传播能力评价指标》，中国科协科普部制定的《科协系统科普新媒体传播榜评价指标》，世界知识产权组织（WIPO）制定的《2022 年全球创新指数报告》等。从传播主体、传播内容、传播渠道、传播受众、传播支撑要素五个维度，构建科技传播生态体系建设第三方评估指标体系的一级指标。

其次，通过系统性梳理和分析科技传播生态体系，结合我国科技传播生态体系发展的实际情况，将传播主体、传播内容、传播渠道、传播受众、传播支撑要素分解并细化，形成相对应的二级指标。

最后，针对每个二级指标重点考察能够体现科技传播生态体系发展状况的主要构成要素，结合数据可诠释性、可获得性，评估可操作性等因素，选取出具有代表性的三级指标。

第四节 评价过程

针对科技传播生态体系建设第三方评估指标体系的不同维度，综合运用多种方式进行数据收集，运用大数据交叉验证、人工比对等方式进行三重验证确保评估结果的信度和效度。本次评估从文献梳理、理论构建、指标修订、专家研讨，到指数的测算、核实和最终定稿，历时 1 年。整个过程分成城市选取、指标修订、数据采集、数据核实和指标计算五个阶段。

一、城市选取

科技传播生态体系建设第三方评估，是从直辖市、省会城市、副省级城市中遴选北京、上海、深圳、广州等 36 个典型城市开展科技传播生态体系建设评估。评估城市的选取，主要基于三个方面的考虑，分别是代表国家宏观布局的行政级别、代表科技水平的城市专利数量、代表经济水平的城市 GDP。[48-50]

二、指标修订

通过充分研究国内外科技传播的文献资料，提出了指标体系的方案，确定了初始的指标体系。在经过与中国科协科学技术传播中心多次研讨的基础上，邀请国内科技传播领域专家学者召开专家研讨会，明确科技传播生态体系的理论内涵，对评估体系的指标构成、权重设定、数据采集、指标计算等关键议题展开深入讨论，形成最终的指标评估方案。

三、数据采集

（一）数据来源

本书使用的数据是基于调研访谈、案头研究与大数据搜集的方式进行采集，并经过数据筛查、清洗、加工，确定最终的各指标数据。

本书的目标对象为科技传播生态体系建设，其中与科技传播有关的资信文章等内容是重要的数据基础。针对该类内容，数据采集方式为基于重点传播媒体的定点监控（包含网站、公众号等）与搜索引擎相结合，通过技术方式进行采集。

主要数据来源如下：

政府官方网站与公众号：中国科协官网与公众号、各城市人民政府官网、各城市科协官网与公众号、各城市科技局官网与公众号、国家新闻总署官网、中国新闻技术工作者联合会官网、中国科技新闻学会官网等。

其他官网与公众号：各城市科技馆官网与公众号、各城市高校官网与公众号、各城市科研院所官网与公众号、各城市科技型企业官网与公众号、开放原子开源基金会官网、各城市科技成果转移转化在线平台官网、各城市科学家精神教育线上展厅官网、各城市广播电视台官网等。

检索工具：企查查、天眼查、高德地图、百度搜索等。

城市统计资料：各城市科技年鉴、各城市统计年鉴、各城市统计公报等。

行业统计资料和榜单：《2023 中国科技核心期刊目录》、《2023 中国开源发展蓝皮书》、京东图书科技类榜单、新榜、鲸准网、E 展网等。

学术网站：万方数据、知网、学术之家等。

（二）数据分析

本书的指标数据分析采用的是人工筛查和大数据分析相结合的方式。

1. 人工筛查

先通过公开数据收集，再经过大量的人工筛查进行内容分析，得到相应的原始数据清单。

为了保障采集数据的全面性和及时性，评估组对参与评估的分析人员进行系统培训，保证评估质量：制定详细的操作手册，开展规范的视频培训，保证每一个指标的评估过程均实现标准化、规范化、简明化，确保所有评估人员能理解、掌握并熟练操作；加强管理，按照“分组推进、责任到人”的形式，形成完善的管理和督导链条，保证责任到人。

2. 大数据分析

针对资信内容类数据，通过文本分析技术提取关键词、频率统计等信息，对文章内容进行深入分析，实现内容分类，并通过人工清洗和验证方式优化数据质量，挖掘指标特征，为科技传播生态体系建设评估计算提供量化依据。

四、数据核实

在初次数据采集完毕后，进行数据的反复比对，以确保评估结果的信度和效度。首先，进行初次比对，评估组组织两名评估人员对全部城市进行评估，由第三位核对人员对评估结果进行比对，找出两个评估结果的差异点，并做相应的标记；两个评估结果相同者，判定为合格。其次，进行二次核实，课题组组织其他研究人员对过程中发现的差异性结果进行二次核查、分析并选择或修订出更合理的评估结果。最后，对评估结果进行内部讨论和专家研讨，得到评估结果后，召开研讨会对评估结果进行审查。经过反复验证，确保评估结果的信度和效度。

五、指标计算

（一）指标标准化处理

通过人工筛查及大数据筛查，得到指标体系的原始数据库。对原始数据库中的每个指标制定评分规则。基于指标评分规则，进行指标标准化处理，等比例转化为 0~10 的数值。最终，得出各个城市三级指标得分。

（二）指标权重设计

采用层次分析法与熵权法相结合的方式，确定各细分指标的重要程度，并设计出相应的指标权重。层次分析法依赖专家的判断进行主观打分，反映了决策者的偏好和经验，而熵权法通过数据的内在信息量客观地确定权重。二者结合可以平衡主观和客观因素，提高权重分配的合理性和科学性。同时，单一的赋权方法可能存在偏差或局限，层次分析法和熵权法的组合能够相互补充，降低单一方法带来的误差，提高决策结果的稳定性和可靠性。[51-52]各指标权重的测算结果如表 2-2 所示。

表 2-2　科技传播生态体系建设第三方评估指标权重设计

一级指标	二级指标	三级指标	主观权重	客观权重	组合权重
传播主体	传播机构	科技传播事业单位数量	0.026	0.060	0.043
		科技传统媒体和新媒体机构数量	0.053	0.012	0.032
		科学技术展览馆数量	0.026	0.098	0.062
		科学家精神教育基地数量	0.026	0.011	0.019
	传播人才	科技新闻工作人员数量	0.119	0.043	0.081
		科技自媒体人数	0.040	0.020	0.030
		科技场馆工作人员数量	0.040	0.010	0.025
传播内容	科学家精神传播	科学家精神宣传次数	0.066	0.017	0.041
		科学家精神宣传类型	0.066	0.022	0.044
	科技成果传播	科技成果数量	0.050	0.018	0.034
		技术转移成果数量	0.050	0.019	0.034
		科技创业成果数量	0.050	0.028	0.039
		开源开放成果数量	0.050	0.045	0.047
传播渠道	传播媒介	科技报纸种类	0.008	0.032	0.020
		科技期刊种类	0.008	0.022	0.015
		科技图书出版种类	0.008	0.027	0.018
		科技传播广播电视台频道数量	0.008	0.047	0.028
		科技传播互联网平台数量	0.022	0.042	0.032
	传播活动	科学家精神宣传活动数量	0.011	0.018	0.015
		科技展览举办场次	0.016	0.030	0.023
		科技会议、论坛、沙龙举办场次	0.011	0.013	0.012
		科技成果路演举办场次	0.016	0.035	0.026
传播受众	传播覆盖度	科技场馆参观人次	0.028	0.011	0.019
		科技传播互联网平台浏览人次	0.047	0.036	0.042
		科学家精神宣传活动参与人次	0.028	0.019	0.024
		科技展览参与人次	0.028	0.030	0.029
		科技会议、论坛、沙龙参与人次	0.028	0.013	0.021
		科技成果路演参与人次	0.028	0.021	0.025

续表

一级指标	二级指标	三级指标	主观权重	客观权重	组合权重
传播支撑要素	传播政策	促进科技成果传播政策数量	0.006	0.003	0.005
		促进科学家精神传播政策数量	0.004	0.014	0.009
	传播资金	科技传播预算资金	0.010	0.016	0.013
	传播技术	内容生产新技术在科技展馆、互联网平台的应用情况	0.005	0.048	0.027
		传播服务新技术在科技展馆、互联网平台的应用情况	0.005	0.021	0.013
	传播教育	设置科技传播专业、研究方向的高校及科研院所数量	0.010	0.098	0.054

（三）综合得分计算

三级指标得分确定后，通过对指标权重的加权计算，依次得到二级指标得分、一级指标得分以及总得分。其中，二级指标得分与一级指标得分均进行了标准化处理，范围为0~10，以更方便和更直观地对数据进行展示，总得分为加权求和得到的实际数值。

（四）评判标准

本次评估根据各城市评估结果的数值高低划分为4个等级，第1~3名为传播生态一级城市，第4~12名为传播生态二级城市，第13~25名为传播生态三级城市，第26~36名为传播生态四级城市。

第三章
传播主体

第一节　传播机构

一、城市评分情况

（一）北京

评估显示，北京市的科技传播机构建设情况在全国处于领先位置，城市科技传播机构评分为10.00，远高于平均值2.22。北京科学中心配备了虚拟演播厅，全市建立了较为领先的全媒体科技传播体系，形成了全面的科技媒体传播生态，拥有中国科学院与“两弹一星”纪念馆、中国中医科学院中药研究所屠呦呦研究员工作室等众多科学家精神教育基地。

1. 科技传播事业单位数量

这一指标主要从两个方面考查，一方面是与该城市科技传播相关的独立事业单位数量；另一方面是该城市经中国科协指导或合作共建的科技传播中心数量。

在参与评估的36个城市中，北京市的“科技传播事业单位数量”这一指标显著高于全国平均水平，表明北京市较为重视科技传播事业单位的机构建设，积极参与建设科技传播中心。

北京市具有代表性的科技传播事业单位有北京市科技传播中心。北京市科技传播中心作为北京市科学技术委员会的直属事业单位，主要职责是承担本市科普管理的事务性、辅助性工作，具体承担科技宣传和相关科技活动的组织实施工作。

2. 科技传统媒体和新媒体机构数量

这一指标主要从两个方面进行考查，一方面是该城市科技相关出版社、报社等的数量；另一方面是该城市拥有新媒体账号的科技企业数量。

在参与评估的36个城市中，北京市的“科技传统媒体和新媒体机构数量”这一指标显著高于全国平均水平，表明北京市建立了较为领先的全媒体科技传播体系，拥有较强的科技内容媒体传播能力，形成了全面的科技媒体传播生态。

北京市具有代表性的科技传统媒体和新媒体机构有《中国标准化》杂志社有限公司、《科技资讯》杂志社有限公司、《中国科技投资》杂志社、《中国高校科技》杂志社有限责任公司、北京赛昇传媒有限公司等。

3. 科学技术展览馆数量

这一指标主要考查该城市具备虚拟演播厅（室）的科学技术展览馆的数量。

在参与评估的36个城市中，北京市的“科学技术展览馆数量”这一指标显著高于全国平均水平，表明北京市科技类展览馆拥有较为先进的科技传播技术手段，已建立了配备虚拟演播厅（室）的科技类展览馆。

北京市的科学技术展览馆主要有中国核工业科技馆（北京）、北京科学中心、中国测绘科技馆、北京光科技馆、北京石景山区科技馆等，其中，北京科学中心配备虚拟演播厅。

4. 科学家精神教育基地数量

这一指标主要考查该城市经中国科协评选的科学家精神教育基地的数量。

在参与评估的36个城市中，北京市的“科学家精神教育基地数量”这一指标显著高于全国平均水平，表明北京市拥有领先全国的国家级科学家精神教育基地资源，在弘扬科学家精神方面具备得天独厚的优势。

中国科协共评选出了2期“科学家精神教育基地”，共计287个单位，其中，2022年共评选了140个单位，2023年共评选了147个单位。北京市经中国科协评定的“科学家精神教育基地”主要有中国科学院与“两弹一星”纪念馆、中国科学院空间应用工程与技术中心“初心载梦”科学家精神教育基地、中国科学院心理研究所、北京第九研究所所史馆、北京大学周培源科学家精神教育基地、中国科学院动物研究所、中国铁道博物馆詹天佑纪念馆、中国建筑设计研究院有限公司院史陈列馆、北京控制工程研究所空间智能控制暨航天精神教育基地、中国中医科学院中药研究所屠呦呦研究员工作室等。

中国科学院与“两弹一星”纪念馆坐落于北京市怀柔区，“两弹一星”事业是新中国建设的重要成就。纪念馆以中国科学院与“两弹一星”事业展、中国科学院“两弹一星”历史人物展、中国科学院早期学科历史展3个展厅、3处机械展区、1处功勋人物展区和空气中爆炸激波实验场遗址，多层次地阐述了中国科学院与“两弹一星”事业的紧密关联和重大贡献，生动阐释了老一辈科学家生生不息、筚路蓝缕的科研精神。

中国科学院空间应用工程与技术中心“初心载梦”科学家精神教育基地于2022年4月建成开展，总面积约500平方米。基地以“梦”为主线，再现了一大批科学家倾其毕生、不懈追求探索深空的科研经历，并通过老科学家科研工作笔记和实验记录等50余件展品、百余幅珍贵的历史图像、10余部视频，深刻展现了参与载人航天空间应用事业的老一辈科学家的科研精神。

中国科学院心理研究所成立于1951年，前身为创建于1929年的中央研究院心理研究所。长久以来，心理研究所一直高度重视传播科学家精神，相关活动包括撰写反映心理研究所科学家爱国创新、求实奉献的系列回忆文章，创作多部反映科学家精神的音视频作品，设立以心理学家为名的第一家图书馆等。

北京第九研究所所史馆是我国核武器科技事业的摇篮，是“两弹一星”精神的发源地之一，于我国第一颗氢弹爆炸成功54周年纪念日（2021年6月17日）正式开馆。北京第九研究所所史馆的设计注重突出在中国共产党的集中统一领导和全国大力协同下，几代科技工作者爱国奉献、勇攀高峰的科研精神。场馆内20个展厅完全由核武器科技工作者设计完成，2000余件展品也全部由核武器科技工作者捐赠与提供。场馆中的展陈品具有极高的文物展示价值和科学研究价值，兼具公益性和共享性。

（二）成都

评估显示，成都市科技传播机构建设情况相对不足，城市科技传播机构评分为 1.31，低于全国平均值 2.22。成都市建设有较多的科学家精神教育基地，如交通强国科学家精神教育基地、成飞航空主题教育基地等，但在科技传播事业单位、科技类传统媒体及新媒体机构和科学技术展览馆引入虚拟演播厅（室）方面存在短板。

1. 科技传播事业单位数量

成都市目前还未建设科技传播事业单位。全国仅有一些非常领先的城市设立了科技传播事业单位。

2. 科技传统媒体和新媒体机构数量

在参与评估的 36 个城市中，成都市的“科技传统媒体和新媒体机构数量”这一指标略低于全国平均水平，表明成都市对科技传统媒体和新媒体机构的重视程度有待提升，应加强该方面的建设和运营。

成都市具有代表性的科技传统媒体和新媒体机构有电子科技大学出版社有限责任公司、科学出版社成都有限责任公司、都江堰《纸和造纸》编辑广告发行部、四川西部皮革杂志社有限公司、成都阶梯你和我文化传播有限公司等。

3. 科学技术展览馆数量

成都市的科学技术展览馆主要有四川科技馆、成都科学馆（成都科幻馆）、电子科技博物馆、四川航空科技馆、四川社会科学馆，这些科学技术展览馆均未配备虚拟演播厅（室）。

4. 科学家精神教育基地数量

在参与评估的 36 个城市中，成都市的“科学家精神教育基地数量”这一指标高于全国平均水平，表明成都市较为重视弘扬科学家精神，中国科协评选的科学家精神教育基地数量较多。

成都市经中国科协评定的“科学家精神教育基地”主要有袁隆平杂交水稻科学园、中国工程物理研究院党校、中国科学院光电技术研究所科学家精神教育基地、交通强国科学家精神教育基地、成飞航空主题教育基地。

核工业西南物理研究院建设于 1965 年，直属中国核工业集团，是我国最早的核聚变研究专业科研院所。西物院聚变成都研究基地固定展教面积达 2500 平方米，馆藏中国环流器二号 A（HL-2A）装置和新一代“人造太阳”（HL-2M）装置，讲述了“两弹元勋”钱学森、“中国磁约束核聚变奠基人”李正武院士、“中国现代数学之父”王淦昌等老一辈科学家无私奉献、艰苦攻关的故事，大力弘扬了科学家精神。

中国科学院光电技术研究所科学家精神教育基地建成于 2022 年 12 月，是集科研史料、视听影像、党建教育于一体的多维度育人空间，通过深入挖掘光电科学家的成长、科研故事，结合光电所的发展经历和重要科研成果，凝练“探索科学真理、追求技术极致、报效祖国人民”的科学家精神品牌。

交通强国科学家精神教育基地坐落于西南交通大学内，由西安交通大学马克思主义学院申报。该基地汇集西安交通大学轨道交通、马克思主义学科特色资源，依托机车博物馆、校史馆等现有场地，聚焦西南交通大学培养中外院士、设计大师，深挖以茅以升、詹天佑、沈志云为代表的科学家群体相关精神资源，打造示范性科学家精神育人高地。基地展览分为三部分，以“精神引领强国有我”为主题，以“交通+交大”为特色，通过科学家实物、研究成果、史料案例等方面宣传了诸多科学家不懈奋斗的科研故事及科学精神。

（三）大连

评估显示，大连市科技传播机构建设情况相对不足，城市科技传播机构评分为0.78，低于全国平均值2.22。大连市具有代表性的科技传统媒体和新媒体机构有辽宁师范大学出版社有限责任公司、大连萑奞文化艺术传媒有限公司、万圣书乡文化传媒（大连）有限公司等，但总体数量与其他城市仍有一定差距。

1. 科技传播事业单位数量

大连市目前还未建设科技传播事业单位。全国仅有少数非常领先的城市设立了科技传播事业单位，建议大连市加强对科技传播统筹机构的建设，建设科技传播事业单位。

2. 科技传统媒体和新媒体机构数量

在参与评估的36个城市中，大连市的“科技传统媒体和新媒体机构数量”这一指标低于全国平均水平，表明大连市在科技传统媒体和新媒体机构建设方面亟待改善，科技类媒体生态建设仍具备较大提升潜力。

3. 科学技术展览馆数量

大连市的科学技术展览馆主要有EX未来科技馆、大连市科技馆、高新区科技馆。但是，这些科学技术展览馆目前均未配备虚拟演播厅（室）。

4. 科学家精神教育基地数量

在参与评估的36个城市中，大连市的“科学家精神教育基地数量”这一指标低于全国平均水平，表明大连市对科学家精神教育基地的建设方面重视程度有待提升，建议大连市积极加入建设科学家精神教育基地的热潮，弘扬科学家精神。

大连市经中国科协评定的“科学家精神教育基地”主要有中国科学院大连化学物理研究所“秉承矢志·化物报国”科学家精神教育基地、大船之魂企业文化展示馆。

中国科学院大连化学物理研究所“秉承矢志·化物报国”科学家精神教育基地位于中国科学院大连化学物理研究所星海园区内，占地面积1000平方米，包含张大煜先生塑像和展馆场所，陈列有科学家手稿、入党志愿书等丰富的展品资源，设有网上虚拟展馆。基地以“秉承矢志·化物报国”为主题，系统阐述了大连化学物理研究所自中华人民共和国成立以来取得的历史成就和重大贡献，重点讲述以张大煜、张存浩为代表的老一辈科学家精神。

大船之魂企业文化展示馆是一家致力于展示船舶工业历史、科技成就和企业文化的综合性场馆。它以船舶工业为核心，通过丰富多样的展示形式，生动展现了我国船舶工业的辉煌历程、重大科技成果和企业文化特色。大船之魂企业文化展示馆以其独特的展示内容和形式，成为传承船舶文化、展示企业实力、弘扬科技创新精神的重要平台。

（四）福州

评估显示，福州市科技传播机构建设情况相对不足，城市科技传播机构评分为1.06，低于全国平均值2.22。福州市具有代表性的科技传统媒体和新媒体机构有福建百博源风电科技有限公司、福建科学技术出版社有限责任公司、福建通信信息报社有限责任公司等，但缺乏具备虚拟演播厅的科技展馆。

1. 科技传播事业单位数量

福州市暂时没有建设科技传播事业单位。全国仅有少数领先的城市设立了科技传播事业单位，建议福州市寻求机会独立或与其他机构共同建设科技传播事业单位。

2. 科技传统媒体和新媒体机构数量

在参与评估的36个城市中，福州市的“科技传统媒体和新媒体机构数量”这一指标低于全国平均水平，表明福州市在科技媒体生态建设方面存在较大提升空间，建议福州市出台政策引导建设更为完善的科技媒体生态体系。

3. 科学技术展览馆数量

福州市的科学技术展览馆主要有福建省科技馆、福州科技馆、福州软件园黑科技馆、福州福清市科技馆、福州市罗源县科技馆、福州市永泰县科技馆、福州市闽清县梅溪新城科技馆、福州市连江县科技馆、中国核工业科技馆（福建），这些科学技术展览馆目前均未配备虚拟演播厅（室）。

4. 科学家精神教育基地数量

在参与评估的36个城市中，福州市的“科学家精神教育基地数量”这一指标高于全国平均水平，表明福州市较为注重科学家精神的传播，努力建设与维护科学家精神教育基地。

福州市经中国科协评定的“科学家精神教育基地”主要有福建医科大学吴孟超肝胆医院吴孟超院士先进事迹展示馆、台江区侯德榜故居、鼓楼区博物馆高士其故居、福州大学卢嘉锡教育馆。

福建医科大学吴孟超肝胆医院吴孟起院士先进事迹展示馆于2017年9月建成，展示馆的展厅面积达1471平方米，内设7个展室，共6个篇章，应用了现代光电声技术，展示了吴院士工作及生活的用品和奖品，再现了吴院士一生的历程，展现了吴院士伟大的科学家精神，刻画出吴院士高尚的医德医风。

侯德榜故居位于福州市台江区，始建于清代，占地面积达667平方米，为侯德榜先生成年之前的居住地。现故居内开设侯德榜的生平事迹展，展览共分为3个篇章，通过图文、实物、音视频相结合的展出形式，再现了侯德榜一生的赤子爱国之心、振业兴邦之志、鞠躬尽瘁之情、笃信科学之魂。

高士其故居位于福州市鼓楼区，为明代迟清亭旧址。高士其故居展览共分为两大部分，一是陈列展览，内容有“献身科普”“人生历程”“温馨友谊”“关爱孩子”和“故土亲情”5个部分。二是复原部分的3个展室，分别是高士其母亲卧室、北京书房及会客厅。整个展览内容丰富、主题鲜明，通过介绍高士其一生的杰出贡献，弘扬了高士其伟大的科学家精神。

福州大学卢嘉锡教育馆于2018年9月建成，总占地面积达1.2万平方米，室内面积达0.6万平方米，分为3个展区，用书信、手稿、图纸、照片等珍贵实物以及图文展板、多媒体展示的形式，还原了卢嘉锡先生在福州大学艰苦奋斗、严谨治学的场景，成为福州市宣传科学家精神的教育基地。

（五）广州

评估显示，广州市科技传播机构建设情况较为良好，城市科技传播机构评分为4.16，高于全国平均值2.22。广州市的科学技术展览馆主要有广东省科学中心、广州青少年科技馆等，科学家精神教育基地主要有华南农业大学卢永根先进事迹陈列展、中国科学院华南植物园等。

1. 科技传播事业单位数量

在参与评估的36个城市中，广州市的“科技传播事业单位数量”这一指标高于全国平均水平，表明广州市支持科技传播事业单位的发展，积极寻求合作，共建科技传播中心。

广州市具有代表性的科技传播事业单位有大湾区（南沙）国际传播中心。大湾区（南沙）国际传播中心于2023年2月28日正式挂牌成立，该中心主要以内容传播为着力点，面向全球提供多语种、全媒体信息服务，以广聚合力为根基，形成以融媒体中心、国际传播中心、各级各类媒体融合的综合性传播矩阵。

2. 科技传统媒体和新媒体机构数量

在参与评估的36个城市中，广州市的“科技传统媒体和新媒体机构数量”这一指标高于全国平均水平，表明广州市注重科技传统媒体和新媒体机构的建设，努力推动全面化科技媒体建设。

3. 科学技术展览馆数量

广州市的“科学技术展览馆数量”这一指标暂没有评分，全国仅有一些非常领先的城市有具备虚拟演播厅（室）的科技展览馆。广州市应当推动科技展览馆的虚拟演播厅（室）建设，提升科技展览馆的内容生产能力。

广州市的科学技术展览馆主要有广东省科学中心、广州青少年科技馆、广汽科技馆、咏声动画科技馆、白云区科技馆、广州航天科技馆、生物岛科技馆、石滩镇禁毒教育科技馆。但是，这些科学技术展览馆目前均未配备虚拟演播厅（室）。

4. 科学家精神教育基地数量

在参与评估的36个城市中，广州市的“科学家精神教育基地数量”这一指标略高于全国平均水平，表明广州市比较重视科学家精神基地的建设，积极弘扬科学家精神。

广州市经中国科协评定的“科学家精神教育基地”主要有卢永根先进事迹陈列展、中国科学院华南植物园、初心·华南理工大学校史馆、中国南方电网有限责任公司超高压输电公司。

卢永根先进事迹陈列展设于华南农业大学5号楼，面积约145平方米，2021年4月2日正式开放。展馆通过28个初心故事、80余张珍贵照片和近40件实物展品，从“对党对祖国无限热爱”“学高德馨治学严谨”“廉洁奉公，甘为人梯”“一生恭俭，淡泊名利”四个方面向大家展示了卢永根院士平凡而伟大的一生及献身科研、勇挑重担的精神。

中国科学院华南植物园的前身为国立中山大学农林植物研究所，创建于1929年。中国科学院华南植物园以及陈焕镛、张肇骞、陈封怀等老一辈科学家形成了“情系草木、躬身大地”的优秀品质，润育了“根植华南·家国天下”的宝贵精神，开展了丰富多彩的科学家精神宣教活动，长期致力于知识传播和科学家精神的弘扬，年均接待人数超170万人次，其中青少年约20万人次。年均开展科普活动240场，线上线下受众超300万人次。

初心·华南理工大学校史馆位于五山校区逸夫人文馆，共3层，以“初心”为主题，分为序厅、实业救国、工程报国等五个部分，展示照片1000余张、实物展品90余件、影像资料10余段，通过深度挖掘华南理工大学辉煌历史、优秀科教师资力量与科学家、校友产业故事，化抽象为具体，以多种形式传递科学家精神，传递国家战略科技力量。

（六）哈尔滨

评估显示，哈尔滨市科技传播机构建设情况相对薄弱，城市科技传播机构评分为1.31，低于全国平均值2.22。虽然哈尔滨市拥有较多科学家精神教育基地，如哈尔滨工程大学哈军工纪念馆、黑龙江省科学技术馆等，但是哈尔滨市的科技传播事业单位、科技馆适配虚拟演播厅及科技媒体机构方面仍存在较大提升空间，影响了整体科技传播机构的建设情况。

1. 科技传播事业单位数量

在参与评估的36个城市中，哈尔滨市目前还未建设科技传播事业单位。全国仅有少数城市设立了科技传播事业单位，表明哈尔滨市对科技传播事业单位的建设力度有待加强，建议哈尔滨市因地制宜，根据自身情况设置相关机构。

2. 科技传统媒体和新媒体机构数量

在参与评估的36个城市中，哈尔滨市的“科技传统媒体和新媒体机构数量”这一指标略低于全国平均水平，表明哈尔滨市拥有较为完善的科技传统媒体和新媒体机构，但还需要进一步完善科技类媒体生态系统。

哈尔滨市具有代表性的科技传统媒体和新媒体机构主要有黑龙江科学技术出版社有限公司、哈尔滨工业大学出版社有限公司、哈尔滨鑫三北电力科技图书有限公司、黑龙江省机械科学研究院、黑龙江《科学技术创新》杂志社有限公司、科技创新与应用杂志社有限公司等。

3. 科学技术展览馆数量

哈尔滨市目前还未建设具备虚拟演播厅的科学技术展览馆。由于虚拟演播厅（室）需要先进的技术，目前全国范围内引进虚拟演播厅（室）的科技馆数量很少，建议哈尔滨市科学技术展览馆提升适配先进技术的能力，加快虚拟演播厅（室）的建设。哈尔滨市的科学技术展览馆主要有黑龙江省科学技术馆、哈尔滨科学宫，这些科学技术展览馆均未配备虚拟演播厅（室）。

4. 科学家精神教育基地数量

在参与评估的36个城市中，哈尔滨市的“科学家精神教育基地数量”这一指标高于全国平均水平，表明哈尔滨市致力于传承科学家精神，积极投入科学家精神教育基地的建设。

哈尔滨市经中国科协评定的“科学家精神教育基地”主要有哈尔滨工程大学哈军工纪念馆、哈尔滨医科大学附属第一医院黑龙江伍连德纪念馆、黑龙江省科学技术馆、哈尔滨工业大学博物馆、黑龙江护理高等专科学校于维汉纪念馆。

哈尔滨工程大学哈军工纪念馆于2013年9月建成并开放，现有馆藏史料2万余件、国家级文物530件（套）。该馆以哈军工人的科学家精神为核心，系统打造纪念馆“常设与临时展览相结合的展陈体系，线下教育与线上展览相结合的宣传模式，专题纪录片与新媒体相结合的传播媒介，院士、专家带头宣讲科学家精神”的科学家精神传播阵地，通过科学家们使用过的书籍、历史手稿及学习用具，集中展示哈军工为国家培养杰出人才、打造国之重器的贡献与成果。

哈尔滨医科大学附属第一医院黑龙江伍连德纪念馆是全球首座致敬伍连德博士的场所。该纪念馆隶属哈尔滨医科大学附属第一医院，展示了中国现代医学先驱伍连德的光辉事例，在弘扬伍连德精神、传承光荣历史、凝聚民族精神等方面，具有不可替代的文化价值和深厚文化内涵。新冠疫情期间，纪念馆借助多种渠道宣传伍连德博士的防疫理念，让伍连德精神在群众中生根发芽，坚定了群众的防疫信念。

黑龙江省科学技术馆积极履行重要政治责任，将弘扬科学家精神作为引领科技工作者的重要旗帜。为此，馆内特别打造了“科技之星，闪耀龙江”——黑龙江科学家精神主题展，并以主题展为载体，积极发挥科学家精神价值引领作用，形成独具科技馆特色的科学家精神宣讲资源体系，为广大观众提供更加生动而深刻的科学教育体验。

哈尔滨工业大学博物馆正积极构建多种宣传教育平台，包括数字展馆、虚拟展馆、网上展览平台以及新媒体平台等，助推科学家精神教育迈上新的台阶。该博物馆以党员干部党性教育实训地、青少年爱国主义和科学教育第二课堂为重点，致力于发挥其作为教育载体的多重功能。在思政实践课方面，博物馆已经累计接待80个团体、2300余人次。包括党员干部、科技工作者、广大师生以及社会各界人士340余个团体、9300余人次。

（七）杭州

评估显示，杭州市科技传播机构建设情况较为良好，城市科技传播机构评分为3.19，高于全国平均值2.22。杭州市将钱学森故居打造成集收藏、展示、公众教育、研学等于一体的科学家精神教育基地，通过多媒体融合的宣传方式，宣传一代科学巨匠钱学森的传奇一生，弘扬钱学森精神。

1. 科技传播事业单位数量

在参与评估的36个城市中，杭州市的“科技传播事业单位数量”这一指标高于全国平均水平，表明杭州市较为重视科技传播事业单位的机构建设，积极参与建设科技传播中心。

杭州市具有代表性的科技传播事业单位有浙江省科学传播中心。

浙江省科学传播中心作为浙江省科协的下属预算单位，主要职责是推进浙江省科协系统数字化改革，作为专门机构承担日常协调沟通、技术保障和具体组织实施等工作；建设和维护省科协信息化平台、综合数据平台以及办公自动化系统、网络系统；负责浙江省科协官网大众科技网的运营，组织开展科技宣传；弘扬科学精神，传播科学文化，建设科学传播资源，开展科学传播活动。

2. 科技传统媒体和新媒体机构数量

在参与评估的36个城市中，杭州市的“科技传统媒体和新媒体机构数量”这一指标高于全国平均水平，表明杭州市较为重视科技传统媒体和新媒体机构的建设，科技类媒体的生态建设较为完善。

杭州市具有代表性的科技传统媒体和新媒体机构有浙江大学出版社有限责任公司、浙江《机电工程》杂志社有限公司、星浦（杭州）科技文化发展有限公司、浙江医学杂志社、杭州慧洋科技文化发展有限公司等。

3. 科学技术展览馆数量

杭州市的科学技术展览馆主要有浙江省科技馆、杭州低碳科技馆、杭州市科技交流馆、余杭科技馆、临平科技馆、杭州绿色建筑科技馆、淳安县科技馆，这些科学技术展览馆均未配备虚拟演播厅（室）。

4. 科学家精神教育基地数量

在参与评估的36个城市中，杭州市的“科学家精神教育基地数量”这一指标高于全国平均水平，表明杭州市较为重视弘扬科学家精神，积极参与建设科学家精神教育基地。

杭州市经中国科协评定的“科学家精神教育基地”主要有钱学森故居、浙江大学“王淦昌事迹陈列室”、浙江省科技馆、钱塘江大桥陈列馆。

钱学森故居建于清末，历经百年，仍保存完整，是我国现存唯一的一座为纪念伟大科学家、“两弹一星”奠基人钱学森而修缮的钱氏祖宅。如今的钱学森故居建筑室内面积为780平方米，共有两层，是集收藏、展示、公众教育、研学等于一体的故居类纪念馆。钱学森故居通过大量历史文献、照片、书信和钱学森使用过的实物，结合新媒体展示方式，生动立体地展现钱学森矢志报国、功勋卓著的一生。

浙江大学“王淦昌事迹陈列室”，于2022年5月28日王淦昌先生诞辰115周年当日正式开馆。陈列室中展出有王淦昌任教国立浙江大学教职员登记表、王淦昌科研手稿、“两弹一星功勋奖章”和中国现代科学家系列之王淦昌纪念封等数十件宝贵史料，以及关于王淦昌的各类照片、影像资料等数十件。陈列室以“仰望星空”为设计理念，建设了蓝色星空穹顶和时空隧道。

浙江省科技馆自建馆以来，创办“科技馆科学院”，打造“科学有观”“菠萝科学奖”等科学传播品牌，策划执行“科学+”系列科技传播活动，通过活动讲好科学家故事，大力弘扬科学家精神。近年来，浙江省科技馆充分结合科学家诞辰纪念日、全国科技工作者日、全国科技活动周等重要时间节点，精心策划科学家精神系列活动。

钱塘江大桥陈列馆占地约2000平方米，展厅面积330平方米，于1999年12月对外开放。陈列馆展厅记录了钱塘江大桥的前世今生和历史意义，讲述了以茅以升、罗英等为代表的大桥设计者和建设者们的爱国故事。陈列馆通过大量图片、实物，展示了钱塘江大桥在抗日烽火中建桥、炸桥、修桥的传奇经历，展示了老一辈铁路工程技术人员以知识报国的情怀，修建民族精神桥的艰难历程，通过声、光、电、影视多媒体等方式还原了建桥时许多感人的瞬间。

（八）合肥

评估显示，合肥市科技传播机构建设情况较为薄弱，城市科技传播机构评分为1.31，低于全国平均值2.22。合肥市在科技媒体和科学家精神教育基地建设方面情况较好，建设有中国科学技术大学档案文博院、安徽省院士专家联谊会院士中心等科学家精神教育基地。但科技传播事业缺乏统领机构，未设立科技传播事业单位，同时未在科学技术展览馆引入虚拟演播厅（室），较大程度制约了科技传播机构的整体发展。

1. 科技传播事业单位数量

合肥市目前还未建设科技传播事业单位。全国仅有一些非常领先的城市设立了专门的科技传播事业单位，建议合肥市加强对该方面的重视程度。

2. 科技传统媒体和新媒体机构数量

在参与评估的36个城市中，合肥市的“科技传统媒体和新媒体机构数量”这一指标略低于全国平均水平，表明合肥市对科技传统媒体和新媒体机构的关注程度亟待提升，科技传统媒体和新媒体机构的数量较少。

合肥市具有代表性的科技传统媒体和新媒体机构有安徽科学技术出版社、安徽科教文汇期刊中心有限公司、安徽省立医院临床输血与检验杂志社、安徽科技报社、安徽科技音像有限公司、安徽科技报传媒有限公司等。

3. 科学技术展览馆数量

合肥市的科学技术展览馆主要有安徽省科技馆、合肥科技馆、肥东科技馆、合肥现代科技馆、长丰县科技馆、兆易集成电路科技馆，这些科学技术展览馆均未配备虚拟演播厅（室）。

4. 科学家精神教育基地数量

在参与评估的36个城市中，合肥市的“科学家精神教育基地数量”这一指标高于全国平均水平，表明合肥市较为重视对于科学家精神的宣传和传承，在科学家精神教育基地的建设方面表现良好。

合肥市经中国科协评定的“科学家精神教育基地”主要有安徽省院士专家联谊会院士中心、“重器巨轶融合开放”科学家精神教育基地、中国科学技术大学国家同步辐射实验室、中国科学技术大学档案文博院。

安徽省院士专家联谊会院士中心于2018年由安徽省院士专家联谊会、合肥市人民政府和中国科学技术大学共建。设有院士风采展厅、院士书屋、院士报告厅、院士办公室等。其中，院士风采展厅主要陈列了邓稼先、任新民、程开甲等“两弹一星”元勋在内的皖籍、在皖工作等233位院士的简介、重要科研成果、成长励志感人事迹，以及对安徽省经济和科技等作出重大贡献的文字、图片、影像资料以及作品实物。院士报告厅开展科学大讲堂、院士大讲堂等系列活动，邀请院士专家共举办了10余场科普系列讲堂、40余期科学家企业家沙龙、30余场培训、100余次会议等，普及科学知识、弘扬科学家精神，活动覆盖1万余人。

“重器巨帙融合开放”科学家精神教育基地于2021年年底建成，位于合肥科学岛中心，主场馆内部展陈面积约800平方米，分为序厅、走进科学岛、信仰的力量、精神的硕果、启航“十四五”五大展厅。展馆以老科学家精神和新科学家精神为主线展开，设置葛庭燧院士专题展区、新时代科学家精神展区，还特别设置弘扬科学家精神视频教育展区、扎根科研一线科学家影像展区，回溯科学大家风范、讲述创新团队故事、呈现科技创新成果、展望科学发展愿景，让科学家精神产生更加强大的时代感召力和引领力。

中国科学技术大学国家同步辐射实验室是国家计委批准建设的我国第一个国家级实验室，为我国同步辐射事业的起步和发展作出了开创性贡献。国家同步辐射实验室“追光”展厅位于校史馆一楼，整个展厅分为“使命担当”“建设历程”“自立自强”“拼搏奉献”“追求卓越”“科普知识”六个部分，通过文字、图片、实物、视频等多种方式，全面讲述了实验室的建设发展历程和一代代“追光者”科教报国的动人故事。该实验室同时入选2023年安徽省“科学家精神教育基地”。

中国科学技术大学档案文博院成立于2021年，统筹管理学校档案馆、校史馆和博物馆，是学校档案文博资源建设和校园文化建设的重要支撑平台。依托丰富的校史文化资源，成功举办了郭沫若、郭永怀、钱学森等老一辈科学家主题展，成立红专文化宣讲队，并在新生入学教育、全国科技活动周、优秀大学生夏令营、青少年高校科学营、校友值年返校等活动中发挥重要作用，大力弘扬以“爱国、创新、求实、奉献、协同、育人”为内核的科学家精神。

（九）济南

评估显示，济南市科技传播机构建设比较薄弱，城市科技传播机构评分为1.02，评分低于全国平均值2.22。

1. 科技传播事业单位数量

济南市目前还未建设科技传播事业单位。全国仅有一些非常领先的城市设立了专门的科技传播事业单位。

2. 科技传统媒体和新媒体机构数量

在参与评估的36个城市中，济南市的“科技传统媒体和新媒体机构数量”这一指标略低于全国平均水平，表明济南市科技传统媒体和新媒体机构数量有待提升，建议济南市重视科技类媒体机构的发展。

3. 科学技术展览馆数量

济南市的科学技术展览馆主要有山东省科技馆、济南市科技馆、济阳区科技馆、空天信息科技馆，这些科学技术展览馆均未配备虚拟演播厅（室）。

4. 科学家精神教育基地数量

在参与评估的36个城市中，济南市的“科学家精神教育基地数量”这一指标低于全国平均水平，表明济南市的科学家精神教育基地建设水平存在一定提升空间，可以加强科学家精神教育基地的建设。

济南市经中国科协评定的“科学家精神教育基地”主要有山东省农业科学院毛主席视察省农科院纪念地、国家重点实验室展览室、中铁十四局博物馆暨大盾构博物馆、山东探矿博物馆。

山东省农业科学院是山东省政府直属的综合性省级农业科研单位，为弘扬科学家精神，山东省农科院先后建设了毛主席视察省农科院纪念地、院展览馆、国家重点实验室展览室等科学家精神教育场馆，全面展示了毛主席视察农科学、科研人员贯彻落实党的领导、践行科学家精神的实践活动，宣传了农科院科学家凝练的“泰山1号”“鲁棉1号”等精神，是新时代农业科学教育的主要阵地。

中铁十四局博物馆暨大盾构博物馆自2022年开展国家级科学家精神教育基地申报工作，并成功于第二批获选。该基地由“中铁十四局博物馆”“大盾构博物馆”和“科学家精神展厅”三部分组成。中铁十四局博物馆通过大量历史资料、实物、照片展现了我国铁道兵第四师在革命与新中国建设时期作出的卓越贡献，弘扬铁道兵精神；大盾构博物馆以文字、影视资料为载体，反映了我国大盾构机装备建设及科研人员夜以继日的奋斗历程；科学家精神展厅展示了18位科学家在地下工程领域作出的突出贡献。

山东探矿博物馆是全国首家探矿主题博物馆，建设依托山东省煤田地质规划勘察研究院，面积6000平方米，除常设的展陈品，博物馆还组建了专门的宣讲、志愿团队，致力于科学家精神的传承，并积极出版科学家精神书籍，累计开展讲座、宣讲、研学活动超1200次，受众超40万人次。

（十）昆明

评估显示，昆明市科技传播机构建设较为滞后，城市科技传播机构评分为0.78，低于全国平均值2.22。

1. 科技传播事业单位数量

昆明市目前未建设科技传播事业单位。全国仅有一些领先的城市拥有独立的科技传播事业单位，以及有部分城市拥有与其他城市合作共建的科技传播中心。

2. 科技传统媒体和新媒体机构数量

在参与评估的36个城市中，昆明市的“科技传统媒体和新媒体机构数量”这一指标低于全国平均水平，表明昆明市已建设了基本的全媒体科技传播体系框架，但科技传播媒体整体数量仍有待提升，建议昆明市将提升科技媒体机构数量作为下一阶段科技全媒体建设的重点工作之一。

昆明市具有代表性的科技传统媒体和新媒体机构有云南建筑杂志社、盘龙区空港传媒工作室、云南科技出版社有限责任公司、云南曼岚文化传媒有限公司、昆明虚船文化传播有限公司等。

3. 科学技术展览馆数量

昆明市的科学技术展览馆主要有云南省科学技术馆、禄劝县科技馆、富民县科技馆、寻甸县科技馆、安宁市科技馆、石林县民族科技馆，这些科学技术展览馆均未配备虚拟演播厅（室）。

4. 科学家精神教育基地数量

在参与评估的36个城市中，昆明市的“科学家精神教育基地数量”这一指标低于全国平均水平，表明昆明市开设的科学家精神教育基地较少，建议昆明市加大对科学家精神教育基地建设的重视程度，引导科学家精神教育基地的申报工作，力争评设更多的科学家精神教育基地。

昆明市经中国科协评定的“科学家精神教育基地”主要有云南农业大学科技报国教育基地、西南联大旧址及西南联大博物馆和蔡希陶纪念馆。

云南农业大学科技报国教育基地秉承云南农大办学84年“开学养正、耕读至诚”的校园精神，弘扬以朱有勇院士为代表的科学家们印刻在“云岭”大地的科学家精神，依托云南农大的资源、人才优势，打造特色科学家精神宣讲团队，持续开展“楷模·耕耘·耕读”弘扬科学家精神系列专题活动，点亮科学思想，弘扬科学家精神。

西南联大旧址及西南联大博物馆位于云南省昆明市五华区云南师范大学西南联大校区内，见证了西南联大抗战期间在滇办学8年的光辉历史。该博物馆记述了西南联大师生在极其艰苦的历史条件下，挽救民族危亡的坚定担当和心怀民族复兴的强烈使命，创造了抗战史上的不朽丰碑。据统计，西南联大共走出2位诺贝尔奖获得者、8位“两弹一星”功勋奖章获得者、5位国家最高科技奖获得者、175位院士及大批享誉中外的杰出人才。

蔡希陶纪念馆位于中国科学院西双版纳热带植物园，该馆展陈了蔡希陶倾其毕生为国觅资源、投身奉献与植物研究事业的感人事迹，是推动科学家精神教育传播的重要场所，充分弘扬了我国植物学先驱蔡希陶“急国家之所急，急人民之所用”的科学家情怀，为国家社会主义精神文明建设作出了积极贡献。

（十一）南昌

评估显示，南昌市科技传播机构建设情况较为薄弱，城市科技传播机构评分为0.73，低于全国平均值2.22。

1. 科技传播事业单位数量

在参与评估的36个城市中，南昌市的“科技传播事业单位数量”这一指标暂无评分，目前全国仅有少数城市有独立的科技传播事业单位或与中国科协科技传播中心合作共建的科技传播事业单位。建议南昌市尝试积极与中国科协科技传播中心建立合作，参与共建南昌市的科技传播中心。

2. 科技传统媒体和新媒体机构数量

在参与评估的36个城市中，南昌市的“科技传统媒体和新媒体机构数量”这一指标略低于全国平均水平，表明南昌市虽然在科技传统媒体和新媒体机构的建设上取得了一定成果，但相较于部分城市仍有提升空间。

南昌市具有代表性的科技传统媒体和新媒体机构有江西新华发行集团有限公司、江西省报刊传媒有限责任公司、江西科学技术出版社有限责任公司、江西教育出版社有限责任公司、江西农业杂志社有限责任公司等。

3. 科学技术展览馆数量

南昌市的科学技术展览馆主要有江西省科学技术馆、中国（南昌）VR/AR科技馆、“遨天一号”太空科技体验馆等，这些科学技术展览馆均未配备虚拟演播厅（室）。

4. 科学家精神教育基地数量

在参与评估的36个城市中，南昌市的“科学家精神教育基地数量”这一指标暂无评分，表明南昌市暂无科学家精神教育基地，在该方面亟待提升。

（十二）南京

评估显示，南京市科技传播机构建设情况较为良好，城市科技传播机构评分为7.67，显著高于全国平均值2.22。南京市科技馆数量较多，且南京科技馆已配备虚拟演播厅（室），成为全国极少数科技馆具备虚拟演播厅（室）的城市之一。

1. 科技传播事业单位数量

在参与评估的36个城市中，南京市的“科技传播事业单位数量”这一指标高于全国平均水平，表明南京市在科技传播事业单位建设上有所建树，拥有独立的科技传播事业单位，对科技传播的发展起到极大的推动作用。

南京市具有代表性的科技传播事业单位有江苏省科学传播中心。

江苏省科学传播中心作为江苏省科学技术协会的下属预算单位，主要职责是承担全媒体科技宣传资源的开发与传播，利用新媒体开展科技宣传；开展科技宣传资源的信息化工作；开展科技活动的策划、组织工作，并承担科技人才梯队的建设管理工作。

2. 科技传统媒体和新媒体机构数量

在参与评估的36个城市中，南京市的“科技传统媒体和新媒体机构数量”这一指标略低于全国平均水平，表明南京市可以继续加强科技传统媒体生态建设，促进南京市科技类媒体的蓬勃发展。

南京市具有代表性的科技传统媒体和新媒体机构有南京师大文教杂志社有限责任公司、《江苏卫生保健》编辑部、南京音像出版社有限公司、江苏中艺文化传播有限责任公司等。

3. 科学技术展览馆数量

在参与评估的36个城市中，南京市的“科学技术展览馆数量”这一指标显著高于全国平均水平，表明南京市科学技术展览馆较为重视数字化科技传播内容的制作能力，科学技术展览馆在虚拟演播厅（室）等数字化建设方面的表现较为优异。

南京市的科学技术展览馆主要有南京科技馆、江苏省科技馆、水-PARK 科技馆、横溪科技馆、南京市地震科学馆。其中，南京科技馆配备虚拟演播厅（室）。

4. 科学家精神教育基地数量

在参与评估的 36 个城市中，南京市的“科学家精神教育基地数量”这一指标略高于全国平均水平，表明南京市积极建设科学家精神教育基地，以科学家教育基地作为支撑，大力弘扬科学家精神。

南京市经中国科协评定的“科学家精神教育基地”主要有南京农业大学中华农业文明博物馆、南京理工大学王泽山精神教育基地、中国科学院南京地质古生物研究所李四光先生办公旧址暨南京古生物所所史馆、南京信息工程大学“气象大家”科学家精神教育基地、中国雷达工业发源地展馆、中国北极阁气象博物馆等。

南京理工大学王泽山精神教育基地，依托王泽山院士“一辈子只做一件事”的科学家精神而建设。基地打造了王泽山院士事迹报告团，开展了王泽山院士成果专题展，成立了南京理工大学泽山育才基金等，在全社会推动形成尊重知识、崇尚创新、尊重人才、热爱科学、献身科学的浓厚科技氛围。

南京信息工程大学“气象大家”科学家精神教育基地的建设，主要是以继承和弘扬竺可桢、涂长望等老一辈气象科学家的“无私奉献、胸怀家国”精神为核心，利用各种优质资源，讲述科学历史和弘扬科学精神。该基地每年组织科学家精神宣传活动 10 余场，参与师生近万人。

中国雷达工业发源地展馆位于南京市中国电科十四所园区内，主要展示了中国雷达工业自主创新发展的历程，展示了不同时期的中国雷达人传承科学家精神的生动实践案例。该展馆建成 13 年来，累计接待 5000 余批数十万人次，为弘扬科学家精神提供了物质资源基础，被授予“中国电科爱国主义教育基地”等称号。

中国北极阁气象博物馆位于南京市玄武区北极阁，是国内第一个气象方向的专业性博物馆。该博物馆通过古代、近代、当代和现代气象的四大科技展厅，展示了气象领域的历史事件、气象仪器的历史沿革、气象机构的历史变迁及气象领域的科技发展蓝图，致力于通过宣传气象的历史文化及科学教育活动，弘扬科学家精神。

（十三）宁波

评估显示，宁波市科技传播机构建设情况相对不足，城市科技传播机构评分为 0.78，低于全国平均值 2.22。

1. 科技传播事业单位数量

宁波市暂时未建设科技传播事业单位。全国仅有少数非常领先的城市设立了科技传播事业单位，建议宁波市加大对科技传播事业单位的关注，建设科技传播中心并制定相应机制保障科技传播事业的发展。

2. 科技传统媒体和新媒体机构数量

在参与评估的 36 个城市中，宁波市的“科技传统媒体和新媒体机构数量”这一指标低于全国平均水平，表明宁波市在科技传统媒体和新媒体机构建设方面存在较大的提升空间，科技类媒体的生态建设有待进一步完善。

宁波市具有代表性的科技传统媒体和新媒体机构有宁波智阅数字文化有限公司、宁波东海岸电子音像出版社有限公司、天阁传媒（宁波）有限公司等。

3. 科学技术展览馆数量

宁波市的科学技术展览馆主要有宁波科学探索中心、慈溪科技馆、农业科技馆、海曙区青少年科技馆，这些科学技术展览馆均未配备虚拟演播厅（室）。

4. 科学家精神教育基地数量

在参与评估的 36 个城市中，宁波市的“科学家精神教育基地数量”这一指标低于全国平均水平，表明宁波市在科学家精神教育基地的建设方面仍有较大提升潜力，宁波市可进一步完善科学家精神教育基地的建设，为开展科学家精神弘扬活动提供坚实阵地。

宁波市经中国科协评定的“科学家精神教育基地”主要有屠呦呦旧居陈列馆、谈家桢生命科学教育馆。

屠呦呦旧居陈列馆坐落于宁波市海曙区开明街 26 号的姚宅，是屠呦呦少时生活过 10 年的地方，于 2021 年 5 月对公众开放。陈列馆内展陈面积 837 平方米，有前后楼屋两栋，为宁波近代风格的民国建筑。屠呦呦旧居陈列馆是一座致力于保护和传承屠呦呦先生科学成果和人文精神的纪念场所，它通过陈列屠呦呦先生的生平事迹、科研成果和荣誉，向公众展示屠呦呦先生在抗疟研究领域的卓越贡献和深远影响，为推动科教事业发展作出的积极贡献。

谈家桢生命科学教育馆位于慈城古县城尚志路 7 号，为一处保存完善、建筑精美的晚清建筑，原属民国上海金融家冯梅卿宅第。展馆场地面积约 1000 平方米，建筑面积 816 平方米，共分 4 个展厅，通过故乡与童年、少年的天问、生命的密码、闪耀的行星、永远的华章等多个维度，介绍了谈家桢的生平和成就。

（十四）青岛

评估显示，青岛市科技传播机构建设情况相对薄弱，城市科技传播机构评分为 1.02，低于全国平均值 2.22。

1. 科技传播事业单位数量

青岛市目前还未建设科技传播事业单位。全国仅有少数城市设立了科技传播事业单位，建议青岛市加强对科技传播事业单位的建设，可待发展的空间较大。

2. 科技传统媒体和新媒体机构数量

在参与评估的 36 个城市中，青岛市的“科技传统媒体和新媒体机构数量”这一指标略低于全国平均水平，表明青岛市较为重视科技传统媒体和新媒体机构的建设，拥有较为完善的科技传统媒体和新媒体机构，但需要进一步完善科技传统媒体和新媒体机构生态建设。

3. 科学技术展览馆数量

青岛市的科学技术展览馆主要有青岛科技馆、青岛海洋科学馆、中国新能源生态科技馆、海洋科技馆、动车小镇科技馆、青岛能源科技馆、中国海藻生物科技馆，这些科学技术展览馆均未配备虚拟演播厅（室）。

4. 科学家精神教育基地数量

在参与评估的36个城市中，青岛市的“科学家精神教育基地数量”这一指标低于全国平均水平，表明青岛市对科学家精神教育基地建设有待加强，建议加大科学家精神教育基地建设方面的投入。

青岛市经中国科协评定的“科学家精神教育基地”主要有山东大学微生物技术国家重点实验室、中国科学院海洋研究所、中国石油大学校史馆。

山东大学微生物技术国家重点实验室是山东大学生命科学学院下设的国家重点实验室，成立于1998年。实验室重点宣传和介绍山东大学微生物学领域在建设、改革和新时期为科技进步、人民生活改善和国家发展作出重要贡献的科学家个人和科研团队的先进事迹，使科学家精神代代相传，科学家成就广为传播。

中国科学院海洋研究所始建于1950年，是新中国第一个专门从事海洋科学研究的国立机构。中国科学院海洋研究所积淀了“耕海开洋，博大报国”的优良学风传统和科学家精神，依托中国科协“耕海探洋”学风涵养工作室，开展“弘扬老一辈科学家精神，传承优秀作风学风”系列活动，加强学风传承基地建设，弘扬科学家精神。

中国石油大学校史馆于2021年建成开馆，该馆以大师、学者为核心，通过立体展示科学家的风采和故事，打造科学家群体和科学家精神。中国石油大学校史馆自开馆以来，一直致力于打造爱党爱国、立德树人、文化弘扬、精神促进、科学传播的“教育共同体”，建成区域和行业高校的“精神文化高地”，切实发挥弘扬科学家精神的突出作用。

（十五）厦门

评估显示，厦门市科技传播机构建设情况较为良好，城市科技传播机构评分为2.66，略高于全国平均值2.22。

1. 科技传播事业单位数量

在参与评估的36个城市中，厦门市的“科技传播事业单位数量”这一指标显著高于全国平均水平，表明厦门市积极推动科技传播事业单位的机构建设，对科技传播中心的共建与发展较为重视。

厦门市具有代表性的科技传播事业单位为海峡国际传播中心。

海峡国际传播中心成立于2022年，是福建省重塑外宣业务、重整外宣流程、重构外宣格局的具体行动，对于讲好中国故事、福建故事，起到积极的促进作用。该中心肩负“联接中外、沟通世界”的重要使命，广泛引进外语人才，积极开拓国际传播阵地，创新建设全媒体传播体系，建立了覆盖海外多层次、立体式自持账号平台矩阵。

2. 科技传统媒体和新媒体机构数量

在参与评估的36个城市中，厦门市的“科技传统媒体和新媒体机构数量”这一指标略微低于全国平均水平，表明厦门市在科技传统媒体和新媒体机构的建设方面较为薄弱，存在一定的提升空间。

厦门市具有代表性的科技传统媒体和新媒体机构有厦门衿青文化有限公司、福建省一九五一数字传媒有限公司等。

3. 科学技术展览馆数量

厦门市的科学技术展览馆主要有厦门科技馆、诚毅科技探索中心、厦门市同安科技馆、厦门青少年科技馆、厦门台风科技馆、厦门青少年天文科技馆、福建海洋渔业科学馆、厦门消防科技教育馆，这些科学技术展览馆均未配备虚拟演播厅（室）。

4. 科学家精神教育基地数量

在参与评估的36个城市中，厦门市的“科学家精神教育基地数量”这一指标低于全国平均水平，表明厦门市在科学家精神教育基地的建设上亟须改善，建议厦门市利用城市内现有的科学家故居等资源，积极申报科学家精神教育基地。

厦门市经中国科协评定的“科学家精神教育基地”为林巧稚纪念馆。

林巧稚纪念馆建于1984年，位于厦门市鼓浪屿毓园，为纪念卓越的人民医学家、著名的妇产科医生林巧稚而建。园中立有林巧稚大夫的汉白玉雕像，建有“林巧稚大夫生平事迹展览室”，展出其生前用过的实物、读过的著作、获得的各种证书和一些活动、工作、生活照片，以及党和国家领导人的纪念题字等，纪念这位医德高尚、医术精湛的人民医学家。

（十六）上海

评估显示，上海市科技传播机构建设情况较为良好，城市科技传播机构评分为7.34，显著高于全国平均值2.22。

1. 科技传播事业单位数量

上海市的“科技传播事业单位数量”这一指标暂时没有评分，上海作为全国人口与经济的核心之一，应加强对该方面的重视，建设科技传播事业单位。

2. 科技传统媒体和新媒体机构数量

在参与评估的36个城市中，上海市的“科技传统媒体和新媒体机构数量”这一指标显著高于全国平均水平，表明上海市在科技传统媒体和新媒体机构建设方面较为成熟，科技类媒体的生态建设获得全面发展。

上海市具有代表性的科技传统媒体和新媒体机构有华东理工大学出版社有限公司、上海科学技术出版社有限公司、上海科技教育出版社有限公司、复旦大学出版社有限公司、上海世纪出版股份有限公司科学技术出版社等。

3. 科学技术展览馆数量

在参与评估的36个城市中，上海市的“科学技术展览馆数量”这一指标显著高于全国平均水平，表明上海市较为重视科技馆在虚拟演播厅（室）等方面的数字化建设，科技馆在虚拟演播厅（室）等数字化建设方面较国内大多数城市更加成熟。

上海市的科学技术展览馆主要有上海陶瓷科技艺术馆、上海长江河口科技馆、上海建筑科技馆、崇明生态科技馆、上海隧道科技馆、上海青少年科技探索馆、上海市金山区科技馆等，其中，上海科技馆配备了虚拟演播厅。

4. 科学家精神教育基地数量

在参与评估的36个城市中，上海市的“科学家精神教育基地数量”这一指标显著高于全国平均水平，表明上海市十分重视科学家精神的弘扬，在科学家精神教育基地建设方面取得较好成就。

上海市经中国科协评定的“科学家精神教育基地”主要有江南造船展示馆、上海第二工业大学包起帆创新之路展示馆、同济大学李国豪科学家精神教育基地、中国科学院上海硅酸盐研究所科学家精神教育基地、上海科学会堂、复旦大学玖园爱国主义教育建筑群、上海交通大学钱学森图书馆、上海大学钱伟长图书馆、中国极地研究中心、上海院士风采馆等。

江南造船展示馆于2004年建成并向全社会开放，面积达4000平方米，共分为上下两层。该展示馆拥有158年历史，前身为创建于1865年的江南机器制造局，展馆内部陈列了大量珍贵历史照片、实物和模型，详细展示了华蘅芳、徐寿这两位近代科学家的故事以及江南造船厂引进西方科学、建造万吨水压机等大国重器的相关内容，具有强烈的教育意义。

上海第二工业大学包起帆创新之路展示馆建成于2016年9月28日，位于上海第二工业大学金海路校区。在上海总工会、上海市科协等单位的支持下，展示馆以“创新理念、创新思想、创新方法”为主题，建设工人创新、工程师创新等七大展区，收录实物展品2000余件，通过实物、VR等陈展方式，弘扬科学家包起帆坚持不懈、勇攀高峰的科研精神。在持续努力之下，展示馆已建成一支由院士、专家组成的特聘教授团队，长期面向社会开展科学家精神宣讲活动。

同济大学李国豪科学家精神教育基地，依托同济大学土木工程学院院史馆，以展板、模型、书籍、图片和视频等方式，展示了著名桥梁工程与力学专家、同济大学名誉校长李国豪先生的爱国、奉献、创新和育人等科学家精神，馆内设有常备的志愿者讲解团队为观众提供导览，还多次编写李国豪科学教育思想类书籍与剧目作品，在全国受到广泛欢迎。

（十七）深圳

评估显示，深圳市科技传播机构建设较为薄弱，城市科技传播机构评分为1.26，低于全国平均值2.22，但在科技传统媒体和新媒体机构建设方面情况良好。

1. 科技传播事业单位数量

深圳市暂无科技传播事业单位。全国仅有极少城市设立了科技传播事业单位，建议深圳市加快建设科技传播事业单位，统筹引领科技传播事业发展。

2. 科技传统媒体和新媒体机构数量

在参与评估的36个城市中，深圳市的“科技传统媒体和新媒体机构数量”这一指标略高于全国平均水平，表明深圳市拥有较为全面的科技类媒体体系，有利于提高科技传播能力，深化媒体影响力。

深圳市具有代表性的科技传统媒体和新媒体机构有深圳红树林杂志社有限公司、产经观察日报社（广东）有限公司、深圳市源方文化科技有限公司、中科迅通（深圳）科技有限公司、深圳市桃之夭文化传媒有限公司等。

3. 科学技术展览馆数量

深圳市目前还没有具备虚拟演播厅的科学技术展览馆，深圳市科学技术展览馆应从技术、资金等方面着手，结合实际，积极规划引入虚拟演播厅（室）。

深圳市的科学技术展览馆主要有深圳市科学馆、宝安区科技馆、龙岗区科技馆（红立方科技馆）、深圳市少年宫（深圳市少儿科技馆）、深圳燃气科学馆、Skyland 未来科技馆、深圳昆虫科技馆，这些科学技术展览馆均未配备虚拟演播厅（室）。

4. 科学家精神教育基地数量

在参与评估的 36 个城市中，深圳市的“科学家精神教育基地数量”这一指标低于全国平均水平，表明深圳市需进一步发掘与建设科学家精神教育基地，为弘扬科学家精神提供更多的载体和平台。

深圳市经中国科协评定的“科学家精神教育基地”主要有深圳人才公园—深爱人才馆和大亚湾核电基地。

深圳人才公园—深爱人才馆是深圳市第一个以人才命名的公园，该公园凭借公园性质的景区优势，设置院士星空桥、院士林等院士科学家的主题景点，趣味性弘扬科学家事例，使科学家精神深入人心。深爱人才馆常设科学家人才系列展览，通过图文、视频等方式展示多领域院士专家的科研故事及相关研究成果，并且主动举办院士讲堂等活动，邀请来深院士、诺贝尔奖获得者、经济学家等各领域名家做主题演讲。

大亚湾核电基地于 1987 年开工建设，1994 年投入运行。近年来，大亚湾核电基地积极开展科学家精神和核电科学知识传播工作，不仅持续开展“公众开放日”“员工家属科普日”等多项主题活动，也同步开发“核科学”精品科普课程、邀请选聘“核电科普大使”，作为意见领袖，传播“核电科学”与大亚湾基地建设运营背后的感人事例。

（十八）沈阳

评估显示，沈阳市科技传播机构建设情况相对薄弱，城市科技传播机构评分为 1.06，低于全国平均值 2.22。

1. 科技传播事业单位数量

沈阳市目前还未建设科技传播事业单位。建议沈阳市引进更多科技传播管理人才，推动设立科技传播事业单位，统筹沈阳科技传播事业。

2. 科技传统媒体和新媒体机构数量

在参与评估的 36 个城市中，沈阳市的“科技传统媒体和新媒体机构数量”这一指标低于全国平均水平，表明沈阳市对科技传统媒体和新媒体机构的建设重视程度有待提升，建议加强科技类媒体生态建设。

沈阳市具有代表性的科技传统媒体和新媒体机构有辽宁电子出版社有限责任公司、盛京出版传媒（辽宁）有限公司等。

3. 科学技术展览馆数量

沈阳市的科学技术展览馆主要有辽宁省科学技术馆、沈阳科学宫，这些科学技术展览馆均未配备虚拟演播厅（室），建议沈阳市引入虚拟演播厅（室），增强数字化科技传播能力。

4. 科学家精神教育基地数量

在参与评估的36个城市中，沈阳市的“科学家精神教育基地数量”这一指标略高于全国平均水平，表明沈阳市积极参与建设科学家精神教育基地，培养科学家精神，推动科学研究与创新，为沈阳市的科技发展和人才培养作出了积极贡献。

沈阳市经中国科协评定的“科学家精神教育基地”主要有吴大观航空发动机精神教育基地、中国医科大学校史馆、沈阳飞机工业（集团）有限公司沈飞航空博览园·罗阳纪念馆、航空工业沈阳飞机设计研究所顾诵芬图书馆、辽宁古生物博物馆、中国科学院金属研究所科学家精神教育基地、东北大学“冶金报国·矢志卓越”科学家精神教育基地。

吴大观航空发动机精神教育基地是中国航发动力所建立，由吴大观办公室、航空发动机试验展厅、动力文化广场等部分组成。其中，试验展厅由某试验器及厂房改建而成，建筑面积达480平方米，是研究所自行设计及建造的首个大型试验设备。该教育基地着力于打造航空发动机领域的科学家精神展示平台，弘扬以吴大观为代表的老一辈航空动力专家献身祖国、奋力开创国家航空发动机事业的科学家精神。

航空工业沈阳飞机设计研究所顾诵芬图书馆隶属航空工业沈阳飞机设计研究所，于2021年10月30日启动。“顾诵芬图书馆”主要通过实物展品、档案资料等，集中展示顾诵芬院士的科研经历和学术成果。“顾诵芬图书馆”收藏了顾诵芬院士编撰的著作以及航空工业相关领域的科学家人物传记等书籍，提供航空工业相关领域图书、期刊及科普读物，供科研人员学习参考。

中国科学院金属研究所科学家精神教育基地于2021年建成并投入使用。该基地通过视频、手稿、展板、实物、模型等多种展示方式，集中展示了以葛庭、燧李薰等人为代表的金属所老一辈科学家的光辉事迹，彰显了他们服务新中国钢铁冶金行业的恢复与壮大发展，以解决国家发展急需为己任的科学家精神。

（十九）石家庄

评估显示，石家庄市科技传播机构建设情况相对薄弱，城市科技传播机构评分为0.78，低于全国平均值2.22。

1. 科技传播事业单位数量

石家庄市目前还未建设科技传播事业单位。建议石家庄提升对科技传播事业单位机构建设的重视程度，建设科技传播事业单位，为科技传播事业提供平台基础。

2. 科技传统媒体和新媒体机构数量

石家庄市目前还没有具备虚拟演播厅的科学技术展览馆。全国仅有一些领先城市拥有具备虚拟演播厅的科技展览馆。

石家庄市具有代表性的科技传统媒体和新媒体机构有河北教育音像电子出版社有限责任公司、河北火云文化传播有限公司等，整体数量不足。

3. 科学技术展览馆数量

石家庄市的科学技术展览馆主要有河北省科学技术馆、趣太空航天科技体验馆、井陉县科技馆、河北省正定县科技馆，这些科学技术展览馆均未配备虚拟演播厅（室）。

4. 科学家精神教育基地数量

在参与评估的36个城市中，石家庄市的“科学家精神教育基地数量”这一指标低于全国平均水平，表明石家庄市对弘扬科学家精神重视程度有待提高，建议积极申报建设科学家精神教育基地。

石家庄市经中国科协评定的“科学家精神教育基地”主要有卫星导航系统与装备技术国家重点实验室。

卫星导航系统与装备技术国家重点实验室依托于中国电子科技集团公司第五十四研究所，是国家科技部于2005年批准建设的企业国家重点实验室，也是我国卫星导航领域唯一的国家重点实验室。该重点实验室内有5个技术研究室，自创立以来共负责国家级和省部级科研项目180余项，为我国北斗卫星导航系统建设作出了不可磨灭的贡献。

（二十）天津

评估显示，天津市科技传播机构建设情况较为良好，城市科技传播机构评分为3.23，高于全国平均值2.22。

1. 科技传播事业单位数量

在参与评估的36个城市中，天津市的“科技传播事业单位数量”这一指标显著高于全国平均水平，表明天津市为科技传播发展提供了较为充足的平台和资源，体现了天津市在推动科学传播、教育以及政策推动方面的决心和能力。

天津市具有代表性的科技传播事业单位为海河科技传播中心。海河科技传播中心属于京津冀“三中心一基地”布局之一，该中心聚力搭建科技创新与科技传播融合平台，发挥联系创新主体、构建协作网络、汇聚创新资源等重要作用，推动进一步强化科技传播共生共融共建共享的京津冀协同发展模式。

2. 科技传统媒体和新媒体机构数量

在参与评估的36个城市中，天津市的“科技传统媒体和新媒体机构数量”这一指标略低于全国平均水平，表明天津市在科技传统媒体和新媒体方面存在提升空间，科技媒体的机构数量有待增多。

天津市具有代表性的科技传统媒体和新媒体机构有天津科技翻译出版有限公司、天津市资源节约与环保杂志社、天津电自期刊杂志社有限公司等。

3. 科学技术展览馆数量

天津市目前还没有具备虚拟演播厅的科学技术展览馆，天津市的科学技术展览馆主要有天津科学技术馆、武清科技馆、滨海科技馆、天津电力科技博物馆、北辰区科技馆、天津节水科技馆，这些科学技术展览馆均未配备虚拟演播厅（室）。

4. 科学家精神教育基地数量

在参与评估的36个城市中，天津市的“科学家精神教育基地数量”这一指标高于全国平均水平，表明天津市已经建设了一定数量的科学家精神教育基地，为弘扬科学家精神提供了重要的平台和资源。天津市经中国科协评定的“科学家教育基地”主要有核工业理化工程研究院王承书纪念馆、南开大学化学学科展馆、南开大学物理科学家精神教育基地、天津大学校史博物馆、国医大师石学敏院士从医历程展览馆、中国航天科技集团五院天津基地筑梦天宫科学家精神教育基、中国医学科学院血液病医院（中国医学科学院血液学研究所）家栋楼历史展馆等。

核工业理化工程研究院王承书纪念馆设立7个单元，旨在向观众展示王承书院士突破国外封锁毅然回国，为我国核事业建设与发展奉献一生的光辉事迹。该纪念馆展示了王承书院士的笔记、论文、书信等，并通过“情景再现”的方式还原了王承书院士当年的工作场景，增强了展览的表现力、吸引力和感染力，使参观者身临其境。

天津大学校史博物馆校史展览以时间为轴，以北洋大学—天津大学的办学精神为主线，再现了建校以来历代优秀北洋人兴学强国、爱国奉献、严谨治学、实事求是的文化特色和精神传承。展览中的展品及内容蕴含丰富的科学家精神宣传内容，是开展科学家精神宣传的重要基础。

南开大学化学学科展馆以百年南开化学学科发展与文化传承为主线，展示了南开化学学科的优秀传统、深厚底蕴和学术实力，再现了老一辈南开化学人的光辉事迹。该展馆在原址打造“沉浸式”场景，大力弘扬科学家精神。其中，中心展馆系统回顾了百年南开化学学科历史发展进程，集中展现邱宗岳、杨石先等南开化学科学家们的事迹；在其他展馆中，还设有何炳林院士生平展、“百年南开化学历史展”线上展馆等内容。

（二十一）武汉

评估显示，武汉市科技传播机构建设情况较为薄弱，城市科技传播机构评分为1.59，低于全国平均值2.22。武汉市依托于数量较多的科学家精神教育基地，开展了“进校园”“出版图书”等丰富的科学家精神教育活动。但是，科技传播事业单位、科技新媒体及传统媒体机构及虚拟演播厅（室）的缺失，阻碍了武汉市科技传播机构的发展。

1. 科技传播事业单位数量

武汉市的“科技传播事业单位数量”这一指标暂时没有评分。全国仅有少数非常领先的城市设立了科技传播事业单位，武汉市在该方面仍存在提升潜力。

2. 科技传统媒体和新媒体机构数量

在参与评估的36个城市中，武汉市的“科技传统媒体和新媒体机构数量”这一指标略低于全国平均水平，表明武汉市对科技传统媒体和新媒体机构的重视程度亟待加强，建议武汉市出台相关政策对科技媒体机构予以支持。

武汉市具有代表性的科技传统媒体和新媒体机构有武汉瀚兮超媒文化传媒有限公司、湖北兰亭数字出版传媒有限公司、武汉书香数字出版传媒有限公司、武汉天娱动画设计有限公司、财会月刊杂志社湖北有限公司、湖北中文在线数字出版有限公司等。

3. 科学技术展览馆数量

武汉市目前还没有具备虚拟演播厅的科学技术展览馆，武汉市的科学技术展览馆主要有湖北省科学技术馆、中国建筑科技馆、武汉科学技术馆等，这些科学技术展览馆均未配备虚拟演播厅（室）。

4. 科学家精神教育基地数量

在参与评估的36个城市中，武汉市的“科学家精神教育基地数量”这一指标高于全国平均水平，表明武汉市积极建设科学家精神教育基地，对弘扬科学家精神起到了促进作用。

武汉市经中国科协评定的“科学家精神教育基地”主要有华中科技大学机械科学与工程学院院史馆、武汉大学测绘遥感信息工程国家重点实验室、武汉大学中南医院雷神山科技抗疫展厅、水资源工程与调度全国重点实验室科学家精神教育基地、中国地质大学（武汉）校史馆、华中师范大学生物博物馆、桥梁博物馆、武汉生物工程学院钱学森纪念馆、中国科学院水生生物研究所、华中科技大学武汉光电国家研究中心。

武汉大学测绘遥感信息工程国家重点实验室成立于1989年，是我国第一个测绘领域国家重点实验室。基地展示面积约5000平方米，设有测绘与空天信息院士墙、遥感仪器历史博物馆等展区、展厅，隆重介绍了36位中国两院院士、在武汉大学学习或工作过的校友、对测绘学科发展作出重大贡献的科学家故事。同时，基地组织了一支专业的科学家精神工作队伍，每年迎接近3000名中小学学生参观游览。

中国地质大学（武汉）校史馆建筑面积5400平方米，收录书信手稿、史料照片、证章教具等展品逾2500件，浮雕、场景复原艺术品20余件，珍藏大量地质科学宝贵史料资源。校史馆用六大展区展现了学校历来数百位地质科学家勇攀高峰、甘为人梯的崇高精神，定期接受高中研学团等团体、个人参观。另外，校史馆主动组织开展科学家精神展教活动，积极打造线上线下传播平台，出版《百年党史中的地大红色》等科学家精神读本。

华中师范大学生物博物馆集科研、教学、科普等功能于一体，依托于华中师范大学生命科学学院，已建成收录25万余个生物标本的综合型生物博物馆。为了弘扬科学精神，博物馆在设计之初即设置了科学家精神长廊和多功能厅2个展厅，展示西迁等活动的早期珍贵史料，彰显科研报国的西迁精神。在科普方面，博物馆组建了48人的专兼职团队，在全国科技周、科普日等重要节点，开展“进校园”“进企业”等科学普及活动。

华中科技大学武汉光电国家研究中心依托武汉光电国家研究中心展厅，用一个个鲜活的科学家事例，呈现了50年光电学科的发展史，诠释了爱国奉献的科学家精神。同时，基地组织建设了50人专业的宣讲团队，为参观者提供生动细致的科学家故事讲解；研究制成多位科学家的视频宣传案例，对来访广大民众进行宣传。

（二十二）西安

评估显示，西安市科技传播机构建设情况较为滞后，城市科技传播机构评分为1.84，略低于全国平均值2.22。西安市建设了较多的科技传统媒体与新媒体机构，也在科学家精神教育基地申评方面卓有成效，但是科技传播事业单位与虚拟演播厅（室）的缺失，在一定程度上阻碍了西安市科技传播机构的发展。

1. 科技传播事业单位数量

西安市目前还未建设科技传播事业单位，建议西安市加强对该方向的重视，出台相应政策引导科技传播事业单位的建设。

2. 科技传统媒体和新媒体机构数量

在参与评估的36个城市中，西安市的“科技传统媒体和新媒体机构数量”这一指标高于全国平均水平，表明西安市对科技传统媒体和新媒体机构的建设重视程度较高，科技类媒体的建设水平较好，形成了较为全面的科技媒体生态。

3. 科学技术展览馆数量

西安市的科学技术展览馆主要有陕西科学技术馆、西安科学家博物馆、飞翔梦航空科技馆、西安市科学技术交流馆、九号宇宙航天探索馆、数智汇青少年科技馆，这些科学技术展览馆均未配备虚拟演播厅（室）。

4. 科学家精神教育基地数量

在参与评估的36个城市中，西安市的“科学家精神教育基地数量”这一指标高于全国平均水平，表明西安市对弘扬科学家精神的重视程度较高，在科学家精神教育基地的建设方面取得了较好成绩。

西安市经中国科协评定的“科学家教育基地”主要包括西安建筑科技大学徐德龙院士生平事迹陈列厅、西安科学家博物馆、中国航天科技集团九院771所航天精神教育基地等15个单位。

西安建筑科技大学徐德龙院士生平事迹陈列厅由西安建筑科技大学设立，位于西安建筑科技大学雁塔校区校史馆和粉体工程研究所。展厅以激励后人传承徐德龙院士的科学家精神，包括他的爱国、创新、求实、奉献、协同以及育人的精神为展览主线，主要展示中国工程院院士、中国硅酸盐工程领域的学术带头人徐德龙的人生历程、学术贡献，以及他工作、科研、生活中留下的笔记、手稿等资料。

西安科学家博物馆位于陕西省西安市未央区的“科创中国·西安学会智创园”。该博物馆由展厅、科学大讲堂和科学部落三部分组成，以弘扬科学精神、传递科学力量为宗旨，通过开展科学家精神宣讲，组织西安市青少年参观等活动，展示西安市两院院士的科研工作、人生历程、所获荣誉、科研成果等。

中国航天科技集团九院771所航天精神教育基地位于陕西省西安市临潼区。该基地内设“缘起”“奠基”“成就”“初心”和“追梦”5个展厅，组织收集了50余位老专家的影像资料、近百小时座谈会录音，展示了771所的科技工作者推动中国航天微电子和计算机事业从艰苦起步到发展壮大的历史。

（二十三）长沙

评估显示，长沙市科技传播机构建设情况较为良好，城市科技传播机构评分为2.66，略高于全国平均值2.22。长沙市以水稻种业产业为特点，以科技创新为驱动力，以稻作文化为支柱，打造了隆平稻作公园，已成为长沙科学文化传播的大型公益平台。

1. 科技传播事业单位数量

在参与评估的36个城市中，长沙市的“科技传播事业单位数量”这一指标高于全国平均水平，表明长沙市较为重视建设科技传播事业单位，积极参与建设科技传播中心。

长沙市具有代表性的科技传播事业单位为三湘科学文化传播中心。三湘科学文化传播中心是集前沿技术应用、媒介制作、科技成果展示交流、科技与创新文化传播等多种功能于一体的科学文化传播中心。其可以充分发挥湖南省“政产学研金介贸媒”跨界协同，发挥长沙“世界媒体艺术之都”的优势，还将加强湖南与周边省份的产学研合作和科学文化交流。

2. 科技传统媒体和新媒体机构数量

在参与评估的36个城市中，长沙市的“科技传统媒体和新媒体机构数量”这一指标略低于全国平均水平，表明长沙市对科技传统媒体和新媒体机构建设的重视程度有待加强，科技类媒体的生态建设仍需进一步完善。

长沙市具有代表性的科技传统媒体和新媒体机构主要有湖南省湘教图书有限公司、湖南妙绝文化传播有限公司、湖南科学技术出版社有限责任公司、中南大学出版社有限责任公司、国防科技大学出版社等。

3. 科学技术展览馆数量

长沙市的科学技术展览馆主要有湖南省科学技术馆、长沙航空科技体验中心、芙蓉区科技馆等，这些科学技术展览馆均未配备虚拟演播厅（室）。

4. 科学家精神教育基地数量

在参与评估的36个城市中，长沙市的“科学家精神教育基地数量”这一指标低于全国平均水平，表明长沙市科学家精神教育基地数量亟待提升，建议进一步加大科学家精神教育基地的建设力度。

长沙市经中国科协评定的“科学家精神教育基地”主要有隆平稻作公园、国家超级计算长沙中心科学家精神教育基地。

隆平稻作公园是袁隆平院士亲自命名的大型公益平台。该基地以稻作公园丰富的水稻科研资源为蓝本，为传承隆平精神、积极响应青少年劳动教育需求、展示国家乡村振兴战略成果而打造的综合性教育平台，包含农事科普、与科学家对话、参与试验、拓展运动、手工实践等多个农耕文化功能区。已有湖南农业大学、湖南省农科院等16家科研机构，以及隆平高科、荃银高科、粮安科技等90余家种业企业进驻隆平稻作公园，每年有600余项水稻新技术、新品种、新模式集中展示，100余项成果转化市场。

国家超级计算长沙中心科学家精神教育基地是科技部批准建立的全国第三家、中西部第一家国家超级计算中心，由湖南省政府投资建设，湖南大学运营管理，国防科技大学提供技术支撑，位于湖南大学南校区内。由“0”号超算大楼、“1”号研发楼及天河广场三大主体建筑构成，拥有“天河”超级计算机、“天河·天马”人工智能计算集群等多个计算平台。自运营以来，累计为40个领域2000余家用户提供16亿核时的高性能计算、大数据和人工智能等服务，在服务国家和地方科技创新、服务区域经济社会发展，特别是在抗击新冠肺炎疫情等方面作出了重要贡献。2023年5月，入选2023年科学家精神教育基地。

（二十四）郑州

评估显示，郑州市科技传播机构建设情况较为良好，城市科技传播机构评分为 8.74，显著高于全国平均值 2.22。

1. 科技传播事业单位数量

在参与评估的 36 个城市中，郑州市的“科技传播事业单位数量”这一指标显著高于全国平均水平，表明郑州市较为重视科技传播事业单位的机构建设，在科技传播中心的建设方面表现出较高的积极性，相关工作取得了较好成果。

郑州市具有代表性的科技传播事业单位主要有中原科技传播中心和河南科普中心。

中原科技传播中心由中国科协科学技术传播中心和郑州中原区政府共同建立，作为科技公共服务平台，将为政府和企事业单位提供创新创业和科技传播方面的公共服务，集聚创新要素资源，组织开展创新创业活动，广泛宣传、展示和转化科技成果，传播推广科技信息，加快相关政策、资源、项目落地，吸纳人才、技术、资本，促进产业转型升级。

河南科普中心是河南省科学技术协会下属机构，位于河南省郑州市。该单位以开展科技传播和科普理论研究、搭建科普资源共享和开发平台、开展重大公众科普活动、承担省级各类科学技术竞赛组织工作和组织实施科学实践活动为主要职责，在科学技术传播与普及、科技资源共享与应用、科技人才培养与教育等方面发挥着重要作用。

2. 科技传统媒体和新媒体机构数量

在参与评估的 36 个城市中，郑州市的“科技传统媒体和新媒体机构数量”这一指标低于全国平均水平，表明郑州市在科技传统媒体和新媒体机构的建设方面还需要积极推动。

郑州市具有代表性的科技传统媒体和新媒体机构有河南省农工出版有限公司、河南省煤科院出版传媒有限公司、农业科技报传媒有限公司河南分公司、黄河音像出版社有限公司、郑州天熠德文化传媒有限公司、河南禾园好字教育信息咨询有限公司商城路分公司等。

3. 科学技术展览馆数量

在参与评估的 36 个城市中，郑州市的“科学技术展览馆数量”这一指标显著高于全国平均水平，表明郑州市对科学技术展览馆适配虚拟演播厅的重要性有较为充分的认识，科学技术展览馆引进先进传播手段的积极性较高。

郑州市的科学技术展览馆主要有河南省科技馆、郑州科学技术馆、郑州市生命与健康科学馆、中国网络安全科技馆。其中，河南省科学技术馆配备了虚拟演播厅（室）。

4. 科学家精神教育基地数量

在参与评估的 36 个城市中，郑州市的“科学家精神教育基地数量”这一指标高于全国平均水平，表明郑州市较为重视弘扬科学家精神，积极参与建设科学家精神教育基地。

（二十五）重庆

评估显示，重庆市科技传播机构建设情况存在上升空间，城市科技传播机构评分为

1.31，低于全国平均值2.22。重庆市拥有西南大学侯光炯纪念馆、重庆自然博物馆等科学家精神教育基地，可结合现实情况，进一步完善科技类媒体的生态建设。

1. 科技传播事业单位数量

重庆市目前还未建设科技传播事业单位。全国仅有一些领先的城市拥有独立的科技传播事业单位，以及有部分城市拥有与其他城市合作共建的科技传播中心。

2. 科技传统媒体和新媒体机构数量

在参与评估的36个城市中，重庆市的“科技传统媒体和新媒体机构数量”这一指标略低于全国平均水平，表明重庆市在科技传统媒体和新媒体机构建设方面尚有发展空间，需进一步完善科技类媒体的生态建设，以便促进信息交流与科技传播。

重庆市具有代表性的科技传统媒体和新媒体机构有重庆课堂内外杂志社出版有限公司、重庆农家科技杂志社有限公司、《重庆科技报》社有限公司、重庆电子音像出版社有限公司、重庆书漫文化传播有限公司。

3. 科学技术展览馆数量

重庆市的科学技术展览馆主要有重庆科技馆、重庆市半导体科技馆、万盛科技馆、大足科技馆、荣昌区科技馆、江津科技馆、都梁科技馆等，这些科学技术展览馆均未配备虚拟演播厅（室）。

4. 科学家精神教育基地数量

在参与评估的36个城市中，重庆市的“科学家精神教育基地数量”这一指标高于全国平均水平，表明重庆市较为重视弘扬科学家精神，积极参与建设科学家精神教育基地，有利于充分利用具有重庆特点的科学家资源，促进重庆市全方位、多元化地弘扬科学家精神。

重庆市经中国科协评定的“科学家精神教育基地”主要有西南大学侯光炯纪念馆、袁道先科学家精神教育基地、重庆自然博物馆（中国西部科学院旧址）、816工程。

西南大学侯光炯纪念馆于侯光炯院士诞辰107年的2012年11月4日正式开馆。纪念馆里珍藏着数百幅与侯光炯院士有关的照片，大多拍摄于陇亩田间，还存有数百件相关实物，藤椅、书桌、钢笔、草帽、雨靴、信函，还原了侯光炯院士为土壤事业奋斗终生的形象。该纪念馆常年向观众免费开放，组织了多种弘扬科学家精神的活动，包括组建宣讲团队、出版侯光炯院士相关书籍等。

袁道先科学家精神教育基地筹建于2001年，由喀斯特科普展览场馆、喀斯特野外观测研究站组成。基地以弘扬袁道先院士的科学精神为主线，设有“好奇小孩和他的远大理想”“献身国家建设，从事地勘地调”“实践出真知，提出岩溶动力学理论”等六个板块，展出数百幅袁道先院士日常生活和科研工作时的照片、工作用品、采集标本等。

重庆自然博物馆（中国西部科学院旧址）是爱国实业家卢作孚于1930年9月创建的中国第一所民办科学院，2015年，重庆自然博物馆在北碚区建成新馆，保留“中国西部科学院旧址”，以传承抗战时期科学家的爱国奉献精神。该博物馆设有多个科学家主题展览，并开设了“咏霓科学讲堂”，聘请科学家讲述自己的故事。

816工程始建于1966年，全名“三线建设进洞的原子能反应堆及化学后处理工程”，是中国第二个核原料工业基地、世界第一大人工洞体。816工程展现了老一辈核科技工作者为了国家和民族实现自立自强，勇于创新、不怕牺牲，为国防事业倾其所有，铸就国之重器的光辉历程。

（二十六）长春

评估显示，长春市科技传播机构建设情况存在上升空间，城市科技传播机构评分为1.02，低于全国平均值2.22。

1. 科技传播事业单位数量

在参与评估的36个城市中，长春市的“科技传播事业单位数量”这一指标低于全国平均水平，长春市目前还未建设科技传播事业单位。

2. 科技传统媒体和新媒体机构数量

在参与评估的36个城市中，长春市的“科技传统媒体和新媒体机构数量”这一指标略高于全国平均水平，表明长春市对科技传统媒体和新媒体机构建设的重视程度有待加强，科技类媒体的生态建设仍需进一步完善。

3. 科学技术展览馆数量

长春市的科学技术展览馆主要有长春中国光学科学技术馆、吉林省科技馆、宽城区科技馆、双阳区科学技术馆、公主岭市科学技术馆，这些科学技术展览馆均未配备虚拟演播厅（室）。

4. 科学家精神教育基地数量

在参与评估的36个城市中，长春市的“科学家精神教育基地数量”这一指标低于全国平均水平，表明长春市科学家精神教育基地数量亟待提升，建议进一步加大科学家精神教育基地的建设力度。

长春市经中国科协评定的“科学家精神教育基地”主要有吉林大学黄大年纪念馆、长春理工大学王大珩展览馆、“赤子丹心中华之光”王大珩科学家精神教育基地。

吉林大学黄大年纪念馆位于吉林省，被评选为2022年科学家精神教育基地。

长春理工大学王大珩展览馆承担对内思想教育、对外宣传展示的功能：一是作为每年新生入学教育、新教师岗前培训内容，激发爱校荣校、科技报国情感；二是作为“长理之光”优秀生源基地夏令营活动的重要场地；三是作为学校对外展示的重要窗口。

“赤子丹心中华之光”王大珩科学家精神教育基地展示了长春光机所在71年发展历程中，为祖国科技进步作出重要贡献的科学家的先进事迹，展示了长春光机所老一辈科学家以身许国、敢为人先、严谨求实的奋斗精神，以及新时代科技工作者攻坚克难、勇铸国之重器的良好风貌。

（二十七）贵阳

评估显示，贵阳市科技传播机构建设情况相对薄弱，城市科技传播机构评分为0.78，低于全国平均值2.22。

1. 科技传播事业单位数量

在参与评估的36个城市中，贵阳市的“科技传播事业单位数量”这一指标低于全国平均水平，贵阳市目前还未建设科技传播事业单位。

2. 科技传统媒体和新媒体机构数量

在参与评估的36个城市中，贵阳市的“科技传统媒体和新媒体机构数量”这一指标略高于全国平均水平，表明贵阳市对科技传统媒体和新媒体机构建设的重视程度有待加强，科技类媒体的生态建设仍需进一步完善。

3. 科学技术展览馆数量

贵阳市的科学技术展览馆主要有贵州科技馆，目前还没有具备虚拟演播厅的科学技术展览馆。在全国范围内，仅有部分领先城市拥有具备虚拟演播厅的科技展览馆。

4. 科学家精神教育基地数量

在参与评估的36个城市中，贵阳市的“科学家精神教育基地数量”这一指标低于全国平均水平，表明贵阳市科学家精神教育基地数量亟待提升，建议进一步加大科学家精神教育基地的建设力度。

贵阳市经中国科协评定的“科学家精神教育基地”主要有中国科学院地球化学研究所涂光炽先生纪念展室。

“涂光炽先生纪念展室”旨在弘扬涂光炽先生的高尚情操和科学家精神；传承涂先生报国情怀、创新思想；缅怀涂先生学术成就、伟大贡献。“涂光炽先生纪念展室”以文字、照片、影像和实物等形式展示了涂先生的先进事迹。展示内容主要包括前言、涂光炽先生主要成就、涂光炽先生荣誉墙、涂光炽先生足迹和结语五个部分。

（二十八）太原

评估显示，太原市科技传播机构建设情况相对薄弱，城市科技传播机构评分为0.78，低于全国平均值2.22。

1. 科技传播事业单位数量

在参与评估的36个城市中，太原市目前还未建设科技传播事业单位。全国仅有少数非常领先的城市设立了科技传播事业单位，建议太原市提升对科技传播事业单位机构建设的重视程度，建设科技传播事业单位，促进科技传播事业发展。

2. 科技传统媒体和新媒体机构数量

在参与评估的36个城市中，太原市的“科技传统媒体和新媒体机构数量”这一指标低于全国平均水平，表明太原市科技传统媒体和新媒体机构数量较少，建议太原市加强科技传统媒体和新媒体机构的建设。

太原市具有代表性的科技传统媒体和新媒体机构有山西科技期刊出版有限责任公司、《华北自然资源》杂志社有限责任公司、《山西农民报》社有限责任公司、山西教育音像出版社有限责任公司、山西广电音像出版有限责任公司等。

3. 科学技术展览馆数量

太原市的科学技术展览馆主要有山西省科学技术馆、太原市清徐县科技馆。但是，这些科学技术展览馆目前均未配备虚拟演播厅（室），太原市应学习先进城市经验，根据自身情况建设虚拟演播厅（室）。

4. 科学家精神教育基地数量

在参与评估的36个城市中，太原市的“科学家精神教育基地数量”这一指标低于全国平均水平，表明太原市对弘扬科学家精神重视程度有待加强，建议太原市积极参与建设科学家精神教育基地。

太原市经中国科协评定的“科学家精神教育基地”主要有1898太原兵工厂文化产业园、“手撕钢”科技创新教育基地。

1898太原兵工厂文化产业园坐落于山西省太原市杏花岭区，是山西省最早建设的军工工业博物馆，是中国近代火炮的发源地，历史可追溯至1898年设立的山西机器局。博物馆馆藏20000余件清末至当代的工业实物遗产，紧扣国之利器、人民军工发展史、人民军工科学家史等特色内容，开展讲座、故事汇等科学家精神宣讲活动，宣传赵占魁、刘贵福等科学家和技术骨干；设立五座展馆，全面展示山西省军工科技的发展历程和取得的丰厚成果，累计接待大中小学生、党政机关及企事业单位人员逾50万人次。

“手撕钢”科技创新教育基地依托太钢精密带钢公司现场生产车间，建设总形象厅、宝武集团展区、太钢集团展区、精密带钢公司展区四大展区，与太钢精密带钢公司现场生产车间共同形成“独立展馆+生产现场”一体化流程展示。以手稿、图纸、笔记、照片、证章、历史影像等多样手段，展现中国宝武、太钢集团、太钢精密带钢公司的科技创新成果即背后的研究历程。同时，不断开展学术交流、思政教育、科学研究、社会实践等多元化活动，近5年来接待各省市党政机关、高校院所、少先队团体1286个，累计3万余人次。

（二十九）南宁

评估显示，南宁市科技传播机构建设情况较为良好，城市科技传播机构评分为2.66，高于全国平均值2.22。南宁市仅在科技传播事业单位数量方面表现较好，但在科技传统媒体和新媒体机构数量、科学技术展览馆数量和科学家精神教育基地数量等方面与全国平均水平存在差距，影响了整体科技传播机构建设。

1. 科技传播事业单位数量

在参与评估的36个城市中，南宁市的“科技传播事业单位数量”这一指标高于全国平均水平，表明南宁市较为重视建设科技传播事业单位，积极参与建设科技传播中心。

2. 科技传统媒体和新媒体机构数量

在参与评估的36个城市中，南宁市的“科技传统媒体和新媒体机构数量”这一指标略低于全国平均水平，表明南宁市对科技传统媒体和新媒体机构建设的重视程度有待加强，科技类媒体的生态建设仍需进一步完善。

3. 科学技术展览馆数量

南宁市的科学技术展览馆主要有广西科技馆、南宁市科技馆、星耀南宁科学馆等，目前还没有具备虚拟演播厅的科学技术展览馆。

4. 科学家精神教育基地数量

在参与评估的36个城市中，南宁市的“科学家精神教育基地数量”这一指标低于全国平均水平，表明南宁市科学家精神教育基地数量亟待提升，建议进一步加大科学家精神教育基地的建设力度。

南宁市经中国科协评定的“科学家精神教育基地”主要有广西大学科学家精神教育基地。

广西大学科学家精神教育基地充分依托校史馆、科技馆、雕塑园（“两馆一园”）开展科学家精神主题教育。“校史馆”通过展示广西大学办学历史、名人事迹和办学成就等内容，生动地展现了广西大学心怀“国之大者”，牢记“为党育人、为国育才”的初心使命。“雕塑园”展示一批在广西大学工作过的科学家为国为民献身科学的光辉形象；“科技馆”建设以“科技创新、强效兴国”为主题，既展示了广西大学发展史上一批有影响力的科技工作者的成就与事迹，也展示了广西大学聚焦“四个面向”取得的重要科技成果。

（三十）兰州

评估显示，兰州市科技传播机构建设情况相对薄弱，城市科技传播机构评分为 1. 06，低于全国平均值 2. 22。

1. 科技传播事业单位数量

在参与评估的 36 个城市中，兰州市的“科技传播事业单位数量”这一指标低于全国平均水平，兰州市目前还未建设科技传播事业单位。

2. 科技传统媒体和新媒体机构数量

在参与评估的 36 个城市中，兰州市的“科技传统媒体和新媒体机构数量”这一指标低于全国平均水平，表明兰州市对科技传统媒体和新媒体机构建设的重视程度有待加强，科技类媒体的生态建设仍需进一步完善。

3. 科学技术展览馆数量

兰州市的科学技术展览馆主要有甘肃科技馆、皋兰县青少年科技馆，目前还没有具备虚拟演播厅的科学技术展览馆。

4. 科学家精神教育基地数量

在参与评估的 36 个城市中，兰州市的“科学家精神教育基地数量”这一指标略高于全国平均水平。

兰州市经中国科协评定的“科学家精神教育基地”主要有兰州大学力学学科科学家精神教育基地、兰州空间技术物理研究所、中国科学院兰州化学物理研究所科学家精神教育基地、兰州石化石油精神教育基地、五〇四厂爱国主义教育馆和甘肃农业大学认知馆。

兰州空间技术物理研究所，又称中国航天科技集团公司第五研究院第五一〇研究所，位于甘肃省兰州市，是中国第一批直接从事空间飞行器研制的单位，也是中国空间技术领域的骨干单位和重点保军单位。

（三十一）乌鲁木齐

评估显示，乌鲁木齐市科技传播机构建设情况存在较大上升空间，城市科技传播机构评分为0.49，显著低于全国平均值2.22。

1. 科技传播事业单位数量

在参与评估的36个城市中，乌鲁木齐市的“科技传播事业单位数量”这一指标低于全国平均水平，乌鲁木齐市目前还未建设科技传播事业单位。

2. 科技传统媒体和新媒体机构数量

在参与评估的36个城市中，乌鲁木齐市的“科技传统媒体和新媒体机构数量”这一指标低于全国平均水平，表明乌鲁木齐市对科技传统媒体和新媒体机构建设的重视程度有待加强，科技类媒体的生态建设仍需进一步完善。

3. 科学技术展览馆数量

乌鲁木齐市的科学技术展览馆主要有新疆科技馆、乌鲁木齐科学技术馆，目前还没有具备虚拟演播厅的科学技术展览馆。

4. 科学家精神教育基地数量

在参与评估的36个城市中，乌鲁木齐市的“科学家精神教育基地数量”这一指标低于全国平均水平，表明乌鲁木齐市对科学家精神教育基地的建设方面重视程度有待提升，建议乌鲁木齐市积极加入建设科学家精神教育基地的热潮，弘扬科学家精神。

（三十二）海口

评估显示，海口市科技传播机构建设情况相对薄弱，城市科技传播机构评分为1.02，低于全国平均值2.22。

1. 科技传播事业单位数量

在参与评估的36个城市中，海口市的“科技传播事业单位数量”这一指标低于全国平均水平，海口市目前还未建设科技传播事业单位。

2. 科技传统媒体和新媒体机构数量

在参与评估的36个城市中，海口市的“科技传统媒体和新媒体机构数量”这一指标略低于全国平均水平，表明海口市对科技传统媒体和新媒体机构建设的重视程度有待加强，科技类媒体的生态建设仍需进一步完善。

3. 科学技术展览馆数量

海口市的科学技术展览馆主要有海口市科技馆、海口航空科技馆、海口热带生态农业科技馆、黎药南药科技馆、海南省生物多样性科技馆，目前还没有具备虚拟演播厅的科学技术展览馆。

4. 科学家精神教育基地数量

在参与评估的36个城市中，海口市的“科学家精神教育基地数量”这一指标低于全国平均水平，表明海口市科学家精神教育基地数量亟待提升，建议进一步加大科学家精神教育基地的建设力度。

海口市经中国科协评定的“科学家精神教育基地”主要有中国热带农业科学院香料饮料研究所、海南大学档案馆（校史馆）、中国热带农业科学院展览馆。

中国热带农业科学院香料饮料研究所，隶属中国热带农业科学院，为副局级公益性农业科研事业单位。香料饮料研究所是专业从事热带香料饮料作物产业化配套技术研究的综合性科研机构，主要承担中国胡椒、咖啡、香草兰、可可、苦丁茶、八角、肉桂、糯米香等热带香料饮料作物的产业化配套技术研发任务。

海南大学档案馆（校史馆）成立于 2008 年 4 月，属学校教辅单位。馆址在学校北门的展览馆楼，总建筑面积 7300 多平方米，其中档案库房面积 1000 多平方米。现有工作人员 17 人，其中具有高级职称的 7 人。2008—2011 年度荣获“海南省档案工作先进集体”称号。2009 年、2013 年连续两次在海南省档案局和省教育厅组织的全省高校档案工作检查评比中获得总分第一名。

中国热带农业科学院展览馆生动展示了建院 69 年来国家热带农业科技事业所取得的光辉成绩和发展历程，再现了建院初期“草房上马，白手起家”的创业历史，一代又一代“热科人”献身国家战略使命，为高标准打造国家热带农业科学中心、高水平支撑热带特色高效农业发展和乡村全面振兴、高质量服务海南自贸港和南繁事业跨越式发展、高站位开展“一带一路”科技合作和南南合作贡献智慧和力量，充分彰显了以爱国、创新、求实、奉献、协同、育人为内核的科学家精神。

（三十三）银川

评估显示，银川市科技传播机构建设情况较为良好，城市科技传播机构评分为 2. 41，略高于全国平均值 2. 22。银川市仅在科技传播事业单位数量方面表现较好，但在科技传统媒体和新媒体机构数量、科学技术展览馆数量和科学家精神教育基地数量等方面与全国平均水平存在差距，影响了整体科技传播机构建设。

1. 科技传播事业单位数量

在参与评估的 36 个城市中，银川市的“科技传播事业单位数量”这一指标高于全国平均水平，表明银川市较为重视建设科技传播事业单位，积极参与建设科技传播中心。

2. 科技传统媒体和新媒体机构数量

在参与评估的 36 个城市中，银川市的“科技传统媒体和新媒体机构数量”这一指标低于全国平均水平，表明银川市对科技传统媒体和新媒体机构建设的重视程度有待加强，科技类媒体的生态建设仍需进一步完善。

3. 科学技术展览馆数量

银川市的科学技术展览馆主要有宁夏回族自治区科技馆、宁夏电力科技馆、中国移动宁夏科技馆，目前还没有具备虚拟演播厅的科学技术展览馆。

4. 科学家精神教育基地数量

在参与评估的 36 个城市中，银川市的“科学家精神教育基地数量”这一指标低于全国平均水平，表明银川市科学家精神教育基地数量亟待提升，建议进一步加大科学家精神教育基地的建设力度。

银川市经中国科协评定的“科学家精神教育基地”主要有宁夏沙漠绿化与沙产业发展基金会、宁夏农林科学院枸杞科学研究所科学家精神教育基地、国家能源宁夏煤业有限责任公司煤间接液化创新实践基地。

宁夏是唯一全境列入三北工程建设范围的省区，是全国风沙危害和水土流失严重地区之一。40多年来，宁夏依托三北防护林建设工程，治理沙化土地面积38.29万公顷，实现了连续20多年沙化土地和荒漠化土地面积持续减少的目标。在宁夏沙漠治理的艰辛历程中，涌现了以全国治沙英雄、人民楷模王有德为代表的一大批先进模范，成为全国人民学习榜样。

宁夏农林科学院枸杞科学研究所科学家精神教育基地位于银川市，其建设单位宁夏农林科学院枸杞科学研究所在长期的科学研究和科技服务工作中，涌现了一批坚持科技创新、服务产业、甘于奉献的优秀科技工作者。其中，荣获“全国优秀科技工作者”“全国优秀共产党员”“塞上英才”1人，享受国务院特贴专家2人，荣获“塞上农业专家”2人，入选“312人才工程”1人，国家级学术技术带头人后备人选1人，宁夏科技创新领军人才2人，青年拔尖人才2人，托举人才4人。研究所还组建“国家枸杞工程技术研究中心”，成立“枸杞种质创新与遗传改良研究”科技创新团队、“自治区枸杞产业研发人才高地”、“自治区劳模创新工作室”等。

国家能源宁夏煤业有限责任公司煤间接液化创新实践基地依托400万吨/年煤间接液化成套技术创新开发及产业化团队、宁夏回族自治区煤间接液化反应过程强化与工艺优化创新团队等，以煤炭资源清洁高效利用为主要研究方向，在煤制油、煤化工领域取得了多项重要研究成果，探索出煤制油的全产业链运行模式，成功开发 C_{12}、轻白油、α-烯烃等下游高附加值产品及自主知识产权费托合成催化剂。

（三十四）呼和浩特

评估显示，呼和浩特市科技传播机构建设情况相对薄弱，城市科技传播机构评分为0.78，低于全国平均值2.22。

1. 科技传播事业单位数量

在参与评估的36个城市中，呼和浩特市的“科技传播事业单位数量”这一指标低于全国平均水平，呼和浩特市目前还未建设科技传播事业单位。

2. 科技传统媒体和新媒体机构数量

在参与评估的36个城市中，呼和浩特市“科技传统媒体和新媒体机构数量”这一指标低于全国平均水平，表明呼和浩特市对科技传统媒体和新媒体机构建设的重视程度有待加强，科技类媒体的生态建设仍需进一步完善。

3. 科学技术展览馆数量

呼和浩特市的科学技术展览馆主要有内蒙古科学技术馆、和林格尔县科技馆、武川县科技馆、土默特左旗青少年科技馆、敕勒川草原生态科技馆、玉泉区青少年宫科技馆等，目前还没有具备虚拟演播厅的科学技术展览馆。

4. 科学家精神教育基地数量

在参与评估的36个城市中，呼和浩特市的“科学家精神教育基地数量”这一指标低于全国平均水平，表明呼和浩特市科学家精神教育基地数量亟待提升，建议进一步加大科学家精神教育基地的建设力度。

呼和浩特市经中国科协评定的“科学家精神教育基地”主要有中国航天科工六院航天精神教育基地、内蒙古师范大学科学技术博物馆。

中国航天科工六院航天精神教育基地隶属中国航天科工集团第六研究院（以下简称六院）。六院1962年始建于四川泸州，1965年搬迁至呼和浩特市，是我国第一个大型固体火箭发动机研制、生产和试验基地，被誉为我国固体火箭发动机的“摇篮”。在中国航天固体动力事业从无到有、从小到大、从弱到强的发展历程中，六院干部职工艰苦创业、自强不息、献身航天、服从大局、团结协作、严谨务实，创造了令世人瞩目的十余项“第一”，逐步孕育、形成、完善了六院航天精神教育基地，成为科学家精神的重要表现。

内蒙古师范大学科学技术博物馆主要依托科学技术史研究院，前身是分别建于2004年与2005年的内蒙古师范大学计算用具馆和天文仪器馆。博物馆收藏各类天文、算学仪器共计500余件，包括元代天文学家郭守敬所创天文仪器，清代蒙古族科学家明安图的著作与星图以及著名科技史家李迪的学术通信、手稿300余份，珍稀古籍近千册。场馆配备多媒体展示屏、触控一体机等数字化设备，全面展示凝结在中国科学家身上的科学精神和人文精神。

（三十五）西宁

评估显示，西宁市科技传播机构建设情况相对薄弱，城市科技传播机构评分为0.78，低于全国平均值2.22。

1. 科技传播事业单位数量

在参与评估的36个城市中，西宁市的“科技传播事业单位数量”这一指标低于全国平均水平，西宁市目前还未建设科技传播事业单位。

2. 科技传统媒体和新媒体机构数量

在参与评估的36个城市中，西宁市的“科技传统媒体和新媒体机构数量”这一指标低于全国平均水平，表明西宁市在科技传统媒体和新媒体机构的建设方面还需要加强。

3. 科学技术展览馆数量

西宁市的科学技术展览馆主要有西宁科技馆、青海省科技馆，还没有具备虚拟演播厅的科学技术展览馆。

4. 科学家精神教育基地数量

在参与评估的36个城市中，西宁市的“科学家精神教育基地数量”这一指标低于全国平均水平，表明西宁市科学家精神教育基地数量亟待提升，建议进一步加大科学家精神教育基地的建设力度。

西宁市经中国科协评定的“科学家精神教育基地”主要有青海师范大学“两弹一星”精神展览馆、中国科学院青海盐湖所“盐湖精神”主题教育。

青海师范大学“两弹一星”精神展览馆建筑面积1336平方米，使用面积1100平方米，下设大学生社团组织“两弹一星”精神宣讲团，配套“两弹一星”精神图书资料室一间，占地198平方米。展览馆以弘扬“两弹一星”精神为主题，共设7个展厅，热情讴歌了“两弹一星”科学家与创业者们克服极端匮乏的物质条件、极端薄弱的技术基础、极端艰苦的创业环境，发扬“两弹一星”精神，取得的“两弹一星”辉煌成就；高度颂扬了“两弹一星”科学家与创业者们自觉把个人的理想与祖国的命运紧紧联系在一起，用热血和生命铸就的丰功伟绩与壮丽史诗。

2022 年中国科学院青海盐湖所获批中国科学院“科学家精神教育基地”，基地在整合青海盐湖所党建与所史展览室、盐湖科技展览室、盐湖地质与环境科研科普展览室资源基础上建立。以丰富的内容和翔实的资料，全面展示了青海盐湖所建所以来取得的多项科技成果和“盐湖人”为开发利用我国盐湖资源艰苦奋斗、无私奉献的故事，是一部盐湖科技发展史，也是一部科学家们科技报国的奋斗史，是科学家精神和“盐湖精神”的具体体现和集中展示。

（三十六）拉萨

评估显示，拉萨市科技传播机构建设情况存在较大上升空间，城市科技传播机构评分为 0. 53，显著低于全国平均值 2. 22。

1. 科技传播事业单位数量

在参与评估的 36 个城市中，拉萨市的“科技传播事业单位数量”这一指标低于全国平均水平，拉萨市目前还未建设科技传播事业单位。

2. 科技传统媒体和新媒体机构数量

在参与评估的 36 个城市中，拉萨市的“科技传统媒体和新媒体机构数量”这一指标低于全国平均水平，表明拉萨市对科技传统媒体和新媒体机构建设的重视程度有待加强，科技类媒体的生态建设仍需进一步完善。

3. 科学技术展览馆数量

拉萨市的科学技术展览馆主要有拉萨市青少年科技馆等，还没有具备虚拟演播厅的科学技术展览馆。

4. 科学家精神教育基地数量

在参与评估的 36 个城市中，拉萨市的“科学家精神教育基地数量”这一指标低于全国平均水平，表明拉萨市科学家精神教育基地数量亟待提升，建议进一步加大科学家精神教育基地的建设力度。

拉萨市经中国科协评定的“科学家精神教育基地”主要有西藏拉萨青藏科考科学家精神教育基地。

二、地区评分情况

基于我国六大地区，在平均值方面，全国城市科技传播机构评分的平均值为 2. 22，中南、华北和华东地区的评分超过了全国的平均值，而西北、东北和西南地区的评分则低于全国平均值（见图 3-1）。其中，中南地区的整体科技传播机构水平最高，评分平均值达到了 3. 16，随后华北和华东地区的评分平均值分别为 3. 11 和 2. 68，西南地区的评分平均值最低，仅为 0. 94。在地区内部的离散性方面，东北和西南地区的各城市科技传播机构水平最为接近，整体水平偏低，中南地区的城市评分离散程度也相对较小，且高于全国平均水平的城市较多，整体水平较高。华北地区的城市评分离散程度最大，北京市的科技传播机构评分达到了10.00，而石家庄市、太原市与呼和浩特市的评分都仅为0.78，地区内部水平差异过大。

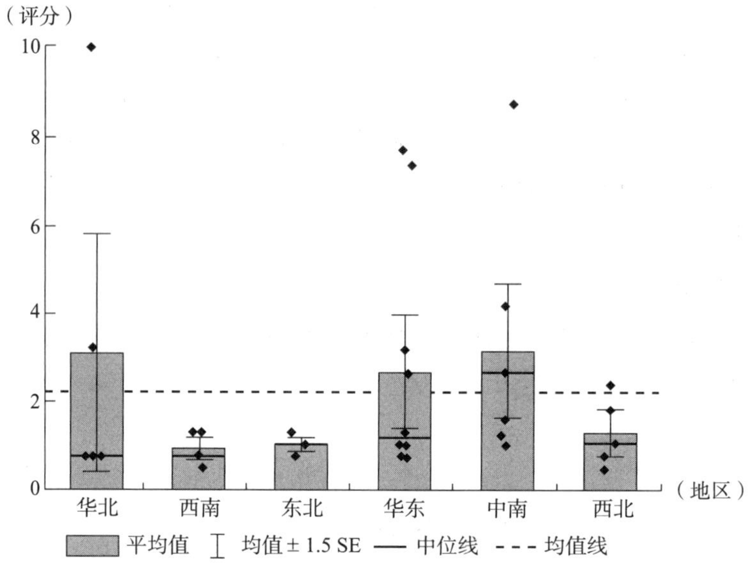

图3-1　地区科技传播机构评分

第二节　传播人才

一、城市评分情况

（一）北京

评估显示，北京市的科技传播人才情况处于领先地位，城市科技传播人才评分为10.00，显著高于全国平均值4.41。表明北京市重视专业科技媒体生态建设，建设有全国领先规模的科技新闻工作者队伍，科技新闻的采编、传播以及科技场馆运营的人才梯队建设较为完善，有效地保障了科技传播能力。

1. 科技新闻工作人员数量

这一指标主要考查在新闻出版业中，该城市科技新闻工作者的人员数量。

在参与评估的36个城市中，北京市的“科技新闻工作人员数量”这一指标显著高于全国平均水平，表明北京市建设有全国领先规模的科技新闻工作者队伍，相应的科技新闻制作及传播能力较强。

2. 科技自媒体人数

这一指标主要考查该城市的科技自媒体人员数量。

在参与评估的36个城市中，北京市的“科技自媒体人数”这一指标显著高于全国平均水平，表明北京市建立了繁荣的科技自媒体生态体系，科技自媒体从业人员较多。

3. 科技场馆工作人员数量

这一指标主要考查该城市科学技术展览馆的工作人员数量。

在参与评估的36个城市中，北京市的“科技场馆工作人员数量”这一指标显著高于全国平均水平，表明北京市非常注重科技展览馆的经营管理，为此提供了充足的科技展览馆工作人员，并全力确保科学技术展览馆人才队伍的高水平建设。

（二）成都

成都市建设有成都科学馆、四川航空科技馆等科学技术展览馆，并配备了较多的工作人员，同时成都市也在科技自媒体从业人数方面具备优势。但是，科技新闻工作者的缺失对成都市科技传播人才的总体建设造成不利影响。成都市城市科技传播人才评分为3.71，低于全国平均值4.41。

1. 科技新闻工作人员数量

在参与评估的36个城市中，成都市的“科技新闻工作人员数量”这一指标低于全国平均水平，表明成都市在科技新闻的人才队伍培养方面具备较大提升空间，科技新闻的人才梯队建设有待完善。

2. 科技自媒体人数

在参与评估的36个城市中，成都市的“科技自媒体人数”这一指标高于全国平均水平，表明成都市科技自媒体从业人员数量较多，有助于推动科技传播。

3. 科技场馆工作人员数量

在参与评估的36个城市中，成都市的“科技场馆工作人员数量”这一指标高于全国平均水平，表明成都市科学技术展览馆的运营管理水平较好，科学技术展览馆的工作人员数量较多。

（三）大连

大连市在科技新闻工作人员、科技自媒体数和科技场馆工作人员数量方面均有较大提升潜力。城市科技传播人才评分为2.65，低于全国平均值4.41。

1. 科技新闻工作人员数量

在参与评估的36个城市中，大连市的“科技新闻工作人员数量”这一指标低于全国平均水平，表明大连市在科技新闻人才队伍建设方面存在完善空间，建议大连市出台相关政策，吸引和激励群众投身科技新闻行业。

2. 科技自媒体人数

在参与评估的36个城市中，大连市的“科技自媒体人数”这一指标低于全国平均水平，表明大连市在科技自媒体的建设方面的存在提升空间，从业人员数量有待提高。

3. 科技场馆工作人员数量

在参与评估的36个城市中，大连市的“科技场馆工作人员数量”这一指标低于全国平均水平，表明大连市科技展览馆配备工作人员数量有待增加，建议大连市加强培养科学技术人才队伍，保障科技场馆的有效运营。

（四）福州

评估显示，福州市科技传播人才梯队的建设情况有待加强，城市科技传播人才评分为3.61，低于全国平均值4.41。表明福州市在科技新闻的采集、编辑和传播方面的人才梯队建设相对不足，同时，福州市科技类自媒体的从业人数也有待增多。

1. 科技新闻工作人员数量

在参与评估的36个城市中，福州市的“科技新闻工作人员数量”这一指标低于全国平均水平，表明福州市对科技新闻人才队伍的培养重视程度亟待提升，建议福州市加强科技新闻人才梯队建设。

2. 科技自媒体人数

在参与评估的36个城市中，福州市的“科技自媒体人数”这一指标低于全国平均水平，表明福州市对科技自媒体生态建设的重视度亟须提升，建议福州市加大对科技自媒体的扶持力度，促进科技自媒体生态繁荣。

3. 科技场馆工作人员数量

在参与评估的36个城市中，福州市的“科技场馆工作人员数量”这一指标高于全国平均水平，表明福州市在科技场馆的人才梯队建设方面较为完善，配备了较多的科技展览馆工作人员。

（五）广州

评估显示，广州市科技传播人才梯队的建设情况良好，城市科技传播人才评分为9.04，显著高于全国平均值4.41。表明广州市对科技传播队伍建设较为重视，积极培育工作人员的专业水准，人才配备较为完善。

1. 科技新闻工作人员数量

在参与评估的36个城市中，广州市的“科技新闻工作人员数量”这一指标显著高于全国平均水平，表明广州市较为支持科技新闻工作者队伍的扩展，注重科技新闻相关的人才梯队建设。

2. 科技自媒体人数

在参与评估的36个城市中，广州市的“科技自媒体人数”这一指标高于全国平均水平，表明广州市对科技自媒体建设较为重视，积极引导、培育科技自媒体人才队伍。

3. 科技场馆工作人员数量

在参与评估的36个城市中，广州市的“科技场馆工作人员数量”这一指标略高于全国平均水平，表明广州市比较关注科技展览馆的经营，配备了一定数量的工作人员，科技场馆的人员支持相对较好。

（六）哈尔滨

评估显示，哈尔滨市科技传播人才梯队的建设情况较为薄弱，城市科技传播人才评分为2.65，低于全国平均值4.41。表明哈尔滨市在科技新闻工作人员数量、科技自媒体人数、科技场馆工作人员数量三个方面均有较大提升空间。

1. 科技新闻工作人员数量

在参与评估的36个城市中，哈尔滨市的“科技新闻工作人员数量”这一指标低于全国平均水平，表明哈尔滨市在建设科技新闻人才队伍方面存在提升空间，建议哈尔滨市出台科技新闻方面的激励政策，激发群众从事科技新闻行业的动力，扩大科技新闻人才队伍。

2. 科技自媒体人数

在参与评估的36个城市中，哈尔滨市的“科技自媒体人数”这一指标低于全国平均水平，表明哈尔滨市科技自媒体领域的生态建设水平亟待提升，建议哈尔滨市鼓励专门的科技类MCN机构设立，会聚和培育更多科技自媒体人才。

3. 科技场馆工作人员数量

在参与评估的36个城市中，哈尔滨市的“科技场馆工作人员数量”这一指标低于全国平均水平，表明哈尔滨市对科技场馆建设的重视程度有待提升，建议哈尔滨市提升科技场馆工作人员数量，加强科技场馆建设。

（七）杭州

评估显示，杭州市科技传播人才梯队的建设情况较为良好，城市科技传播人才评分为6.87，略高于全国平均值4.41。表明杭州市较为重视专业科技媒体生态建设，科技新闻的采集、编辑、传播人才梯队建设较为完善，有效地保障了科技新闻报道的专业性。

1. 科技新闻工作人员数量

在参与评估的36个城市中，杭州市的“科技新闻工作人员数量”这一指标高于全国平均水平，表明杭州市较为重视科技新闻的人才队伍培养，科技新闻的采集、编辑、传播人才梯队建设较为完善。

2. 科技自媒体人数

在参与评估的36个城市中，杭州市的“科技自媒体人数”这一指标高于全国平均水平，表明杭州市较为重视科技自媒体的生态建设，从事科技自媒体的人数较多。

3. 科技场馆工作人员数量

在参与评估的36个城市中，杭州市的“科技场馆工作人员数量”这一指标高于全国平均水平，表明杭州市较为重视科技展览馆的运营，配备了充足的科技展览馆工作人员。

（八）合肥

评估显示，合肥市科技传播人才梯队的建设情况较为不足，城市科技传播人才评分为3.71，低于全国平均值4.41。表明合肥市科技场馆工作人员及科技自媒体人员数量较多，但科技新闻工作人员队伍规模较小，较大制约了合肥市科技传播人才梯队的发展。

1. 科技新闻工作人员数量

在参与评估的36个城市中，合肥市的“科技新闻工作人员数量”这一指标低于全国平均水平，表明合肥市可以积极推动科技新闻人才队伍的建设，加大科技新闻人才培养力度和福利待遇，建设高水平的科技新闻团队。

2. 科技自媒体人数

在参与评估的36个城市中，合肥市的“科技自媒体人数”这一指标高于全国平均水平，表明合肥市科技自媒体的生态建设表现较好，从事科技自媒体工作的人数较多，推动了合肥市科技传播事业的发展。

3. 科技场馆工作人员数量

在参与评估的36个城市中，合肥市的“科技场馆工作人员数量”这一指标高于全国平均水平，表明合肥市科学技术展览馆运营情况良好，科学技术展览馆的工作人员数量充足。

（九）济南

评估显示，济南市科技传播人才梯队的建设情况较为良好，城市科技传播人才评分为4.71，高于全国平均值4.41。表明济南市较为重视专业传播人才生态建设，拥有相对完善的科技新闻的采集、编辑、传播人才梯队。

1. 科技新闻工作人员数量

在参与评估的36个城市中，济南市的“科技新闻工作人员数量”这一指标高于全国平均水平，表明济南市对科技新闻的人才队伍培养较为积极，拥有基数较大的科技新闻的采集、编辑、传播人才梯队。

2. 科技自媒体人数

在参与评估的36个城市中，济南市的“科技自媒体人数”这一指标低于全国平均水平，表明济南市从事科技自媒体的人数较少，科技自媒体的生态建设尚可进一步加强。

3. 科技场馆工作人员数量

在参与评估的36个城市中，济南市的“科技场馆工作人员数量”这一指标高于全国平均水平，表明济南市对科技展览馆的运营相对重视，科技展览馆工作人员配置较为完备。

（十）昆明

评估显示，昆明市科技传播人才梯队的建设情况相对不足，城市科技传播人才评分为3.13，低于全国平均值4.41。表明昆明市在科技媒体生态建设上较为薄弱，科技新闻媒体工作者和科技自媒体人数均有所不足，这在一定程度上影响了昆明市科技传播事业的良性发展。

1. 科技新闻工作人员数量

在参与评估的36个城市中，昆明市的“科技新闻工作人员数量”这一指标低于全国平均水平，表明昆明市科技新闻工作人员较少，建议昆明市扩充科技新闻工作者队伍，增加科技新闻工作者的福利待遇，吸引更多人才加入科技新闻工作者队伍。

2. 科技自媒体人数

在参与评估的36个城市中，昆明市的“科技自媒体人数”这一指标低于全国平均水平，表明昆明市科技自媒体人才队伍存在扩充潜力。建议昆明市设立科技自媒体奖项，激励更多群众或其他类型自媒体从业者参与科技自媒体内容的传播，增加科技自媒体从业人数。

3. 科技场馆工作人员数量

在参与评估的36个城市中，昆明市的“科技场馆工作人员数量”这一指标高于全国平均水平，表明昆明市较为重视科技展览馆的运营，配备了较多的科技展览馆工作人员，很好地保障了科学技术展览馆的人才梯队建设。

（十一）南昌

评估显示，南昌市科技传播人才梯队的建设情况良好，城市科技传播人才评分为4.71，高于全国平均值4.41。表明南昌市培养了较多的科技新闻工作人员，为科技传播工作提供有力支撑，同时为科技场馆配备了充足的工作人员，提升科技传播体验效果。

1. 科技新闻工作人员数量

在参与评估的36个城市中，南昌市的“科技新闻工作人员数量”这一指标高于全国平均水平，表明南昌市在科技新闻领域培养了较多人才，为科技传播工作提供支持。

2. 科技自媒体人数

在参与评估的36个城市中，南昌市的“科技自媒体人数”这一指标低于全国平均水平，表明南昌市对科技自媒体生态建设重视程度有待加强，建议南昌市加大对科技自媒体生态建设的政策扶持力度，活跃科技自媒体生态，促进科技自媒体从业人数的提升。

3. 科技场馆工作人员数量

在参与评估的36个城市中，南昌市的“科技场馆工作人员数量”这一指标高于全国平均水平，表明南昌市在科技场馆的运营、维护和管理方面投入了较多的人力资源，为当地科技普及、教育和研究提供了一定基础。

（十二）南京

评估显示，南京市科技传播人才梯队的建设情况较为良好，城市科技传播人才评分为4.71，高于全国平均值4.41。表明南京市已经培育了大量科技新闻工作人员、科技自媒体从业人员、科技场馆工作人员，大大提高南京市科技传播效率，形成繁荣的科技传播人才队伍。

1. 科技新闻工作人员数量

在参与评估的36个城市中，南京市的“科技新闻工作人员数量”这一指标明显高于全国平均水平，表明南京市较为重视科技新闻的人才队伍培养，促进了科技新闻的采集、编辑、传播人才梯队的建设，有助于充分发挥传媒行业在科技传播中的作用，对南京市科技传播提供强大推动力。

2. 科技自媒体人数

在参与评估的36个城市中，南京市的“科技自媒体人数”这一指标高于全国平均水平，表明南京市较为重视科技自媒体的生态建设，从事科技自媒体的人数较多，在一定程度上能够提高南京市科技传播效率，形成繁荣的科技自媒体生态。

3. 科技场馆工作人员数量

在参与评估的36个城市中，南京市的“科技场馆工作人员数量”这一指标高于全国平均水平，表明其科技场馆工作人员较多，有利于提高场馆服务能力，保障科技场馆运营。

（十三）宁波

评估显示，宁波市科技传播人才梯队的建设情况有所欠缺，城市科技传播人才评分为3.13，低于全国平均值4.41。表明宁波市在专业科技媒体生态建设以及科技新闻的采集、编辑、传播人才梯队建设方面较为不足。

1. 科技新闻工作人员数量

在参与评估的36个城市中，宁波市的“科技新闻工作人员数量”这一指标低于全国平均水平，表明宁波市在科技新闻的人才队伍建设方面存在改进之处。宁波市应加大相关工作的支持力度，增加科技新闻工作人员数量。

2. 科技自媒体人数

在参与评估的36个城市中，宁波市的“科技自媒体人数”这一指标低于全国平均水平，表明宁波市在科技自媒体的生态建设方面有待完善，建议宁波市设立科技自媒体影响力榜单，激励更多群众加入科技自媒体的行业。

3. 科技场馆工作人员数量

在参与评估的36个城市中，宁波市的“科技场馆工作人员数量”这一指标高于全国平均水平，表明宁波市对科技展览馆的运营与服务给予了高度重视，拥有充足的专业工作人员，以更好地为参观者提供讲解服务，并为科技场馆营造了良好的环境。

（十四）青岛

评估显示，青岛市科技传播人才梯队的建设情况较为良好，城市科技传播人才评分为5.19，高于全国平均值4.41。表明青岛市较为重视科技新闻人才培养，青岛市科技新闻人才发现、培养、激励机制较为健全，有效地保障了科技新闻报道的专业性，有利于科技新闻的传播和推广。

1. 科技新闻工作人员数量

在参与评估的36个城市中，青岛市的“科技新闻工作人员数量”这一指标高于全国平均水平，表明青岛市较为重视科技新闻人才培养，科技新闻人才发现、培养、激励机制较为健全，有利于科技新闻的传播和推广。

2. 科技自媒体人数

在参与评估的36个城市中，青岛市的“科技自媒体人数”这一指标低于全国平均水平，表明青岛市对科技自媒体生态建设的重视程度有待提升。建议青岛市加强科技自媒体生态建设，实现科技自媒体从业人员数量稳步增加，促进科技自媒体的进一步发展。

3. 科技场馆工作人员数量

在参与评估的36个城市中，青岛市的“科技场馆工作人员数量”这一指标显著高于全国平均水平，表明青岛市充分重视科学技术展览馆的人才梯队建设，配备较多科技展览馆工作人员，有利于科技场馆的发展。

（十五）厦门

评估显示，厦门市科技传播人才梯队的建设情况较为良好，城市科技传播人才评分为5.29，高于全国平均值4.41。表明厦门市注重培养科技新闻工作人员和科技自媒体人员，同时为科技场馆配备充足的工作人员，为科技传播事业提供可靠的人才支撑。

1. 科技新闻工作人员数量

在参与评估的36个城市中，厦门市的“科技新闻工作人员数量”这一指标高于全国平均水平，表明厦门市积极推进科技新闻人才培养和队伍建设，人才培养激励机制相对完善。

2. 科技自媒体人数

在参与评估的36个城市中，厦门市的“科技自媒体人数”这一指标高于全国平均水平，表明厦门市对科技自媒体的生态建设较为重视，积极招引培育科技自媒体人才。

3. 科技场馆工作人员数量

在参与评估的36个城市中，厦门市的“科技场馆工作人员数量”这一指标高于全国平均水平，表明厦门市科技场馆工作人员储备充足，为科技场馆运营提供可靠支撑。

（十六）上海

评估显示，上海市科技传播人才梯队的建设情况良好，城市科技传播人才评分为7.41，高于全国平均值4.41。表明上海市科技传播领域从事人员众多，具备完整的人才队伍。

1. 科技新闻工作人员数量

在参与评估的36个城市中，上海市的“科技新闻工作人员数量”这一指标显著高于全国平均水平，表明上海市科技新闻工作从事人员众多，在科技新闻传播方面具备完整的人才队伍。

2. 科技自媒体人数

在参与评估的36个城市中，上海市的“科技自媒体人数”这一指标显著高于全国平均水平，表明上海市科技自媒体从业人员较多，在自媒体行业的科技领域具备发展优势。

3. 科技场馆工作人员数量

在参与评估的36个城市中，上海市的“科技场馆工作人员数量”这一指标显著高于全国平均水平，表明上海市积极关注科技展览馆的经营，配备了充足的工作人员，为科技展览馆的成功运营提供了有力支持。

（十七）深圳

评估显示，深圳市科技传播人才梯队的建设情况较为良好，城市科技传播人才评分为8.04，高于全国平均值4.41。表明深圳市较为重视科技展览馆的运营，配备了充足科技展览馆工作人员，传播人才不断增加，呈现蓬勃发展的势头。

1. 科技新闻工作人员数量

在参与评估的36个城市中，深圳市的“科技新闻工作人员数量”这一指标明显高于全国平均水平，表明深圳市具有较为强大的科技新闻工作者队伍，科技新闻工作人员数量较多，具备较强的科技新闻制作、传播等能力。

2. 科技自媒体人数

在参与评估的36个城市中，深圳市的“科技自媒体人数”这一指标显著高于全国平均水平，表明深圳市科技自媒体产业人才基础扎实，科技自媒体从业人数较多。

3. 科技场馆工作人员数量

在参与评估的36个城市中，深圳市的“科技场馆工作人员数量”这一指标略高于全国平均水平，表明深圳市对科技展览馆的运营给予了较高重视，配备了较多科技展览馆工作人员，有利于科学技术展览馆的人才梯队建设。

（十八）沈阳

评估显示，沈阳市科技传播人才梯队的建设情况相对薄弱，城市科技传播人才评分为2.65，低于全国平均值4.41。表明沈阳市在科技新闻、科技自媒体等人才培养和就业方面都有所欠缺，同时，在科技场馆工作人员数量方面也有所不足。

1. 科技新闻工作人员数量

在参与评估的36个城市中，沈阳市的“科技新闻工作人员数量”这一指标低于全国平均水平，表明沈阳市在科技新闻人才的培养方面亟待提升，新闻媒体机构可培养更多科技新闻工作人员。

2. 科技自媒体人数

在参与评估的36个城市中，沈阳市的“科技自媒体人数”这一指标低于全国平均水平，表明沈阳市从事科技自媒体的人数存在提升空间，建议沈阳市出台相应政策，提升自媒体工作者报道科技信息的意愿。

3. 科技场馆工作人员数量

在参与评估的36个城市中，沈阳市的“科技场馆工作人员数量”这一指标低于全国平均水平，表明沈阳市在科技展览馆的运营方面尚有改善空间，沈阳市可以与高校合作，通过设立科技场馆实习生项目或者引入志愿者服务等举措，增加科技场馆的工作人员数量，提高科技场馆的服务水平和影响力。

（十九）石家庄

评估显示，石家庄市科技传播人才梯队的建设情况存在不足，城市科技传播人才评分为3.13，低于全国平均值4.41。表明石家庄市较为重视科学技术展览馆的人才梯队建设，有利于弘扬科学家精神，但科技新闻和科技自媒体人才数量有待增多。

1. 科技新闻工作人员数量

在参与评估的36个城市中，石家庄市的“科技新闻工作人员数量”这一指标低于全国平均水平，表明石家庄市在科技新闻工作队伍建设方面存在提升空间，建议石家庄市尽力完善科技新闻人才梯队，增加科技新闻工作人员数量。

2. 科技自媒体人数

在参与评估的36个城市中，石家庄市的“科技自媒体人数”这一指标低于全国平均水平，表明石家庄市从事科技自媒体的人数有待加强，需要进一步完善科技自媒体生态建设。

3. 科技场馆工作人员数量

在参与评估的36个城市中，石家庄市的“科技场馆工作人员数量”这一指标略高于全国平均水平，表明石家庄市配备了较多科技展览馆工作人员，重视科学技术展览馆的人才梯队建设，有利于弘扬科学家精神。

（二十）天津

评估显示，天津市科技传播人才梯队的建设情况较为良好，城市科技传播人才评分为4.71，高于全国平均值4.41。表明天津市科技新闻工作者、科学技术展览馆的工作人员数量较多，促进了天津市科技新闻的高水平报道。

1. 科技新闻工作人员数量

在参与评估的36个城市中，天津市的“科技新闻工作人员数量”这一指标高于全国平均水平，表明天津市对科技新闻工作的重视和支持程度较高，在科技新闻领域有一定的人力资源投入。

2. 科技自媒体人数

在参与评估的36个城市中，天津市的“科技自媒体人数”这一指标低于全国平均水平，表明天津市在科技自媒体领域发展亟待提升，建议天津市加强对该方面的鼓励和引导，促进更多的人才和机构参与其中，全面提高科技自媒体的发展水平。

3. 科技场馆工作人员数量

在参与评估的36个城市中，天津市的“科技场馆工作人员数量”这一指标高于全国平均水平，表明天津市科技展览馆的工作人员数量充足，天津市科技馆的运营情况较好。

（二十一）武汉

评估显示，武汉市科技传播人才梯队的建设情况良好，城市科技传播人才评分为5.29，高于全国平均值4.41。表明武汉市较为重视科技新闻的采集、编辑、传播人才梯队建设，推动成为较为领先的科技新闻工作者队伍，有效保障和促进了武汉市科技新闻的专业、高效传播。

1. 科技新闻工作人员数量

在参与评估的36个城市中，武汉市的“科技新闻工作人员数量”这一指标高于全国平均水平，表明武汉市较为重视科技新闻方面的建设，着力培养科技新闻人才梯队，对科技传播发展起到了较大的促进作用。

2. 科技自媒体人数

在参与评估的36个城市中，武汉市的“科技自媒体人数”这一指标高于全国平均水平，表明武汉市较为重视科技自媒体行业的发展，科技自媒体从业人数较多，科技自媒体活动富有生机。

3. 科技场馆工作人员数量

在参与评估的36个城市中，武汉市的“科技场馆工作人员数量”这一指标高于全国平均水平，表明武汉市科技展览馆的运营水平较好，科技展览馆工作人员数量较为充足。

（二十二）西安

评估显示，西安市科技传播人才梯队的建设情况较为良好，城市科技传播人才评分为5.29，高于全国平均值4.41。表明西安市拥有较多的科技新闻工作者、科技自媒体及科技馆工作人员，为科技传播生态体系的建设提供了充足的人力保障。

1. 科技新闻工作人员数量

在参与评估的36个城市中，西安市的“科技新闻工作人员数量”这一指标高于全国平均水平，表明西安市建立了一定规模的科技新闻人才队伍，形成较好的科技新闻人才梯队。

2. 科技自媒体人数

在参与评估的36个城市中，西安市的“科技自媒体人数”这一指标高于全国平均水平，表明西安市较为重视科技自媒体的建设，科技自媒体工作者较多，推动了西安市科技自媒体生态的蓬勃发展。

3. 科技场馆工作人员数量

在参与评估的36个城市中，西安市的“科技场馆工作人员数量”这一指标高于全国平均水平，表明西安市科学技术展览馆运营情况较好，配备的工作人员较为充足。

（二十三）长沙

评估显示，长沙市科技传播人才梯队的建设情况良好，城市科技传播人才评分为

7.56，高于全国平均值4.41。表明长沙市重视专业科技媒体生态建设，拥有相对完善的科技新闻的采集、编辑、传播人才梯队，为专业、优质的科技新闻报道提供了人才支撑。

1. 科技新闻工作人员数量

在参与评估的36个城市中，长沙市的“科技新闻工作人员数量”这一指标高于全国平均水平，表明长沙市较为重视科技新闻的人才队伍培养，科技新闻的采集、编辑、传播人才梯队建设工作取得了较大成效。

2. 科技自媒体人数

在参与评估的36个城市中，长沙市的“科技自媒体人数”这一指标高于全国平均水平，表明长沙市对科技自媒体生态建设的重视程度较高，科技自媒体行业的工作人数较多。

3. 科技场馆工作人员数量

在参与评估的36个城市中，长沙市的“科技场馆工作人员数量”这一指标低于全国平均水平，表明长沙市科技场馆工作人员数量有待提升，建议进一步提高科技展览馆的运营水平，加强科技展览馆工作人员的配备。

（二十四）郑州

评估显示，郑州市科技传播人才梯队的建设情况较为薄弱，城市科技传播人才评分为3.13，低于全国平均值4.41。表明郑州市在专业科技媒体生态建设以及科技新闻的采集、编辑、传播人才梯队建设方面较为不足。

1. 科技新闻工作人员数量

在参与评估的36个城市中，郑州市的“科技新闻工作人员数量”这一指标低于全国平均水平，表明郑州市科技新闻工作者队伍存在扩充空间。建议郑州市鼓励报社增设科技专栏，培养原有新闻工作者开展科技新闻相关活动的能力，扩大科技新闻工作者队伍。

2. 科技自媒体人数

在参与评估的36个城市中，郑州市的“科技自媒体人数”这一指标低于全国平均水平，表明郑州市在科技自媒体的生态建设方面仍存在发展空间，积极推动科技自媒体能更好地促进科技传播。

3. 科技场馆工作人员数量

在参与评估的36个城市中，郑州市的“科技场馆工作人员数量”这一指标高于全国平均水平，表明郑州市较为重视科技展览馆的运营和服务，拥有充足的工作人员服务参观受众。

（二十五）重庆

评估显示，重庆市科技传播人才梯队的建设情况较为良好，城市科技传播人才评分为5.19，高于全国平均值4.41。表明重庆市重视科技新闻工作人员的队伍建设，设立科技新闻工作者之间的交流合作平台，鼓励知识共享，并为他们提供更多的合作机会和资源，有助于重庆市更好地发挥科技媒体的作用，有效传递科学真知。

1. 科技新闻工作人员数量

在参与评估的36个城市中，重庆市的“科技新闻工作人员数量”这一指标高于全国平均水平，表明重庆市重视科技新闻工作人员的队伍建设，有助于重庆市更好地发挥科技媒体的作用，有效传递科学真知。

2. 科技自媒体人数

在参与评估的36个城市中，重庆市的“科技自媒体人数”这一指标略低于全国平均水平，表明重庆市在科技自媒体的生态建设方面相对薄弱，从事科技自媒体的人数相对较少。

3. 科技场馆工作人员数量

在参与评估的36个城市中，重庆市的“科技场馆工作人员数量”这一指标高于全国平均水平，表明重庆市较为重视科技展览馆的运营，配备了较多的科技展览馆工作人员，很好地保障了科学技术展览馆的人才梯队建设。

（二十六）长春

评估显示，长春市科技传播人才梯队的建设情况较为薄弱，城市科技传播人才评分为3.13，低于全国平均值4.41。表明长春市在专业科技媒体生态建设以及科技新闻的采集、编辑、传播人才梯队建设方面较为不足。

1. 科技新闻工作人员数量

在参与评估的36个城市中，长春市的“科技新闻工作人员数量”这一指标低于全国平均水平，表明长春市的科技新闻工作者队伍存在扩充空间。建议长春市鼓励报社增加科技专栏，培养原有新闻工作者进行科技新闻相关活动的能力，扩大科技新闻工作者队伍。

2. 科技自媒体人数

在参与评估的36个城市中，长春市的“科技自媒体人数”这一指标低于全国平均水平，表明长春市在科技自媒体的生态建设方面仍存在发展空间，应积极推动科技自媒体发展更好地促进科技传播。

3. 科技场馆工作人员数量

在参与评估的36个城市中，长春市的“科技场馆工作人员数量”这一指标高于全国平均水平，表明长春市较为重视科技展览馆的运营和服务，拥有充足的工作人员服务参观受众。

（二十七）贵阳

评估显示，贵阳市科技传播人才梯队的建设情况相对薄弱，城市科技传播人才评分为2.65，低于全国平均值4.41。表明贵阳市在科技新闻、科技自媒体等人才培养和就业方面都有所欠缺，同时，在科技场馆工作人员数量方面有所不足。

1. 科技新闻工作人员数量

在参与评估的36个城市中，贵阳市的“科技新闻工作人员数量”这一指标低于全国平均水平，表明贵阳市在科技新闻人才的培养方面亟待提升，贵阳市的新闻媒体机构可培养更多科技新闻工作人员。

2. 科技自媒体人数

在参与评估的36个城市中，贵阳市的“科技自媒体人数”这一指标低于全国平均水平，表明贵阳市从事科技自媒体的人数存在提升空间，建议贵阳市出台相应政策，提升自媒体工作者报道科技信息的意愿。

3. 科技场馆工作人员数量

在参与评估的36个城市中，贵阳市的“科技场馆工作人员数量”这一指标低于全国平均水平，表明贵阳市在科技展览馆的运营方面尚有改善空间，可以与高校合作，通过设立科技场馆实习生项目或者引入志愿者服务等举措，增加场馆的工作人员数量，提高科技场馆的服务水平和影响力。

（二十八）太原

评估显示，太原市科技传播人才梯队的建设情况相对薄弱，城市科技传播人才评分为4.23，略低于全国平均值4.41。表明太原市在科技新闻的采集、编辑、传播人才梯队建设较为完善，但在科技自媒体和科学技术展览馆的人才培养方面有所不足。

1. 科技新闻工作人员数量

在参与评估的36个城市中，太原市的“科技新闻工作人员数量”这一指标高于全国平均水平，表明太原市较为重视科技新闻的人才队伍培养，科技新闻的采集、编辑、传播人才梯队建设较为完善。

2. 科技自媒体人数

在参与评估的36个城市中，太原市的“科技自媒体人数”这一指标低于全国平均水平，表明太原市对科技自媒体生态建设的重视程度有待加强，建议太原市出台政策吸引群众从事科技自媒体工作。

3. 科技场馆工作人员数量

在参与评估的36个城市中，太原市的“科技场馆工作人员数量”这一指标低于全国平均水平，表明太原市科技展览馆配备工作人员数量有待增加，建议太原市加强培养科学技术人才队伍，促进科技场馆的发展。

（二十九）南宁

评估显示，南宁市科技传播人才梯队的建设情况相对薄弱，城市科技传播人才评分为2.65，低于全国平均值4.41。表明南宁市在科技新闻、科技自媒体等人才培养和就业方面都有所欠缺，同时，在科技场馆工作人员数量方面有所不足。

1. 科技新闻工作人员数量

在参与评估的36个城市中，南宁市的“科技新闻工作人员数量”这一指标低于全国平均水平，表明南宁市在科技新闻人才的培养方面亟待提升，南宁市的新闻媒体机构可培养更多科技新闻工作人员。

2. 科技自媒体人数

在参与评估的36个城市中，南宁市的“科技自媒体人数”这一指标低于全国平均水平，表明南宁市从事科技自媒体的人数存在提升空间，建议南宁市出台相应政策，提升自媒体工作者报道科技信息的意愿。

3. 科技场馆工作人员数量

在参与评估的36个城市中，南宁市的“科技场馆工作人员数量”这一指标低于全国平均水平，表明南宁市在科技展览馆的运营方面尚有改善空间，可以与高校合作，通过设立科技场馆实习生项目或者引入志愿者服务等举措，增加场馆的工作人员数量，提高科技场馆的服务水平和影响力。

（三十）兰州

评估显示，兰州市科技传播人才梯队的建设情况相对薄弱，城市科技传播人才评分为2.65，低于全国平均值4.41。表明兰州市在科技新闻、科技自媒体等人才培养和就业方面都有所欠缺，同时，在科技场馆工作人员数量方面有所不足。

1. 科技新闻工作人员数量

在参与评估的36个城市中，兰州市的“科技新闻工作人员数量”这一指标低于全国平均水平，表明兰州市在科技新闻人才的培养方面亟待提升，兰州市的新闻媒体机构可培养更多科技新闻工作人员。

2. 科技自媒体人数

在参与评估的36个城市中，兰州市的“科技自媒体人数”这一指标低于全国平均水平，表明兰州市从事科技自媒体的人数存在提升空间，建议兰州市出台相应政策，提升自媒体工作者报道科技信息的意愿。

3. 科技场馆工作人员数量

在参与评估的36个城市中，兰州市的“科技场馆工作人员数量”这一指标低于全国平均水平，表明兰州市在科技展览馆的运营方面尚有改善空间，可以通过引入志愿者服务等举措，增加场馆的人力资源，提高科技场馆的服务水平和影响力。

（三十一）乌鲁木齐

评估显示，乌鲁木齐市科技传播人才梯队的建设情况相对薄弱，城市科技传播人才评分为2.35，低于全国平均值4.41。表明乌鲁木齐市在科技新闻、科技自媒体等人才培养和就业方面都有所欠缺，同时，在科技场馆工作人员数量方面有所不足。

1. 科技新闻工作人员数量

在参与评估的36个城市中，乌鲁木齐市的“科技新闻工作人员数量”这一指标低于全国平均水平，表明乌鲁木齐市在科技新闻人才的培养方面亟待提升，乌鲁木齐市的新闻媒体机构可培养更多科技新闻工作人员。

2. 科技自媒体人数

在参与评估的36个城市中，乌鲁木齐市的“科技自媒体人数”这一指标远低于全国平均水平，表明乌鲁木齐市从事科技自媒体的人数存在提升空间，建议乌鲁木齐市出台相应政策，提升自媒体工作者报道科技信息的意愿。

3. 科技场馆工作人员数量

在参与评估的36个城市中，乌鲁木齐市的“科技场馆工作人员数量”这一指标低于全国平均水平，表明乌鲁木齐市在科技展览馆的运营方面尚有改善空间，可以与高校合作，通过设立科技场馆实习生项目或者引入志愿者服务等举措，增加场馆的工作人员数量，提高科技场馆的服务水平和影响力。

（三十二）海口

评估显示，海口市科技传播人才梯队的建设情况较为薄弱，城市科技传播人才评分为3.13，低于全国平均值4.41。表明海口市对专业科技媒体生态建设以及科技新闻的采集、编辑、传播人才梯队建设较为不足。

1. 科技新闻工作人员数量

在参与评估的36个城市中，海口市的“科技新闻工作人员数量”这一指标低于全国平均水平，表明海口市的科技新闻工作者队伍存在扩充空间。建议海口市鼓励报社增设科技专栏，培养原有新闻工作者开展科技新闻相关活动的能力，扩大科技新闻工作者队伍。

2. 科技自媒体人数

在参与评估的36个城市中，海口市的“科技自媒体人数”这一指标低于全国平均水平，表明海口市在科技自媒体的生态建设方面仍存在发展空间，应积极推动科技自媒体发展更好地促进科技传播。

3. 科技场馆工作人员数量

在参与评估的36个城市中，海口市的“科技场馆工作人员数量”这一指标高于全国平均水平，表明海口市较为重视科技展览馆的运营和服务，拥有充足的工作人员服务参观受众。

（三十三）银川

评估显示，银川市科技传播人才梯队的建设情况相对薄弱，城市科技传播人才评分为2.65，低于全国平均值4.41。表明银川市在科技新闻、科技自媒体等人才培养和就业方面都有所欠缺，同时，在科技场馆工作人员数量方面有所不足。

1. 科技新闻工作人员数量

在参与评估的36个城市中，银川市的“科技新闻工作人员数量”这一指标低于全国平均水平，表明银川市在科技新闻的人才队伍培养方面具备较大提升空间，科技新闻的才梯队建设有待完善。

2. 科技自媒体人数

在参与评估的36个城市中，银川市的“科技自媒体人数”这一指标远低于全国平均水平，表明银川市从事科技自媒体的人数存在提升空间，建议银川市出台相应政策，提升自媒体工作者报道科技信息的意愿。

3. 科技场馆工作人员数量

在参与评估的36个城市中，银川市的“科技场馆工作人员数量”这一指标低于全国平均水平，表明银川市在科技展览馆的运营方面尚有改善空间，可以与高校合作，通过设立科技场馆实习生项目或者引入志愿者服务等举措，增强场馆的人力资源，提高科技场馆的服务水平和影响力。

（三十四）呼和浩特

评估显示，呼和浩特市科技传播人才梯队的建设情况较为薄弱，城市科技传播人才评分为3.13，低于全国平均值4.41。表明呼和浩特市在专业科技媒体生态建设以及科技新闻的采集、编辑、传播人才梯队建设方面存在不足。

1. 科技新闻工作人员数量

在参与评估的36个城市中，呼和浩特市的“科技新闻工作人员数量”这一指标低于全国平均水平，表明呼和浩特市的科技新闻工作者队伍存在扩充空间。建议呼和浩特市鼓励报社增设科技专栏，培养原有新闻工作者开展科技新闻相关活动的能力，扩展科技新闻工作者队伍。

2. 科技自媒体人数

在参与评估的36个城市中，呼和浩特市的“科技自媒体人数”这一指标低于全国平均水平，表明呼和浩特市在重视科技自媒体的生态建设方面仍存在发展空间，应积极推动科技自媒体的发展，更好地促进科技传播。

3. 科技场馆工作人员数量

在参与评估的36个城市中，呼和浩特市的“科技场馆工作人员数量”这一指标高于全国平均水平，表明呼和浩特市较为重视科技展览馆的运营和服务，拥有充足的工作人员服务参观受众。

（三十五）西宁

评估显示，西宁市科技传播人才梯队的建设情况相对薄弱，城市科技传播人才评分为2.35，低于全国平均值4.41。表明西宁市在科技新闻、科技自媒体等人才培养和就业方面都有所欠缺，同时，在科技场馆工作人员数量方面有所不足。

1. 科技新闻工作人员数量

在参与评估的36个城市中，西宁市的“科技新闻工作人员数量”这一指标低于全国平均水平，表明西宁市在科技新闻人才的培养方面亟待提升，西宁市的新闻媒体机构可培养更多科技新闻工作人员。

2. 科技自媒体人数

在参与评估的36个城市中，西宁市的“科技自媒体人数”这一指标远低于全国平均水平，表明西宁市从事科技自媒体的人数存在提升空间，建议西宁市出台相应政策，提升自媒体工作者报道科技信息的意愿。

3. 科技场馆工作人员数量

在参与评估的36个城市中，西宁市的“科技场馆工作人员数量”这一指标低于全国平均水平，表明西宁市在科技展览馆的运营方面尚有改善空间，可以与高校合作，通过设立科技场馆实习生项目或者引入志愿者服务等举措，增强场馆的人力资源，提高科技场馆的服务水平和影响力。

（三十六）拉萨

评估显示，拉萨市科技传播人才梯队的建设情况相对薄弱，城市科技传播人才评分为2.11，低于全国平均值4.41。表明拉萨市在科技新闻、科技自媒体等人才培养和就业方面都有所欠缺，同时，在科技场馆工作人员数量方面有所不足。

1. 科技新闻工作人员数量

在参与评估的36个城市中，拉萨市的“科技新闻工作人员数量”这一指标低于全国平均水平，表明拉萨市在科技新闻的人才队伍培养方面具备较大提升空间，科技新闻的才梯队建设有待完善。

2. 科技自媒体人数

在参与评估的36个城市中，拉萨市的“科技自媒体人数”这一指标远低于全国平均水平，表明拉萨市从事科技自媒体的人数存在提升空间，建议拉萨市出台相应政策，提升自媒体工作者报道科技信息的意愿。

3. 科技场馆工作人员数量

在参与评估的36个城市中，拉萨市的“科技场馆工作人员数量”这一指标远低于全国平均水平，表明拉萨市在科技展览馆的运营方面尚有改善空间，可以与高校合作，通过设立科技场馆实习生项目或者引入志愿者服务等举措，增强场馆的人力资源，提高科技场馆的服务水平和影响力。

二、地区评分情况

基于我国六大地区，在平均值方面，全国城市科技传播人才评分的平均值为4.41，中南、华东和华北地区的评分超过了全国的平均值，而西南、西北和东北地区的评分则低于全国平均值（见图3-2）。其中，中南地区的整体科技传播人才水平最高，评分平均值达到了5.55，华北和华东地区的评分平均值较为接近，分别为5.04和5.15，西北和西南地区的评分平均值分别为3.06和3.36，东北地区的评分平均值最低，仅为2.77。在地区内部的离散性方面，东北和西北地区的各城市科技传播人才水平最为接近，整体水平偏低，中南地区的城市评分离散程度也相对较小，且高于全国平均水平的城市较多，整体水平较高。华北地区的城市评分离散程度最大，北京市的科技传播人才评分达到了10.00，而石家庄市与太原市的评分都仅为3.13，地区内部水平差异过大。

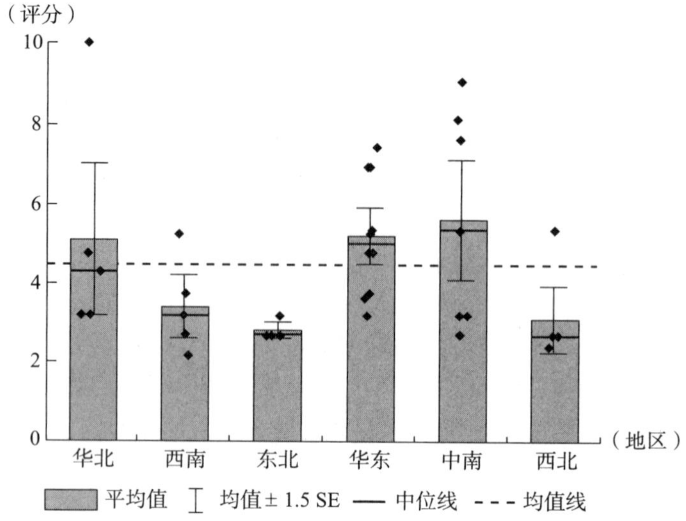

图 3-2　地区科技传播人才评分

第三节　传播主体

一、城市评分情况

（一）北京

评估显示，北京市的科技传播主体建设情况在全国处于领先位置，城市科技传播主体得分为 10.00，显著高于全国平均值 3.17。北京市依托科技传播中心，积极组织实施科技宣传和相关科技活动，传播科技成果，弘扬科学家精神。

（二）成都

评估显示，成都市在科技传播机构和科技传播人才两个方面均低于全国平均水平，城市科技传播主体得分为 2.35，低于全国平均值 3.17，在科技传播主体方面仍有较大的提升潜力。

（三）大连

评估显示，大连市在科技传播机构和科技传播人才两个方面均低于全国平均水平，城市科技传播主体得分为 1.59，低于全国平均值 3.17，目前尚未建设科技传播事业单位，大连市科学技术展览馆也未配备虚拟演播厅（室）。

（四）福州

评估显示，福州市科技传播主体建设情况有所欠缺，城市科技传播主体得分为 2.17，低于全国平均值 3.17。福州市尚未建立科技传播事业单位，但福州市经中国科协评定的“科学家精神教育基地”有福建医科大学吴孟超肝胆医院吴孟超院士先进事迹展示馆等。

福州市借助科学家教育基地积极开展科技传播活动，弘扬科学家精神。

（五）广州

评估显示，广州市科技传播主体建设情况较为良好，城市科技传播主体得分为6.30，高于全国平均值3.17。广州市具有代表性的科技传播事业单位有大湾区（南沙）国际传播中心。

（六）哈尔滨

评估显示，哈尔滨市科技传播主体建设情况存在不足，城市科技传播主体得分为2.17，低于全国平均值3.17。哈尔滨市在建设科技传播机构和培养科技传播人才方面有较大发展空间。

（七）杭州

评估显示，杭州市科技传播主体建设情况较为良好，城市科技传播主体得分为4.80，高于全国平均值3.17。杭州市科技传播事业单位为浙江省科学传播中心。依托浙江省科技传播中心，杭州市积极开展科技传播活动，传播科技成果，弘扬科学家精神。

（八）合肥

评估显示，合肥市科技传播主体建设情况较为薄弱，城市科技传播主体得分为2.35，低于全国平均值3.17。合肥市尚未建设科技传播事业单位，同时，合肥市的科技新闻工作人员数量也较少，这在一定程度上影响了合肥市科技传播主体的发展。

（九）济南

评估显示，济南市科技传播主体建设情况有待改善，城市科技传播主体得分为2.63，低于全国平均值3.17。济南市建设了一定数量的科学技术展览馆和科学家精神教育基地，如山东省科技馆等，但是总体数量较少，同时，济南市尚无独立的科技传播事业单位以及经中国科协指导或合作共建的科技传播中心，科技传统媒体和新媒体机构数量也有待提升。

（十）昆明

评估显示，昆明市科技传播主体建设情况相对薄弱，城市科技传播主体得分为1.80，低于全国平均值3.17。昆明市的科技传播主体建设较为滞后，未建立科技传播事业单位和具备虚拟演播厅的科学技术展览馆。

（十一）南昌

评估显示，南昌市科技传播主体建设情况较为薄弱，城市科技传播主体得分为2.47，低于全国平均值3.17。南昌市在传播机构方面存在短板，但在传播人才方面较为优秀，具备较多的科技新闻工作人员和科技场馆工作人员。

（十二）南京

评估显示，南京市科技传播主体建设情况良好，城市科技传播主体得分为7.33，高于全国平均值3.17。南京市具有代表性的科技传播事业单位有江苏省科学传播中心，主要承担全媒体科技宣传资源的开发与传播、科技宣传资源的信息化、科技活动的策划与组织、科技人才梯队的建设管理等工作。

（十三）宁波

评估显示，宁波市科技传播主体建设情况较为薄弱，城市科技传播主体得分为1.80，低于全国平均值3.17。宁波市尚未建立科技传播事业单位，但宁波市建有科学技术展览馆，如宁波科学探索中心等，利于开展科技传播活动，传播科技内容。

（十四）青岛

评估显示，青岛市科技传播主体建设情况仍存在提升空间，城市科技传播主体得分为2.84，略低于全国平均值3.17。青岛市虽未建设科技传播事业单位，但积极培养科技传播人才，促进科技传播事业发展。

（十五）厦门

评估显示，厦门市科技传播主体建设情况较为良好，城市科技传播主体得分为3.81，高于全国平均值3.17。厦门市具有代表性的科技传播事业单位为海峡国际传播中心，该中心肩负“联接中外、沟通世界”的重要使命，建立了覆盖海外多层次、立体式自持账号平台矩阵。

（十六）上海

评估显示，上海市科技传播主体建设情况较为良好，城市科技传播主体得分为7.37，高于全国平均值3.17。上海市具有代表性的科技传统媒体和新媒体机构有华东理工大学出版社有限公司等。

（十七）深圳

评估显示，深圳市科技传播主体建设情况较为良好，城市科技传播主体得分为4.22，高于全国平均值3.17。深圳市科技自媒体产业人才基础夯实，科技新闻工作人员数量较多，科技新闻制作、新闻传播等各方面能力都较为优秀。

（十八）沈阳

评估显示，沈阳市科技传播主体建设情况存在不足，城市科技传播主体得分远低于全国平均值3.17。沈阳市尚未设立科技传播事业单位以及配备了虚拟演播厅（室）的科学技术展览馆，但科学家精神教育基地数量较多，经中国科协评定的“科学家精神教育基地”主要有吴大观航空发动机精神教育基地等。

（十九）石家庄

评估显示，石家庄市科技传播主体建设情况相对薄弱，城市科技传播主体得分为1.80，低于全国平均值3.17。石家庄市在建设科技传播机构和培养科技传播人才有较大发展前景。

（二十）天津

评估显示，天津市科技传播主体建设情况良好，城市科技传播主体得分为3.88，略高于全国平均值3.17。天津市科技传播事业单位为海河科技传播中心，该中心以科技传播媒体为主要功能定位，助力京津冀协同开展科技传播工作、服务创新等工作。

（二十一）武汉

评估显示，武汉市科技传播主体建设情况较为良好，城市科技传播主体得分为3.21，略高于全国平均值3.17。武汉市的科研院所、高校建设了较多的科学家精神教育基地，主要有华中科技大学机械科学与工程学院院史馆等。

（二十二）西安

评估显示，西安市科技传播主体建设情况较为良好，城市科技传播主体得分为3.35，高于全国平均值3.17。西安市依托于自身丰富的历史资源，申评了较多的“科学家精神教育基地”，如西安建筑科技大学徐德龙院士生平事迹陈列厅等，为科学家精神传播提供支点。

（二十三）长沙

评估显示，长沙市科技传播主体建设情况较为良好，城市科技传播主体得分为4.80，高于全国平均值3.17。长沙市科技传播事业单位为三湘科学文化传播中心，该传播中心推动了湖南科技传播生态体系的建设。

（二十四）郑州

评估显示，郑州市科技传播主体建设情况较为良好，城市科技传播主体得分为6.29，高于全国平均值3.17。郑州市具有代表性的科技传播事业单位有中原科技传播中心和河南科普中心，两者均在郑州市乃至河南科技信息传播、科技传播理论研究方面作出重要贡献。

（二十五）重庆

评估显示，重庆市科技传播主体建设存在一定的提升空间，城市科技传播主体得分为3.00，略低于全国平均值3.17。重庆市较为重视科技展览馆的运营，配备了较多的科技展览馆工作人员，很好地保障了科学技术展览馆的人才梯队建设。

（二十六）长春

评估显示，长春市科技传播主体建设情况相对薄弱，城市科技传播主体得分为1.94，低于全国平均值3.17。长春市尚未建设科技传播事业单位，也未建设具备虚拟演播厅的科学技术展览馆。

（二十七）贵阳

评估显示，贵阳市科技传播主体建设情况相对薄弱，城市科技传播主体得分为1.59，低于全国平均值3.17。贵阳市在科技传播机构和科技传播人才两个方面均存在不足，需要得到全面提升。

（二十八）太原

评估显示，太原市科技传播主体建设情况相对薄弱，城市科技传播主体得分为2.28，低于全国平均值3.17。太原市尚未建设科技传播事业单位，也未建设具备虚拟演播厅的科学技术展览馆。

（二十九）南宁

评估显示，南宁市科技传播主体建设情况相对薄弱，城市科技传播主体得分为2.65，低于全国平均值3.17。南宁市尚未建设具备虚拟演播厅的科学技术展览馆。

（三十）兰州

评估显示，兰州市科技传播主体建设情况相对薄弱，城市科技传播主体得分为1.75，低于全国平均值3.17。兰州市尚未建设科技传播事业单位，也未建设具备虚拟演播厅的科学技术展览馆。

（三十一）乌鲁木齐

评估显示，乌鲁木齐市科技传播主体建设情况相对薄弱，城市科技传播主体得分为1.30，低于全国平均值3.17。乌鲁木齐市在科技传播机构和科技传播人才两个方面均存在不足，需要得到全面提升。

（三十二）海口

评估显示，海口市科技传播主体建设情况相对薄弱，城市科技传播主体得分为1.94，低于全国平均值3.17。海口市尚未建设科技传播事业单位，也未建设具备虚拟演播厅的科学技术展览馆。

（三十三）银川

评估显示，银川市科技传播主体建设情况相对薄弱，城市科技传播主体得分为2.51，低于全国平均值3.17。银川市在科技传播机构和科技传播人才两个方面均存在不足，需要得到全面提升。

（三十四）呼和浩特

评估显示，呼和浩特市科技传播主体建设情况相对薄弱，城市科技传播主体得分为1.80，低于全国平均值3.17。呼和浩特市未建设科技传播事业单位，也未建设具备虚拟演播厅的科学技术展览馆。

（三十五）西宁

评估显示，西宁市科技传播主体建设情况相对薄弱，城市科技传播主体得分为1.47，低于全国平均值3.17。西宁市尚未建设科技传播事业单位，也未建设具备虚拟演播厅的科学技术展览馆。

（三十六）拉萨

评估显示，拉萨市科技传播主体建设情况相对薄弱，城市科技传播主体得分为1.22，低于全国平均值3.17。拉萨市在科技传播机构和科技传播人才两个方面均存在不足，需要得到全面提升

二、地区评分情况

基于我国六大地区，在平均值方面，全国城市科技传播主体评分的平均值为3.17，中南、华北和华东地区的评分超过了全国平均值，而西北、西南和东北地区的评分则低于全国平均值（见图3-3）。其中，中南地区的整体科技传播主体水平最高，评分平均值达到了4.20，华北与华东地区的评分平均值较为接近，分别达到了3.95和3.76，西北和西南地区的评分平均值分别为2.08和1.99，东北地区的评分平均值最低，仅为1.79。在地区内部的离散性方面，东北地区的各城市科技传播主体水平最为接近，整体水平偏低，中南地区的城市评分离散程度也相对较小，且高于全国平均水平的城市较多，整体水平较高。华北地区的城市评分离散程度最大，北京市的科技传播主体评分达到了10.00，而石家庄市与呼和浩特市的评分都仅为1.80，地区内部水平差异过大。

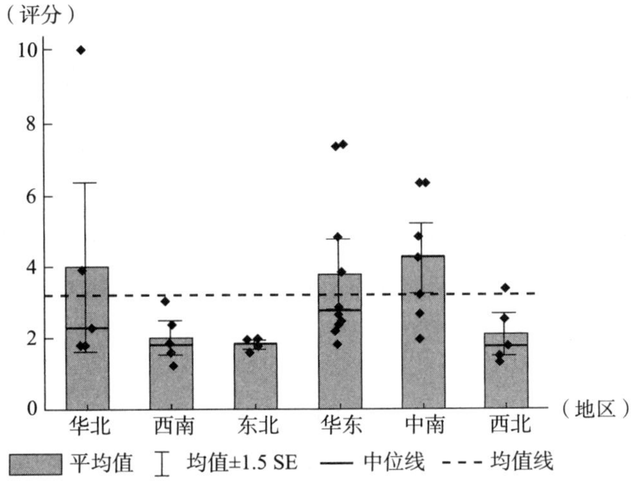

图3-3 地区科技传播主体评分

第四章
传播内容

第一节　科学家精神传播

一、城市评分情况

（一）北京

评估显示，北京市科学家精神传播的内容建设状况较为优秀，城市科学家精神传播评分为8.00，显著高于全国平均值3.19。北京市较为重视对女性和青年科技群体的宣传工作，打造优良的宣传平台，助力女性和青年科技工作者群体的成长。

1. 科学家精神宣传次数

这一指标主要考查该城市整体上在宣传科学家精神方面所做的宣传报道工作。

在参与评估的36个城市中，北京市的“科学家精神宣传次数”这一指标显著高于全国平均水平，表明北京市对科学家的宣传给予高度重视，大力弘扬其精神风貌，建立了完善的传播体系，取得了优良效果。

北京市宣传的科学家群体，不仅包括彭永臻、杜修力、吴良镛、郑哲敏等在京院士，也包括张建华、黄薇、高利等在北京出生或工作过的女性科学家。此外，北京市也大力宣传青年科学家群体，评选评定北京市高校卓越青年科学家，积极宣传蔡军、宋震、余淼杰等青年科学家。

2. 科学家精神宣传类型

这一指标主要考查该城市对青年科学家、女性科学家所做的宣传报道工作。

在参与评估的36个城市中，北京市的“科学家精神宣传类型”这一指标高于全国平均水平，表明北京市以青年科学家和女性科学家为抓手进行宣传，追求卓越的精神影响与培育效果，鼓励社会各个群体投身科技工作，共创科创美好未来。

青年科学家是我国科技事业的中流砥柱，北京市也对该群体进行了有力宣传。2023年6月20日，北京市科协召开弘扬科学家精神座谈会暨“茅以升科学技术奖——北京青年科技奖”人物鉴发布会，“茅”奖旨在造就学术技术带头人，促进北京地区青年科技人才脱颖而出，健康成长。此次发布的人物鉴记录了各个领域共147位获奖者的科研成绩，以他们的科研故事为引导，不仅能看到北京科技工作者的成长经历，也能感受到首都青年科学家蓬勃的发展势头。

同时，女性科学家作为我国科技事业之花，也得到北京市宣传部门的重视。2023年3月7日，国内首档科学文化教育节目《大先生》在北京电视台播出。该节目由北京市科学技术协会、北京市科学技术委员会、中关村科技园区管理委员会、北京市广播电视局联合出品。特别邀请中国科学院院士陈香美女士作为嘉宾，主讲她于基层艰苦奉献、不懈追求的科研经历，以及用勤劳和汗水浇灌出的花样人生。

（二）成都

评估显示，成都市科学家精神传播的内容建设状况较为良好，城市科学家精神传播评分为4.00，高于全国平均值3.19。成都市较为重视对青年科技群体的宣传工作，在为青年科学家搭建学术交流平台的同时，面向科技传播受众做了宣传。

1. 科学家精神宣传次数

在参与评估的36个城市中，成都市的“科学家精神宣传次数”这一指标高于全国平均水平，表明成都市较为重视科学家群体的宣传，对科学家先进事例的宣传次数较多。

成都市宣传的科学家群体，不仅包括侯朝焕、朱清时等成都籍院士，也包括周燕、赵凌、刘小华等在成都出生或工作过的女性科学家。此外，成都市也大力宣传青年科学家群体，宣传获得中国青年科技奖的在蓉科技工作者，如四川大学华西医院陈蕾、四川大学崔宁博等。

2. 科学家精神宣传类型

在参与评估的36个城市中，成都市的“科学家精神宣传类型”这一指标高于全国平均水平，表明成都市对青年科学家和女性科学家的宣传情况较好，贴合当下科技传播工作的思路方向。

2023年8月12日，第二届“面向2050的空天创新技术青年科学家论坛”在成都市成功举办，本次论坛由中国航空学会、成都流体动力创新中心等单位联合主办，聚焦智能无人技术、空天技术、绿色科技创新，以我国基础性、关键性空天技术难题及前瞻性科研方向为核心，设置了1个主会场论坛，以及智能空天、智能飞行等6个专题分论坛，为空天科技领域青年科学家交流注入新活力。

2023年3月7日，成都市妇联主办了“科技魅力绽芳华　巾帼奋斗新征程”——“三八”国际妇女节女科技工作者“回娘家”活动，邀请15名一线的女性科技工作者，通过观展、体验手作、话家常等活动共庆“三八”妇女节，妇联主席借此机会向全市女性科技工作者表达节日的问候及对后续科研工作的展望。

（三）大连

评估显示，大连市科学家精神传播的内容建设状况存在不足，城市科学家精神传播评分为3.00，低于全国平均值3.19。

1. 科学家精神宣传次数

在参与评估的36个城市中，大连市的“科学家精神宣传次数”这一指标低于全国平均水平，表明大连市对科学家精神宣传次数有待增加，建议大连市加大科学家精神宣传力度，让更多市民了解科学家群体。

大连市宣传的科学家群体，不仅包括院士吴阶平、李灿等院士，也包括女性科学家赵丽丽、李丹等。此外，大连市也大力宣传青年科学家群体，评选评定大连市十大青年科技英才，承办组织辽宁省青年科学家节，积极宣传李明团队等青年科学家。

2. 科学家精神宣传类型

在参与评估的36个城市中，大连市的“科学家精神宣传类型”这一指标略低于全国平均水平，表明大连市对科学家精神的宣传活动成效有待加强，建议大连市进一步加大对青年科学家和女性科学家的宣传力度，促进科学家精神发展。

2023年3月8日，中国科学院大连化学物理研究所组织开展“巾帼心向党·奋进新征程”系列主题活动，通过走访慰问、事迹报告、交流座谈、礼仪讲座等多种形式，增强女职工的创造力、凝聚力和战斗力，展示了研究所女职工健康向上、积极进取的巾帼风采。

（四）福州

评估显示，福州市科学家精神传播的内容建设状况较为良好，城市科学家精神传播评分为4.00，高于全国平均值3.19。

1. 科学家精神宣传次数

在参与评估的36个城市中，福州市的“科学家精神宣传次数”这一指标高于全国平均水平，表明福州市重视宣传科学家精神，多次进行相关的宣传活动，弘扬科学家精神。

福州市宣传的科学家群体，不仅包括陈坚、庄文颖等院士，也包括骆惠玉、张静等女性科技工作者。此外，福州市也大力宣传青年科学家群体，举办了青年科学家高峰论坛，积极宣传陈磊、陈昭阳、林翔等青年科技工作者。

2. 科学家精神宣传类型

在参与评估的36个城市中，福州市的“科学家精神宣传类型”这一指标高于全国平均水平，表明福州市重视对科学家精神的宣传，并且宣传的类型多样化，积极推动科技发展。

2023年5月12日，福建省环境科学研究院举办的2023年青年科技论坛报告会在福州市顺利举行。此次活动邀请福建省环境监测中心站等兄弟单位技术骨干参加。此次报告会由各部门的7位青年科技人才上台演讲，分享了各部门近期的科研成果。

（五）广州

评估显示，广州市科学家精神传播的内容建设状况十分优秀，城市科学家精神传播评分为9.00，显著高于全国平均值3.19。

1. 科学家精神宣传次数

在参与评估的36个城市中，广州市的“科学家精神宣传次数”这一指标显著高于全国平均水平，表明广州市高度重视宣传科学家群体，表彰科学家工作，传播科学家事迹，为弘扬崇高精神、构建传播系统作出了积极举措，取得良好效果。

广州市宣传的科学家群体，不仅包括周福霖、苏国辉和刘焕彬等广州院士，也包括杨柳青、杜兰等在广州出生或工作过的女性科学家。此外，广州市也大力宣传程志鹏等青年科学家群体。

2. 科学家精神宣传类型

在参与评估的36个城市中，广州市的“科学家精神宣传类型”这一指标显著高于全国平均水平，表明广州市高度重视青年科学家和女性科学家等群体宣传工作，注重弘扬科学家精神，鼓励人们投身科技事业。

2023年9月22日，食品精准营养与生命健康青年科学家沙龙在广州市举行，此次活动由中国科协主办，会聚全国各地高校、研发机构、企业、医院等近30名食品营养健康领域青年科学家，围绕“食品精准营养与生命健康”主题开展专题报告和对话讨论。

2023年5月，在广州市南沙的大湾区科学论坛“众里寻她”女科学家分论坛以“她智慧，点亮科技之光”为主题，旨在通过搭建女性科技工作者沟通对话的高端平台，展示促进全球科技创新发展中的女性力量。透过女科学家们的真诚分享，人们看到“板凳甘坐十年冷”的坚守、勇攀高峰的科学精神和关键核心技术攻坚战中的积极行动。

（六）哈尔滨

评估显示，哈尔滨市在科学家精神传播的内容建设方面存在不足，城市科学家精神传播评分为2.00，低于全国平均值3.19。

1. 科学家精神宣传次数

在参与评估的36个城市中，哈尔滨市的“科学家精神宣传次数”这一指标低于全国平均水平，表明哈尔滨市对宣传科学家群体重视程度有待提升，建议哈尔滨市加大科学家精神宣传力度，弘扬科学家精神。

哈尔滨市宣传的科学家群体，不仅包括高原宁、杨德森、刘竹生等院士，也包括李贤玉、陈雪梅等在哈尔滨出生或工作过的女性科学家。此外，哈尔滨市也大力宣传青年科学家群体，评选评定哈尔滨市青年科技奖，积极宣传马翠、王刚、丛丽等青年科学家。

2. 科学家精神宣传类型

在参与评估的36个城市中，哈尔滨市的“科学家精神宣传类型”这一指标低于全国平均水平，表明哈尔滨市对青年科学家和女性科学家的宣传力度有待提升，建议哈尔滨市建立完善科学家精神传播体系，大力弘扬青年科学家和女性科学家的精神风貌。

2023年第二期“与青年科技工作者同行，助青年科技工作者建功”学习活动在哈尔滨工程大学召开。此次活动由中国科协学会服务中心主办，会聚多领域青年科技工作者，组织了科学家精神教育基地参观、爱国主题讲座等多项活动，吸引了60名青年科技工作者学员参加。

2023年3月11日，哈尔滨冰冻圈科学学会女科学家工作委员会举办了“冰天雪地，铿锵玫瑰”冰冻圈女科学家学术沙龙活动。本次活动旨在发挥学术团体联合的优势，搭建冻土相关科研领域女科学家的合作交流平台，促进国内相关领域女性科技工作者的成长，汇聚优秀女科学家的力量。活动中，与会专家从成长经验、科研心得等方面为参会人员展开讲解，鼓励科研女性成长成才。

（七）杭州

评估显示，杭州市科学家精神传播的内容建设状况较为良好，城市科学家精神传播评分为4.51，高于全国平均值3.19。杭州市较为重视对青年科技群体的宣传工作，推出了“科学榜YOUNG”青年talk show系列活动，为青年科技群体提供一个更好地宣传平台，助力青年科技群体成长。

1. 科学家精神宣传次数

在参与评估的36个城市中，杭州市的“科学家精神宣传次数”这一指标高于全国平均水平，表明杭州市较为重视科学家群体的宣传，弘扬科学家精神，建立了较为完善的科学家精神传播体系。

杭州市宣传的科学家群体，不仅包括钱学森、茅以升、竺可桢等已故杭籍或在杭院士，也包括高小霞、沈渔邨、李兰娟等在杭出生或工作过的女性科学家。此外，杭州市也大力宣传青年科学家群体，评选评定杭州市十大青年科技英才，承办组织浙江省青年科学家节，积极宣传丁智、王欢欢、王新根等青年科学家。

2. 科学家精神宣传类型

在参与评估的36个城市中，杭州市的“科学家精神宣传类型”这一指标高于全国平均水平，表明杭州市较为重视对青年科学家和女性科学家的宣传工作，着重培养青年科学家和女性科学家。

比如，为了弘扬科学精神、激发创新意识，杭州市科协推出“科学榜YOUNG”青年talk show系列活动，带大家走近年轻的科技工作者，听他们解读科研成果、讲述科学故事。2023年3月22日，2023年首期“科学榜YOUNG”青年talk show在杭州市科技交流馆举行。此次活动由杭州市科技工作者服务中心、杭州青年科技工作者协会、杭州善创公益发展中心承办，杭州之声电台协办，共有70余名青年科技工作者参加活动。其中，来自西湖大学的青年学者刘旻昊发表了题为“为了更好的科研——支持青年科学家的N面”的主题演讲。

2023年3月7日，在“三八”国际妇女节即将来临之际，杭州市科协首次举办女科学家主题展。此次主题展挑选出138位杰出女科学家，以图文形式详细介绍了她们的卓越贡献和典型事迹，其中包括高小霞、沈渔邨、李兰娟等在杭州市出生或工作过的女性两院院士。

（八）合肥

评估显示，合肥市科学家精神传播的状况较为良好，城市科学家精神传播评分为3.51，略高于全国平均值3.19。合肥市的科学家精神宣传数量及宣传的科学家类型都较为丰富，体现出合肥市对科学家精神传播的重视。

1. 科学家精神宣传次数

在参与评估的36个城市中，合肥市的“科学家精神宣传次数”这一指标低于全国平均水平，表明合肥市对科学家精神传播的重视程度亟待提升，建议合肥市积极在各个渠道宣传科学家精神。

合肥市宣传的科学家群体，不仅包括钱逸泰、吴新智等已故合肥籍或在合肥的院士，也包括正善良、黄素贞等在合肥出生或工作过的女性科学家。此外，合肥市也大力宣传青年科学家群体，开展“青年科学家进校园”活动，积极宣传彭新华、刘诚、石发展、张强等青年科学家。

2. 科学家精神宣传类型

在参与评估的36个城市中，合肥市的“科学家精神宣传类型”这一指标高于全国平均水平，表明多种科学家精神的宣传活动成效较好，提升了科学家精神传播水平。

2023年5月27日，合肥市女科技工作者协会成立大会暨2023年“玉兰奋进科创芳华”合肥科技菁英女性发展对话在科学岛召开。会上，合肥市妇联联合市发展改革委等七部门发布“科技创新巾帼行动——合肥宣言”，进一步激发合肥市女性科技人才创新活力。此次会议还举行了圆桌对话，6位来自产业界和学术界的嘉宾，对科技创新领域的科研成果进行分享，讲述科技女性的科研故事，畅谈女性后辈人才培养与发展等。大会得到了全国妇联网、新华社、《安徽日报》等多家政府网站及主流媒体关注，全网约80万人次浏览大会相关信息。

（九）济南

评估显示，济南市科学家精神传播的内容建设状况有待改善，城市科学家精神传播评分为2.49，低于全国平均值3.19。

1. 科学家精神宣传次数

在参与评估的36个城市中，济南市的“科学家精神宣传次数”这一指标低于全国平均水平，表明济南市的科学家精神宣传力度尚需加强，科学家精神传播体系可以进一步完善。

济南市宣传的科学家群体，不仅包括张立人、李玉等在济南的院士，也包括张海霞、颜宁、孔健等济南籍或在济南工作的女性科学家。此外，济南市也重视青年科学家的宣传工作，举办青年科学家创新发展大会，在媒体平台宣传于长斌、孙立超等青年科学家。

2. 科学家精神宣传类型

在参与评估的36个城市中，济南市的“科学家精神宣传类型”这一指标低于全国平均水平，表明济南市可以加大对青年科学家和女性科学家的宣传力度，提升培养青年科学家和女性科学家的工作水平。

2023年11月3日，山东中医药大学的第二届青年科学家论坛在济南市正式开幕。本届青年科学家论坛为期1个半月，分为6组，每周都举行学术报告，主题包括针灸机制与中医药信息化研究、中医药文献与文化传播研究等内容。本届青年科学家论坛致力于为校内外青年学者搭建交流对话及共同成长的平台。

（十）昆明

评估显示，昆明市科学家精神传播的内容建设状况相对不足，城市科学家精神传播评分为2.49，低于全国平均值3.19。从整体来看，昆明市在科学家精神的宣传范围上覆盖到了院士、青年及女性科学家，但是在具体的宣传数量及内容挖掘上还存在较大的不足。

1. 科学家精神宣传次数

在参与评估的36个城市中，昆明市的“科学家精神宣传次数”这一指标略低于全国平均水平，表明昆明市在科学家群体宣传方面还有一定的进步空间，需进一步弘扬科学家精神，继续完善科学家精神传播体系。

昆明市宣传的科学家群体，不仅包括张克勤、张宗亮等昆明籍或在昆明的院士，也包括车静、朱兆云等在昆明工作的女性科学家。此外，昆明市也大力宣传青年科学家群体，积极宣传那靖、刘竹等在昆明工作或曾在昆明生活的青年科学家。

2. 科学家精神宣传类型

在参与评估的36个城市中，昆明市的“科学家精神宣传类型”这一指标低于全国平均水平，表明昆明市对青年科学家和女性科学家的宣传力度不足，需要加大对不同类型科学家群体的宣传力度，促进科学界的多样性和包容性，推动更广泛的人才参与科学研究。

在青年科学家先进事例宣传方面，2023年5月8日，昆明市《云南日报》以《勇攀科研高峰贡献青春力量——昆明理工大学青年科学家先进事迹巡礼》为题，专版报道了徐宝强、李孔斋、那靖、董鹏、谭韬、种晓宇6位青年科学家心怀家国、潜心研究、勇闯科学“无人区”的生动故事，活灵活现地展示了6位科学家实干奉献的科研精神。

在以女性科学家为主体的宣传活动方面，2023年5月12日，中国科学院昆明分院举办以“学思践悟二十大·青春筑梦谱新篇”为主题的优秀青年女科学家分享活动，中国科学院昆明分院系统4位青年女科学家分享了自己科研之路中不懈追求的过程。分院系统各单位优秀青年女性科学家代表、青年代表、青年理论学习小组成员等近150人参加了主会场活动。

（十一）南昌

评估显示，南昌市科学家精神传播的内容建设状况较为薄弱，城市科学家精神传播评分为2.00，低于全国平均值3.19。不过，南昌市较为重视对女性科技群体的宣传工作。

1. 科学家精神宣传次数

在参与评估的36个城市中，南昌市的“科学家精神宣传次数”这一指标低于全国平均水平，表明南昌市虽然举办了一些科学家精神的宣传活动，但相较于其他城市还存在提升空间，建议提高重视程度。

南昌市宣传的科学家群体，不仅包括熊大闰、王景全、谢明勇等已故南昌籍或在南昌的院士，也包括张弥曼、匡华、李欣等在南昌工作或曾在南昌生活的女性科学家。同时，南昌市通过组织“青年科学家进校园”科普开放日等活动，积极宣传张初华、付刚等青年科学家的风采。

2. 科学家精神宣传类型

在参与评估的36个城市中，南昌市的“科学家精神宣传类型”这一指标低于全国平均水平，表明南昌市虽然对青年科学家和女性科学家进行了一定宣传，但与其他城市相比宣传力度较小。

2023 年 9 月，由中国神经科学学会应激神经生物学分会主办，南昌大学等单位承办的“青年科学家进校园”科普开放日活动在南昌大学生命科学研究院举办。活动邀请青年科学家张文华为孩子们作“认识脑，研究脑，保护脑”的主题演讲，传递科学知识，展现了青年科技工作者的风采和科学家精神。

2023 年 6 月，由江西省女科技工作者协会、南昌市西湖区科学技术协会等单位主办的“2023 年全国科技工作者日暨新时代文明实践活动——女科技工作者科普讲座进校园”活动在南昌松柏教育集团朝阳校区举行。此次活动邀请江西省女科技工作者协会机械工程分会秘书长龙盛蓉作讲座，龙秘书长深入浅出地介绍了 3D 打印的原理、技术和应用等方面内容，在展示女科技工作者风采的同时弘扬了科学精神，传播了科学文化。

（十二）南京

评估显示，南京市科学家精神传播的内容建设状况较为良好，城市科学家精神传播评分为 4.00，高于全国平均值 3.19。

1. 科学家精神宣传次数

在参与评估的 36 个城市中，南京市的“科学家精神宣传次数”这一指标高于全国平均水平，表明南京市较为重视科学家群体的宣传，弘扬科学家精神，建立了比较完善的科学家精神传播体系。

南京市宣传的科学家群体，不仅包括吴培亨、陈国良、王学浩等院士，还包括郑岩峰、史岩岩等青年科学家，以及孔祥维等女性科学家。截至 2022 年 9 月，在南京市宣传的科学家群体中，共有 96 位院士，历届南京市“十大科技之星”中当选的院士共计 20 余人。

2. 科学家精神宣传类型

在参与评估的 36 个城市中，南京市的“科学家精神宣传类型”这一指标高于全国平均水平，表明南京市大力宣传青年科学家、女性科学家等正面典型，挖掘科学家的精神财富，弘扬科学家精神。

2023 年 4 月 15 日，在南京大学计算机科学技术楼 111 会议厅举行的首届人工智能女科学家论坛圆满落幕。论坛会聚了国内人工智能与防务科技相关的顶尖女性科学家，共同探讨人工智能领域的前沿技术与发展趋势。其中，浙江大学的孔祥维教授、北京交通大学的景丽萍教授都作了相关报告。本次论坛还就女科学家如何在科研工作中发挥自己特有的优势进行了深入讨论，促进了人工智能防务界的交流与合作，展示了女性科学家在人工智能领域的杰出贡献，激发了广大女性从事科研工作的热情与信心。

2023 年 5 月 12—13 日，“第十一届中国指挥与控制学会青年科学家论坛”在南京市顺利举行。此次论坛由中国指挥与控制学会主办，CICC 青年工作委员会承办，向青年学者搭建创新激情的交流平台，围绕指挥与控制领域的最新研究进展以及行业所面临的技术挑战展开讨论。

（十三）宁波

评估显示，宁波市科学家精神传播的内容建设状况良好，城市科学家精神传播评分为 3.49，高于全国平均值 3.19。

1. 科学家精神宣传次数

在参与评估的 36 个城市中，宁波市的“科学家精神宣传次数”这一指标高于全国平均水平，表明宁波市重视科学家精神的宣传，多次举办宣传科学家精神的活动，弘扬科学家精神。

宁波市宣传的科学家群体，不仅包括韩启德、路甬祥、陈中伟、周尧等宁波籍或在宁波工作过的院士，也包括屠呦呦等在宁波出生或工作过的女性科学家。此外，宁波市也大力宣传青年科学家群体，成立“未来科学家培养共同体”联盟，创办优秀青年博士和重点科技合作项目等，积极宣传王立平、徐娟、郭宝英等青年科学家。

2. 科学家精神宣传类型

在参与评估的 36 个城市中，宁波市的“科学家精神宣传类型”这一指标低于全国平均水平，表明宁波市在进行科学家精神宣传类型方面存在提升空间，拓宽宣传类型和种类，有利于科学家精神进一步传播。

2023 年 5 月 16 日，中国（宁波）—中东欧国家女科学家创新与发展论坛在宁波市召开。论坛在中国国际科技交流中心的指导下，由中国女科技工作者协会和宁波市科协主办，致力于“将最美的风景留给最有智慧的人”。论坛邀请了中东欧 8 个国家的 15 位不同领域的科学家和中国科学院、中国工程院院士等国内科学家齐聚东钱湖畔，围绕“科技创新、绿色发展”主题，开展开放包容、互惠共享的国际科技创新交流。中国首位诺贝尔科学奖获得者、宁波籍科学家屠呦呦专门发来贺信，激励国内外广大科技工作者着眼绿色发展、加强科技创新、打造面向未来的合作动能。

（十四）青岛

评估显示，青岛市科学家精神传播的内容建设状况存在不足，城市科学家精神传播评分为 2.00，低于全国平均值 3.19。

1. 科学家精神宣传次数

在参与评估的 36 个城市中，青岛市的“科学家精神宣传次数”这一指标低于全国平均水平，表明青岛市对宣传科学家群体重视程度有待提升，应进一步完善科学家精神传播体系。

青岛市宣传的科学家群体，不仅包括王军成、陈松林、管华诗、麦康森等院士，也包括李富花、高珊、梁建英等在青岛出生或工作过的女性科学家。此外，青岛市也大力宣传青年科学家群体，包括胡石建、李元龙、李忠涛等青年科学家。

2. 科学家精神宣传类型

在参与评估的 36 个城市中，青岛市的“科学家精神宣传类型”这一指标低于全国平均水平，表明青岛市对青年科学家和女性科学家的宣传力度重视程度有待提升，应注重青年科学家和女性科学家的发展。

“科创竞芳华，澎湃新动能”——青岛市“最美巾帼科创人”发布暨“金融润巾帼”活动于 2023 年 9 月初成功举办，该活动由青岛市妇联、市教育局、市科技局、市地方金融监管局、市民营经济局、市总工会、市科协等多个部门联合举办，地点设在全球（青岛）创投风投中心。活动吸引了主办单位的相关领导、首批青岛市“最美巾帼科创人”、驻青岛高校代表、金融机构代表以及各区市妇联分管副主席等100余人参加。

（十五）厦门

评估显示，厦门市科学家精神传播的内容建设状况还存在提升空间，城市科学家精神传播评分为2.00，低于全国平均值3.19。

1. 科学家精神宣传次数

在参与评估的36个城市中，厦门市的“科学家精神宣传次数”这一指标低于全国平均水平，表明厦门市在科学家精神宣传方面虽取得一定成果，但相较于其他城市仍稍显薄弱。

厦门市宣传的科学家群体，不仅包括陈景润、戴民汉、林圣彩、谢素原等院士，也包括徐洵、洪华生、唐崇惕、陈兰芬等女性科学家，以及青年科学家侯旭、周大旺、李剑锋等。此外，厦门市设立厦门市科技重大贡献奖、科技创新杰出人才奖，用以表彰和奖励科学家群体的突出贡献，通过举办厦门市科技创新大会，以苏颂之名举办的“科学之光——苏颂科技大讲坛”等活动积极宣传青年科学家群体。

2. 科学家精神宣传类型

在参与评估的36个城市中，厦门市的“科学家精神宣传类型”这一指标低于全国平均水平，表明厦门市对青年科学家和女性科学家的宣传力度较弱，还需进一步提升。

2023年1月9—12日，由厦门大学近海海洋环境科学国家重点实验室发起，国家自然科学基金委地球科学部共同主办的第六届厦门海洋环境开放科学大会在厦门市举行。会议期间举办了XMAS女性科学家沙龙，成立了“厦门大学海洋与环境女性促进会”沙龙，活动邀请不同阶段的女性科学家分享自己的科研、工作与生活故事，激励和引导更多女性投身科研事业。

（十六）上海

评估显示，上海市科学家精神传播的内容建设状况较为优秀，城市科学家精神传播评分为8.00，显著高于全国平均值3.19。

1. 科学家精神宣传次数

在参与评估的36个城市中，上海市的“科学家精神宣传次数”这一指标显著高于全国平均水平，表明上海市高度重视科学家的宣传工作，强调传扬其崇高精神，构建了全方位的传播系统，取得了良好的效果。

在上海市宣传的科学家群体中，不仅包括樊春海、吴明红等院士，也包括王国祯、巫永睿、向导等青年科学家。此外，上海市定期发布《上海女性科技人才发展报告》，2023年最新版报告指出，上海市女性科研人员占比在全国位居前列，较全国平均水平高2.57%，女性院士的增长比例占全国新增女性院士总数的15%~20%。

2. 科学家精神宣传类型

在参与评估的36个城市中，上海市的“科学家精神宣传类型”这一指标高于全国平均水平，表明上海市以宣传青年科学家和女性科学家为着眼点，谋求卓越的精神影响与培育效果，激励社会风气正向发展。

2023 年 9 月 25 日，上海市黄浦区高质量推进科学教育三年行动计划暨青年科学家进黄浦校园“十百千万工程”正式启动。该计划在共青团上海市委、黄浦区政府等单位的大力支持下，将推动百名青年科学家以社团结对老师、讲座嘉宾、校外科技副校长、项目指导老师等身份与黄浦区中小学定点结对，向黄浦区青少年弘扬青年科学家精神。

2023 年 3 月 3 日，“凝聚科创她力量巾帼芳华绽临港”临港新片区庆祝“三八”国际妇女节 113 周年系列活动在滴水湖畔启动，上海市委常委、临港新片区党工委书记出席活动并致辞。同时，活动现场发布了《临港新片区关于支持女性科技人才在上海建设具有全球影响力的科技创新中心中发挥更大作用的十条措施》，系统性地为女性科技工作者在人才成长、岗位成长、资金保障等十个方面提供全面支持。

（十七）深圳

评估显示，深圳市科学家精神传播的内容建设状况较为良好，城市科学家精神传播评分为 4.51，高于全国平均值 3.19。

1. 科学家精神宣传次数

在参与评估的 36 个城市中，深圳市的“科学家精神宣传次数”这一指标略高于全国平均水平，表明深圳市积极弘扬以爱国、创新、求实、奉献、协同、育人为核心内涵的科学家精神，宣传工作卓有成效，树立了系列优秀科学家榜样。

深圳市宣传的科学家群体，不仅包括郭仁忠、夏克青、徐政和等在深圳的中国或外籍院士，也包括肖淑敏、颜宁、张雷等深圳籍或在深圳工作过的女性科学家。此外，深圳市也大力宣传青年科学家群体，定期举办深圳市“青年科学家 50^2 论坛”等青年科学家类活动，为青年科学家提供交流和展示的舞台，并在各个渠道积极宣传袁丁、李曜、钟超等青年科学家。

2. 科学家精神宣传类型

在参与评估的 36 个城市中，深圳市的“科学家精神宣传类型”这一指标高于全国平均水平，表明深圳市高度重视各类科学家的精神宣传，着力培育促进科技传播事业健康发展的强大精神动力。

2023 年 9 月 24—25 日，第三届“青年科学家 50^2 论坛”在深圳市举办。该论坛由南方科技大学和腾讯公司共同主办，逾 50 位两院院士、200 位“科技探索奖”获奖者等科学家、专家齐聚一堂，以“聚焦原创，突破边界”为主题，通过圆桌会议、对话等方式共议科技前沿与青年科技人才培养相关话题。

2023 年 3 月 22 日，第二届信息科技女性精英论坛在深圳西丽湖人才服务中心举办，本次论坛会议由深圳市南山区妇女联合会和深圳市人工智能学会联合主办，以“她智慧”与“她力量”为精神线索，聚焦女性科技工作者在人工智能领域的卓越成就，开展四场“AI+科技”领域的主题演讲，举办了 AI 主题的研讨和圆桌会议。

（十八）沈阳

评估显示，沈阳市科学家精神传播的内容建设状况较为薄弱，城市科学家精神传播评分为2.97，略低于全国平均值3.19。沈阳市科学家精神的宣传次数较多，但是在青年科学家和女性科学家宣传方面仍有不足，对沈阳市宣传科学家精神的全面性产生不利影响。

1. 科学家精神宣传次数

在参与评估的36个城市中，沈阳市的“科学家精神宣传次数”这一指标略高于全国平均水平，表明沈阳市积极举办科学家精神宣传活动，通过举办科学家讲座和演讲等活动，将科学家的精神价值观传递给大众，激发科学热情，促进科技创新和社会进步。

沈阳市宣传的科学家群体，不仅包括叶恒强、李依依、王天然等院士，也包括于彤、孙兰香等在沈阳出生或工作过的女性科学家。此外，沈阳市也大力宣传青年科学家群体，承担国家重点研发计划青年科学家项目，举办辽宁青年科学家论坛，评选“沈阳市最美科技工作者”，积极宣传张亚男、马英杰等青年科学家。

2. 科学家精神宣传类型

在参与评估的36个城市中，沈阳市的“科学家精神宣传类型”这一指标低于全国平均水平，表明沈阳市可以加大对青年科学家和女性科学家的宣传力度，给予不同类型科学家相对平等的尊重，以形成沈阳市尊重科学、崇尚科学之风。

2023年10月26日，“计算之美”女性菁英论坛在沈阳市成功举办。此次论坛由深耕新型数字基础设施建设相关领域的专家学者分享他们的最新科技研究成果，同时探讨女性计算机从业者在数字中国建设中的机遇与挑战。

（十九）石家庄

评估显示，石家庄市科学家精神传播的内容建设存在不足，城市科学家精神传播评分为2.00，低于全国平均值3.19。石家庄市重视青年科学家，弘扬科学家精神，但宣传力度存在不足，建议进一步完善科学家精神传播体系，积极鼓励社会各个群体投身科技工作。

1. 科学家精神宣传次数

在参与评估的36个城市中，石家庄市的“科学家精神宣传次数”这一指标低于全国平均水平，表明石家庄市对宣传科学家群体的重视程度有待提升，应进一步完善科学家精神传播体系，实现科学家精神宣传次数稳步增加。

石家庄市宣传的科学家群体不仅有杜彦良、刘尚合等院士，也包括孙晨华等女性科学家。此外，石家庄市重视青年科学家，通过各渠道大力宣传青年科学家群体，如在石家庄求学的国际著名青年科学家曹明、工作于石家庄的青年科学家赵晋津等。

2. 科学家精神宣传类型

在参与评估的36个城市中，石家庄市的“科学家精神宣传类型”这一指标低于全国平均水平，表明石家庄市对青年科学家和女性科学家的宣传力度重视程度有待提升，建议石家庄市积极鼓励社会各个群体投身科技工作。

石家庄市宣传的青年科学家代表人物之一是池跃洁教授，其在石家庄一中毕业后考入清华大学，现为卡内基梅隆大学电子与计算机工程系任副教授，是美国青年科学家与工程师总统奖获奖人物之一。

石家庄市宣传的女性科学家姚蕊，在她成为天眼馈源舱系统负责人时，年仅28岁。姚蕊从小受工程师父母的影响，长大后选择与机械工程打交道，毕业后就加入了南仁东的“中国天眼”科研团队，成为一名科研工作者。两年后，她便成为“中国天眼”最核心部件之一的研究负责人。2019年，作为馈源舱控制技术领域的代表人物，姚蕊成为《麻省理工科技评论》年度“35位35岁以下科技创新青年”之一。

（二十）天津

评估显示，天津市科学家精神传播的内容建设状况较为良好，城市科学家精神传播评分为4.97，高于全国平均值3.19。天津市对科学家精神宣传的重视程度较高，宣传科学家精神种类全面、频率较高。

1. 科学家精神宣传次数

在参与评估的36个城市中，天津市的“科学家精神宣传次数”这一指标高于全国平均水平，表明天津市较为重视宣传科学家群体，宣传科学家精神的次数较为充足，推动了天津市的科学家精神传播。

天津市积极宣传科学家群体，不仅包括于敏、郭永怀等天津科技界领军人物，也包括侯德榜、朱宪彝等老一辈科技大家和张伯礼、周其林等新时代创新先锋，同时大力宣传王拓、王芳、程方益及唐娜、司伟雪等青年科学家、女性科学家群体。

2. 科学家精神宣传类型

在参与评估的36个城市中，天津市的“科学家精神宣传类型”这一指标高于全国平均水平，表明天津市较为重视青年科学家和女性科学家的宣传工作，对青年科学家和女性科学家宣传较为充分。

2023年11月11日，2023年天津市青年科学家论坛在天津市科技创新发展中心成功举办。此次论坛由天津市科协主办，天津市青年科技工作者协会等单位承办。此次大会按照专业相近原则，划分5个学科组同步举行，共有59名青年科技工作者作学术报告，25名专家进行点评。各学科组专家基于青年科技工作者的学术报告进行专业指导，梳理科研问题、提升学术水平，助力青年科技工作者成长。

（二十一）武汉

评估显示，武汉市科学家精神传播的内容建设状况较为薄弱，城市科学家精神传播评分为3.00，略低于全国平均值3.19。

1. 科学家精神宣传次数

在参与评估的36个城市中，武汉市的“科学家精神宣传次数”这一指标低于全国平均水平，表明武汉市对科学家群体宣传的重视亟须加强，建议武汉市积极推动科学家精神传播体系的建立。

武汉市宣传的科学家群体，不仅包括曾在武汉求学、工作的院士科学家，如陈孝平、桂建芳、刘经南、邓子新等，也包括李敏、宋海军、欧阳斌等年轻有为的青年科学家。此外，武汉市也大力宣传女性科学家，组织开展2023女性科学家峰会，积极宣传陈蓉、吴钰周、章晓联、徐良杰等女性科技工作者。

2. 科学家精神宣传类型

在参与评估的36个城市中，武汉市的“科学家精神宣传类型”这一指标略低于全国平均水平，表明武汉市对青年科学家和女性科学家的宣传力度有待提升，建议武汉市加大青年科学家和女性科学家的宣传力度及宣传内容的吸引力。

2023年6月16日，武汉市植物园举办了“青促会聚，格物致知”青年科学家开讲第三期，该活动是武汉植物园青年促进会专为青年科学家搭建的活动平台，旨在拓宽青年科研人员的视野，促进学术交流与合作，助力青年科技人才成长。在本次活动中，有两位青年科技工作者作了主题报告，分享了日常科研工作中的实践经验及选题思路、技术优化方法等，为与会人员提供借鉴和启发。

2023年5月16日，武汉市举行了“汇聚科技她力量——2023女性科学家峰会”。此次峰会以“激励与传承——凝聚她力量，科技创未来”为主题，旨在汇聚女性科技人才的力量与智慧，为湖北省建设提供科技支撑，聚焦新一代信息技术、先进制造等重点行业，探讨新时代下的女性如何在科技产业中发挥影响力的问题。在武汉市的女性科技工作者、企业家代表等600多人参加了本次活动。

（二十二）西安

评估显示，西安市科学家精神传播的内容建设状况较为良好，城市科学家精神传播评分为3.49，略高于全国平均值3.19。西安市作为中西部科技实力较强的城市，挖掘并宣传了较多宝贵的科学家先进事例。

1. 科学家精神宣传次数

在参与评估的36个城市中，西安市的“科学家精神宣传次数”这一指标高于全国平均水平，表明西安市较为关注科学家精神的宣传，宣传科学家精神的次数较多，有效推动了科学家精神的传播。

西安市宣传的科学家群体，不仅包括李贺军、张平祥、杨树兴等在西安工作的院士，也包括刘英、肖仁珍、盛敏等女性科学家。此外，西安市也大力宣传青年科学家群体，对荣获“ISMANAM青年科学家奖（Young Scientist Award）”“强国青年科学家”“强国青年科学家提名”的西安青年科学家和入选“陕西省科协青年人才托举计划”的西安青年科技人才进行宣传。

2. 科学家精神宣传类型

在参与评估的36个城市中，西安市的“科学家精神宣传类型”这一指标略低于全国平均水平，表明西安市在青年科学家和女性科学家的宣传方面存在提升空间，建议西安市加大对青年科学家和女性科学家的宣传力度。

2023年3月8日，由陕西省妇联指导、陕西省女科技工作者协会主办的“科技女性风采飞扬”西北医院科创论坛在西安交通大学第二附属医院举办。在论坛主题报告环节，发言领导及各单位代表以案例讲述形式展示了女性科技工作者的工作经历和成果。论坛举办期间，陕西省妇联二级巡视员崔志伟代表省妇联为获得“全国巾帼文明岗”及“陕西省巾帼文明岗”的女性科技工作者颁奖，并寄语广大女性科技工作者要勇于追求，敢于担当，大力弘扬科学家精神，激励广大女性科技工作者在科创领域绽放新时代女性风采。

2023 年 5 月，由中国航空研究院主办、航空工业强度所承办的 2023 年第 3 期“未来青年科学家论坛”在西安市顺利举办。论坛主题为“先进仿真技术的开发与应用”，邀请 7 位青年技术专家与特邀高校专家进行交流互动。论坛期间，来自中国航空研究院的青年科学家吴静敏获“最佳报告奖”，于飞获“优秀科技创新报告奖”，王如平获“个人风采展示奖”，张尔春获“最佳人气奖”。

（二十三）长沙

评估显示，长沙市科学家精神传播的内容建设状况有待提升，城市科学家精神传播评分为 2.00，低于全国平均值 3.19。长沙市在科学家精神宣传次数及科学家类型的宣传上均较少，存在较大加强的空间。

1. 科学家精神宣传次数

在参与评估的 36 个城市中，长沙市的“科学家精神宣传次数”这一指标低于全国平均水平，表明长沙市科学家精神的宣传工作仍有提升空间，建议进一步完善科学家精神传播体系。

长沙市宣传的科学家群体，不仅包括袁隆平、官春云、丑纪范等长沙籍或在长沙工作的院士，也包括卢光琇、陈晓红、袁荃等在长沙出生或工作过的女性科学家。此外，长沙市也大力宣传青年科学家群体，评选评定长沙市优秀青年科技人才，组织举办长沙市科技活动周，积极宣传王杨、刘未艾、刘苏来等青年科学家。

2. 科学家精神宣传类型

在参与评估的 36 个城市中，长沙市的“科学家精神宣传类型”这一指标低于全国平均水平，表明长沙市对青年科学家和女性科学家的宣传力度亟待提升，建议通过报纸、宣传册等渠道，加大宣传青年和女性科学家的力度。

2023 年 11 月 1 日，由中共长沙市委、市政府主办，长沙市妇联承办、中央广播电视总台国际在线协办的全球研发“她”来助力——国际观察团长沙行活动，在马栏山视频文创产业园画上了圆满句号。在这场活动中，来自巴西、俄罗斯、英国、意大利等 9 名不同国家的外国女性友人，组成一支国际观察团，深入长沙市车间、企业、项目一线，通过实地考察和交流，了解长沙市女性在科研领域的发展现状，进而反映长沙市在人才建设、项目招引、营商环境、政策体系等方面的优势。

（二十四）郑州

评估显示，郑州市科学家精神传播的内容建设状况较为欠缺，城市科学家精神传播评分为 2.00，低于全国平均值 3.19。

1. 科学家精神宣传次数

在参与评估的 36 个城市中，郑州市的“科学家精神宣传次数”这一指标低于全国平均水平，表明郑州市在宣传科学家群体、弘扬科学家精神方面还需多加努力，要积极推动建立完善的科学家精神传播体系。

郑州市宣传的科学家群体，不仅包括霍裕平、王复明等院士，也包括吴桂贤、万蕊雪等在郑州出生或工作过的女性科学家。此外，郑州市也大力宣传青年科学家群体，评选评定郑州市“青年科技奖”，积极宣传青年科学家。

2. 科学家精神宣传类型

在参与评估的 36 个城市中，郑州市的“科学家精神宣传类型”这一指标低于全国平均水平，表明郑州市在对青年科学家和女性科学家的宣传力度方面有待加强，建议增加青年科学家和女性科学家宣传次数，推动郑州市科学家精神宣传的多样化。

2022 年 10 月 26 日，华北水利水电大学张璐副教授、黄河交通学院教师王巍等 10 人被授予第九届郑州市“十大科技女杰”称号。郑州市“十大科技女杰”每两年评选一次，旨在宣传对郑州市科技进步、经济社会发展有突出贡献的女科技工作者，展示新时代杰出女性科技工作者的风采，激发广大女性科技工作者的工作热情，大力弘扬科学家精神。

2022 年 12 月 15 日，郑州市第九届“青年科技奖”评选结果颁布。郑州市“青年科技奖”评选由中共郑州市委组织部、郑州市人力资源和社会保障局、郑州市科学技术协会共同组织开展，每两年评选一次，每届获奖人数不超过 30 名。此次“青年科技奖”涉及工程技术、教育、农林牧、管理、医药卫生 5 个领域，旨在鼓励培育高素质青年科技专家和领军人物，激励广大青年科技工作者为郑州市科学技术创新发展作出积极贡献。

（二十五）重庆

评估显示，重庆市科学家精神传播的内容建设状况较好，城市科学家精神传播评分为 5.49，高于全国平均值 3.19。

1. 科学家精神宣传次数

在参与评估的 36 个城市中，重庆市的“科学家精神宣传次数”这一指标高于全国平均水平，表明重庆市重视宣传科学家群体，致力于弘扬科学家精神，同时建立了全面发展的科学家精神传播系统。

重庆市宣传的科学家群体，不仅包括鲜学福、卞修武、潘复生等院士，也包括张弥曼、刘明侦等在重庆出生或工作过的女性科学家，还包括史浩飞、陈娟等青年科学家。此外，重庆市积极评选十大重庆科技创新年度人物，积极宣传具有创新成效的科技工作者。

2. 科学家精神宣传类型

在参与评估的 36 个城市中，重庆市的“科学家精神宣传类型”这一指标高于全国平均水平，表明重庆市对青年科学家、女性科学家以及各类院士的宣传力度大，能够帮助重庆市科学家更好地融入科技与文化的环境，增加重庆市科学家在国内的话语权，有利于重庆市文化软实力的提升。

2023 年 7 月 8 日，重庆市青年科学家创新联盟成立大会举行。重庆市青年科学家创新联盟聚焦新能源、医学、智能网联汽车、量子物理、先进制造等领域，旨在为青年科学家科技创新提供交流与服务平台，提升青年科学家在全球的影响力。

2023 年，重庆市沙坪坝区妇联围绕《重庆市“高校巾帼科技创新行动计划”实施方案》，开展了“巾帼心向党奋进新征程”学习教育活动；录制了《她力量》《巾帼榜样》等视频，邀请高校女科学家讲述自己的科研故事；牵头组建了由高校女性科技人才等组成的红岩女子合唱团。

（二十六）长春

评估显示，长春市科学家精神传播的内容建设状况存在不足，城市科学家精神传播评分为1.00，低于全国平均值3.19。

1. 科学家精神宣传次数

在参与评估的36个城市中，长春市的“科学家精神宣传次数”这一指标低于全国平均水平，表明长春市对宣传科学家群体重视程度有待提升，建议长春市加大科学家精神宣传力度，弘扬科学家精神。

2. 科学家精神宣传类型

在参与评估的36个城市中，长春市的“科学家精神宣传类型”这一指标低于全国平均水平，表明长春市对青年科学家和女性科学家的宣传力度有待提升，建议长春市建立完善科学家精神传播体系，大力弘扬青年科学家和女性科学家的精神风貌。

（二十七）贵阳

评估显示，贵阳市科学家精神传播的内容建设状况存在不足，城市科学家精神传播评分为1.49，低于全国平均值3.19。

1. 科学家精神宣传次数

在参与评估的36个城市中，贵阳市的“科学家精神宣传次数”这一指标低于全国平均水平，表明贵阳市对宣传科学家群体重视程度有待提升，建议贵阳市加大科学家精神宣传力度，弘扬科学家精神。

2. 科学家精神宣传类型

在参与评估的36个城市中，贵阳市的“科学家精神宣传类型”这一指标低于全国平均水平，表明贵阳市对青年科学家和女性科学家的宣传力度有待提升，建议贵阳市建立完善科学家精神传播体系，大力弘扬青年科学家和女性科学家的精神风貌。

（二十八）太原

评估显示，太原市科学家精神传播的内容建设状况有所不足，城市科学家精神传播评分为2.00，低于全国平均值3.19。

1. 科学家精神宣传次数

在参与评估的36个城市中，太原市的“科学家精神宣传次数”这一指标低于全国平均水平，表明太原市对科学家精神宣传次数有待增加，建议太原市重视宣传科学家群体，加大科学家精神宣传力度。

太原市宣传的科学家群体，不仅包括谢克昌、黄庆学、金智新等已故在太原工作过的院士，也包括刘欣、王兰、常丽萍等在太原出生或工作过的女性科学家。此外，太原市也大力宣传青年科学家群体，积极宣传崔艳霞、贾鹏、智丽飞等青年科学家。

2. 科学家精神宣传类型

在参与评估的36个城市中，太原市的“科学家精神宣传类型”这一指标低于全国平均水平，表明太原市对青年科学家和女性科学家的宣传力度有待加强，建议太原市建立完善的科学家精神传播体系，促进科学家精神传播。

2023年10月19—22日，全国“第六届合成生物学青年学者论坛”学术研讨会在山西大学会议中心举行。本次会议由中国生物工程学会合成生物学分会、中国医药生物技术协会合成生物技术分会联合主办，重点围绕生命科学与生物技术发展的前沿交叉领域，设置合成生物学新技术与新理论、细胞与基因治疗、合成生物产业论坛、合成生物与可持续发展、智能生物制造五个专题，探索创新性的合成生物学研究发展路径。

2023年5月28—29日，第九届植物生物学女科学家学术交流会在太原市植物园举办。此次交流会以“植物生物学女科学家奋斗的十年”为主题，通过专题论坛、学术报告等形式，围绕植物生物学领域开展高水平研讨。会上还评选了优秀女青年奖，对取得领先科研成果的女性科学家进行奖励。

（二十九）南宁

评估显示，南宁市科学家精神传播的内容建设状况有待提升，城市科学家精神传播评分为2.00，低于全国平均值3.19。南宁市在科学家精神宣传次数及科学家精神宣传类型的宣传上均有不足，存在较大加强的空间。

1. 科学家精神宣传次数

在参与评估的36个城市中，南宁市的“科学家精神宣传次数”这一指标低于全国平均水平，表明南宁市科学家精神的宣传工作仍有提升空间，需要完善科学家精神传播体系。

2. 科学家精神宣传类型

在参与评估的36个城市中，南宁市的“科学家精神宣传类型”这一指标低于全国平均水平，表明南宁市对青年科学家和女性科学家的宣传力度亟待提升，建议通过报纸、宣传册等渠道，更多地宣传青年和女性科学家。

（三十）兰州

评估显示，兰州市科学家精神传播的内容建设状况有待提升，城市科学家精神传播评分为1.97，低于全国平均值3.19。兰州市在科学家精神宣传次数及科学家精神宣传类型的宣传上均有不足，存在较大加强的空间。

1. 科学家精神宣传次数

在参与评估的36个城市中，兰州市的“科学家精神宣传次数”这一指标低于全国平均水平，表明兰州市科学家精神的宣传工作仍有提升空间，需要完善科学家精神传播体系。

2. 科学家精神宣传类型

在参与评估的36个城市中，兰州市的“科学家精神宣传类型”这一指标低于全国平均水平，表明兰州市对青年科学家和女性科学家的宣传力度亟待提升，建议通过报纸、宣传册等渠道，更多地宣传青年和女性科学家。

（三十一）乌鲁木齐

评估显示，乌鲁木齐市科学家精神传播的内容建设状况有待提升，城市科学家精神传播评分为2.00，低于全国平均值3.19。乌鲁木齐市在科学家精神宣传次数及科学家精神宣传类型的宣传上均有不足，存在较大加强的空间。

1. 科学家精神宣传次数

在参与评估的36个城市中，乌鲁木齐市的“科学家精神宣传次数”这一指标低于全国平均水平，表明乌鲁木齐市科学家精神的宣传工作仍有提升空间，建议进一步完善科学家精神传播体系。

2. 科学家精神宣传类型

在参与评估的36个城市中，乌鲁木齐市的“科学家精神宣传类型”这一指标低于全国平均水平，表明乌鲁木齐市对青年科学家和女性科学家的宣传力度亟待提升，建议通过报纸、宣传册等渠道，更多地宣传青年和女性科学家。

（三十二）海口

评估显示，海口市科学家精神传播的内容建设状况有待提升，城市科学家精神传播评分为1.00，低于全国平均值3.19。

1. 科学家精神宣传次数

在参与评估的36个城市中，海口市的“科学家精神宣传次数”这一指标低于全国平均水平，表明海口市科学家精神的宣传工作仍有较大提升空间。

2. 科学家精神宣传类型

在参与评估的36个城市中，海口市的“科学家精神宣传类型”这一指标低于全国平均水平，表明海口市对青年科学家和女性科学家的宣传力度亟待提升，建议通过报纸、宣传册等渠道，更多地宣传青年和女性科学家。

（三十三）银川

评估显示，银川市科学家精神传播的内容建设状况有待提升，城市科学家精神传播评分为2.00，低于全国平均值3.19。银川市在科学家精神宣传次数及科学家类型的宣传上均有不足，存在较大加强的空间。

1. 科学家精神宣传次数

在参与评估的36个城市中，银川市的“科学家精神宣传次数”这一指标低于全国平均水平，表明银川市科学家精神的宣传工作仍有提升空间，需要完善科学家精神传播体系。

2. 科学家精神宣传类型

在参与评估的36个城市中，银川市的“科学家精神宣传类型”这一指标低于全国平均水平，表明银川市对青年科学家和女性科学家的宣传力度亟待提升，建议通过报纸、宣传册等渠道，更多地宣传青年和女性科学家。

（三十四）呼和浩特

评估显示，呼和浩特市科学家精神传播的内容建设状况有待提升，城市科学家精神传播评分为2.49，低于全国平均值3.19。呼和浩特市在科学家精神宣传次数及科学家类型的宣传上均有不足，存在较大加强的空间。

1. 科学家精神宣传次数

在参与评估的36个城市中，呼和浩特市的“科学家精神宣传次数”这一指标低于全国平均水平，表明呼和浩特市科学家精神的宣传工作仍有提升空间，建议进一步完善科学家精神传播体系。

2. 科学家精神宣传类型

在参与评估的36个城市中，呼和浩特市的“科学家精神宣传类型”这一指标低于全国平均水平，表明呼和浩特市对青年科学家和女性科学家的宣传力度亟待提升，建议通过报纸、宣传册等渠道，更多地宣传青年和女性科学家。

（三十五）西宁

评估显示，西宁市科学家精神传播的内容建设状况有待提升，城市科学家精神传播评分为2.00，低于全国平均值3.19。西宁市在科学家精神宣传次数及科学家精神宣传类型的宣传上均有不足，存在较大加强的空间。

1. 科学家精神宣传次数

在参与评估的36个城市中，西宁市的“科学家精神宣传次数”这一指标低于全国平均水平，表明西宁市科学家精神的宣传工作仍有提升空间，建议进一步完善科学家精神传播体系。

2. 科学家精神宣传类型

在参与评估的36个城市中，西宁市的“科学家精神宣传类型”这一指标低于全国平均水平，表明西宁市对青年科学家和女性科学家的宣传力度亟待提升，建议通过报纸、宣传册等渠道，更多地宣传青年和女性科学家。

（三十六）拉萨

评估显示，拉萨市科学家精神传播的内容建设状况有待提升，城市科学家精神传播评分为1.00，低于全国平均值3.19。拉萨市在科学家精神宣传次数及科学家精神宣传类型的宣传上均有不足，存在较大加强的空间。

1. 科学家精神宣传次数

在参与评估的36个城市中，拉萨市的“科学家精神宣传次数”这一指标低于全国平均水平，表明拉萨市科学家精神的宣传工作仍有提升空间，建议进一步完善科学家精神传播体系。

2. 科学家精神宣传类型

在参与评估的36个城市中，拉萨市的“科学家精神宣传类型”这一指标低于全国平均水平，表明拉萨市对青年科学家和女性科学家的宣传力度亟待提升，建议通过报纸、宣传册等渠道，更多地宣传青年和女性科学家。

二、地区评分情况

基于我国六大地区，在平均值方面，全国城市科学家精神传播评分的平均值为3.19，华北、华东和中南地区的评分超过了全国的平均值，而西南、西北和东北地区的评分则低于全国平均值（见图4-1）。其中，华北地区的整体科学家精神传播水平最高，评分平均值达到了3.89，随后为华东与中南地区的评分，评分平均值较为接近，分别达到了3.60和3.50，西南和西北地区的评分平均值分别为2.89和2.29，东北地区的评分平均值最低，仅为2.24。在地区内部的离散性方面，东北、西北和西南地区的各城市科学家精神传播水平最为接近，整体水平偏低，华东地区的城市评分离散程度也相对较小，且高于全国平均水平的城市较多，整体水平较高。华北和中南地区的城市评分离散程度较大，北京市的科学家精神传播评分达到了8.00，而石家庄市与呼和浩特市的评分都仅为2.00，广州市的科学家精神传播评分达到了10.00，而海口市的评分仅为1.00，地区内部水平差异过大。

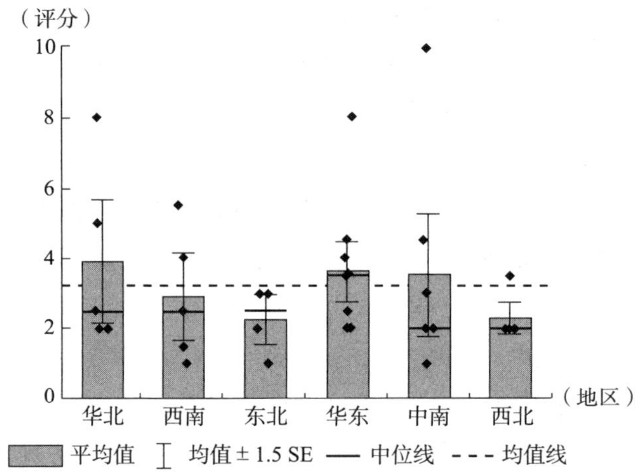

图4-1　地区科学家精神传播评分

第二节　科技成果传播

一、城市评分情况

（一）北京

评估显示，北京市科技成果传播的内容建设状况十分优秀，城市科技成果传播评分为10.00，远高于全国平均值3.42，处于全国领先水平。北京市拥有北京市科技成果信息系统等科技成果转移转化线上平台，建立了较为完善的技术转移生态体系，技术合同市场交易较为活跃。

1. 科技成果数量

这一指标主要考查该城市建立的科技成果转移转化在线平台收录的科技成果数量。

在参与评估的36个城市中，北京市的“科技成果数量”这一指标显著高于全国平均水平，表明北京市建设了相当完备的科技成果转移转化在线平台，形成了高度完善的科技成果供需机制。

北京市具有代表性的科技成果转移转化线上平台有北京市科技成果信息系统、中关村科技成果转化与技术交易综合服务平台和三城一区科技成果转化服务平台。其中，北京市科技成果信息系统汇聚了3915项科技成果，中关村科技成果转化与技术交易综合服务平台汇聚了10478项科技成果。

2. 技术转移成果数量

这一指标主要考查该城市的技术合同成交额。

在参与评估的36个城市中，北京市的“技术转移成果数量”这一指标显著高于全国平均水平，表明北京市建设了强大的技术转移生态体系，技术交易市场活跃度高，促成了大量的技术合同。根据北京市科技局数据，2022年，北京市认定登记技术合同95061项，比上年增长1.6%；成交额7947.5亿元，比上年增长13.4%。

合同类型主要集中在技术开发和技术服务，成交额分别为1661.1亿元和5773.7亿元，分别占全市成交额的20.9%和72.6%。技术领域主要集中在城市建设与社会发展、电子信息、现代交通领域，成交额分别为2107.1亿元、2020.0亿元和1830.8亿元，分别占全市的26.5%、25.4%和23.0%。输出技术合同成交额前三位的是海淀区、朝阳区和东城区，成交额分别为3380.4亿元、1357.4亿元和857.8亿元，分别占全市的42.5%、17.1%和10.8%。

3. 科技创业成果数量

这一指标主要考查该城市的创业企业的投融资情况。

在参与评估的36个城市中，北京市的“科技创业成果数量”这一指标显著高于全国平均水平，表明北京市建设有强大的科技创新创业生态体系，创投活动十分活跃，投融资数量众多。

4. 开源开放成果数量

这一指标主要考查该城市的开源企业在国内外主流的开源基金会的合作情况。

在参与评估的36个城市中，北京市的“开源开放成果数量”这一指标高于全国平均水平，表明北京市开源企业积极参与国内外开源基金会等开源组织的合作，建立更为开放的开源生态体系。

（二）成都

评估显示，成都市科技成果传播的内容建设状况较为良好，城市科技成果传播评分为4.36，高于全国平均值3.42。

1. 科技成果数量

在参与评估的36个城市中，成都市的“科技成果数量”这一指标高于全国平均水平，表明成都市科技成果转移转化在线平台的科技成果数量较多，有助于推动科技成果传播。

成都市具有代表性的科技成果转移转化线上平台为成都科技创新云平台，该平台汇聚了6713项科技成果。

2. 技术转移成果数量

在参与评估的36个城市中，成都市的“技术转移成果数量”这一指标高于全国平均水平，表明成都市技术转移生态体系建设情况较好，技术合同交易活跃度高。

根据成都市科技局数据，2022年成都登记技术合同数量为14685项，技术合同成交额为1458.1亿元。

3. 科技创业成果数量

在参与评估的36个城市中，成都市的“科技创业成果数量”这一指标高于全国平均水平，表明成都市科技创业企业投融资交易活跃，涌现较多成功案例。

4. 开源开放成果数量

在参与评估的36个城市中，成都市的“开源开放成果数量”这一指标低于全国平均水平，表明成都市开源企业参与各类开源组织合作的积极性有待提升，建议成都市开源企业加强与国内外主流开源基金会的合作。

（三）大连

评估显示，大连市在线上科技成果供需对接机制、技术合同交易的活跃度、开源开放、科技创业生态体系建设方面存在不足，对大连市科技成果传播的内容供给产生不利影响。城市科技成果传播评分为2.63，低于全国平均值3.42。

1. 科技成果数量

在参与评估的36个城市中，大连市的“科技成果数量”这一指标低于全国平均水平，表明大连市在科技成果线上供需对接机制建设方面有待改进，建议大连市构建和完善科技成果线上平台，为科技成果转移转化提供有力支持。

大连市具有代表性的科技成果转移转化线上平台为大连科技成果转化平台（小程序）。

2. 技术转移成果数量

在参与评估的36个城市中，大连市的“技术转移成果数量”这一指标低于全国平均水平，表明大连市在技术转移生态体系建设方面仍有发展潜力，建议大连市推动技术转移机制完善，增加技术转移成果数量。

根据科技部火炬中心公布的2022年度全国技术合同交易数据，大连市技术合同登记数量为6754项，技术合同成交额为427.27亿元，技术交易额为131.25亿元。

3. 科技创业成果数量

在参与评估的36个城市中，大连市的“科技创业成果数量”这一指标低于全国平均水平，表明大连市对科技创新生态建设重视程度有待提高，建议大连市深化投融资体制、机制改革，不断改进投融资管理工作。

4. 开源开放成果数量

在参与评估的36个城市中，大连市的“开源开放成果数量”这一指标低于全国平均水平，表明大连市开源生态建设方面仍有完善空间，建议大连市加快构建要素齐备、互为支撑的良性开源生态体系。

（四）福州

评估显示，福州市科技成果传播的内容建设状况相对不足，城市科技成果传播评分为2.63，低于全国平均值3.42。福州市在科技创业成果和开源开放成果方面相对薄弱。

1. 科技成果数量

在参与评估的36个城市中，福州市的“科技成果数量”这一指标低于全国平均水平，表明福州市可以完善的线上科技成果供需对接机制，积极建设精准化、普及度高的科技成果转移转化在线平台。

福州市具有代表性的科技成果转移转化线上平台有福建省高校科技成果转化对接服务平台、福州地区大学城高校科技成果转化平台。其中，福建省高校科技成果转化对接服务平台汇聚了2716项科技成果。

2. 技术转移成果数量

在参与评估的36个城市中，福州市的“技术转移成果数量”这一指标低于全国平均水平，表明福州市在技术转移成果方面有进一步提升的空间，建议福州市加大对技术转移体系建设的重视程度，提升城市技术成果交流和合作能力，促进达成更多的技术转移合同。

根据福州市科技局数据，2022年，福州市全年共认定登记技术合同7670项，成交额为85.25亿元。

3. 科技创业成果数量

在参与评估的36个城市中，福州市的“科技创业成果数量”这一指标低于全国平均水平，表明福州市对科技类企业创业的重视度有待提升，建议福州市搭建更有效的科技创投平台，促进城市内科技创投繁荣发展。

4. 开源开放成果数量

在参与评估的36个城市中，福州市的“开源开放成果数量”这一指标低于全国平均水平，表明福州市在开源开放成果方面具有发展潜力，建议福州市加强开源生态的建设，鼓励开源企业的设立，营造良好的开源氛围，促进研究成果的流通和共享。

（五）广州

评估显示，广州市科技成果传播的内容建设状况优秀，城市科技成果传播评分为5.31，显著高于全国平均值3.42。广州市的科技成果技术转移平台建设水平较为良好，对科技创新起到了促进作用。

1. 科技成果数量

在参与评估的36个城市中，广州市的“科技成果数量”这一指标显著高于全国平均水平，表明广州市线上科技成果供需对接体制的建设较为完善，线上平台汇聚的科技成果数量较多，有利于提升广州市科技成果转移转化效率。

广州市具有代表性的科技成果转移转化线上平台为广州大学城（广工）科技成果转化中心一站式服务交易平台，该平台汇聚了19805项科技成果。

2. 技术转移成果数量

在参与评估的36个城市中，广州市的“技术转移成果数量”这一指标高于全国平均水平，表明广州市建立了较为完善的技术转移生态体系，积极推动技术合同交易。

根据广东省技术市场协会数据，2022年，广州登记技术合同数量为23389项，技术合同成交额为2645.54亿元。

3. 科技创业成果数量

在参与评估的36个城市中，广州市的“科技创业成果数量”这一指标高于全国平均水平，表明广州市较为注重科技创新生态建设，积极推动投融资交易。

4. 开源开放成果数量

在参与评估的36个城市中，广州市的“开源开放成果数量”这一指标略低于全国平均水平，表明广州市的开源开放生态还有较大发展空间，开源企业在未来将大有可为。

（六）哈尔滨

评估显示，哈尔滨市科技成果传播的内容建设存在欠缺，城市科技成果传播评分为2.63，低于全国平均值3.42，表明哈尔滨市在线上科技成果供需对接机制、技术合同交易的活跃度、科技创新生态建设方面存在一定的提升空间。

1. 科技成果数量

在参与评估的36个城市中，哈尔滨市的“科技成果数量”这一指标低于全国平均水平，表明哈尔滨市在构建科技成果线上供需对接机制方面有待提升，建议哈尔滨市增强科技成果转移转化在线平台汇集科技成果的能力，增加在线平台收录的科技成果数量。

哈尔滨市具有代表性的科技成果转移转化线上平台为哈尔滨科技成果转化公共服务平台，该平台汇聚了2193项科技成果。

2. 技术转移成果数量

在参与评估的36个城市中，哈尔滨市的“技术转移成果数量”这一指标低于全国平均水平，表明哈尔滨市在技术转移生态体系建设方面存在较大提升空间，建议哈尔滨市搭建高效的技术转移展示、匹配、成交一体化平台，提升城市技术转移活跃度。

根据哈尔滨政府报告数据，2022年，哈尔滨技术合同成交额达112.2亿元。

3. 科技创业成果数量

在参与评估的36个城市中，哈尔滨市的“科技创业成果数量”这一指标低于全国平均水平，表明哈尔滨市在科技创新生态建设方面具备发展潜力，建议哈尔滨市引导设立更多科技类创投机构，繁荣科技创投生态，增多科技类创投融资数量。

4. 开源开放成果数量

在参与评估的36个城市中，哈尔滨市的“开源开放成果数量”这一指标低于全国平均水平，表明哈尔滨市开源生态建设亟待加强，开源企业参与各类开源组织活动力度有待增加，活跃度需提升。

（七）杭州

评估显示，杭州市科技成果传播的内容建设状况良好，城市科技成果传播评分为7.67，显著高于全国平均值3.42。2022年杭州市技术合同成交额超过千亿元，技术合同成交额的增速极快。

1. 科技成果数量

在参与评估的36个城市中，杭州市的“科技成果数量”这一指标高于全国平均水平，表明杭州市建立了较为完善的线上科技成果供需对接机制，科技成果转移转化在线平台汇聚的科技成果数量较多。

杭州市具有代表性的科技成果转移转化线上平台有杭州科技成果转移转化平台、中国（浙江）卫生健康科技研发与转化平台。其中，杭州科技成果转移转化平台汇聚了50842项科技成果，中国（浙江）卫生健康科技研发与转化平台汇聚了7350项科技成果。

2. 技术转移成果数量

在参与评估的36个城市中，杭州市的“技术转移成果数量”这一指标高于全国平均水平，表明杭州市建立了较为完善的技术转移生态体系，技术合同交易较为活跃。

根据杭州市科技局数据，2022年，杭州登记技术合同数量为28002项，同比增长19.42%；技术合同成交额为1114.72亿元，同比增长40.05%。其中，2022年杭州市技术吸纳合同成交额为796.77亿元，同比增长44.30%；技术输出合同成交额为650.64亿元，同比增长55.73%。

2022年，杭州市技术开发合同成交额为869.76亿元，同比增长62.00%；技术服务合同成交额为204.21亿元，同比增长14.88%；技术转让合同成交额为27.45亿元；技术咨询合同成交额为5.71亿元，同比增速为7.33%；技术许可合同成交额为7.59亿元。

3. 科技创业成果数量

在参与评估的36个城市中，杭州市的“科技创业成果数量”这一指标高于全国平均水平，表明杭州市科技创新生态建设较为完善，投融资交易较为活跃。

4. 开源开放成果数量

在参与评估的36个城市中，杭州市的“开源开放成果数量”这一指标高于全国平均水平，表明杭州市开源生态建设较为完善，开源企业参与各类开源组织的活跃度较高。

（八）合肥

评估显示，合肥市科技成果传播的内容建设状况良好，城市科技成果传播评分为3.79，高于全国平均值3.42。

1. 科技成果数量

在参与评估的36个城市中，合肥市的“科技成果数量”这一指标高于全国平均水平，表明合肥市科技成果转移转化在线平台的成果收录能力较强，科技成果转移转化在线平台运营水平较高。

合肥市具有代表性的科技成果转移转化线上平台有中国（安徽）科技创新成果转化交易会、安徽科技大市场。其中，中国（安徽）科技创新成果转化交易会汇聚了1943项科技成果，安徽科技大市场汇聚了8003项科技成果。

2. 技术转移成果数量

在参与评估的36个城市中，合肥市的“技术转移成果数量”这一指标高于全国平均水平，表明合肥市构建了较为完备的技术转移生态体系，全市技术交易持续活跃，技术合同数量及成交额不断增长。

根据合肥市统计局数据，2022年，合肥市登记技术合同数量为23203项，技术合同成交额为1083.42亿元。其中，2022年，合肥市签订输出技术合同14929项，成交金额647.44亿元，同比增长48.6%；签订吸纳技术合同8274项，成交金额为435.98亿元，增长1.1%。

3. 科技创业成果数量

在参与评估的36个城市中，合肥市的“科技创业成果数量”这一指标高于全国平均水平，表明合肥市的科技创业企业投融资数量较多，科技创业体系较为完善。

4. 开源开放成果数量

在参与评估的36个城市中，合肥市的“开源开放成果数量”这一指标低于全国平均水平，表明合肥市开源生态体系建设有待加强，建议合肥引导设立更多的开源企业，并鼓励开源企业积极对外交流合作。

（九）济南

评估显示，济南市科技成果传播的内容建设状况有一定发展空间，城市科技成果传播评分为3.11，略低于全国平均值3.42。济南市的科技成果较多，但开源开放成果数量、技术转移成果数量、科技创业成果数量均较少，对科技成果内容供给产生了不利影响。

1. 科技成果数量

在参与评估的36个城市中，济南市的“科技成果数量”这一指标高于全国平均水平，表明济南市拥有相对高效的线上科技成果供需对接机制，科技成果转移转化在线平台汇聚的科技成果数量较多。

济南市具有代表性的科技成果转移转化线上平台有山东省科技成果转化服务平台、济南大学科技成果转化信息平台。其中，山东省科技成果转化服务平台汇聚了13938项科技成果。

2. 技术转移成果数量

在参与评估的36个城市中，济南市的“技术转移成果数量”这一指标低于全国平均水平，表明济南市可以进一步完善技术转移生态体系，提升技术合同交易的活跃水平。

根据济南市科技局数据，2022年，济南市技术合同交易额为613.6亿元，同比增长29.6%。

3. 科技创业成果数量

在参与评估的36个城市中，济南市的“科技创业成果数量”这一指标低于全国平均水平，表明济南市可以进一步提升科技创新生态的建设水平，激发投融资交易活力。

4. 开源开放成果数量

在参与评估的 36 个城市中，济南市的“开源开放成果数量”这一指标低于全国平均水平，表明济南市开源企业参与各类开源组织的积极性亟待加强，济南市开源企业开源成果数量有待提升。

（十）昆明

评估显示，昆明市科技成果传播的内容建设状况较为薄弱，城市科技成果传播评分为 2. 30，低于全国平均值 3. 42。与其他城市相比，昆明市的技术合同成交额相对靠后。

1. 科技成果数量

在参与评估的 36 个城市中，昆明市的“科技成果数量”这一指标低于全国平均水平，表明昆明市在科技成果转移转化平台的建设与完善方面有所欠缺，需广泛整合和匹配相关地区科技资源，促进科技成果转移转化。

昆明市具有代表性的科技成果转移转化线上平台为昆明市科技成果转化服务平台，该平台汇聚了 117594 项科技成果。

2. 技术转移成果数量

在参与评估的 36 个城市中，昆明市的“技术转移成果数量”这一指标低于全国平均水平，表明昆明市对技术转移活动的支持力度有待提升，建议昆明市综合技术转移相关方意见，针对技术转移过程中现存的实际问题，出台相应政策予以支持。

根据昆明市统计局数据，2022 年，昆明市共登记技术合同 5335 项，合同成交额为 84. 26 亿元，首次突破 80 亿元，占全省的 38. 44%，居全省第一。与上一年相比，登记技术合同项数增加 2000 项，增长 59. 97%，合同成交额增加 34. 43 亿元，增长 69. 09%。

3. 科技创业成果数量

在参与评估的 36 个城市中，昆明市的“科技创业成果数量”这一指标低于全国平均水平，表明昆明市科技类创投融资情况有待改善，建议昆明市匹配相应资源，建设良好的科技创业投融资体系。

4. 开源开放成果数量

在参与评估的 36 个城市中，昆明市的“开源开放成果数量”这一指标低于全国平均水平，表明昆明市开源企业与国内外各类开源组织的合作水平有待加强，参与国内外开源合作项目的次数有待增多。

（十一）南昌

评估显示，南昌市科技成果传播的内容建设存在短板，城市科技成果传播评分为 2. 63，低于全国平均值 3. 42。

1. 科技成果数量

在参与评估的 36 个城市中，南昌市的“科技成果数量”这一指标低于全国平均水平，表明南昌市在科技成果的转化和推广工作方面还不够成熟，有待进一步加强。

南昌市具有代表性的科技成果转移转化线上平台为南昌科技创新公共服务平台—技术转移服务平台，该平台汇聚了21821项科技成果。

2. 技术转移成果数量

在参与评估的36个城市中，南昌市的“技术转移成果数量”这一指标低于全国平均水平，表明南昌市技术转移生态体系有待完善，建议南昌市加强政策的引导与支持，活跃技术合同交易。

根据南昌市科技局数据，2022年，南昌市共完成各类技术合同登记4619项，技术合同成交额为135.5亿元，较2021年分别增长40.9%和26.7%。

3. 科技创业成果数量

在参与评估的36个城市中，南昌市的“科技创业成果数量”这一指标低于全国平均水平，表明南昌市科技创新生态建设方面亟待改善，建议南昌市加强对科技创业的扶持力度，活跃科技投融资交易。

4. 开源开放成果数量

在参与评估的36个城市中，南昌市的“开源开放成果数量”这一指标低于全国平均水平，表明南昌市在开源生态建设方面存在提升空间，建议南昌市积极出台相关政策，活跃南昌市的开源生态，鼓励更多的企业参与到开源生态的建设中。

（十二）南京

评估显示，南京市科技成果传播的内容建设状况良好，城市科技成果传播评分为5.57，高于全国平均值3.42。

1. 科技成果数量

在参与评估的36个城市中，南京市的“科技成果数量”这一指标高于全国平均水平，表明南京市积极建设科技成果转移转化的重要载体，打造科技成果供需对接的线上汇聚地，加快推动了科技成果转化为现实生产力。

南京市具有代表性的科技成果转移转化线上平台为江苏省技术产权教育市场—南京分中心，该分中心汇聚了1012项科技成果。

2. 技术转移成果数量

在参与评估的36个城市中，南京市的“技术转移成果数量”这一指标高于全国平均水平，表明南京市技术合同交易较为活跃，建立了较为完善的技术转移生态体系，对南京市科技成果转移效率的提高有较强助力。

根据南京市科技局数据，2022年，南京市登记技术合同数量为37345项，技术合同成交额为856.7亿元。

3. 科技创业成果数量

在参与评估的36个城市中，南京市的“科技创业成果数量”这一指标显著高于全国平均水平，表明南京市科技创新生态体系建设较为完善，投融资交易较为活跃，有利于资金更高效率地服务于南京市的科技实体，促进科技创新创业成果的繁荣。

4. 开源开放成果数量

在参与评估的36个城市中，南京市的“开源开放成果数量”这一指标高于全国平均水平，表明南京市开源生态建设较为完善，促进开源成果在国际范围内互通有无，充分激发了南京市企业的科技创新热情，有利于开源成果传播效率的提高。

（十三）宁波

评估显示，宁波市科技成果传播的内容建设状况较好，城市科技成果传播评分为3.31，与全国平均值基本持平。

1. 科技成果数量

在参与评估的36个城市中，宁波市的“科技成果数量”这一指标高于全国平均水平，表明宁波市在科技成果线上供需对接平台建设方面水平较高，线上平台收录的科技成果数量较多。

2. 技术转移成果数量

在参与评估的36个城市中，宁波市的“技术转移成果数量”这一指标低于全国平均水平，表明宁波市技术合同成交额有待增加。建议宁波市重视技术转移生态体系的建设，为技术转移活动提供充足资源，促进技术合同成交额稳步攀升。

根据宁波市统计局数据，2022年，宁波市登记技术合同数量为3962项，同比增长3.6%；技术合同成交额为515.8亿元，同比增长61.4%。

3. 科技创业成果数量

在参与评估的36个城市中，宁波市的“科技创业成果数量”这一指标高于全国平均水平，表明宁波市科技创新生态建设较为合理，投融资交易较为活跃，但仍需进一步完善，提高投融资交易的活跃度。

4. 开源开放成果数量

在参与评估的36个城市中，宁波市的“开源开放成果数量”这一指标低于全国平均水平，表明宁波市开源生态建设方面亟待改善，建议加大相关投入，增加开源开放成果数量。

（十四）青岛

评估显示，青岛市在科技成果传播的内容建设方面存在欠缺，城市科技成果传播评分为2.77，略低于全国平均值3.42。青岛市建立了较为完善的线上科技成果供需对接机制，但是在技术转移、科技创业、开源开放等方面生态体系建设情况较弱。

1. 科技成果数量

在参与评估的36个城市中，青岛市的“科技成果数量”这一指标显著高于全国平均水平，表明青岛市重视科技成果转移转化，建立了较为完善的线上科技成果供需对接机制，保障了科技成果的供给充足。

青岛市具有代表性的科技成果转移转化线上平台为青岛科技成果转移转化平台，该平台汇聚了1232项科技成果。

2. 技术转移成果数量

在参与评估的36个城市中，青岛市的“技术转移成果数量”这一指标低于全国平均水平，表明青岛市在技术转移生态体系构建上有待加强，技术合同成交额有待提升。

根据青岛市统计局数据，2022年，青岛市登记技术合同数量为405项，登记技术合同成交额为395亿元，同比增长23.0%。其中，2022年青岛市涉海技术合同成交额为40.8亿元，同比增长28.20%。

3. 科技创业成果数量

在参与评估的36个城市中，青岛市的“科技创业成果数量”这一指标低于全国平均水平，表明青岛市在科技创新生态建设方面有待提升。青岛市对科技创新生态建设重视程度有待提升，促进科技投融资交易活跃，实现科技创业成果的持续增加。

4. 开源开放成果数量

在参与评估的36个城市中，青岛市的“开源开放成果数量”这一指标低于全国平均水平，表明青岛市在开源生态建设方面亟待加强，建议青岛市出台开源生态建设相关的政策，促进开源生态建设。

（十五）厦门

评估显示，厦门市科技成果传播的内容建设状况存在短板，城市科技成果传播评分为2.30，低于全国平均值3.42。尽管厦门市建立了较为完善的技术转移生态体系，但与部分城市相比仍存在提升空间。

1. 科技成果数量

在参与评估的36个城市中，厦门市的“科技成果数量”这一指标低于全国平均水平，表明厦门市对科技成果线上供需对接机制建设重视程度亟须加强，建议加快推进科技成果转移转化平台的机制建设，活跃科技成果供给。

厦门市具有代表性的科技成果转移转化线上平台是厦门大学成果转化平台，该平台汇聚了2558项科技成果。

2. 技术转移成果数量

在参与评估的36个城市中，厦门市的“技术转移成果数量”这一指标低于全国平均水平，表明厦门市在技术转移生态体系建设上亟须改善，建议厦门市加大政策支持力度，提升技术市场的活跃度。

根据厦门市科技局数据，2022年，厦门市登记技术合同数量为7271项，同比增长3.13%；技术合同成交额为1342061.42万元，同比增长5.59%。

2022年，厦门市技术开发合同有2856项，合同额为45.11亿元；技术转让合同有208项，合同额为24.00亿元；技术咨询合同有399项，合同额为2.38亿元；技术服务合同有3808项，合同额为62.72亿元。

3. 科技创业成果数量

在参与评估的36个城市中，厦门市的“科技创业成果数量”这一指标低于全国平均水平，表明厦门市对科技创新生态建设重视度有待加强，建议厦门市出台一系列政策举措，活跃厦门的科技投融资交易。

4. 开源开放成果数量

在参与评估的36个城市中，厦门市的“开源开放成果数量”这一指标低于全国平均水平，表明厦门市的开源生态建设尚处于起步阶段，建议厦门市积极推动开源生态建设，鼓励厦门市成立更多的开源企业，积极参与开源基金会等开源组织建设。

（十六）上海

评估显示，上海市科技成果传播的内容建设状况优秀，城市科技成果传播评分为8.86，显著高于全国平均值3.42。

1. 科技成果数量

在参与评估的36个城市中，上海市的“科技成果数量”这一指标显著高于全国平均水平，表明上海市在科技成果线上供需对接机制建设情况较好，科技成果转移转化在线平台汇聚的科技成果数量较多。

上海市具有代表性的科技成果转移转化线上平台有上海技术交易所平台、上海国际海洋技术交易平台、上海科学院科技成果转化及合作平台，其中，上海技术交易所平台汇聚了8984项科技成果，上海科学院科技成果转化及合作平台汇聚了58项科技成果。

2. 技术转移成果数量

在参与评估的36个城市中，上海市的“技术转移成果数量”这一指标高于全国平均水平，表明上海市建设了完善的技术成果转移服务体系，技术转移路径成熟明确，效果明显。

根据上海市科技局数据，2022年，上海登记技术合同数量为38265项，技术合同金额为4003.5亿元。

3. 科技创业成果数量

在参与评估的36个城市中，上海市的“科技创业成果数量”这一指标显著高于全国平均水平，表明上海市重视科技创投与创业企业发展，科技投融资市场活跃，科技创业成果商业价值大，科技成果产业化程度高。

4. 开源开放成果数量

在参与评估的36个城市中，上海市的“开源开放成果数量”这一指标高于全国平均水平，表明上海市开源生态体系较为完备，开源企业在国内外组织能力强、活跃度高，开源水平领先。

（十七）深圳

评估显示，深圳市科技成果传播的内容建设状况良好，城市科技成果传播评分为8.15，明显高于全国平均值3.42。深圳市科技创新生态体系建设较为完善，投融资交易数量处于领先水平，科技创业企业发展势头良好。

1. 科技成果数量

在参与评估的36个城市中，深圳市的“科技成果数量”这一指标显著高于全国平均水平，表明深圳市对科技成果线上平台建设投入较大，科技成果转移转化在线平台汇聚大量科技成果数量，大力促进了科技成果供需对接。

深圳市具有代表性的科技成果转移转化线上平台为深圳大学成果转化平台。

2. 技术转移成果数量

在参与评估的 36 个城市中，深圳市的“技术转移成果数量”这一指标略高于全国平均水平，表明深圳市技术转移生态体系建设情况较好，技术合同交易较为活跃。

根据深圳市科技局数据，2022 年，深圳市技术合同登记 14685 项，技术合同成交额为 1575. 68 亿元，其中，技术交易额为 1347. 18 亿元。在对技术流行情况的统计中，深圳市输出技术 14033 项，输出技术的合同成交额为 1236. 86 亿元；吸纳技术 34054 项，吸纳技术的合同成交额为 2053. 33 亿元。

3. 科技创业成果数量

在参与评估的 36 个城市中，深圳市的“科技创业成果数量”这一指标显著高于全国平均水平，表明深圳市科技创新生态体系建设较为完善，投融资交易数量领先，科技创业企业发展氛围良好。

4. 开源开放成果数量

在参与评估的 36 个城市中，深圳市的“开源开放成果数量”这一指标显著高于全国平均水平，表明深圳市建立了完备的开源开放生态体系，企业积极参与各类开源组织。

（十八）沈阳

评估显示，沈阳市科技成果传播的内容建设状况相对薄弱，城市科技成果传播评分为 2. 63，低于全国平均值 3. 42。沈阳市技术转移成果数量得分处于评估城市中上游，但是在科技创业成果数量和开源开放成果数量方面排名靠后，科技创新生态体系建设存在不足。

1. 科技成果数量

在参与评估的 36 个城市中，沈阳市的“科技成果数量”这一指标低于全国平均水平，表明沈阳市线上科技成果供需对接机制的建设存在提升空间，建议积极建设线上科技成果供需对接机制。

沈阳市具有代表性的科技成果转移转化线上平台有沈阳市科技条件平台、中国科学院沈阳分院科技成果信息网。其中，沈阳市科技条件平台汇聚了 2206 项科技成果，中国科学院沈阳分院科技成果信息网汇聚了 1000 项科技成果。

2. 技术转移成果数量

在参与评估的 36 个城市中，沈阳市的“技术转移成果数量”这一指标低于全国平均水平，表明沈阳市技术合同成交方面尚有提升空间，建议完善技术转移生态体系，充分激发沈阳市的科技创新热情。

根据沈阳市科技局数据，2022 年，沈阳登记技术合同数量为 8675 项，技术合同成交额为 449. 9 亿元，同比增长 33. 8%。

3. 科技创业成果数量

在参与评估的36个城市中，沈阳市的“科技创业成果数量”这一指标低于全国平均水平，表明沈阳市科技创新生态的建设存在提升空间，科技创业投融资市场活跃度有待提升。

4. 开源开放成果数量

在参与评估的36个城市中，沈阳市的“开源开放成果数量”这一指标低于全国平均水平，表明沈阳市开源企业生态体系建设存在提升空间，建议沈阳市开源企业积极与各类开源组织加强合作，更多地参与各类开源组织活动。

（十九）石家庄

评估显示，石家庄市科技成果传播的内容建设相对薄弱，城市科技成果传播评分为2.63，低于全国平均值3.42。石家庄市在线上科技成果供需对接机制、技术合同交易的活跃度、科技创新生态体系建设方面均存在不足。

1. 科技成果数量

在参与评估的36个城市中，石家庄市的“科技成果数量”这一指标低于全国平均水平，表明石家庄市对线上科技成果供需对接机制有待加强，建议石家庄进一步增加科技成果转移转化在线平台汇聚的科技成果数量。

石家庄市具有代表性的科技成果转移转化线上平台有石家庄高新区科技成果转换为技术标准创新服务平台、河北省科技成果转化网。其中，石家庄高新区科技成果转换为技术标准创新服务平台汇聚了13项科技成果，河北省科技成果转化网汇聚了74036项科技成果。

2. 技术转移成果数量

在参与评估的36个城市中，石家庄市的“技术转移成果数量”这一指标低于全国平均水平，表明石家庄市技术合同交易的活跃度有进一步提升空间，建议石家庄市完善技术转移生态体系，提升技术合同成交额。

根据石家庄市统计局数据，2022年，石家庄登记技术合同数量为9336项，技术合同成交额为152.7亿元，比上年增长26.4%。

3. 科技创业成果数量

在参与评估的36个城市中，石家庄市的“科技创业成果数量”这一指标低于全国平均水平，表明石家庄市在科技创新生态建设方面亟待提升，建议石家庄市增强科技类创业投融资交易的活跃度。

4. 开源开放成果数量

在参与评估的36个城市中，石家庄市的“开源开放成果数量”这一指标低于全国平均水平，表明石家庄市开源生态建设存在提升空间，建议石家庄市提升开源企业参与各类开源组织的积极程度。

（二十）天津

评估显示，天津市科技成果传播的内容建设状况良好，城市科技成果传播评分为

4.96，高于全国平均值 3.42。天津市科技成果转移转化线上平台收录和展示有大量的科技成果，对科技成果的转移转化起到促进作用。

1. 科技成果数量

在参与评估的 36 个城市中，天津市的“科技成果数量”这一指标高于全国平均水平，表明天津市在科技成果转移转化方面取得了较好的成绩，具有优秀的科技创新能力和成果转化效率。

天津市具有代表性的科技成果转移转化线上平台有天津科技大学成果转化服务平台和天津市武清区科技成果转化服务平台。其中，天津市武清区科技成果转化服务平台汇聚了 91788 项科技成果，天津科技大学成果转化服务平台汇聚了 1684 项科技成果。

2. 技术转移成果数量

在参与评估的 36 个城市中，天津市的“技术转移成果数量”这一指标高于全国平均水平，表明天津市技术转移工作显现较高活跃度和较好成效，在将科研成果转化为实际生产力方面表现优秀。

《2022 年天津市国民经济和社会发展统计公报》显示，2022 年，天津市全年签订技术合同 12514 项，比上年增长 0.4%；技术合同成交额为 1676.53 亿元，同比增长 26.8%。其中，技术交易额为 793.16 亿元，同比增长 27.9%。

3. 科技创业成果数量

在参与评估的 36 个城市中，天津市的“科技创业成果数量”这一指标低于全国平均水平，表明天津市科技创业企业的投融资活跃度亟待提升，建议出台政策，引导创业成果的规模和影响力水平的提高。

4. 开源开放成果数量

在参与评估的 36 个城市中，天津市的“开源开放成果数量”这一指标高于全国平均水平，表明天津市对开源方面给予较高的重视和支持，推动当地开源企业积极参与和作出贡献。

（二十一）武汉

评估显示，武汉市科技成果传播的内容建设状况良好，城市科技成果传播评分为 4.36，显著高于全国平均值 3.42。

1. 科技成果数量

在参与评估的 36 个城市中，武汉市的“科技成果数量”这一指标高于全国平均水平，表明武汉市建立了较为完善的在线科技成果供需对接机制，科技成果转移与转化在线平台上聚集了较多的科技成果。

武汉市具有代表性的科技成果转移转化线上平台有武汉市科技成果转移转化平台、武汉大学科技成果转化服务平台。其中，武汉市科技成果转移转化平台汇聚了 19328 项科技成果，武汉大学科技成果转化服务平台汇聚了 24938 项科技成果。

2. 技术转移成果数量

在参与评估的 36 个城市中，武汉市的“技术转移成果数量”这一指标高于全国平均水平，表明武汉市着力构建技术转移生态体系，推动技术成果转移转化，活跃技术合同交易。

根据武汉市国民经济和社会发展统计公报，2022 年，武汉登记技术合同数量为 32466 项，同比增长 1.5%；技术合同成交额为 1355.25 亿元，同比增长 20.2%。

3. 科技创业成果数量

在参与评估的 36 个城市中，武汉市的“科技创业成果数量”这一指标高于全国平均水平，表明武汉市科技创投活动较为活跃，投融资交易量较大，交易额较多，推动了武汉的科技成果转移体系建设。

4. 开源开放成果数量

在参与评估的 36 个城市中，武汉市的“开源开放成果数量”这一指标低于全国平均水平，表明武汉市开源生态体系建设亟须加强。

（二十二）西安

评估显示，西安市科技成果传播的内容建设状况良好，城市科技成果传播评分为 4.60，高于全国平均值 3.42。西安市技术转移生态的服务能力较强，技术合同成交额排在全国前列。

1. 科技成果数量

在参与评估的 36 个城市中，西安市的“科技成果数量”这一指标高于全国平均水平，表明西安市科技成果线上转化机制的建设情况较好，线上平台整合了较多的科技成果，有利于提高科技成果的传播效率。

西安市具有代表性的科技成果转移转化线上平台有西安科技大市场、陕西技术转移中心。其中，西安科技大市场平台汇聚了 15324 项科技成果，陕西技术转移中心平台汇聚了 19143 项科技成果。

2. 技术转移成果数量

在参与评估的 36 个城市中，西安市的“技术转移成果数量”这一指标高于全国平均水平，表明西安市技术转移生态体系较为完善，技术合同交易市场富有活力。

根据《西安市 2022 年国民经济和社会发展统计公报》，2022 年，西安市全年共签订技术合同 6.44 万个，技术合同成交额为 2881.30 亿元，同比增长 30.4%。

3. 科技创业成果数量

在参与评估的 36 个城市中，西安市的“科技创业成果数量”这一指标高于全国平均水平，表明西安市科技创新生态建设水平较高，科技创投融资市场富有活力。

4. 开源开放成果数量

在参与评估的 36 个城市中，西安市的“开源开放成果数量”这一指标低于全国平均水平，表明西安市开源开放水平有待提升，建议开源企业积极参与各类开源组织的活动。

（二十三）长沙

评估显示，长沙市科技成果传播的内容建设状况良好，城市科技成果传播评分为

3.88，高于全国平均值3.42。长沙市技术转移生态体系建设较为完善，技术合同市场交易活跃。

1. 科技成果数量

在参与评估的36个城市中，长沙市的“科技成果数量”这一指标高于全国平均水平，表明长沙市线上科技成果供需对接机制的建设水平较高，科技成果转移转化在线平台汇聚的科技成果数量较多。

长沙市具有代表性的科技成果转移转化线上平台有长沙市科技成果转化信息服务平台，该平台汇聚了16067项科技成果。

2. 技术转移成果数量

在参与评估的36个城市中，长沙市的“技术转移成果数量”这一指标高于全国平均水平，表明长沙市技术转移生态体系建设完善，技术合同交易市场较为活跃。

根据长沙市统计局数据，2022年，长沙市签订技术合同23003项，成交金额为823.57亿元。

3. 科技创业成果数量

在参与评估的36个城市中，长沙市的“科技创业成果数量”这一指标高于全国平均水平，表明长沙市有良好的科技创新生态，科技类创业投融资状况较好，市场交易活跃。

4. 开源开放成果数量

在参与评估的36个城市中，长沙市的“开源开放成果数量”这一指标低于全国平均水平，表明长沙市开源生态建设有一定提升空间，建议提高开源企业参与各类开源组织的活跃度。

（二十四）郑州

评估显示，郑州市科技成果传播的内容建设状况不足，城市科技成果传播评分为3.11，低于全国平均值3.42。郑州市在科技创业成果和开源开放成果方面较为欠缺。

1. 科技成果数量

在参与评估的36个城市中，郑州市的“科技成果数量”这一指标高于全国平均水平，表明郑州市积极推进科技成果转化工作，线上科技成果供需对接机制的建设工作成效显著，科技成果转移转化在线平台汇聚的科技成果数量较多。

郑州市具有代表性的科技成果转移转化线上平台有中原科技成果转化公共服务平台、河南省科技成果转化公共服务平台。其中，中原科技成果转化公共服务平台汇聚了22498项科技成果，河南省科技成果转化公共服务平台汇聚了64435项科技成果。

2. 技术转移成果数量

在参与评估的36个城市中，郑州市的“技术转移成果数量”这一指标低于全国平均水平，表明郑州市技术合同交易活跃程度有待提升，建议不断加强技术转移生态体系的建设，提高技术转移工作的水平。

根据郑州市统计局数据，2022年，郑州市全年共签订技术合同11140份，同比增长29.2%；技术合同成交金额为509.3亿元，同比增长66.2%。

3. 科技创业成果数量

在参与评估的36个城市中，郑州市的“科技创业成果数量”这一指标低于全国平均水平，表明郑州市可以加强科技企业、科技成果供应者、创投金融机构等科技创业相关方的交流合作，为科技创业投融资生态提供良好支持，提升城市科技创业投融资数量。

4. 开源开放成果数量

在参与评估的36个城市中，郑州市的“开源开放成果数量”这一指标低于全国平均水平，表明郑州市对开源企业活动的重视程度亟待提升，建议郑州市出台政策引导开源企业参与各类开源组织的活动，加强郑州市开源企业与国内外主流开源基金的合作。

（二十五）重庆

评估显示，重庆市科技成果传播的内容建设存在上升空间，城市科技成果传播评分为3.11，低于全国平均值3.42。

1. 科技成果数量

在参与评估的36个城市中，重庆市的“科技成果数量”这一指标高于全国平均水平，表明重庆市建立了较为高效完善的线上科技成果供需对接机制，通过科技成果转移转化在线平台，聚集了大量的科技成果。

2. 技术转移成果数量

在参与评估的36个城市中，重庆市的“技术转移成果数量”这一指标低于全国平均水平，表明重庆市技术转移生态体系的建设水平仍有提升空间，技术成果交易的活跃度有所欠缺。重庆市应为参与技术转移的各方提供充足的交流平台，增加企业间知识、技术等成果转移数量。

根据重庆市科技局数据，2022年，重庆登记技术合同数量为6919项，技术合同成交额为630.4亿元。

3. 科技创业成果数量

在参与评估的36个城市中，重庆市的“科技创业成果数量”这一指标低于全国平均水平，表明重庆市投融资市场活跃度相对不高，科技创新生态建设仍有进步空间，重庆市资本市场对科技创新的支持作用未充分凸显。

4. 开源开放成果数量

在参与评估的36个城市中，重庆市的“开源开放成果数量”这一指标略低于全国平均水平，表明重庆市的开源生态建设相对不够完善，开源社区活跃度有所欠缺，对重庆市新技术研发的支持力度可进一步提高。

（二十六）长春

评估显示，长春市科技成果传播的内容建设相对薄弱，城市科技成果传播评分为1.82，显著低于全国平均值3.42。

1. 科技成果数量

在参与评估的36个城市中，长春市的“科技成果数量”这一指标低于全国平均水平，表明长春市线上科技成果供需对接机制有待进一步完善，科技成果数量有待增加，建议长春市提高科技成果收录能力。

长春市具有代表性的科技成果转移转化线上平台为吉林省科技成果转化网和长春科创一网通云服务平台。

2. 技术转移成果数量

在参与评估的36个城市中，长春市的“技术转移成果数量”这一指标低于全国平均水平，表明长春市技术转移生态体系有待进一步完善，建议长春市提高技术合同成交额，促进技术合同交易。

根据长春市科技局数据，2022年，长春登记技术合同数量为1902项，技术合同成交额为44.28亿元。

3. 科技创业成果数量

在参与评估的36个城市中，长春市的“科技创业成果数量”这一指标低于全国平均水平，表明长春市的科技创业成果数量有待增加，建议长春市增强科技类创业投融资交易的活跃度，进一步完善科技创新生态建设。

4. 开源开放成果数量

在参与评估的36个城市中，长春市的“开源开放成果数量”这一指标低于全国平均水平，表明长春市开源生态建设存在提升空间，建议长春市激励开源企业参与各类开源组织，促进其合作发展。

（二十七）贵阳

评估显示，贵阳市科技成果传播的内容建设相对薄弱，城市科技成果传播评分为1.82，显著低于全国平均值3.42。

1. 科技成果数量

在参与评估的36个城市中，贵阳市的“科技成果数量”这一指标低于全国平均水平，表明贵阳市线上科技成果供需对接机制有待进一步完善，科技成果数量有待增加，建议贵阳市提高科技成果收录能力。

贵阳市具有代表性的科技成果转移转化线上平台有零一科技成果转移转化服务平台。

2. 技术转移成果数量

在参与评估的36个城市中，贵阳市的“技术转移成果数量”这一指标低于全国平均水平，表明贵阳市技术转移生态体系有待进一步完善，建议贵阳市提高技术合同成交额，促进技术合同交易。

根据贵阳市科技局数据，2022年，贵阳登记技术合同数量为4489项，技术合同成交额为145.22亿元。

3. 科技创业成果数量

在参与评估的36个城市中，贵阳市的“科技创业成果数量”这一指标低于全国平均水平，表明贵阳市科技创业成果数量有待增加，建议贵阳市增强科技类创业投融资交易的活跃度，进一步完善科技创新生态建设。

4. 开源开放成果数量

在参与评估的36个城市中，贵阳市的“开源开放成果数量”这一指标低于全国平均水平，表明贵阳市开源生态建设存在提升空间，建议贵阳市激励开源企业参与各类开源组织，促进其合作发展。

（二十八）太原

评估显示，太原市科技成果传播的内容建设相对薄弱，城市科技成果传播评分为1.55，显著低于全国平均值3.42。目前太原市的技术转移生态建设较为薄弱，2022年的技术合同成交额尚不足300亿元，排名在全国省会城市中相对靠后。

1. 科技成果数量

在参与评估的36个城市中，太原市的“科技成果数量”这一指标低于全国平均水平，表明太原市线上科技成果供需对接机制有待进一步完善，科技成果数量有待增加，建议太原市提高科技成果收录能力。

太原市具有代表性的科技成果转移转化线上平台有太原科技资源信息服务网和山西科技成果转化和知识产权交易平台。

2. 技术转移成果数量

在参与评估的36个城市中，太原市的“技术转移成果数量”这一指标低于全国平均水平，表明太原市技术转移生态体系有待进一步完善，建议太原市提高技术合同成交额，促进技术合同交易。

根据太原市科技局数据，2022年，太原市登记技术合同数量为2628项，技术合同成交额为265.65亿元。

3. 科技创业成果数量

在参与评估的36个城市中，太原市的“科技创业成果数量”这一指标低于全国平均水平，表明太原市科技创业成果数量有待增加，建议太原市增强科技类创业投融资交易的活跃度，进一步完善科技创新生态建设。

4. 开源开放成果数量

在参与评估的36个城市中，太原市的“开源开放成果数量”这一指标低于全国平均水平，表明太原市开源生态建设存在提升空间，建议太原市激励开源企业参与各类开源组织，促进其合作发展。

（二十九）南宁

评估显示，南宁市科技成果传播的内容建设相对薄弱，城市科技成果传播评分为1.65，显著低于全国平均值3.42。

1. 科技成果数量

在参与评估的36个城市中，南宁市的“科技成果数量”这一指标低于全国平均水平，表明南宁市线上科技成果供需对接机制有待进一步完善，科技成果数量有待增加，建议南宁市提高科技成果收录能力。

南宁市具有代表性的科技成果转移转化线上平台有国家科技成果转化（南宁）综合信息服务平台和南宁先进技术育成中心信息平台。

2. 技术转移成果数量

在参与评估的36个城市中，南宁市的“技术转移成果数量”这一指标低于全国平均水平，表明南宁市技术转移生态体系需要进一步完善，建议南宁市提高技术合同成交额，促进技术合同交易。

根据南宁市科技局数据，2022年，南宁市登记技术合同数量为6666项，技术合同成交额为310.35亿元。

3. 科技创业成果数量

在参与评估的36个城市中，南宁市的“科技创业成果数量”这一指标低于全国平均水平，表明南宁市科技创业成果数量有待增加，建议南宁市增强科技类创业投融资交易的活跃度，进一步完善科技创新生态建设。

4. 开源开放成果数量

在参与评估的36个城市中，南宁市的“开源开放成果数量”这一指标低于全国平均水平，表明南宁市开源生态建设存在提升空间，建议南宁市激励开源企业参与各类开源组织，促进其合作发展。

（三十）兰州

评估显示，兰州市科技成果传播的内容建设相对薄弱，城市科技成果传播评分为1.32，显著低于全国平均值3.42。

1. 科技成果数量

在参与评估的36个城市中，兰州市的“科技成果数量”这一指标低于全国平均水平，表明兰州市线上科技成果供需对接机制有待进一步完善，科技成果数量有待增加，建议兰州市提高科技成果收录能力。

兰州市具有代表性的科技成果转移转化线上平台为兰州科技创新成果转化服务平台。

2. 技术转移成果数量

在参与评估的36个城市中，兰州市的“技术转移成果数量”这一指标低于全国平均水平，表明兰州市技术转移生态体系需要进一步完善，建议兰州市提高技术合同成交额，促进技术合同交易。

根据兰州市科技局数据，2022年，兰州登记技术合同数量为7639项，技术合同成交额为100.52亿元。

3. 科技创业成果数量

在参与评估的36个城市中，兰州市的“科技创业成果数量”这一指标低于全国平均水平，表明兰州市科技创业成果数量有待增加，建议兰州市增强科技类创业投融资交易的活跃度，进一步完善科技创新生态建设。

4. 开源开放成果数量

在参与评估的36个城市中，兰州市的“开源开放成果数量”这一指标低于全国平均水平，表明兰州市开源生态建设存在提升空间，建议兰州市激励开源企业参与各类开源组织，促进其合作发展。

（三十一）乌鲁木齐

评估显示，乌鲁木齐市科技成果传播的内容建设相对薄弱，城市科技成果传播评分为 1.32，显著低于全国平均值 3.42。

1. 科技成果数量

在参与评估的 36 个城市中，乌鲁木齐市的“科技成果数量”这一指标低于全国平均水平，表明乌鲁木齐市线上科技成果供需对接机制有待进一步完善，科技成果数量有待增加，建议乌鲁木齐市提高科技成果收录能力。

乌鲁木齐市具有代表性的科技成果转移转化线上平台为新疆科技成果网和新疆科创网。

2. 技术转移成果数量

在参与评估的 36 个城市中，乌鲁木齐市的“技术转移成果数量”这一指标低于全国平均水平，表明乌鲁木齐市技术转移生态体系需要进一步完善，建议乌鲁木齐市提高技术合同成交额，促进技术合同交易。

根据乌鲁木齐市科技局数据，2022 年，乌鲁木齐市登记技术合同数量为 115 项，技术合同成交额为 3.83 亿元。

3. 科技创业成果数量

在参与评估的 36 个城市中，乌鲁木齐市的“科技创业成果数量”这一指标低于全国平均水平，表明乌鲁木齐市科技创业成果数量有待增加，建议乌鲁木齐市增强科技类创业投融资交易的活跃度，进一步完善科技创新生态建设。

4. 开源开放成果数量

在参与评估的 36 个城市中，乌鲁木齐市的“开源开放成果数量”这一指标低于全国平均水平，表明乌鲁木齐市开源生态建设存在提升空间，建议乌鲁木齐市激励开源企业参与各类开源组织，促进其合作发展。

（三十二）海口

评估显示，海口市科技成果传播的内容建设相对薄弱，城市科技成果传播评分为 1.59，显著低于全国平均值 3.42。

1. 科技成果数量

在参与评估的 36 个城市中，海口市的“科技成果数量”这一指标低于全国平均水平，表明海口市线上科技成果供需对接机制有待进一步完善，科技成果数量有待增加，建议海口市提高科技成果收录能力。

海口市具有代表性的科技成果转移转化线上平台为海口市科技创新综合服务系统。

2. 技术转移成果数量

在参与评估的 36 个城市中，海口市的“技术转移成果数量”这一指标低于全国平均水平，表明海口市技术转移生态体系需要进一步完善，建议海口市提高技术合同成交额，促进技术合同交易。

根据海口市科技局数据，2022年，海口市登记技术合同数量为1477项，技术合同成交额为28.8亿元。

3. 科技创业成果数量

在参与评估的36个城市中，海口市的“科技创业成果数量”这一指标低于全国平均水平，表明海口市科技创业成果数量有待增加，建议海口市增强科技类创业投融资交易的活跃度，进一步完善科技创新生态建设。

4. 开源开放成果数量

在参与评估的36个城市中，海口市的“开源开放成果数量”这一指标低于全国平均水平，表明海口市开源生态建设存在提升空间，建议海口市激励开源企业参与各类开源组织，促进其合作发展。

（三十三）银川

评估显示，银川市科技成果传播的内容建设相对薄弱，城市科技成果传播评分为1.32，显著低于全国平均值3.42。

1. 科技成果数量

在参与评估的36个城市中，银川市的“科技成果数量”这一指标低于全国平均水平，表明银川市线上科技成果供需对接机制需要进一步完善，科技成果数量有待增加，建议银川市提高科技成果收录能力。

银川市具有代表性的科技成果转移转化线上平台为银川市科技成果转移转化平台。

2. 技术转移成果数量

在参与评估的36个城市中，银川市的“技术转移成果数量”这一指标低于全国平均水平，表明银川市技术转移生态体系需要进一步完善，建议银川市提高技术合同成交额，促进技术合同交易。

3. 科技创业成果数量

在参与评估的36个城市中，银川市的“科技创业成果数量”这一指标低于全国平均水平，表明银川市科技创业成果数量有待增加，建议银川市增强科技类创业投融资交易的活跃度，进一步完善科技创新生态建设。

4. 开源开放成果数量

在参与评估的36个城市中，银川市的“开源开放成果数量”这一指标低于全国平均水平，表明银川市开源生态建设存在提升空间，建议银川市激励开源企业参与各类开源组织，促进其合作发展。

（三十四）呼和浩特

评估显示，呼和浩特市科技成果传播的内容建设相对薄弱，城市科技成果传播评分为1.32，显著低于全国平均值3.42。

1. 科技成果数量

在参与评估的36个城市中，呼和浩特市的“科技成果数量”这一指标低于全国平均水平，表明呼和浩特市线上科技成果供需对接机制需要进一步完善，科技成果数量有待增加，建议呼和浩特市提高科技成果收录能力。

呼和浩特市具有代表性的科技成果转移转化线上平台为内蒙古科技成果转化公共服务平台。

2. 技术转移成果数量

在参与评估的36个城市中，呼和浩特市的“技术转移成果数量”这一指标低于全国平均水平，表明呼和浩特市技术转移生态体系需要进一步完善，建议呼和浩特市提高技术合同成交额，促进技术合同交易。

根据呼和浩特市科技局数据，2022年，呼和浩特市技术合同成交额为12.99亿元。

3. 科技创业成果数量

在参与评估的36个城市中，呼和浩特市的“科技创业成果数量”这一指标低于全国平均水平，表明呼和浩特市科技创业成果数量有待增加，建议呼和浩特市增强科技类创业投融资交易的活跃度，进一步完善科技创新生态建设。

4. 开源开放成果数量

在参与评估的36个城市中，呼和浩特市的“开源开放成果数量”这一指标低于全国平均水平，表明呼和浩特市开源生态建设存在提升空间，建议呼和浩特市激励开源企业参与各类开源组织，促进其合作发展。

（三十五）西宁

评估显示，西宁市科技成果传播的内容建设相对薄弱，城市科技成果传播评分为1.08，显著低于全国平均值3.42。

1. 科技成果数量

在参与评估的36个城市中，西宁市的“科技成果数量”这一指标低于全国平均水平，表明西宁市线上科技成果供需对接机制需要进一步完善，科技成果数量有待增加，建议西宁市提高科技成果收录能力。

西宁市具有代表性的科技成果转移转化线上平台为青海科技成果转化平台。

2. 技术转移成果数量

在参与评估的36个城市中，西宁市的“技术转移成果数量”这一指标低于全国平均水平，表明西宁市技术转移生态体系需要进一步完善，建议西宁市提高技术合同成交额，促进技术合同交易。

根据西宁市科技局数据，2022年，西宁市登记技术合同数量为850项，技术合同成交额为12.64亿元。

3. 科技创业成果数量

在参与评估的36个城市中，西宁市的“科技创业成果数量”这一指标低于全国平均水平，表明西宁市科技创业成果数量有待增加，建议西宁市增强科技类创业投融资交易的活跃度，进一步完善科技创新生态建设。

4. 开源开放成果数量

在参与评估的36个城市中，西宁市的“开源开放成果数量”这一指标低于全国平均水平，表明西宁市开源生态建设存在提升空间，建议西宁市激励开源企业参与各类开源组织，促进其合作发展。

（三十六）拉萨

评估显示，拉萨市科技成果传播的内容建设相对薄弱，城市科技成果传播评分为1.08，显著低于全国平均值3.42。

1. 科技成果数量

在参与评估的36个城市中，拉萨市的“科技成果数量”这一指标低于全国平均水平，表明拉萨市线上科技成果供需对接机制需要进一步完善，科技成果数量有待增加，建议拉萨市提高科技成果收录能力。

拉萨市具有代表性的科技成果转移转化线上平台有拉萨高新区（柳梧新区）创新创业服务平台。

2. 技术转移成果数量

在参与评估的36个城市中，拉萨市的“技术转移成果数量”这一指标低于全国平均水平，表明拉萨市技术转移生态体系需要进一步完善，建议拉萨市提高技术合同成交额，促进技术合同交易。

3. 科技创业成果数量

在参与评估的36个城市中，拉萨市的“科技创业成果数量”这一指标低于全国平均水平，表明拉萨市科技创业成果数量有待增加，建议拉萨市增强科技类创业投融资交易的活跃度，进一步完善科技创新生态建设。

4. 开源开放成果数量

在参与评估的36个城市中，拉萨市的“开源开放成果数量”这一指标低于全国平均水平，表明拉萨市开源生态建设存在提升空间，建议拉萨市激励开源企业参与各类开源组织，促进其合作发展。

二、地区评分情况

基于我国六大地区，在平均值方面，全国城市科技成果传播评分的平均值为3.42，华东、华北和中南地区的评分超过了全国的平均值，而西南、东北与西北的地区评分则低于全国平均值（见图4-2）。其中，华东地区的整体科技成果传播水平最高，评分平均值达到了4.26，随后为华北与中南地区的评分，评分平均值较为接近，分别达到了4.09和4.01，西南和东北地区的评分平均值分别为2.43和2.53，西北地区的评分平均值最低，仅为1.92。在地区内部的离散性方面，东北地区的各城市科技成果传播水平最为接近，整体水平偏低，中南地区的城市评分离散程度也相对较小，且高于全国平均水平的城市较多，整体水平较高。华北地区的城市评分离散程度最大，北京市的科技成果传播评分达到了10.00，而呼和浩特市的评分仅为1.32，地区内部水平差异过大。

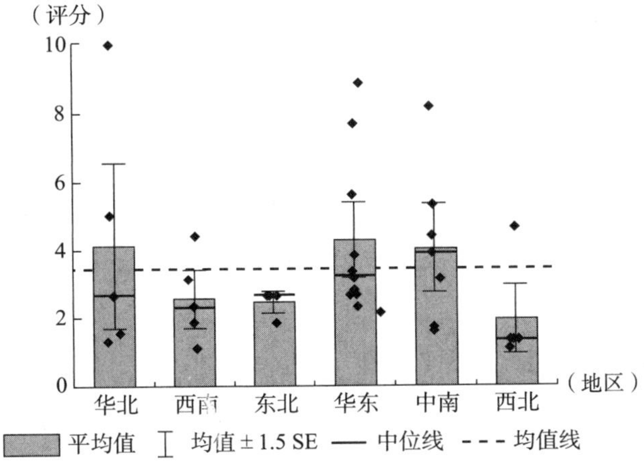

图4-2 地区科技成果传播评分

第三节 传播内容

一、城市评分情况

（一）北京

评估显示，北京市总体传播内容建设状况十分优秀，城市科技传播内容评分为10.00，远高于全国平均值3.60，处于全国领先水平。北京市宣传的科学家群体包括在京院士、女性科学家和青年科学家等，在科技成果方面重视开源开放、科技创业等不同类型，积极构建更为开放的科技传播生态体系。

（二）成都

评估显示，成都市总体传播内容建设状况较为良好，城市科技传播内容评分为4.57，高于全国平均值3.60。成都市对青年科学家和女性科学家的宣传工作较好，2023年，成都市不仅通过网络渠道宣传了陈蕾、钟武律等在成都工作的女性或青年科学家，也举办了“面向2050的空天创新技术青年科学家论坛”、“三八”国际妇女节女科技工作者“回娘家”活动”，对青年科学家和女性科学家形成较好宣传。

（三）大连

评估显示，大连市总体传播内容建设状况存在薄弱之处，城市科技传播内容评分为2.99，低于全国平均值3.60。大连市线上科技成果供需对接机制建设存在提升空间，目前大连市具有代表性的科技成果转移转化线上平台为大连科技成果转化平台（小程序），汇集了科技成果2000余项。

（四）福州

评估显示，福州市科技传播内容建设状况有所欠缺，城市科技传播内容评分为3.40，略低于全国平均值 3. 60。福州市在宣传科学家群体方面较为完善且多样化，不仅包括骆惠玉、张静等女性科技工作者，而且积极宣传陈磊、陈昭阳、林翔等青年科技工作者，但仍需要进一步提升整体水平。

（五）广州

评估显示，广州市科技传播内容建设状况优秀，城市科技传播内容评分为 7. 63，显著高于全国平均值 3. 60。广州市拥有广州大学城（广工）科技成果转化中心一站式服务交易平台等具有代表性的科技成果转移转化线上平台。

（六）哈尔滨

评估显示，哈尔滨市科技传播内容建设有待加强，城市科技传播内容评分为 2. 59，低于全国平均值 3. 60。2022 年，哈尔滨市技术合同成交额仅有 112. 2 亿元，在全国范围内排名不佳，同时，哈尔滨市开源和科技创业生态体系也有待加强。

（七）杭州

评估显示，杭州市科技传播内容建设状况良好，城市科技传播内容评分为 7. 02，显著高于全国平均值 3. 60。杭州市的开源生态建设较为完善，形成了兼具数量及质量的开源开放成果，在国内外著名的开源基金会等开源组织的建设上贡献良多。具有代表性的开源机构有阿里云、浙江大学滨江研究院、蚂蚁金服、网易云等。

（八）合肥

评估显示，合肥市科技传播内容建设状况良好，城市科技传播内容评分为 3. 98，高于全国平均值 3. 60。合肥市的技术转移生态体系建设情况较好，技术转移服务能力较强。2022 年，合肥市签订输出技术合同 14929 项，成交金额为 647. 44 亿元，同比增长 48. 6%。

（九）济南

评估显示，济南市科技传播内容建设尚有不足，城市科技传播内容评分为 3. 11，低于全国平均值 3. 60。济南市的科技成果数量较多，但科学家精神宣传次数和科学家精神宣传类型的建设水平都有待提升。

（十）昆明

评估显示，昆明市科技传播内容建设状况较为薄弱，城市科技传播内容评分为 2. 56，低于全国平均值 3. 60。昆明市在开源生态建设上较为薄弱，与国内外主流的开源基金会参与合作的情况相对不足，产出的开源开放成果有限。

（十一）南昌

评估显示，南昌市科技传播内容建设还存在提升空间，城市科技传播内容评分为 2. 59，低于全国平均值 3. 60。不过，南昌市在该领域已经取得初步成果，比如，南昌市宣传的科学家群体，不仅包括熊大闰、王景全、谢明勇等已故南昌籍或在南昌的院士，也包括张弥曼、匡华、李欣等在南昌工作或曾在南昌生活的女性科学家。同时，南昌市通过组织“青年科学家进校园”科普开放日等活动，积极宣传张初华、付刚等青年科学家的风采。

（十二）南京

评估显示，南京市科技传播内容建设状况良好，城市科技传播内容评分为5.38，高于全国平均值3.60。南京市技术合同交易较为活跃，2022年，南京市登记技术合同数量为37345项，技术合同成交额为856.7亿元。

（十三）宁波

评估显示，宁波市科技传播内容建设状况良好，城市科技传播内容评分为3.65，略高于全国平均值3.60。宁波市不仅宣传包括韩启德、路甬祥、陈中伟、周尧等宁波籍或在宁波工作过的院士，也包括屠呦呦等在宁波出生或工作过的女性科学家。

（十四）青岛

评估显示，青岛市科技传播内容建设有待加强，城市科技传播内容评分为2.69，略低于全国平均值3.60。青岛市建立了较为完善的线上科技成果供需对接机制，目前具有代表性的科技成果转移转化线上平台为青岛科技成果转移转化平台，但对宣传科学家群体重视程度略有不足，建议青岛市进一步完善科学家精神传播体系。

（十五）厦门

评估显示，厦门市科技传播内容建设状况较为薄弱，城市科技传播内容评分为2.36，低于全国平均值3.60。不过，厦门市在该领域已经取得初步成果，比如，2023年1月，在第六届厦门海洋环境开放科学大会上，“厦门大学海洋与环境女性促进会”沙龙宣告成立，活动邀请不同阶段的女性科学家分享自己的科研、工作与生活故事，激励和引导更多女性投身科研事业。

（十六）上海

评估显示，上海市科技传播内容建设状况优秀，城市科技传播内容评分为9.23，显著高于全国平均值3.60。上海市定期发布《上海女性科技人才发展报告》，拥有上海技术交易所平台、上海国际海洋技术交易平台、上海科学院科技成果转化及合作平台代表性线上平台。

（十七）深圳

评估显示，深圳市科技传播内容建设状况良好，城市科技传播内容评分为7.34，明显高于全国平均值3.60。深圳市技术转移生态体系建设情况较好，技术合同交易较为活跃。2022年，深圳市技术合同登记14685项，技术合同成交额为1575.68亿元。

（十八）沈阳

评估显示，沈阳市科技传播内容建设状况相对薄弱，城市科技传播内容评分为2.98，略低于全国平均值3.60。沈阳在科学家精神宣传方面表现较好，宣传科学家精神的次数较多。但科技成果传播情况与其他城市存在差距，在科技创新生态建设、开源企业生态建设等方面存在不足。

（十九）石家庄

评估显示，石家庄市科技传播内容建设有待加强，城市科技传播内容评分为2.59，低于全国平均值3.60。石家庄市线上科技成果转移转化线上平台供需对接机制建设存在提升空间，目前具有代表性的有石家庄高新区科技成果转换为技术标准创新服务平台、河北省科技成果转化网。

（二十）天津

评估显示，天津市科技传播内容建设状况良好，城市科技传播内容评分为5.36，高于全国平均值3.60。天津市具有较多的开源开放成果，开源企业与国内外主流开源基金会的合作紧密。例如，三六零科技集团有限公司已成为开放原子开源基金会白金捐赠人，卓朗昆仑云已成为开源基础设施基金会（OIF）黄金会员等。

（二十一）武汉

评估显示，武汉市科技传播内容建设状况较为良好，城市科技传播内容评分为4.16，高于全国平均值3.60。在技术成果转移方面，2022年，武汉登记技术合同数量为32466项，同比增长1.5%；技术合同成交额为1355.25亿元，同比增长20.2%，排名居全国前列。

（二十二）西安

评估显示，西安市科技传播内容建设状况良好，城市科技传播内容评分为4.52，高于全国平均值3.60。西安市的科技成果线上转化平台建设水平较高，科技成果在线收录和展示能力较强，建设有西安科技大市场、陕西技术转移中心网络平台，两平台分别汇聚了15324项和19143项科技成果，促进了大量科技成果对外展示，助力西安市科技成果转化。

（二十三）长沙

评估显示，长沙市科技传播内容建设状况较为薄弱，城市科技传播内容评分为3.44，略低于全国平均值3.60。长沙市线上科技成果供需对接机制建设水平较高，长沙市具有代表性的科技成果转移转化线上平台汇聚的科技成果数量较多。但是，长沙市在开源开放成果建设上较为薄弱，影响了其科技传播内容的建设状况。

（二十四）郑州

评估显示，郑州市科技传播内容建设状况较不足，城市科技传播内容评分为2.91，低于全国平均值3.60。郑州市积极宣传霍裕平、王复明、万蕊雪等各类科学家群体，但是总体科学家精神的宣传次数不足，同时，郑州市在科技成果传播方面也较为薄弱。

（二十五）重庆

评估显示，重庆市科技传播内容建设状况较为良好，城市科技传播内容评分为4.32，高于全国平均值3.60。重庆市重视宣传科学家群体，不仅包括鲜学福、卞修武、潘复生等院士，也包括张弥曼、刘明侦等在重庆出生或工作过的女性科学家，还包括史浩飞、陈娟等青年科学家。此外，重庆市积极评选十大重庆科技创新年度人物，积极宣传具有创新成效的科技工作者。

（二十六）长春

评估显示，长春市科技传播内容建设相对薄弱，城市科技传播内容评分为1.64，低于全国平均值3.60。表明长春市对科学家精神传播和科技成果传播存在不足。

（二十七）贵阳

评估显示，贵阳市科技传播内容建设相对薄弱，城市科技传播内容评分为1.83，低于全国平均值3.60。表明贵阳市对科学家精神传播和科技成果传播存在不足。

（二十八）太原

评估显示，太原市科技传播内容建设相对薄弱，城市科技传播内容评分为1.86，低于全国平均值3.60。表明太原市对科学家精神传播和科技成果传播存在不足，太原市线上科技成果供需对接机制建设存在提升空间，目前具有代表性的科技成果转移转化线上平台有太原科技资源信息服务网、山西科技成果转化和知识产权交易平台。

（二十九）南宁

评估显示，南宁市总体传播内容建设状况存在薄弱之处，城市科技传播内容评分为1.92，低于全国平均值3.60。表明南宁市线上科技成果供需对接机制建设存在提升空间。

（三十）兰州

评估显示，兰州市科技传播内容建设相对薄弱，城市科技传播内容评分为1.69，低于全国平均值3.60。表明兰州市对科学家精神传播和科技成果传播存在不足。

（三十一）乌鲁木齐

评估显示，乌鲁木齐市科技传播内容建设相对薄弱，城市科技传播内容评分为1.70，低于全国平均值3.60。表明乌鲁木齐市对科学家精神传播和科技成果传播存在不足。

（三十二）海口

评估显示，海口市科技传播内容建设相对薄弱，城市科技传播内容评分为1.70，低于全国平均值3.60。表明海口市对科学家精神传播和科技成果传播存在不足。

（三十三）银川

评估显示，银川市科技传播内容建设状况相对薄弱，城市科技传播内容评分为1.70，略低于全国平均值3.60。表明银川市科技成果传播情况与其他城市存在差距，在科技创新生态建设、开源企业生态建设等方面也存在不足。

（三十四）呼和浩特

评估显示，呼和浩特市科技传播内容建设相对薄弱，城市科技传播内容评分为1.89，低于全国平均值3.60。表明呼和浩特市对科学家精神传播和科技成果传播存在不足。

（三十五）西宁

评估显示，西宁市科技传播内容建设状况较为薄弱，城市科技传播内容评分为 1.89，低于全国平均值 3.60。表明西宁市在开源生态建设上较为薄弱，与国内外主流的开源基金会参与合作的情况相对不足，产出的开源开放成果有限。

（三十六）拉萨

评估显示，拉萨市科技传播内容建设相对薄弱，城市科技传播内容评分为 1.13，低于全国平均值 3.60。表明拉萨市对科学家精神传播和科技成果传播存在不足。

二、地区评分情况

基于我国六大地区，在平均值方面，全国城市科技传播内容评分的平均值为 3.60，华东、华北和中南地区的评分超过了全国的平均值，而西南、东北与西北的地区评分低于全国平均值（见图 4-3）。其中，华东和华北地区的整体科技传播内容水平最高，评分平均值都达到了 4.34，随后为中南地区，评分为 4.13，西南和东北地区的评分平均值分别为 2.23 和 2.88，西北地区的评分平均值最低，仅为 2.23。在地区内部的离散性方面，东北地区的各城市科技传播内容水平最为接近，整体水平偏低，华东地区的城市评分离散程度也相对较小，且高于全国平均水平的城市较多，整体水平较高。华北地区的城市评分离散程度最大，北京市的科技传播内容评分达到了 10.00，而太原市的评分仅为 1.86，地区内部水平差异过大。

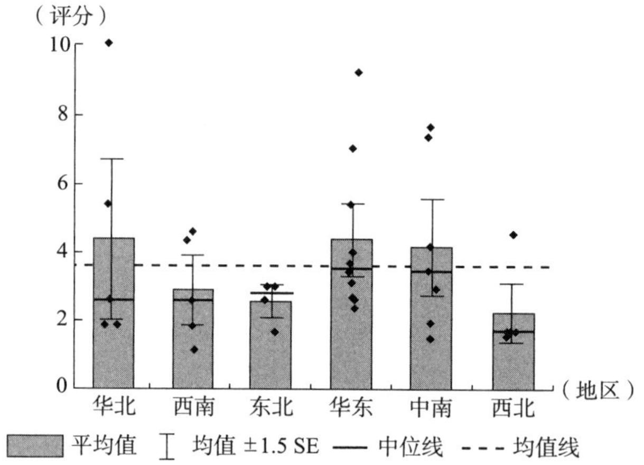

图 4-3　地区科技传播内容评分

第五章

传播渠道

第一节　传播媒介

一、城市评分情况

（一）北京

北京市在科技成果转移线上平台的建设方面取得了较好成效，城市科技传播媒介评分为 10.00，远高于全国平均值 3.27。

1. 科技报纸种类

这一指标主要是从两个方面考查，一方面是考查该城市科技报纸的数量；另一方面是考查该城市在“王选新闻科学技术奖”和“科技传播奖”这两个科技新闻领域权威奖项中的获奖情况。

在参与评估的 36 个城市中，北京市的“科技报纸种类”这一指标显著高于全国平均水平，表明北京市较为注重科技类报纸的发行出版，科技报纸种类较多，科技报纸的科技传播能力较强。

北京市具有代表性的科技报纸有《北京科技报》《科技日报》《中国科学报》等。

《北京科技报》由北京市科学技术协会主管、北京科技报社主办，创刊于 1954 年。《北京科技报》拥有新中国最悠久的科技传媒历史，近年来，北京科技报社以科技媒体为平台，提供权威的、贴近生活的、原创的优质科普资源。

《科技日报》于 1986 年创刊，原名为《中国科技报》。《科技日报》作为具有科技特色的综合性日报，由科学技术部主管、科技日报社主办，面向国内外公开发行。近年来，《科技日报》紧扣党中央对科技工作的部署，及时准确传递权威声音，报道前沿科技、弘扬科学精神，为科技事业的发展营造良好的舆论氛围。

《中国科学报》是由中国科学院主管，中国科学院、中国工程院等四家单位联合主办的一份权威性科技报，自 1959 年创刊以来，一直致力于传播科学信息，倡导科学方法、普及科学知识、促进学术交流。

“王选新闻科学技术奖”是经国家科技奖励办公室批准设立的新闻界跨媒体的唯一科技奖项，是中国新闻传媒行业最高层次的科技奖项。2023 年“王选新闻科学技术奖”中，北京市共获奖 76 项。

“科技传播奖”是中国科技新闻学会设立的科技传播奖项，用以表彰奖励在科技传播工作中作出突出贡献的科技新闻领域的优秀代表。2022 年“科技传播奖”中，北京市获奖 7 项。

2. 科技期刊种类

这一指标主要考查该城市入选《2023 年中国科技核心期刊目录》的科技期刊种类。

在参与评估的 36 个城市中，北京市的“科技期刊种类”这一指标显著高于全国平均值，表明北京市具备浓厚与权威的科技学术交流氛围，各领域科研论文、综述性文章荟萃。

《中国科技核心期刊目录》是中国科学技术信息研究所受国家科技部委托发布的目录，在科技期刊领域具备较高的权威性和客观性。2023 年 9 月 20 日，中国科学技术信息研究所发布《2023 年中国科技核心期刊目录》，其中，北京市入选的科技期刊种类为 915 种，包括《财贸经济》《北京大学学报（自然科学版）》《材料工程》等期刊。

《财贸经济》于 1980 年创刊，由中国社会科学院主管、中国社会科学院财经战略研究院主办，主要刊登国内外各个学科综合财经领域的学术文章。自创办以来，《财贸经济》已发表大量有重要影响的研究报告、综合性论文，受到中央有关部门的重视和业界的充分肯定。

《北京大学学报（自然科学版）》创刊于 1955 年 12 月，是北京大学主办的自然科学（包括技术科学）综合类学术性刊物，主要刊登应用科学、基础科学及交叉科学等领域的研究成果及文章。刊文立足高水平，由北京大学理工科的 40 余名资深教授组成编委会，负责确立学报的办刊宗旨及审定论文的学术质量。

《材料工程》创刊于 1956 年，为中文月刊，由中国航空发动机集团有限公司主管、中国航空发动机集团有限公司北京航空材料研究院主办，《材料工程》在国内外公开发行，内容偏重材料工程应用研究进展，含实验、材料性能、材料计算及表征等研究方向，主要刊登评述文章、研究论文、研究快报三类文章。

3. 科技图书出版种类

这一指标主要考查该城市出版社出版的科技图书种类。

在参与评估的 36 个城市中，北京市的“科技图书出版种类”这一指标显著高于全国平均水平，表明北京市注重科技图书的出版，不断丰富科技类图书的出版种类和内容，推陈出新，科技图书种类繁多。

北京市出版的具有代表性的科技图书包括科学出版社出版的《非晶物质：常规物质第四态》《中国学科及前沿领域 2035 发展战略总论》、国防工业出版社出版的《我所理解的流体力学》（第 2 版）、世界图书出版公司出版的《现代量子力学》（第 2 版中译本修订版）等。

4. 科技传播广播电视台频道数量

这一指标主要考查该城市的科技类电视台和电台的频道数量。

在参与评估的 36 个城市中，北京市的“科技传播广播电视台频道”这一指标显著高于全国平均水平，表明北京市注重广播电视台媒体端的科技传播生态建设，设有专门的科技传播广播电视台频道。

北京市开设的科技类电视台频道数量为 1 个，即北京广播电视台纪实科教频道。北京市暂未开设科技类广播电台频道。

5. 科技传播互联网平台数量

这一指标主要是从两个方面考查，一方面是考查该城市科技成果转移转化线上平台数量；另一方面是考查该城市科学家精神教育线上展厅数量。

在参与评估的36个城市中，北京市的“科技传播互联网平台数量”这一指标显著高于全国平均水平，表明北京市建设有较为强大的科技传播互联网平台体系，对科技传播的线上宣传有较大的促进作用。

北京市具有代表性的科技成果转移转化平台有北京市科技成果信息系统、中关村科技成果转化与技术交易综合服务平台、三城一区科技成果转化服务平台。此外，北京市代表性的科学家精神教育线上展厅有北京理工大学主办的老科学家精神 VR 展厅、中国科学院档案馆主办的中国科学院著名科学家档案展。

北京市科技成果信息系统由北京市科学技术委员会、中关村管委会主管，具备成果查询、需求查询、政策查询等多个模块。该信息系统遵循应交则交的原则，把本市财政资金支持的科技项目，以及其他来源科技项目的成果和相关知识产权信息汇集到科技成果信息系统。成果包括专利技术、集成电路布图设计、计算机软件、技术秘密、新药、植物新品种、配方、设计图等。

中关村科技成果转化与技术交易综合服务平台由中关村管委会牵头，联合中国技术交易所、中国国际科技交流中心等单位共同建设。平台通过汇聚全球创新资源、创建技术转移服务联盟、实施线上线下展会联动、多渠道推广和常态化运作，旨在解决技术项目信息不对称、专业服务机构能力不强、针对性服务能力弱和对应平台缺失等问题，在推进国际科技成果转化和技术转移、帮助企业开拓全球市场等方面发挥积极作用。

三城一区科技成果转化服务平台以资源统筹为神经中枢，以“政策、资源、服务、载体、展示”五大板块为神经图谱，创新性地推出推送服务、空间超市、政策匹配、云上路演四大特色功能，极大地便利“三城一区”了解到国际科技创新主平台的各类动态及预约服务。

老科学家精神 VR 展厅（线上展厅）由北京理工大学校科协联合图书馆主办，通过展现中国优秀科学家实现科技自强自立过程中生生不息、砥砺奋进的科研历程，弘扬“爱国、求实、协同、创新、奉献、育人”的科学家精神。

中国科学院著名科学家档案展（线上展厅）由中国科学院档案馆主办，展厅以建党百年为契机，以“科学丰碑，档案基石”为主题，以百位中国科学家珍贵档案为载体，充分调动馆内资源，创新展览理念和办展形式，弘扬科学家精神。

（二）成都

成都市的城市科技传播媒介评分为4.43，高于全国平均值3.27。

1. 科技报纸种类

在参与评估的36个城市中，成都市的“科技报纸种类”这一指标高于全国平均水平，表明成都市科技报纸的建设和运营情况较好，有助于科技信息的广泛传递。

成都市具有代表性的科技报纸是《四川科技报》。

《四川科技报》由四川省科学技术协会主办，四川科技报社运营，以科普宣传为主要内容，每周一期，四开八版。《四川科技报》主要报道世界科技前沿信息、农村体制改革和农业创新中的热点问题等内容，所刊载的科技新闻、农业等方面的知识、相关信息等深受各行各业的欢迎。

2023 年“王选新闻科学技术奖”中，成都市共获奖 9 项。2022 年“科技传播奖”中，成都市未获奖。

2. 科技期刊种类

在参与评估的 36 个城市中，成都市的“科技期刊种类”这一指标高于全国平均水平，表明成都市科技期刊的建设水平较高，有助于增强成都市的科技学术氛围，推动科技工作者之间的学术交流与思想碰撞。

中国科学技术信息研究所发布的《2023 年中国科技核心期刊目录》中，成都市入选的科技期刊包括《财经科学》《成都体育学院学报》《党政研究》《经济体制改革》等。

《财经科学》创刊于 1957 年，是由教育部主管、西南财经大学主办的经济理论刊物。《财经科学》主要刊登金融学、企业经济、理论经济、管理学、新兴学科和交叉学科等领域的研究成果。

《成都体育学院学报》创刊于 1960 年 3 月，是由四川省教育厅主管、成都体育学院主办的体育类综合性学术刊物，宗旨为“为体育教学、训练、科研服务”。《成都体育学院学报》主要设有“体育人文社会科学”“运动人体科学”“学校体育学”“运动竞赛与训练学”等栏目。

《党政研究》创刊于 1985 年，是由中共四川省委省直机关党校主管、主办的省级政治理论刊物。《党政研究》主要刊登党史党建、行政管理学、政治学、科学社会主义等学科的研究论文，设有“经济学研究”“法学研究”“公共问题研究”等栏目。

《经济体制改革》创刊于 1983 年，是全国第一份专门研究中国经济体制改革的学术期刊，由四川省社会科学院主管并主办，先后由林凌、盛毅、蓝定香、李中锋担任主编。《经济体制改革》始终坚持以政治方向为首，主要关注经济改革、推动经济改革、服务经济改革等方面的学术内容。

3. 科技图书出版种类

在参与评估的 36 个城市中，成都市的“科技图书出版种类”这一指标低于全国平均水平，表明成都市在科技图书出版种类方面亟待提升，建议成都市出台相关政策，引导科技图书行业发展，增加科技图书出版种类，拓宽科技传播渠道。

成都市出版的具有代表性的科技图书包括四川科学技术出版社出版的《星球大百科》、《太空日记》（纪念版），天地出版社出版的《中国建筑常识》，四川人民出版社出版的《一窄九宽话中医：传统与现代双向视角的中医文化》。

4. 科技传播广播电视台频道数量

在参与评估的 36 个城市中，成都市的“科技传播广播电视台频道数量”这一指标高于全国平均水平，表明成都市重视科技类广播电视台，让科技信息可以通过电视渠道走入千家万户。

成都市开设的科技类电视台频道数量为 1 个，即四川电视台科技教育频道。成都市暂未开设科技类广播电台频道。

5. 科技传播互联网平台数量

在参与评估的 36 个城市中，成都市的“科技传播互联网平台数量”这一指标低于全国平均水平，表明成都市在科技传播互联网平台的建设和运营方面亟待提升，科技传播互联网平台数量有待增多。

成都市具有代表性的科技成果转移转化平台有成都科技创新云平台。此外，成都市暂无科学家精神教育线上展厅。

成都科技创新云平台由成都生产力促进中心负责建设与运营，是成都市科技局创新构建“互联网+孵化”服务模式，为科技型企业营造创新创业生态环境的一站式服务平台。该平台联合政府、企业、机构等多主体实现资源共享，推动科创资源互联互通，构建创新创业要素有机衔接的大数据市场，为成都市科技创新发展贡献力量。

（三）大连

评估显示，大连市科技传播媒介的建设情况较为薄弱，城市科技传播媒介评分为 1. 33，低于全国平均值 3. 27。

1. 科技报纸种类

在参与评估的 36 个城市中，大连市的“科技报纸种类”这一指标低于全国平均水平，表明大连市对科技报纸方面的重视程度有待提升，建议大连市不断改进科技报纸工作，增加科技报纸的受欢迎程度，提升科技报纸种类数量。

2023 年“王选新闻科学技术奖”中，大连市共获奖 1 项。2022 年“科技传播奖”中，大连市暂未获奖。

2. 科技期刊种类

在参与评估的 36 个城市中，大连市的“科技期刊种类”这一指标低于全国平均水平，表明大连市的科技期刊种类有待提高，建议大连市提供专业科技工作者的学术交流机会，促进科技期刊的发展。

中国科学技术信息研究所发布的《2023 中国科技核心期刊目录》中，大连市入选的科技期刊包括《大连海事大学学报》《大连海洋大学学报》《大连交通大学学报》《大连理工大学学报》等。

《大连海事大学学报》创刊于 1957 年，是由交通部主管、大连海事大学主办的以刊载水路运输工程领域研究论文为主的理工类综合性学术刊物。其主要刊登交通运输工程、船舶与海洋工程、热能与动力、海洋环境、电子信息、控制、材料等工程领域的研究论文。

《大连海洋大学学报》创刊于 1980 年，是由辽宁省教育厅主管、大连海洋大学主办，是刊载海洋、水产及其相关学科研究论文的综合性学术刊物。其主要刊登水产科学与渔业工程、食品及生物科学与技术、海洋科学与技术、海洋生态与环境、海洋工程等领域的研究论文和综述。

《大连交通大学学报》创刊于1980年，是由辽宁省教育厅主管、大连交通大学主办的交通类学术期刊。其主要刊登交通运输工程、机车车辆工程、机械工程、材料科学与工程、电气工程与自动化、计算机科学与应用、化学工程、土木工程、管理工程等学科的创新论文、研究报告、研究简报等。

《大连理工大学学报》于1950年创刊，是由教育部主管、大连理工大学主办的综合性科学技术类学术性双月刊。其主要栏目有“院士学术论文”“数学”“物理”“力学”“化学化工”“动力”“材料”“机械工程”“船舶”“土木工程”“信息工程与管理”等。

3. 科技图书出版种类

在参与评估的36个城市中，大连市的“科技图书出版种类”这一指标略低于全国平均水平，表明大连市对出版科技图书的重视度亟待提升，建议大连市加大对科技图书出版的投入，推动科技传播的纸质媒介发展。

4. 科技传播广播电视台频道数量

在参与评估的36个城市中，大连市尚未设科技传播广播电视台频道，表明大连市在运营科技类广播电视台频道方面仍有提升空间，建议大连市积极打造科技传播的广播电视台阵地及科技类节目，传递科学内容与科学精神。

5. 科技传播互联网平台数量

在参与评估的36个城市中，大连市的“科技传播互联网平台数量”这一指标低于全国平均水平，表明大连市对运营科技传播互联网平台的重视度有待提高，科技传播互联网平台数量有待增多。

大连市具有代表性的科技成果转移转化平台为大连科技成果转化平台（小程序）。此外，大连市暂无科学家精神教育线上展厅。

大连科技成果转化平台（小程序）是由大连市科技局主管、大连市科技创新基金管理中心运营的一个线上线下相结合的科技成果转化服务平台。主要包括科技成果发布、科技成果查询、科技成果转化服务、项目申报、创新创业活动、科技人才服务、资讯动态几个方面。

（四）福州

评估显示，福州市科技传播媒介的建设情况存在短板，城市科技传播媒介评分为1.89，低于全国平均值3.27。

1. 科技报纸种类

在参与评估的36个城市中，福州市的“科技报纸种类”这一指标低于全国平均水平，表明福州市科技报纸的运转机制存在改善空间，建议加强对科技类新闻的发掘与报道，同时提升科技报社的运营能力，扩大科技报纸的营运规模。

2023年“王选新闻科学技术奖”中，福州市共获奖4项。2022年“科技传播奖”中，福州市暂未获奖。

2. 科技期刊种类

在参与评估的36个城市中，福州市的“科技期刊种类”这一指标低于全国平均水平，表明福州市在科技报刊方面存在发展空间，建议重视优质的学术交流平台建设，增设更多的科技类期刊，便利高水平学术交流，营造更良好的学术交流氛围。

中国科学技术信息研究所发布的《2023年中国科技核心期刊目录》中，福州市入选的科技期刊包括《福州大学学报（自然科学版）》《心血管康复医学杂志》《亚热带农业研究》等。

《福州大学学报（自然科学版）》创刊于1961年，是由福州大学主管、主办的自然科学类综合性学术期刊。该期刊主要刊载校内作者在基础科学以及工程技术领域的最新科研成果，以及部分校外学者的国家级项目的研究成果。

《心血管康复医学杂志》创刊于1992年，是由福建省科协主管、福建省康复学会和中国康复医学会联合主办的医学学术期刊。该期刊主要刊载康复预防、医疗、功能评定、护理、科研、教育、实验等心血管康复方面的研究成果。

《亚热带农业研究》创刊于2005年，是由福建农林大学主管及主办的农业综合类期刊。该期刊主要刊登与亚热带农业，尤其是种植业有关的学术论文，内容涉及茶叶、大田作物、果树、食用菌、蔬菜等。

3. 科技图书出版种类

在参与评估的36个城市中，福州市的“科技图书出版种类”这一指标低于全国平均水平，表明福州市在科技图书出版上存在提升空间，建议福州市注重科技图书的发行，积极推动科技图书出版。

福州市出版的具有代表性的科技图书包括海峡书局出版社出版的《美国自然历史博物馆终极恐龙大百科》、福建科学技术出版社出版的《中草药彩色图谱》（第5版）、《精编本草纲目中草药》等。

4. 科技传播广播电视台频道数量

在参与评估的36个城市中，福州市的“科技传播广播电视台频道数量”这一指标低于全国平均水平，表明福州市在运营科技类广播电视台频道方面亟待提升，建议增强科技类广播电视台的运营能力，丰富科技传播渠道。

5. 科技传播互联网平台数量

在参与评估的36个城市中，福州市的“科技传播互联网平台数量”这一指标略高于全国平均水平，表明福州市注重科技传播互联网平台的运营，积极提高科技传播互联网平台的质量与数量。

福州市具有代表性的科技成果转移转化平台有福建省高校科技成果转化对接服务平台、福州地区大学城高校科技成果转化平台。福州市暂无科学家精神教育线上展厅。

福建省高校科技成果转化对接服务平台是福建省教育厅线上运营的科技成果发布、交易及转化的互联网平台。该互联网平台包括创新成果、专利项目、技术需求、融资项目、成果转化等板块，致力于为福建产业转型升级提供人才、技术、项目支撑。该互联网平台主要功能为集聚创新人才、整合科技成果信息资源、开展在线技术咨询及交易服务、适时开展创新项及产品众筹等。

福州地区大学城高校科技成果转化平台是由福州市科协等单位发起，福州市信息化学会等单位服务与共建的科技成果发布、交易及转化的互联网平台。该互联网平台功能定位是为福州大学城的高校知识产权及科技成果提供科技成果发布、对接及转化服务，从而推动福州市产学研合作，有效促进项目、人才、资本、技术等要素的集聚。

（五）广州

评估显示，广州市科技传播媒介的建设情况良好，城市科技传播媒介评分为4.78，高于全国平均值3.27。

1. 科技报纸种类

在参与评估的36个城市中，广州市的“科技报纸种类”这一指标高于全国平均水平，表明广州市较为重视科技报纸的建设，科技类新闻报道丰富，有利于广州市的科技传播。

广州市具有代表性的科技报纸有《广东科技报》。

《广东科技报》于1973年3月26日创刊，是由广东省科学技术协会主办的面向公众的综合性、普及性的科技报纸。该报纸以宣传党关于科技工作的方针、政策，交流科技工作经验，普及科学知识，推广科技成果为目的，主要报道科技新闻、农业生产技术、科技知识等方面的内容。

2023年“王选新闻科学技术奖”中，广州市共获奖8项。2022年“科技传播奖”中，广州市共获奖1项。

2. 科技期刊种类

在参与评估的36个城市中，广州市的“科技期刊种类”这一指标高于全国平均水平，表明广州市在科技期刊建设方面具有较高的积极性，并积极搭建科技论文发表平台，促进科技工作者的交流。

中国科学技术信息研究所发布的《2023年中国科技核心期刊目录》中，广州市入选的科技期刊包括《癌症》《大地构造与成矿学》《地球化学》《分析测试学报》等。

《癌症》杂志创刊于1982年，由教育部主管、中山大学肿瘤防治中心主办。其主要刊载肿瘤学及其相关学科创新性的研究成果，设有“述评”“综述”“基础研究”“转化研究”“临床研究”“技术与方法”“个案研究”等栏目。

《大地构造与成矿学》于1977年创刊，曾用名《成矿研究》，由中国科学院广州地球化学研究所主办。其刊登内容涉及构造地质学、大地构造学、成矿学、岩石矿物与地球化学、地球动力学、大陆边缘地质和石油地质等多个学科和领域，重点登载原创性和开拓性的学术论文，以及少量具有学科前瞻性、前沿性的研究评述。

《地球化学》创刊于1972年，由中国科学院主管，中国科学院广州地球化学研究所、中国矿物岩石地球化学学会共同主办，主要报道近代地球化学，特别是其主要分支学科，如同位素地球化学、同位素地质年代学、矿床地球化学、有机地球化学环境地球化学、宇宙化学、元素地球化学、实验地球化学、第四纪地球化学、海洋地球化学、构造地球化学及岩矿测试等方面的科研成果和最新地质科技信息研究动态等。

《分析测试学报》创刊于1982年，是由广东省科学院主管，中国广州分析测试中心、中国分析测试协会共同主办的专业性学术刊物，服务于从事分析测试工作的技术管理人员和教育工作者，主要刊登分析测试的新理论、新方法、新技术、新仪器及其在各领域中的应用研究成果，反映国内外分析测试的进展和动态。

3. 科技图书出版种类

在参与评估的36个城市中，广州市的“科技图书出版种类”这一指标略低于全国平均水平，表明广州市在科技图书出版方面亟须加强，加大对科技图书出版的支持力度。

广州市出版的具有代表性的科技图书包括广东省地图出版社出版的《野生动物救护实用手册》、广东科技出版社出版的《广东陆生毒蛇识别与防范》等。

4. 科技传播广播电视台频道数量

在参与评估的36个城市中，广州市的“科技传播广播电视台频道数量”这一指标显著高于全国平均水平，表明广州市积极推动科技类广播电视台频道的建设，促进了城市科技信息的交流和传播。

广州市开设的科技类电视台频道数量为1个，即广东广播电视台经济科教频道。广州市暂未开设科技类广播电台频道。

5. 科技传播互联网平台数量

在参与评估的36个城市中，广州市的“科技传播互联网平台数量”这一指标低于全国平均水平，表明广州市在建设运营科技传播互联网平台方面亟待提升，应当持续加大对科技传播互联网平台的建设力度。

广州市具有代表性的科技成果转移转化平台为广州大学城科技成果转化中心一站式服务交易平台。广州市暂无科学家精神教育线上展厅。

广州大学城科技成果转化中心一站式服务交易平台是以广州大学城科技成果转化基地为载体，整合广州大学城高校雄厚科研力量、高层次人才和技术等资源，重点围绕数字经济与工业互联网、人工智能、芯片技术、智能装备与核心系统等领域，建设的集产业育成、科技成果转化、展示、体验、交易于一体的科技成果“线上+线下”服务平台。

（六）哈尔滨

评估显示，哈尔滨市科技传播媒介的建设情况较为良好，城市科技传播媒介评分为4.07，高于全国平均值3.27。

1. 科技报纸种类

在参与评估的36个城市中，哈尔滨市的“科技报纸种类”这一指标低于全国平均水平，表明哈尔滨市在运营科技报纸方面存在较大的提升空间，建议在哈尔滨市的科技报社聘请能力更强的营运人员，提高报社效益，拓展科技报纸种类和数量。

2023年“王选新闻科学技术奖”中，哈尔滨市共获奖2项。2022年“科技传播奖”中，哈尔滨市暂未获奖。

2. 科技期刊种类

在参与评估的36个城市中，哈尔滨市的“科技期刊种类”这一指标高于全国平均水平，表明哈尔滨市学术氛围浓厚，有效地推动了专业科技工作者的科研及学术交流活动。

中国科学技术信息研究所发布的《2023年中国科技核心期刊目录》中，哈尔滨市入选的科技期刊包括《北方园艺》《材料科学与工艺》《商业研究》《测绘工程》等。

《北方园艺》创办于1977年，是由黑龙江省农业科学院主管，黑龙江省园艺学会、黑龙江省农业科学院共同主办的园艺类学术刊物。该期刊始终紧跟时代及行业发展潮流，不断完善栏目设置，引进优秀人才，已成为国内领先的园艺类期刊。主要栏目有“研究论文”“农业经济”等。

《材料科学与工艺》于1982年创刊，为双月刊，是由工业和信息化部主管、中国材料研究学会与哈尔滨工业大学共同主办的学术性期刊，主要刊登全球高校和研究机构前瞻性、探索性的高水平学术论文，涉及金属材料、有机高分子材料、纳米材料等多种材料的组织与性能关系、制备加工原理及工艺研究等方面。

《商业研究》创刊于1958年，由中国商业联合会主管、哈尔滨商业大学和中国商业经济学会共同主办的综合性经济类专业学术期刊。该期刊自创刊以来，始终注重学术的原创性和现实性，坚持“百花齐放，百家争鸣”的双百方针，刊文涵盖经济学众多领域，主要研究和跟踪中国经济社会发展的重大理论前沿和实践热点、难点等问题。

《测绘工程》创刊于1992年，是由黑龙江省教育厅主管、黑龙江工程学院和中国测绘学会共同主办的国内外公开发行的测绘科技期刊。其主要介绍国内外测绘科学的新理论、新技术和新方法，交流科研、教学、技术革新的成果和经验，报道国内外测绘科技动态，进行专题讨论和新技术讲座，介绍著名学者和专家的成就等。设有“学术研究”“技术交流”“测绘人物普”“测绘教育”等栏目。

3. 科技图书出版种类

在参与评估的36个城市中，哈尔滨市的“科技图书出版种类”这一指标略低于全国平均水平，表明哈尔滨市注重出版科技图书，但建议哈尔滨市进一步丰富科技图书种类，促进科技知识在读者中的广泛传播。

哈尔滨市出版的具有代表性的科技图书包括哈尔滨工业大学出版社出版的《美国高中数学竞赛：AMC10准备》《数论：概念和问题》等。

4. 科技传播广播电视台频道数量

在参与评估的36个城市中，哈尔滨市在“科技传播广播电视台频道数量”这一指标显著高于全国平均水平，表明哈尔滨市较为重视运营科技类广播电视台频道，能更好地传播哈尔滨市的科技信息和科学家精神。

哈尔滨市开设的科技类电视台频道数量为1个，即黑龙江广播电视台农业·科教频道。哈尔滨市暂未开设科技类广播电台频道。

5. 科技传播互联网平台数量

在参与评估的36个城市中，哈尔滨市的“科技传播互联网平台数量”这一指标低于全国平均水平，表明哈尔滨市对运营科技传播互联网平台的重视程度有待加强，建议哈尔滨市提升科技相关单位网络化技术水平，健全科技互联网平台体系。

哈尔滨市具有代表性的科技成果转移转化平台为哈尔滨科技成果转化公共服务平台。哈尔滨市暂无科学家精神教育线上展厅。

哈尔滨科技成果转化公共服务平台是黑龙江省科技成果转化公共服务平台的子平台，

由黑龙江省科技成果转化中心负责运营。该平台以信息化手段聚焦企业需求、成果对接等服务内容，汇集的众多高质量科技成果和科技创新服务资源，为哈尔滨市科技成果转移转化提供了服务支撑。

（七）杭州

评估显示，杭州市科技传播媒介的建设情况较为良好，城市科技传播媒介评分为5.17，高于全国平均值3.27。

1. 科技报纸种类

在参与评估的36个城市中，杭州市的“科技报纸种类”这一指标高于全国平均水平，表明杭州市较为重视科技报纸的运营，积极报道科技类新闻报道，有效地推动了杭州市科技传播的发展。

杭州市具有代表性的科技报纸有《科技金融时报》。

《科技金融时报》由浙江日报报业集团、温州日报社主办，浙江科技报社负责具体运营，由《浙江科技报》转型而来。《科技金融时报》主要刊发科技与财经新闻，解读科技与金融政策，普及科技金融知识，反映科技创新和金融改革的进程与经验，策划、举办与科技、金融相关的论坛、会展等活动，促进科技与金融的结合，服务经济社会发展。

2023年“王选新闻科学技术奖”中，杭州市共获奖24项。2022年“科技传播奖”中，杭州市暂未获奖。

2. 科技期刊种类

在参与评估的36个城市中，杭州市的“科技期刊种类”这一指标高于全国平均水平，表明杭州市学术氛围较为浓厚，科技期刊的建设水平较高，有效地推动了专业科技工作者的学术交流。

中国科学技术信息研究所发布的《2023年中国科技核心期刊目录》中，杭州市入选的科技期刊包括《科技通报》《预防医学》《材料科学与工程学报》《浙江医学》《环境污染与防治》等。

《科技通报》创刊于1985年，是由浙江省科学技术协会主管、主办的自然学科综合类学术期刊。其主要刊登数学、物理、化学、生物科学、地球科学、工业技术、电子电信、计算机技术、环境科学、医药卫生、农林牧鱼等学科的理论研究和应用技术研究方面的最新成果。

《预防医学》创刊于1989年9月，是由浙江省科学技术协会主管、浙江省预防医学会主办的期刊。其主要报道预防医学科学研究的新理论、新技术、新方法和新成果；刊登传染病学、流行病学、寄生虫学、环境卫生、劳动与职业卫生、营养与食品卫生、儿童青少年卫生、放射卫生、妇幼卫生、社区卫生、卫生毒理、卫生检验技术、健康教育与健康促进、公共卫生管理等学科研究和防治经验总结；有实际参考价值的国内外文献综述、专题讨论等；与预防医学有关的边缘学科、软科学和基础理论研究的文稿等。

《材料科学与工程学报》创刊于1983年，是由教育部主管、浙江大学主办的材料领域学术性科技期刊。其主要刊载材料科学基础理论、实验检测技术、材料制备与加工等研究论文，综述具有重大意义的新材料研究与发展前景，为中文核心期刊。

《浙江医学》创刊于1979年11月20日，由浙江省卫生健康委员会主管、浙江省医学会主办，是浙江省创刊较早、影响较大的综合性医学学术期刊。其报道内容以临床为主，普及与提高相结合，兼顾基础研究和卫生防疫，重点反映浙江省医疗卫生科研水平和成果。

《环境污染与防治》创刊于1979年，是由浙江省环境保护局主管、浙江省环境保护科学设计研究院主办的环境科学与资源利用类学术期刊。其刊登环境污染防治技术、环境监测和分析方法、资源综合利用、清洁生产、环境规划和预测、环保政策法规、环境管理及企业污染治理等方面的学术研究、综述、专论、调查报告和经验介绍等；介绍环境保护设备和仪器，报道国内外环境保护动态。

3. 科技图书出版种类

在参与评估的36个城市中，杭州市的“科技图书出版种类”这一指标低于全国平均水平，表明杭州市在科技图书出版上还有提升空间，应继续加强科技图书在读者中的传播。

杭州市出版的代表性的科技图书包括浙江科学技术出版社出版的《物理大爆炸：128堂物理通关课·基础篇》《半小时漫画宇宙大爆炸》《量子物理如何改变世界》、浙江大学出版社出版的《循环水产养殖系统》（原著第5版）等。

4. 科技传播广播电视台频道数量

在参与评估的36个城市中，杭州市的“科技传播广播电视台频道数量”这一指标高于全国平均水平，表明杭州市较为重视运营科技类广播电视台频道，能更好地传播杭州市的科技信息内容和科技现状。

杭州市开设的科技类电视台频道数量为1个，即浙江电视台教科影视频道。杭州市暂无开设科技类广播电台频道。

5. 科技传播互联网平台数量

在参与评估的36个城市中，杭州市的“科技传播互联网平台数量”这一指标高于全国平均水平，表明杭州市较为重视运营科技传播互联网平台，科技传播互联网平台数量较多。

杭州市具有代表性的科技成果转移转化平台有杭州科技成果转移转化平台、中国（浙江）卫生健康科技研发与转化平台。杭州市暂无科学家精神教育线上展厅。

杭州科技成果转移转化平台是杭州技术转移转化中心线上运营的科技成果发布、交易及转化的互联网平台。该互联网平台包括发布大厅、供需大厅、交易大厅、服务大厅、资源大厅及海外大厅，以智能化手段构建多元主体协同、线上线下融合的交易平台，提供成果、需求智能化筛选、评价、分析、匹配，打造立足杭州、面向全国、链接全球的技术转移转化服务体系，加速推进全球科技成果在杭州市“就地交易、就地转化、就地应用”，打造全国科技成果转移转化的“杭州模式”。

中国（浙江）卫生健康科技研发与转化平台是由浙江省卫生健康委组织建设运营的科技成果发布、交易及转化的互联网平台。该互联网平台旨在打造信息共享、学术交流、研究合作、成果交易、孵化推广、人才培养“六位一体”的全程服务链，为医疗机构和企业提供政策咨询解读、技术评估、技术成果及专利估价、专家论证等多元化服务。该互联网平台选引从事技术转移、咨询评估、投资融资、知识产权等方面的科技中介机构入驻，实现医药卫生领域实体技术市场与网上技术市场功能的互补，为医疗卫生机构、高等院校、科研院所与企业创新创业提供高效平台。

（八）合肥

评估显示，合肥市科技传播媒介的建设情况较为良好，城市科技传播媒介评分为6.13，高于全国平均值3.27。

1. 科技报纸种类

在参与评估的36个城市中，合肥市的“科技报纸种类”这一指标高于全国平均水平，表明合肥市较为重视建设和运营科技报纸相关事业，积极报道科技类新闻，对于合肥市的科技传播发展具有很好的促进作用。

合肥市具有代表性的科技报纸有《安徽科技报》。

《安徽科技报》是由安徽省科学技术协会主管、安徽省科学技术咨询中心主办、安徽科技报社运营的，安徽省唯一的科技类报纸。其栏目包括“科协园地”“学会视窗”“科技论坛”“科技之星”“园区经济”“科技教育”。该报纸面向农村基层干部、农业科技人员和农民群众，宣传党的科技政策，普及科技知识，推广农业技术，传播科技精神，指导科学生产和生活。

2023年“王选新闻科学技术奖”中，合肥市共获奖9项。2022年“科技传播奖”中，合肥市未获奖。

2. 科技期刊种类

在参与评估的36个城市中，合肥市的“科技期刊种类”这一指标低于全国平均水平，表明合肥市对科技期刊的建设情况重视程度亟待提升，建议出台相关政策，引导科技期刊质量和数量的提升。

中国科学技术信息研究所发布的《2023年中国科技核心期刊目录》中，合肥市入选的科技期刊包括《安徽大学学报（自然科学版）》《安徽农业大学学报》《安徽医科大学学报》《安徽医学》等。

《安徽大学学报（自然科学版）》创刊于1960年，是由安徽省教育厅主管、安徽大学主办的面向国内外的综合性自然科学学术期刊。其主要刊载以数学与计算机科学、物理学、电子、通信、电气工程及自动化、化学、生命科学与环境科学等为主的具有较高学术水平和理论水平的理学类中英文研究论文、研究简报等。

《安徽农业大学学报》创刊于1957年，是由安徽省教育厅主管、安徽农业大学主办的农业核心期刊。其主要栏目有“作物学”“动物科学与动物医学”“生物学”“植物保护”“草与食品科学”“资源与环境科学”“园艺”“工程技术”等。

《安徽医科大学学报》是由安徽省教育厅主管、安徽医科大学主办的医学综合类学术期刊，1988年报刊重新登记。其主要刊登医学科研、医疗成果和进展。主要栏目有“专家笔谈”“基础医学研究”“预防医学研究”“药学研究”“临床医学研究”“技术与方法”“综述”“讲座”等。

《安徽医学》创刊于1973年，是由安徽省卫生和计划生育委员会主管、安徽省医学情报研究所主办的综合性医学期刊。其主要刊发基础医学、临床医学、护理、卫生服务研究、病例报告、综述及医学教育类等文章。

3. 科技图书出版种类

在参与评估的36个城市中，合肥市的“科技图书出版种类”这一指标略低于全国平均水平，表明合肥科技图书的出版能力仍有提升空间，需要积极出版更多种类科技图书。

合肥市出版的具有代表性的科技图书包括中国科学技术大学出版社出版的《物理学难题集萃：上册》《大国重器》，以及安徽科学技术出版社出版的《玉米优质高效栽培技术》等。

4. 科技传播广播电视台频道数量

在参与评估的36个城市中，合肥市的“科技传播广播电视台频道数量”这一指标显著高于全国平均水平，表明合肥市对于建设科技类广播电视台方面重视程度较高，开设了科技类电视台频道，拓宽了科技传播渠道。

合肥市开设的科技类电视台频道数量为1个，即安徽广播电视台农业·科教频道。合肥市暂未开设科技类广播电台频道。

5. 科技传播互联网平台数量

在参与评估的36个城市中，合肥市的“科技传播互联网平台数量”这一指标显著高于全国平均水平，表明合肥市较为重视科技传播互联网平台的开发和建设，科技传播互联网平台数量较多，拥有科学家精神教育线上展厅，有利于科学家精神和科技成果的传播。

合肥市具有代表性的科技成果转移转化平台有中国（安徽）科技创新成果转化交易会平台、安徽科技大市场。此外，合肥市的科学家精神教育线上展厅为中国科学技术大学博物馆设立的“科学家精神主题展”线上展厅。

中国（安徽）科技创新成果转化交易会平台由安徽省政府、科技部、中国科学院联合主办，是国内首个以科技创新成果转化为主题的国家级科技盛会。该会议同时通过官方网站平台发布科技成果供求信息，通过汇聚科技成果资源、展览展示和专项活动，推动成果交易和签约落地。

安徽科技大市场由安徽省科技厅指导，安徽创新馆、合肥市知识产权局主办。该平台以“组织高价值专利交易，促进经济高质量发展”为主题，搭建精准高效对接平台，采取高价值专利公开竞价交易模式，推动企业与专利成果的精准匹配和对接交易，以期更好地培育、转化、运用高质量专利，加快高校院所科技成果就地转化。

（九）济南

评估显示，济南市科技传播媒介的建设情况有待改善，城市科技传播媒介评分为2.43，低于全国平均值3.27。

1. 科技报纸种类

在参与评估的36个城市中，济南市的“科技报纸种类”这一指标高于全国平均水平，表明济南市较为注重和支持科技报纸的运营与建设，在科技类新闻发掘与报道中具备优势。

济南市具有代表性的科技报纸有《山东科技报》。

《山东科技报》创刊于1959年，由山东省科学技术协会主管、主办。该报纸始终坚持正确的政治方向及办报方针，以创新精神不断优化版面、栏目、内容，服务于广大农民群众和科技爱好者，为山东省由传统农业向现代农业转变和新型农村建设方面作出了重大贡献。

2023年“王选新闻科学技术奖”中，济南市共获奖14项。2022年“科技传播奖”中，济南市暂未获奖。

2. 科技期刊种类

在参与评估的36个城市中，济南市的“科技期刊种类”这一指标低于全国平均水平，表明济南市入选科技核心期刊的期刊数量较少，建议济南市加强高水平科技期刊的建设，推动科技工作者高质量交流。

中国科学技术信息研究所发布的《2023年中国科技核心期刊目录》中，济南市入选的科技期刊包括《山东大学学报（理学版）》《山东科学》《山东农业科学》《食品与药品》等。

《山东大学学报（理学版）》创刊于1951年，是由教育部主管、山东大学主办的自然科学类学术期刊，主要刊载数学、化学、物理、生物、环境、人工智能、计算机、管理、电子与通信等学科的高水平研究论文。

《山东科学》创刊于1984年，1989年更名为《山东科学》。该期刊刊登自然科学各个主要领域在基础理论和应用研究方面具有探索性和高水平的前沿科研成果，内容涉及计算机、生物、能源、自动化、新材料、激光、分析测试等领域。

《山东农业科学》是由山东省农业科学院主管，山东农业科学院、山东农学会、山东农业大学共同主办的综合性农业科技期刊，创刊于1963年10月。该期刊坚持提高与普及兼顾、学术与实用并举的办刊方针，服务于各农业科研人员、院校师生等，主要栏目有“生物技术”“耕作栽培与生理生化”“遗传育种与品质资源”“贮藏加工与质量检测”“药用植物与微生物”“植物保护与农业气象”“畜牧兽医与蚕桑水产”“农业经济与管理”等。

《食品与药品》创刊于1991年，由山东省药学科学院主管、山东省生物药物研究院主办的国内首家食品与药品领域的科技刊物。该刊物突出技术的创造性、先进性和实用性，侧重于基础研究与生产实践，特别关注产学研结合动态，为科学研究和产业化提供良好的支持。

3. 科技图书出版种类

在参与评估的36个城市中，济南市的“科技图书出版种类”这一指标略低于全国平均水平，表明济南市在科技图书出版上还有一定提升空间，需要加强科技图书的出版传播工作。

济南市出版的具有代表性的科技图书有山东科学技术出版社出版的《微积分习题精

选精解》等。

4. 科技传播广播电视台频道数量

在参与评估的36个城市中，济南市的“科技传播广播电视台频道数量”这一指标低于全国平均水平，表明济南市的科技类广播电视台频道建设有待加强。

5. 科技传播互联网平台数量

在参与评估的36个城市中，济南市的“科技传播互联网平台数量”这一指标同全国平均水平持平，表明济南市较为重视科技传播互联网平台的建设和运营，科技传播互联网平台数量相对可观。

济南市代表性的科技成果转移转化平台有山东省科技成果转化服务平台、济南大学科技成果转化信息平台。济南市暂无科学家精神教育线上展厅。

山东省科技成果转化服务平台是由山东省创新发展研究院组织建设运营的科技成果发布、交易及转化的互联网平台。该互联网平台包括成果大厅、需求大厅、技术转移人才库、专家库等板块，致力于建立起高校、科研院所和科技企业沟通的桥梁，实现科技成果交易、转化和产业化。

济南大学科技成果转化信息平台是由济南大学科技处组织建设运营的科技成果发布、交易及转化的互联网平台。该互联网平台包括政策法规、创新平台、技术成果、发明专利、校内专家等板块，实现济南大学的科技成果交易、转化和产业化。

（十）昆明

评估显示，昆明市科技传播媒介的建设情况较为薄弱，城市科技传播媒介评分为3.80，略高于全国平均值3.27。

1. 科技报纸种类

在参与评估的36个城市中，昆明市的“科技报纸种类”这一指标低于全国平均水平，表明昆明市科技报纸的发展水平有待提高，建议昆明市重视城市内热点科技消息的搜集与文字呈现能力，增加科技报纸的内容供给，推动科技类报纸类媒体的数量扩充。

2023年“王选新闻科学技术奖”中，昆明市共获奖1项。2022年“科技传播奖”中，昆明市暂未获奖。

2. 科技期刊种类

在参与评估的36个城市中，昆明市的“科技期刊种类”这一指标低于全国平均水平，表明昆明市科技期刊的建设仍有提升空间。建议昆明市设立科技期刊投稿补贴制度，吸引各地乃至全球高校优质论文在昆明市的期刊上投稿，以此推动昆明市高水平科技期刊数量扩充。

中国科学技术信息研究所发布的《2023年中国科技核心期刊目录》中，昆明市入选的科技期刊包括《经济问题探索》《生态经济》《红外技术》《昆明理工大学学报（自然科学版）》等。

《经济问题探索》创刊于1980年，是全国性综合经济理论学术期刊，由云南省发展和改革委员会主管、云南省宏观经济研究院（云南省产业研究院）主办。该期刊秉持专业性、学术性、前瞻性和创新性，从多领域、多层次探讨经济发展中的重要问题，积极刊发经济学领域最新成果。

《生态经济》创刊于1985年，是一部农业经济类期刊，由云南出版集团公司主管、云南教育出版社有限责任公司主办。该期刊主要报道最新生态资讯，关注全球生态经济领域的热点事件，登载绿色经济、生态环境等领域的论文、综述和评论等。

《红外技术》创刊于1979年，是一部立足科研，全面反映“红外技术”的国内外研究进展及其在国防、工农业及国民经济各领域的应用情况的专业学术性期刊，也是我国光电子领域创刊最早的科技类刊物之一。该期刊由中国兵器工业集团主管、昆明物理研究所和中国兵工学会夜视技术专业委员会主办。

《昆明理工大学学报（自然科学版）》创刊于1959年，是一部高校自然科学类综合性学术期刊，由云南省教育厅主管、昆明理工大学主办。该学报主要登载有色金属冶金科学与技术、地学与矿业工程、材料科学与工程、建筑工程与交通运输、地学与矿业工程、能源科学与电力工程等方向的文章。

3. 科技图书出版种类

在参与评估的36个城市中，昆明市的“科技图书出版种类”这一指标低于全国平均水平，表明昆明市科技图书的出版种类仍有增加空间。昆明市可针对历史或现有的科技问题、科学现象，推动多角度系列性的科技图书编撰、出版工作，以此增加科技图书的出版种类。

4. 科技传播广播电视台频道数量

在参与评估的36个城市中，昆明市的“科技传播广播电视台频道数量”这一指标高于全国平均水平，表明昆明市科技类广播电视台的建设情况较好，设有专门的科技类广播电视台频道，对科技传播起促进作用。

昆明市开设的科技类电视台频道数量为1个，即昆明广播电视台科学教育频道。昆明市暂未开设科技类广播电台频道。

5. 科技传播互联网平台数量

在参与评估的36个城市中，昆明市的“科技传播互联网平台数量”这一指标低于全国平均水平，表明昆明市科技传播互联网平台的体系建设情况有待提升，建议昆明市整合相关资源，推动上述两种互联网在线平台的建设。

昆明市具有代表性的科技成果转移转化平台为昆明市科技成果转化服务平台。此外，昆明市暂无科学家精神教育线上展厅。

昆明市科技成果转化服务平台由昆明市科技局提供支持，打造集“需求、成果、专家、人才、专利”匹配交易于一体的一站式综合服务平台。平台将发挥“云”端优势，聚集科创人才，汇聚科技信息，整合创新创业资源，促进科技资源的高效配置和利用，打造科技成果转化交流的线上阵地，为行业和公司发展提供加速机会。

（十一）南昌

评估显示，南昌市科技传播媒介的建设情况略为薄弱，城市科技传播媒介评分为

3.80，略高于全国平均值3.27。

1. 科技报纸种类

在参与评估的36个城市中，南昌市的“科技报纸种类”这一指标低于全国平均水平，表明南昌市对运营科技报纸的重视程度亟须加强，建议南昌市大力加强科技类报纸的运营，保障科技新闻宣传报道。

2023年“王选新闻科学技术奖”中，南昌市共获奖2项。2022年“科技传播奖”中，南昌市暂未获奖。

2. 科技期刊种类

在参与评估的36个城市中，南昌市的“科技期刊种类”这一指标低于全国平均水平，表明南昌市需要加强学术氛围的建设与维护，激发学术创造性，蕴养科技交流之风。

中国科学技术信息研究所发布的《2023年中国科技核心期刊目录》中，南昌市入选的科技期刊包括《南昌大学学报（理科版）》《华东交通大学学报》《计算机与现代化》《江西农业学报》等。

《南昌大学学报（理科版）》创刊于1963年，是由南昌大学主管、主办的自然科学综合性学术刊物。该学报主要刊登数学、物理学、生物学等自然科学和食品科学、电子科学、材料科学等应用技术学科的理论和应用研究方面的科研成果。

《华东交通大学学报》创刊于1984年，是由江西省教育厅主管、华东交通大学主办的“大交通类”综合性学术刊物。该学报以“以工程技术综合为基础，以轨道交通为主线”为办刊定位，共设立“交通基础设施”“交通控制管理”“载运装备运维”“学科交叉前沿”四个栏目，主要刊登交通设施设计与建设、交通信息管理与控制、交通工具设计与载运装备制造以及基础研究等前沿热点研究、综合性研究成果等方面的论文。

《计算机与现代化》创刊于1985年，是由江西省科学技术厅主管，江西省计算机学会、江西省计算技术研究所共同主办的专业学术刊物。该期刊密切关注计算机科学发展动态，保障“最快”的刊登速度，精选刊登计算机专业的前沿技术理论及应用成果的论文，主要设有“算法设计与分析”“软件工程”“数据库与数据挖掘”等栏目。

《江西农业学报》创刊于1989年，是由江西省农业科学院主管、江西省农学会和江西省农业科学院共同主办的综合性学术刊物。该期刊主要刊登栽培育种、园艺园林、生物技术、资源环境等方面的研究报告和实用技术，同时刊登区域经济发展、农业科技管理、农业产业化、农业发展战略等方面的论文、对策性文章。

3. 科技图书出版种类

在参与评估的36个城市中，南昌市的“科技图书出版种类”这一指标略低于全国平均水平，表明南昌市的科技图书出版工作有待提升，建议南昌市积极推动科技图书的出版工作，丰富科技图书的出版种类，从而更好地推动科学技术传播。

南昌市出版的具有代表性的科技图书有江西美术出版社出版的《小小知识探险家》（套装共3册）等。

4. 科技传播广播电视台频道数量

在参与评估的36个城市中，南昌市的“科技传播广播电视台频道数量”这一指标高于全国平均水平，表明南昌市较为重视运营科技类广播电视台频道，通过广播媒体助力南昌市的科技信息传播。

南昌市开设的科技类电台频道数量为1个，即江西广播电视台科教·农村频率。南昌市暂未开设科技类广播电视台频道。

5. 科技传播互联网平台数量

在参与评估的36个城市中，南昌市的“科技传播互联网平台数量”这一指标低于全国平均水平，表明南昌市在运营科技传播互联网平台的工作方面有待提升，建议南昌市加强对科技成果转移转化平台和科学家精神教育云展厅的建设力度。

南昌市具有代表性的科技成果转移转化平台有南昌科技创新公共服务平台—技术转移服务平台。南昌市暂无科学家精神教育线上展厅。

南昌科技创新公共服务平台—技术转移服务平台是南昌市科学技术局主办的科技服务互联网平台。该互联网平台主要提供科技动态传递、技术需求发布、技术成果展示、大型仪器设备共享、科技发展相关政策补助申请、科技服务机构对接和科技特派员等服务，全方位多角度服务于南昌市科学技术创新发展和科技成果的传播转化。

（十二）南京

评估显示，南京市科技传播媒介的建设情况较为良好，城市科技传播媒介评分为5.55，高于全国平均值3.27。

1. 科技报纸种类

在参与评估的36个城市中，南京市的“科技报纸种类”这一指标显著高于全国平均水平，表明南京市高度重视科技报纸的运营，积极报道科技类新闻，持续扩大南京市科技新闻的受众，促进了科技内容传播的效率，更高质量地推动南京市科技传播的发展。

南京市具有代表性的科技报纸有《江苏农业科技报》《江苏科技报》。

《江苏农业科技报》是由江苏省农业科学院主办、江苏农业科技报社负责具体运营的。该报纸主要开设“农技001”“园艺110”“市场热线”“法制热线”等服务性特色专栏，为广大农民朋友切实解决农业生产实际问题，累计解决40多万个生产难题，开展2000多场的农民技术培训。

《江苏科技报》是由江苏省科学传播中心主办、江苏科技报社负责具体运营的。该报纸是江苏省最权威的主流科技媒体，致力于及时跟踪江苏省的最新科技动态，深入报道江苏省一线的科研信息和科技成果，记录科技发展进程，权威解读科技政策，传播科学信息知识，宣传科技创新发展。

2023年“王选新闻科学技术奖”中，南京市共获奖20项。2022年“科技传播奖”中，南京市共获奖1项。

2. 科技期刊种类

在参与评估的36个城市中，南京市的“科技期刊种类”这一指标高于全国平均水平，表明南京市积极鼓励专业科技工作者进行学术研究，形成了“百花齐放、百家争鸣”的学术研究氛围，有效地提升了南京市整体科技学术水平。

中国科学技术信息研究所发布的《2023 年中国科技核心期刊目录》中，南京市入选的科技期刊包括《南京信息工程大学学报》《江苏中医药》《振动、测试与诊断》《固体电子学研究与进展》等。

《南京信息工程大学学报》创刊于 2009 年，是由江苏省教育厅主管、南京信息工程大学主办的期刊。该期刊主要刊登地球科学，电子通信与自动控制技术，计算机科学与技术，环境科学与工程，地理、遥感与测绘技术，电气工程，生态学及相关学科的研究论文、国内外研究综述等。

《江苏中医药》（原名《江苏中医》《江苏中医杂志》）创刊于 1956 年，是由江苏省卫生健康委员会等单位主管、江苏省中医药学会等单位主办的中医药综合性学术期刊。该期刊主要传播中医药及中西医结合研究的新成果、新经验、新方法和新动态，为中医医疗、教学、科研服务。

《振动、测试与诊断》创刊于 1980 年，是由工业和信息化部主管、南京航空航天大学等单位主办的期刊。该期刊主要介绍国内外振动测试与故障诊断学科领域相关的文献、专题报告和学术动态，是反映振动、测试及故障诊断学科领域的科研成果及其实际应用情况的技术性刊物。

《固体电子学研究与进展》创刊于 1981 年，是由工业和信息化部主管、南京电子器件研究所主办的固体物理和微电子学领域的学术期刊，主要刊登固体物理和微电子学领域的科技报告和学术论文。

3. 科技图书出版种类

在参与评估的 36 个城市中，南京市的“科技图书出版种类”这一指标高于全国平均水平，表明南京市十分重视出版科技图书，科技图书出版种类较多，有效地推动了科技图书在读者中的传播，丰富了其科技传播的渠道。

南京市出版的具有代表性的科技图书包括译林出版社出版的《浪漫地理学：追寻崇高景观》《物种起源》，江苏凤凰科学技术出版社出版的《大英博物馆：动物简史》《大英博物馆：人类简史》《BBC 人体如何工作：照顾好你的身体》《多样的生命：“影像方舟”的奇妙动物》等。

4. 科技传播广播电视台频道数量

在参与评估的 36 个城市中，南京市的“科技传播广播电视台频道数量”这一指标显著高于全国平均水平，表明南京市高度重视运营科技类广播电视台频道，丰富了科技类知识的传播媒介，拓宽了南京市科技传播的渠道，能更充分传播南京市的科技信息内容和科技现状。

南京市开设的科技类电视台频道数量为 1 个，即南京广播电视台教科频道。南京市暂未开设科技类广播电台频道。

5. 科技传播互联网平台数量

在参与评估的 36 个城市中，南京市的“科技传播互联网平台数量”这一指标低于全国平均水平，表明南京市科技传播互联网平台数量较少，建议南京市加强科技传播互联网平台运营能力，灵活运用互联网手段进行科技传播，充分发挥互联网平台在科技传播中的作用。

南京市具有代表性的科技成果转移转化平台有江苏省技术产权教育市场南京分中心。此外，南京市暂无科学家精神教育线上展厅。

江苏省技术产权教育市场南京分中心是南京技术转移转化中心线上运营的科技成果发布、交易及转化的互联网平台。该互联网平台是由江苏省和南京市共建，江苏省科技厅牵头、南京市科委参与建立的科技成果转移转化平台，具备人工智能决策服务功能，可以实现找企业、找技术、找服务、找资金、找专家的需求，提供专业化运营的全链条服务，加速技术产权产业化。

（十三）宁波

评估显示，宁波市科技传播媒介的建设情况一般，城市科技传播媒介评分为 2.74，低于全国平均值 3.27。

1. 科技报纸种类

在参与评估的 36 个城市中，宁波市的“科技报纸种类”这一指标低于全国平均水平，表明宁波市科技类报纸种类存在增多空间，需进一步加强科技类报纸的建设。

2023 年“王选新闻科学技术奖”中，宁波市共获奖 1 项。2022 年“科技传播奖”中，宁波市暂未获奖。

2. 科技期刊种类

在参与评估的 36 个城市中，宁波市的“科技期刊种类”这一指标低于全国平均水平，表明宁波市的科技期刊办刊水平仍有提升潜力。建议宁波市加大科技期刊的发稿审核力度，保障高水平的科技学术成果发布，吸引更多优秀的科技论文在宁波市发表，提升宁波市科技期刊的质量和数量。

中国科学技术信息研究所发布的《2023 年中国科技核心期刊目录》中，宁波市入选的科技期刊包括《兵器材料科学与工程》《宁波大学学报（理工版）》。

《兵器材料科学与工程》创刊于 1978 年，是由中国科学技术协会主管，中国兵工学会、中国兵器工业集团第五二研究所共同主办的国内外公开发行的专业科技期刊。该期刊主要报道国内外金属材料、无机非金属材料、复合材料、材料制备工艺、失效分析、理化测试等方面的科研成果。重点刊登钨、铜、镁、铝、钛合金材料，复合材料、特种钢材料、结构陶瓷材料、特种功能材料、稀土材料、纳米材料、高性能密封材料、材料动态性能测试、模拟与表征等科技领域创新研究的科技论文。通过对国内外新材料领域的研究热点及研究成果的交流与研讨，促进我国新材料产业的发展。

《宁波大学学报（理工版）》是宁波大学主管并主办的综合性自然科学和工程技术学术期刊，创刊于 1988 年。其主要刊登具有创造性的科研论文和有价值的学科评述文章，内容包括自然科学、工程技术、农学、医学等领域科学研究的最新成果。主要栏目有“研究论文”“研究简报”“应用与开发研究”“综述评述”等，是有品位、有特色、有影响的高质量学术期刊。

3. 科技图书出版种类

在参与评估的 36 个城市中，宁波市的“科技图书出版种类”这一指标低于全国平均水平，表明宁波市在出版科技图书领域仍有提升空间。建议宁波市组织专门的科技资源挖掘队伍，为科技图书的撰写提供有效素材，促进科技图书出版种类的增多。

4. 科技传播广播电视台频道数量

宁波市暂时没有具备科技类的广播电视台等频道，表明宁波市在科技类广播电视台频道的相关能力方面存在优化空间，建议宁波市重视科技类广播电视台的建设和运营，为科技传播提供良好媒介。

5. 科技传播互联网平台数量

在参与评估的36个城市中，宁波市的“科技传播互联网平台数量”这一指标高于全国平均水平，表明宁波市在运营科技传播互联网平台方面表现较好，科技传播互联网平台数量较多，起到了有效的宣传示范作用。

宁波市具有代表性的科技成果转移转化平台有中国科学院宁波材料所科技合作协同平台。此外，宁波市具有代表性的科学家精神教育线上展厅为中国科学院宁波材料技术与工程研究所“科学家精神教育基地线上展厅”。

中国科学院宁波材料所科技合作协同平台由中国科学院宁波材料技术与工程研究所负责，中国科学院宁波材料技术与工程研究所坚持以“新材料+先进制造”为主线，聚焦地方产业转型升级的需求，充分发挥全球高端人才汇聚和国际领先科研平台建设的优势，通过收录更多双创资源，促进科技与经济的紧密结合，形成高端双创资源集群效应，以“把科技转化为生产力”为抓手，实现人才培养引进链、科研技术链与材料应用链“三链融通”，通过创新机制体制，积极推动创新平台建设，为浙江省创新驱动战略的落实提供高科技产业雏形和人才，打造创新创业生态圈。

中国科学院宁波材料技术与工程研究所“科学家精神教育基地线上展厅”由中国科学院宁波材料技术与工程研究所主办。该展厅由传承·薪火——中科院宁波材料所所史展馆、致敬·先驱——老一辈科学家精神展示走廊、学习·榜样——新时代科学家精神展示连廊、启迪·智慧——举办“科技大讲堂”的博思会堂、碰撞·思维——行南咖啡吧、奋斗·答卷——科技成果展厅等若干个部分组成，通过图片、视频、展板资料和实物展示中国科学院宁波材料技术与工程研究所18年的发展历程及真实故事，诠释研究所人传承科学家精神的具体实践，以一项项解决国家需求、代表国家水平的科技成果展示研究所科技工作者心怀“国之大者”、为祖国和人民上交的答卷。

（十四）青岛

评估显示，青岛市科技传播媒介的建设情况存在欠缺，城市科技传播媒介评分为1.33，显著低于全国平均值3.27。

1. 科技报纸种类

在参与评估的36个城市中，青岛市的“科技报纸种类”这一指标低于全国平均水平，表明青岛市对科技报纸的运营重视度亟待提升。建议青岛市积极加强科技报纸的运营力度，保障科技创新生态的高效发展。

2023年“王选新闻科学技术奖”中，青岛市共获奖6项。2022年“科技传播奖”

中，青岛市暂未获奖。

2. 科技期刊种类

在参与评估的36个城市中，青岛市的“科技期刊种类”这一指标低于全国平均水平，表明青岛市入选核心科技期刊种类有待提升。建议青岛市加大提升科技期刊的运营水平，推动青岛市科技期刊的专业水平，更好地促进青岛市科技工作者的专业学术交流。

中国科学技术信息研究所发布的《2023年中国科技核心期刊目录》中，青岛市入选的科技期刊包括《复杂系统与复杂性科学》《海洋地质前沿》《海洋地质与第四纪地质》《青岛大学学报（医学版）》《中国石油大学学报（自然科学版）》。

《复杂系统与复杂性科学》是自然科学类学术期刊，创刊于2004年，由山东省教育厅主管、青岛大学主办。该期刊主要发表复杂系统与复杂性科学在各个领域的最新理论和应用研究成果。除此之外，该期刊还会适当刊登综述、评论和学术动态等文章，以推动现代科学理论在复杂性科学研究中的应用，并传播有创造性的最新研究成果。

《海洋地质前沿》是学术性期刊，创刊于1982年，由自然资源部主管、青岛海洋地质研究所主办。该期刊专注于海洋地质科学领域的研究，主要刊登海洋沉积、海洋油气资源、海洋固体矿产资源、海洋地球物理、海洋地球化学、环境地质和灾害地质等相关学科领域的学术论文。

《海洋地质与第四纪地质》是学术期刊，创刊于1981年9月，由国土资源部主管、中国地质调查局青岛海洋地质研究所主办，主要刊登海洋地质学、海陆第四纪地质学及其相关分支学科和边缘学科的学术论文。

《青岛大学学报（医学版）》创刊于1957年9月，是综合性医学学术期刊，由山东省教育厅主管、青岛大学医学院主办。该期刊的主要目的是发布青岛大学及其附属院校在科研、医疗和教学方面的新成果和新技术，涵盖了基础医学、临床医学、预防医学和康复医学等领域的论文、专题报道、临床经验、病例报告、技术方法、论文摘要、文献综述、专题讲座以及教学研究等。

《中国石油大学学报（自然科学版）》创刊于1959年，是由教育部主管、中国石油大学（华东）主办的在国内外公开发行的石油特色鲜明的综合性学术刊物。该期刊重点刊载地质勘查工程、地质能源开采工程、能源装备与控制工程、能源化学与材料工程等领域的创新性成果和高水平论文。

3. 科技图书出版种类

在参与评估的36个城市中，青岛市的“科技图书出版种类”这一指标略低于全国平均水平，表明青岛市科技图书的种类有待增多，科技图书出版体系建设存在较大的发展空间。建议青岛市加大科技图书出版种类力度，完善科技图书出版体系建设。

青岛市出版的具有代表性的科技图书包括青岛出版社出版的《爱是最好的良方：守护爱动的天使抽动症患儿康复指南》等。

4. 科技传播广播电视台频道数量

在参与评估的36个城市中，青岛市目前没有科技传播广播电视台频道，表明青岛市在运营科技类广播电视台频道方面亟待提升，建议青岛市建设科技传播广播电视台，更有效地传播青岛市科技创新生态的发展。

5. 科技传播互联网平台数量

在参与评估的 36 个城市中，青岛市的“科技传播互联网平台数量”这一指标低于全国平均水平，表明青岛市对科技传播互联网平台重视程度亟待提升，科技传播互联网平台数量亟待增加，还存在较大的发展空间。

青岛市具有代表性的科技成果转移转化平台有青岛市科技成果交易平台。青岛市暂无科学家精神教育线上展厅。

青岛市科技成果交易平台是由青岛产权交易所搭建，旨在畅通科技成果交易渠道，搭建面向科技的生态化服务体系，创新技术经纪商业模式，健全技术成果融资功能，围绕科技企业股权交易、科技成果交易、征集科技项目投资人、技术授权四大类标准技术交易业务，发挥科技产权交易要素资源集聚功能，实现市场价值发现功能，形成科技成果交易的核心功能矩阵。该平台将匹配青岛科技要素城市战略，创新科技要素交易体制机制，打通青岛市科技成果转移交易堵点，形成枢纽型的技术转移交易区域大循环格局。

（十五）厦门

评估显示，厦门市科技传播媒介的建设情况略为薄弱，城市科技传播媒介评分为 1.33，低于全国平均值 3.27。

1. 科技报纸种类

在参与评估的 36 个城市中，厦门市的“科技报纸种类”这一指标低于全国平均水平，表明厦门市亟须加强对科技报纸的运营，可以尝试在综合性报纸中多设置科技类报纸专栏。

2023 年“王选新闻科学技术奖”中，厦门市共获奖 4 项。2022 年“科技传播奖”中，厦门市暂未获奖。

2. 科技期刊种类

在参与评估的 36 个城市中，厦门市的“科技期刊种类”这一指标低于全国平均水平，表明厦门市亟须加强对科技期刊的建设，提升核心科技期刊的数量，有助于活跃厦门市的学术交流氛围。

中国科学技术信息研究所发布的《2023 年中国科技核心期刊目录》中，厦门市入选的科技期刊包括《台湾研究集刊》《电化学》《厦门大学学报（自然科学版）》《应用海洋学学报》。

《台湾研究集刊》创刊于 1983 年，由厦门大学主管、厦门大学台湾研究院主办，主要刊登关于台湾问题与两岸关系的政治、经济、社会、法律、历史、文学、教育以及对外关系等方面的前沿研究成果。

《电化学》创刊于 1995 年，由中国科学技术协会主管，中国化学会和厦门大学共同主办，厦门大学固体表面物理化学国家重点实验室、惠州亿纬锂能股份有限公司和电化学储能技术国家工程研究中心协办，主要刊登我国电化学领域最新科研成果和动态。

《厦门大学学报（自然科学版）》创刊于 1931 年，由教育部主管、厦门大学主办，是我国自然科学核心期刊。主要刊登自然科学各学科的最新研究成果，包括自然科学基础理论研究、应用基础研究、高新技术方面的学术论文。

《应用海洋学学报》创刊于 1982 年，由自然资源部主管，自然资源部第三海洋研究所、中国海洋学会、福建省海洋学会共同主办。主要刊登海洋生物学、海洋生态学、海洋化学、海洋地质学、海洋水文学、海洋环境科学、海洋气象学、海洋声学与遥感等方面的学术论文和研究报告，以及反映各相关学科前沿最新研究动态的综述文章。

3. 科技图书出版种类

在参与评估的 36 个城市中，厦门市的“科技图书出版种类”这一指标低于全国平均水平，表明厦门市对科技图书的运营重视度亟待改善，建议厦门市积极支持鼓励本地的出版社出版科技类图书。

4. 科技传播广播电视台频道数量

在参与评估的 36 个城市中，厦门市的“科技传播广播电视台频道数量”这一指标暂无得分，表明厦门市在科技类广播电视台频道的发展方面亟须提升，建议厦门市积极尝试运作科技类广播电视台频道，对于促进厦门市的科技创新发展有积极正面作用。

厦门市暂未设置科技类的电视台频道和电台频道。

5. 科技传播互联网平台数量

在参与评估的 36 个城市中，厦门市的“科技传播互联网平台数量”这一指标低于全国平均水平，表明厦门市运营科技传播互联网平台的积极性和专业性亟须提升，建议厦门市加强科技成果转移转化平台的科技成果供给，加强科学家精神线上展厅的建设。

厦门市具有代表性的科技成果转移转化平台有厦门大学成果转化平台。厦门市暂无科学家精神教育线上展厅。

厦门大学成果转化平台是由厦门大学主办，厦门科易网科技有限公司建设运营的科技成果发布、交易及转化的互联网平台。该科技成果转移转化服务平台致力于将厦门大学的科技成果与社会需求形成有效的对接，聚焦科技成果、专家人才资源、科研平台资源和产学研合作等相关的科技创新服务。

（十六）上海

评估显示，上海市科技传播媒介的建设情况良好，城市科技传播媒介评分为 3. 92，高于全国平均值 3. 27。

1. 科技报纸种类

在参与评估的 36 个城市中，上海市的“科技报纸种类”这一指标显著高于全国平均水平，表明上海市建设了水平较高的科技报纸宣传体系，科技报纸种类较多，拓宽了上海市科技传播渠道。

上海市具有代表性的科技报纸有《上海科技报》《青少年科技报》《社会科学报》。

《上海科技报》创刊于 1972 年 5 月 2 日，由上海市科技工作委员会领导、上海市科技工作者协会主办。该报纸以传播新技术、新知识为目的，以“及时报道科技要闻、科技政策”等为宗旨，主要设有“要闻版”“特别报道”“环球科技”等栏目，是上海市唯一传播科学信息、普及科技知识、弘扬科学精神的科技类专业报纸。

《青少年科技报》创刊于1983年9月，原名《上海青少年科技报》，2001年10月更为现名。该报纸根据国家“科教兴国”基本国策的要求，以科技教育为特色，以中小学生为主要服务对象，针对不同年级设置不同内容风格，持续向青少年传播科学知识，培养青少年科技创新理念与科学精神，并配合课程改革推陈出新，紧跟中小学教育需求，使报纸成为青少年成长中的良师益友。

《社会科学报》创刊于1985年10月，是上海社会科学院主办的社会科学综合性报纸，同时是新中国第一张综合性人文社科类的专业性报纸。其以“科学性、思想性、问题性、前沿性、全局性”为思想指导，拒绝平庸，以全面、深邃的内容思考，直击中国及世界发展的前沿问题，努力打造学术交流、百家争鸣的重要平台。

2023年“王选新闻科学技术奖”中，上海市共获奖14项。2022年“科技传播奖”中，上海市暂未获奖。

2. 科技期刊种类

在参与评估的36个城市中，上海市的“科技期刊种类”这一指标高于全国平均水平，表明上海市营造了良好的科技学术交流氛围，科技工作者学术交流活跃，学术创造性高。

中国科学技术信息研究所发布的《2023年中国科技核心期刊目录》中，上海市入选的科技期刊包括《激光与光电子学进展》《介入放射学杂志》《上海纺织科技》《声学技术》等。

《激光与光电子学进展》创刊于1964年，由中国科学院主管、中国科学院上海光学精密机械研究所主办。该期刊以“及时报道国内外激光与光电子学领域的最新科研成果与技术应用，促进国内外的学术交流，沟通科研与产业，促进激光与光电子事业的发展”为宗旨，设有“综合评述”“理论与研究”等栏目，努力打造激光与光电子领域深度与前瞻性论文的交流平台。

《介入放射学杂志》创刊于1992年，由上海市卫生健康委员会主管、上海市医学会主办，是全国介入放射学组的官方刊物。该期刊坚持贯彻“百花齐放、百家争鸣”的双百方针，遵照临床与基础相结合、理论与实际相结合、普及与提高相结合的原则，搭建介入放射学各领域科研的学术交流阵地。该期刊主要栏目有“综述”“述评”“实验研究”“护理论坛”等。

《上海纺织科技》创刊于1972年，由上海纺织控股（集团）公司主管、上海市纺织科学研究院主办。该期刊以“面向经济发展、加强科技交流、传播新兴技术、促进行业发展”为办刊宗旨，以“导向性、知识性、实用性”为办刊特色，及时传递、普及纺织学相关知识，重点报道覆盖全纺织产业链的最新技术应用及管理理念，为企业日常管理和技术升级提供借鉴。

《声学技术》创刊于1982年，原名《水声译丛》，是中国科学院声学研究所东海研究站、同济大学声学研究所等单位共同主办的学术性期刊。该期刊坚持以“在声学专业领域内进行科研、技术交流”为要点的办刊宗旨，引导学术讨论与评述，普及国内外的前沿技术与产品，传播声学知识，促进声学事业与声学领域研、产、教创新发展。

3. 科技图书出版种类

在参与评估的36个城市中，上海市的“科技图书出版种类”这一指标显著高于全国平均水平，表明上海市出版的科技类图书种类丰富，能够有效满足读者对于科技类图书的阅读需求，促进了科技知识的广泛传播。

上海市出版的代表性的科技图书包括上海科技教育出版社出版的《军事物理学》、科学普及出版社出版的《DK动物百科系列》、华东师范大学出版社出版的《高观点下的初等数学》等。

4. 科技传播广播电视台频道数量

在参与评估的36个城市中，成都市的“科技传播广播电视台频道数量”这一指标高于全国平均水平，表明上海市在运营科技类广播电视台频道方面存在提升空间，上海市应吸引更多的科技广播人才，促进科技广播电视台发展，增加科技广播电视台频道数量。

5. 科技传播互联网平台数量

在参与评估的36个城市中，上海市的“科技传播互联网平台数量”这一指标显著高于全国平均水平，表明上海市科技传播互联网平台体系的建设情况较好，科技传播的互联网平台数量较多，大力推动了科技的传播。

上海市具有代表性的科技成果转移转化平台有上海科学院科技成果转化及合作平台、上海国际海洋技术交易平台、上海技术交易所平台等。此外，上海市暂无科学家精神教育线上展厅。

上海科学院科技成果转化及合作平台由上海科学院运营，是上海科学院展示科研能力及成果发布的平台。该平台通过建立“技术机构联络专员网络”和“技术专家合作网络”分别实现上海科学院科创资源汇聚、展示各技术领域专业人才及团队研发能力等功能。同时，平台通过及时发布体系内各成员单位的成果信息，打造科研团队品牌，促进科创资源传播利用；通过网上各种手段展示，强化技术应用于交流，为成员单位提供交流平台。

上海国际海洋技术交易平台由上海海洋大学、上海技术交易所、上海全国高校技术市场等单位根据《上海市推进科技创新中心建设条例》等政策部署共建。该平台以“构建海洋、水产领域技术交易服务体系”“形成世界一流海洋、水产科技成果高地”“提供国际化高质量的海洋、水产技术交易全链条服务”为建设目标，建设存量科技成果库、企业需求数据库、创新供给专家数据库，培养多元化国际技术转移人才，搭建国际海洋、水产领域技术交易服务平台。

上海技术交易所平台是由上海技术交易所主管，立于1993年，由国家科技部和上海市人民政府共同组建。该平台以国家推进技术转移体系建设为出发点，着力打造具有公信力的数字化技术交易平台，推动技术交易大批量、高效率开展，建成枢纽型技术交易市场和国际技术转移网络的重要节点，为长三角一体化、国家创新驱动发展战略作出贡献。

（十七）深圳

评估显示，深圳市科技传播媒介的建设较为薄弱，城市科技传播媒介评分为 1.33，低于全国平均值 3.27，但在科技报纸建设方面有所成就。

1. 科技报纸种类

在参与评估的 36 个城市中，深圳市的“科技报纸种类”这一指标明显低于全国平均水平，表明深圳市亟须加强科技报纸运营，扩大科技报纸覆盖范围，提高深圳市传媒途径的科技传播能力。

2023 年“王选新闻科学技术奖”中，深圳市共获奖 2 项。2022 年“科技传播奖”中，深圳市暂未获奖。

2. 科技期刊种类

在参与评估的 36 个城市中，深圳市的“科技期刊种类”这一指标略低于全国平均水平，表明深圳市科技期刊建设仍存在较大提升空间，建议深圳市鼓励有条件的单位更多设立优质的科技期刊，增加深圳市高水平科技期刊种类。

中国科学技术信息研究所发布的《2023 年中国科技核心期刊目录》中，深圳市入选的科技期刊包括《证券市场导报》《深圳大学学报（理工版）》《中国 CT 和 MRI 杂志》等。

《证券市场导报》创刊于 1991 年，由深圳证券交易所主管、深圳证券交易所综合研究所主办，以促进我国证券市场的理性、建设性与创造性为宗旨，主要刊登证券类学术文章、论文等，涉及市场前沿、公司金融、证券法律与监管等方面内容。

《深圳大学学报（理工版）》创刊于 1984 年，是由深圳大学主管、主办的学术类刊物。该学报旨在展示科技进步，反映自主创新研究成果，促进国内外学术交流，主要刊登数理化、光电工程、材料科学等方面论文，设有“研究论文”“政府决策咨询”“高新技术论坛”等栏目。

《中国 CT 和 MRI 杂志》创刊于 2003 年 3 月，由教育部主管、北京大学深圳临床医学院和北京大学第一医院主办，是医学影像学领域国内公认的同行评审期刊，影响力广泛。该期刊主要设有“论著”“技术交流”“实验研究”“医学见闻”等栏目。

3. 科技图书出版种类

在参与评估的 36 个城市中，深圳市的“科技图书出版种类”这一指标略低于全国平均水平，表明深圳市科技图书的出版种类可提升空间较大，建议深圳市加强科技图书出版能力，增加科技图书的出版种类。

4. 科技传播广播电视台频道数量

在参与评估的 36 个城市中，深圳市的“科技传播广播电视台频道数量”这一指标明显低于全国平均水平，表明深圳市科技类广播电视台的建设存在较大提升空间，建议提高重视程度，促进科技类广播电视台发展。

5. 科技传播互联网平台数量

在参与评估的 36 个城市中，深圳市的“科技传播互联网平台数量”这一指标低于全国平均水平，表明深圳市科技传播互联网平台的建设水平亟须提升，建议深圳市提升科技信息的线上规模，增加科技传播互联网平台数量。

深圳市具有代表性的科技成果转移转化平台有深圳大学成果转化平台。

深圳大学成果转化平台是深圳大学针对校内科技成果转化推出的服务平台，汇聚了深圳大学的优秀科研成果，设有科研成果、专家人才资源、专利资源等板块，致力于搭建企业与深圳大学之间的桥梁，并提供科技成果展示、转化、落地的一站式服务。

（十八）沈阳

评估显示，沈阳市科技传播媒介的建设情况良好，城市科技传播媒介评分为 3.57，高于全国平均值 3.27。

1. 科技报纸种类

在参与评估的 36 个城市中，沈阳市的“科技报纸种类”这一指标低于全国平均水平，表明沈阳市科技报纸的建设与运营情况有待提升，建议增建科技报社，增加科技报纸类别。

2023 年“王选新闻科学技术奖”中，沈阳市共获奖 5 项。2022 年“科技传播奖”中，沈阳市未获奖。

2. 科技期刊种类

在参与评估的 36 个城市中，沈阳市的“科技期刊种类”这一指标高于全国平均水平，表明沈阳市较为重视科技核心期刊的发行和出版，为科技工作者提供了更加广阔的展示平台，有利于沈阳市形成较为浓厚的学术氛围。

中国科学技术信息研究所发布的《2023 年中国科技核心期刊目录》中，沈阳市入选的科技期刊包括《煤矿安全》《沈阳体育学院学报》《创伤与急危重病医学》《机器人》等。

《煤矿安全》创刊于 1970 年，由煤科集团沈阳研究院有限公司主管、主办，是全国煤炭行业主要科技期刊之一。该期刊内容主要包括国内外煤矿安全领域的新成果、新技术以及安全装备等信息，设有“矿山机电与安全监测”“新锐视角”“专家视点”等栏目。

《沈阳体育学院学报》创刊于 1982 年，是由辽宁省教育厅主管、沈阳体育学院主办的体育类学术期刊。该期刊以体育学术研究创新成果为支撑，注重体育科学的基础理论和应用研究相结合，力求全面、深入地反映体育科研水平。

《创伤与急危重病医学》创刊于 2013 年，是由沈阳军区总医院主管、主办的急救医学卫生科技类期刊。该期刊以国内外从事床上与急危重病等相关学科的临床医师为主要对象，注重传播创伤与急危重病医学最新研究进展，致力于促进和提高广大临床医生救治水平。

《机器人》创刊于 1979 年，原名《国外自动化》，是由中国科学院沈阳自动化研究所、中国自动化学会共同主办的，主要报道中国在机器人学及相关领域具有创新性的、高水平的、有重要意义的学术进展及研究成果，致力于机器人控制、机构学、传感器等方面的技术，主要栏目包括“论文与报告”“研究通信”“实际问题研讨”等。

3. 科技图书出版种类

在参与评估的36个城市中，沈阳市的“科技图书出版种类”这一指标略低于全国平均水平，表明沈阳市在科技图书出版方面具有潜力，建议积极采取相关措施，增加科技图书的出版量并提高其质量，促进科技知识的传播和普及。

沈阳市出版的具有代表性的科技图书包括辽宁科学技术出版社出版的《自然风小庭院植物选择与搭配》、《宠物医生手册》（第2版），辽海出版社出版的《黄帝内经》《伤寒论》《金匮要略》《温病条辨》等。

4. 科技传播广播电视台频道数量

在参与评估的36个城市中，沈阳市的“科技传播广播电视台频道数量”这一指标低于全国平均水平，表明沈阳市在运营科技类广播电视台频道方面存在提升空间，建议沈阳市增强对该方面的重视程度。

5. 科技传播互联网平台数量

在参与评估的36个城市中，沈阳市的“科技传播互联网平台数量”这一指标显著高于全国平均水平，表明沈阳市尤为重视运营科技传播互联网平台，关注科技成果转化的各方面供需，有助于增强科技传播的动力，形成稳定的互联网科技传播平台。

沈阳市具有代表性的科技成果转移转化平台有沈阳市科技条件平台、中国科学院沈阳分院科技成果信息网。沈阳市暂无科学家精神教育线上展厅。

沈阳市科技条件平台是沈阳市科学技术局线上运营的科技成果发布、交易及转化的互联网平台。该平台设置了科技计划项目管理、科技评审专家管理、科技创新平台管理、新型研发机构管理、创新人才项目管理、技术转移机构备案等板块，推动“创新沈阳”建设。

中国科学院沈阳分院科技成果信息网是由中国科学院沈阳分院线上运营的科技成果发布、交易及转化的互联网平台。该平台设置了科技成果、研发团队、成果视频等板块。其中，科技成果被划分为智能制造、新一代信息技术、化工、新材料、资源换、生物医药和农业等七大类，减少了科技对接的中间环节，搭建起政府、企业与研究所直接联系的科技成果桥梁。

（十九）石家庄

评估显示，石家庄市科技传播媒介的建设情况较为良好，城市科技传播媒介评分为4.72，高于全国平均值3.27。

1. 科技报纸种类

在参与评估的36个城市中，石家庄市的“科技报纸种类”这一指标高于全国平均水平，表明石家庄市较为重视科技报纸的运营，在科技类新闻报道方面积极性较高。

石家庄市具有代表性的科技报纸有《河北科技报》。

《河北科技报》由河北省科学技术普及和信息中心主办，河北省科学技术协会负责具体运营，于1958年创刊。该报纸立足河北省，面向全国，以科技信息为主要内容，以“主流、公信、商机、实用”为办报宗旨，使国内外技术和资本的多种资源与信息充分整合，打造全国企业、创业界关注的主流媒体平台。

2023 年“王选新闻科学技术奖”中，石家庄市共获奖 3 项。2022 年“科技传播奖”中，石家庄市暂未获奖。

2. 科技期刊种类

在参与评估的 36 个城市中，石家庄市的“科技期刊种类”这一指标低于全国平均水平，表明石家庄市对学术交流氛围的维护有待增强，建议石家庄市提升科技工作者在本地期刊投稿的意愿，促进本地科技期刊高水平发展。

中国科学技术信息研究所发布的《2023 年中国科技核心期刊目录》中，石家庄市入选的科技期刊包括《半导体技术》《地理与地理信息科学》《粉煤灰综合利用》《国际呼吸杂志》《河北科技大学学报》等。

《半导体技术》创刊于 1976 年，由中国电子科技集团公司主管、中国电子科技集团公司第十三研究所主办。该期刊致力于及时报道半导体领域最新的产品、技术及制造信息，内容覆盖半导体新材料的研发、半导体器件等领域国内外的研究现状和最新研究成果。

《地理与地理信息科学》创刊于 1985 年，由河北省科学院主管、河北省科学院地理科学研究所主办。该期刊内容包括地理学和地理信息科学两大部分，着重发布地理学和地理信息科学方面新的科研成果，为相关部门提供决策建议和科技信息。

《粉煤灰综合利用》创刊于 1987 年，由河北省建筑科学研究院有限公司主管、主办。该期刊面向全国，宣传国内关于粉煤灰综合利用工作的方针政策法规，传播粉煤灰综合利用的新工艺、新技术、新产品、新经验，为保护环境、消除污染提供经验指导。

《国际呼吸杂志》创刊于 1981 年，是由国家卫生健康委主管、中华医学会和河北医科大学主办的医学科技期刊。该期刊以“贯彻、执行国家的政策法规和规范标准，坚持理论与实践、普及与提高相结合的原则，促进国内、外学术交流”为宗旨，面向呼吸科、急诊科等科室的医护人员及从事呼吸领域基础研究和临床研究的科技工作者，介绍国内外呼吸疾病的最新技术。

《河北科技大学学报》创刊于 1980 年，是由河北省教育厅主管、河北科技大学主办的综合性技术类期刊，设有“国家青年/地区科学基金项目”“新能源与节能环保”等特色专栏，主要报道电子与通信、材料工程、机械、自动化领域的创新性学术成果。

3. 科技图书出版种类

在参与评估的 36 个城市中，石家庄市的“科技图书出版种类”这一指标略低于全国平均水平，表明石家庄市出版科技图书数量有待增加，建议石家庄市丰富科技图书出版种类，强化图书类科技传播效用。

石家庄市出版的具有代表性的科技图书包括河北科学技术出版社出版的《图解本草纲目》《全新 · 3D 人体解剖图》《猫》等。

4. 科技传播广播电视台频道数量

在参与评估的 36 个城市中，石家庄市的“科技传播广播电视台频道数量”这一指标显著高于全国平均水平，表明石家庄市科技类广播电视台建设能力较强，科技信息传播渠道较丰富。

石家庄市开设的科技类电视台频道数量为 1 个，即河北广播电视台少儿科教频道。石家庄市暂未开设科技类广播电台频道。

5. 科技传播互联网平台数量

在参与评估的 36 个城市中，石家庄市的“科技传播互联网平台数量”这一指标略高于全国平均水平，表明石家庄市科技传播互联网平台体系较为完善，科技传播互联网平台数量较多。

石家庄市具有代表性的科技成果转移转化平台有石家庄高新区科技成果转换为技术标准创新服务平台、河北省科技成果转化网。石家庄市暂无科学家精神教育线上展厅。

石家庄高新区科技成果转换为技术标准创新服务平台是由石家庄高新区市场监督管理局委托中机生产力促进中心线上运营的科技成果发布、交易及转化的互联网平台。该平台由线上网络平台和线下服务平台办公室两大部分构成，帮助企业将优质的科技成果标准化，提升企业标准化的内生动力，提高企业标准化水平。

河北省科技成果转化网是由河北省科技厅线上运营的科技成果发布、交易及转化的互联网平台。该平台广泛开展科技成果展示、技术转移转让、信息服务等工作，推动科技成果同会展会议、科学普及等工作的对接、合作、转化，促进河北省技术转移和科技成果转化体系建设及科技创新资源汇聚。

（二十）天津

评估显示，天津市科技传播媒介的建设情况较为良好，城市科技传播媒介评分为 3.57，高于全国平均值 3.27。

1. 科技报纸种类

在参与评估的 36 个城市中，天津市的“科技报纸种类”这一指标低于全国平均水平，表明天津市的科技报纸种类有待增多，相较于其他城市尚存在提升空间。

2023 年“王选新闻科学技术奖”中，天津市未来电视有限公司“互联网电视集成平台国产化技术研究”项目荣获三等奖。2022 年“科技传播奖”中，天津市未获奖。

2. 科技期刊种类

在参与评估的 36 个城市中，天津市的“科技期刊种类”这一指标高于全国平均水平，表明天津市在科技期刊方面具有较高的质量和多样性，为学术研究提供了良好的发表平台，有力推动科技创新和学术进步。

中国科学技术信息研究所发布的《2023 年中国科技核心期刊目录》中，天津市入选的科技期刊包括《电气传动》《海洋测绘》《化学工业与工程》《营养学报》《自动化与仪表》等。

《电气传动》创刊于 1959 年，由天津电气科学研究院有限公司（原天津电气传动设计研究所）主管，天津电气科学研究院有限公司、中国自动化学会共同主办，是中国电气传动自动化领域具有权威性的核心刊物，国内外公开发行，主要栏目有“综述与专论”“交流传动”“直流传动”“计算机应用”等。

《海洋测绘》创刊于 1981 年，由海军参谋部直属工作局主管、海军海洋测绘研究所共同主办，于 2001 年 7 月经国家新闻出版总署和解放军总政治部批准公开出版发行。该期刊为技术性科技期刊，报道范围以海洋测绘领域为主，研究内容包括海洋工程测量、海洋大地测量、海底地形测量等。

《化学工业与工程》创刊于 1984 年，是由天津渤海化工集团有限责任公司主管、天津大学和天津化工学会共同主办的化工类学术期刊，现为双月刊，国内外公开发行。该期刊主要反映化学、化工领域内最新科学研究成果，介绍国内外技术的新进展、新动向。

《营养学报》创刊于 1956 年，由中国营养学会、中国人民解放军军事医学科学院卫生学环境医学研究所共同主办。该期刊旨在报道具有相当学术水平或实用价值的国内营养研究新理论、新技术、新方法和新成就，内容包括食物化学、实用营养、临床营养、营养资源开发与利用等方面的研究论文和研究简报。

《自动化与仪表》创刊于 1981 年，是由天津市工业自动化仪表研究所和天津市自动化学会共同主办的计算机类学术期刊。该期刊以仪器仪表行业和自动化领域为报道主线，重视内容的先进性、实用性，主要报道国内外自动化技术、计算机技术、仪器仪表等领域的新发展、新技术、新成果等，设有“专题研究”“总线与网络”“计算机应用”“仪器仪表装置”等栏目。

3. 科技图书出版种类

在参与评估的 36 个城市中，天津市的“科技图书出版种类”这一指标略低于全国平均水平，表明天津市在科技图书出版种类方面有待增多，建议天津市出版社加强与科技作者的合作，出版更多科技图书。

天津市出版的具有代表性的科技图书包括天津人民出版社出版的《梁思成中国建筑史》《生命是什么》和天津科学技术出版社出版的《图解黄帝内经》（白话全译图解版）等。

4. 科技传播广播电视台频道数量

在参与评估的 36 个城市中，天津市的“科技传播广播电视台频道数量”这一指标低于全国平均水平，表明天津市在科技传播广播电视台频道建设方面存在提升空间，建议天津市加强对科技传播广播电视台建设和运营的重视。

5. 科技传播互联网平台数量

在参与评估的 36 个城市中，天津市的“科技传播互联网平台数量”这一指标显著高于全国平均水平，表明天津市的科技传播互联网平台体系建设成效较好，具备优秀的科技传播能力。

天津市具有代表性的科技成果转移转化平台有天津科技大学成果转化服务平台、天津市武清区科技成果转化服务平台。天津市还设有 1 个科学家精神教育线上展厅，为“大力弘扬科学家精神奋进科技自立自强党领导下的天津科学家”主题展览的云上虚拟展馆。

天津科技大学成果转化服务平台以天津科技大学为依托，致力于推动科技产业的快速发展，通过与企业的紧密合作来实现科技成果的产业化。该平台为创新型企业提供了全方位的服务支持，提供技术成果、技术专家、对外服务等多方面服务，包括技术咨询、技术转移等环节，助力企业实现快速成长。

天津市武清区科技成果转化服务平台上线于 2023 年 4 月 18 日，依托中国技术交易所，由天津武清经济技术开发区有限公司运营。该平台包括科技项目、技术交易、支撑服务、专家人才等多方面服务，持续为京津产业新城各类创新主体提供丰富的科技资源、有效的对接渠道、专业化的成果转化服务。

天津市的科学家精神教育线上展厅主要为“大力弘扬科学家精神奋进科技自立自强党领导下的天津科学家”主题展览的云上虚拟展馆，该展厅充分利用虚拟现实的新媒体技术手段，打破时空限制，开启公共文化服务新空间。该展览以图片、文字和视频形式展示了 89 位科学家的精神风采，展示了党领导下天津科学家群体的精神风貌，再现一代代天津科学家的家国情怀，弘扬以爱国、创新、求实、奉献、协同、育人为核心的科学家精神。

（二十一）武汉

评估显示，武汉市科技传播媒介的建设情况较为良好，城市科技传播媒介评分为 5. 26，高于全国平均值 3. 27。

1. 科技报纸种类

在参与评估的 36 个城市中，武汉市的“科技报纸种类”这一指标高于全国平均水平，表明武汉市对科技报纸的运营和建设给予了较高的重视，积极通过报纸渠道报道科技新闻，推动了该市科技传播的繁荣发展。

武汉市具有代表性的科技报纸有《武汉科技报》。

《武汉科技报》创刊于 1978 年，由武汉市科技局、武汉市科学技术协会联合主办，武汉科技报社负责具体运营。该报纸主要刊发科技要闻、科技武汉、科技探秘、科技田园、科技创业等版面内容，促进科学技术与经济的结合，推动城市创新体系和企业创新能力建设，倡导科学生活，提高全民科学素质。

2023 年“王选新闻科学技术奖”中，武汉市共获奖 6 项。2022 年“科技传播奖”中，武汉市暂未获奖。

2. 科技期刊种类

在参与评估的 36 个城市中，武汉市的“科技期刊种类”这一指标高于全国平均水平，表明武汉市科技期刊建设和运营情况较好，提供了较多探索领域前沿和分享、交流研究成果的机会，有效推动了专业科技工作者的学术交流。

中国科学技术信息研究所发布的《2023 年中国科技核心期刊目录》中，武汉市入选的科技期刊种类包括《武汉大学学报（哲学社会科学版）》《武汉理工大学学报（信息与管理工程版）》《教育与经济》《武汉大学学报（医学版）》等。

《武汉大学学报（哲学社会科学版）》是由武汉大学主办的人文社会科学类综合性学术期刊，前身是 1930 年创刊的《国立武汉大学文哲季刊》《国立武汉大学社会科学季刊》，是我国最早的学报之一。该期刊遵循“追踪前沿、聚焦热点、倡导原创、注重综合”的理念，刊登国内外前沿社科领域佳作，涉及的学科包含哲学、文学、新闻传播学、历史学、经济学等。

《武汉理工大学学报（信息与管理工程版）》创刊于 1979 年，是一部综合性学术期刊。该期刊由教育部主管、武汉理工大学主办，重点刊登管理科学和安全科学方面的最新研究成果，涉及电子与电工、管理科学与工程、计算机科学与技术、通信与信息工程等领域。

《教育与经济》创刊于 1985 年，是由教育部主管、中国教育经济学研究会和华中师范大学联合主办的教育经济学专业学术期刊。主要刊登教育与经济发展方式转变、教育供求问题研究、教育结构与经济结构协调发展、教育与就业等领域研究成果。其已成为我国各级教育行政部门、学校和教育经济学者研讨教育经济理论及现实问题的必备刊物。

《武汉大学学报（医学版）》创刊于 1958 年，由教育部主管、武汉大学主办。该期刊主要刊登基础医学和临床医学等相关学科的科研论文，是一部面向广大医学及相关学科工作者，介绍医学科研动态的综合性学术期刊。

3. 科技图书出版种类

在参与评估的 36 个城市中，武汉市的“科技图书出版种类”这一指标略低于全国平均水平，表明武汉市在科技图书出版方面还有提升空间，建议武汉市加强科技图书的出版能力，推动科技图书行业的发展。

武汉市出版的具有代表性的科技图书包括武汉出版社出版的《有趣的动物》（插图版）、华中科技大学出版社出版的《中国方案：工业遗产保护更新的 100 个故事》《苏州古典园林》《芯片战争》等。

4. 科技传播广播电视台频道数量

在参与评估的 36 个城市中，武汉市的“科技传播广播电视台频道数量”这一指标高于全国平均水平，表明武汉市重视运营科技类广播电视台，有助于更全面、更有效地传播武汉市的科技信息和科技领域的最新发展动态。

武汉市开设的科技类电视台频道数量为 1 个，即武汉广播电视台科技生活频道。武汉市暂无开设科技类广播电台频道。

5. 科技传播互联网平台数量

在参与评估的 36 个城市中，武汉市的“科技传播互联网平台数量”这一指标略高于全国平均水平，表明武汉市较为重视运营科技传播互联网平台，科技成果转移转化线上平台数量较多。

武汉市具有代表性的科技成果转移转化平台有武汉市科技成果转移转化平台、武汉大学科技成果转化服务平台。武汉市暂未科学家精神教育线上展厅。

武汉市科技成果转移转化平台以云计算和大数据技术为支撑，实现了从科技人才、技术等资源聚集、展示、对接、评估评价到项目落地的全流程服务，推动科技与资本、企业的精准匹配。同时，它充分挖掘武汉市高校院所的科技成果这一丰富“矿藏”，促进成果在本地产业化，形成源源不断的生产力。

武汉大学科技成果转化服务平台由武汉大学科技转移转化中心负责运营，该中心于 2020 年获批成立，是武汉大学科技成果转化的主导和执行机构，致力于科技成果和知识产权运营服务。该平台通过对产权链、成果链、人才链、服务链的完善，促进武汉大学科研优质成果与需求方顺利对接。

（二十二）西安

评估显示，西安市科技传播媒介的建设情况较为良好，城市科技传播媒介评分为3.75，高于全国平均值3.27。

1. 科技报纸种类

在参与评估的36个城市中，西安市的“科技报纸种类”这一指标低于全国平均水平，表明西安市对科技报纸的重视程度亟待提升，建议西安市引进专业科技新闻编辑，提升科技报纸内容的水平，提升获奖竞争力。

西安市具有代表性的科技报纸有《陕西科技报》。

《陕西科技报》是陕西省内唯一的综合类科普报纸，创刊于1978年，由陕西省科学技术协会主办。该报纸坚持宣传科技政策，普及科学知识，推广实用技术，并致力于提高公众的科学素质，其办报的宗旨是“服务科技，立足科普”。《陕西科技报》为科研院所、企业等提供了信息交流的平台，促进了科技成果的转化和应用。同时，它是创业创新、智能制造等领域的一个重要媒介，为陕西省的科技创新和经济发展作出了贡献。

2023年“王选新闻科学技术奖”中，西安市未获奖。2022年“科技传播奖”中，西安市未获奖。

2. 科技期刊种类

在参与评估的36个城市中，西安市的“科技期刊种类”这一指标高于全国平均水平，表明西安市具备良好的学术氛围，在推动专业科技工作者的学术交流方面取得了较为突出的成效。

中国科学技术信息研究所发布的《2023年中国科技核心期刊目录》中，西安市入选的科技期刊种类包括《西北地质》《西安交通大学学报》《西安工业大学学报》《陕西医学杂志》等。

《西北地质》创刊于1964年，由自然资源部主管，中国地质调查局西安地质调查中心、中国地质学会共同主办。该期刊主要报道地质科学及其相关领域的基础性、前瞻性和创新性科研成果，关注地学领域的热点问题及边缘学科，在传播科技信息、促进学术交流、推动地学事业的发展等方面发挥着重要作用。

《西安交通大学学报》创刊于1960年，由教育部主管、西安交通大学主办。该期刊主要刊登机械、电气、能源、动力、材料、电子、信息与控制、计算机、物理、力学、化学工程、生物工程、建筑工程以及有关新兴、交叉学科方面的最新研究成果，是一部自然科学综合性学术理论刊物。《西安交通大学学报》在促进科技传播、推动学术交流、推进自然科学事业的发展等方面扮演着重要角色。

《西安工业大学学报》创刊于1981年，由陕西省教育厅主管、西安工业大学主办，是一部自然科学综合类学术性期刊。该期刊以“出精品、创名牌、办一流学报，争时效、促交流、举科技人才”为办刊目标，主要刊登光学、机械、电子、土木、材料、计算机、环境保护、管理等工程应用研究等方面的学术论文。

《陕西医学杂志》创刊于 1972 年 2 月，由陕西省卫生健康委员会主管、陕西省中医药研究院主办。该期刊以“科学性、先进性、实用性和服务性”为办刊方针，主要刊登医疗科技资讯、医生临床进展、医生科研成果和工作经验。《陕西医学杂志》在为广大临床医生和医学院校师生提供工作、学习的参考和交流平台方面发挥着重要作用。

3. 科技图书出版种类

在参与评估的 36 个城市中，西安市的“科技图书出版种类”这一指标略低于全国平均水平，表明西安市在科技图书出版方面仍存在提升空间，建议西安市从扩展科技书籍涉及的学科领域入手，增加科技图书出版种类。

西安市出版的具有代表性的科技图书包括陕西科学技术出版社出版的《欧几里得几何原本》（第 3 版）、陕西人民教育出版社出版的《小小探险家第四辑》（第 2 版）、西安交通大学出版社出版的《模拟 CMOS 集成电路设计》（第 2 版）等。

4. 科技传播广播电视台频道数量

在参与评估的 36 个城市中，西安市的“科技传播广播电视台频道数量”这一指标低于全国平均水平，表明西安市科技类广播电视台的建设和运营能力有待提升，建议西安市加大对科技广播电视台的重视程度，增建科技类广播电视台。

5. 科技传播互联网平台数量

在参与评估的 36 个城市中，西安市的“科技传播互联网平台数量”这一指标显著高于全国平均水平，表明西安市较为重视科技传播互联网平台体系建设，科技传播互联网平台数量领先。

西安市具有代表性的科技成果转移转化线上平台有西安科技大市场、陕西省技术转移中心，科学家精神线上展厅主要有西安交通大学交大西迁博物馆虚拟展馆。

西安科技大市场由西安科技大市场服务中心运营。该平台通过整合综合科技服务、资讯中心、科技资源、专业平台、区域平台等多个板块构建起“三网一厅”的多载体全方位科创服务体系，在整合西安市区域资源、促进优质科技成果就地转化和推动科学技术创新发展方面扮演着重要角色。

陕西省技术转移中心由陕西省科学技术厅主办。该平台以互联网技术融合了陕西省技术转移中心的科技资源，形成了覆盖企业、高校、科研院所、管理机构以及服务机构的多主体创新型技术转移服务体系。该平台以科技型中小企业为主要服务对象，以科技成果登记、科技成果评价、技术合同认定登记等为主要服务内容，在促进陕西省技术转移和科技成果转化、推动陕西省产学研联合、增强陕西省企业科技创新能力和市场竞争力等方面发挥着重要作用。

（二十三）长沙

评估显示，长沙市科技传播媒介的建设相对薄弱，城市科技传播媒介评分为 1.96，低于全国平均值 3.27。

1. 科技报纸种类

在参与评估的 36 个城市中，长沙市的“科技报纸种类”这一指标高于全国平均水平，表明长沙市较为重视科技报纸的运营，积极报道科技类新闻，有效地发挥报纸媒体作用，助力科技传播。

长沙市具有代表性的科技报纸有《湖南科技报》。

《湖南科技报》创刊于1957年，是我国创刊最早的科技报之一，由湖南科技报社主办。该报一贯坚持面向农村、贴近生产、指导生活、服务“三农”的办报方针，旨在普及科学知识、倡导科学方法、传播实用技术。

2023年“王选新闻科学技术奖”中，长沙市共获奖2项。2022年“科技传播奖”中，长沙市未获奖。

2. 科技期刊种类

在参与评估的36个城市中，长沙市的“科技期刊种类”这一指标高于全国平均水平，表明长沙市有浓厚的学术氛围，科技期刊的建设水平较高，为专业科技工作者的学术交流搭建了平台。

中国科学技术信息研究所发布的《2023年中国科技核心期刊目录》中，长沙市入选的科技期刊种类包括《作物研究》《肿瘤药学》《中医药导报》《中外公路》等。

《作物研究》创刊于1984年，是由湖南农业大学主管，湖南省作物学会、湖南农业大学共同主办的学术性刊物。该期刊设有“专论”“研究报告”“技术推广”“问题讨论”“研究动态”“综述”等栏目。主要面向从事作物科学研究、教学、管理和生产的工作者及农业院校师生报道作物遗传育种、耕作栽培、生理生态、产品加工利用等方面的研究报告、试验简报、专题论述、国内外研究动态、基础知识讲座、学术活动等内容。

《肿瘤药学》创刊于2011年，是由湖南省卫生厅主管、湖南省肿瘤医院主办的肿瘤药学学术期刊，是中国抗癌协会系列期刊。该期刊主要面向从事临床、科研与教学、医院管理的工作者报道肿瘤学相关领域科研成果、临床经验、最新进展等相关内容，主要栏目有“学术论著”“综述”“循证医学”“中医中药”“药事管理”“药物分析”“不良反应监测”“药学信息”“药品质量控制”等。

《中医药导报》创刊于1994年，是由湖南省卫生厅主管，湖南省中医药学会、湖南省中医管理局共同主办的综合性中医药学术期刊，设有“海外中医”“肿瘤”“理论”“观点”“实验”“中药”“调查”“发展论坛”“临床”“规律”“针推”“分析”“医案”等栏目。

《中外公路》创刊于1980年，是由长沙理工大学主管、主办的国家级技术类科技期刊。该期刊主要面向从事公路、铁路、市政、水利、农林、机场、矿业、石油等行业的工程技术人员和管理人员及大中专院校师生，设有“国内外公路概况”“中国国外公路考察见闻”“路基路面工程”“结构计算”“桥梁与隧道工程”“材料试验与应用”“交通工程与管理”“智能运输系统”“公路景观与环保”“结构调查与分析”“材料与试验”“景观与环保”“投资方式与财务管理”等栏目。

3. 科技图书出版种类

在参与评估的36个城市中，长沙市的“科技图书出版种类”这一指标略低于全国平均水平，表明长沙市的科技图书出版工作还有一定发展空间，可以进一步推动科学家与科技作者的沟通合作，加强科技作者的图书出版能力。

长沙市出版的具有代表性的科技图书包括湖南文艺社出版社出版的《怪奇事物所》、湖南科学技术出版社出版的《终结阿尔茨海默病：全球首套预防与逆转老年痴呆的个性化程序》等。

4. 科技传播广播电视台频道数量

在参与评估的 36 个城市中，长沙市的“科技传播广播电视台频道数量”这一指标低于全国平均水平，表明长沙市科技类广播电视台频道的建设情况亟待提升，建议长沙市推动科技类广播电视台频道的建设，发挥传统媒体渠道作用，助力长沙市科技传播工作。

5. 科技传播互联网平台数量

在参与评估的 36 个城市中，长沙市的“科技传播互联网平台数量”这一指标低于全国平均水平，表明长沙市科技传播互联网平台的建设和运营工作存在发展空间，可以加大对科技传播互联网平台的资源投入力度，助力其发展。

长沙市具有代表性的科技成果转移转化平台有长沙市科技成果转化信息服务平台。长沙市暂无科学家精神教育线上展厅。

长沙市科技成果转化信息服务平台是由长沙市科学技术局主办，长沙市科技信息研究所、长沙市科技成果转化服务中心承办，湖南伟博信息技术有限公司提供技术支持。该平台主要提供“人才需求”“技术需求”“技术合同”“成果信息”的服务；同时展示高等院校、工程研究所、科研机构、企业技术中心等一系列机构的创新资源和科技动态。

（二十四）郑州

评估显示，郑州市科技传播媒介的建设情况薄弱，城市科技传播媒介评分为 2. 25，低于全国平均值 3. 27。

1. 科技报纸种类

在参与评估的 36 个城市中，郑州市的“科技报纸种类”这一指标高于全国平均水平，表明郑州市对运营科技报纸的重要性认识充分，在报道科技类新闻方面有较高的积极性，有效地推动了郑州市科技传播的发展。

郑州市具有代表性的科技报纸是《河南科技报》。

《河南科技报》创刊于 1958 年，由河南省科学技术协会主办，河南科技报社运营。该报纸以“立足科技创新，助力中原出彩”为宗旨，内容涵盖科技创新、科技前沿、科技成果转化等多个方面，注重实用性和服务性，为读者提供科技资讯、科普知识、技术推广等方面的服务，在科技创新和科技传播方面发挥了积极作用，为推动河南省的科技进步和社会发展作出了重要贡献。

2023 年“王选新闻科学技术奖”中，郑州市共获奖 1 项。2022 年“科技传播奖”中，郑州市暂未获奖。

2. 科技期刊种类

在参与评估的 36 个城市中，郑州市的“科技期刊种类”这一指标低于全国平均水平，表明郑州市科技期刊的建设存在提升空间，建议郑州市优化学术交流环境，提升科技工作者的学术交流意愿，促成更多科研论文的发表，推动郑州市科技期刊数量与质量的双提高。

中国科学技术信息研究所发布的《2023年中国科技核心期刊目录》中，郑州市入选的科技期刊种类包括《河南农业大学学报》《河南科学》《河南工业大学学报（自然科学版）》等。

《河南农业大学学报》创刊于1960年，由河南农业大学主管、主办。该期刊坚持“严谨、求实、创新、发展”的办刊宗旨，主要刊登生物学、生态学、畜牧学、园艺学、林学等学科领域的科研成果，在推动农林科学技术发展、促进农业科技成果转移转化等方面扮演着重要角色。

《河南科学》创刊于1982年，由河南省科学院主管、主办，贯彻科学技术为国民经济建设服务、理论与实践相结合的方针，主要刊登化学、生命科学、环境科学、农业科学等领域具有一定理论水平的学术成果，在促进自然科学交流、科技成果转化、科技创新发展等方面发挥着重要作用。

《河南工业大学学报（自然科学版）》创刊于1980年，是一部粮油特色期刊。该期刊由河南省教育厅主管、河南工业大学主办，主要刊登中国粮食、油脂、食品、饲料行业的最新科研成果，在为粮油科研成果交流搭建平台，为粮油科技创新、产业发展提供支撑，为保障国家粮食安全夯实理论基础等方面作出了贡献。

3. 科技图书出版种类

在参与评估的36个城市中，郑州市的“科技图书出版种类”这一指标低于全国平均水平，表明郑州市在科技图书出版上还有提升空间，建议郑州市继续加强科技图书在读者中的传播，可以在科技传播方面取得较好成果。

郑州市出版的具有代表性的科技图书包括河南科学技术出版社出版的《昆虫识别图鉴》、《景观园林植物图鉴》、《新全兽药手册》（第6版）等。

4. 科技传播广播电视台频道数量

在参与评估的36个城市中，郑州市的“科技传播广播电视台频道数量”这一指标低于全国平均水平，表明郑州市科技类的电视台和电台频道有待增多，建议加强对该方面的重视，组织建设科技传播电视台的有关活动，推动科技传播广播电视台的落成。

5. 科技传播互联网平台数量

在参与评估的36个城市中，郑州市的“科技传播互联网平台数量”这一指标略高于全国平均水平，表明郑州市重视科技传播互联网平台体系，科技传播互联网平台数量较多。

郑州市具有代表性的科技成果转移转化平台有中原科技成果转化公共服务平台、河南省科技成果转化公共服务平台。

中原科技成果转化公共服务平台是郑州中原科技成果转化有限公司和相关科技部门运营的综合性科技成果转化服务平台，该平台提供政策、经验、资源和服务等方面的支持，汇聚了众多优秀的科技成果和专业的科技服务机构，通过线上线下相结合的方式，为企业提供科技成果转化全链条服务。

河南省科技成果转化公共服务平台是国家技术转移郑州中心建设运营的致力于促进科技成果转化的服务平台，该平台包含技术成果库、技术需求库、高层次人才库、创新平台等板块，承载着科技项目管理、对接、交易等功能，为各大企业与高校、科研院所的交流提供了桥梁。该平台正逐步建成科技服务大市场，与超过 70 个网站、100 个国际技术转移机构、300 所高校与科研院所建立合作关系。

（二十五）重庆

评估显示，重庆市科技传播媒介的建设情况良好，城市科技传播媒介评分为 5. 84，高于全国平均值 3. 27。

1. 科技报纸种类

在参与评估的 36 个城市中，重庆市的“科技报纸种类”这一指标高于全国平均水平，表明重庆市较为重视科技报纸的运营，让科技报纸成为重庆市科技工作宣传的重要窗口，促进了科技信息的传播。

重庆市具有代表性的科技报纸有《重庆科技报》。

《重庆科技报》由重庆科普文化产业（集团）有限公司主办，重庆科技报社负责具体运营。该报纸于 2017 年正式出版，以精品传播和精准传播为核心理念，主要刊登重庆各级科协的工作信息、重要举措，报道重庆市各区县、各领域的科技创新成果。

2023 年“王选新闻科学技术奖”中，重庆市共获奖 3 项。2022 年“科技传播奖”中，重庆市暂未获奖。

2. 科技期刊种类

在参与评估的 36 个城市中，重庆市的“科技期刊种类”这一指标高于全国平均水平，表明重庆市学术氛围较为浓厚，重视科技期刊的发行和出版，为科技工作者提供了充足学术交流的途径。

中国科学技术信息研究所发布的《2023 年中国科技核心期刊目录》中，重庆市入选的科技期刊种类包括《地下空间与工程学报》《中国药房》《改革》《中国药业》等。

《地下空间与工程学报》创刊于 1981 年，是地下空间开发利用与地下工程科学技术的综合性科技刊物，前身为《地下空间》。该期刊由中国岩石力学与工程学会和重庆大学共同主办，不仅宣传我国城市地下空间工程方面的科技成就，还介绍发达国家城市地下空间开发利用的状况，为我国地下空间的开发和利用作出了重要的贡献。

《中国药房》创刊于 1990 年，是由中国医院协会、重庆大学附属肿瘤医院主办的药学综合类学术刊物。该刊物秉持“创中国刊业名牌，为医药卫生导航”的宗旨，面向在药剂科、社会药房工作的各级人员及监督管理人员，传播医药学相关领域知识，主要设有“医药热点”“药事管理”“药师与药学服务”等栏目。

《改革》创刊于 1984 年 1 月，由重庆社会科学院主管、主办。该期刊秉承“专业眼光看改革，改革眼光看中国”的理念，围绕“发表一流的学术论文、造就一流的作者阵容、远播一流的社会影响”的目标，主要发表中国经济学领域的改革实践相关的信息。

《中国药业》创刊于 1992 年 1 月，由国家食品药品监督管理局主管、主办，主要面向医药行业研发、生产、经营、监管单位，医药科研机构等单位及相关人员，重点发表药物研制与开发、制药工艺革新、药品质量控制等方面内容，主要设有“药业专论”“药学论著”“检验检测”“药事管理”等栏目，为药品的研产、流通、使用和监管提供科学支撑。

3. 科技图书出版种类

在参与评估的36个城市中，重庆市的“科技图书出版种类”这一指标略低于全国平均水平，表明重庆市在科技图书出版上还有提升空间，需进一步加强科技图书的撰写、编排、出版工作。

重庆市出版的具有代表性的科技图书包括重庆出版社出版的《营造法式》（手绘彩图修订版）、《园冶》（手绘彩图修订版）等。

4. 科技传播广播电视台频道数量

在参与评估的36个城市中，重庆市的“科技传播广播电视台频道数量”这一指标显著高于全国平均水平，表明重庆市建设了科技传播广播电视台，可以通过广播电视台将科技知识送到市民身边，充分发挥科技在推动社会进步中的作用。

重庆市开设的科技类电视台频道数量为1个，即重庆电视台科教频道。重庆市暂未开设科技类广播电台频道。

5. 科技传播互联网平台数量

在参与评估的36个城市中，重庆市的“科技传播互联网平台数量”这一指标高于全国平均水平，表明重庆市十分重视建设和运营科技传播互联网平台，不断完善科技成果转移转化链条，有利于打造繁荣的科创生态。

重庆市具有代表性的科技成果转移转化平台主要有西部卫生健康科技成果转化平台。此外，重庆市代表性的科学家精神线上展厅主要有重庆科技馆主办的“科学家风采”科学家精神教育线上展厅。

西部卫生健康科技成果转化平台是由重庆市卫生健康委员会主管、重庆市卫生健康统计信息中心主办的发布科技成果，寻求科技合作与服务的互联网平台。该平台包括新品推介、科技需求、科技合作、科技服务、成果数据库、政策咨询、专家团队等内容，为我国西部地区各医疗机构、科研机构、院校、企业提供卫生科技成果信息发布、信息匹配、信息推送等服务，旨在提高西部地区卫生科技成果转化效率，助力卫生科技创新。

“科学家风采”科学家精神教育线上展厅是由重庆科技馆负责运营，展示重庆市科学家风采的平台。该平台主要展示了吴孟超、黄旭华的科学家故事，同时设有科普资源和线上展览，助力于弘扬科学家精神。

（二十六）长春

评估显示，长春市科技传播媒介的建设情况存在短板，城市科技传播媒介评分为2.16，低于全国平均值3.27。

1. 科技报纸种类

在参与评估的36个城市中，长春市的“科技报纸种类”这一指标低于全国平均水平，表明长春市科技报纸的运转机制存在改善空间，建议加强对科技类新闻的发掘与报道，同时提升科技报社的运营能力，扩大科技报纸营运规模。

2023 年“王选新闻科学技术奖”中，长春市共获奖 3 项。

2. 科技期刊种类

在参与评估的 36 个城市中，长春市的“科技期刊种类”这一指标高于全国平均水平，表明长春市学术氛围较为浓厚，重视科技期刊的发行和出版，为科技工作者提供了充足的学术交流途径。

《经济纵横》是由吉林省社会科学院、吉林省社会科学界联合会主管、主办的经济学综合性学术期刊。该期刊创刊于 1985 年，每期约 20 万字，每月一期。《经济纵横》被确定为国家社科基金资助期刊（经济学类），同时，其是中文社会科学引文索引（CSSCI）来源期刊、全国中文核心期刊、中国人文社会科学核心期刊。近年来，多次被列入中国人民大学书报资料中心“复印报刊资料”重要转载来源期刊。2016 年，被吉林省新闻出版广电局评为“吉林省一级期刊”“吉林省社科期刊 30 强”。

《当代经济研究》创刊于 1990 年。20 世纪 80 年代末至 90 年代初，时任中国《资本论》研究会会长、著名马克思主义经济学家宋涛教授积极倡议创办《资本论》研究会会刊，作为宣传马克思主义理论的重要思想阵地。1990 年 10 月，吉林财贸学院（现吉林财经大学）提出承办《资本论》研究会会刊。在会长宋涛教授和时任中宣部部长王忍之、吉林省委书记何竹康、吉林省委宣传部部长胡厚钧等同志的支持下，1990 年 12 月，由吉林财贸学院承办的首份中国《资本论》研究会会刊《资本论与当代经济》成功问世，后更名为《当代经济研究》。

3. 科技图书出版种类

在参与评估的 36 个城市中，长春市的“科技图书出版种类”这一指标低于全国平均水平，表明长春市在科技图书出版上存在提升空间，建议长春市注重科技图书的发行，积极推动科技图书出版。

长春市出版的具有代表性的科技图书包括吉林科学技术出版社出版的《自然哲学的数学原理》（与《相对论》一样，影响自然科学的所有领域，开创了科学的新纪元）、《黄帝内经全集》（全译图解版）等。

4. 科技传播广播电视台频道数量

在参与评估的 36 个城市中，长春市的“科技传播广播电视台频道数量”这一指标低于全国平均水平，表明长春市在运营科技类广播电视台频道方面亟待提升，建议增强科技类广播电视台的运营能力，丰富科技传播渠道。

5. 科技传播互联网平台数量

在参与评估的 36 个城市中，长春市的“科技传播互联网平台数量”这一指标略高于全国平均水平，表明长春市注重科技传播互联网平台的运营，积极提高科技传播互联网平台的质量与数量。

（二十七）贵阳

评估显示，贵阳市科技传播媒介的建设情况较好，城市科技传播媒介评分为 3.64，高于全国平均值3.27。

1. 科技报纸种类

在参与评估的36个城市中，贵阳市的“科技报纸种类”这一指标低于全国平均水平，表明贵阳市科技报纸的发展水平有待提高，建议贵阳市重视城市内热点科技消息的搜集与文字呈现能力，增加科技报纸的内容供给，推动科技类报纸类媒体的数量扩充。

2023年“王选新闻科学技术奖”中，贵阳市共获奖7项。

2. 科技期刊种类

在参与评估的36个城市中，贵阳市的“科技期刊种类”这一指标低于全国平均水平，表明贵阳市科技期刊的建设仍有提升空间。建议贵阳市设立科技期刊投稿补贴制度，吸引各地乃至全球高校优质论文在贵阳市期刊投稿，以此推动贵阳市高水平科技期刊数量扩充。

《贵州财经大学学报》创刊于1983年，是由贵州财经大学主管、主办的国家重点学术期刊之一，主要刊载该领域内的原创性研究论文、综述和评论等。该期刊目前已被CSSCI南大期刊（含扩展版）、北大期刊（中国人文社会科学期刊）等知名数据库收录。《贵州财经大学学报》在学术界享有很高的声誉和影响力，其发表的文章具有较高的学术水平和实践价值，为读者提供更多的实践案例和行业信息，得到了广大读者的广泛关注和引用。

《地球与环境》原名为《地质地球化学》，创刊于1973年，由中国科学院地球化学研究所主办，面向国内外公开发行。经有关部门批准，该期刊从2004年起更名为《地球与环境》。《地球与环境》为一部综合性地学类核心学术刊物，主要面向广大科研院所、高等院校、环境监测管理等单位的环境地学方面的科研人员、教学师生，以及分析测试人员、科技管理人员等；所报道的学科包括环境地质学、环境地球化学、环境水文学、环境化学、环境污染及其防治、灾害及其防治、环境质量评价及其环境监测、环境与健康等；设有“专题综述”“研究成果”“应用研究”“实验研究”“新理论、新技术、新方法”“问题讨论”等栏目。主要报道与人类生存环境密切相关的地球大气—植物—土壤—水—岩石圈层之间物质运移的地质地球化学过程，以及人类、生态系统和地球相互作用所产生的各种环境问题。

3. 科技图书出版种类

在参与评估的36个城市中，贵阳市的“科技图书出版种类”这一指标低于全国平均水平，表明贵阳市科技图书的出版种类仍有增加空间。贵阳市可针对历史或现有的科技问题、科学现象，推动多角度系列性的科技图书编撰、出版，以此增加科技图书的出版种类。

4. 科技传播广播电视台频道数量

在参与评估的36个城市中，贵阳市的“科技传播广播电视台频道数量”这一指标高于全国平均水平，表明贵阳市科技类广播电视台的建设情况较好，设有专门的科技类广播电视台频道，对科技传播起到一定促进作用。

贵阳市开设的科技类电视台频道数量为1个，即贵州广播电视台科教健康频道。贵阳市暂未开设科技类广播电台频道。

5. 科技传播互联网平台数量

在参与评估的36个城市中，贵阳市的“科技传播互联网平台数量”这一指标低于全国平均水平，表明贵阳市科技传播互联网平台的体系建设情况有待提升，建议贵阳市整合相关资源，推动上述两种互联网在线平台的建设。

（二十八）太原

评估显示，太原市科技传播媒介的建设情况较为良好，城市科技传播媒介评分为5.08，高于全国平均值3.27。

1. 科技报纸种类

在参与评估的36个城市中，太原市的“科技报纸种类”这一指标高于全国平均水平，表明太原市科技报纸种类较丰富，对科技类新闻报道力度较大，进一步完善了太原市科技传播建设。

太原市具有代表性的科技报纸有《山西科技报》《青少年科技创新报》《科学导报》。

《山西科技报》是由山西省科学技术厅、山西省农业厅等单位主办的全省唯一的科技类报纸。其以科学性报道、权威性发布及强可读性面向全国各省读者传递科技新闻，服务山西省经济社会发展。《山西科技报》设有要闻版及周末版《双休日》，一周两报。

《青少年科技创新报》是一份面向青少年的科技类报纸，由山西省科学技术协会主管，山西科技新闻出版传媒集团主办。该报纸以“着眼发明创新，养培意趣心智”为宗旨，通过“要闻”“创闻”“启智”“校园”“求真”等栏目，报道科普、新闻、人文三个方面的内容。

2023年“王选新闻科学技术奖”中，太原市共获奖3项。2022年“科技传播奖”中，太原市暂未获奖。

2. 科技期刊种类

在参与评估的36个城市中，太原市的“科技期刊种类”这一指标低于全国平均水平，表明太原市科技期刊种类有待增加，建议太原市提供学术交流平台，有效推动专业科技工作者的学术交流。

中国科学技术信息研究所发布的《2023年中国科技核心期刊目录》中，太原市入选的科技期刊包括《技术经济与管理研究》《辐射防护》《材料科学与工程学报》《山西大学学报（自然科学版）》《实用骨科杂志》等。

《技术经济与管理研究》创刊于1980年，是由山西省社会科学院主管、山西社会科学报刊社主办的学术性期刊。该期刊遵循“充分运用其世界窗口的纽带作用，为会员提供经济形势展望，为企业发展、结构调整提供最新信息和决策依据，为开展经济技术服务”的办刊理念，报道全球技术经济与管理的研究成果，主要设有“技术经济”“企业管理”等栏目。

《辐射防护》自1976年试刊，于1978年正式创刊，是由中国辐射防护研究院、中国辐射防护学会共同主办的学术类科技期刊。该期刊坚持办刊宗旨，重视刊物内在质量，重点刊登我国辐射防护领域中的科研论文，涉及辐射防护的原理、概念、标准，辐射源安全与管理等方面内容。

《材料科学与工程学报》创刊于 1983 年，是由教育部主管、浙江大学主办的材料领域学术性科技期刊。该期刊主要刊登介绍材料科学基础理论、实验检测技术、材料制备与加工等的研究论文，综述具有重大意义的新材料研究与发展，为中文核心期刊。

《山西大学学报（自然科学版）》创刊于 1947 年，由山西大学主办，是一部高层次综合性期刊。该期刊继承山西大学“自强报国，登崇俊良，求真务实，中西会通”的优秀传统，遵循“质量第一、创新第一”的原则，报道数学、计算机科学、生命科学、化学、物理学等学科的研究成果，设有印刷版、网络版、光盘版三个版本。

《实用骨科杂志》创刊于 1994 年，由山西医药卫生传媒集团有限责任公司主办。该期刊秉持“以实用和普及为主，兼顾提高”的办刊宗旨，服务于广大骨科医生、护士、学者等相关人员，设有“实验研究”“论著”“综述”“临床经验”“护理”等栏目。

3. 科技图书出版种类

在参与评估的 36 个城市中，太原市的“科技图书出版种类”这一指标略低于全国平均水平，表明太原市科技图书数量有待增加，建议太原市丰富科技图书出版种类，强化图书类科技传播效用。

太原市出版的具有代表性的科技图书包括山西科学技术出版社出版的《李可老中医急危重症疑难病经验专辑》等。

4. 科技传播广播电视台频道数量

在参与评估的 36 个城市中，太原市的“科技传播广播电视台频道数量”这一指标显著高于全国平均水平，表明太原市科技类广播电视台频道运营水平较高，能让市民更易了解太原市的科技信息内容和科技现状。

太原市开设的科技类电视台频道数量为 1 个，即山西广播电视台经济与科技频道。太原市暂未开设科技类广播电台频道。

5. 科技传播互联网平台数量

在参与评估的 36 个城市中，太原市的“科技传播互联网平台数量”这一指标与全国平均水平持平，表明太原市科技传播互联网平台数量较多，拓宽了科技传播渠道。

太原市具有代表性的科技成果转移转化平台有太原科技资源信息服务网、山西科技成果转化和知识产权交易服务平台。太原市暂无科学家精神教育线上展厅。

太原科技资源信息服务网由太原技术转移促进中心主办，是太原市科技大市场“一网四技 N 服务”运行模式的所辖网站，以打造创新资源集聚高地和科技要素交易枢纽为目标，汇聚创新资源，培育专业化科技成果转化队伍，促进科技成果要素转移，加速科技成果转化。

山西科技成果转化和知识产权交易服务平台由山西省科学技术厅主办，山西省科技成果转移转化促进与数据监测中心提供数据支持。该平台集成科技成果转化中“政策、交流、交易、金融、服务”全链条要素，整合近 14 个大类工作，以服务企业技术需求为导向，构建了畅通的信息收集和高效的供需沟通渠道，并通过智能技术，实现精准对接，为各方提供低成本、专业化、不间断的网络服务。

（二十九）南宁

评估显示，南宁市科技传播媒介的建设情况有待改善，城市科技传播媒介评分为2.14，低于全国平均值3.27。

1. 科技报纸种类

在参与评估的36个城市中，南宁市的“科技报纸种类”这一指标高于全国平均水平，表明南宁市较为注重和支持科技报纸的运营与建设，在科技类新闻发掘与报道中具备优势。

2023年“王选新闻科学技术奖”中，南宁市共获奖14项。

2. 科技期刊种类

在参与评估的36个城市中，南宁市的“科技期刊种类”这一指标低于全国平均水平，表明南宁市入选科技核心期刊的期刊数量较少，建议南宁市加强高水平科技期刊的建设，推动科技工作者高质量交流。

《广西民族大学学报（哲学社会科学版）》创刊于1978年，为双月刊，是由广西民族大学主管、主办的期刊，是国家社科基金资助学术期刊。

《广西大学学报（自然科学版）》创刊于1976年，是由广西大学主管、主办，以报道自然科学为主的综合性学术期刊。该期刊是北京大学图书馆《中文核心期刊要目总览》2008年版（第五版）、2011年版（第六版）、2014年版（第七版）、2017年版（第八版）之“综合性科学技术类”的核心期刊，2020年版（第九版）之“综合性理工农医类”的核心期刊，已被中国科学技术信息研究所收录为“中国科技核心期刊”（中国科技论文统计源期刊）。

《广西医科大学学报》创刊于1977年，是由广西医科大学主管、主办，在国内外公开发行的综合性医药卫生类学术期刊。该期刊以医药卫生科技人员为主要读者对象，报道基础医学、临床医学、预防医学、药学等领域的最新科研成果、新技术、诊疗技术及经验，旨在促进医学信息交流和医学科学发展，提高全民健康水平。

3. 科技图书出版种类

在参与评估的36个城市中，南宁市的“科技图书出版种类”这一指标略低于全国平均水平，表明南宁市在科技图书出版上还有一定提升空间，可以进一步加强科技图书的出版传播工作。

4. 科技传播广播电视台频道数量

在参与评估的36个城市中，南宁市的“科技传播广播电视台频道数量”这一指标低于全国平均水平，表明南宁市的科技类广播电视台频道建设有待加强。

5. 科技传播互联网平台数量

在参与评估的36个城市中，南宁市的“科技传播互联网平台数量”这一指标同全国平均水平持平，表明南宁市较为重视科技传播互联网平台的建设和运营，科技传播互联网平台数量相对可观。

（三十）兰州

评估显示，兰州市科技传播媒介的建设情况薄弱，城市科技传播媒介评分为 1.53，低于全国平均值 3.27。

1. 科技报纸种类

在参与评估的 36 个城市中，兰州市的“科技报纸种类”这一指标高于全国平均水平，表明兰州市对运营科技报纸的重要性认识充分，在报道科技类新闻方面有较高积极性，有效地推动了兰州市科技传播的发展。

《甘肃科技报》创刊于 1958 年，是由甘肃省科学技术协会主管、主办的全省唯一公开发行的科普类报纸，是甘肃科普宣传的主阵地。

2023 年“王选新闻科学技术奖”中，兰州市共获奖 2 项。

2. 科技期刊种类

在参与评估的 36 个城市中，兰州市的“科技期刊种类”这一指标低于全国平均水平，表明兰州市科技期刊的建设存在一定提升空间，建议兰州市优化学术交流环境，提升科技工作者的学术交流意愿，推动兰州市科技期刊数量与质量的双提高。

《地球科学进展》是由中国科学院主管，国家自然科学基金委员会地球科学部、中国科学院资源环境科学与技术局和中国科学院资源环境科学信息中心联合主办的综合性学术刊物。1986 年《中国科学院地学情报网网讯》创刊；1987 年更名为《地球科学信息》；1989 年更名为《地球科学进展》。

《沉积学报》创刊于 1983 年，是由中国矿物岩石地球化学学会沉积学专业委员会和中国地质学会沉积地质专业委员会联合主办，中国科学院地质与地球物理研究所兰州油气资源研究中心承办，科学出版社出版的核心期刊。

3. 科技图书出版种类

在参与评估的 36 个城市中，兰州市的“科技图书出版种类”这一指标低于全国平均水平，表明兰州市在科技图书出版上还有一定提升空间，建议继续加强科技图书在读者中的传播，促进科技传播取得较好成果。

4. 科技传播广播电视台频道数量

在参与评估的 36 个城市中，兰州市的“科技传播广播电视台频道数量”这一指标低于全国平均水平，表明兰州市科技类的电视台和电台频道有待增多，建议加强对该方面的重视，组织建设科技传播电视台的有关活动，推动科技传播广播电视台的落成。

5. 科技传播互联网平台数量

在参与评估的 36 个城市中，兰州市的“科技传播互联网平台数量”这一指标低于全国平均水平，表明兰州市科技传播互联网平台的体系建设情况有待提升，建议兰州市整合相关资源，推动上述两种互联网在线平台的建设。

（三十一）乌鲁木齐

评估显示，乌鲁木齐市科技传播媒介的建设情况有待改善，城市科技传播媒介评分为 2.14，低于全国平均值 3.27。

1. 科技报纸种类

在参与评估的36个城市中，乌鲁木齐市的“科技报纸种类”这一指标高于全国平均水平，表明乌鲁木齐市较为注重和支持科技报纸的运营与建设，在科技类新闻发掘与报道中具备优势。

《新疆科技报》是新疆维吾尔自治区唯一的综合性科技报纸，集权威性、指导性于一体，熔科学性和实用性于一炉。此外，设有哈文版与维文版供读者广泛阅读。

2. 科技期刊种类

在参与评估的36个城市中，乌鲁木齐市的“科技期刊种类”这一指标低于全国平均水平，表明乌鲁木齐市入选科技核心期刊的期刊数量较少，建议乌鲁木齐市加强高水平科技期刊的建设，推动科技工作者高质量交流。

《新疆师范大学学报（哲学社会科学版）》创刊于1980年，为社科类综合性学术理论刊物，努力为国家的改革开放和新疆维吾尔自治区的经济文化发展服务。该期刊注重反映本校教学和科研的最新成果，同时吸收校外高质量的学术论文，并且鼓励后学，扶植青年学者，努力体现出地方性、民族性和师范性特色。主要栏目为“西域文史”“民族学”“宗教学”“民族教育”“西部大开发论坛”“文化人类学”“马克思主义人生观研究”“三个代表研究”。

《干旱区地理》创刊于1978年，是由中国科学院主管，中国科学院新疆生态与地理研究所和中国地理学会联合主办、中国科技出版传媒股份有限公司出版的综合性学术期刊。该期刊为月刊，大16开本，国内外公开发行，主要刊登干旱区地理学及其分支学科、边缘学科和交叉学科的新理论、新技术和新方法。具体包括自然地理、区域地理、水文与水资源、气候与环境变化、干旱区生态及其生态系统建设与植被恢复、资源开发与利用、气象灾害与防治，以及干旱区大气圈、水圈、生物圈、岩石圈和人类活动之间的相互作用，特别是干旱区资源环境研究重大科学问题，即绿洲生态系统与演化机制、绿洲生态建设与环境治理、资源开发利用与区域发展。还刊载有研究报道、学术活动、消息和书刊评价等，为研究者提供相关领域的学术交流平台，为决策部门提供科学的管理依据，促进干旱区生态环境与经济社会协调发展。

3. 科技图书出版种类

在参与评估的36个城市中，乌鲁木齐市的“科技图书出版种类”这一指标略低于全国平均水平，表明乌鲁木齐市在科技图书出版上还有一定提升空间，可以进一步加强科技图书的出版传播工作。

4. 科技传播广播电视台频道数量

在参与评估的36个城市中，乌鲁木齐市的“科技传播广播电视台频道数量”这一指标低于全国平均水平，表明乌鲁木齐市的科技类广播电视台频道建设有待加强。

5. 科技传播互联网平台数量

在参与评估的36个城市中，乌鲁木齐市的“科技传播互联网平台数量”这一指标同全国平均水平持平，表明乌鲁木齐市较为重视科技传播互联网平台的建设和运营，科技传播互联网平台数量相对可观。

（三十二）海口

评估显示，海口市科技传播媒介的建设情况存在欠缺，城市科技传播媒介评分为1.04，显著低于全国平均值3.27。

1. 科技报纸种类

在参与评估的36个城市中，海口市的“科技报纸种类”这一指标低于全国平均水平，表明海口市对科技报纸的运营重视度亟待提升。建议海口市积极加强科技报纸的运营力度，保障科技创新生态的高效发展。

2023年“王选新闻科学技术奖”中，海口市共获奖1项。

2. 科技期刊种类

在参与评估的36个城市中，海口市的“科技期刊种类”这一指标低于全国平均水平，表明海口市入选核心科技期刊种类有待提升。建议海口市加大提升科技期刊的运营水平，推动海口市科技期刊的专业水平，更好地促进海口市科技工作者的专业学术交流。

《分子植物》（*Molecular Plant*）是由中国科学院分子植物科学卓越创新中心和中国植物生理与植物分子生物学学会共同主办的期刊。*Molecular Plant* 创刊于2008年，已被SCI、Medline、CA、BA和FSTA等10多种数据库收录；该期刊由*Molecular Plant*上海编辑部与英国牛津大学出版社（OUP）合作出版，使用由美国High Wire出版社开发的Bench Press稿件处理系统。

《热带作物学报》是由中国科学技术协会主管、中国热带作物学会主办、中国热带农业科学院承办的热带作物科学创新研究领域的专业性学术期刊。

3. 科技图书出版种类

在参与评估的36个城市中，海口市的“科技图书出版种类”这一指标略低于全国平均水平，表明海口市科技图书的种类有待增加，科技图书出版体系建设存在较大的发展空间。建议海口市增加科技图书出版种类，完善科技图书出版体系建设。

海口市出版的具有代表性的科技图书包括南海出版公司出版的《走进奇妙的元素周期表》《黄帝内经全集（全译图解版）》等。

4. 科技传播广播电视台频道数量

在参与评估的36个城市中，海口市目前没有科技传播广播电视台频道，表明海口市在运营科技类广播电视台频道方面亟待提升，建议海口市建设科技传播广播电视台，更有效地传播海口市的科技创新生态的发展。

5. 科技传播互联网平台数量

在参与评估的36个城市中，海口市的“科技传播互联网平台数量”这一指标低于全国平均水平，表明海口市对科技传播互联网平台重视程度亟待提升，科技传播互联网平台数量亟待增加，还存在较大的发展空间。

（三十三）银川

评估显示，银川市科技传播媒介的建设情况存在欠缺，城市科技传播媒介评分为1.04，显著低于全国平均值3.27。

1. 科技报纸种类

在参与评估的36个城市中，银川市的“科技报纸种类”这一指标低于全国平均水平，表明银川市对科技报纸的运营重视度亟待提升。建议银川市积极加强科技报纸的运营力度，保障科技创新生态的高效发展。

2023年“王选新闻科学技术奖”中，银川市共获奖1项。

2. 科技期刊种类

在参与评估的36个城市中，银川市的“科技期刊种类”这一指标低于全国平均水平，表明银川市入选核心科技期刊种类有待提升。建议银川市加大提升科技期刊的运营水平，推动银川市科技期刊的专业水平，更好地促进银川市科技工作者的专业学术交流。

《宁夏大学学报（自然科学版）》是由宁夏大学主办的自然科学综合性学术核心期刊，1980年创刊，为季刊。该期刊是中国最大的图书进出口机构——中国国际图书贸易集团有限公司推荐、介绍、精选并直接向国外及港、澳、台地区发行的当代中国重要学术研究期刊和中国高校较具影响力的自然科学期刊之一。

《宁夏医科大学学报》是由宁夏医科大学主办、主管的综合性医药学学术刊物。创刊于1979年，2009年3月随学院更名而改名为《宁夏医科大学学报》。

3. 科技图书出版种类

在参与评估的36个城市中，银川市的“科技图书出版种类”这一指标略低于全国平均水平，表明银川市科技图书的种类有待增加，科技图书出版体系建设存在较大的发展空间。建议银川市增加科技图书出版种类，完善科技图书出版体系建设。

4. 科技传播广播电视台频道数量

在参与评估的36个城市中，银川市目前没有科技传播广播电视台频道，表明银川市在运营科技类广播电视台频道方面亟待提升，建议银川市建设科技传播广播电视台，更有效地传播银川市的科技创新生态的发展。

5. 科技传播互联网平台数量

在参与评估的36个城市中，银川市的“科技传播互联网平台数量”这一指标低于全国平均水平，表明银川市对科技传播互联网平台重视程度亟待提升，科技传播互联网平台数量亟待增加，还存在较大的发展空间。

（三十四）呼和浩特

评估显示，呼和浩特市科技传播媒介的建设情况薄弱，城市科技传播媒介评分为1.39，显著低于全国平均值3.27。

1. 科技报纸种类

在参与评估的36个城市中，呼和浩特市的“科技报纸种类”这一指标高于全国平均水平，表明呼和浩特市对运营科技报纸的重要性认识充分，在报道科技类新闻方面有较高的积极性，有效地推动了呼和浩特市科技传播的发展。

2023年“王选新闻科学技术奖”中，呼和浩特市共获奖5项。

2. 科技期刊种类

在参与评估的36个城市中，呼和浩特市的“科技期刊种类”这一指标低于全国平均水平，表明呼和浩特市科技期刊的建设存在一定提升空间，建议呼和浩特市优化学术交流环境，提升科技工作者的学术交流意愿，推动呼和浩特市科技期刊数量与质量的双提高。

《财经理论与实践》创刊于1980年，是由教育部主管、湖南大学主办的以研究财经理论与实务问题为主旨的国内外公开发行的综合性经济类学术理论期刊。该期刊系CSSCI来源期刊，先后被评为中国经济类核心期刊、中国人文社会科学核心期刊、湖南省十佳社科期刊、全国“百强社会科学学报”，是中国期刊网、《中国学术期刊（光盘版）》、中国学术期刊综合评价数据库的来源期刊。

《科学管理研究》创刊于1981年，是由内蒙古自治区科学技术厅主管、内蒙古自治区软科学研究会主办的专业学术性刊物。该期刊以科技、经济与社会的关系为主要研究内容，探讨其运行机制、发展战略、方针政策以及科技体制改革、工农业科技进步、决策预测理论和人才与发展等软科学方面的学术性问题。

3. 科技图书出版种类

在参与评估的36个城市中，呼和浩特市的“科技图书出版种类”这一指标低于全国平均水平，表明呼和浩特市在科技图书出版上还有一定提升空间，应继续加强科技图书在读者中的传播，促进科技传播取得较好成果。

4. 科技传播广播电视台频道数量

在参与评估的36个城市中，呼和浩特市的“科技传播广播电视台频道数量”这一指标低于全国平均水平，表明呼和浩特市科技类的电视台和电台频道有待增多，建议加强对该方面的重视，组织建设科技传播电视台的有关活动，推动科技传播广播电视台的落成。

5. 科技传播互联网平台数量

在参与评估的36个城市中，呼和浩特市的“科技传播互联网平台数量”这一指标低于全国平均水平，表明呼和浩特市科技传播互联网平台的体系建设情况有待提升，建议呼和浩特市整合相关资源，推动互联网在线平台的建设。

（三十五）西宁

评估显示，西宁市科技传播媒介的建设情况薄弱，城市科技传播媒介评分为1.39，低于全国平均值3.27。

1. 科技报纸种类

在参与评估的36个城市中，西宁市的“科技报纸种类”这一指标高于全国平均水平，表明西宁市对运营科技报纸的重要性认识充分，在报道科技类新闻方面有较高积极性，有效地推动了西宁市科技传播的发展。

《青海藏文科技报》注重弘扬科学精神，传播科学思想，普及科技知识，以“科学、人文、悦读”为定位，服务青藏地区公众科学素质的提高，打造青藏区域传播特色鲜明的科普媒体。

2. 科技期刊种类

在参与评估的36个城市中，西宁市的“科技期刊种类”这一指标低于全国平均水平，表明西宁市科技期刊的建设存在一定提升空间，建议西宁市优化学术交流环境，提升科技工作者的学术交流意愿，推动西宁市科技期刊数量与质量的双提高。

《兽类学报》是1981年创办的综合性学术刊物，由中国科学院主管，中国科学院西北高原生物研究所与中国动物学会兽类学分会共同主办。该学报主要刊登野生哺乳动物的各研究领域学术论文，同时重视对珍稀、濒危兽类的保护以及对有害兽类的防治等研究成果的报道。

《盐湖研究》创刊于1972年，是由中国科学院主管，中国科学院青海盐湖研究所主办，科学出版社出版，面向全球盐湖资源、环境研究的学术类自然科学期刊。该期刊旨在搭建盐湖资源、环境研究的学术交流平台，服务于建设世界级盐湖产业基地的战略任务，推动盐湖科技工作的进步，促进盐湖科技事业的繁荣。面向国内外报道盐湖资源环境承载力与生态环境保护（盐湖成矿机制、盐湖资源迁移、变化和固液转化规律，资源高效开采，资源开发过程中的生态环境效应，盐湖演化、干旱区环境变化，盐湖资源环境承载力评价与盐湖区生态环境保护）、盐湖资源高效分离与过程强化（盐湖资源的绿色高效分离机理、现代分离技术、过程强化与工程应用）、盐湖高端化学品制备科学前沿与关键技术（现代农业、新能源、新材料用高端盐湖化学品制备化学原理、关键技术与工程示范）等方面的内容，以起到沟通、交流、引导和强化盐湖学科创新和技术发展的作用。

3. 科技图书出版种类

在参与评估的36个城市中，西宁市的“科技图书出版种类”这一指标低于全国平均水平，表明西宁市在科技图书出版上还有一定提升空间，应继续加大科技图书在读者中的传播力度，促进科技传播取得较好成果。

4. 科技传播广播电视台频道数量

在参与评估的36个城市中，西宁市的“科技传播广播电视台频道数量”这一指标低于全国平均水平，表明西宁市科技类的电视台和电台频道有待增多，建议加强对该方面的重视，组织建设科技传播电视台的有关活动，推动科技传播广播电视台的落成。

5. 科技传播互联网平台数量

在参与评估的36个城市中，西宁市的“科技传播互联网平台数量”这一指标低于全国平均水平，表明西宁市科技传播互联网平台的体系建设情况有待提升，建议西宁市整合相关资源，推动互联网在线平台的建设。

（三十六）拉萨

评估显示，拉萨市科技传播媒介的建设情况薄弱，城市科技传播媒介评分为1.21，低于全国平均值3.27。

1. 科技报纸种类

在参与评估的36个城市中，拉萨市的“科技报纸种类”这一指标低于全国平均水平，表明拉萨市对运营科技报纸的重要性认识尚不充分，有较大的发展潜力。

2. 科技期刊种类

在参与评估的36个城市中，拉萨市的“科技期刊种类”这一指标低于全国平均水平，表明拉萨市科技期刊的建设存在一定提升空间，建议拉萨市优化学术交流环境，提升科技工作者的学术交流意愿，推动拉萨市科技期刊数量与质量的双提高。

3. 科技图书出版种类

在参与评估的36个城市中，拉萨市的“科技图书出版种类”这一指标低于全国平均水平，表明拉萨在科技图书出版上还有一定提升空间，建议继续加强科技图书在读者中的传播，促进科技传播取得较好成果。

4. 科技传播广播电视台频道数量

在参与评估的36个城市中，拉萨市的“科技传播广播电视台频道数量”这一指标低于全国平均水平，表明拉萨市科技类的电视台和电台频道有待增多，建议加强对该方面的重视，组织建设科技传播电视台的有关活动，推动科技传播广播电视台的落成。

5. 科技传播互联网平台数量

在参与评估的36个城市中，拉萨市的“科技传播互联网平台数量”这一指标低于全国平均水平，表明拉萨市科技传播互联网平台的体系建设情况有待提升，建议拉萨市整合相关资源，推动互联网在线平台的建设。

二、地区评分情况

基于我国六大地区，在平均值方面，全国城市科技传播媒介评分的平均值为3.27，华北、西南和华东地区的评分超过了全国的平均值，而东北、中南与西北地区的评分低于全国平均值（见图5-1）。其中，华北地区的整体科技传播媒介水平最高，评分平均值达到4.95；其次为西南与华东地区，评分平均值较为接近，分别为3.78和3.43；东北和中南地区的评分平均值分别为2.78和2.68；西北地区的评分平均值最低，仅为1.97。在地区内部的离散性方面，西北地区的各城市科技传播媒介水平最为接近，整体水平偏低，城市评分离散程度也相对较小，且高于全国平均水平的城市较多，整体水平较高。华北地区的城市评分离散程度最大，北京市的科技传播媒介评分达到了10.00，而呼和浩特市仅为1.39，地区内部水平差异过大。

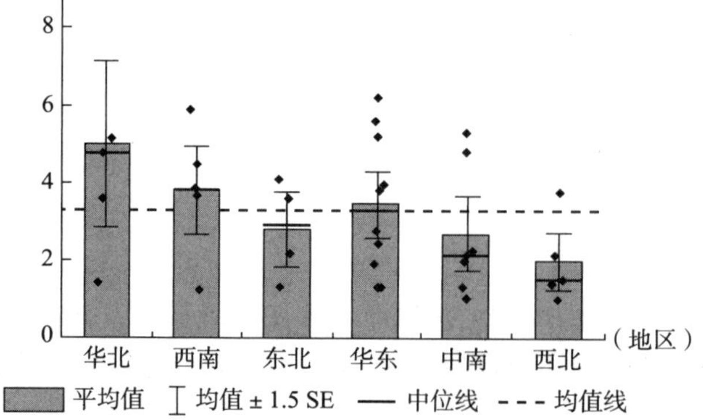

图5-1　地区科技传播媒介评分

第二节 传播活动

一、城市评分情况

（一）北京

评估显示，北京市科技传播活动开展状况十分良好，城市科技传播活动评分为10.00，远高于全国平均值3.75，处于全国领先水平。北京市常态化举办“中国科学院著名科学家档案展”、“科学家精神”宣讲会、北京自然科学界和社会科学界联席会议高峰论坛、京津冀科技成果路演等活动，积极弘扬科学家精神，提升科技成果传播效果。

1. 科学家精神宣传活动数量

“科学家精神宣传活动数量”这一指标主要考查在一段时间内，该城市举办的科学家精神宣传活动数量。

在参与评估的36个城市中，北京市的“科学家精神宣传活动数量”这一指标显著高于全国平均水平，表明北京市对科学家精神宣传活动重视程度较高，组织举办充分且频繁的科学家精神宣传活动。

2023年10月20日，“科学家精神”宣讲系列活动在中国园林博物馆举办。此次宣讲活动由北京市科学技术协会主办，北京市科技教育中心（北京市科学技术协会党校）承办，特别邀请李四光先生外孙女、中国地质科学院地质力学研究所李四光纪念馆（北京）馆长特别助理邹宗平女士做专题演讲，共吸引中国教育科学研究院丰台实验学校的200余名师生到现场聆听。

2. 科技展览举办场次

“科技展览举办场次”这一指标主要考查在一段时间内，该城市举办的科技展览场次。

在参与评估的36个城市中，北京市的“科技展览举办场次”这一指标高于全国平均水平，表明北京市积极促成科技展览的成功举办，科技展览举办次数居于全国领先地位。

2023年4月21日，第十届中国指挥控制大会暨第八届中国（北京）军事智能技术装备博览会在北京举办。此次博览会由中国科学技术协会指导、中国指挥与控制学会主办、北京洞见未来会展有限公司承办，以“天地一体网络融合，联合全域智能协同”为主题，设置25000平方米超大展区全面展示指挥与控制领域的智能技术装备热点和发展趋势，吸引了500余家国内知名的科研院所、高校、企业参加。

3. 科技会议、论坛、沙龙举办场次

“科技会议、论坛、沙龙举办场次”这一指标主要考查在一段时间内，该城市举办科技会议、论坛、沙龙的场次。

在参与评估的36个城市中，北京市的“科技会议、论坛、沙龙举办场次”这一指标显著高于全国平均水平，表明北京市有关单位积极推进科技类活动在北京举办，举办频率和数量领先全国，传播效果显著，在构建科技创新生态系统方面发挥了关键作用。

2023 年 9 月 23 日，第 21 届北京自然科学界和社会科学界联席会议高峰论坛在石景山区首钢文化园举办。该高峰论坛由市科协、市社科联联动市文物局共同主办，以“科技文化融合，助力博物馆之城建设”为主题，探讨博物馆的科技文化赋能路径，吸引了北京市社科联、北京文博领域专家学者代表等 200 余人参加。

4. 科技成果路演举办场次

“科技成果路演举办场次”这一指标主要考查在一段时间内，该城市举办科技成果路演的场次。

在参与评估的 36 个城市中，北京市的“科技成果路演举办场次”这一指标显著高于全国平均水平，表明北京市对于科技成果路演活动的重视程度明显，组织了多场次的活动，并在各方面取得了显著成效。

2023 年 8 月 8 日，京津冀科技成果路演推广活动在北京北科控股有限公司举办，此次活动由北京北科控股有限公司、北京发明协会等单位联合主办，各参与企业争相登台路演，主要着眼于北京科学技术研究院“四二四”创新发展格局和京津冀区域特色产业方向，力争助力打造高水平的京津冀协同创新体系。共吸引北京发明协会、中国科学院半导体研究所等来自京津冀区域投资机构、科研院所和科技型企业有关负责人共计 60 余人参加活动。

（二）成都

评估显示，成都市科技传播活动开展状况良好，城市科技传播活动评分为 5.23，高于全国平均值 3.75。

1. 科学家精神宣传活动数量

在参与评估的 36 个城市中，成都市的“科学家精神宣传活动数量”这一指标低于全国平均水平，表明成都市对科学家精神宣传活动的重视程度亟待提升，举办科学家精神宣传活动的数量有待进一步增加。

2023 年 9 月，成都市郫都区启动了中小学“弘扬科学家精神勇担科技报国使命”主题征文比赛。此次活动由成都市郫都区教育局等单位主办，以“弘扬科学家精神”为主题进行征文，旨在鼓励郫都区学子挖掘生活中的科学素材，理解科学家精神内涵，全面提升科学素养，共评选出获奖文章 1053 篇。

2. 科技展览举办场次

在参与评估的 36 个城市中，成都市的“科技展览举办场次”这一指标高于全国平均水平，表明成都市较为重视科技展览活动的举办，举办了较多场次的科技展览。

比如，2023 年 3 月 17—20 日，中国（成都）国际汽车智能网联、未来出行博览会在成都市举办，此次成都国际车展由四川省商务厅指导，四川天府国际会展集团有限公司等单位主办，向观众展示汽车智能网联和未来出行的最新解决方案及发展趋势。在展览现场，观众可亲身体验到自动驾驶、车载互联网、自动泊车系统等智能汽车领域前沿技术。

3. 科技会议、论坛、沙龙举办场次

在参与评估的36个城市中，成都市的“科技会议、论坛、沙龙举办场次”这一指标高于全国平均水平，表明成都市在举办科技会议、论坛、沙龙方面情况较好，举办的科技会议、论坛、沙龙场次较多。

比如，2023年10月28—29日，国际金融科技论坛在成都市温江区举行。该论坛由西南财经大学、成都市温江区人民政府等单位联合主办，重点围绕数实融合等热点话题，以“会+展+赛”的方式多元化呈现一场金融与科技融合发展嘉会，共吸引政、产、学、研界超过150位专业人士参加。

4. 科技成果路演举办场次

在参与评估的36个城市中，成都市的“科技成果路演举办场次”这一指标高于全国平均水平，表明成都市较为重视科技成果路演活动，举办了较多场次的科技成果路演。

比如，2023年10月18—20日，中国生物技术创新大会在成都市举行，为生物技术成果提供展示平台，加速推进生物医药领域项目推广和商业化进程，大会设置了路演环节。来自北京协和医院、肽盛生物、山东大学齐鲁医院等团队的18个生物医药项目进行了路演，评委团成员逐项进行了点评。

（三）大连

评估显示，大连市科技传播活动开展状况相对较差，城市科技传播活动评分为2.54，低于全国平均值3.75。不过，大连市举办科学家精神宣传活动效果较为良好，比如，2023年9月，大连市举办了“弘扬科学家精神，科普知识进校园”主题活动，将科学家精神融入课堂教学与课外实践中。

1. 科学家精神宣传活动数量

在参与评估的36个城市中，大连市的“科学家精神宣传活动数量”这一指标高于全国平均水平，表明大连市举办科学家精神宣传活动效果显著，积极动员开展相关活动，将弘扬科学家精神融入各类科技活动。

2. 科技展览举办场次

在参与评估的36个城市中，大连市的“科技展览举办场次”这一指标低于全国平均水平，表明大连市在举办科技展览活动方面存在一定提升空间，建议大连市多组织举办主题展览，展示科技创新成就和科技成果，激发民众科学探索的热情。

3. 科技会议、论坛、沙龙举办场次

在参与评估的36个城市中，大连市的“科技会议、论坛、沙龙举办场次”这一指标低于全国平均水平，表明大连市举办科技会议、论坛、沙龙场次有待增加，建议大连市积极举办科技类活动，增强科学家精神传播效果。

2023年5月12日下午，由大连市CIO协会主办，西安青松光电技术有限公司、广州视臻信息科技有限公司等共同协办的大连市智能制造技术沙龙在大连奥利加尔大酒店成功举办。来自大连市各行业40多家企业的首席信息官、信息化负责人代表约50人参加了沙龙，围绕产品与技术进行了深入交流，共同探讨了行业发展新应用。

4. 科技成果路演举办场次

在参与评估的 36 个城市中，大连市的“科技成果路演举办场次”这一指标低于全国平均水平，表明大连市对举办科技成果路演活动重视程度有待提升，建议大连市增加科技成果路演举办场次，提供科技成果的精准对接平台。

2023 年 11 月 15 日，大连市第二届科技成果转化对接发布会暨金普新区科技成果专场对接活动在大连金普希尔顿欢朋酒店举行。活动由大连市科学技术局、大连金普新区管委会主办，全国 9 家高校院所和 200 余家科技企业、科技服务机构、投融资机构负责人参会。对接发布会设计了“主会场+分会场”的形式，主会场对活跃在科技成果转化前沿的优秀科技成果转化服务机构进行了表彰和重点推介。分会场分别围绕智能制造、化工新材料、生命健康、海洋食品 4 个金普新区重点产业开展科技成果专题对接和科技成果转化工作交流，采取基地推介、成果路演、圆桌论坛、科技沙龙等交流方式，实现科技成果的精准对接。

（四）福州

评估显示，福州市科技传播活动开展状况较差，城市科技传播活动评分为 2.88，低于全国平均值 3.75。

1. 科学家精神宣传活动数量

在参与评估的 36 个城市中，福州市的“科学家精神宣传活动数量”这一指标高于全国平均水平，表明福州市积极促进科学家精神传播，大力开展科学家精神宣传活动，科学家精神宣传活动的数量较多。

2023 年 4 月 24 日，科学家进校园宣传活动走进福州第三中学晋安校区。在此次活动中，由航天系统技术专家黄春平从航天事业的工作内容、我国发展航天事业的原因、目前取得的航天成就以及对未来航天事业发展的展望四个方面与学生们进行了交流分享，让学生们感受了航天事业发展的不易，弘扬航天科学家的崇高精神。

2. 科技展览举办场次

在参与评估的 36 个城市中，福州市的“科技展览举办场次”这一指标低于全国平均水平，表明福州市在举办科技展览方面存在一定提升空间，需要重视科技展览对科技传播的促进作用，积极举办多样化、吸引力强的科技展览，增加科技传播活动数量，促进科技传播。

2023 年 10 月 12—15 日，由中国船舶集团主办的世界航海装备大会在福州市成功举办。共有来自 14 个国家的 700 多家企业参展，设置了数智科技装备、船舶制造、海工装备、绿色能源动力等 15 大展区，集中展示了水下机器人、无人船、智慧海洋系统、智能化港口设备、各式游艇等 6500 余项海洋装备领域的先进技术和产品解决方案，全方面地展示了我国海洋装备领域的科技创新成就。此次展会累计有 3 万名专业采购商参会，18 万人次参展，落实交易签约金额 436 亿元。

3. 科技会议、论坛、沙龙举办场次

在参与评估的 36 个城市中，福州市的“科技会议、论坛、沙龙举办场次”这一指标高于全国平均水平，表明福州市多次组织并成功举办了一系列的科技会议、论坛、沙龙等活动，重视科技会议、论坛、沙龙的举办，促进科技交流与合作。

2023 年 9 月 12—13 日，智慧高速公路关键技术研讨会暨福建高速科技创新推进会在福州市正式召开。此次会议由中国公路学会与福建高速集团共同主办，福建高速科创院等单位联合承办。此次会议围绕福建省智慧高速建设及运营水平展开了讨论，举行了福建省高速科技创新平台揭牌仪式等活动，共有企业代表、高校、科研院所等 300 余人参加会议。

4. 科技成果路演举办场次

在参与评估的 36 个城市中，福州市的“科技成果路演举办场次”这一指标低于全国平均水平，表明福州市在举办科技成果路演活动方面有进一步改善空间，建议福州市积极举办科技成果路演活动，促进各类科技成果的交流。

2023 年 9 月 5 日，“联手福创，共赢未来”项目路演对接交流会在福州大学国家大学科技园侯官园区顺利举行。此次项目路演对接会由南平市政府有关部门领导带队，共 37 家企业代表进行考察交流。参加路演的两家企业分别为左旋（福建）科技有限公司与福建省原道生态环境研究院。

（五）广州

评估显示，广州市科技传播活动开展状况良好，城市科技传播活动评分为 7. 22，高于全国平均值 3. 75。

1. 科学家精神宣传活动数量

在参与评估的 36 个城市中，广州市的“科学家精神宣传活动数量”这一指标显著高于全国平均水平，表明广州市致力于推动科学家精神传播，积极开展科学家精神宣传活动。

2023 年 5 月 31 日，广州市开元学校组织了科学家精神进校园活动，组织全校师生参观“众心向党　自立自强——党领导下的科学家”主题展以及“笔鉴丹心——手稿中的中国科学家精神”主题展。该展览通过展示我国科学家群体的时代照片及学习笔记、科研手迹、书信手稿等珍贵资料，讲述科技工作者追求真理、淡泊名利的创新故事，弘扬“爱国、创新、求实、奉献、协同、育人”的中国科学家精神。

2. 科技展览举办场次

在参与评估的 36 个城市中，广州市的“科技展览举办场次”这一指标高于全国平均水平，表明广州市十分看重科技展览，积极举办或承办科技展览。

2023 年 8 月 9—11 日，由中国医疗器械行业协会、上海江云会展有限公司等单位主办的第七届广州国际医疗器械设计与制造技术展在广交会场馆举行。该展会以“创新高端·制胜未来”为主旨，汇聚近 1200 家来自全球近 20 个国家的优质品牌供应商，全面展示医疗器械设计与制造全产业链的各类产品，吸引参与观众 50000 人次。

3. 科技会议、论坛、沙龙举办场次

在参与评估的 36 个城市中，广州市的“科技会议、论坛、沙龙举办场次”这一指标高于全国平均水平，表明广州市有关单位一直致力于通过组织多样化、高水平的科技活动，推动科研成果的交流与分享，为科技产业工作者提供了解最新科技发展趋势的平台。

2023 年 5 月 20—23 日，由科学技术部、中国科学院等单位指导，广东省人民政府主办的大湾区科学论坛在广州举行。此次论坛以“智汇湾区，湾和世界”为主题，探讨内容涉及海洋科学、高能物理、纳米科学、人工智能先进制造等的科学前沿热点，吸引了来自全球各地的院士近百人，国际组织、协会代表近 30 人，国内外学术机构代表 200 余人及各领域专家线上线下共同参与。

4. 科技成果路演举办场次

在参与评估的 36 个城市中，广州市的“科技成果路演举办场次”这一指标显著高于全国平均水平，表明广州市对于举办科技成果路演活动的重视程度较高，多次组织活动，取得了良好收获。

2023 年 10 月 31 日，创交会系列活动“数智无限算领未来”第六场路演活动在广电平云广场隆重举行。该活动由广州广电研究院有限公司和广州广电平云资本管理有限公司共同主办，采用“10 分钟路演+5 分钟提问”的规则，围绕人才、金融服务、公共服务及营销服务四个关键领域项目展开路演，并接受投资公司代表的点评。

（六）哈尔滨

评估显示，哈尔滨市科技传播活动开展状况相对较差，城市科技传播活动评分为 3.20，低于全国平均值 3.75。

1. 科学家精神宣传活动数量

在参与评估的 36 个城市中，哈尔滨市的“科学家精神宣传活动数量”这一指标低于全国平均水平，表明哈尔滨市对于科学家精神宣传力度仍有一定提升空间，建议哈尔滨市树立更多科学家精神先进典范，举办更多科学家精神宣传活动。

2023 年 5 月 29 日，以“礼赞科学家 · 建功新龙江”为主题的黑龙江“全国科技工作者日”主场活动暨弘扬科学家精神展演颁奖仪式在黑龙江广播电视台举行。活动现场举办了科学家精神展演，来自全省多个单位的优秀科学家精神作品倾情演绎，深切地诠释了全国各类科技工作者、学子的“爱国、创新、求实、奉献、协同、育人”等科学精神及学风深蕴。

2. 科技展览举办场次

在参与评估的 36 个城市中，哈尔滨市的“科技展览举办场次”这一指标低于全国平均水平，表明哈尔滨市在举办科技展览活动方面仍有改进空间，建议哈尔滨市加大科技展览举办的政策支持力度，促成更多科技展览在哈尔滨市举办。

3. 科技会议、论坛、沙龙举办场次

在参与评估的 36 个城市中，哈尔滨市的“科技会议、论坛、沙龙举办场次”这一指标略高于全国平均水平，表明哈尔滨市积极举办科技会议、论坛、沙龙，促进科学家精神传播。

2023 年 8 月 19—20 日，第十三届科技进步论坛暨中国科学学与科技政策研究会技术创新专业委员会学术年会在哈尔滨工程大学召开。此次论坛以“数智技术创新赋能可持续发展”为主题，旨在为解决数字化趋势之下可持续发展提供新思路，助力中国特色现代化建设，搭建政产学研交流合作平台。本次会议邀请来自清华大学、中国科技大学等40多所院校的350余位领导、专家、青年学者出席。

4. 科技成果路演举办场次

在参与评估的36个城市中，哈尔滨市的“科技成果路演举办场次”这一指标略高于全国平均水平，表明哈尔滨市举办科技成果路演活动的场次较多，有利于科技成果发展。

2023年3月24日，国家科技计划成果路演行动（哈尔滨高新区专场）在哈尔滨高新区举行。此次活动由科学技术部、黑龙江省政府主办，聚焦数字经济、生物经济、新材料与新能源、高端装备四个领域，共设置81个路演项目，120余家创投机构的相关人员参加并与路演方进行了对接。

（七）杭州

评估显示，杭州市科技传播活动开展状况较为良好，城市科技传播活动评分为4.66，高于全国平均值3.75。

1. 科学家精神宣传活动数量

在参与评估的36个城市中，杭州市的“科学家精神宣传活动数量”这一指标高于全国平均水平，表明杭州市较为重视弘扬科学家精神，积极开展科学家精神宣传活动，举办科学家精神宣传活动的数量较多。

比如，2023年6月7日，由浙江省科学技术协会主办，杭州市科学技术协会、自然资源部第二海洋研究所、杭州市拱墅区科学技术协会协办，杭州大关小学教育集团、时代强鹰·杭州创业发展促进会承办的浙江省科协科学家精神宣讲活动走进杭州市拱墅区大关小学。此次活动邀请到了“蛟龙号”首位大洋深潜女科学家、自然科学首席传播专家唐立梅老师，围绕“向海图强·探索未知”主题，给学生们带来一堂关于海洋探索的生动科学课程，共吸引了杭州市拱墅区大关小学师生130余人参加。

2. 科技展览举办场次

在参与评估的36个城市中，杭州市的“科技展览举办场次”这一指标高于全国平均水平，表明杭州市对科技展览活动的重视程度较高，积极促成科技展览在此举办。

比如，2023年7月7—9日，中国（杭州）国际消防安全应急救援暨新型智慧城市公共安全展览会在杭州国际博览中心举办。此次展会以“平安浙江、智慧浙江”为主题，展品涵盖智慧安防解决方案、新一代信息技术、物联网技术、智慧城市技术与应用、平安城市、应急消防装备、消防器材、安全防护等方面，吸引了来自国内400余家品牌企业携最新技术及产品亮相本届展会。

3. 科技会议、论坛、沙龙举办场次

在参与评估的36个城市中，杭州市的“科技会议、论坛、沙龙举办场次”这一指标低于全国平均水平，表明杭州市在举办科技会议、论坛、沙龙方面还可以继续加强。

比如，2023年7月15日，杭州市首届西湖AI科技应用大会在西湖大学学术交流中心正式召开。此次西湖 AI 科技应用大会由智语 AI 脚本宝等单位主办，杭州智语人工智能科技有限公司等单位承办，浙江省会展行业协会、合肥人工智能研究院等单位协办。此次大会主要为参与者提供了向业界顶级专家学习人工智能最新进展的宝贵机会，促进了全球 AI 的科研共享、产业化进程和公众对 AI 的理解。此次大会共吸引 500 多人现场参会，线上总观看人数超过 10 万人次。

4. 科技成果路演举办场次

在参与评估的 36 个城市中，杭州市的“科技成果路演举办场次”这一指标高于全国平均水平，表明杭州市较为重视举办科技成果路演活动，举办科技成果路演活动的场次较多。

比如，2023 年 6 月 2 日，天使湾创投、杭州城西科创大走廊青山湖科技城管委会、临安区财政局在青山湖畔联合举办了 2023 年中国硬科技 DemoDay。此次路演活动精选了 20 个国内硬科技高潜力项目，在阿米巴、启赋、线性、奇绩创坛、东方嘉富、浙大藕舫、天使湾创投等国内一线早期投资机构已投资的硬科技项目中精心挑选，聚焦硬科技创业方向（包括新能源、新材料、先进制造、智能硬件、人工智能等），且处在 PreA、A 轮或 B 轮融资阶段。此次路演活动还邀请了达晨、创新工场、经纬、金沙江、同创伟业、联想、钟鼎等 100 多家专业投资机构参会。

（八）合肥

评估显示，合肥市科技传播活动开展状况较为良好，城市科技传播活动评分为 5. 73，高于全国平均值 3. 75。

1. 科学家精神宣传活动数量

在参与评估的 36 个城市中，合肥市的“科学家精神宣传活动数量”这一指标高于全国平均水平，表明合肥市重视科学家精神的宣传活动，举办的科学家精神宣传活动场次较多。

比如，2023 年 8 月 22 日，由合肥市科学技术协会主办的合肥市教育“双减”中做好科学教育加法暨科学、科学家精神宣讲活动走进巢湖市图书馆，特邀中国科学技术大学自动化系教授、博士生导师王永带来精彩的“走近机器人世界”主题报告。

2. 科技展览举办场次

在参与评估的 36 个城市中，合肥市的“科技展览举办场次”这一指标高于全国平均水平，表明合肥市对举办科技展览较为重视，举办了较多场次的科技展览。

比如，2023 年 10 月 24—29 日，第六届世界声博会暨 2023 科大讯飞全球 1024 开发者节的线下展在合肥市成功举办。该展览展区面积整体约 6700 平方米，包含科技馆、工业馆、教育馆、生态馆、行业馆、生活馆和科学艺术展 7 个展馆，汇聚 300 多项 AI 深度赋能的硬核技术成果，全方位展示人工智能技术赋能千行百业的多元生态。

3. 科技会议、论坛、沙龙举办场次

在参与评估的 36 个城市中，合肥市的“科技会议、论坛、沙龙举办场次”这一指标高于全国平均水平，表明合肥市重视为科技工作者提供交流平台，举办了较多场次的科技会议、论坛、沙龙。

比如，2023 年 9 月 17—18 日，复杂电磁环境效应及综合智能防护技术交流大会在合肥成功举办。大会由中国电子学会、国防科技大学电子对抗学院共同主办，与会专家、学者就复杂电磁环境效应及综合智能防护的相关理论、关键技术进行了交流，复杂电磁环境效应领域 18 名学者作了主旨报告，吸引有关高校、科研院所等单位有关代表 300 余人参会。

4. 科技成果路演举办场次

在参与评估的 36 个城市中，合肥市的“科技成果路演举办场次”这一指标显著高于全国平均水平，表明合肥市较为重视科技成果转化，举办的科技成果路演活动场次较多，推动了科技成果传播。

比如，2023 年 9 月 24 日，“科里科气 · 科创荟”第四十五期科技成果转化项目路演活动（中国科学技术大学碳中和研究院专场）在中国科学技术大学高新校区顺利举行。活动由合肥市委科技创新委员会办公室（合肥市科技局）主办。10 个来自中国科学技术大学碳中和研究院的高水平科研团队分别展示了他们在大数据实时碳监测、木质纤维素生物质高质化转化、分布式能源调控技术等领域的科研成果，共有 100 余人参与了活动。

（九）济南

评估显示，济南市科技传播活动开展状况较好，城市科技传播活动评分为 6.06，高于全国平均值 3.75。

1. 科学家精神宣传活动数量

在参与评估的 36 个城市中，济南市的“科学家精神宣传活动数量”这一指标高于全国平均水平，表明济南市大力支持科学家精神宣传活动的开展，开展的科学家精神宣传活动数量较多。

比如，2023 年 10 月 27 日，山东省科学家精神报告团走进济南市七里山小学举行科学家精神报告会会。此次活动由山东省委宣传部、山东省科学技术协会等单位主办，邀请山东省科学家精神报告团成员尉永清教授对我国“数学机械化之父”吴文俊的科研历程、人生事迹进行宣讲，激发学生们爱国、爱创新、爱科学。

2. 科技展览举办场次

在参与评估的 36 个城市中，济南市的“科技展览举办场次”这一指标高于全国平均水平，表明济南市对科技展览活动的重要性认识充分，举办科技展览的积极性高。

比如，2023 年 3 月 15—17 日，CMEE 第 48 届中国国际医疗器械（山东）博览会在济南市举办。此次展览由济南市政府、山东省医学会等单位主办，以“关爱生命、呵护健康”为主题，展示诊断及治疗设备类，生化、数字化设备类，检验设备及实验室设备类等多方面医疗领域产品，共吸引参展企业超 1000 家，全球领先品牌 70 余个。

3. 科技会议、论坛、沙龙举办场次

在参与评估的 36 个城市中，济南市的“科技会议、论坛、沙龙举办场次”这一指标高于全国平均水平，表明济南市在举办科技会议、论坛、沙龙方面取得了较好的成效。

比如，2023 年 9 月 23—25 日，由中国科学技术协会主办，山东省科学技术协会、山东省教育厅、山东省科技厅承办，山东青年政治学院、山东体育学院共同协办的第一届中国科技青年论坛国家重大需求专题分论坛在济南举行。来自国内外重点科研企事业单位和高等院校的 70 余名青年科技工作者，采用线上线下相结合的形式，分享其攻克国家关键性技术难题和推动科技成果与市场落地转化等方面的生动内容，并与由知名院士、行业专家组成的评审专家团队进行现场交流互动。

4. 科技成果路演举办场次

在参与评估的 36 个城市中，济南市的“科技成果路演举办场次”这一指标显著高于全国平均水平，表明济南市重视科技成果路演的作用，积极举办科技成果路演活动。

比如，2023 年 9 月 25 日，“山东好成果　科技新动能”重大科技成果路演活动在济南举办。活动采取“线下路演+线上直播”的模式，从山东省重大科技成果中筛选出 8 项优质成果进行现场路演，涵盖信息技术、现代海洋、现代农业、生物医药等产业领域，促进科技成果与金融资本精准对接，加速科技成果向现实生产力转化。

（十）昆明

评估显示，昆明市科技传播活动开展状况相对不足，城市科技传播活动评分为 2. 86，低于全国平均值 3. 75。

1. 科学家精神宣传活动数量

在参与评估的 36 个城市中，昆明市的“科学家精神宣传活动数量”这一指标低于全国平均水平，表明昆明市举办科学家精神宣传活动数量有待增多，建议由政府推动，增加科学家精神宣传活动的场次。

比如，2023 年 9 月 8 日和 9 月 12 日，在昆明市五华区委、区政府支持下，五华区科协、五华区教体局联合中国科学院昆明分院共同举办 2023 年全国科普日五华区主场“启动未来科学之星 · 科学家进校园宣讲活动”。本次活动以“航天强国”为主题，走进云南大学附小、云南大学附中，同时以云直播课堂的形式面向全市中小学校进行直播。当天观看量超 90 万人次。

2. 科技展览举办场次

在参与评估的 36 个城市中，昆明市的“科技展览举办场次”这一指标低于全国平均水平，表明昆明市促成科技展览举办的能力存在提升空间。建议昆明市建设集中化的科技展览信息申报、公示平台，使科技展览的办展需求方及受众及时获取相关信息，促成更多场次的科技展览。

比如，2023 年 4 月 13—15 日，第十二届中西部（昆明）医疗器械展览会在昆明滇池国际会议中心举办。此次展览由成都英奇会展有限公司承办，展览面积超 2 万平方米，设有 8 个板块，集中展示医疗行业医疗器械、诊断设备、检验设备及用品等最新产品，吸引了超 400 家企业参展。

3. 科技会议、论坛、沙龙举办场次

在参与评估的 36 个城市中，昆明市的“科技会议、论坛、沙龙举办场次”这一指标低于全国平均水平，表明昆明市在举办科技会议、论坛、沙龙方面还可以继续加强。

比如，2023 年 8 月 8—9 日，医药创新和科技前沿论坛在云南白药集团总部白药空间举行，该活动旨在加强医学学术交流与合作，发挥高端学术会议引领辐射作用，促进中国医学研究高质量发展。该论坛关注医学科技发展的前沿，会聚临床医学、中医药、妇女健康、骨科/创伤医学等领域的知名专家，研讨交流先进医学理念与服务经验，展示全球外医学科技发展最新成果。

4. 科技成果路演举办场次

在参与评估的 36 个城市中，昆明市的“科技成果路演举办场次”这一指标略高于全国平均水平，表明昆明市重视举办科技成果路演活动，举办科技成果路演活动的场次较多。

比如，2023 年 6 月 28—29 日，“2023 彩云汇——创融互动，智达云南”企业融资路演活动在昆明举办。此次活动由云南省科学技术厅、云南省投资控股集团有限公司等单位共同主办，旨在为企业双创和融资活动搭建平台，增强昆明市资本市场对科技创新型企业的融资服务能力。此次路演活动共吸引 178 家企业报名参加，21 家企业通过筛选，路演项目主要包括 TMT、高端制造、物联网等。深圳市创新投资集团有限公司、昆吾九鼎投资管理有限公司等 21 家投资机构全程参加路演，并对路演项目进行点评。

（十一）南昌

评估显示，南昌市科技传播活动开展状况较为良好，高于全国平均水平。

1. 科学家精神宣传活动数量

在参与评估的 36 个城市中，南昌市的“科学家精神宣传活动数量”这一指标低于全国平均水平，表明南昌市虽然举办了一系列科学家精神宣传活动，但相较于其他城市还存在提升空间，建议南昌市提高对弘扬科学家精神的重视程度，更加积极地开展科学家精神宣传活动。

比如，2023 年 5 月 30 日，第七个“全国科技工作者日”当天，由南昌市科学技术协会主办的 2023 年南昌市“最美科技工作者”颁证暨“科学家精神宣讲团”成立仪式在江西省科技馆举行。此次活动以“点亮精神火炬”为主题，旨在表彰在科技领域有突出贡献的科技工作者，并进一步推动南昌市科学家精神弘扬和科学技术传播工作。活动中，与会嘉宾为 2023 年南昌市“最美科技工作者”颁发了荣誉证书，为南昌市“科学家精神宣讲团”首批成员颁发了聘书。

2. 科技展览举办场次

在参与评估的 36 个城市中，南昌市的“科技展览举办场次”这一指标高于全国平均水平，表明南昌市对举办科技展览活动的重视程度较高，在举办科技展览活动方面取得了较好成效。

2023 年 11 月 9 日，由江西省交通运输厅、江西省科学技术协会主办，江西省公路学会承办的 2023 年江西交通科技创新大会暨新技术产品博览会在南昌市开幕。大会以“科技创新赋能交通”为主题，共设立 1 个主论坛、9 个分论坛，旨在围绕科技创新驱动发展战略，以科技创新赋能交通高质量发展，助力江西省高质量构建现代综合交通运输体系。

3. 科技会议、论坛、沙龙举办场次

在参与评估的36个城市中，南昌市的“科技会议、论坛、沙龙举办场次”这一指标高于全国平均水平，表明南昌市在举办科技会议、论坛、沙龙方面较为活跃，在科技创新和科技交流方面投入了较多资源。

2023年9月17—18日，由中国人工智能学会、江西省科学技术厅、南昌市人民政府主办的第十二届中国智能产业高峰论坛在南昌市举办。该论坛围绕元宇宙、数字安全、智慧教育等主题，举办了1场主论坛、21场专题论坛，带来了超过130场学术报告、3场圆桌对话和持续2天的互动体验展，全方位推动人工智能前沿科技交流，助力江西省智能产业与数字经济发展。

4. 科技成果路演举办场次

在参与评估的36个城市中，南昌市的“科技成果路演举办场次”这一指标高于全国平均水平，表明南昌市积极举办科技成果路演活动，对科技创新和发展起到较好的助推作用。

比如，2023年10月19日，由工业和信息化部、江西省人民政府等单位共同主办的世界虚拟现实（Virtual Reality，VR）产业大会期间，中国VR50强企业路演在南昌市举行。路演邀请百度智能云元宇宙创新平台部总经理丁志刚、影石创新科技股份有限公司联合创始人陈永强、北京耐德佳显示技术有限公司联合创始人段家喜等6位中国VR领域领军企业相关负责人发表演讲，共同展示我国VR产业发展成果。

（十二）南京

评估显示，南京市科技传播活动开展状况较为良好，城市科技传播活动评分为4.99，略高于全国平均值3.75。

1. 科学家精神宣传活动数量

在参与评估的36个城市中，南京市的“科学家精神宣传活动数量”这一指标高于全国平均水平，表明南京市较为重视弘扬科学家精神，积极开展科学家精神宣传活动，科技氛围较为浓厚，有力地促进了南京市科学家精神的传播。

比如，2023年9月20日，江苏省助力“双减”科普行暨“科学家（精神）进校园”专场活动在南京书人实验学校举行。此次活动由江苏省科学技术协会等单位主办，江苏省科学传播中心和南京市浦口区科学技术协会等单位承办。此次报告会上，南京信息工程大学遥感与测绘学院院长童旭东以“改变世界的航天科技”为题，畅谈中国航天事业，激发青少年科学梦想。

2. 科技展览举办场次

在参与评估的36个城市中，南京市的“科技展览举办场次”这一指标高于全国平均水平，表明南京市较为重视科技展览的举办，举办科技展览数量较多，有利于全民科技创新能力和意识的提高，能够进一步激发企业创新创造能力。

比如，2023年8月21日，FMIF未来元宇宙创新大会暨南京软博会元宇宙展在南京国际博览中心举行。此次活动由南京市工业和信息化局、南京元宇宙产业协会等单位主办。此次展会共吸引了灵境元宇宙研究院、完美世界、软通动力、小视科技、燧光科技等 14 家元宇宙重点企业和平台参展，全面展现元宇宙产业化应用的热点与趋势。

3. 科技会议、论坛、沙龙举办场次

在参与评估的 36 个城市中，南京市的“科技会议、论坛、沙龙举办场次”这一指标略高于全国平均水平，表明南京市举办科技会议、论坛、沙龙的场次较多，科技学术氛围较为活跃，有利于科技内容在学术领域的交流与传播。

比如，2023 年 9 月 21—23 日，中国（南京）文化和科技融合成果展览交易会在南京国际博览中心开展。此次展览由江苏省科学技术厅等单位主办，聚焦人工智能、数字文旅、元宇宙等产业方向，集中展示文化数字化建设、元宇宙、数智文旅等行业领域的新产品、新服务、新业态。此次展览现场设置了 67 个展台，共吸引了 430 家企业主体参与。

4. 科技成果路演举办场次

在参与评估的 36 个城市中，南京市的“科技成果路演举办场次”这一指标高于全国平均水平，表明南京市重视举办科技成果路演活动，举办了较多科技成果路演活动，大力展示科技创新能力，提高科技成果传播的效率。

比如，2023 年 9 月 12 日，“南京海智在线”数字医疗海外项目路演活动在南京市建邺区金鱼嘴基金街区成功举行。此次路演由南京市科学技术协会指导，南京市建邺区科学技术协会等单位联合主办。此次路演活动围绕数字医疗前沿领域，精选了 4 个项目，邀请了医疗加速器、科技企业、研究机构以及创投机构的 10 多位代表参加，共同探讨数字医疗跨境合作的新机遇和新路径。

（十三）宁波

评估显示，宁波市科技传播活动开展状况较为良好，城市科技传播活动评分为 3. 94，高于全国平均值 3. 75。

1. 科学家精神宣传活动数量

在参与评估的 36 个城市中，宁波市的“科学家精神宣传活动数量”这一指标高于全国平均水平，表明宁波市较为重视弘扬科学家精神，持续举办多种形式的科学家精神宣传教育活动，大力弘扬科学家精神。

例如，2023 年 5 月 9 日，宁波市鄞州区科学技术协会同区文广旅体局、区直属机关工委联合组织举办科学与科学家精神“五进”巡讲活动，邀请中国科学院老科学家科普演讲团白武明、郭传杰、陈光南、徐德诗四位老科学家进学校、进社区、进企业、进商圈、进机关。首堂“进机关”专题报告会在鄞州区图书馆报告厅由郭传杰老师开讲，通过对“两弹一星”功勋科学家在 20 世纪下半叶创建辉煌伟业的回顾，带领全体党员感悟热爱祖国、无私奉献，自力更生、艰苦奋斗，大力协同、勇于登攀的“两弹一星”伟大精神，鄞州区级机关各单位近 200 名党员干部参加此次报告会。

2. 科技展览举办场次

在参与评估的 36 个城市中，宁波市的“科技展览举办场次”这一指标低于全国平均水平，表明宁波市对科技展览的重视程度亟待提升。建议宁波市出台相关政策，引导举办更多场次的科技展览。

2023 年 11 月 6 日下午，“生命守护者——宁波籍生命科学家特别展”暨宁波籍科学家资料采集工程启动仪式在宁波帮博物馆举行。展览由宁波市文化广电旅游局、宁波市科学技术协会指导，宁波市博物院主办。本次展览以科学家精神为引领，以生命科学为视角，集展示、教育和科普等功能于一体，立体化呈现生命科学领域 27 位宁波籍科学家的主要事迹、突出成就和群像特征，分“栉风沐雨”“砥砺前行”两个篇章体现他们所彰显的以爱国、创新、求实、奉献、协同、育人为核心的科学家精神。展览时间从 2023 年 11 月 7 日起，延续至 2024 年 1 月。

3. 科技会议、论坛、沙龙举办场次

在参与评估的 36 个城市中，宁波市的“科技会议、论坛、沙龙举办场次”这一指标高于全国平均水平，表明宁波市重视科技会议、论坛、沙龙的举办，多次举办科技会议、论坛、沙龙，积极进行科技的传播，宣传科学家精神。

例如，2023 年 10 月 31 日至 11 月 1 日，中国（宁波）高新技术成果交易洽谈会在宁波国际会议中心举行。该活动由宁波市委人才办、市科技局主办，聚焦浙江省“315”战略领域和宁波市“361”万千亿级产业集群，以“成果交易，潮起云甬”为主题，全面展示近年来代表性、标志性科技创新成果，营造科技成果转化良好氛围。两天展会期间，吸引参观者 500 余人次，研究院技术专家与来访人员进行了技术交流，达成意向客户十余家。

4. 科技成果路演举办场次

在参与评估的 36 个城市中，宁波市的“科技成果路演举办场次”这一指标高于全国平均水平，表明宁波市较为重视举办科技成果路演活动，大力展现目前的科技成果状况，有利于推进科技发展。

例如，2023 年 5 月 24 日，2023 年宁波市科技成果对接会在宁波余姚举行。此次对接会由宁波市委军民融合办、宁波市科技局、余姚市政府联合主办，以“实施院企精准对接，推进产学研深度合作”为主题，旨在促进高校科研院所创新资源与优势产业深度融合，持续提升宁波市本土企业创新活力。活动现场，近 200 名来自宁波市科技管理部门、相关制造领域企业、高校院所、产业技术研究院负责人及专家会聚一堂，共话推进产学研协同创新。对接会上，对“低成本增材制造用马氏体时效钢”“腔镜手术机器人研发与产业化”“智能传感芯片及其测试系统开发”等 40 余项科技成果进行推介。

（十四）青岛

评估显示，青岛市科技传播活动开展状况相对较差，城市科技传播活动评分为 2.46，低于全国平均值 3.75。

1. 科学家精神宣传活动数量

在参与评估的 36 个城市中，青岛市的“科学家精神宣传活动数量”这一指标低于全国平均水平，表明青岛市对弘扬科学家精神宣传活动的重视程度有待提升，积极开展科学家精神宣传活动，让民众对科学家精神有更多的了解，有利于提高民众科学素养。

2023 年 1 月 11 日，《弘扬科学家精神宣传合集》由青岛市科学技术协会联合市教育局、市科技局和市广播电视台将历年科学家精神宣讲和《榜样的力量》《科技对话青春》等广受欢迎的节目编辑成集制作而成。该项目以“榜样的力量”为主题，大力弘扬科学家精神，进一步扩大科学家精神的宣传覆盖面。

2. 科技展览举办场次

在参与评估的 36 个城市中，青岛市的“科技展览举办场次”这一指标低于全国平均水平，表明青岛市科技展览活动举办场次亟待增加。建议青岛市加大对举办科技展览活动的重视程度，积极承接省级和国家级的科技展览活动。

2023 年 9 月 20—22 日，国际海洋科技展览会在青岛市成功举办。此次展会由青岛市人民政府主办，围绕“聚焦海洋科技，共创蓝色未来”主题，以海洋探测、海洋信息、海洋监测、海工装备等九大展区，全方位展示全球海洋科技发展新动向，共吸引了来自国内外的数百家海洋科研机构、高校及企业参展。

3. 科技会议、论坛、沙龙举办场次

在参与评估的 36 个城市中，青岛市的“科技会议、论坛、沙龙举办场次”这一指标高于全国平均水平，表明青岛市举办科技会议、论坛、沙龙场次较多，有利于弘扬科学家精神。

2023 年 9 月 17—19 日，世界海洋科技大会在青岛市顺利举办。此次大会由山东省人民政府和中国科学技术协会共同主办，旨在加强国际海洋科技领域的交流，打造海洋科技领域学术交流高端平台、“双招双引”及政产学研用融合的海洋科技成果转化平台，设有主题报告、11 个分会场、2023 海洋防腐技术行业高质量发展成果展会等板块，吸引超 800 名专家、从业人员、各界人员参加。

4. 科技成果路演举办场次

在参与评估的 36 个城市中，青岛市的“科技成果路演举办场次”这一指标低于全国平均水平，表明青岛市对举办科技成果路演活动的场次重视程度有待提升，助力科学家精神的传播。

2023 年 10 月 19 日，青岛市李沧区“科技硕果金”首场投融资路演活动在华澜·现代金融科技产业园举行。活动由李沧区科技局、李沧区地方金融监管局、华澜·现代金融科技产业园主办，由青岛市创新投资有限公司协办。在活动现场，5 家有融资需求的企业就“AI 智慧智能教育”“双波段紫外联合臭氧常温聚解催化氧化技术及一站式超级空气消毒净化机”“氢能全产域关键催化材料的开发及产业化”“健身领域软件、硬件需求”“照明解决方案”项目进行了路演，华澜·现代金融科技产业园、科技金融服务机构及企业等嘉宾代表 80 余人参加活动。

（十五）厦门

评估显示，厦门市科技传播活动开展状况较差，城市科技传播活动评分为 2.54，低于全国平均值 3.75。

1. 科学家精神宣传活动数量

在参与评估的 36 个城市中，厦门市的“科学家精神宣传活动数量”这一指标高于全国平均水平，表明厦门市重视弘扬科学家精神，采用多种形式开展科学家精神的宣传活动。

比如，2023 年 7 月 25 日，华侨大学“科学家精神”青年红色筑梦团队前往厦门市杏林社区进行暑期实践，吸引了 46 名学生参加。宣讲团成员左雨亭以“讲故事、悟人生”的方式，讲述“中国核潜艇之父”黄旭华的故事，让科学家精神从抽象符号转化为生动的科学家故事，带领学生们走近科学，了解科学家，增强科学探索的好奇心。

2. 科技展览举办场次

在参与评估的 36 个城市中，厦门市的“科技展览举办场次”这一指标低于全国平均水平，表明厦门市对科技展览活动举办的重视程度亟须加强，举办的科技展览活动场次有较大的提升空间。

比如，2023 年 10 月 20—22 日，亚太新型电力系统暨储能技术展览会在厦门国际会展中心举办。此次展会共有 4 个展厅，共有近 100 家能源电力龙头企业展出，分享能源电力新技术的研究和应用，吸引专业观众超过 3 万人次。

3. 科技会议、论坛、沙龙举办场次

在参与评估的 36 个城市中，厦门市的“科技会议、论坛、沙龙举办场次”这一指标低于全国平均水平，表明厦门市虽然举办过一些科技会议、论坛、沙龙，但与其他城市相比频次较少，仍有提升空间。

比如，2023 年 11 月 7 日，第六届世界科技社团发展与治理论坛在厦门市举办。此次论坛设置 1 场主论坛、3 场平行论坛、1 场主题沙龙活动，聚焦科技社团的热点问题，展示各科技社团在推动国际科技交流合作、促进科技创新、参与全球科技治理等方面的积极贡献。国内外知名科技社团的负责人、科技社团的科研专家等共 400 余人参加了论坛。

4. 科技成果路演举办场次

在参与评估的 36 个城市中，厦门市的“科技成果路演举办场次”这一指标低于全国平均水平，表明厦门市举办的科技成果路演活动较少，建议提高重视程度。

比如，2023 年 9 月 8 日，由中国农业银行投资银行部主办、中国农业银行厦门分行承办的科创股权投资高端论坛暨“春笋计划”企业股权融资路演专场（厦门）活动在第二十二届中国国际投资贸易洽谈会期间成功举办。此次活动邀请了新能源、集成电路、人工智能等前沿领域的 6 家科创企业进行路演，吸引了来自北京、深圳、上海、厦门等全国各地近 50 家专业投资机构的相关负责人现场参会。此次路演借助深交所的科融通平台，采用“现场+直播”的形式，共吸引到全国 9000 多家投资机构和 2 万多名投资人线上参会。

（十六）上海

评估显示，上海市科技传播活动开展状况优良，城市科技传播活动评分为 8.03，显著高于全国平均值 3.75。

1. 科学家精神宣传活动数量

在参与评估的36个城市中，上海市的“科学家精神宣传活动数量”这一指标显著高于全国平均水平，表明上海市积极宣传科学家精神，在全市营造出崇尚科学、铭记科学家精神的优良风气。

2023年9月19—20日，“点亮精神火炬　弘扬科学精神”钱学森精神宣讲团走进三明活动在三元区启动。本次活动发挥上海交通大学钱学森图书馆科学家精神教育基地、“大思政课”实践教学基地的功能，宣扬以“爱国、创新、求实、奉献、协同、育人”为核心的科学家精神，依托钱学森图书馆的资源基础，开展主题展、报告会等活动，宣传“两弹一星”元勋钱学森的光辉事迹，弘扬爱国科学家的崇高品质和精神。

2. 科技展览举办场次

在参与评估的36个城市中，上海市的“科技展览举办场次”这一指标高于全国平均水平，表明上海市重视科技展览的举办活动，科技展览举办次数多，推动科技知识走向大众。

2023年6月15—17日，第六届中国（上海）国际发明创新展览会在上海世博展览馆举办。此次展览会由上海发明协会主办，以“发明创造，引领未来”为主题，设有“技术创新成果”“未来发明家”“境外创新发明”三大展区，展出内容涵盖人工智能、节能环保、生物科技、新材料等多个领域，共有1000多项来自国内外的创新技术展示陈列。

3. 科技会议、论坛、沙龙举办场次

在参与评估的36个城市中，上海市的“科技会议、论坛、沙龙举办场次”这一指标显著高于全国平均水平，表明上海市有关单位积极组织和推动各类科技会议、论坛、沙龙，举办数量众多，传播效果良好，促进了跨学科的合作发展。

2023年10月11日，由中央广播电视总台和上海市人民政府共同主办的“2023科创大会”在上海市举行。本次大会主题突出“创新驱动自立自强”，主要探讨科技创新与产业发展融合等科创领域重点问题，共有来自上海市政府、各知名院校、科创企业等200余人参加。同时，由浙江大学、上海交通大学等九大高校共同组建的中国高校科创联盟在本次会议上启动。

4. 科技成果路演举办场次

在参与评估的36个城市中，上海市的“科技成果路演举办场次”这一指标显著高于全国平均水平，表明上海市在开展科技成果路演活动方面十分重视，组织了多场活动，取得了良好效果，为科创发展作出了积极贡献。

2023年2月10日，由上海科技大学技术转移办公室主办的“上海科创集团—上科大生物医药路演专场活动”上海科技大学科创产业早期孵化器成功举办。活动中，来自中国科学院上海药物所、中国科学院分子细胞科学卓越创新中心等6个单位的9个项目开展了路演活动，介绍了NAD+肿瘤免疫、均一性抗体药物偶联物的构建及抗肿瘤药物开发等项目的内容。

（十七）深圳

评估显示，深圳市科技传播活动开展状况较为良好，城市科技传播活动评分为6.30，高于全国平均值3.75。

1. 科学家精神宣传活动数量

在参与评估的36个城市中，深圳市的“科学家精神宣传活动数量”这一指标略高于全国平均水平，表明深圳市较为重视弘扬科学家精神，积极举办各类科学家精神宣传活动。

比如，2023年11月2日，“笔鉴丹心——手稿中的中国科学家精神主题展”在深圳市爱人才馆开展。此次活动由深圳市科学技术协会指导，南山区科学技术协会主办，以“情”为主题、以时间为线索，分篇章展示了百余位老科学家的学习笔记、书信手稿等珍贵资料，解读了科学家原笔原迹背后异彩纷呈的故事，体现了科技工作者爱国、创新、求实、奉献、协同、育人的科学家精神。

2. 科技展览举办场次

在参与评估的36个城市中，深圳市的“科技展览举办场次”这一指标显著高于全国平均水平，表明深圳市高度重视科技展览类的科技传播手段，举办了大量科技展览，有效地促进了科技传播。

比如，2023年6月27—29日，LMN世界激光制造大会暨第十六届深圳国际激光与智能装备、光子技术博览会在深圳国际会展中心举办。此次大会以“赋能智造·光耀未来”为主题，会聚全球数十位光电领域领军人物，共同探讨激光技术创新与应用，展示了激光行业发展的趋势与前沿成果。

3. 科技会议、论坛、沙龙举办场次

在参与评估的36个城市中，深圳市的“科技会议、论坛、沙龙举办场次”这一指标略高于全国平均水平，表明深圳市积极举办不同形式的科技沙龙、论坛、会议等活动，为学术观点、创新学说提供交流平台，提高学术交流成效。

比如，2023年4月27—28日，光明科学城论坛在深圳光明云谷国际会议中心成功举办。此次论坛由广东省人民政府指导，香港特别行政区政府和澳门特别行政区政府支持，深圳市人民政府主办。论坛以“创想”“起航”“逐梦”为本年度会议主题词，设置九大活动论坛，共商“人工智能创新应用”“生物成像措施与生物医药科技创新”等前沿科技话题。

4. 科技成果路演举办场次

在参与评估的36个城市中，深圳市的“科技成果路演举办场次”这一指标高于全国平均水平，表明深圳市大力举办科技成果路演活动，推动科技成果转化工作，取得积极成效。

比如，2023年10月26日，珠海市高新区唐家湾全球科创路演（第21期）金融对接专场在深圳市举办。此次活动由珠海市高新区管委会主办，珠海高新金融投资有限公司、深圳证券信息有限公司承办，主要展示半导体测试、计算架构处理器的设计等方面的最新技术成果，吸引了8家粤港澳大湾区的优质企业进行项目路演，多家投融资机构代表进行了现场点评。

（十八）沈阳

评估显示，沈阳市科技传播活动开展状况较差，城市科技传播活动评分为2.34，低于全国平均值3.75。

1. 科学家精神宣传活动数量

在参与评估的36个城市中，沈阳市的“科学家精神宣传活动数量”这一指标低于全国平均水平，建议积极开展科学家精神宣传活动，激励和引导沈阳市市民追求崇高品质。

2023年5月20日，由沈阳市科学宫主办的沈阳院士风采展在沈阳市举办。此次展览旨在宣传院士群体爱国奉献及勇于创新的科学家精神。此次展览通过图片展出的方式，集中展示了24位在沈阳的院士的科研成就，吸引了包括沈阳市科技局、沈阳市科学技术协会等单位以及科技企业120多人次观看展览。

2. 科技展览举办场次

在参与评估的36个城市中，沈阳市的“科技展览举办场次”这一指标低于全国平均水平，表明沈阳市对举办科技展览活动的重视程度有待提升，建议增加科技展览举办场次，助力科技信息通过展览进行传递。

2023年5月30日上午，“奋楫再出发”辽宁科技创新成果展启动仪式在辽宁省科技馆正式举办。该展览由辽宁省科技厅、中国科学院沈阳分院等单位联合主办，辽宁省科技馆承办，展出涵盖数控机床、生物医药以及智能制造产业等领域，集中展示辽宁省内150多家科技型企业及科研院所近400项的科技创新成果。

3. 科技会议、论坛、沙龙举办场次

在参与评估的36个城市中，沈阳市的“科技会议、论坛、沙龙举办场次”这一指标低于全国平均水平，表明沈阳市科技会议举办次数有待增加，建议积极举办科技会议、论坛、沙龙，促进学术交流、技术创新和合作发展，为科技活动发展注入新的动力和活力。

2023年10月26—28日，2023年中国计算机大会在沈阳新世界博览中心举办。此次会议由沈阳市人民政府主办，共举办了128场技术论坛，涵盖人工智能、安全等30多个专业方向。此次会议吸引了来自全国的40多位院士参与探讨，共有超过13000人次的观众参与，深入探讨“科学计算”迈入“科学智算”的新范式在学术界和产业界的广泛影响。

4. 科技成果路演举办场次

在参与评估的36个城市中，沈阳市的“科技成果路演举办场次”这一指标低于全国平均水平，表明沈阳市在科技成果路演方面有待提升，建议努力提升科技成果路演的水平和效果，促进科技成果的转化和产业化。

2023年11月1日，“创新无界　引领未来”沈阳科技学院专场成果路演对接会在东北科技大市场正式召开，由辽宁省科技厅、沈阳市科技局主办，东北科技大市场承办。路演展示了高空幕墙清洁机器人等4个项目，吸引相关领域专家、企业、投资人等50余人参会。

（十九）石家庄

评估显示，石家庄市科技传播活动开展状况较为良好，城市科技传播活动评分为3.93，略高于全国平均值3.75。

1. 科学家精神宣传活动数量

在参与评估的36个城市中，石家庄市的“科学家精神宣传活动数量”这一指标低于全国平均水平，表明石家庄市对科学家精神弘扬工作的重视程度有待提升，科学家精神宣传活动举办次数有待增多。

2023年5月26日，在石家庄市长安区北翟营小学，市青少年宫、市天文协会的3名科技辅导员，进行了以“弘扬科学家精神　铸就少年航天梦”为主题的科学家精神宣讲活动。活动旨在鼓励学生们了解我国航天事业的壮阔历史与科学家们的英雄事迹，激励学生们以科学家的奋斗精神为发展动力，投身于科技事业。北翟营小学200多名师生参加了宣讲活动。

2. 科技展览举办场次

在参与评估的36个城市中，石家庄市的“科技展览举办场次”这一指标低于全国平均水平，表明石家庄市科技展览开展数量亟待增多，建议石家庄市增强对科技展览举办的重视程度，制定相关政策支持科技展览举办。

2023年9月6—8日，中国国际数字经济博览会在石家庄国际会展中心举行。此次博览会以“工业互联网赋能千行百业，数字经济引领高质量发展”为主题，遵循“高端化、国际化、专业化、产业化、市场化”的方针，集中展示智能制造、人工智能与机器人等领域的尖端成果及先进应用场景，并设有路演、论坛等多项活动。

3. 科技会议、论坛、沙龙举办场次

在参与评估的36个城市中，石家庄市的“科技会议、论坛、沙龙举办场次”这一指标略高于全国平均水平，表明石家庄市举办科技会议、论坛、沙龙场次较多，积极举办科技类活动，传播效果显著，有利于构建科技创新生态系统。

2023年11月7日，石家庄电子信息产业创新赋能国际交流活动在石家庄市鹿泉区成功举办。此次活动由石家庄市科学技术局主办，邀请了数位外籍专家与俄罗斯工程院外籍院士李伟等国内高端专家对项目进行推介和专业技术分享。会上，科学家们与鹿泉区政府等单位围绕人才引进、产学研用等内容签订了合作协议。

4. 科技成果路演举办场次

在参与评估的36个城市中，石家庄市的“科技成果路演举办场次”这一指标显著高于全国平均水平，表明石家庄市重视举办科技成果路演活动，有利于科学家精神的传播。

2023年5月18日，在石家庄市成功举办2023·京津冀科技成果路演推介对接会（生物医药专场）。此次活动由河北省科技厅、北京市科学技术委员会、中关村科技园区管理委员会等单位联合主办，邀请6位医药领域知名专家开展演讲和对话，完成了7项生物医药领域的优质科技成果的路演发布，共吸引高校、科研机构、企业代表120余人参加。

（二十）天津

评估显示，天津市科技传播活动开展状况较为良好，城市科技传播活动评分为4.36，高于全国平均值3.75。

1. 科学家精神宣传活动数量

在参与评估的36个城市中，天津市的“科学家精神宣传活动数量”这一指标高于全国平均水平，表明天津市积极投入科学家精神宣传活动，推崇科学家精神，取得良好成效。

比如，2023年9月17日，“弘扬科学家精神”红领巾讲解团主题活动在滨海科技馆开展。来自滨海科技馆红领巾志愿讲解团的10位同学在展区内讲述王淦昌、茅以升等科学家的故事，演绎以“两弹一星”元勋邓稼先为原型的沉浸式科普剧，弘扬“爱国、创新、求实、奉献、协同、育人”的新时代中国科学家精神，吸引现场百余人参与，反响热烈。

2. 科技展览举办场次

在参与评估的36个城市中，天津市的“科技展览举办场次”这一指标低于全国平均水平，表明天津市举办科技展览活动的数量还有一定提升空间，天津市可以引进多样化的科技展览，推动科技展览数量的增多。

2023年5月8—11日，第十九届天津国际机械工业装备博览会在国家会展中心（天津）举办。此次展会立足中国工业制造市场，以工业机器人、智能控制系统、高端数控机床等领域为展示核心，构架国际合作交流平台，展示了千余家业内知名企业4000余项配套机械设备，共吸引了9万余位参观者或买家到场。

3. 科技会议、论坛、沙龙举办场次

在参与评估的36个城市中，天津市的“科技会议、论坛、沙龙举办场次”这一指标高于全国平均水平，表明天津市举办了较多的科技会议、论坛和沙龙活动，积极为科技人才提供交流和分享的平台。

比如，2023年3月18日，2023年中国天津种业振兴大会、第十四届中国国际种业博览会暨第十九届全国种子信息交流与产品交易会、天津国际种业博览会在国家会展中心（天津）召开。此次大会由天津市人民政府主办，以“兴种稳粮保安全、固本强基促振兴”为主题，旨在全面总结种业振兴行动实施以来的主要成就和经验，共吸引了1200多个（家）科研院校、种业企业、制种基地参会，吸引了49家阵型企业、50个科研单位、75个制种基地参展。

4. 科技成果路演举办场次

在参与评估的36个城市中，天津市的“科技成果路演举办场次”这一指标略高于全国平均水平，表明天津市举办科技成果路演活动的场次较多，在科技创新和科技服务领域具备较强的活力。

比如，2023年10月14日，“南开好项目”路演专场活动在天津市举行。此次路演活动由南开大学、南开校友企业家联谊会等单位联合主办。此次路演活动共精选了10个项目，涵盖智能制造、人工智能、生物医药等新兴行业领域，均为南开大学科研成果转化、南开校友创始（含联合创始）及南开校友投资的项目，吸引了南开校友100余人出席活动。

（二十一）武汉

评估显示，武汉市科技传播活动开展状况较为滞后，城市科技传播活动评分为 3.53，略低于全国平均值 3.75。

1. 科学家精神宣传活动数量

在参与评估的 36 个城市中，武汉市的“科学家精神宣传活动数量”这一指标高于全国平均水平，表明武汉市较为重视科学家精神的宣传活动，举办的科学家精神宣传活动场次数量较多，促进了科技传播。

比如，2023 年 9 月 21 日，2023 年“全国科普日”——院士专家进校园活动在武汉市举办。此次活动由武汉市黄陂区科学技术协会和武汉市黄陂区教育局联合举办，旨在激发青少年好奇心，增强青少年科学学习兴趣和创新意识。活动中，武汉市科学家科普团陈浩教授和梁布锋教授分别走入汉口北高中和滠口中学发表主题演讲，共计 600 余名师生参与了活动。

2. 科技展览举办场次

在参与评估的 36 个城市中，武汉市的“科技展览举办场次”这一指标高于全国平均水平，表明武汉市较为重视举办科技展览，举办科技展览的场次较多，提高了科技传播活动的开展水平。

比如，2023 年 10 月 26—29 日，中国国际农业机械展览会在武汉国际博览中心举办。此次展会由中国农业机械流通协会、中国农业机械化协会、中国农业机械工业协会主办，以“聚焦用户与市场、关注科技和未来”为主题，分三大展区展示智能农机、保护性耕作机具、智慧农业解决方案等领域产品，吸引超 2000 家国内国际农机制造厂商、科研机构参加。

3. 科技会议、论坛、沙龙举办场次

在参与评估的 36 个城市中，武汉市的“科技会议、论坛、沙龙举办场次”这一指标高于全国平均水平，表明武汉市积极主动地促成科技会议、论坛、沙龙的顺利开展，有助于促进科技工作者之间的交流和升级科技类机构的合作水平。

比如，2023 年 9 月 7—8 日，第九届国际智能制造（武汉）论坛在武汉光谷科技会展中心举行。该论坛由湖北省中小企业服务中心和国家数字化设计与制造创新中心等协会主办，聚焦智能制造前沿趋势、应用热点、领先技术以及实施策略等方面。该活动备受业界关注，吸引来自全国各地的智能制造专家、制造企业相关负责人等超千名嘉宾参与。

4. 科技成果路演举办场次

在参与评估的 36 个城市中，武汉市的“科技成果路演举办场次”这一指标低于全国平均水平，表明武汉市科技成果路演举办场次亟须增加，建议武汉市加大对科技成果路演活动的重视程度。

2023 年 2 月 24—26 日，国家科技计划成果路演行动在武汉市东湖高新区举行专场活动。此次活动由科学技术部、湖北省人民政府主办，围绕中国硬科技发展和投资趋势、科技成果转化面临的机遇和挑战等话题进行主旨演讲、项目路演和圆桌论坛。活动共吸引了光电子信息和生命健康领域的163个前沿科技项目进行现场路演，240家投资机构积极参与、对接洽谈。

（二十二）西安

评估显示，西安市科技传播活动开展状况较为良好，城市科技传播活动评分为4.91，高于全国平均值3.75。

1. 科学家精神宣传活动数量

在参与评估的36个城市中，西安市的“科学家精神宣传活动数量”这一指标高于全国平均水平，表明西安市较为重视弘扬科学家精神，举办了多次科学家精神宣传活动，在科学家精神宣传工作上取得了较好成果。

比如，2023年10月19日，西安市“弘扬科学家精神”重点活动启动仪式在西安科学家博物馆成功举办。该重点活动由西安市科学技术协会主办，主要包括“弘扬科学家精神”朗诵大赛和“未来科学栋梁成长计划”两项内容，前者旨在让科学家形象深入人心，成为青少年偶像，后者旨在建立中小学与高校之间选拔科技人才的联动模式。西安市各高校专家、中小学校长共20余人参与了此次启动仪式。

2. 科技展览举办场次

在参与评估的36个城市中，西安市的“科技展览举办场次”这一指标高于全国平均水平，表明西安市较为重视科技展览的举办活动，举办科技展览活动场次较多，有效地发挥了科技展览在科技传播中的作用。

比如，2023年7月14—16日，第17届中国西安国际科学技术产业博览会暨硬科技产业博览会在西安市举办。此次博览会由西安市人民政府主办，以“创新驱动发展·科技引领未来”为主题，集中展示了硬科技及新兴产业领域的最新成果，促进科技成果转化与科技交流，共吸引全国350余家企业和高校参展。

3. 科技会议、论坛、沙龙举办场次

在参与评估的36个城市中，西安市的“科技会议、论坛、沙龙举办场次”这一指标高于全国平均水平，表明西安市举办了较多的科技会议、论坛、沙龙，有助于促进科技传播生态体系的建设。

比如，2023年11月3—5日，全球硬科技创新大会在西安市成功举办。大会由科学技术部、中国科学院等单位指导，西安市委、市政府，陕西省科技厅，陕西省科学技术协会等单位共同主办，主要展示了西安国家硬科技创新示范区在过去三年硬科技领域的重大突破成果，并发布了西安市加快推进硬科技产业化发展的若干措施。

4. 科技成果路演举办场次

在参与评估的36个城市中，西安市的“科技成果路演举办场次”这一指标高于全国平均水平，表明西安市对科技成果路演的重视程度较高，科技成果路演活动的举办场次较多。

比如，2023年5月14日，陕西省科技企业前瞻成果转化路演活动在陕西科技馆成功举办。此次路演活动由陕西省科学技术协会主办，陕西科技报社、陕西省科普宣传教育中心承办。陕西金合信息科技股份有限公司、西安西驰电气股份有限公司等6家科技企业分别展示了新能源电池、军工航天、电力电子、环保技术、数字智能等多领域的科技成果；陕西投资集团秦创原发展成果转化部、上海芃石投资管理有限公司等6家投资机构的代表观看了路演。

（二十三）长沙

评估显示，长沙市科技传播活动开展状况较为良好，城市科技传播活动评分为3.85，略高于全国平均值3.75。

1. 科学家精神宣传活动数量

在参与评估的36个城市中，长沙市的“科学家精神宣传活动数量”这一指标低于全国平均水平，表明长沙市对科学家精神传播的重视程度亟待提升，科学家精神宣传活动的组织工作可以进一步加强。

比如，2023年6月27日，湖南省科学技术协会在长沙市举行科学家精神座谈会暨中国科学家精神主题馆开馆仪式。该活动以“众心向党自立自强——党领导下的科学家主题展厅”为第一展厅，设有“胸怀祖国、服务人民”“勇攀高峰、敢为人先”“追求真理、严谨治学”“淡泊名利、潜心研究”“集智攻关、团结协作”“甘为人梯、奖掖后学”六大板块，展现128位科学家代表投身科学报国、兴国、强国的伟大精神和故事。中国工程院院士邹学校、第三届全国创新争先奖获得者及湖南省最美科技工作者代表、“小荷”人才等参加了活动。

2. 科技展览举办场次

在参与评估的36个城市中，长沙市的“科技展览举办场次”这一指标高于全国平均水平，表明长沙市对科技展览活动的重视程度较高，积极组织科技展览。

比如，2023年8月4日，“太空漫步航天科技艺术展·长沙站”开幕式暨长沙首届航天教育高峰论坛在湖南省展览馆举行。展览活动由湖南省科学技术协会指导，湖南晓羊智能科技有限公司、科迪尔教育集团和北京爱太空科技发展有限公司承办。展览分为五大区域，即“宇宙之光”“飞出地球村”“群星璀璨”“我要当航天员”“深空畅想”，内容包含百余个子展项，包括全球航天服展、古今观天仪器展、追摄天宫空间站摄影作品展等3个精品小展。

3. 科技会议、论坛、沙龙举办场次

在参与评估的36个城市中，长沙市的“科技会议、论坛、沙龙举办场次”这一指标高于全国平均水平，表明长沙市积极举办了多场次的科技会议、论坛、沙龙，推动科技传播。

比如，2023年10月31日至11月2日，湖南国际会展中心举办了“2023全球智慧城市大会·长沙”。大会以“构享普惠城市”为主题，举办了“数字经济与明日城市”“城市低碳绿色发展与可持续投资”“2023中国开放数林指数”等45个论坛。该会以“线上+线下”交流模式，会聚国内外政府和公共管理部门负责人、城市规划者、数字技术企业及可持续发展专家，共同为智慧城市发展出谋划策，并推动构建多元交流合作平台。

4. 科技成果路演举办场次

在参与评估的36个城市中，长沙市的“科技成果路演举办场次”这一指标略高于全国平均水平，表明长沙市较为重视科技成果路演活动，科技成果路演活动举办较多。

比如，2023 年 3 月 8 日下午，“智汇湘江科创新区”科技人才创业专场路演在岳麓山大学科技城举行。该活动由长沙市岳麓区人民政府办公室主办，长沙市岳麓区数据资源中心承办。3 个优秀项目从服务方向、核心技术、未来方向等方面进行路演，评审专家从商业模式、关键共性技术问题、科技成果转化“瓶颈”及项目融资等方面对项目进行了点评和提问，并提出专业建议。

（二十四）郑州

评估显示，郑州市科技传播活动开展状况较为良好，城市科技传播活动评分为 3. 77，高于全国平均值 3. 75。

1. 科学家精神宣传活动数量

在参与评估的 36 个城市中，郑州市的“科学家精神宣传活动数量”这一指标低于全国平均水平，表明郑州市对科学家精神宣传工作的重要性认识亟须提升，建议郑州市提升开展科学家精神宣传活动的积极性，力争举办更多科学家精神宣传活动。

2023 年 2 月 17 日，上海交通大学钱学森图书馆综合事业部部长傅强在郑州四中开展了“钱学森：通向大师之路”主题讲座。该讲座从“学霸”“火箭天才”“战略科学家”“大师”四个不同角度详细介绍了“两弹一星”元勋钱学森的成长道路，带领学生们重温了科学家钱学森“心系国家事、身担国家责”的爱国之心、科研之心。

2. 科技展览举办场次

在参与评估的 36 个城市中，郑州市的“科技展览举办场次”这一指标高于全国平均水平，表明郑州市充分认识到举办科技展览活动的重要性，科技展览举办场次较多，相关工作成效显著。

2023 年 7 月 29 日至 8 月 1 日，由科大讯飞主办的“AI 黑科技展”活动在郑州市中原锦艺城成功举办。此次展会下设“与未来对话”“AI 智能作诗”“星际竞技场”“专注乐园”和“AI 下棋机器人”等展区，参与者可亲身体验人工智能技术的魅力，与各种先进的人工智能设备进行互动。展会充分展示了人工智能技术在教育领域运用的成果，通过科学技术传播推动人工智能科技的发展，并激发青少年对科技的兴趣。

3. 科技会议、论坛、沙龙举办场次

在参与评估的 36 个城市中，郑州市的“科技会议、论坛、沙龙举办场次”这一指标高于全国平均水平，表明郑州市在开展科技会议、论坛、沙龙方面较为积极，有效推动科技的传播。

2023 年 9 月 20—22 日，由中国科学技术协会、河南省政府指导，郑州市政府、中国卫星导航定位协会联合主办的中国北斗应用大会暨中国卫星导航与位置服务第十一届年会在郑州市举办。此次大会以“智能时空创新引领”为主题，设立了 10 余个分论坛及项目展示活动，汇集了卫星导航与位置服务领域的前沿科技、产业分析、创新应用、政策解读等最新研究成果。

4. 科技成果路演举办场次

在参与评估的 36 个城市中，郑州市的“科技成果路演举办场次”这一指标低于全国平均水平，表明郑州市可以提升对科技成果路演活动的重视程度，增加科技成果路演举办的次数。

2023 年 6 月 8 日，由郑州信大先进技术研究院与鑫中辉（北京）企业管理顾问有限公司联合主办的“豫资助未来·科创中原行”专精特新专场路演活动在郑州市高新区举行。活动通过路演展示了企业技术和产品，促进了企业与投资机构的交流合作，推动国家高新技术产业发展，助力豫资力量走向全国。来自北京、上海、西安、深圳等地的 11 个路演项目参与展示，河南省中金汇融基金、信大双创基金、河南省科投等 10 余家知名投资机构观看了路演并提出宝贵意见。

（二十五）重庆

评估显示，重庆市科技传播活动开展状况较为良好，城市科技传播活动评分为 5.01，高于全国平均值 3.75。

1. 科学家精神宣传活动数量

在参与评估的 36 个城市中，重庆市的“科学家精神宣传活动数量”这一指标高于全国平均水平，表明重庆市重视弘扬科学家精神，积极开展科学家精神宣传活动，有利于重庆市科研领域树立真理治学的态度，涵育科技界浩然正气，增强打赢关键核心技术攻坚战的精神动力。

比如，2023 年 10 月 26 日，由重庆市北碚区科学技术协会、西南大学科学技术协会主办的以“远拓荒芜，造福黎民”为主题的科学家精神进校园宣讲会在重庆市北碚区王朴中学校举行。此次宣讲会由袁道先院士精神宣讲团队主讲，生动展示了袁道先院士心怀祖国、矢志不渝的科研历程，共吸引该校 300 余名师生参加。

2. 科技展览举办场次

在参与评估的 36 个城市中，重庆市的“科技展览举办场次”这一指标高于全国平均水平，表明重庆市较为重视科技展览的举办，有利于集中展示各行各业的科技成果，为重庆市企业和个人科技创新提供新思路。

比如，2023 年 5 月 26—29 日，第 23 届立嘉国际智能装备展览会在重庆国际博览中心举办。该展会由重庆市经济和信息化委员会支持，中国机械工业联合会等单位主办，聚焦数字化、智能化制造，集中展示了上千件 1 吨以上的先进机械设备，数万件各种功能性部件，共吸引 32000 余名专业观众、采购商参观。

3. 科技会议、论坛、沙龙举办场次

在参与评估的 36 个城市中，重庆市的“科技会议、论坛、沙龙举办场次”这一指标高于全国平均水平，表明重庆市较为重视举办科技会议、论坛、沙龙，举办的场次较多。

比如，2023 年 10 月 20 日，以“多维融合，照明创新”为主题的 2023 年四直辖市照明科技论坛在重庆市两江假日丽呈华庭酒店召开。该论坛由重庆市科学技术协会指导，北京市照明学会、重庆市照明学会等单位联合主办，聚焦健康照明、智慧照明、文旅夜游等热点话题，研讨照明行业在智慧城市、智慧交通、智慧学校、智慧农业等相关领域技术应用的实践与发展，吸引了来自四直辖市照明相关科研院所、高校、照明企业等相

关单位300余人参加。

4. 科技成果路演举办场次

在参与评估的36个城市中，重庆市的“科技成果路演举办场次”这一指标略高于全国平均水平，表明重庆市重视科技成果路演活动的举办，且举办科技路演活动场次较多，促进了科技成果与产业、金融资本的精准对接，加快科技成果向生产力的转变速度。

比如，2023年3月28日，由重庆西永综合保税区管理委员会主办的第一创客（重庆）创新中心成本的“科技成果转化”企业专场招募路演成功举办，此次路演征集了速离科技、中渝卫士等8个优秀高校项目。活动现场，项目团队代表与嘉宾评委们围绕行业投资机会、发展前景等话题进行了交流探讨、资源对接，促进了高校科技成果转化。

（二十六）长春

评估显示，长春市科技传播活动开展状况较差，城市科技传播活动评分为3.23，略低于全国平均值3.75。

1. 科学家精神宣传活动数量

在参与评估的36个城市中，长春市的“科学家精神宣传活动数量”这一指标低于全国平均水平，表明长春市对科学家精神弘扬工作的重视程度有待提升，科学家精神宣传活动举办次数有待增多。

2. 科技展览举办场次

在参与评估的36个城市中，长春市的“科技展览举办场次”这一指标低于全国平均水平，表明长春市科技展览开展数量亟待增多，建议长春市增强对科技展览举办的重视程度，制定相关政策支持科技展览举办。

3. 科技会议、论坛、沙龙举办场次

在参与评估的36个城市中，长春市的“科技会议、论坛、沙龙举办场次”这一指标略低于全国平均水平，表明长春市举办科技会议、论坛、沙龙场次较少，应积极举办科技类活动，增加传播效果，有利于构建科技创新生态系统。

4. 科技成果路演举办场次

在参与评估的36个城市中，长春市的“科技成果路演举办场次”这一指标显著高于全国平均水平，表明长春市应重视举办科技成果路演活动，有利于科学家精神的传播。

（二十七）贵阳

评估显示，贵阳市科技传播活动开展状况具有一定的提升空间，城市科技传播活动评分为1.80，显著低于全国平均值3.75。

1. 科学家精神宣传活动数量

在参与评估的36个城市中，贵阳市的“科学家精神宣传活动数量”这一指标低于全国平均水平，表明贵阳市对科学家精神弘扬工作的重视程度有待提升，科学家精神宣传活动举办次数有待增加。

2. 科技展览举办场次

在参与评估的36个城市中，贵阳市的“科技展览举办场次”这一指标低于全国平均水平，表明贵阳市科技展览开展数量亟待增加，建议贵阳市增强对科技展览举办的重视程度，制定相关政策支持科技展览举办。

3. 科技会议、论坛、沙龙举办场次

在参与评估的36个城市中，贵阳市的“科技会议、论坛、沙龙举办场次”这一指标低于全国平均水平，表明贵阳市虽然举办过一些科技会议、论坛、沙龙，但与其他城市相比频次较少，仍有一定提升空间。

4. 科技成果路演举办场次

在参与评估的36个城市中，贵阳市的“科技成果路演举办场次”这一指标低于全国平均水平，表明贵阳市举办的科技成果路演活动较少，建议提高重视程度。

（二十八）太原

评估显示，太原市科技传播活动开展状况相对较差，城市科技传播活动评分为2.01，低于全国平均值3.75。

1. 科学家精神宣传活动数量

在参与评估的36个城市中，太原市的“科学家精神宣传活动数量”这一指标低于全国平均水平，表明太原市对科学家精神弘扬工作的重视程度有待提升，建议太原市积极开展科学家精神宣传活动，弘扬科学家精神。

2023年5月20日至7月20日，太原市科学技术协会组织山西家校政社协同教育指导中心的高级讲师团成员，走进太原市各中小学，开展了26场科学家精神进校园活动。活动以我国当代科学家取得的先进科研成果为切入点，选取屠呦呦、邓稼先等人的光辉事迹，为中小学生带来一场深刻的科学家精神思想课堂。

2. 科技展览举办场次

在参与评估的36个城市中，太原市的“科技展览举办场次”这一指标低于全国平均水平，表明太原市对科技展览举办的重视程度有待增强，建议太原市提升科技展览办展能力，研究更新颖的办展形式，根据实际情况增加科技展览举办场次。

2023年10月14—16日，中国（太原）人工智能大会主题展览在太原市举办。此次展会以“聚焦制造业振兴，助力高质量发展”为主题，聚焦工业制造、医疗健康、智能陪伴、仓储物流等多个功能领域，汇聚国内数十家领军企业和一线品牌的上千件展品，集中展示人工智能方面的先进产品、具体应用及解决方案。

3. 科技会议、论坛、沙龙举办场次

在参与评估的36个城市中，太原市的“科技会议、论坛、沙龙举办场次”这一指标低于全国平均水平，表明太原市举办科技会议、论坛、沙龙场次有待增加，建议太原市积极举办科技类活动，为科技工作者提供交流平台。

2023年12月1日，山西省第十届科技·人才·创新论坛在太原市举办。该论坛由山西省科学技术协会主办，以增进科技政策制定者、政策研究员、科技工作者及社会公众意见交流与思维碰撞为目的，设有学术沙龙、主旨演讲、颁奖等环节，每年举办一次，是山西省科学技术协会新型智库的重要活动。

4. 科技成果路演举办场次

在参与评估的36个城市中，太原市的“科技成果路演举办场次”这一指标低于全国平均水平，表明太原市对举办科技成果路演活动重视程度有待提升，建议太原市增加科技成果路演举办场次，增强科学家精神传播效果。

2023年7月20日，国家可持续发展议程创新示范区科技成果路演活动在太原市举行。该活动由太原市政府、中国技术交易所等单位主办，成果路演环节设置了节能环保、公共安全及新兴产业两个领域的专门会场，共进行了53项成果路演发布，共吸引上百家机构，有400余人线下参与。

（二十九）南宁

评估显示，南宁市科技传播活动开展状况较差，城市科技传播活动评分为1.80，显著低于全国平均值3.75。

1. 科学家精神宣传活动数量

在参与评估的36个城市中，南宁市的“科学家精神宣传活动数量”这一指标低于全国平均水平，表明南宁市对科学家精神弘扬工作的重视程度有待提升，科学家精神宣传活动举办次数有待增多。

2. 科技展览举办场次

在参与评估的36个城市中，南宁市的“科技展览举办场次”这一指标低于全国平均水平，表明南宁市科技展览开展数量亟待增多，建议南宁市增强对科技展览举办的重视程度，制定相关政策支持科技展览举办。

3. 科技会议、论坛、沙龙举办场次

在参与评估的36个城市中，南宁市的“科技会议、论坛、沙龙举办场次”这一指标低于全国平均水平，表明南宁市虽然举办过一些科技会议、论坛、沙龙，但与其他城市相比频次较少，仍有一定提升空间。

4. 科技成果路演举办场次

在参与评估的36个城市中，南宁市的“科技成果路演举办场次”这一指标低于全国平均水平，表明南宁市举办的科技成果路演活动较少，建议提高重视程度。

（三十）兰州

评估显示，兰州市科技传播活动开展状况相对较差，城市科技传播活动评分为2.01，低于全国平均值3.75。

1. 科学家精神宣传活动数量

在参与评估的36个城市中，兰州市的“科学家精神宣传活动数量”这一指标低于全国平均水平，建议兰州市积极开展科学家精神宣传活动，引导兰州市市民追求崇高品质。

2. 科技展览举办场次

在参与评估的36个城市中，兰州市的“科技展览举办场次”这一指标低于全国平均水平，表明兰州市科技展览开展数量亟待增多，建议兰州市增强对科技展览举办的重视程度，制定相关政策支持科技展览举办。

3. 科技会议、论坛、沙龙举办场次

在参与评估的36个城市中，兰州市的“科技会议、论坛、沙龙举办场次”这一指标低于全国平均水平，表明兰州市虽然举办过一些科技会议、论坛、沙龙，但与其他城市相比频次较少，仍有一定提升空间。

4. 科技成果路演举办场次

在参与评估的36个城市中，兰州市的“科技成果路演举办场次”这一指标低于全国平均水平，表明兰州市举办的科技成果路演活动较少，建议提高重视程度。

（三十一）乌鲁木齐

评估显示，乌鲁木齐市科技传播活动开展状况较差，城市科技传播活动评分为1.80，显著低于全国平均值3.75。

1. 科学家精神宣传活动数量

在参与评估的36个城市中，乌鲁木齐市的“科学家精神宣传活动数量”这一指标低于全国平均水平，表明乌鲁木齐市对科学家精神弘扬工作的重视程度有待提升，科学家精神宣传活动举办次数有待增多。

2. 科技展览举办场次

在参与评估的36个城市中，乌鲁木齐市的“科技展览举办场次”这一指标低于全国平均水平，表明乌鲁木齐市科技展览开展数量亟待增多，建议乌鲁木齐市增强对科技展览举办的重视程度，制定相关政策支持科技展览举办。

3. 科技会议、论坛、沙龙举办场次

在参与评估的36个城市中，乌鲁木齐市的“科技会议、论坛、沙龙举办场次”这一指标低于全国平均水平，表明乌鲁木齐市虽然举办过一些科技会议、论坛、沙龙，但与其他城市相比频次较少，仍有一定提升空间。

4. 科技成果路演举办场次

在参与评估的36个城市中，乌鲁木齐市的“科技成果路演举办场次”这一指标低于全国平均水平，表明乌鲁木齐市举办的科技成果路演活动较少，建议提高重视程度。

（三十二）海口

评估显示，海口市科技传播活动开展状况相对较差，城市科技传播活动评分为1.60，显著低于全国平均值3.75。

1. 科学家精神宣传活动数量

在参与评估的36个城市中，海口市的“科学家精神宣传活动数量”这一指标低于全国平均水平，表明海口市对科学家精神弘扬工作的重视程度有待提升，科学家精神宣传活动举办次数有待增多。

2. 科技展览举办场次

在参与评估的36个城市中，海口市的“科技展览举办场次”这一指标低于全国平均水平，表明海口市科技展览开展数量亟待增多，建议海口市增强对科技展览举办的重视程度，制定相关政策支持科技展览举办。

3. 科技会议、论坛、沙龙举办场次

在参与评估的36个城市中，海口市的“科技会议、论坛、沙龙举办场次”这一指标低于全国平均水平，表明海口市虽然举办过一些科技会议、论坛、沙龙，但与其他城市相比频次较少，仍有一定提升空间。

4. 科技成果路演举办场次

在参与评估的36个城市中，海口市的“科技成果路演举办场次”这一指标低于全国平均水平，表明海口市举办的科技成果路演活动较少，建议提高重视程度。

（三十三）银川

评估显示，银川市科技传播活动开展状况存在一定的提升空间，城市科技传播活动评分为1.80，显著低于全国平均值3.75。

1. 科学家精神宣传活动数量

在参与评估的36个城市中，银川市的“科学家精神宣传活动数量”这一指标低于全国平均水平，表明银川市对科学家精神弘扬工作的重视程度有待提升，科学家精神宣传活动举办次数有待增多。

2. 科技展览举办场次

在参与评估的36个城市中，银川市的“科技展览举办场次”这一指标低于全国平均水平，表明银川市科技展览开展数量亟待增多，建议银川市增强对科技展览举办的重视程度，制定相关政策支持科技展览举办。

3. 科技会议、论坛、沙龙举办场次

在参与评估的36个城市中，银川市的“科技会议、论坛、沙龙举办场次”这一指标低于全国平均水平，表明银川市虽然举办过一些科技会议、论坛、沙龙，但与其他城市相比频次较少，仍有一定提升空间。

4. 科技成果路演举办场次

在参与评估的36个城市中，银川市的“科技成果路演举办场次”这一指标低于全国平均水平，表明银川市举办的科技成果路演活动较少，建议提高重视程度。

（三十四）呼和浩特

评估显示，呼和浩特市科技传播活动开展状况相对较差，城市科技传播活动评分为1.80，显著低于全国平均值3.75。

1. 科学家精神宣传活动数量

在参与评估的36个城市中，呼和浩特市的“科学家精神宣传活动数量”这一指标低于全国平均水平，表明呼和浩特市对科学家精神弘扬工作的重视程度有待提升，科学家精神宣传活动举办次数有待增加。

2. 科技展览举办场次

在参与评估的36个城市中，呼和浩特市的“科技展览举办场次”这一指标低于全国平均水平，表明呼和浩特市科技展览开展数量亟待增加，建议呼和浩特市增强对科技展览举办的重视程度，制定相关政策支持科技展览举办。

3. 科技会议、论坛、沙龙举办场次

在参与评估的36个城市中，呼和浩特市的“科技会议、论坛、沙龙举办场次”这一指标低于全国平均水平，表明呼和浩特市虽然举办过一些科技会议、论坛、沙龙，但与其他城市相比频次较少，仍有一定提升空间。

4. 科技成果路演举办场次

在参与评估的36个城市中，呼和浩特市的“科技成果路演举办场次”这一指标低于全国平均水平，表明呼和浩特市举办的科技成果路演活动较少，建议提高重视程度。

（三十五）西宁

评估显示，西宁市科技传播活动开展状况较差，城市科技传播活动评分为1.60，显著低于全国平均值3.75。

1. 科学家精神宣传活动数量

在参与评估的36个城市中，西宁市的“科学家精神宣传活动数量”这一指标低于全国平均水平，表明西宁市对科学家精神弘扬工作的重视程度有待提升，科学家精神宣传活动举办次数有待增加。

2. 科技展览举办场次

在参与评估的36个城市中，西宁市的“科技展览举办场次”这一指标低于全国平均水平，表明西宁市科技展览开展数量亟待增加，建议西宁市增强对科技展览举办的重视程度，制定相关政策支持科技展览举办。

3. 科技会议、论坛、沙龙举办场次

在参与评估的36个城市中，西宁市的“科技会议、论坛、沙龙举办场次”这一指标低于全国平均水平，表明西宁市虽然举办过一些科技会议、论坛、沙龙，但与其他城市相比频次较少，仍有一定提升空间。

4. 科技成果路演举办场次

在参与评估的36个城市中，西宁市的“科技成果路演举办场次”这一指标低于全国平均水平，表明西宁市举办的科技成果路演活动较少，建议提高重视程度。

（三十六）拉萨

评估显示，拉萨市科技传播活动开展状况还存在较大的提升空间，城市科技传播活动评分为1.43，低于全国平均值3.75。

1. 科学家精神宣传活动数量

在参与评估的36个城市中，拉萨市的“科学家精神宣传活动数量”这一指标低于全国平均水平，表明拉萨市对科学家精神弘扬工作的重视程度有待提升，科学家精神宣传活动举办次数有待增多。

2. 科技展览举办场次

在参与评估的36个城市中，拉萨市的“科技展览举办场次”这一指标低于全国平均水平，表明拉萨市科技展览开展数量亟待增多，建议拉萨市增强对科技展览举办的重视程度，制定相关政策支持科技展览举办。

3. 科技会议、论坛、沙龙举办场次

在参与评估的36个城市中，拉萨市的“科技会议、论坛、沙龙举办场次”这一指标低于全国平均水平，表明拉萨市虽然举办过一些科技会议、论坛、沙龙，但与其他城市相比频次较少，仍有一定提升空间。

4. 科技成果路演举办场次

在参与评估的36个城市中，拉萨市的“科技成果路演举办场次”这一指标低于全国平均水平，表明拉萨市举办的科技成果路演活动较少，建议提高重视程度。

二、地区评分情况

基于我国六大地区，在平均值方面，全国城市科技传播活动评分的平均值为3.75，华北、华东和中南地区的评分超过了全国平均值，而西南、东北与西北地区的评分低于全国平均值（见图5-2）。其中，华东地区的整体科技传播活动水平最高，评分平均值达到4.51；其次为华北与中南地区，评分平均值分别为4.42和4.01；西南和东北地区的评分平均值分别为3.23与2.83；西北地区的评分平均值最低，仅为2.43。在地区内部的离散性方面，东北地区的各城市科技传播活动水平最为接近，整体水平偏低，华东地区的城市评分离散程度也相对较小，且高于全国平均水平的城市较多，整体水平较高。华北地区的城市评分离散程度最大，北京市的科技传播活动评分达到了10.00，而呼和浩特市的评分仅为1.80，地区内部水平差异过大。

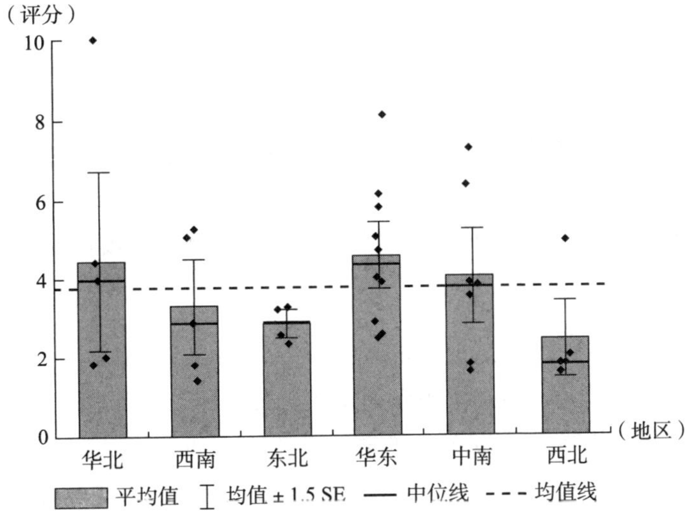

图5-2 地区科技传播活动评分

第三节　传播渠道

一、城市评分情况

（一）北京

评估显示，北京市拥有丰富而专业的科技传播渠道，科技报纸、期刊、图书、电台及网络平台的建设水平相对较高，城市科技传播渠道评分为10.00，高于全国平均值3.46。北京市拥有《科技日报》《中国科学报》《北京大学学报（自然科学版）》《材料工程》与《现代量子力学》等众多代表性科技报纸、期刊和图书，具有丰富的科技传播渠道。

（二）成都

评估显示，成都市的科技期刊建设水平较高，城市科技传播渠道评分为4.74，高于全国平均值3.46，入选核心期刊的数量较多，包括《财经科学》《成都体育学院学报》《党政研究》《经济体制改革》与《经济学家》等。

（三）大连

评估显示，大连市在科技传播媒介和活动方面均有较大提升空间，城市科技传播渠道评分为1.80，显著低于全国平均值3.46。

（四）福州

评估显示，福州市科技传播渠道的建设情况较为不足，城市科技传播渠道评分为2.27，低于全国平均值3.46。比如，福州市专业化的科技传播渠道较少，目前福州市入选的科技期刊种类包括《福州大学学报（自然科学版）》《心血管康复医学杂志》与《亚热带农业研究》等。

（五）广州

评估显示，广州市科技传播渠道的建设情况较为良好，城市科技传播渠道评分为5.72，高于全国平均值3.46。广州市拥有相对丰富的科技传播渠道，专业水平较高。2023年“王选新闻科学技术奖”中，广州市共获奖8项，有着较强的科技传播能力。

（六）哈尔滨

评估显示，哈尔滨市科技传播渠道的建设情况存在欠缺，城市科技传播渠道评分为3.73，低于全国平均值3.46。哈尔滨市营造了较好的学术交流氛围，科技期刊种类较多、质量较高，比如，2023年哈尔滨市入选《中国科技核心期刊目录》的期刊包括《北方园艺》《材料科学与工艺》《商业研究》与《测绘工程》等，在传播媒介方面表现较好。但是，哈尔滨市在科技传播活动的举办数量方面有待提升，对科技传播渠道建设起到不利影响。

（七）杭州

评估显示，杭州市科技传播渠道的建设情况较为良好，城市科技传播渠道评分为4.97，高于全国平均值3.46。杭州市科技期刊的建设水平相对较高。杭州市入选核心期刊的数量较多，主要包括《科技通报》《预防医学》《材料科学与工程学报》《浙江医学》与《环境污染与防治》等。

（八）合肥

评估显示，合肥市科技传播渠道的建设情况较为良好，城市科技传播渠道评分为5.97，高于全国平均值3.46。合肥市较为重视科技传统媒体的建设，设立有专门的科技报纸《安徽科技报》，以及专门的科技类电视台频道安徽广播电视台农业·科教频道。

（九）济南

评估显示，济南市科技传播渠道的建设情况较好，城市科技传播渠道评分为3.83，高于全国平均值3.46。济南市的科技报纸建设水平相对较高，拥有如山东科技报社运营的《山东科技报》等具有代表性的科技报纸，且科技新闻报道工作水平较高，2023年“王选新闻科学技术奖”中，济南市共获奖14项。

（十）昆明

评估显示，昆明市科技传播渠道的建设情况相对不足，城市科技传播渠道评分为3.44，略低于全国平均值3.46。昆明市的核心期刊主要包括《经济问题探索》《生态经济》《红外技术》与《昆明理工大学学报（自然科学版）》等，但与其他城市相比数量较少。

（十一）南昌

评估显示，南昌市科技传播渠道的建设情况相对较好，城市科技传播渠道评分为3.82，略高于全国平均值3.46。南昌市在传播活动方面表现较为优秀，举办了较多的科技传播相关活动。比如，2023年11月9日，南昌市举办的2023年江西交通科技创新大会暨新技术产品博览会以“科技创新赋能交通”为主题，共设立1个主论坛、9个分论坛，旨在围绕科技创新驱动发展战略，以科技创新赋能交通高质量发展，助力江西省高质量构建现代综合交通运输体系。

（十二）南京

评估显示，南京市科技传播渠道的建设情况较为良好，城市科技传播渠道评分为5.33，高于全国平均值3.46。比如，南京市高度重视运营科技类广播电视台频道，丰富了科技传播的媒介渠道。南京市开设了科技类电视台频道，即南京广播电视台教科频道。

（十三）宁波

评估显示，宁波市科技传播渠道的建设情况较为薄弱，城市科技传播渠道评分为3.20，略低于全国平均值3.46。其中，宁波市入选的科技期刊种类包括《兵器材料科学与工程》与《宁波大学学报（理工版）》，但总体数量偏少。

（十四）青岛

评估显示，青岛市科技传播渠道的建设情况存在不足，城市科技传播渠道评分为1.77，低于全国平均值3.46。比如，2023年青岛市入选的科技期刊种类包括《复杂系统与复杂性科学》《海洋地质前沿》《海洋地质与第四纪地质》《青岛大学学报（医学版）》与《中国石油大学学报（自然科学版）》等，但是整体入选数量较少。

（十五）厦门

评估显示，厦门市科技传播渠道的建设情况较为薄弱，城市科技传播渠道评分为1.80，低于全国平均值3.46。其中，厦门市建立了专业化的科技传播渠道，创办了一些优秀的科技期刊。厦门市入选核心期刊的刊物主要包括《台湾研究集刊》《电化学》《厦门大学学报（自然科学版）》与《应用海洋学学报》。

（十六）上海

评估显示，上海市科技传播渠道的建设情况良好，城市科技传播渠道评分为5.51，高于全国平均值3.46。上海市的科技传播渠道相对丰富，专业性较强。上海市拥有《上海科技报》与《激光与光电子学进展》等科技报纸和期刊，传播能力较强。

（十七）深圳

评估显示，深圳市科技传播渠道的建设情况较为薄弱，城市科技传播渠道评分为3.24，略低于全国平均值3.46。不过，2023年深圳市举办了多场科学家精神宣传、科技展览、科技会议、论坛、沙龙、科技成果路演等各类科技传播活动。

（十八）沈阳

评估显示，沈阳市科技传播渠道的建设情况较为薄弱，城市科技传播渠道评分为3.10，略低于全国平均值3.46。不过，沈阳市在传播媒介方面的建设相对较好，表现在入选核心期刊数量、出版科技图书种类、建设科技传播互联网平台等方面。

（十九）石家庄

评估显示，石家庄市科技传播渠道的建设情况较为良好，城市科技传播渠道评分为4.41，高于全国平均值3.46。比如，石家庄市较为重视科技报纸的运营，在科技类新闻报道方面积极性较高。石家庄市具有代表性的科技报纸有河北科技报社运营的《河北科技报》，该报纸以科技信息为主要内容，打造全国企业、创业界关注的主流媒体平台。

（二十）天津

评估显示，天津市科技传播渠道的建设情况较为良好，城市科技传播渠道评分为3.88，高于全国平均值3.46。天津市互联网端的科学家精神传播渠道建设情况较好，比如天津市建设了“大力弘扬科学家精神奋进科技自立自强党领导下的天津科学家”主题展览的云上虚拟展馆，在线宣传了89位科学家的感人事例。

（二十一）武汉

评估显示，武汉市科技传播渠道的建设情况较为良好，城市科技传播渠道评分为

4. 59，高于全国平均值 3. 46。武汉市在科技传播媒介方面的建设和运营情况较好，不仅设有专门的科技广播电视频道武汉广播电视台科技生活频道，也在期刊、科技报纸等多个方面较为领先。

（二十二）西安

评估显示，西安市科技传播渠道的建设情况较为良好，城市科技传播渠道评分为 4. 20，高于全国平均值 3. 46。西安市在科技传播活动方面取得较好成效，如 2023 年 7 月 14—16 日，西安市举办了第 17 届中国西安国际科学技术产业博览会暨硬科技产业博览会，展示硬科技及新兴产业领域的前沿成果，吸引了全国 350 余家企业和高校参展。

（二十三）长沙

评估显示，长沙市科技传播渠道的建设较为薄弱，城市科技传播渠道评分为 2. 69，低于全国平均值 3. 46。长沙市的传播活动情况较为良好，比如，2023 年长沙市举办了"2023 全球智慧城市大会 · 长沙""科学家精神座谈会"等科技传播活动，但传播媒介的建设情况略显滞后，影响了科技传播渠道的整体建设状况。

（二十四）郑州

评估显示，郑州市科技传播渠道的建设情况较为不足，城市科技传播渠道评分为 2. 83，低于全国平均值 3. 46。目前郑州市具有代表性的科技报纸是由河南省科学技术协会主办的《河南科技报》，在科技创新和科技传播方面发挥了积极作用，为推动河南省的科技进步和社会发展作出了重要贡献，但郑州市在报刊和广播电视台频道建设方面的工作有所欠缺。

（二十五）重庆

评估显示，重庆市科技传播渠道的建设情况良好，城市科技传播渠道评分为 5. 52，高于全国平均值 3. 46。重庆市科技期刊的建设水平相对较高。重庆市入选核心期刊的数量较多，主要包括《地下空间与工程学报》《中国药房》《改革》与《中国药业》等。

（二十六）长春

评估显示，长春市科技传播渠道的建设情况较为不足，城市科技传播渠道评分为 2. 58，低于全国平均值 3. 46。长春市在报刊和广播电视台频道建设方面的工作有所欠缺。

（二十七）贵阳

评估显示，贵阳市科技传播渠道的建设情况存在不足，城市科技传播渠道评分为 2. 93，低于全国平均值 3. 46。但贵阳市在科技传播广播电视台频道数量方面表现较好。

（二十八）太原

评估显示，太原市科技传播渠道的建设情况较为良好，城市科技传播渠道评分为 3. 89，略高于全国平均值 3. 46。但太原市在科技期刊、科技图书出版种类方面有待增强，建议太原市进一步拓宽科技传播渠道。

（二十九）南宁

评估显示，南宁市科技传播渠道的建设情况较为不足，城市科技传播渠道评分为 2.01，低于全国平均值 3.46，在传播媒介与传播内容上均需要得到提升。

（三十）兰州

评估显示，兰州市科技传播渠道的建设情况较为不足，城市科技传播渠道评分为 1.71，低于全国平均值 3.46。

（三十一）乌鲁木齐

评估显示，乌鲁木齐市科技传播渠道的建设情况较为不足，城市科技传播渠道评分为 2.01，低于全国平均值 3.46。

（三十二）海口

评估显示，海口市科技传播渠道的建设情况存在不足，城市科技传播渠道评分为 1.25，低于全国平均值 3.46，传播媒介与传播内容均还有较大的提升空间。

（三十三）银川

评估显示，银川市科技传播渠道的建设情况存在不足，城市科技传播渠道评分为 1.33，低于全国平均值 3.46。

（三十四）呼和浩特

评估显示，呼和浩特市科技传播渠道的建设情况较为不足，城市科技传播渠道评分为 1.55，低于全国平均值 3.46，在广播电视台频道建设方面的工作有所欠缺。

（三十五）西宁

评估显示，西宁市科技传播渠道的建设情况较为不足，城市科技传播渠道评分为 1.47，显著低于全国平均值 3.46。

（三十六）拉萨

评估显示，拉萨市科技传播渠道的建设情况较为不足，城市科技传播渠道评分为 1.30，低于全国平均值 3.46，在广播电视台频道建设方面的工作有所欠缺。

二、地区评分情况

基于我国六大地区，在平均值方面，全国城市科技传播渠道评分的平均值为 3.46，华北、华东和西南地区的评分均超过了全国平均值，而中南、东北与西北地区的评分低于全国平均值（见图 5-3）。其中，华北地区的整体科技传播渠道水平最高，评分平均值达到 4.75；其次为华东与西南地区，评分平均值较为接近，分别为 3.85 和 3.58；中南和东北地区的评分平均值分别为 3.19 与 2.80；西北地区的评分平均值最低，仅为 2.15。在地区内部的离散性方面，东北地区的各城市科技传播渠道水平最为接近，整体水平偏低，西南地区的城市评分离散程度也相对较小，且高于全国平均水平的城市较多，整体水平较高。华北地区的城市评分离散程度最大，北京市的科技传播渠道评分达到了 10.00，而呼和浩特市的评分仅为 1.55，地区内部水平差异过大。

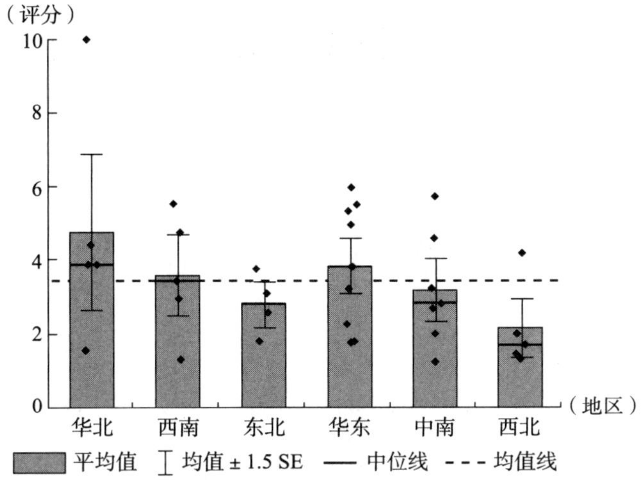

图 5-3　地区科技传播渠道评分

第六章
传播受众

第一节　城市评分情况

（一）北京

评估显示，北京市的科技传播过程所涉及的传播覆盖度较为优秀，城市科技传播受众评分为10.00，高于全国平均值4.20。科技场馆吸引的参观人次众多，科技传播互联网平台热度高，科技展览的宣传效果显著。

1. 科技场馆参观人次

这一指标主要考查该市科学技术展览馆的参观人次数量。

在参与评估的36个城市中，北京市的“科技场馆参观人次”这一指标显著高于全国平均水平，表明北京市科技场馆充分发挥了科技宣传作用，科技场馆吸引的参观人次众多。

2. 科技传播互联网平台浏览人次

这一指标主要考查该城市科技传播相关媒体网站资讯数量。

在参与评估的36个城市中，北京市的“科技传播互联网平台浏览人次”这一指标显著高于全国平均水平，表明北京市的科技传播互联网平台的曝光度较高，科技信息在互联网上热度较高，所覆盖的科技传播受众较多。

3. 科学家精神宣传活动参与人次

这一指标主要考查在一段时间内，该城市举办的科学家精神宣传活动参与人次数量。

在参与评估的36个城市中，北京市的“科学家精神宣传活动参与人次”这一指标显著高于全国平均水平，表明北京市举办的科学家精神宣传活动吸引了众多参与者，参与人次众多，覆盖受众广泛，影响力显著，成就斐然。

2023年8月23—25日，北京市科学技术协会在中国农机院生态农业科技示范园举办“弘扬科学家精神专题学习班”。该班以“讲科学家故事，做好传承人”为主题，采用专题讲座、示范课程、分组研讨、学员讲堂等多种形式开展。共吸引科学家精神宣讲团专家，科学家精神教育基地推荐专家，各级高校、单位科学家精神宣传人员及市科学技术协会干部共计60余人参加。

4. 科技展览参与人次

这一指标主要考查在一段时间内，该城市举办的科技展览活动参与人次。

在参与评估的36个城市中，北京市的“科技展览参与人次”这一指标显著高于全国平均水平，表明北京市在重视举办科技展览的基础上，对科技展览的宣传效果显著，科技展览所覆盖的受众较多。

2023 年 5 月 26—30 日，中关村论坛展览在北京市举办。此次论坛展览会由科学技术部、国家知识产权局、中国国际贸易促进委员会和北京市政府共同主办，以“开放合作，共享未来”为主题，展期为 5 天，线上线下同步开展，展示国家“十三五”期间科技创新成就、北京国际科技创新中心建设成果等内容。此次展览会共吸引各界观众近 8 万人次、专业观众团组 40 余批次，线上 400 余家企业展出千余项展品，160 余家媒体探馆报道。

5. 科技会议、论坛、沙龙参与人次

这一指标主要考查在一段时间内，该城市举办的科技会议、论坛、沙龙的参与人次。

在参与评估的 36 个城市中，北京市的“科技会议、论坛、沙龙参与人次”这一指标显著高于全国平均水平，表明北京市举办的科技活动规模庞大，受众广泛，成果丰富，所产生的社会效应良好。

2023 年 7 月 4—7 日，全球数字经济大会在北京市举办。该会议由国家发展改革委、工业和信息化部、科学技术部、中国科学技术协会等国家部委联合北京市人民政府共同主办，已举办两届。本届会议以“数据驱动发展，智能引领未来”为主题，通过主论坛、六大高峰论坛、六大特色活动以及多项系列主题活动开展深入讨论，期望助力“培育发展新兴数字产业，激发社会数字消费潜力”，吸引了来自全球 40 余个国家和地区的数百位嘉宾。

6. 科技成果路演参与人次

这一指标主要考查在一段时间内，该城市举办的科技成果路演参与人次。

在参与评估的 36 个城市中，北京市的“科技成果路演参与人次”这一指标显著高于全国平均水平，表明北京市举办的科技成果路演规模庞大，取得了良好的社会效果。

2023 年 8 月 4 日，北京未来科学城技术成果推介大会暨首届项目路演资本对接会在北京市举办。该活动由北京市昌平区政府、北京未来科学城管理委员会、华北电力大学主办，以“创新驱动，智在未来”为主题，聚焦北京未来科学城央企、民企、高校院所的技术创新成果和合作需求，选择具有代表性的项目进行路演和资本对接，共议合作发展机会。共吸引 120 余家企业和政府单位代表、近 50 家知名金融投资机构、30 余家媒体共计 300 余人参与，共同观看点评了 8 个优质的技术成果路演项目。

（二）成都

评估显示，成都市面向科技传播受众的传播效果良好，城市科技传播受众评分为 5.58，高于全国平均值 4.20。

1. 科技场馆参观人次

在参与评估的 36 个城市中，成都市的“科技场馆参观人次”这一指标高于全国平均水平，表明成都市科学技术展览馆对受众的吸引力较强，促进了科技知识、信息更好地传播。

2. 科技传播互联网平台浏览人次

在参与评估的 36 个城市中，成都市的“科技传播互联网平台浏览人次”这一指标略高于全国平均水平，表明成都市科技资讯在互联网平台的传播情况较好，热度较高。

3. 科学家精神宣传活动参与人次

在参与评估的 36 个城市中，成都市的“科学家精神宣传活动参与人次”这一指标低于全国平均水平，表明成都市科学家精神宣传活动的吸引力亟待提升，举办科学家精神宣传活动的参与人次有待增多。

2023 年 9 月 27 日，成都市温江区“弘扬科学家精神系列”宣讲活动走进温江中学，为学生们带来一场感人至深的科学家精神讲座。该活动由成都市温江区关心下一代工作委员会主办，邀请科普作家王文华围绕“中国航天之父”钱学森做专题讲座，受到学校师生们的热烈欢迎，共吸引 400 余名师生全程聆听。

4. 科技展览参与人次

在参与评估的 36 个城市中，成都市的“科技展览参与人次”这一指标高于全国平均水平，表明成都市举办的科技展览活动吸引力较强，参与人次较多。

比如，2023 年 2 月 23—27 日，TILE 天府照明博览会在成都市举办。此次会议由四川省照明电器协会、四川德纳展览有限公司联合主办，以“智慧 · 融合 · 科技”为主题，以“产品+案例展览展示+论坛峰会”的新形式，为与会嘉宾和专业观众呈现覆盖照明行业全产业链的前沿新品盛宴，共吸引 200 多家优质展商参展，超过 3 万名观众到场参观。

5. 科技会议、论坛、沙龙参与人次

在参与评估的 36 个城市中，成都市的“科技会议、论坛、沙龙参与人次”这一指标高于全国平均水平，表明成都市举办的科技会议、论坛、沙龙参与人次较多，覆盖了大量传播受众。

比如，2023 年 9 月 15 日，第六届科学计量与科技评价天府论坛在成都市举办。此次论坛由中国科学院成都文献情报中心主办，科技创新评价研究中心承办。论坛聚焦国家科技创新发展战略，提供高水平的决策支撑服务，共吸引了来自国内外高校及科研院所的 200 余位专家学者参会。

6. 科技成果路演参与人次

在参与评估的 36 个城市中，成都市的“科技成果路演参与人次”这一指标高于全国平均水平，表明成都市较为重视科技成果路演活动，科技成果路演活动的参与人次较多。

比如，2023 年 6 月 26 日，“科菁荟”科创项目路演会（国际项目专场）在成都市举办。此次路演活动由成都市科学技术协会主办，帮助本地的外资企业对接资本，推动其科创项目成果转化。此次路演活动涉及非接触式生命体征智能监护仪、物联网家庭口腔健康等项目，吸引了来自政府、高校、企业等单位近百名代表参加。

（三）大连

评估显示，大连市的科技传播过程所涉及的传播覆盖度有所欠缺，城市科技传播受众评分为 2. 71，低于全国平均值 4. 20。大连市科学技术展览馆运营效果较好，但在科技传播互联网平台、科学家精神宣传活动等其他方面均有待提升，影响了对科技传播受众的整体传播效果，建议大连市进一步提升科技传播对受众的覆盖情况。

1. 科技场馆参观人次

在参与评估的36个城市中，大连市的“科技场馆参观人次”这一指标高于全国平均水平，表明大连市科学技术展览馆接待参观人数较多，受众群体较广，效果显著。

2. 科技传播互联网平台浏览人次

在参与评估的36个城市中，大连市的“科技传播互联网平台浏览人次”这一指标低于全国平均水平，表明大连市科技信息在互联网平台的热度存在一定提升空间，建议大连市加强与主流媒体网站之间的合作，增加科技传播互联网平台浏览人次。

3. 科学家精神宣传活动参与人次

在参与评估的36个城市中，大连市的“科学家精神宣传活动参与人次”这一指标低于全国平均水平，表明大连市对号召群众参与科学家精神宣传活动重视程度有待提升，建议大连市扩大科学家精神的传播覆盖面，大力弘扬科学家精神，传播创新文化。

2023年9月4日，中国科学院科学家精神宣讲团专家、中国科学院原高技术企业局副总工程师陈贺能应邀为大连化学物理研究所作题为《读懂强国历史，奋力振兴中华——从我国首颗原子弹多个关键技术被攻克说起》的报告。这是大连化学物理研究所为大力弘扬科学家精神，传播创新文化，推出“煜国同行”大煜文化节暨第四届科学节系列活动之一，现场及线上共220余名青年职工、研究生等聆听。

4. 科技展览参与人次

在参与评估的36个城市中，大连市的“科技展览参与人次”这一指标低于全国平均水平，表明大连市举办的科技展览活动的吸引力有待增强。建议大连市与知名展览公司合作，增强科技展览对受众的吸引力。

5. 科技会议、论坛、沙龙参与人次

在参与评估的36个城市中，大连市的“科技会议、论坛、沙龙参与人次”这一指标低于全国平均水平，表明大连市参与科技会议、论坛、沙龙的人数还存在较大的提升空间，建议大连市扩大科技会议、论坛、沙龙受众范围，吸引更多群众参加。

2023年5月18日，大连市科技创新大会在大连国际会议中心召开，举办了科技创新成果展、英歌石科学城推介、科技政策发布、科技奖助资金兑现、科技人才奖励、大连实验室启动、科技活动周启幕等一系列活动，一批前瞻性、前沿性重大科创项目在会议期间集中签约，大会分会场举办产业创新论坛、科技成果转化与招商推介等十余场配套活动。科学技术部、省科技厅有关领导，大连市委、市人大常委会、市政府、市政协领导，国内外知名高科技企业、科技服务机构、投融资机构负责人，重点高校和中国科学院系统科研机构负责人，“哈长沈大”东北地区科创走廊、辽宁沿海经济带各市政府有关部门负责人等2000余人参会。

6. 科技成果路演参与人次

在参与评估的36个城市中，大连市的“科技成果路演参与人次”这一指标低于全国平均水平，表明大连市举办的科技成果路演参与人次有待提升，建议大连市激励群众参与科技成果路演，提升科技成果的传播能力。

2023 年 8 月 29 日，由大连市工业和信息化局、工业和信息化部工业文化发展中心共同主办，深交所科融通、高新区经发局、庄河市科工信局、长海县科工信局协办的“产融合作·链群生态·集群创新”企业投融资路演活动在大连信息大厦举办。相关县区工业和信息化部门、银行业协会、证券公司、创投基金、科技咨询公司的代表共 50 余人现场参加活动，全国各地的创投机构、上市公司代表 600 余人通过客户端在线收听收看了路演。

（四）福州

评估显示，福州市的科技传播过程所涉及的传播覆盖度略显不足，城市科技传播受众评分为 4.00，略低于全国平均值 4.20。

1. 科技场馆参观人次

在参与评估的 36 个城市中，福州市的“科技场馆参观人次”这一指标高于全国平均水平，表明福州市积极组织、宣传科技展览馆相关活动，科学技术展览馆参观人次较多。

2. 科技传播互联网平台浏览人次

在参与评估的 36 个城市中，福州市的“科技传播互联网平台浏览人次”这一指标高于全国平均水平，表明福州市的科技传播在互联网平台上的传播热度较高，科技传播的互联网传播覆盖面较广。

3. 科学家精神宣传活动参与人次

在参与评估的 36 个城市中，福州市的“科学家精神宣传活动参与人次”这一指标高于全国平均水平，表明福州市举办的科学家精神宣传活动参与人次较多，覆盖的科学家精神传播受众较广。

4. 科技展览参与人次

在参与评估的 36 个城市中，福州市的“科技展览参与人次”这一指标低于全国平均水平，表明福州市对科技展览的宣传重视程度仍有一定提升空间，建议福州市根据综合科技展览各参与方的需求，增强市内举办的科技展览的吸引力，拓宽科技展览受众的覆盖面。

2023 年 4 月 26—30 日，第六届数字中国建设成果展览会在福州市顺利举办。此次展览设置了数字基础设施、数字经济、数据资源、数字文化、数字技术创新等 11 个展览板块，吸引了来自全国的 320 个政府及企事业单位参展，全方位展现数字中国建设的科技创新成就。此次展会共有超过 30 万人观展，创历届之最。

5. 科技会议、论坛、沙龙参与人次

在参与评估的 36 个城市中，福州市的“科技会议、论坛、沙龙参与人次”这一指标高于全国平均水平，表明福州市多次举办科技会议、论坛、沙龙等活动，参与相关活动的人员较大，覆盖受众较广。

2023 年 7 月 22—23 日，中国人工智能大会在福州市成功举办。此次大会由中国科学技术协会指导，由中国人工智能学会及福建省大数据集团等单位共同主办。此次大会会聚了140余位权威专家进行汇报交流，包括8场主论坛的主题报告、15场的专题论坛，吸引了1000多名嘉宾参会。此次大会旨在聚焦人工智能产业领域的科技研究进展，讨论人工智能基础理论研究、关键技术创新及产业化应用。

6. 科技成果路演参与人次

在参与评估的36个城市中，福州市的“科技成果路演参与人次”这一指标低于全国平均水平，表明福州市在举办科技成果路演活动方面存在一定不足，建议福州市积极组织和举办科技成果路演活动，推动科技成果的相互交流。

2023年10月11日，黑马福州资本对接会在福州市成功举办。此次路演对接会活动由福州市高新区管委会主办、创业黑马集团等单位承办。此次路演活动邀请到中信建投、福建省产业基金、福州金控、梅花创投等50多家银证券、产投、创投类的金融机构共同参与，以及来自创业黑马集团的合肥、青岛、厦门和福州四地的20个项目进行路演。

（五）广州

评估显示，广州市的科技传播过程所涉及的传播覆盖度较广，城市科技传播受众评分为7.13，高于全国平均值4.20。

1. 科技场馆参观人次

在参与评估的36个城市中，广州市的“科技场馆参观人次”这一指标高于全国平均水平，表明广州市重视科技场馆的建设，组织了多样化、富有吸引力的科技馆活动，所覆盖的科技传播受众较广。

2. 科技传播互联网平台浏览人次

在参与评估的36个城市中，广州市的“科技传播互联网平台浏览人次”这一指标高于全国平均水平，表明广州市在科技传播互联网平台上的传播热度较高，所覆盖的科技传播受众较广。

3. 科学家精神宣传活动参与人次

在参与评估的36个城市中，广州市的“科学家精神宣传活动参与人次”这一指标显著高于全国平均水平，表明广州市积极举办科学家精神宣传活动，参与人数众多，受众面广，产生了积极的社会影响。

2023年11月17日，由科学技术部监督司、广东省科技厅、广东省科学技术协会等单位共同主办的“弘扬科学家精神　系好学术生涯第一粒扣子”专题宣讲活动在华南农业大学举行。活动邀请了中国科学院院士徐义刚和2022年“最美科技工作者”李建武作主题报告，分别讨论灰色地带科研诚信问题与袁隆平院士“勇于创新、淡泊名利、乐观豁达”的科学家精神，共吸引线上线下近万名各级科研人员观看。

4. 科技展览参与人次

在参与评估的36个城市中，广州市的“科技展览参与人次”这一指标显著高于全国平均水平，表明广州市重视科技展览的举办与宣传，科技展览覆盖受众较广。

2023年8月8—10日，广州国际制冷、空调、通风及冷链技术展览会在广交会展馆隆重举办。此次展览聚集超过200个品牌，全面展示制冷空调全产业链展品，涵盖制冷、空调、通风与空气净化设备、空调配套设备、冷冻冷藏及冷链技术设备等多个领域，为国内外制冷空调产业领域展商、观众提供了一个展示、交流、交易的平台，共吸引超2万人次参观。

5. 科技会议、论坛、沙龙参与人次

在参与评估的36个城市中，广州市的“科技会议、论坛、沙龙参与人次”这一指标高于全国平均水平，表明广州市举办的科技活动种类丰富，效果显著，社会影响较为良好。

2023年10月20—23日，第二十一届全国等离子体科学技术会议在广州市召开。本次会议由中国力学学会等离子体科学与技术专业委员会、中国物理学会等离子体物理分会等单位主办，围绕低温等离子体基础等12个主题展开了13场大会报告、105场分会场主题报告和253个口头报告，共邀请180个院校、科研机构的700余名专业人士参加。

6. 科技成果路演参与人次

在参与评估的36个城市中，广州市的“科技成果路演参与人次”这一指标略高于全国平均水平，表明广州市科技成果路演活动效果较为良好，在传播受众数量和收获成效方面有着正面反馈，对科技产业发展有着较好影响。

2023年11月7日，由香港科技大学（广州）知识转移办公室创业中心主办的“INNOPITCH路演推介会：新材料、能源环保、微电子技术专场”在香港科技大学（广州）校园内举办，该系列活动致力于营造积极活跃的科创生态，10组来自香港科技大学（广州）校园的优质初创项目轮番登场一展风采，与40余家相关领域的创投机构展开了深入交流与合作探讨。

（六）哈尔滨

评估显示，哈尔滨市的科技传播过程所涉及的传播覆盖度较为良好，城市科技传播受众评分为4.36，略高于全国平均值4.20。

1. 科技场馆参观人次

在参与评估的36个城市中，哈尔滨市的“科技场馆参观人次”这一指标低于全国平均水平，表明哈尔滨市科学技术展览馆的参观人数提升潜力较大，建议哈尔滨市提升科学技术展览馆展陈能力，以技术手段增强展陈效果，吸引更多观众参观。

2. 科技传播互联网平台浏览人次

在参与评估的36个城市中，哈尔滨市的“科技传播互联网平台浏览人次”这一指标高于全国平均水平，表明哈尔滨市的科技信息在互联网平台上的传播情况较好，热度较高，互联网平台的科技信息覆盖受众较多。

3. 科学家精神宣传活动参与人次

在参与评估的36个城市中，哈尔滨市的“科学家精神宣传活动参与人次”这一指标低于全国平均水平，表明哈尔滨市对号召群众参与科学家精神宣传活动重视程度有待提升，建议哈尔滨市加强科技宣传作用，有利于弘扬科学家精神。

2023 年 5 月 23 日，“奋进科普新征程”全国科技馆联合行动——“礼赞科学家”主题联动科普活动暨“百馆千场万人科学家精神宣讲”展演活动在黑龙江省科技馆举办，此次活动由中国科技馆、中国自然科学博物馆学会科技馆专业委员会主办。在主场活动现场，来自中国科技馆、山西科技馆等的代表就弘扬科学家精神实践经验进行了分享；展演活动中，7 个优秀科学家精神作品登台展现。活动共吸引来自全国各地科技馆代表、学生代表 200 余人现场参加。

4. 科技展览参与人次

在参与评估的 36 个城市中，哈尔滨市的“科技展览参与人次”这一指标低于全国平均水平，表明哈尔滨市举办的科技展览活动参与人次有待增多，建议哈尔滨市鼓励设立或与办展能力更强的展览企业合作，全方位增强科技展览的举办能力，增多参与人次。

5. 科技会议、论坛、沙龙参与人次

在参与评估的 36 个城市中，哈尔滨市的“科技会议、论坛、沙龙参与人次”这一指标高于全国平均水平，表明哈尔滨市科技会议、论坛、沙龙参与人次较多，宣传效果较好。

2023 年 8 月 26 日，海洋强国战略科技创新论坛在哈尔滨工程大学召开。此次论坛由哈尔滨工程大学主办，以“使命·传承·创新·发展”为主题，旨在促进政产学研用深度融合，强化国家海洋战略科技力量建设，加强海洋领域基础性、战略性和前沿性研究布局，推动我国海洋科技实现高水平自主化发展，共吸引中国船舶集团、中国核工业集团以及所属企业单位、军事研究机构等 1000 余名代表参加大会。

6. 科技成果路演参与人次

在参与评估的 36 个城市中，哈尔滨市的“科技成果路演参与人次”这一指标略高于全国平均水平，表明哈尔滨市举办的科技成果路演的宣传力度较大，科技成果路演的传播覆盖面较广，具有良好的社会反响。

2023 年 5 月 10 日，2023 年度汽车产业校企对接会暨科技路演校园行活动在哈尔滨理工大学成功举办。路演采用“项目演示+创投专家交流”的形式，“电动汽车动力电池系统集成与智能管理”“AI+服务——车联网道路智能检测与塌陷风险预警系统”等 6 个成果转化项目负责人轮流进行汇报。本次活动共有 4 个项目与参会的创投企业、机构签约，其中，哈尔滨理工大学 2 个、哈尔滨工业大学 1 个、东北林业大学 1 个。

（七）杭州

评估显示，杭州市面向科技传播受众的传播效果相对较好，城市科技传播受众评分为 5.32，高于全国平均值 4.20。

1. 科技场馆参观人次

在参与评估的 36 个城市中，杭州市的“科技场馆参观人次”这一指标高于全国平均水平，表明杭州市科学技术展览馆参观人次较多，科学技术展览馆组织的活动及展出所覆盖的科技传播受众较广。

2. 科技传播互联网平台浏览人次

在参与评估的 36 个城市中，杭州市的“科技传播互联网平台浏览人次”这一指标高于全国平均水平，表明杭州市的科技传播在互联网平台上的传播热度较高，科技传播的互联网传播覆盖面较广。

3. 科学家精神宣传活动参与人次

在参与评估的36个城市中，杭州市的“科学家精神宣传活动参与人次”这一指标高于全国平均水平，表明杭州市举办的科学家精神宣传活动参与人次较多，覆盖的科学家精神传播受众较广。

比如，2022年10月18日，杭州市拱墅区“科普助力双减，点亮科学梦想”科学家进校园活动走进杭州市拱墅区卖鱼桥小学，开展了以“海洋探索”为主题的科普讲座。来自自然资源部第二海洋研究所卫星海洋环境动力学国家重点实验室的副研究员龙钰带来讲座《海洋科学家炼成记》，分享了海洋科学家真实的工作与生活。此次科学家进校园活动，吸引了卖鱼桥小学师生100余人现场参与，有400余名师生观看讲座直播。

4. 科技展览参与人次

在参与评估的36个城市中，杭州市的“科技展览参与人次”这一指标低于全国平均水平，表明杭州市举办的科技展览活动参与人次亟须进一步提升。

比如，2023年3月14—17日，第35届浙江国际科研、医疗仪器设备技术交流展览会在杭州国际博览会中心顺利举办。此次展会由浙江省科学技术厅和浙江省卫生健康委员会共同主办，展会以“数智医疗浙里先行”为主题，以“综合+专题”融合模式举办，吸引国内外719家企业参展，总展示面积近4万平方米。

5. 科技会议、论坛、沙龙参与人次

在参与评估的36个城市中，杭州市的“科技会议、论坛、沙龙参与人次”这一指标低于全国平均水平，表明杭州市举办的科技会议、论坛、沙龙参与人次亟须增加，所覆盖的科技会议、论坛、沙龙的传播受众范围有待扩大，还存在较大的提升空间。

比如，2023年6月10—11日，全球人工智能技术大会在杭州市正式举办。此次大会由中国科学技术协会指导，中国人工智能学会和杭州市政府共同主办，杭州市科技局、杭州市委人才办、杭州市余杭区政府承办。此次大会涵盖了“全球人工智能技术大会”“全球人工智能技术博览会”“全球人工智能技术创新大赛”三场重量级活动，吸引了40名海内外院士、近300位专家学者共同参与，线上线下探讨新一代人工智能发展路径和新趋势。

6. 科技成果路演参与人次

在参与评估的36个城市中，杭州市的“科技成果路演参与人次”这一指标高于全国平均水平，表明杭州市举办的科技成果路演参与人次较多，覆盖的传播受众较广。

比如，2023年9月13日，“智汇余杭”科技成果转化系列路演活动——之江实验室智能物联专场在杭州技术转移转化中心路演厅顺利展开。该活动是“智汇余杭”科技成果转化系列路演活动的第一场，由余杭区科学技术局主办，杭州技术转移转化中心承办。此次路演活动共精选了8个智能物联产业项目，吸引了近40位来自上市企业、科创企业、投资机构、银行、媒体的代表参加活动。

（八）合肥

评估显示，合肥市的科技传播过程所涉及的传播覆盖度与全国平均水平持平。

1. 科技场馆参观人次

在参与评估的36个城市中，合肥市的“科技场馆参观人次”这一指标高于全国平均水平，表明合肥市科学技术展览馆参观人次较多，有利于激发民众科学兴趣、启迪科学思想、扩大科技传播受众覆盖面。

2. 科技传播互联网平台浏览人次

在参与评估的36个城市中，合肥市的“科技传播互联网平台浏览人次”这一指标低于全国平均水平，表明合肥市科技传播互联网平台浏览人次有待增加，建议合肥市加大科技信息在互联网平台上的投放力度，并增加引流措施，提升科技信息在互联网平台上的传播能力。

3. 科学家精神宣传活动参与人次

在参与评估的36个城市中，合肥市的“科学家精神宣传活动参与人次”这一指标高于全国平均水平，表明合肥市举办的科学家精神宣传活动参与人次较多，有效地促进了科学家精神的传播。

比如，2023年9月22日，由合肥市庐阳区科技局、合肥市青少年科技创新教育学会主办的庐阳区科学家精神宣讲进校园系列活动走进合肥市长江路第三小学海棠花园校区。活动邀请合肥市科教学会理事吴斌、科技辅导员工作室骨干成员王策讲述科学家们的先进事迹，彰显了一代代科学家守正创新、上下求索、辛勤耕耘、无私奉献的科学家精神，共吸引100余名师生现场参与。

4. 科技展览参与人次

在参与评估的36个城市中，合肥市的“科技展览参与人次”这一指标高于全国平均水平，表明合肥市举办的科技展览吸引力较强，科技展览的参观人次较多。

比如，2023年4月8—10日，第28届中国中西部（合肥）医疗器械展览会在合肥市成功举办。此次展会由安徽省非公立医疗机构协会、安徽仑博会展服务有限公司联合主办，以“创新科技，皖美健康”为主题，聚焦医疗行业前沿科技和数字化创新成果，集中展示了医疗健康领域的2万多种高端医疗装备，产品涵盖医疗器械行业从源头到终端的整条产业链，共吸引超过4万名专业观众观展。

5. 科技会议、论坛、沙龙参与人次

在参与评估的36个城市中，合肥市的“科技会议、论坛、沙龙参与人次”这一指标低于全国平均水平，表明合肥市举办的科技会议、论坛、沙龙参与人次有待增加，建议合肥市加强与各领域科学家的交流，为他们提供更多线下聚集交流的机会。

比如，2023年10月27—29日，第六届IEEE国际集成电路技术与应用学术会议在合肥市高新区中安创谷科技园全球路演中心成功举行。本次会议由IEEE MTT-S Nanjing Chapter、北京电子学会主办，中国科学技术大学承办。会议以“存算一体与光电集成”为主题，旨在交流和展示当今社会中集成电路设计、技术和应用，以及跨学科融合领域的最新技术成果，共吸引了多个国家和地区的科研机构、芯片设计制造及应用企业、科技产业园区的专家和代表等近200人参加。

6. 科技成果路演参与人次

在参与评估的36个城市中，合肥市的“科技成果路演参与人次”这一指标高于全国平均水平，表明合肥市举办的科技成果路演参与人次较多，提供了较多对接转化的机会。

比如，2023年10月17日，合肥市新型研发机构项目路演活动第三期顺利举行。此次路演由合肥市科技创新委员会办公室（市科技局）、合肥市肥西县政府主办。会上，“先进机器视觉应用系统”“人工智能船脸识别系统”“新型光谱成像芯片”等7个项目团队进行了路演展示，吸引市科创集团、泰禾光电等产业链相关单位代表近50人参加活动。

（九）济南

评估显示，济南市的科技传播过程所涉及的传播覆盖度相对较好，城市科技传播受众评分为5.88，高于全国平均值4.20。

1. 科技场馆参观人次

在参与评估的36个城市中，济南市的“科技场馆参观人次”这一指标高于全国平均水平，表明济南市科学技术展览馆参观人次较多，科学技术展览馆覆盖的科技传播受众较广。

2. 科技传播互联网平台浏览人次

在参与评估的36个城市中，济南市的“科技传播互联网平台浏览人次”这一指标高于全国平均水平，表明济南市互联网平台的科技传播效果较好，互联网传播覆盖面较广。

3. 科学家精神宣传活动参与人次

在参与评估的36个城市中，济南市的“科学家精神宣传活动参与人次”这一指标高于全国平均水平，表明济南市举办的科学家精神宣传活动参与人次较多，覆盖的科学家精神传播受众较广。

比如，2023年5月29日，山东省科学家精神报告团成立仪式暨首场宣讲报告会在齐鲁工业大学举行。此次活动由山东省科学技术协会、省委宣传部等单位主办，聚焦“点亮精神火炬”的主题，举行了山东省科学家精神宣讲团的受聘仪式，并展开山东省科学家精神首场宣讲，现场同期举办了“光辉的足迹”科学家精神主题展。此次活动共吸引省科学家精神报告团成员代表，以及科技工作者和高校师生代表近400人参与。

4. 科技展览参与人次

在参与评估的36个城市中，济南市的“科技展览参与人次”这一指标高于全国平均水平，表明济南市举办的科技展览活动参与人次较多，活动收效较好。

比如，2023年5月25—27日，第9届绿色低碳环保产业国际博览会在济南市隆重举办。此次博览会以“绿色引领发展，低碳创造未来”为主题，秉持“对接对话、共享共赢”的宗旨，汇聚山东省环境科学研究院等超过300家全球环保领军企业，涵盖污水处理、生态环境综合处理、固体废弃物处理等环境污染保护领域的最新技术与解决方案，吸引超 2 万人次齐聚展会现场。

5. 科技会议、论坛、沙龙参与人次

在参与评估的 36 个城市中，济南市的“科技会议、论坛、沙龙参与人次”这一指标显著高于全国平均水平，表明济南市举办的科技会议、论坛、沙龙参与人次较多，所覆盖的科技会议、论坛、沙龙的传播受众广泛。

比如，2023 年 11 月 3—5 日，2023 年全国建筑钢结构科技创新大会在中国建筑八局人才发展中心举行。此次会议由中国建筑金属结构协会主办，以“科技引领、创新驱动，推动钢结构建筑绿色低碳发展”为主题，邀请各地专家、企业代表就钢结构行业创新发展路径、钢结构建筑绿色低碳发展情况进行探讨，共吸引超 200 人参加。

6. 科技成果路演参与人次

在参与评估的 36 个城市中，济南市的“科技成果路演参与人次”这一指标显著高于全国平均水平，表明济南市举办的科技成果路演参与人次较多，所覆盖的科技成果路演活动的传播受众较广，相关工作水平较高。

比如，2023 年 11 月 25 日，济南市数字场景推介发布会顺利举行，此次发布会以“数字场景　创智未来”为主题，旨在搭建交流合作平台，展示济南市在数字场景创新领域的探索成果，激发创新创业热情，为推动经济高质量发展注入新活力。活动共吸引来自国家智库机构、创投金融机构、知名企业等 100 余人参加。

（十）昆明

评估显示，昆明市的科技传播过程所涉及的传播覆盖度相对有所欠缺，城市科技传播受众评分为 2.41，低于全国平均值 4.20。

1. 科技传播互联网平台浏览人次

在参与评估的 36 个城市中，昆明市的“科技传播互联网平台浏览人次”这一指标低于全国平均水平，表明昆明市科技类活动曝光度仍有一定提升空间。建议昆明市加大对媒体网站科技传播资讯的流量投入，增加科技传播互联网平台的浏览人次。

2. 科学家精神宣传活动参与人次

在参与评估的 36 个城市中，昆明市的“科学家精神宣传活动参与人次”这一指标低于全国平均水平，表明昆明市举办的科学家精神宣传活动参与人次有待增多，覆盖的科学家精神传播受众范围仍可进一步扩大。

比如，2023 年 5 月 25 日，“关心下一代科普进校园科学家精神”宣讲活动在昆明市寻甸县倘甸区中小学开展。此次活动由昆明市科学技术协会主办，以“科学家精神　云南生物多样性”为主题，邀请云南大学教授金子强做《科学精神，人文情怀——数学家熊庆来》的主题演讲。金教授从“1893 年的遐想”“报效国家，远渡重洋”“学习先辈，做最好的自己”三个层面讲述了云南籍中国数学先驱熊庆来先生开放、爱国、包容的情怀和求实、奉献、担当的品格，共吸引 800 名师生现场聆听。

3. 科技展览参与人次

在参与评估的 36 个城市中，昆明市的“科技展览参与人次”这一指标低于全国平均水平，表明昆明市举办的科技展览活动影响力有待提升。建议昆明市增多科技展览的宣传活动，提升科技展览活动的知名度，吸引更多观众前来参观。

比如，2023 年 7 月 19—21 日，第六届中国昆明南亚社会公共安全科技博览会在昆明滇池国际会展中心举办。此次博览会由云南省消防协会和云南省智慧城市集成服务商协会等单位联合主办，以“汇智聚商　创新赋能”为主题，立足云南，采取展览展示、新品发布、产品体验相结合的方式，充分展示各参与方在智能化、应急救援、消防、数字化安防领域的前沿理念和技术应用，共吸引海康威视、利亚德、立孚光电、艾比森等 126 家企业参展，展示展品达 1200 余类，专业人士达 3 万余名。

4. 科技会议、论坛、沙龙参与人次

在参与评估的 36 个城市中，昆明市的“科技会议、论坛、沙龙参与人次”这一指标低于全国平均水平，表明昆明市举办的科技会议、论坛、沙龙参与人次较少，在影响力方面还需进一步提升。

比如，2023 年 8 月 16—18 日，昆明市举办了中国高校校办产业协会 2023 年年会暨高校科技与产业发展学术会议，此次大会由中国高校校办产业协会主办，云南省教育资产学会、昆明理工大学承办。该项年会已成功举办数十届，是昆明市宣传国家相关政策、分享全国高校产业实践创新经验、展示科技转移转化优秀成果、推动高校科技成果转化的重要平台，在高校研产融领域具有重要的影响力。大会共吸引来自全国 20 多个省份的高校院所、技术创新研发和应用部门等会员单位，以及相关行业企业代表 600 余人参会。

5. 科技成果路演参与人次

在参与评估的 36 个城市中，昆明市的“科技成果路演参与人次”这一指标低于全国平均水平，表明昆明市举办的科技成果路演参与人次较少，覆盖的传播受众范围较小。

比如，2023 年 5 月 17 日，昆明高新技术产业开发区科技创新创业服务中心组织专家团队开展第六批、第七批生物医药企业科技创新服务券申报、兑现评审暨项目路演活动。本次活动旨在遴选出满足服务券支持条件的企业，搭建企业与专业服务机构的合作桥梁，促进科技创新和科技成果转化，共吸引 7 家企业、28 名企业代表参加评审路演活动。

（十一）南昌

评估显示，南昌市的科技传播过程所涉及的传播覆盖度尚有进步空间，城市科技传播受众评分为 3.83，低于全国平均值 4.20。

1. 科技场馆参观人次

在参与评估的 36 个城市中，南昌市的“科技场馆参观人次”这一指标高于全国平均水平，表明南昌市科学技术展览馆参观人次较多，科学技术展览馆组织的活动及展出所覆盖的科技传播受众较广，相关工作水平较高。

2. 科技传播互联网平台浏览人次

在参与评估的 36 个城市中，南昌市的“科技传播互联网平台浏览人次”这一指标低于全国平均水平，表明南昌市科技传播在互联网平台上的传播热度有待提升，互联网渠道的科技传播覆盖面需要进一步扩大。

3. 科学家精神宣传活动参与人次

在参与评估的36个城市中，南昌市的“科学家精神宣传活动参与人次”这一指标低于全国平均水平，表明南昌市虽然在科学家精神宣传活动方面取得了一定成果，但相较于其他城市仍存在一定提升空间。

比如，2023年7月4日，由中国科学技术协会、教育部等八部门共同推动的“科学家故事众创空间（江西省试点）”启动仪式暨2023年全国科技馆联合行动之“新时代科学少年”主场活动在江西省科技馆举行。活动旨在充分发挥科学技术协会的系统纽带作用，协同教育部门和院所、学校、企业等力量，通过讲述科学家故事，以形式多样的互动方式弘扬科学家精神。本次活动共吸引来自全国各地的科技馆代表及南昌市中小学师生代表超200人参加。

4. 科技展览参与人次

在参与评估的36个城市中，南昌市的“科技展览参与人次”这一指标高于全国平均水平，表明南昌市举办的科技展览活动参与人次相对较多，所覆盖的科技展览的传播受众较广，相关工作取得了较好成效。

比如，2023年6月16日，由南昌市政府、江西省卫生健康委员会、江西省科学技术协会等单位共同主办的第二届中国（南昌）国际大健康产业大会暨博览会在南昌市红谷滩区开幕。博览会以“科技大健康、重塑新业态”为主题，设置医疗器械、生物制药、智慧医疗信息化等九大展区，展陈各参展方的先进健康成果，共吸引800余家企业单位和2万余名专业观众参展。

5. 科技会议、论坛、沙龙参与人次

在参与评估的36个城市中，南昌市的“科技会议、论坛、沙龙参与人次”这一指标高于全国平均水平，表明南昌市举办的科技会议、论坛、沙龙的参与人数较多，在科技创新和科技交流方面的活跃度和吸引力较强。

比如，2023年10月19—20日，由工业和信息化部、江西省政府共同主办的世界VR产业大会在南昌市举办。大会以“VR让世界更精彩——虚实融合，智兴百业”为主题，举办开幕式、论坛、产业对接等各类重要活动24场，全方位推动虚拟现实技术交流和虚拟现实产业发展，吸引了来自全球20多个国家和地区的逾200位演讲嘉宾、200家参展企业和3000名专业观众参会。

6. 科技成果路演参与人次

在参与评估的36个城市中，南昌市的“科技成果路演参与人次”这一指标高于全国平均水平，表明南昌市举办的科技成果路演参与人次较多，成效较好，有助于推动科技成果的转化和应用。

比如，2023年9月17日，由江西省科技厅、南昌市政府主办的2023年江西（南昌）电子信息产业科技成果对接会在南昌市举行。大会以“数字化、智能化、多样化——推动江西电子信息产业高质量发展”为主题，在项目路演环节中，江西兆驰半导体有限公司等4家企业进行了登台路演，江西联创电子有限公司等5家企业与有关高校现场签约。本次活动共有各单位领导及企业负责人200余人参加，近5000名观众线上参与。

（十二）南京

评估显示，南京市的科技传播过程所涉及的传播覆盖度相对良好，城市科技传播受众评分为5.53，高于全国平均值4.20。

1. 科技场馆参观人次

在参与评估的36个城市中，南京市的“科技场馆参观人次”这一指标低于全国平均水平，表明南京市科学技术展览馆吸引游客的能力有待加强，建议调整科技馆宣传方式和办展能力，拓展科技馆组织的活动及展出所覆盖的科技传播受众面。

2. 科技传播互联网平台浏览人次

在参与评估的36个城市中，南京市的“科技传播互联网平台浏览人次”这一指标高于全国平均水平，表明南京市科技传播在互联网平台上的传播热度较高，线上全面加强科学家精神资源汇聚传播。

3. 科学家精神宣传活动参与人次

在参与评估的36个城市中，南京市的“科学家精神宣传活动参与人次”这一指标略高于全国平均水平，表明南京市举办的科学家精神宣传活动覆盖范围较为广泛，参与人次较多，促进了科学家精神在全社会的广泛传播。

比如，2023年5月12日，江苏省科学技术协会院士专家基层行活动在南京市科利华中学成功举办。中国科学院院士王颖带来了“关注中国海”讲座，讲述海洋科学的知识，传递热爱科学的热情，弘扬科学家精神。此次活动吸引了线上、线下共700多名师生参加。

4. 科技展览参与人次

在参与评估的36个城市中，南京市的“科技展览参与人次”这一指标略高于全国平均水平，表明南京市举办的科技展览活动参与人次较多，科技展览所覆盖的传播受众较广，有效地促进了促进了科技传播。

比如，2023年7月19日，由江苏省工业和信息化厅等单位主办的世界半导体大会暨南京国际半导体博览会在南京市举办。此次博览会吸引了300余家参展企业，全方位呈现半导体产业链的发展现状，为行业内企业、专家、学者搭建了半导体产业的交流与合作平台。

5. 科技会议、论坛、沙龙参与人次

在参与评估的36个城市中，南京市的“科技会议、论坛、沙龙参与人次”这一指标略高于全国平均水平，表明南京市举办的科技会议、论坛、沙龙参与人次较多，有助于聚合科技力量，促进科技交流合作。

比如，2023年12月6日，中国农业农村科技发展论坛暨中国现代农业发展论坛在南京市举办。论坛由农业农村部科学技术司指导，中国农科院、中国农学会、农业农村部科技发展中心联合主办。论坛设置了成果发布、院士报告与高端对话、农业农村部共建高校交流和大豆育种青年报告等专题活动。其中，重点发布了《2023中国农业科学重大进展》《2023中国农业科技论文与专利全球竞争力分析》等5份专项报告，遴选了10项具有重大突破性进展的农业基础科学研究成果，发布了农业九大学科的62个研究热点，展示了31项有重大应用前景的新技术、新产品和新装备，1000多人参加线下论坛。

6. 科技成果路演参与人次

在参与评估的36个城市中，南京市的“科技成果路演参与人次”这一指标高于全国平均水平，表明南京市注重组织各科技转移转化主体积极参与科技成果路演行动，有效促进科技成果转化落地。

比如，2023年5月25日，由栖霞高新技术产业开发区主办的南京栖霞人工智能与数字经济专场路演成功举办，旨在整合南京市栖霞高新区的创新资源，搭建投融资对接的平台，聚焦科技企业的投融资需求。共有14家人工智能与数字经济领域的企业参加，与达晨财智、梅花创投、海尔资本、苏高新金控等20余家投资机构进行深入交流。

（十三）宁波

评估显示，宁波市的科技传播过程所涉及的传播覆盖度相对良好，城市科技传播受众评分为4.69，高于全国平均值4.20。

1. 科技场馆参观人次

在参与评估的36个城市中，宁波市的“科技场馆参观人次”这一指标高于全国平均水平，表明宁波市科学技术展览馆参观人次较多，科学技术展览馆组织的活动及展出所覆盖的科技传播受众较广。

2. 科技传播互联网平台浏览人次

在参与评估的36个城市中，宁波市的“科技传播互联网平台浏览人次”这一指标略高于全国平均水平，表明宁波市的科技传播在互联网平台上的传播热度较高，科技传播的互联网传播覆盖面较广。

3. 科学家精神宣传活动参与人次

在参与评估的36个城市中，宁波市的“科学家精神宣传活动参与人次”这一指标高于全国平均水平，表明宁波市参与科学家精神宣传活动的人数较多，覆盖度较高，有利于推动科学家精神的宣传。

例如，2023年8月29日，由宁波市科学技术协会、宁波市教育局联合举办的“致敬科学前辈　点亮精神火炬”红领巾讲宁波籍科学家故事展示活动在宁波科探中心举行。活动现场，宣讲团成员向大家宣讲了“中国造血干细胞之父”吴祖泽、中国“克隆之父”童第周等18位耳熟能详的宁波籍科学家故事。在此前，宁波市科学技术协会和宁波市教育局联合举办了第二届宁波市“小小科学家精神宣讲员”比赛，广泛动员中小学开展形式多样的宣讲活动，得到了全市各区（县、市）近400所学校的积极响应，参与人数逾千人。

4. 科技展览参与人次

在参与评估的36个城市中，宁波市的“科技展览参与人次”这一指标低于全国平均水平，表明宁波市举办的科技展览参与人次有待增加。建议宁波市设立专门的科技活动责任部门，提升科技展览的筹划能力及吸引力，增加科技展览的参与人次。

2023 年 10 月 13 日，世界数字经济大会暨第十三届智博会在宁波市开幕。大会围绕“创新深化、数实融合”主题，高质量策划举办“会”（论坛会议）、“展”（展览展示）、“投”（投促合作）、“消”（数智消费）四大板块主题活动。展览展示方面，共设置数字经济综合馆、数实融合馆、数字场景馆、未来产业馆、数字贸易馆等 5 个主题展馆，总面积达到 3 万平方米，邀请超 300 家数字经济领域国际国内大企业、大机构线上线下联动展示，全方位、多维度呈现数字经济发展新技术、新产品、新应用、新成果，累计超 8000 人次参加了大会论坛活动，超 6.5 万人次参观了大会展览展示，专业客商达 4.8 万人次。

5. 科技会议、论坛、沙龙参与人次

在参与评估的 36 个城市中，宁波市的“科技会议、论坛、沙龙参与人次”这一指标高于全国平均水平，表明宁波市参与科技会议、论坛、沙龙的人数较多，所覆盖的传播受众较广，通过科技会议、论坛、沙龙的方式宣传科技成效明显。

比如，2023 年 10 月 14 日，第 19 届中国智能系统会议在浙江省宁波市召开，由中国人工智能学会（CAAI）主办，CAAI 智能空天系统专委会、中国仿真学会人工智能仿真技术专委会协办。大会邀请了长期耕耘在智能系统领域的 6 名国家级领军人才、杰出青年获得者、国家奖获得者、上市公司总裁等著名专家作大会报告，会议线上线下参会观众达 7000 余人。

6. 科技成果路演参与人次

在参与评估的 36 个城市中，宁波市的“科技成果路演参与人次”这一指标高于全国平均水平，表明宁波市参与科技成果路演的人员较多，参与积极性较高。

比如，2023 年 3 月 23 日，由宁波市天使投资引导基金有限公司、平安银行股份有限公司宁波分行、宁波镇海天使产业园、宁波天瑾创业服务有限公司联合举办的“‘智’造科技，‘材’见真招”项目路演活动在宁波镇海天使产业园成功举办。项目涉及新能源、新型材料、工业自动化等多个领域，吸引了和丰创投、海邦投资、思得投资等多家投资机构，以及平安银行、交通银行、招商银行等金融机构代表近 30 位参加。

（十四）青岛

评估显示，青岛市的科技传播过程所涉及的传播覆盖度有所欠缺，城市科技传播受众评分为 3.02，低于全国平均值 4.20。

1. 科技场馆参观人次

在参与评估的 36 个城市中，青岛市的“科技场馆参观人次”这一指标略高于全国平均水平，表明青岛市科学技术展览馆人流量较多，科技展览馆设施相对完备，活动较为丰富，拥有广泛的受众群体。

2. 科技传播互联网平台浏览人次

在参与评估的 36 个城市中，青岛市的“科技传播互联网平台浏览人次”这一指标低于全国平均水平，表明青岛市的科技传播互联网平台浏览人次有待增加。建议青岛市积极建设和推广科技传播互联网平台，提升科技传播互联网平台的浏览热度。

3. 科学家精神宣传活动参与人次

在参与评估的 36 个城市中，青岛市的“科学家精神宣传活动参与人次”这一指标低于全国平均水平，表明青岛市对号召群众参与科学家精神宣传活动重视程度有待提升，有利于群众科学素养提高。

2023 年 10 月 16 日，青岛市“大手牵小手”专家进校园专题科普活动在崂山区实验学校举行。本次活动由青岛市科协主办，崂山区科协、崂山区教体局、崂山区融媒体中心承办，崂山区实验学校协办，崂山区实验学校近千名师生共同参加。通过讲述院士专家的科研故事以及“神州十二号”航天员出舱故事并展示人工智能发展成果，带领学生们走进机器人的世界，学习和感悟科学家精神。

4. 科技展览参与人次

在参与评估的 36 个城市中，青岛市的“科技展览参与人次”这一指标低于全国平均水平，表明青岛市举办的科技展览活动参与人数亟待增加。建议青岛市加大对科技展览活动的宣传力度，提升科技展览活动的传播覆盖度。

2023 年 9 月 6—8 日，中国国防电子信息技术展览会在青岛世界博览城顺利举办。此次展览会由中国和平利用军工技术协会、全联科技装备业商会等共同主办，军工资源网承办，以“创新引领、融合发展”为主题，全力打造电子信息全产业链高端展示平台，为产业链上下游协同创新提供高效交流，推动中国数字经济高质量发展，吸引超 5 万人次参观，总展示面积近 3 万平方米。

5. 科技会议、论坛、沙龙参与人次

在参与评估的 36 个城市中，青岛市的“科技会议、论坛、沙龙参与人次”这一指标高于全国平均水平，表明青岛市科技会议、论坛、沙龙得到了广泛宣传，影响力较为深远。

2023 年 5 月 20 日，2023 年青岛市科技活动周启动仪式暨科技创新展在西海岸新区清华青岛艺术与科学创新研究院举行。该活动由青岛市科学技术局、青岛市委宣传部、青岛市科学技术协会、青岛西海岸新区管委联合主办，青岛海发集团协办，以“热爱科学，崇尚科学”为主题，吸引了约 3000 人参加此次活动。

6. 科技成果路演参与人次

在参与评估的 36 个城市中，青岛市的“科技成果路演参与人次”这一指标低于全国平均水平，表明青岛市举办的科技成果路演参与人次亟待增加，覆盖的传播受众范围亟待扩大。建议青岛市加大科技成果路演的宣传力度，扩大科技成果路演的传播覆盖面。

2023 年 10 月，以“资本赋能　助推科技”为主题的科技创新投融资专场路演在全球（青岛）创投风投中心大厦举办，由青岛金家岭金融聚集区管理委员会、青岛高科技工业园管理委员会主办，海创汇协办，4 家企业参与路演，海创汇创投、山东省新动能私募基金、巨峰创投、里程碑创投近 30 家投资机构代表出席。此外，来自北京大学、中国海洋大学等高校机构的多位专家学者受邀参与项目点评，多维资源汇聚，推动产业与资本的精准对接。

（十五）厦门

评估显示，厦门市的科技传播过程所涉及的传播覆盖度相对较好，城市科技传播受众评分为4.32，略高于全国平均值4.20。

1. 科技场馆参观人次

在参与评估的36个城市中，厦门市的“科技场馆参观人次”这一指标高于全国平均水平，表明厦门市科学技术展览馆影响力较强，参观人次相对较多，其相关活动的科技传播力较活跃，相关受众较广。

2. 科技传播互联网平台浏览人次

在参与评估的36个城市中，厦门市的“科技传播互联网平台浏览人次”这一指标显著高于全国平均水平，表明厦门市互联网平台科技传播影响力大，活跃度高，传播效果较好。

3. 科学家精神宣传活动参与人次

在参与评估的36个城市中，厦门市的“科学家精神宣传活动参与人次”这一指标高于全国平均水平，表明厦门市举办的科学家精神宣传活动效果较好，吸引了较多的人参与。

比如，2023年5月31日，作为由厦门市科协主办的“鹭岛科普行——院士大讲堂”首场科普讲座，也是2023年厦门市“全国科技工作者日”系列活动之一，中国科学院院士、物理化学家、厦门大学教授田中群走进厦门一中，以《漫谈新能源的科技创新、产业新赛道和人才培养》为题开讲，分享了作为化学家对新能源科技创新的认识，鼓励学生们以探索问题和解决问题为导向，并在解决实际问题中不断拓展自己的认知体系，自我成长。此次活动吸引了在校高一、高二陈景润数学创新班300多名学生参加。

4. 科技展览参与人次

在参与评估的36个城市中，厦门市的“科技展览参与人次”这一指标低于全国平均水平，表明厦门市举办的科技展览活动公众参与度仍有一定提升空间，传播活力和传播影响力有待加强。

比如，2023年10月24—26日，中国（厦门）传感器与应用技术大会暨展览会圆满举办，此次活动由厦门市工业和信息化局指导，中国传感器与物联网产业联盟、厦门火炬高技术产业开发区管理委员会主办。此次展览会打造10场专业领域论坛，推动交流，促进合作，汇集产业链100余家企业参展，吸引1000多名专业观众和30多个参展团。

5. 科技会议、论坛、沙龙参与人次

在参与评估的36个城市中，厦门市的“科技会议、论坛、沙龙参与人次”这一指标低于全国平均水平，表明厦门市举办的科技会议、论坛、沙龙活动影响力有所不足，存在较大的提升空间。

比如，2023年3月29日，厦门市科技创新大会在厦门国际会议中心酒店召开，以“实施科技创新引领工程，加快推进发展动能转换”为主题，海内外顶尖科学家、知名创新型企业代表、知名大学和国家级科研机构代表等千余人参加。会议现场为2022年度厦门市科学技术奖获奖人员颁奖，为40位院士和专家颁发厦门市科技顾问聘书，集中签约10个市校院地战略合作协议、17个创新团队和研发机构项目合作协议、25个重大科技产业化项目合作协议。

6. 科技成果路演参与人次

在参与评估的36个城市中，厦门市的“科技成果路演参与人次”这一指标低于全国平均水平，表明厦门市举办的科技成果路演影响力较弱，吸引参与人次较少。

2023年6月8日，由厦门市科技局指导，厦门稀土所联合厦门科技创新创业综合服务平台、厦门科技产业化集团、厦门科技交流中心、厦门火炬石墨烯新材料孵化器有限公司在厦门创新创业园举办了“厦门科技资本对接会—新材料专场”项目资本对接活动。活动共设置3个技术项目路演，来自科研院所、企业及投融资机构等相关单位近30人参与。

（十六）上海

评估显示，上海市的科技传播过程所涉及的传播覆盖度较为优秀，城市科技传播受众评分为9.06，显著高于全国平均值4.20。

1. 科技场馆参观人次

在参与评估的36个城市中，上海市的“科技场馆参观人次”这一指标显著高于全国平均水平，表明上海市建设了富有吸引力的科学技术展览馆，有效吸引广大游客参观，科学技术展览馆对受众覆盖情况良好。

2. 科技传播互联网平台浏览人次

在参与评估的36个城市中，上海市的“科技传播互联网平台浏览人次”这一指标显著高于全国平均水平，表明上海市互联网平台的科技传播信息浏览人次众多，互联网平台科技传播有效推进，传播效果良好。

3. 科学家精神宣传活动参与人次

在参与评估的36个城市中，上海市的“科学家精神宣传活动参与人次”这一指标显著高于全国平均水平，表明上海市举办的科学家精神宣传活动在参与人次和受众覆盖等方面均取得了良好效果，形成了积极的社会影响。

2023年11月10日，2023年度“海聚英才”学科交叉高峰论坛菁英思想汇暨第十二届上海青年科技英才授证典礼在科学会堂举行，会上有超70位荣获“青年科技英才奖”“科技期刊优秀青年奖”等奖项的青年科学家聆听了以弘扬科学家精神为主题的思想政治课。此次课程是由上海市科学技术协会等单位开发的“科学家精神专题课程”，讲述了杨振宁、邓稼先、于敏等科学家爱国奉献、投身科研的光辉事例。

4. 科技展览参与人次

在参与评估的36个城市中，上海市的“科技展览参与人次”这一指标显著高于全国平均水平，表明上海市举办的科技展览具有较强的吸引力，游客参观兴趣浓厚，科技展览的传播效果良好。

2023年8月29—31日，DIC EXPO上海国际显示技术及应用创新展在上海市成功举办。此次展会由中国光学光电子行业协会液晶分会主办，以“聚势为新，启程未来”为主题，以显示为桥梁，覆盖显示面板制造、上下游产业链，全面展示电视、智能手机、医疗等各领域尖端显示技术应用，吸引了300余家国内外诸多高质量企业参加，有超过3

万名观众现场参观。

5. 科技会议、论坛、沙龙参与人次

在参与评估的36个城市中，上海市的“科技会议、论坛、沙龙参与人次”这一指标显著高于全国平均水平，表明上海市举办的科技活动规模庞大，受众广泛，成果丰富，所产生的社会效应良好。

2023年11月6—8日，第六届世界顶尖科学家论坛在上海临港世界顶尖科学家论坛永久会场举行。该论坛由世界顶尖科学家协会发起举办，以“科学引领变革　重塑世界韧性”为主题，围绕前沿科技、科技生态、合作模式等五大维度，举办智能科学大会、生命科学大会等经典活动，同时开展企业家圆桌会议、她论坛等分论坛专题活动。本次大会邀请全球25个国家和地区，包括27位诺贝尔奖得主在内的100余位海内外顶尖科学家、40余位两院院士和120余位中外青年领军科学家等300余位全球科学家出席。

6. 科技成果路演参与人次

在参与评估的36个城市中，上海市的“科技成果路演参与人次”这一指标显著高于全国平均水平，表明上海市举办的科技成果路演参与人次众多，其在传播受众数量和效果方面表现出色，对科研、产业及社会产生了良好的影响。

2023年4月3日，2023年第一期人工智能项目路演活动在前滩中心举办。本次活动由上海市人工智能技术协会、上海市浦东新区三林镇政府主办，展示人工智能企业优质成果，对接金融机构投资需求，共有视频智能检测机器人、一体化云原生观测与智能分析系统等6个项目展开了路演，40余家专业投资机构参加了活动。

（十七）深圳

评估显示，深圳市的科技传播过程所涉及的传播覆盖度相对良好，城市科技传播受众评分为7.01，高于全国平均值4.20。

1. 科技场馆参观人次

在参与评估的36个城市中，深圳市的“科技场馆参观人次”这一指标高于全国平均水平，表明深圳市科学技术展览馆建设情况较好，吸引了较多游客参观，科学技术展览馆受众的覆盖度较高。

2. 科技传播互联网平台浏览人次

在参与评估的36个城市中，深圳市的“科技传播互联网平台浏览人次”这一指标高于全国平均水平，表明深圳市的科技传播新闻曝光度较高，在主流平台达到较高热度。

3. 科学家精神宣传活动参与人次

在参与评估的36个城市中，深圳市的“科学家精神宣传活动参与人次”这一指标略高于全国平均水平，表明深圳市积极开展生动活泼的科学家精神宣传活动，参与人次较多，受众较广。

比如，2023年10月12日，南方科技大学在润杨体育馆成功举办“开学第一课”活动。活动中，校长薛其坤以“弘扬科学家精神　助力民族伟大复兴”为主题，引领学生走入世界形势与科研发展的前沿，结合自身科研、工作的宝贵经验，鼓励学生积极创新实践，秉持求是的校训，厚植爱国主义情怀，大力弘扬科学家精神，吸引了南方科技大学相关部门代表及2023级全体本科生、研究生，教师、辅导员等2000余人参加。

4. 科技展览参与人次

在参与评估的36个城市中，深圳市的“科技展览参与人次”这一指标显著高于全国平均水平，表明深圳市举办的科技展览活动满足大多受众需求，科技展览参与人次较多，所覆盖的科技展览的传播受众较广。

2023年5月16—18日，第十五届深圳国际电池技术展在深圳国际会展中心隆重举办。此次会议由中国化学与物理电源行业协会主办，中电科能源有限公司和中国电子科技集团公司第十八研究所共同协办，共设12大展馆，展示了全球储能电池、动力电池等各种电池、充换电设备及配套解决方案，共吸引参观人数超18万，累积参观人次达36万。

5. 科技会议、论坛、沙龙参与人次

在参与评估的36个城市中，深圳市的“科技会议、论坛、沙龙参与人次”这一指标略高于全国平均水平，表明深圳市注重举办科技会议、论坛、沙龙，辐射吸引大众积极参与，参与人次较多。

2023年11月4日，文化科技创新论坛暨第二届深大湾区论坛在深圳市举行。该论坛由文化和旅游部科技教育司指导，深圳市委宣传部、深圳市南山区政府、深圳大学主办，以“全球视野下的文化数字化进程与展望”为主题，讨论“非遗保护与数字化”“数字科技综述及展望”等话题，共吸引来自国内外的100多名专家与青年学者参加。

6. 科技成果路演参与人次

在参与评估的36个城市中，深圳市的“科技成果路演参与人次”这一指标高于全国平均水平，表明深圳市大力扩大科技成果路演受众，促进各主体间实现有效对接，提升科技成果转化效率和成功率。

2023年10月25日，科创中国创新创业投资大会华强科创专场路演活动在深圳市成功举行。活动由中国科学技术协会科学创新部、广东省科学技术协会、深圳市科学技术协会共同主办。本次华强科创专场路演活动主要展示了环保高科技、生物医疗、智能机器人、绿色模块电源等方面的项目，共吸引20余人共同参加。

（十八）沈阳

评估显示，沈阳市的科技传播过程所涉及的传播覆盖度相对良好，城市科技传播受众评分为4.44，高于全国平均值4.20。

1. 科技场馆参观人次

在参与评估的36个城市中，沈阳市的“科技场馆参观人次”这一指标高于全国平均水平，表明沈阳市科学技术展览馆参观人次较多，组织的活动及展出所覆盖的科技传播受众较广，有利于营造沈阳市民探索科学的氛围，有助于培养全社会对科学探究的兴趣。

2. 科技传播互联网平台浏览人次

在参与评估的36个城市中，沈阳市的“科技传播互联网平台浏览人次”这一指标高于全国平均水平，表明沈阳市的科技传播在互联网平台上的传播热度较高，科技传播互联网平台的浏览人次较多。

3. 科学家精神宣传活动参与人次

在参与评估的36个城市中，沈阳市的“科学家精神宣传活动参与人次”这一指标低于全国平均水平，表明沈阳市举办的科学家精神宣传活动参与人次有一定提升空间。建议加强对科学家精神宣传活动的宣传推广，利用媒体、社交平台等渠道，提高活动知名度和影响力。

4. 科技展览参与人次

在参与评估的36个城市中，沈阳市的“科技展览参与人次”这一指标低于全国平均水平，表明沈阳市举办的科技展览活动参与人次存在一定提升空间。建议沈阳市加大科技展览宣传力度，增加科技展览覆盖受众的数量。

2023年8月10—12日，由辽宁深港展览服务有限公司主办的第59届沈阳医疗器械展在沈阳市国际展览中心召开。此次展览涵盖检验医学、远程医疗、医学影像、康复设备、辅助设备等领域，共展出4万余种的高科技、高尖端医疗器械创新产品，吸引了中外1000余家医疗器械厂商参展。

5. 科技会议、论坛、沙龙参与人次

在参与评估的36个城市中，沈阳市的“科技会议、论坛、沙龙参与人次”这一指标低于全国平均水平，表明沈阳市举办的科技会议、论坛、沙龙参与人次有待增加。建议沈阳市积极增加科技会议、论坛、沙龙的举办场次，增强活动宣传力度，扩大传播受众。

2023年8月10日，第五届抗菌科学与技术论坛在沈阳市举行，由东北大学、中国科学院金属研究所等单位主办，为从事抗菌专业的从业人员及科技工作者搭建交流平台，专门设置了12个分会场，涵盖了无机抗菌材料、智能响应抗菌材料、防腐防污、耐药菌与院感防控等方面，共吸引220余所高校及科研院所、130余家企事业单位的700余位代表参会。

6. 科技成果路演参与人次

在参与评估的36个城市中，沈阳市的“科技成果路演参与人次”这一指标低于全国平均水平，表明沈阳市举办的科技成果路演参与人次有待增加。建议沈阳市通过拓宽路演参与对象范围、邀请知名专家、加强宣传推广等方式吸引更多的人参与科技成果路演活动，促进科技成果的交流、转化和产业化。

2023年8月10日，沈阳工程学院科技成果路演会在沈阳产业技术研究院1楼国际报告厅举行。此次路演活动由沈阳产业技术研究院主办，涵盖信息技术、智能制造及新能源三个领域，共有STD智能一体机等8个项目进行路演，吸引了10余家科技型企业参会。

（十九）石家庄

评估显示，石家庄市的科技传播过程所涉及的传播覆盖度有所欠缺，城市科技传播受众评分为3.47，低于全国平均值4.20。

1. 科技场馆参观人次

在参与评估的36个城市中，石家庄市的“科技场馆参观人次”这一指标低于全国平均水平，表明石家庄市科学技术展览馆参观人次有待增加。建议石家庄市丰富科技展览馆活动，增强科技场馆吸引力。

2. 科技传播互联网平台浏览人次

在参与评估的36个城市中，石家庄市的“科技传播互联网平台浏览人次”这一指标低于全国平均水平，表明石家庄市科技信息在互联网平台的热度存在一定提升空间。建议石家庄市加强与主流媒体网站之间的合作，提升科技资讯在互联网平台的传播水平。

3. 科学家精神宣传活动参与人次

在参与评估的36个城市中，石家庄市的“科学家精神宣传活动参与人次”这一指标低于全国平均水平，表明石家庄市对号召群众参与科学家精神宣传活动重视程度有待提升。建议石家庄市扩大科学家精神的传播覆盖面，提升科学家精神宣传活动的影响力。

2023年8月25日，石家庄市环境科学学会召开弘扬科学家精神专题，在这次专题会上，邀请了专家、正高工程师李冬同志深入解读科学家精神。此次科学家精神宣传专题会介绍了部分科学家的生平事迹，激励广大生态环境工作者在新的奋斗征程中继承并发扬科学家精神，为中国科技发展作出自己的贡献，共吸引学会成员近60人参加。

4. 科技展览参与人次

在参与评估的36个城市中，石家庄市的“科技展览参与人次”这一指标低于全国平均水平，表明石家庄市举办的科技展览活动参与人次有待增加，石家庄市科技传播能力存在一定提升空间。建议石家庄市加大对科技展览活动的宣传力度，增加科技展览所覆盖的受众。

2023年9月，石家庄国际会展中心顺利举办第七届河北国际工业博览会，此次博览会场地约3万平方米，展出范围涉及工业机器人及自动化、智慧工厂等多个领域。同时，展会采取线上与线下相结合的方式，面向100多个行业领域做宣传推广，通过各大专业媒体和主流媒体宣传，吸引了广大观众参观。

5. 科技会议、论坛、沙龙参与人次

在参与评估的36个城市中，石家庄市的“科技会议、论坛、沙龙参与人次”这一指标高于全国平均水平，表明石家庄市参与科技会议、论坛、沙龙的人数较多，充分发挥了科技宣传作用。

2023年10月21日，河北省电子信息产业发展高层论坛在石家庄市鹿泉区召开。此次论坛以“信息技术助力河北数字经济发展和传统产业转型升级”为主题，邀请国内外院士、专家进行大会报告，探讨科技成果转化发展路径，共吸引省内外高校、科研院所、企业150余人参加。

6. 科技成果路演参与人次

在参与评估的36个城市中，石家庄市的“科技成果路演参与人次”这一指标显著高于全国平均水平，表明石家庄市科技成果路演规模较大，宣传力度较大，科技成果路演的传播覆盖面较广。

2023 年 6 月 14 日，由河北省政府主办、相关部门承办的资本市场助力河北发展大会在石家庄市召开。大会期间，河北省科技厅举办了以“科技创新”为主题的企业路演活动，组织一批高新技术企业面向证券公司、投资机构等进行推介，参会机构与企业进行了交流，推进科技创新与金融有效对接。本次活动邀请了沪深北三大证券交易所和全国 37 家证券公司、投资机构、中介机构参加。

（二十）天津

评估显示，天津市的科技传播过程所涉及的传播覆盖度相对良好，城市科技传播受众评分为 4.75，高于全国平均值 4.20。

1. 科技场馆参观人次

在参与评估的 36 个城市中，天津市的“科技场馆参观人次”这一指标低于全国平均水平，表明天津市可以提升科学技术展览馆展陈及活动对游客的吸引力，增加科学技术展览馆的参观人次。

2. 科技传播互联网平台浏览人次

在参与评估的 36 个城市中，天津市的“科技传播互联网平台浏览人次”这一指标略高于全国平均水平，表明天津市的科技资讯在互联网平台吸引了较多的浏览人次，其传播内容和形式得到了公众的认可和喜爱。

3. 科学家精神宣传活动参与人次

在参与评估的 36 个城市中，天津市的“科学家精神宣传活动参与人次”这一指标高于全国平均水平，表明天津市举办的科学家精神宣传活动吸引力较高，对科技传播受众的覆盖情况较好。

4. 科技展览参与人次

在参与评估的 36 个城市中，天津市的“科技展览参与人次”这一指标低于全国平均水平，表明天津市的科技展览参与人数仍有一定提升空间。建议天津市加强科技展览的策划和组织工作，提高展览的质量和吸引力。

2023 年 5 月 18—21 日，由国家发展改革委、科学技术部、工业和信息化部、天津市政府等部门共同主办的第七届世界智能大会在天津市举办，此次大会以“智行天下，能动未来”为主题，重点关注人工智能发展的新趋势、新技术、新业态，吸引了全球 492 家参展单位、超 30 万人次现场观展。

5. 科技会议、论坛、沙龙参与人次

在参与评估的 36 个城市中，天津市的“科技会议、论坛、沙龙参与人次”这一指标高于全国平均水平，表明天津市举办的科技会议、论坛、沙龙参与人次较多，所覆盖的传播受众较为广泛。

比如，2023 年 10 月 18 日，由中国科学技术协会主办、天津市青年科技工作者协会承办的中国科协绿色低碳技术青年科学家沙龙在天津市举办。多位青年科学家立足各自研究方向，就绿色能源开发、碳捕集及资源化等主题同与会人员分享了新成果、讨论了新路径。本次沙龙采用“线下会议+网络直播”的形式展开，吸引了1300余名在线观众。

6. 科技成果路演参与人次

在参与评估的36个城市中，天津市的“科技成果路演参与人次”这一指标高于全国平均水平，表明天津市举办的科技成果路演参与人次较多，促进了科技成果的充分转化。

比如，2023年10月26日，由天津市宝坻区科技局、天津市宝坻区金融局、天津京津中关村产业发展有限公司共同举办的京津科技项目联合路演第一期在京津中关村科技城举办。该活动以帮助园区企业链接投融资机构、搭建企业与机构交流的合作平台、解决企业融资难等问题为目标，来自生物医药、高端制造等领域的9家企业依次展开路演，并与各与会代表进行了深入探讨，共吸引线上线下近百人参与。

（二十一）武汉

评估显示，武汉市的科技传播过程所涉及的传播覆盖度相对良好，城市科技传播受众评分为4.74，高于全国平均值4.20。

1. 科技场馆参观人次

在参与评估的36个城市中，武汉市的“科技场馆参观人次”这一指标高于全国平均水平，表明武汉市科学技术展览馆参观人次较多，科学技术展览馆的展陈吸引力较强，覆盖了较多的科技传播受众。

2. 科技传播互联网平台浏览人次

在参与评估的36个城市中，武汉市的“科技传播互联网平台浏览人次”这一指标高于全国平均水平，表明其科技资讯在互联网平台的曝光度较高，覆盖了较多的科技传播受众。

3. 科学家精神宣传活动参与人次

在参与评估的36个城市中，武汉市的“科学家精神宣传活动参与人次”这一指标高于全国平均水平，表明武汉市举办的科学家精神宣传活动参与人次较多，对科技传播受众的覆盖情况较好。

比如，2023年9月18日，武汉市东西湖区科学技术协会联合区教育局，特邀湖北航天飞行器研究所副总设计师梁深根亲临武汉长春街七一学校（东西湖校区）做主题演讲。梁老师以“落后就要挨打，吾辈当自强”为切入点，向广大师生仔细讲解科普知识，逐渐深入中国航天史。引领师生们回忆我国航空航天科技发展进程中的一次次重大突破和重要成就，宣传介绍以“中国航天之父”钱学森为代表的一代代航天人潜心筑梦、坚定担当的家国情怀，以及夜以继日、矢志不移地践行“航天强国、航天报国、航天卫国”的航天精神，共吸引270余名师生参加。

4. 科技展览参与人次

在参与评估的36个城市中，武汉市的“科技展览参与人次”这一指标高于全国平均水平，表明武汉市举办的科技展览活动吸引力较强，参与人次较多。

比如，2023年9月1日—10月20日，中国光谷人工智能AI艺术展在武汉市成功举办。本次展览由武汉市东湖高新区管委会主办，旨在探索人工智能技术辅助艺术创作的全新形式，启发公众思考科技发展对人类生活的影响。展览借助100余件人工智能技术完成的艺术作品，涵盖绘画、空间设计等多个领域，生动形象地展示了AI艺术领域的前沿发展状况，吸引了2万多名观众线下参观，线上点击关注超过2000万次。

5. 科技会议、论坛、沙龙参与人次

在参与评估的36个城市中，武汉市的“科技会议、论坛、沙龙参与人次”这一指标高于全国平均水平，表明武汉市举办的科技会议、论坛、沙龙参与人次较多，所覆盖的科技传播受众较广。

比如，2023年10月20—22日，东湖论坛在武汉光谷科技会展中心举行。此次论坛以“厚植科普沃土　放飞科学梦想”为主题，着力打造全国科普工作联席会议制度下具有国际影响力的专业科普论坛，打造科普与科创融合互动的品牌活动，汇聚科创工作者力量，服务新时代中国科技事业发展大局。论坛邀请科普、科创领域的专家、国际型企业和组织代表等共计800余人参会。

6. 科技成果路演参与人次

在参与评估的36个城市中，武汉市的“科技成果路演参与人次”这一指标低于全国平均水平，表明武汉市举办的科技成果路演参与人次亟待增加，科技成果路演对传播受众的覆盖度仍有较大提升潜力。

2023年11月4日，第八届全球天使投资峰会在武汉市举办。此次峰会以“连接世界　放大价值”为主题，由光谷创业咖啡和武汉基金主办，聚焦人工智能（AI）、AIGC和机器人等领域，举办了3场科技论坛、超过100个硬科技项目的闭门路演和项目展览活动。华为、金山、科大讯飞等30多家科技创新企业现场进行了项目展示和体验。

（二十二）西安

评估显示，西安市的科技传播过程所涉及的传播覆盖度相对良好，城市科技传播受众评分为5.78，高于全国平均值4.20。

1. 科技场馆参观人次

在参与评估的36个城市中，西安市的“科技场馆参观人次”这一指标低于全国平均水平，表明西安市科学技术展览馆参观人次亟待增加。建议西安市科学技术展览馆组织更具创新性的展陈活动，吸引更多游客前来参观。

2. 科技传播互联网平台浏览人次

在参与评估的36个城市中，西安市的“科技传播互联网平台浏览人次”这一指标显著高于全国平均水平，表明西安市的科技信息在互联网平台的传播范围较广，覆盖了相对较多的传播受众。

3. 科学家精神宣传活动参与人次

在参与评估的36个城市中，西安市的“科学家精神宣传活动参与人次”这一指标高于全国平均水平，表明西安市的科学家精神宣传活动对受众吸引力较强，参观的人次较多。

比如，2023年6月13日，面向Z世代科学家精神宣讲活动在西安市航天二一〇小学举办。此次活动由中国科学技术协会科学技术传播中心主办、中国心理学会承办。中国科学院心理研究所心理创伤研究心理援助课题组成员、国家二级心理咨询师杨小婷以《潘菽：守护骇浪间的那叶“心舟”》为题宣讲了科学家潘菽的动人事迹与伟大精神。西安市航天二一〇小学的200余名师生参加了活动。

4. 科技展览参与人次

在参与评估的36个城市中，西安市的“科技展览参与人次”这一指标高于全国平均水平，表明西安市举办的科技展览活动参与人次较多，所覆盖的科技展览的传播受众较为广泛，科技展览的举办工作有一定成效。

比如，2023年6月16—18日，第四届西部数字经济博览会在西安临空会展中心举办。此次展会由西安市人民政府、陕西省工业和信息化厅等5部门联合举办，以“数字创享　原启未来”为主题，紧密围绕“以秦创原为引领的创新驱动”“数字经济与实体经济深度融合”两条主线，展示秦创原创新驱动平台建设成果、5G赋能千行百业前沿应用、解决方案等数字成果内容，吸引观众近3万人次。

5. 科技会议、论坛、沙龙参与人次

在参与评估的36个城市中，西安市的“科技会议、论坛、沙龙参与人次”这一指标高于全国平均水平，表明西安市举办的科技会议、论坛、沙龙参与者较多，有助于推动科技工作者之间的交流，扩大科技活动的受众覆盖面。

比如，2023年6月15—17日，第六届中国（西安）国际3D打印大会在西安国际会展中心召开，由陕西省科学技术厅、陕西省工业和信息化厅、西安交通大学等单位联合主办，以“创新·融合·发展”为主题，集中展示了近年来3D打印技术的最新成果。国内外50余位院士、250余位专家教授参会并进行专题报告超300场，大会辐射观众超10万人次。

6. 科技成果路演参与人次

在参与评估的36个城市中，西安市的“科技成果路演参与人次”这一指标高于全国平均水平，表明西安市举办的科技成果路演参与人次较多，对科技成果转化起到推动作用。

比如，2023年9月20—21日，由陕西省教育厅组织的第三届高校最具转化潜力科技成果遴选现场路演活动在西安交通大学、西安电子科技大学、西安理工大学等高校及秦创原金融中心4个分会场召开。活动通过“以演代评”的方式对参与第三届高校最具转化潜力科技成果评选的科技成果进行遴选评估，来自新材料、新一代信息技术、高端装备等六大行业领域的157项成果在现场进行展示。共40余位投融资、产业技术等方面的专家和技术经理人观看了路演，同成果研发人员现场交流并对成果进行了专业的评估。

（二十三）长沙

评估显示，长沙市的科技传播过程所涉及的传播覆盖度较为薄弱，城市科技传播受众评分为4.17，略低于全国平均值4.20。

1. 科技场馆参观人次

在参与评估的36个城市中，长沙市的“科技场馆参观人次”这一指标低于全国平均水平，表明长沙市科技场馆的参观人次有待增加，可以提高科学技术展览馆展陈的技术应用水平，吸引更多受众前来参观。

2. 科技传播互联网平台浏览人次

在参与评估的 36 个城市中，长沙市的“科技传播互联网平台浏览人次”这一指标略高于全国平均水平，表明长沙市的科技传播在互联网平台上的传播热度较高，科技传播的互联网传播工作取得较好成效。

3. 科学家精神宣传活动参与人次

在参与评估的 36 个城市中，长沙市的“科学家精神宣传活动参与人次”这一指标低于全国平均水平，表明长沙市可以优化科学家精神宣传活动的效果，覆盖更多传播受众。

比如，2023 年 3 月 12 日，由长沙市开福区区委人才办、区科学技术协会、区教育局联合开展的“科学家精神主题教育三点半课堂”活动在湖南省展览馆科学家精神普及文化艺术科普基地举行。长沙市开福区金湾小学、开福区四方坪小学、马栏山文创学校等共计 60 余所学校到基地开展主题实践教育，参观了科学家精神主题馆，了解了在中国共产党领导下我国科技发展的历史脉络，聆听了钱学森、高士其、彭士禄等 128 位科学家代表的感人故事。

4. 科技展览参与人次

在参与评估的 36 个城市中，长沙市的“科技展览参与人次”这一指标高于全国平均水平，表明长沙市举办的科技展览活动参与人次较多，覆盖受众广泛。

比如，2023 年 10 月 15 日，为期 3 天的长沙国际绿色智能建造与建筑工业化博览会在长沙市落下帷幕。3 天时间里，博览会聚焦住房和城乡建设发展成就及未来发展方向，绿色智能建造领域的新技术、新产品、新应用、新成果等“黑科技”都在博览会上一一亮相。此次博览会吸引了约 400 家建筑企业参会，参会人数达 5 万人次。

5. 科技会议、论坛、沙龙参与人次

在参与评估的 36 个城市中，长沙市的“科技会议、论坛、沙龙参与人次”这一指标高于全国平均水平，表明长沙市举办的科技会议、论坛、沙龙参与人次较多，所覆盖的科技会议、论坛、沙龙的传播受众较多，活动效果较好。

比如，2023 年 10 月 18 日，“第十届国际铅锌会议”科技论坛开幕式在长沙国际会议中心举行。此次论坛的主题为“世界铅锌产业绿色低碳发展”，来自全球 26 个国家的千余位代表、海内外共 20 位工程院院士、外宾专家 100 余人、全国高层次人才等 200 余人在星城共襄盛举。本次论坛为期 4 天，其间召开了多次专题研讨，并赴全国多地铅锌企业进行考察学习，助力铅锌产业的智能化建设，推动全球铅锌产业的高速发展。

6. 科技成果路演参与人次

在参与评估的 36 个城市中，长沙市的“科技成果路演参与人次”这一指标高于全国平均水平，表明长沙市举办的科技成果路演参与人次较多，所覆盖的传播受众较广。

比如，2023 年 10 月 31 日，湖南省科技创新成果路演有色专场暨 2023 中国（湖南）有色金属行业创新挑战赛启动仪式在长沙市举行，由湖南省科技厅、湖南湘江新区（长沙高新区）管委会、中国五矿湖南有色金属控股集团有限公司联合主办。活动以“促进成果转化，推动有色发展”为主题，聚焦有色金属行业科技创新和成果转化，解决企业创新发展中的“难点”和“堵点”，提高科技成果转化效率，吸引了来自政府部门、金融机构、企业、科研机构和高校等领域代表100余人参加。

（二十四）郑州

评估显示，郑州市的科技传播过程所涉及的传播覆盖度相对较弱，城市科技传播受众评分为4.07，略低于全国平均值4.20。

1. 科技场馆参观人次

在参与评估的36个城市中，郑州市的“科技场馆参观人次”这一指标高于全国平均水平，表明郑州市较为重视科技场馆的建设和宣传工作，科技场馆参观人次较多，科技馆组织的活动所覆盖的科技传播受众较广。

2. 科技传播互联网平台浏览人次

在参与评估的36个城市中，郑州市的“科技传播互联网平台浏览人次”这一指标略高于全国平均水平，表明郑州市重视在互联网平台的科技传播，覆盖面较广。

3. 科学家精神宣传活动参与人次

在参与评估的36个城市中，郑州市的“科学家精神宣传活动参与人次”这一指标低于全国平均水平，表明郑州市可以提高科学家精神宣传活动的可参与性，积极宣传科学家精神活动，增加活动的参与者。

2023年9月13日，由郑州市科技局、共青团郑州市委、郑州市青联主办的“郑科普·科学公开课暨青年科学家进校园”活动在郑州外国语中学举行。活动以“热爱科学，崇尚科学”为主题，通过邀请不同领域的院士、专家、青年科学家，采取主题报告与互动交流相结合的形式开展前沿知识讲座、分享科研历程、讲述奋斗故事，弘扬科学家精神。此次活动共吸引线上和线下1500余名师生参与。

4. 科技展览参与人次

在参与评估的36个城市中，郑州市的“科技展览参与人次”这一指标高于全国平均水平，表明郑州市举办的科技展览活动吸引力强，参与人次多，所覆盖的传播受众范围较广。

例如，2023年2月26—28日，第三届中原光储展览会在郑州国际会展中心盛大举办。此次活动由中国国际商会河南商会、经略新能联合主办，主要展出光伏设备、光伏辅材设备、户用光伏租赁解决方案等内容，共吸引超140家实力品牌与参展商参展，3万余名专业观众到场参观、参会。

5. 科技会议、论坛、沙龙参与人次

在参与评估的36个城市中，郑州市的“科技会议、论坛、沙龙参与人次”这一指标低于全国平均水平，表明郑州市举办的科技会议、论坛、沙龙参与人次有待增加。建议郑州市积极推动科技会议、论坛、沙龙活动的宣传，吸引更多的参与者。

2023年9月5日，由郑州市高新区管委会、河南颐城控股联合主办的2023科技新生态发展大会在郑州市召开。大会以“豫商回豫，创变中原”为主题，邀请行业专家、科技企业和创投机构代表等参会，通过主题演讲、巅峰对话、圆桌论坛等形式讨论豫商回乡开展双创活动的方法与途径，并为推动中原地区科技产业发展提出建议。河南籍科学家、企业家共30余人参加了会议。

6. 科技成果路演参与人次

在参与评估的36个城市中，郑州市的“科技成果路演参与人次”这一指标低于全国平均水平，表明郑州市在科技成果路演宣传方面有一定的提升空间。建议郑州市积极宣传科技成果路演相关活动，推动更多人员的参与。

2023年8月31日，由郑州市财政局指导，郑州市投资集团有限公司主办的郑州市“优基强链”计划系列路演推介活动在天健湖智联网产业园举行。本次路演设有汽车产业、信息技术、生物医药3个产业链专场，共有11家科技企业进行路演展示，20余家省内外知名投资机构、10余家金融机构以及10数家区（县）的子基金代表观看了路演，100多位企业家和投资机构通过路演展示展开了深入交流。

（二十五）重庆

评估显示，重庆市的科技传播过程所涉及的传播覆盖度较好，城市科技传播受众评分为6.56，高于全国平均值4.20。

1. 科技场馆参观人次

在参与评估的36个城市中，重庆市的“科技场馆参观人次”这一指标略高于全国平均水平，表明重庆市科学技术展览馆参观人次较多，科技场馆的宣传活动力度较大。

2. 科技传播互联网平台浏览人次

在参与评估的36个城市中，重庆市的“科技传播互联网平台浏览人次”这一指标高于全国平均水平，表明重庆市的科技信息在互联网平台上的传播热度高，有利于促进重庆市科技方面的信息、知识传播。

3. 科学家精神宣传活动参与人次

在参与评估的36个城市中，重庆市的“科学家精神宣传活动参与人次”这一指标高于全国平均水平，表明重庆市举办的科学家精神宣传活动参与人次较多，所覆盖的科学家精神的传播受众较广。

比如，2023年10月27日，重庆市弘扬科学家精神进科研院所宣讲报告会在重庆市科学技术研究院举行，此次活动由重庆市科学技术协会、科技局等单位联合主办。活动以“胸怀国之大者　传承科学精神”为主题，分享了重庆大学优秀共产党员、全国优秀教师、中国工程院院士鲜学福等人的科学家精神事迹，共吸引重庆市15家科研院所的科技工作者代表约200人聆听，近距离感受科学家精神。

4. 科技展览参与人次

在参与评估的36个城市中，重庆市的“科技展览参与人次”这一指标高于全国平均水平，表明重庆市举办的科技展览活动参与人次多，所覆盖的科技展览传播受众广。

比如，2023年9月4—6日，中国国际智能产业博览会在重庆国际博览中心举办。此次博览会以“智汇八方·博采众长”为主题，聚焦数字中国等年度宗旨，集中展示509

家国内外企业的最新创新成果和技术应用、解决方案，并发布了《车路云一体化发展宣言》、微镜阵列芯片等新成果，共吸引观众达20万人次。

5. 科技会议、论坛、沙龙参与人次

在参与评估的36个城市中，重庆市的“科技会议、论坛、沙龙参与人次”这一指标高于全国平均水平，表明重庆市举办的科技会议、论坛、沙龙参与人次较多，所覆盖的科技会议、论坛、沙龙的传播受众较为广泛，在交流中合作共进。

比如，2023年2月22日，由重庆市涪陵区政府主办的“智汇涪州”数字科技创新沙龙活动在涪陵慧谷湖科创小镇举办，来自数资区块链研究院、腾讯、百度、华峰集团、忽米网的5位大咖共同探讨了数字经济赋能相关话题，并邀请了全区新材料、汽车及装备制造等领域的35位企业负责人参加。

6. 科技成果路演参与人次

在参与评估的36个城市中，重庆市的“科技成果路演参与人次”这一指标高于全国平均水平，表明重庆市举办的科技成果路演参与人次较多，所覆盖的传播受众较广。

比如，2023年6月17日，重庆新型研发机构技术成果产业项目综合对接大会在重庆西部科技金融路演中心举行。此次路演由重庆市科技局组织开展，现场分为技术成果路演大会与产业化项目路演洽谈闭门会两部分。其中，技术成果路演大会上发布了8项重点项目，共吸引了中国船舶重工集团长江科技有限公司、重庆长安跨越车辆有限公司等50余家企业代表、9家技术转移孵化机构、20余家投资机构参加。

（二十六）长春

评估显示，长春市的科技传播过程所涉及的传播覆盖度有所欠缺，城市科技传播受众评分为3.21，低于全国平均值4.20。

1. 科技场馆参观人次

在参与评估的36个城市中，长春市的“科技场馆参观人次”这一指标略高于全国平均水平，表明长春市科学技术展览馆人流量较多，科技展览馆设施相对完备，活动较为丰富，拥有广泛的受众群体。

2. 科技传播互联网平台浏览人次

在参与评估的36个城市中，长春市的“科技传播互联网平台浏览人次”这一指标低于全国平均水平，表明长春市的科技传播互联网平台浏览人次有待增加。建议长春市积极建设和推广科技传播互联网平台，提升科技传播互联网平台的浏览热度。

3. 科学家精神宣传活动参与人次

在参与评估的36个城市中，长春市的“科学家精神宣传活动参与人次”这一指标显著低于全国平均水平，表明长春市对号召群众参与科学家精神宣传活动重视程度有待提升，有利于群众科学素养提高。

4. 科技展览参与人次

在参与评估的36个城市中，长春市的“科技展览参与人次”这一指标低于全国平均水平，表明长春市举办的科技展览活动参与人数亟待增加。建议长春市加大对科技展览活动的宣传力度，提升科技展览活动的传播覆盖度。

5. 科技会议、论坛、沙龙参与人次

在参与评估的36个城市中，长春市的“科技会议、论坛、沙龙参与人次”这一指标略低于全国平均水平，表明长春市参与科技会议、论坛、沙龙的人数还存在一定的提升空间，建议长春市扩大科技会议、论坛、沙龙受众范围，吸引更多群众参加。

6. 科技成果路演参与人次

在参与评估的36个城市中，长春市的“科技成果路演参与人次”这一指标显著高于全国平均水平，表明长春市科技成果路演活动效果较为良好，在传播受众数量和收获成效方面有着正面反馈，对科技产业发展有着较好影响。

（二十七）贵阳

评估显示，贵阳市的科技传播过程所涉及的传播覆盖度相对有所欠缺，城市科技传播受众评分为2.19，显著低于全国平均值4.20。

1. 科技场馆参观人次

在参与评估的36个城市中，贵阳市的“科技场馆参观人次”这一指标低于全国平均水平，表明贵阳市科学技术展览馆参观人次较少，科学技术展览馆的展陈吸引力较弱。

2. 科技传播互联网平台浏览人次

在参与评估的36个城市中，贵阳市的“科技传播互联网平台浏览人次”这一指标低于全国平均水平，表明贵阳市科技传播在互联网平台上的传播热度有待提升，互联网渠道的科技传播覆盖面需要进一步扩展。

3. 科学家精神宣传活动参与人次

在参与评估的36个城市中，贵阳市的“科学家精神宣传活动参与人次”这一指标低于全国平均水平，表明贵阳市举办的科学家精神宣传活动参与人次有待增多，覆盖的科学家精神传播受众范围可进一步扩大。

4. 科技展览参与人次

在参与评估的36个城市中，贵阳市的“科技展览参与人次”这一指标低于全国平均水平，表明贵阳市的科技展览参与人数仍有一定提升空间。建议贵阳市加强科技展览的策划和组织工作，提高展览的质量和吸引力。

5. 科技会议、论坛、沙龙参与人次

在参与评估的36个城市中，贵阳市的“科技会议、论坛、沙龙参与人次”这一指标低于全国平均水平，表明贵阳市举办的科技会议、论坛、沙龙参与人次较少，在影响力方面还需进一步提升。

6. 科技成果路演参与人次

在参与评估的36个城市中，贵阳市的“科技成果路演参与人次”这一指标低于全国平均水平，表明贵阳市举办的科技成果路演参与人次较少，所覆盖的科技成果路演活动的传播受众范围较小。

（二十八）太原

评估显示，太原市的科技传播过程所涉及的传播覆盖度有所欠缺，城市科技传播受众评分为2.18，低于全国平均值4.20。

1. 科技场馆参观人次

在参与评估的36个城市中，太原市的“科技场馆参观人次”这一指标低于全国平均水平，表明太原市科学技术展览馆参观人次有待增加。建议太原市举办多样化的科技展览馆活动，吸引更多的人参观。

2. 科技传播互联网平台浏览人次

在参与评估的36个城市中，太原市的“科技传播互联网平台浏览人次”这一指标低于全国平均水平，表明太原市科技信息在互联网平台的热度存在一定提升空间。建议太原市加强与主流媒体网站之间的合作，向公众传递最新的科技动态和科技成果。

3. 科学家精神宣传活动参与人次

在参与评估的36个城市中，太原市的“科学家精神宣传活动参与人次”这一指标低于全国平均水平，表明太原市对号召群众参与科学家精神宣传活动重视程度有待提升。建议太原市扩大科学家精神的传播覆盖面，充分发挥科技宣传作用，吸引更多的人参与科学家精神宣传活动。

2023年6月15日，太原市科学技术协会、太原市科学技术局等单位共同组织开展了科技工作者代表参观科学家精神教育基地暨慰问活动。该活动以“点亮精神火炬”为主题，带领科技工作者代表参观了山西锦波生物医药股份有限公司和省级科学家精神教育基地山西大学量子光学与光量子器件国家重点实验室，体会科技工作者前辈的先进事例及家国情怀。

4. 科技展览参与人次

在参与评估的36个城市中，太原市的“科技展览参与人次”这一指标低于全国平均水平，表明太原市举办的科技展览活动参与人次亟待增加。建议太原市加强对科技展览内容的关注，举办更贴合公众需求的科技展览。

2023年4月22—24日，太原煤炭（能源）工业技术与装备展览会在山西潇河国际会展中心成功举办。此次展会由山西省煤炭工业协会主办，展品涉及国内外煤矿数字化、清洁高效利用、煤矿绿色开采等方面内容，吸引1026家企业参展，参观人次突破6万。

5. 科技会议、论坛、沙龙参与人次

在参与评估的36个城市中，太原市的“科技会议、论坛、沙龙参与人次”这一指标低于全国平均水平，表明太原市参与科技会议、论坛、沙龙的人数还存在较大的提升空间。建议太原市加大科技会议、论坛、沙龙的宣传力度，增加其覆盖受众。

2023年8月14日，第十八届全国高校自动化系主任（院长）论坛在太原市举行。此次论坛由教育部高等学校自动化类专业教学指导委员会和中国自动化学会教育工作委员会主办，围绕“适应产业发展，服务强国战略——自动化专业发展的新目标与新任务”的主题，探讨控制科学与工程学科建设和自动化人才培养的高水平发展之路，共吸引教育部代表、全国领先的高校自动化专业主任等230余位嘉宾参加。

6. 科技成果路演参与人次

在参与评估的36个城市中，太原市的“科技成果路演参与人次”这一指标显著低于全国平均水平，表明太原市举办的科技成果路演参与人次有待增加。建议太原市扩大科技成果路演的覆盖面，激励越来越多的人参与科技成果路演。

2023 年 12 月 1 日，太原市科技成果转化项目路演活动（山西中北国家大学科技园专场）在太原科技大市场成功举办。该路演活动由太原市科学技术局、山西中北国家大学科技园主办，对双金属液态成形技术、智融危化企业安全生产监测与管理系统、智能脊柱 DR 影像辅助诊断系统、近红外漫射光血流成像仪 4 个项目进行了路演。共吸引高校、科研院所、企业代表和媒体人员共 50 余人参与活动。

（二十九）南宁

评估显示，南宁市的科技传播过程所涉及的传播覆盖度有所欠缺，城市科技传播受众评分为 2. 48，显著低于全国平均值 4. 20。

1. 科技场馆参观人次

在参与评估的 36 个城市中，南宁市的“科技场馆参观人次”这一指标低于全国平均水平，表明南宁市可以进一步增强科学技术展览活动的趣味性、实用性，增强对于公众的吸引力。

2. 科技传播互联网平台浏览人次

在参与评估的 36 个城市中，南宁市的“科技传播互联网平台浏览人次”这一指标低于全国平均水平，表明南宁市科技传播在互联网平台上的传播热度有待提升，互联网渠道的科技传播覆盖面需要进一步扩展。

3. 科学家精神宣传活动参与人次

在参与评估的 36 个城市中，南宁市的“科学家精神宣传活动参与人次”这一指标低于全国平均水平，表明南宁市举办的科学家精神宣传活动参与人次有待增多，覆盖的科学家精神传播受众范围仍可进一步扩大。

4. 科技展览参与人次

在参与评估的 36 个城市中，南宁市的“科技展览参与人次”这一指标低于全国平均水平，表明南宁市的科技展览参与人数仍有一定提升空间。建议南宁市加强科技展览的策划和组织工作，提高展览的质量和吸引力。

5. 科技会议、论坛、沙龙参与人次

在参与评估的 36 个城市中，南宁市的“科技会议、论坛、沙龙参与人次”这一指标低于全国平均水平，表明南宁市举办的科技会议、论坛、沙龙参与人次较少，在影响力方面还需进一步提升。

6. 科技成果路演参与人次

在参与评估的 36 个城市中，南宁市的“科技成果路演参与人次”这一指标低于全国平均水平，表明南宁市举办的科技成果路演参与人次较少，所覆盖的科技成果路演活动的传播受众范围较小。

（三十）兰州

评估显示，兰州市面向科技传播受众的传播效果有所不足，城市科技传播受众评分为 2. 18，低于全国平均值 4. 20。

1. 科技场馆参观人次

在参与评估的36个城市中，兰州市的“科技场馆参观人次”这一指标低于全国平均水平，表明兰州市的科学技术展览馆参观人次亟待增加。建议兰州市科学技术展览馆组织更具创新性的展陈活动，吸引更多游客前来参观。

2. 科技传播互联网平台浏览人次

在参与评估的36个城市中，兰州市的“科技传播互联网平台浏览人次”这一指标低于全国平均水平，表明兰州市科技传播在互联网平台上的传播热度存在一定提升空间。建议兰州市加强与主流媒体网站之间的合作，增加科技传播互联网平台浏览人次。

3. 科学家精神宣传活动参与人次

在参与评估的36个城市中，兰州市的“科学家精神宣传活动参与人次”这一指标低于全国平均水平，表明兰州市对号召群众参与科学家精神宣传活动重视程度有待提升。建议兰州市增大科学家精神的传播覆盖面，大力弘扬科学家精神，传播创新文化。

4. 科技展览参与人次

在参与评估的36个城市中，兰州市的“科技展览参与人次”这一指标低于全国平均水平，表明兰州市的科技展览参与人数仍有一定提升空间。建议兰州市加强科技展览的策划和组织工作，提高展览的质量和吸引力。

5. 科技会议、论坛、沙龙参与人次

在参与评估的36个城市中，兰州市的“科技会议、论坛、沙龙参与人次”这一指标低于全国平均水平，表明兰州市参与科技会议、论坛、沙龙的人数还存在较大的提升空间。建议兰州市扩大科技会议、论坛、沙龙受众范围，吸引更多群众参加。

6. 科技成果路演参与人次

在参与评估的36个城市中，兰州市的“科技成果路演参与人次”这一指标低于全国平均水平，表明兰州市举办的科技成果路演参与人次较少，所覆盖的科技成果路演活动的传播受众范围较小。

（三十一）乌鲁木齐

评估显示，乌鲁木齐市的科技传播过程所涉及的传播覆盖度有所不足，城市科技传播受众评分为2.19，显著低于全国平均值4.20。

1. 科技场馆参观人次

在参与评估的36个城市中，乌鲁木齐市的“科技场馆参观人次”这一指标低于全国平均水平，表明乌鲁木齐市科学技术展览馆参观人次较少，对于科技传播受众的覆盖度不足。

2. 科技传播互联网平台浏览人次

在参与评估的36个城市中，乌鲁木齐市的“科技传播互联网平台浏览人次”这一指标低于全国平均水平，表明乌鲁木齐市科技传播在互联网平台上的传播热度有待提升，互联网渠道的科技传播覆盖面需要进一步扩展。

3. 科学家精神宣传活动参与人次

在参与评估的36个城市中，乌鲁木齐市的“科学家精神宣传活动参与人次”这一指标低于全国平均水平，表明乌鲁木齐市举办的科学家精神宣传活动参与人次有待增多，覆盖的科学家精神传播受众范围仍可进一步扩大。

4. 科技展览参与人次

在参与评估的36个城市中，乌鲁木齐市的“科技展览参与人次”这一指标低于全国平均水平，表明乌鲁木齐市对科技展览宣传的重视程度仍有一定提升空间。建议乌鲁木齐市综合科技展览各参与方的需求，增强市内举办的科技展览的吸引力，拓宽科技展览受众的覆盖面。

5. 科技会议、论坛、沙龙参与人次

在参与评估的36个城市中，乌鲁木齐市的“科技会议、论坛、沙龙参与人次”这一指标低于全国平均水平，表明乌鲁木齐市举办的科技会议、论坛、沙龙参与人次较少，在影响力方面还需进一步增强。

6. 科技成果路演参与人次

在参与评估的36个城市中，乌鲁木齐市的“科技成果路演参与人次”这一指标低于全国平均水平，表明乌鲁木齐市在举办科技成果路演活动方面有待提升。建议乌鲁木齐市积极组织和举办科技成果路演活动，推动科技成果的相互交流。

（三十二）海口

评估显示，海口市的科技传播过程所涉及的传播覆盖度尚有进步空间，城市科技传播受众评分为1.82，显著低于全国平均值4.20。

1. 科技场馆参观人次

在参与评估的36个城市中，海口市的“科技场馆参观人次”这一指标低于全国平均水平，表明海口市可以增强科学技术展览馆展陈及活动对游客的吸引力，增加科学技术展览馆的参观人次。

2. 科技传播互联网平台浏览人次

在参与评估的36个城市中，海口市的“科技传播互联网平台浏览人次”这一指标低于全国平均水平，表明海口市科技传播在互联网平台上的传播热度有待提升，互联网渠道的科技传播覆盖面需要进一步扩展。

3. 科学家精神宣传活动参与人次

在参与评估的36个城市中，海口市的“科学家精神宣传活动参与人次”这一指标低于全国平均水平，表明海口市举办的科学家精神宣传活动参与人次有待增多，覆盖的科学家精神传播受众范围仍可进一步扩大。

4. 科技展览参与人次

在参与评估的36个城市中，海口市的“科技展览参与人次”这一指标低于全国平均水平，表明海口市的科技展览参与人数仍有一定提升空间。建议海口市加强科技展览的策划和组织工作，提高展览的质量和吸引力。

5. 科技会议、论坛、沙龙参与人次

在参与评估的36个城市中，海口市的“科技会议、论坛、沙龙参与人次”这一指标低于全国平均水平，表明海口市举办的科技会议、论坛、沙龙参与人次较少，在影响力方面还需进一步提升。

6. 科技成果路演参与人次

在参与评估的36个城市中，海口市的“科技成果路演参与人次”这一指标低于全国平均水平，表明海口市举办的科技成果路演参与人次较少，所覆盖的科技成果路演活动的传播受众范围较小。

（三十三）银川

评估显示，银川市的科技传播过程所涉及的传播覆盖度有所欠缺，城市科技传播受众评分为2.00，低于全国平均值4.20。

1. 科技场馆参观人次

在参与评估的36个城市中，银川市的“科技场馆参观人次”这一指标低于全国平均水平，表明银川市科学技术展览馆参观人次有待增加。建议银川市丰富科技展览馆活动，增强科技场馆吸引力。

2. 科技传播互联网平台浏览人次

在参与评估的36个城市中，银川市的“科技传播互联网平台浏览人次”这一指标低于全国平均水平，表明银川市的科技传播互联网平台浏览人次有待增加。建议银川市积极建设和推广科技传播互联网平台，提升科技传播互联网平台的浏览热度。

3. 科学家精神宣传活动参与人次

在参与评估的36个城市中，银川市的“科学家精神宣传活动参与人次”这一指标低于全国平均水平，表明银川市可以提高科学家精神宣传活动的可参与性，积极宣传科学家精神活动，增加活动的参与者。

4. 科技展览参与人次

在参与评估的36个城市中，银川市的“科技展览参与人次”这一指标低于全国平均水平，表明银川市举办的科技展览活动参与人次较少，所覆盖的科技展览传播受众范围受限，科技展览的举办工作成效不足。

5. 科技会议、论坛、沙龙参与人次

在参与评估的36个城市中，银川市的“科技会议、论坛、沙龙参与人次”这一指标低于全国平均水平，表明银川市举办的科技会议、论坛、沙龙参与者较少，需要继续努力推动科技工作者之间的交流，进而扩大科技活动的受众覆盖面。

6. 科技成果路演参与人次

在参与评估的36个城市中，银川市的“科技成果路演参与人次”这一指标低于全国平均水平，表明银川市举办的科技成果路演参与人次亟待增多，科技成果路演对传播受众的覆盖度仍有较大提升潜力。

（三十四）呼和浩特

评估显示，呼和浩特市的科技传播过程所涉及的传播覆盖度仍有较大的提升空间，城市科技传播受众评分为2.30，低于全国平均值4.20。

1. 科技场馆参观人次

在参与评估的36个城市中，呼和浩特市的“科技场馆参观人次”这一指标略高于全国平均水平，表明呼和浩特市科学技术展览馆参观人次较多，科技场馆的宣传活动力度较大。

2. 科技传播互联网平台浏览人次

在参与评估的36个城市中，呼和浩特市的“科技传播互联网平台浏览人次”这一指标低于全国平均水平，表明呼和浩特市的科技传播在互联网平台上的传播热度较低，科技传播互联网平台的浏览人次有待增加。

3. 科学家精神宣传活动参与人次

在参与评估的36个城市中，呼和浩特市的“科学家精神宣传活动参与人次”这一指标低于全国平均水平，表明呼和浩特市举办的科学家精神宣传活动参与人次有待增多，覆盖的科学家精神传播受众范围仍可进一步扩大。

4. 科技展览参与人次

在参与评估的36个城市中，呼和浩特市的“科技展览参与人次”这一指标低于全国平均水平，表明呼和浩特市对科技展览宣传的重视程度仍有提升空间，可以综合科技展览各参与方的需求，增强市内举办的科技展览的吸引力，拓宽科技展览受众的覆盖面。

5. 科技会议、论坛、沙龙参与人次

在参与评估的36个城市中，呼和浩特市的“科技会议、论坛、沙龙参与人次”这一指标低于全国平均水平，表明呼和浩特市举办的科技会议、论坛、沙龙参与人次较少，在影响力方面还需进一步提升。

6. 科技成果路演参与人次

在参与评估的36个城市中，呼和浩特市的“科技成果路演参与人次”这一指标低于全国平均水平，表明呼和浩特市在举办科技成果路演活动方面有待提升。建议呼和浩特市积极组织和举办科技成果路演活动，推动科技成果的相互交流。

（三十五）西宁

评估显示，西宁市的科技传播过程所涉及的传播覆盖度有所欠缺，城市科技传播受众评分为2.12，低于全国平均值4.20。

1. 科技场馆参观人次

在参与评估的36个城市中，西宁市的“科技场馆参观人次”这一指标高于全国平均水平，表明西宁市科学技术展览馆参观人次较多，科学技术展览馆的展陈吸引力较强，覆盖了较多的科技传播受众。

2. 科技传播互联网平台浏览人次

在参与评估的36个城市中，西宁市的“科技传播互联网平台浏览人次”这一指标低于全国平均水平，表明西宁市的科技传播互联网平台浏览人次有待增加。建议西宁市积极建设和推广科技传播互联网平台，提升科技传播互联网平台的浏览热度。

3. 科学家精神宣传活动参与人次

在参与评估的36个城市中，西宁市的“科学家精神宣传活动参与人次”这一指标低于全国平均水平，表明西宁市对号召群众参与科学家精神宣传活动重视程度有待提升，有利于群众科学素养提高。

4. 科技展览参与人次

在参与评估的36个城市中，西宁市的“科技展览参与人次”这一指标低于全国平均水平，表明西宁市举办的科技展览活动参与人数亟待增加。建议西宁市加大对科技展览活动的宣传力度，提升科技展览活动的传播覆盖度。

5. 科技会议、论坛、沙龙参与人次

在参与评估的36个城市中，西宁市的“科技会议、论坛、沙龙参与人次”这一指标低于全国平均水平，表明西宁市参与科技会议、论坛、沙龙的人数还存在一定的提升空间。建议西宁市扩大科技会议、论坛、沙龙受众范围，吸引更多群众参加。

6. 科技成果路演参与人次

在参与评估的36个城市中，西宁市的“科技成果路演参与人次”这一指标低于全国平均水平，表明西宁市举办的科技成果路演参与人次较少，所覆盖的科技成果路演活动的传播受众范围较小。

（三十六）拉萨

评估显示，拉萨市科技传播过程所涉及的传播覆盖度存在不足，城市科技传播受众评分为1.52，显著低于全国平均值4.20。

1. 科技场馆参观人次

在参与评估的36个城市中，拉萨市的“科技场馆参观人次”这一指标低于全国平均水平，表明拉萨市科学技术展览馆参观人次较少，科学技术展览馆的展陈吸引力较弱。

2. 科技传播互联网平台浏览人次

在参与评估的36个城市中，拉萨市的“科技传播互联网平台浏览人次”这一指标低于全国平均水平，表明拉萨市科技传播在互联网平台上的传播热度有待提升，互联网渠道的科技传播覆盖面需要进一步扩展。

3. 科学家精神宣传活动参与人次

在参与评估的36个城市中，拉萨市的“科学家精神宣传活动参与人次”这一指标低于全国平均水平，表明拉萨市举办的科学家精神宣传活动参与人次较少，对科技传播受众的覆盖情况还有较大提升空间。

4. 科技展览参与人次

在参与评估的36个城市中，拉萨市的“科技展览参与人次”这一指标低于全国平均水平，表明拉萨市的科技展览参与人数仍有一定提升空间。建议拉萨市加强科技展览的策划和组织工作，提高展览的质量和吸引力。

5. 科技会议、论坛、沙龙参与人次

在参与评估的36个城市中，拉萨市的“科技会议、论坛、沙龙参与人次”这一指标低于全国平均水平，表明拉萨市举办的科技会议、论坛、沙龙参与人次较少，在影响力方面还需进一步提升。

6. 科技成果路演参与人次

在参与评估的36个城市中，拉萨市的“科技成果路演参与人次”这一指标低于全国平均水平，表明拉萨市举办的科技成果路演参与人次较少，所覆盖的科技成果路演活动的传播受众范围较小。

第二节　地区评分情况

基于我国六大地区，在平均值方面，全国城市的科技传播受众评分平均值为4.20，华东、华北和中南地区的评分超过了全国的平均值，而东北、西南与西北的地区评分低于全国平均值（见图6-1）。其中，华东地区的整体科技传播受众水平最高，评分平均值达到了4.99；其次为华北与中南地区，评分平均值较为接近，分别为4.54和4.49；东北和西南地区的评分平均值分别为3.68与3.65；西北地区的评分平均值最低，仅为2.86。在地区内部的离散性方面，东北地区的各城市科技传播受众水平最为接近，整体水平偏低。华东地区的城市评分离散程度也相对较小，且高于全国平均水平的城市较多，整体水平较高。华北地区的城市评分离散程度最大，北京市的科技传播受众评分达到了10.00，而太原市与呼和浩特市的评分仅分别为2.18与2.30，地区内部水平差异过大。

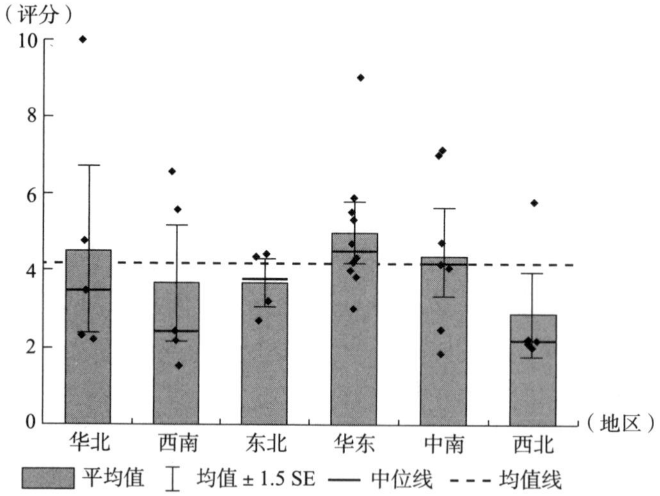

图6-1　地区科技传播受众评分

第七章

传播支撑要素

第一节　传播政策

一、城市评分情况

（一）北京

评估显示，北京市科技传播政策机制建设情况十分良好，城市科技传播政策评分为10.00，明显高于全国平均值4.85，处于全国城市的最高水平。

1. 促进科技成果传播政策数量

这一指标主要考查城市专门出台的科技成果政策数量。

在参与评估的36个城市中，北京市的“促进科技成果传播政策数量”这一指标显著高于全国平均水平，表明北京市较为重视科技成果传播的政策机制建设，出台了较为丰富的科技成果传播政策，形成较为完善的科技成果政策机制（见表7-1）。

表7-1　北京市促进科技成果传播的主要政策

政策名称	发布日期	重点方向	主要内容
《北京市促进科技成果转化条例》	2019年12月	成果权益	政府设立的研发机构、高等院校，可以将其依法取得的职务科技成果的知识产权及其他未形成知识产权的职务科技成果的使用、转让、投资等权利，全部或者部分给予科技成果完成人，并同时约定双方科技成果转化收入分配方式
		转化措施	政府设立的研发机构、高等院校应当建立符合本单位特点的科技成果转化管理制度，明确科技成果的登记、转化实施程序、收益分配、组织保障、异议处理等内容
《关于强化高价值专利运营促进科技成果转化的若干措施》	2020年9月	提升高价值专利挖掘、布局能力	完善科技成果评估机制。筛选发布一批有经验、讲诚信的知识产权评估评价机构供高校院所、医院参考选择。推动知识产权评估评价机构形成规范的、可操作性较强的科技成果评估方法，提供高质量、高效率的科技成果评估评价服务。探索由社会组织牵头制定高校院所科技成果评估团体标准
《关于强化高价值专利运营促进科技成果转化的若干措施》	2020年9月	提升企业高价值专利转化运用水平	促进企业承接、转化高校院所和医院的专利。支持企业提升承接高价值专利转化的意识和能力，积极对接高校院所和医院，通过受让、被许可方式获取在京高校院所和医院的高价值专利，推动专利加快落地转化

续表

政策名称	发布日期	重点方向	主要内容
《北京市科技成果信息系统管理和使用办法》	2021 年 3 月	科技成果信息汇交	科技成果和相关知识产权信息在科技成果信息系统汇交后，科技项目负责人及其项目承担单位应做好信息的更新、维护等工作。科技成果在技术性能指标、转化应用等方面取得重大进展的，以及在成果权属等方面发生重大变化的，科技项目负责人及其项目承担单位应在三十日内在科技成果信息系统上对科技成果和相关知识产权信息进行变更
		科技成果信息使用	科技成果信息系统向社会提供科技成果信息的查询、筛选等公益服务。企业、机构及个人可登录科技成果信息系统，免费浏览、查询和筛选科技成果信息。企业、机构及个人实名注册登记后，可在科技成果信息系统上发布科技成果需求，免费获得科技成果信息推送、供需对接等服务。科技成果信息系统与项目主管部门项目及资金管理系统对接，并向项目主管部门提供综合监管、统计分析、预警提示、决策支持等服务，实现信息共享和业务协作
《关于促进本市国有科技成果与知识产权转化 推进知识产权要素市场建设的指导意见》	2022 年 4 月	构建科技成果与知识产权交易平台	按照“促进交易、加快转化、激励创新、协同发展”的原则，构建科技成果与知识产权交易平台，拓宽交易范围，丰富交易方式，创新交易机制，促进北京地区创新资源有序流动、优化配置，形成定位科学、布局合理、产业互补、错位发展的协同创新格局

2. 促进科学家精神传播政策数量

这一指标主要考查两个方面，一方面是考查该城市出台的“科学家精神专项政策”数量，另一方面是考查其他政策中包含“科学家精神传播”相关内容的政策数量。

在参与评估的 36 个城市中，北京市“促进科学家精神传播政策数量”这一指标显著高于全国平均水平，表明北京市政府及下属单位重视北京科技学家精神传播能力的建设，出台了专门促进科学家精神传播的政策，具备良好的科学家精神传播政策土壤（见表 7-2）。

表 7-2 北京市促进科学家精神传播的主要政策

政策名称	发布日期	重点方向	主要内容
《关于弘扬科学家精神加强作风学风与科研诚信建设的实施意见》	2020 年 12 月	弘扬新时代科学家精神	以塑形铸魂科学家精神引领社会风尚。高度重视“人民科学家”等功勋荣誉表彰奖励获得者的精神宣传，大力弘扬胸怀祖国、服务人民的爱国精神；勇攀高峰、敢为人先的创新精神；追求真理、严谨治学的求实精神；淡泊名利、潜心研究的奉献精神；集智攻关、团结协作的协同精神；甘为人梯、奖掖后学的育人精神，为首都科技工作者建功立业、树立标杆。大力开展科学道德和学风建设宣讲教育，推动科学家精神进校园、进课堂、进头脑。崇尚学术民主，坚守诚信底线，反对浮夸浮躁、投机取巧，反对科研领域“圈子”文化

续表

政策名称	发布日期	重点方向	主要内容
《关于进一步弘扬科学家精神强化价值引领的实施意见》	2022 年 7 月	弘扬科学家精神	加强科学家精神宣传教育内容建设，运用科技图片、音像视频等制作多种形式的传播产品，丰富教学课程内容。组织专家研究科学家精神内涵，结合“最美科技工作者”先进事迹提炼经典案例，研发相关课程，传颂新时代科技工作者的动人故事。利用全国科技工作者日、全国科普日、科技活动周、科技交流学术月、中关村论坛等重要时间节点，组织开展各类形式的科学家精神宣传活动。打造具有科协特色的思想政治教育、文明传播渠道和宣传教育工作模式。建设科学家精神宣讲队伍，邀请老科学家，科学家后人、同事、学生，研究科学家精神的专家，教育宣讲专家等组建“科学家精神北京讲师团”，面向思政教师、科学教师开展演讲专项培训、教学实践、课程打磨和规范管理，组建一支政治素质过硬、适应受众需求、讲课深刻感人的讲师队伍
《关于开展2023 年科学家精神教育基地建设与服务管理工作的通知》	2023 年 4 月	强化组织领导	开展科学家精神教育基地建设和服务工作，是贯彻落实《关于进一步弘扬科学家精神加强作风和学风建设的意见》的重要工作，是发动社会资源，做大做强科学家精神教育工作的抓手。各学会、各单位要充分认识工作的重要意义，发挥各自优势，加强协调、形成合力，组织好本系统的科学家精神教育基地推荐命名工作，同时力戒形式主义，尽可能减轻基层工作负担

（二）成都

评估显示，成都市科技传播政策机制建设情况还有待提升，城市科技传播政策评分为 2.00，低于全国平均值 4.85。

1. 促进科技成果传播政策数量

在参与评估的 36 个城市中，成都市的“促进科技成果传播政策数量”这一指标略高于全国平均水平，表明成都市较为重视科技成果传播的政策机制建设，出台了较多的促进科技成果传播政策（见表 7-3）。

表 7-3　成都市促进科技成果传播的主要政策

政策名称	发布日期	重点方向	主要内容
《成都市深化职务科技成果权属改革促进科技成果在蓉转化实施方案》	2020 年 12 月	支持高校院所开展赋予科研人员职务科技成果所有权改革	允许高校院所按照“先确权、后转化”模式，与成果完成人（团队）通过分割确权、约定权属比例的方式赋予科研人员科技成果所有权。对在蓉转化的科技成果，其确权比例可在约定基础上再提高 5%，对转化绩效好的还可以再给予科研人员一定比例的收益激励
《成都市进一步有力有效推动科技成果转化的若干政策措施》	2023 年 7 月	建设科技成果转化中试平台	围绕成都市产业建圈强链，聚焦电子信息、航空航天、绿色低碳、大健康等产业生态圈，支持链主企业等建设一批面向社会开放的概念验证、中试熟化、小批量试生产等中试平台，按中试平台设备购置费用的 30%给予最高 3000 万元支持。建立“政府引导+市场主体+商业化运营+财政退坡补贴”建设运营模式，对纳入支持的中试平台按年度服务性收入的 30%给予运行补助，连续 3 年累计给予最高 500 万元

续表

政策名称	发布日期	重点方向	主要内容
《成都市进一步有力有效推动科技成果转化的若干政策措施》	2023年7月	打造成果转化服务生态集聚区	建设成都科创生态岛，建强创新成果展示、创新要素聚集、创新转化服务、新兴产业育成等核心功能，支持展览展示、评估咨询、转化交易、企业孵化、金融服务等服务机构集中入驻，对符合条件的新入驻服务机构给予连续3年不低于50%的场地租金支持
		提升企业成果吸纳转化能力	支持企业购买国内外高校院所、医疗卫生机构、新型研发机构等单位科技成果，按技术合同成交实际到账额的4%给予单个项目最高100万元补助，每家企业每年最高300万元。支持在蓉高校院所、医疗卫生机构、新型研发机构就地交易转化科技成果，按技术合同成交实际到账额的3%给予单个项目最高50万元补助，每家单位每年最高300万元。对开放共享重大科研基础设施和大型科研仪器等服务的科研机构，按接收科技创新券的20%给予每年最高100万元补助

2. 促进科学家精神传播政策数量

在参与评估的36个城市中，成都市“促进科学家精神传播政策数量”这一指标低于全国平均水平，表明成都市在科学家精神传播政策机制方面有待完善，应结合实际情况，制定科学家精神相关以及专门政策。

（三）大连

评估显示，大连市科技传播政策机制建设情况较为良好，城市科技传播政策评分为5.33，高于全国平均值4.85。

1. 促进科技成果传播政策数量

在参与评估的36个城市中，大连市的“促进科技成果传播政策数量”这一指标略高于全国平均水平，表明大连市较为关注科技成果传播的政策机制建设，积极出台专门政策，科技成果传播政策支撑体系比较健全（见表7-4）。

表7-4　大连市促进科技成果传播的主要政策

政策名称	发布日期	重点方向	主要内容
《大连市人民政府关于进一步促进科技成果转化和技术转移的实施意见》	2016年6月	资助企业科技成果转化项目	建立大连市服务机构资源库，完善“科技指南针”公共服务平台，支持科技服务机构为企业开展研究开发、成果转化、检验检测认证、创业孵化、知识产权、科技咨询、科技金融、国际合作等提供科技服务。对服务质量优良、服务效果显著的机构，可通过后补助方式给予一定支持
《大连市实施科技成果转移转化三年行动计划（2018—2020年）》	2018年11月	优化政策环境，提升成果转化动力、活力、潜力	鼓励社会机构举办或承办以科技成果转移转化为主题的重大赛事、专业论坛、重要会展等，打造科技成果转移转化首选地品牌活动，根据活动情况给予举办单位最高300万元资助

续表

政策名称	发布日期	重点方向	主要内容
《大连市科技成果转化专项资金管理办法》	2023年5月	对技术服务机构按照实际技术交易额加大激励力度	对重大科技成果转化项目强化财政补助与金融政策统筹支持。改变过去单独研发投入后补助的财政支持方式，采取财政补助与金融政策结合的阶段性梯度支持模式

2. 促进科学家精神传播政策数量

在参与评估的36个城市中，大连市“促进科学家精神传播政策数量”这一指标高于全国平均水平，表明大连市在科学家精神传播政策机制方面较为领先，积极推动科学家精神宣传活动的开展（见表7-5）。

表7-5 大连市促进科学家精神传播的主要政策

政策名称	发布日期	重点方向	主要内容
《大连市全民科学素质行动规划纲要（2021—2035年）》	2022年1月	将弘扬科学精神贯穿于育人全链条	将弘扬科学精神贯穿于育人全链条。坚持立德树人，开展科学家精神进校园、大手拉小手、青少年高校科学营、大家讲科普、科学工坊、馆校结合、流动科技馆进校园等活动，推进课堂教学与课外实践深度融合。激发青少年求知欲和好奇心，培养求真务实、实事求是的科学思想，树立理性质疑、开拓创新的科学精神，增强青少年科学兴趣、创新意识和创新能力，激励青少年从小树立投身建设世界科技强国的远大志向

（四）福州

评估显示，福州市科技传播政策机制建设情况较为良好，城市科技传播政策评分为5.33，略高于全国平均值4.85。

1. 促进科技成果传播政策数量

在参与评估的36个城市中，福州市的“促进科技成果传播政策数量”这一指标高于全国平均水平，表明福州市的科技成果传播政策机制较为完善，重视对科技成果传播的程度。

在促进科技成果传播政策方面，福州市相继发布了《福州市促进科技成果转移转化若干措施》《关于进一步促进科技成果转移转化的补充措施》（见表7-6）。

表7-6 福州市促进科技成果传播的主要政策

政策名称	发布日期	重点方向	主要内容
《福州市促进科技成果转移转化若干措施》	2017年12月	促进科技成果转化	落实科研机构、高等院校科技成果处置权；遵从科技成果市场定价原则；科技成果转移转化收入留用；出让科技成果奖励；引入科技成果奖励；对科技成果研发平台奖励
		优化科技成果转移转化服务体系	科技成果完成人、转化贡献人员奖励；个人奖励不纳入单位工资总额基数；获奖人个人所得税优惠；技术合同认定登记机构激励；科技服务机构认定奖励；科技服务机构成效奖励；完善创业孵化体系

续表

政策名称	发布日期	重点方向	主要内容
《关于进一步促进科技成果转移转化的补充措施》	2022年4月	促进科技成果转移转化	设立福州市科技成果转化基金、探索建立重大科研专项“揭榜挂帅”机制、完善技术市场、加大对成果评价服务机构的扶持力度、支持高校院所设立技术经纪岗位、吸引大院大所大企业在福州设立研发机构、强化产学研用深度融合、鼓励高校院所科技人才在榕创新创业、建立产学研协调机制

2. 促进科学家精神传播政策数量

在参与评估的36个城市中，福州市“促进科学家精神传播政策数量”这一指标高于全国平均水平，表明福州市在科学家精神传播政策机制方面较为领先，积极推动科学家精神宣传活动的开展（见表7-7）。

表7-7 福州市促进科学家精神传播的主要政策

政策名称	发布日期	重点方向	主要内容
《福州市“十四五”全民科学素质行动规划纲要实施方案》	2022年6月	弘扬新时代科学家精神	强化科技工作者科普责任感。大力弘扬科学家精神，加强科学道德和学风建设。以科学家故居（旧居）、纪念馆为基础，建设一批科学家精神教育基地

（五）广州

评估显示，广州市科技传播政策机制建设情况较为良好，城市科技传播政策评分为5.33，略高于全国平均值4.85。

1. 促进科技成果传播政策数量

在参与评估的36个城市中，广州市的“促进科技成果传播政策数量”这一指标略高于全国平均水平，表明广州市较为重视科技成果传播政策机制的建设，取得了阶段性的效果。

在促进科技成果传播政策方面，广州市相继发布了《广州市促进科技成果转化实施办法》《广州市促进科技成果转移转化行动方案（2018—2020年）》等政策（见表7-8）。

表7-8 广州市促进科技成果传播的主要政策

政策名称	发布日期	重点方向	主要内容
《广州市促进科技成果转化实施办法》	2015年12月	建立科技成果转化报告制度	科技成果完成单位应按规定向市科技行政部门提交上年度科技成果转化情况报告。科技成果转化年度报告主要包括获得的科技成果情况、科技成果的知识产权保护情况、科技成果转移转化情况、科技成果收益及分配情况等。市科技行政部门将科技成果年度报告作为对项目承担单位申报科技成果奖励和后续支持的重要依据之一

续表

政策名称	发布日期	重点方向	主要内容
《广州市促进科技成果转移转化行动方案（2018—2020年）》	2018年2月	开展科技成果转移转化试点	支持有条件的高校、科研机构建设科技成果转移转化试点，开展体制机制创新与政策先行先试，探索一批可复制、可推广的经验与模式。试点高校、科研机构要进一步增强科技成果转移转化的意识，完善制度设计，建立有效的科技成果转移转化管理一揽子工作体系，包括设立科技成果转移转化机构，培养和引进专业化技术转移人才，建立科技成果转移转化流程，完善科技成果转移转化激励机制和容错纠错机制，搭建科技成果转移转化服务平台，培育知识产权运营服务机构等。实施科技成果收益奖励补助制度，试点高校、科研机构可将科技成果转移转化所获得收益全部用于对科技成果完成人和为科技成果转移转化作出贡献的人员奖励，高校或科研机构留成部分由市科技创新发展专项资金给予补助，每家试点单位每年不超过1000万元

2. 促进科学家精神传播政策数量

在参与评估的36个城市中，广州市“促进科学家精神传播政策数量”这一指标略高于全国平均水平，表明广州市在科学家精神传播政策机制方面取得了阶段性的建设成效，在传播科学家精神方面有一定收获（见表7-9）。

表7-9 广州市促进科学家精神传播的主要政策

政策名称	发布日期	重点方向	主要内容
《广州市全民科学素质行动规划纲要实施方案（2022—2025年）》	2022年3月	弘扬新时代科学家精神	将弘扬科学家精神贯穿于育人全链条。坚持立德树人，实施科学家精神进校园行动，持续举办好广州院士专家校园行，将科学家精神融入课堂教学和课外实践活动，激励青少年树立投身建设世界科技强国的远大志向，培养学生爱国情怀、社会责任感、创新精神和实践能力

（六）哈尔滨

评估显示，哈尔滨市科技传播政策机制建设情况较为薄弱，城市科技传播政策评分为4.67，低于全国平均值4.85。

1. 促进科技成果传播政策数量

在参与评估的36个城市中，哈尔滨市的“促进科技成果传播政策数量”这一指标低于全国平均水平，表明哈尔滨市在科技成果传播政策机制建设方面仍有提升空间，可以组织调研科技成果传播实际问题，充分采纳群众及专家意见，完善科技成果传播政策体系。

2022年1月，哈尔滨市科学技术局发布《哈尔滨市推进高校院所科技成果转化工作实施方案》，规定了哈尔滨支持企业转化科技成果、支持开展科技产业化服务等方面内容（见表7-10）。

表 7-10　哈尔滨市促进科技成果传播的主要政策

政策名称	发布日期	重点方向	主要内容
《哈尔滨市推进高校院所科技成果转化工作实施方案》	2022 年 1 月	支持企业转化科技成果	引导科技企业承接校所科技成果，实施科技成果转化，促进一批科技成果加速产业化。根据研发投入、技术合同成交额等指标，给予企业最高 1000 万元支持
		支持开展科技产业化服务	支持高校院所、企业设立市场导向、机制完善、运行高效的技术转移服务机构，按照年度绩效，择优给予最高 50 万元的奖补。鼓励行业协会、商会等，组织天使投资、创业投资等社会资本，围绕校所科技成果转化开展投融资活动，根据年度促成融资到账金额的 2%，择优给予行业协会、商会等社会组织最高 200 万元奖励。采用市场化机制，引入专业的服务机构，运营“哈尔滨科技产业化服务平台”，推动科技成果转化高效对接

2. 促进科学家精神传播政策数量

在参与评估的 36 个城市中，哈尔滨市“促进科学家精神传播政策数量”这一指标高于全国平均水平，表明哈尔滨市积极出台科学家精神专门政策，拥有较为完善的科学家精神传播政策机制（见表 7-11）。

表 7-11　哈尔滨市促进科学家精神传播的主要政策

政策名称	发布日期	重点方向	主要内容
《哈尔滨市全民科学素质行动规划纲要实施方案（2021—2025 年）》	2021 年 10 月	弘扬科学家精神	强化科技工作者的社会责任。大力弘扬科学家精神，开展老科学家学术成长资料采集工作，展示科技界优秀典型、生动实践和成就经验，激发全民族创新热情和创造活力。加强科研诚信和科技伦理建设，深入开展科学道德和学风建设宣讲活动，引导广大科技工作者坚守社会责任，自立自强，建功立业，成为践行科学家精神的表率

（七）杭州

评估显示，杭州市科技传播政策机制建设情况较为良好，城市科技传播政策评分为 5.33，略高于全国平均值 4.85。

1. 促进科技成果传播政策数量

在参与评估的 36 个城市中，杭州市的“促进科技成果传播政策数量”这一指标高于全国平均水平，表明杭州市较为重视科技成果传播的政策机制建设，科技成果传播政策支撑体系较为完善（见表 7-12）。

表 7-12　杭州市促进科技成果传播的主要政策

政策名称	发布日期	重点方向	主要内容
《杭州高新技术孵化成果转化园认定和管理办法》	2020 年 3 月	申报条件	具备整合创新链资源的能力。与科技企业孵化器之间建有对接机制和快速入驻园区的通道，入驻孵化毕业企业 20 家以上，且每年新入驻一定数量的孵化毕业企业。有较强的招引国内外高新技术企业和人才、项目团队的能力。园区引进培育、签约产

续表

政策名称	发布日期	重点方向	主要内容
《杭州高新技术孵化成果转化园认定和管理办法》	2020年3月	申报条件	业链相关的高端研发机构或有紧密产学研合作的高等院校不少于1家，与其紧密合作的科技服务机构不少于5家，培育创新型科技企业（高新技术企业、高成长科技型中小企业等）不少于10家，其中国家重点支持领域的高新技术企业不少于5家，建成市级以上研发机构不少于3家。集聚不少于200名科技人员创新创业，其中高层次科技人员10人以上。园区至少设立或签约一支基金，基金规模大于5000万元
《杭州市科技成果转化资金管理办法》	2020年7月	资助企业科技成果转化项目	杭州市企业通过网上技术市场吸纳国内外高校院所和杭州市新型研发机构的最新科研成果，或者通过市级科技部门组织的科技成果拍卖从无关联单位取得的先进科技成果，进行后续试验、开发、应用、推广直至形成新技术、新工艺、新材料、新产品、新服务、新标准，发展新产业的项目。企业提交单位和项目组基本信息、技术合同、项目总结和财务审计报告等材料。市县两级可以给予企业不超过实际技术交易额的20%、最高150万元的财政资助。应急公共安全、“卡脖子”技术攻关、重大军民融合、发明专利产业化、战略合作项目，依次优先支持
		奖励重大科技成果获奖团队	在杭高校院所及新型研发机构、本市企业牵头完成科技成果获国家科技进步奖和省科技进步一等奖，且在杭产业化，两年内完成项目年税收贡献不低于500万元的，可以给获国家科技进步一等奖团队（企业）奖励500万元，给获国家科技进步二等奖和省科技进步一等奖团队（企业）奖励100万元
《杭州市构筑科技成果转移转化首选地实施方案（2022—2026年）》	2022年11月	举办首选地品牌活动	设立科技成果转化季，打响首选地品牌。争取国家部委支持，举办或承办全国性科技成果转移转化峰会、颠覆性技术创新大赛和各类成果交易展会，打造科技成果路演中心，建立科技成果常态化路演制度，集聚一批颠覆性科技成果和项目。鼓励企事业单位举办或参与创新创业赛事、会议论坛、展览展示、创业训练营等各类国内外成果转化活动
《构筑科技成果转移转化首选地的若干政策措施》	2022年12月	支持举办各类成果转化活动	鼓励社会机构举办或承办以科技成果转移转化为主题的重大赛事、专业论坛、重要会展等，打造科技成果转移转化首选地品牌活动，根据活动情况给予举办单位最高300万元资助

2. 促进科学家精神传播政策数量

在参与评估的36个城市中，杭州市“促进科学家精神传播政策数量”这一指标高于全国平均水平，表明杭州市建立了较为完善的科学家精神传播政策体系，保障了科学家精神宣传活动的有效开展（见表7-13）。

表7-13 杭州市促进科学家精神传播的主要政策

政策名称	发布日期	重点方向	主要内容
《杭州市提升全民科学文化素质行动实施方案（2021—2025年）》	2021年8月	弘扬新时代科学家精神	弘扬新时代科学家精神。以塑形铸魂科学家精神为抓手，切实加强作风和学风建设，营造良好科研生态和舆论氛围。探索在各类科技馆、科普馆、文化馆、博物馆等增加体现科技进步和科学家精神的相关展项，依托科技馆、重点实验室、重大科技工程等场所，建设一批科学家精神教育基地。创新举办“院士进校园”、“科学家巡讲”、优秀科技专家宣传等活动，推动科学精神、科学家精神深入人心

（八）合肥

评估显示，合肥市科技传播政策机制建设情况较为薄弱，城市科技传播政策评分为2.00，低于全国平均值4.85。

1. 促进科技成果传播政策数量

在参与评估的36个城市中，合肥市的“促进科技成果传播政策数量”这一指标略高于全国平均水平，表明合肥市较为重视科技成果的传播，出台的促进科技成果传播的政策数量较多，科技成果传播政策支撑机制较为完善。

在促进科技成果传播政策方面，合肥市相继发布了《合肥市进一步促进科技成果转化若干政策（试行）》《合肥市进一步加强科技成果转化若干措施（试行）》《合肥市可转化科技成果评价办法（试行）》与《关于开展2023年合肥市科技成果转化中试基地（平台）备案工作的通知》（见表7-14）。

表7-14　合肥市促进科技成果传播的主要政策

政策名称	发布日期	重点方向	主要内容
《合肥市进一步促进科技成果转化若干政策（试行）》	2021年2月	促进科技成果转化	促进应用基础研究。逐年扩大市自然科学基金规模，用于支持高校、科研院所、新型研发机构和市级以上实验室、各类研究中心及其科研人员聚焦合肥市重点产业领域开展应用基础研究，重点项目给予20万元资助，一般项目给予10万元资助。 支持建设概念验证中试平台。对为实验阶段的科技成果提供概念验证、商业化开发等公共服务的概念验证中心，按其年度服务性收入的30%，给予最高100万元奖补。对为实验室成果开发和优化、投产前试验或者试生产服务的中试基地（平台），按其年度服务性收入的30%，给予最高100万元奖补。对投资建设中试基地（平台）的，按其实际投资额的30%，给予最高500万元补助。 鼓励建设双创载体。每年对市级及以上科技企业孵化器、众创空间进行绩效评价，对年度绩效评价优秀的孵化器、众创空间，分别给予100万元、50万元一次性奖补
《合肥市进一步加强科技成果转化若干措施（试行）》	2022年5月	建立市委科创委领导联系院士机制	市委科创委主任、副主任每人确定一个市直部门作为联络员单位，定期或不定期赴重点高校院所开展对接，了解院士团队科研及科技成果转化情况，协调解决有关问题，推进院士团队的科技成果转化
《合肥市可转化科技成果评价办法（试行）》	2022年11月	评价办法	本办法所称的可转化科技成果是指来源于各高校院所的应用技术研究成果、技术开发及产业化成果（不涉及军工、国防等敏感领域，下同）。 （一）应用技术研究成果形式主要包括知识产权、样品、应用方案和功能结论等。 （二）技术开发及产业化成果形式主要包括技术方案、部件、样机、产品、知识产权和标准等
《关于开展2023年合肥市科技成果转化中试基地（平台）备案工作的通知》	2023年10月	2023年申报备案中试基地（平台）	申报主体。申报主体必须是具备独立法人资格的企事业单位，注册地、主要办公场所、科研场所和中试基地均在本市，具备较强的资金实力和技术实力。 申报条件。拥有本行业必要的通用计量、检测仪器、常规实验设备，有承担行业综合性中间试验任务必备的专用设备、场地及配套设施。设备原值应当不低于300万元

2. 促进科学家精神传播政策数量

在参与评估的36个城市中，合肥市“促进科学家精神传播政策数量”这一指标低于全国平均水平，表明合肥市科学家精神政策机制有待完善，建议合肥市积极出台科学家精神传播的相关政策，尤其是制定专门政策，为进一步完善科技传播政策体系提供支撑。

（九）济南

评估显示，济南市科技传播政策机制建设情况较好，城市科技传播政策评分为5.33，略高于全国平均值4.85。

1. 促进科技成果传播政策数量

在参与评估的36个城市中，济南市的“促进科技成果传播政策数量”这一指标高于全国平均水平，表明济南市科技成果传播政策较好，科技成果传播政策支撑体系较为完善。

在促进科技成果传播政策方面，济南市相继发布了《济南市加快国家科技成果转移转化示范区建设促进科技成果转移转化行动计划》《关于加快驻济高校科技成果转化深化市校融合发展战略的若干政策措施》与《济南市科技成果转化“倍增计划”行动方案（2023—2025年）（征求意见稿）》（见表7-15）。

表7-15　济南市促进科技成果传播的主要政策

政策名称	发布日期	重点方向	主要内容
《济南市加快国家科技成果转移转化示范区建设促进科技成果转移转化行动计划》	2018年5月	提升科技成果转移转化机构能力	加强高校院所技术转移机构建设，支持驻济高校院所建立技术转移服务机构，或整合校（院）内已有各类技术转移机构，加大与市场化第三方技术转移机构在信息、人才等方面的共享、共建力度。完善技术转移服务体系，支持济南市企业与国内外高校、科研院所共建以技术输出为主要运营方向的独立法人技术转移机构。建立技术转移机构考核机制，激发现有技术转移机构活力，逐步形成集对接市场需求、促进成果交易、投融资服务等于一体的科技成果转移转化服务体系
《关于加快驻济高校科技成果转化深化市校融合发展战略的若干政策措施》	2021年10月	高校科技成果转化	支持高校建设科技成果转移转化平台，鼓励中小微企业购买高校科技成果。驻济高校新建设的国家级技术转移转化服务机构、省级技术转移转化示范机构，可分别获得最高100万元、50万元补助。打造济南科技成果转化服务体系，高校因通过技术成果交易平台挂牌交易产生的技术成果评估费用以及技术经纪人资格培训费用，可获得全额补助。支持中小微企业购买高校科技成果，经技术合同认定登记后，企业可获得不超过年度技术合同成交额3%的补助，最高补助100万元
《济南市科技成果转化“倍增计划”行动方案（2023—2025年）（征求意见稿）》	2022年11月	完善科技成果平台服务网络	推动山东省技术成果交易中心（济南）与山东齐鲁知识产权交易中心平台资源共享，整合科技成果项目信息，共同策划成果转化对接活动；推动与山科控股集团、山东省科技金融服务中心合作，常态化举办企业融资需求对接会；推动与山东人才集团合作，培育一批技术转移人才队伍

2. 促进科学家精神传播政策数量

在参与评估的 36 个城市中，济南市“促进科学家精神传播政策数量”这一指标高于全国平均水平，表明济南市较为重视科学家精神传播政策，为科学家精神宣传活动的有效开展提供了一定政策保障（见表 7-16）。

表 7-16 济南市促进科学家精神传播的主要政策

政策名称	发布日期	重点方向	主要内容
《济南市“十四五”全民科学素质行动规划纲要实施方案》	2022 年 10 月	弘扬科学家精神	聚焦落实立德树人根本任务，深入开展科学家精神进校园活动，鼓励共青团和少先队利用主题团日、少先队活动课、主题队会等方式开展科学实践，推动科学精神浸润校园，促进科学家精神入脑入心，培养学生爱国情怀，提升创新实践能力

（十）昆明

评估显示，昆明市科技传播政策机制建设情况相对有所欠缺，城市科技传播政策评分为 2.00，低于全国平均值 4.85，昆明市在科学家精神政策建设上稍有不足，但未出台过科学家精神相关政策。

1. 促进科技成果传播政策数量

在参与评估的 36 个城市中，昆明市的“促进科技成果传播政策数量”这一指标略高于全国平均水平，表明昆明市较为重视科技成果传播的政策机制建设，搭建了较为完善的科技成果传播政策的机制框架（见表 7-17）。

表 7-17 昆明市促进科技成果传播的主要政策

政策名称	发布日期	重点方向	主要内容
《关于推动科技服务业高质量发展促进科技成果转移转化的实施办法（试行）》	2021 年 9 月	支持科技成果转化	各县（市）区以县域科技成果转化中心为依托，结合区域产业基础和科技创新需求，形成全链条，集约化、专业化的综合科技服务，支持各县（市）区完善“一县一品”“一县一业”县域示范网络建设，促进科技成果转化。其绩效纳入“区域科技创新工作综合指数”进行考核
		职务科技成果转化收益分配	职务科技成果转化后，科技成果完成单位按规定对完成、转化该项目科技成果做出重要贡献人员给予的现金奖励，计入所在单位的绩效工资总量，但不受核定的绩效工资总量限制，不作为人力资源社会保障、财政部门核定单位下一年度绩效工资总量的基数，不作为社会保险缴费基数

2. 促进科学家精神传播政策数量

在参与评估的 36 个城市中，昆明市“促进科学家精神传播政策数量”这一指标低于全国平均水平，建议昆明市组织出台更多针对性政策，助力科学家精神传播。

（十一）南昌

评估显示，南昌市科技传播政策机制建设情况较为良好，城市科技传播政策评分为

5.33，高于全国平均值4.85。

1. 促进科技成果传播政策数量

在参与评估的36个城市中，南昌市的“促进科技成果传播政策数量”这一指标高于全国平均水平，表明南昌市推出了较多的政策来促进科技成果传播，对科技成果传播的重视程度较高。

在促进科技成果传播政策方面，南昌市相继发布了《南昌市中小微企业购买科技成果或专利并产业化申报补贴的暂行管理规定》《南昌市促进科技成果转移转化补助暂行办法》（见表7-18）。

表7-18 南昌市促进科技成果传播的主要政策

政策名称	发布日期	重点方向	主要内容
《南昌市中小微企业购买科技成果或专利并产业化申报补贴的暂行管理规定》	2014年6月	科技成果或专利并产业化申报补贴	规范中小微企业购买科技成果或者专利并产业化申报补贴的程序，鼓励南昌市中小微企业购买科技成果或者专利并进行产业化，促进科技成果、专利转化及产业化
《南昌市促进科技成果转移转化补助暂行办法》	2022年3月	促进科技成果转移转化资金使用对象	市促进科技成果转移转化补助资金主要用于对本市科技成果转移转化的科技成果转让方、受让方，技术转移服务机构，“洪城之星”创新创业大赛获奖项目，培育高新技术企业的科技企业孵化器或众创空间，省级重点新产品等方面的补助。补助对象为在南昌行政区域内登记、注册，具有独立法人资格的企事业单位

2. 促进科学家精神传播政策数量

在参与评估的36个城市中，南昌市“促进科学家精神传播政策数量”这一指标高于全国平均水平，表明南昌市重视科学家精神的传播工作，出台了较多政策提供支撑（见表7-19）。

表7-19 南昌市促进科学家精神传播的主要政策

政策名称	发布日期	重点方向	主要内容
《南昌市全民科学素质行动规划纲要实施方案（2021—2025年）》	2021年12月	弘扬科学精神贯穿于育人全链条	高度重视科学精神的重要性，坚持立德树人，将科学精神贯穿于教书育人全链条，大力弘扬科学家精神，将科学精神和科学家精神融入课堂教学和课外实践活动，激励青少年树立投身建设世界科技强国的远大志向，培养学生爱国情怀、社会责任感、创新精神和实践能力

（十二）南京

评估显示，南京市科技传播政策机制建设情况较为薄弱，城市科技传播政策评分为4.67，略低于全国平均值4.85。

1. 促进科技成果传播政策数量

在参与评估的36个城市中，南京市的“促进科技成果传播政策数量”这一指标低于全国平均水平，表明南京市对科技成果传播的重视程度亟待提升，科技成果传播政策支撑体系有待完善，可以组织制定更多的科技成果传播政策（见表 7-20）。

表 7-20　南京市促进科技成果传播的主要政策

政策名称	发布日期	重点方向	主要内容
《南京市促进科技成果转移转化行动方案》	2016 年 9 月	高校院所科技成果转移转化	一是围绕江北新区自主创新先导区建设，支持新区开展科技成果转移转化，加速布局一批高端研发创新平台；二是推动高校院所与地方科技创新深度合作，落实《关于进一步发挥科教资源优势　推动科技与产业融合发展的实施意见》，探索开展在宁高校科技成果就地转移转化绩效评价；三是完善科技成果转移转化体制机制，鼓励有条件的区域围绕科技成果转移转化进行政策改革试点，支持各区（园区）与高校院所共同建立成果转化基金
		科技成果转化服务平台建设	一是建设区域性科技成果转移转化综合服务平台；二是加强科技成果的信息汇集与开发，形成一批“科技成果包”，对供需信息进行深度分析处理，实现技术信息和需求智能化匹配
		科技创新创业载体建设	一是促进众创空间专业化发展，建设一批以科技成果转移转化为主要内容的众创空间，着力打造全国有影响力的众创集聚区；二是推动新型研发机构成为科技成果转化重要载体，鼓励引导区（园区）、企业与高校院所、社会团体，以产学研合作的形式，共建新型研发机构；三是建设产学研产业协同创新基地，引导有条件的园区围绕区域战略新兴产业，开展产学研合作协同创新，布局建设一批产学研产业协同创新基地
		企业科技成果转移转化	一是强化企业科技成果转化的主体地位，推动高校院所应用技术成果优先在企业实施运用，支持企业与高校院所联合建设研发平台；二是培育科技成果转化能力强的科技创新型企业，引导企业加大研发投入；三是加强知识产权的运用与保护
		技术转移服务体系建设	一是建设技术转移服务机构，努力构建服务于科技成果转化全过程的技术转移体系；二是引导科技资源开放共享，引导支持高校院所向社会开放共享科研设施，建设一批实体化运营的公共技术服务平台；三是发展技术转移金融服务体系，加强多层次科技资本市场体系建设
		科技成果转移转化人才队伍	一是加速创新创业人才集聚，实施“创业南京”英才计划；二是壮大技术转移人才队伍，建设一批技术转移人才培养基地，开展高校院所与地方科技管理干部双向挂职

2. 促进科学家精神传播政策数量

在参与评估的 36 个城市中，南京市“促进科学家精神传播政策数量”这一指标略高于全国平均水平，表明南京市出台了包含科学家精神传播内容的政策，还可以积极出台一些针对性较强的科学家精神相关的专门政策，更好指导南京市科学家精神传播工作（见表 7-21）。

表 7-21 南京市促进科学家精神传播的主要政策

政策名称	发布日期	重点方向	主要内容
《南京市全民科学素质行动规划纲要实施方案》	2022 年 6 月	学校教育中宣传科学家精神	将弘扬科学精神和科学家精神贯穿于中小学校育人全链条。在幼儿园保教工作中，以课程游戏化方式融入科学启蒙和生活技能教育内容。以义务教育阶段“五小”活动、中小学“金陵·和鸣”科创活动、创客大赛、教育信息化赛事、高中科学技术类学科精品课程的设计与活动实施为载体，推进具有挑战性的项目化学习，丰富科创课程专业内涵，强化课程内容中的现代科技与中华传统文化深度融合
		强化科技工作者的社会责任	大力弘扬科学家精神，积极参与老科学家学术成长资料采集工程和科学家精神教育基地建设。加强科研诚信和科技伦理建设，通过深入开展全国科技工作者日等活动，引导广大科技工作者自觉涵养科学精神、坚守社会责任。加强科普专家队伍建设，培养高层次科普志愿者和科普志愿服务组织，鼓励支持高端科技人才进学校、进企业、进社区、进乡村开展高新技术科普报告，开展科普方法和科学传播能力培训，带动培养更多优秀科普创作者和科学传播者，针对社会热点、科技焦点、公众疑点问题，主动发声、科学辟谣

（十三）宁波

评估显示，宁波市科技传播政策机制建设情况较为良好，城市科技传播政策评分为 5.33，略高于全国平均值 4.85。

1. 促进科技成果传播政策数量

在参与评估的 36 个城市中，宁波市的“促进科技成果传播政策数量”这一指标高于全国平均水平，表明宁波市较为重视科技成果传播的政策机制建设，发布了较多的科技成果传播政策，体系较为完善。

在促进科技成果传播政策方面，宁波市相继发布了《宁波市人民政府关于加快推进科技成果转化的若干意见》《宁波市建设国家科技成果转移转化示范区实施方案》与《关于调整管理事项促进科技成果转化的通知》等政策（见表 7-22）。

表 7-22 宁波市促进科技成果传播的主要政策

政策名称	发布日期	重点方向	主要内容
《宁波市人民政府关于加快推进科技成果转化的若干意见》	2014 年 5 月	规范管理科技成果	构建开放协作的科技成果信息平台。整合科技计划项目库、科技成果数据库、产学研公共服务平台等数据资源，加快建成规范、统一的科技成果信息平台。创新科技成果信息发布和互动制度，强化成果信息透明（涉及国家机密的除外），促进科技成果信息的相互开放和共享。加强科技成果登记管理。建立重大科技项目报告制度，强化重大科技成果的登记，凡获财政资金资助的各级各类科技计划项目，其产生的科技成果必须进行登记。鼓励非财政资助产生的科技成果进行自愿登记。加快建立以科研质量、市场价值、产业化风险为主要标准的科技成果评价体系，积极推进重大科技成果第三方评估，客观评价科技成果投资价值与风险，为成果对接企业提供投资咨询和指引服务

续表

政策名称	发布日期	重点方向	主要内容
《宁波市人民政府关于加快推进科技成果转化的若干意见》	2014 年 5 月	促进科技成果转化	运用现代信息技术，加快改造和提升网上技术市场，增强网上技术市场成果推介、技术交易服务功能。支持县（市）区根据产业需要，发展专业化技术市场，对被评为省级先进网上技术市场和技术市场工作先进县（市）区，分别给予 100 万元和 50 万元的奖励。重点支持技术转移机构开展产学研合作服务，对服务绩效优秀的技术转移机构，根据其年度促成的技术交易额给予一定的奖励。对其促成的技术交易额度在 1000 万元以内的，按 1.5%予以补助，1000 万元以上的部分按 1.0%予以补助，最高补助额度不超过 30 万元。市财政科技资金用于产业技术创新的部分，每年安排不低于 70%的比例支持企业实施重大科技成果转化和产业化项目，主要用于科技成果的中试与产业化技术开发投入
《宁波市建设国家科技成果转移转化示范区实施方案》	2017 年 1 月	提升产业技术创新能力	组织实施重大科技专项；推动“互联网+”科技创新；加快自主创新产品（技术）转化应用；强化知识产权创造和运用
		构建以企业为主体的协同转移转化体系	实施创新型初创企业培育计划；开展新一轮创新型高成长企业培育计划；加快高新技术企业发展；推动高校院所开展成果转移转化
《关于调整管理事项促进科技成果转化的通知》	2020 年 8 月	调整管理事项，简化管理程序	市级研究开发机构、高等院校对持有的科技成果，可以自主决定转让、许可或者作价投资，除涉及国家秘密、国家安全及关键核心技术外，不需要报主管部门和财政部门审批或备案。 市级研究开发机构、高等院校的主管部门办理科技成果作价投资形成国有股权的转让、无偿划转或者对外投资等管理事项，不需报市财政局批准或者备案。 市级研究开发机构、高等院校的主管部门办理科技成果作价投资成立企业的国有资产产权登记事项，不需报市财政局办理登记

2. 促进科学家精神传播政策数量

在参与评估的 36 个城市中，宁波市“促进科学家精神传播政策数量”这一指标高于全国平均水平，表明宁波市建立了较为完善的科学家精神传播政策体系，能够更好地传达科学家精神的内涵和价值（见表 7-23）。

表 7-23　宁波市促进科学家精神传播的主要政策

政策名称	发布日期	重点方向	主要内容
《宁波市全民科学素质行动规划纲要实施方案（2021—2025 年）》	2022 年 2 月	弘扬新时代科学家精神	弘扬科学家、企业家精神。大力开展科学家精神传播活动，讲好科学家故事。发挥“院士之乡”优势，利用好院士公园、甬籍院士故（旧）居等文化地标，建设一批科学家精神教育（培育）基地。促进科学家精神与企业家精神紧密融合，大力倡导追求真理、崇尚科学、鼓励创新、宽容失败的创新文化

（十四）青岛

评估显示，青岛市科技传播政策机制建设情况较为良好，城市科技传播政策评分为

6.00，高于全国平均值4.85。

1. 促进科技成果传播政策数量

在参与评估的36个城市中，青岛市的“促进科技成果传播政策数量”这一指标显著高于全国平均水平，表明青岛市较为重视科技成果传播，积极制定有利于新兴科技成果传播的政策，构建了较为完善的科技成果传播政策的支撑体系。

在促进科技成果传播政策方面，青岛市相继发布了《青岛市促进科技成果转移转化实施方案》《青岛市实施“硕果计划”加快促进科技成果转移转化的若干政策措施》《青岛市科学技术局关于科技成果应用场景示范项目奖补实施细则（试行）》《青岛市科学技术局关于研发机构科技成果转化绩效评价奖补实施细则（试行）》与《青岛市科学技术局支持重大科技成果转化项目实施细则（试行）》等政策（见表7-24）。

表7-24 青岛市促进科技成果传播的主要政策

政策名称	发布日期	重点方向	主要内容
《青岛市促进科技成果转移转化实施方案》	2017年7月	为科技成果转化服务	科技成果转移转化体系不断健全，专业化技术转移人才队伍发展壮大，多元化科技成果转移转化投入渠道日益完善，企业、高校和科研院所科技成果转移转化能力明显提升，科技型创新创业蓬勃发展，推动一批战略性新兴产业领域内的重大科技成果转移转化，建设一批支撑作用大、带动能力强的新型研发机构、众创空间等创新创业载体。形成以企业技术创新需求为导向、以市场化交易平台为载体、以专业化服务机构为支撑的科技成果转移转化新格局。“十三五”期间，争取建设1~2家示范性国家技术转移机构，纳入国家科技成果转移转化示范区建设试点。建成支撑实体经济发展的众创空间100余个，培养500名专业化技术转移人才，技术合同成交额达到200亿元
《青岛市实施“硕果计划”加快促进科技成果转移转化的若干政策措施》	2022年5月	科技成果转化政策支持	通过实施“硕果计划”，力争到2024年，实现“四个倍增”，全市输出和吸纳技术合同成交额达到1200亿元、专业技术转移人才超过2000名、高校院所本地转化科技成果数量超过2000项、孵化器在孵科技型中小企业数量达到4000家以上，全市科技成果转化活跃度和技术转移能力明显提升。优化科技成果源头供给，激发高校活力，支持企业建设创新联合体。促进科技成果落地转化，支持企业实施科技成果产业化打造科技成果转化示范园区。加强科技成果转化市场要素集聚，培养壮大技术转移专业队伍。强化科技成果转化服务支撑，健全科技成果转化奖励和尽职免责机制
《青岛市科学技术局关于科技成果应用场景示范项目奖补实施细则（试行）》	2023年7月	应用场景示范项目奖补	围绕青岛市城市更新建设和实体经济重点产业链发展，区（市、功能区）投入资金、资源等支持企业利用新技术新产品开展产品（服务）应用示范或小批量测试验证活动，负责市级奖补政策制定，协同市有关部门指导应用场景支持方向和重点，组织项目申报、评估和应用示范案例宣传推广等工作，结合本区域项目建设，组织项目遴选备案、绩效评价和推荐申报奖补政策等工作

续表

政策名称	发布日期	重点方向	主要内容
《青岛市科学技术局关于研发机构科技成果转化绩效评价奖补实施细则（试行）》	2023 年 8 月	科技成果转化绩效奖助	主要对在青岛市行政区域内开展自然科学及工程技术领域研究开发的科研机构，包括中央、省（部）驻青科研院所，市属、区属事业单位或转制改企单位，引进大院大所成立的企事业单位且认定为市级（含）以上新型研发机构，通过科学研究与技术开发所产生的具有实用价值的成果，为提高生产力水平而对科技成果所进行的后续试验、开发、应用、推广直至形成新技术、新工艺、新材料、新产品，发展新产业等活动的奖助评定
《青岛市科学技术局支持重大科技成果转化项目实施细则（试行）》	2023 年 9 月	科技成果转化项目实施规定	对于符合我市产业发展方向，技术先进、适用，具有自主知识产权，实施后能形成规模，能产生重大经济、社会和环境效益，且具有较大难度的科技成果转化项目，提供一定的技术支持和帮助，并对重大科技成果转化项目申报主体提出明确规定

2. 促进科学家精神传播政策数量

在参与评估的 36 个城市中，青岛市“促进科学家精神传播政策数量”这一指标高于全国平均水平，表明青岛市出台了包含科学家精神传播内容的政策，对科学家精神传播起到促进作用（见表 7-25）。

表 7-25　青岛市促进科学家精神传播的主要政策

政策名称	发布日期	重点方向	主要内容
《青岛市提升全民科学文化素质行动实施方案（2021—2025 年）》	2021 年 8 月	弘扬新时代科学家精神	将科学精神融入课堂教学和课外实践活动，激励青少年树立投身建设世界科技强国的远大志向。培育“榜样的力量”最美科技工作者进校园宣讲品牌，实施科学家精神进校园行动，培养青少年的爱国情怀、社会责任感和创新精神

（十五）厦门

评估显示，厦门市科技传播政策机制建设情况良好，城市科技传播政策评分为 5.33，高于全国平均值 4.85。

1. 促进科技成果传播政策数量

在参与评估的 36 个城市中，厦门市的“促进科技成果传播政策数量”这一指标略高于全国平均水平，表明厦门市在科技成果传播的政策机制建设方面较为重视，推出了较多的相关政策来支持科技成果传播。

在促进科技成果传播政策方面，厦门市相继发布了《厦门市促进科技成果转移转化若干规定》《厦门市关于加快推进省创新实验室科技成果转化的若干措施（征求意见稿）》（见表 7-26）。

表 7-26　厦门市促进科技成果传播的主要政策

政策名称	发布日期	重点方向	主要内容
《厦门市促进科技成果转移转化若干规定》	2017 年 4 月	激励各方科技成果转化	促进科研机构、高等院校科技成果转移转化；激励科技人员创新创业；鼓励发展技术转移机构；激励企业科技成果产业化；促进技术市场发展；优化科技成果转移转化环境
《厦门市关于加快推进省创新实验室科技成果转化的若干措施（征求意见稿）》	2023 年 5 月	支持省创新实验室自主科技成果转化	支持省实验室自主开展成果转化；明确省实验室作价投资及奖励路径；健全省实验室下属产业化公司管理机制

2. 促进科学家精神传播政策数量

在参与评估的 36 个城市中，厦门市“促进科学家精神传播政策数量”这一指标高于全国平均水平，表明厦门市较为重视促进科学家精神传播政策的制定，出台了专门的政策助力科学家精神传播（见表 7-27）。

表 7-27　厦门市促进科学家精神传播的主要政策

政策名称	发布日期	重点方向	主要内容
《厦门市“十四五”全民科学素质行动规划纲要实施方案》	2022 年 5 月	大力弘扬科学家精神，加强科学道德和学风建设	以林巧稚、卢嘉锡、钟南山、蔡启瑞、詹文龙等科学家故居（旧居）、纪念馆为基础，建设一批“科学家精神教育基地”。组织开展形式多样的院士专家宣讲活动、“最美科技工作者”集中学习宣传活动等。激励广大科技工作者增强科普的责任感和使命感，争做科学传播者

（十六）上海

评估显示，上海市科技传播政策机制建设情况良好，城市科技传播政策评分为 6.00，高于全国平均值 4.85。

1. 促进科技成果传播政策数量

在参与评估的 36 个城市中，上海市的“促进科技成果传播政策数量”这一指标显著高于全国平均水平，表明上海市高度重视科技成果传播政策的制定与实施，上海市科技成果传播具备较为完善的政策指导与保护。

在促进科技成果传播政策方面，上海市相继发布了《上海市高新技术成果转化专项扶持资金管理办法》《上海市促进科技成果转移转化行动方案（2021—2023 年）》《上海市促进医疗卫生机构科技成果转化操作细则（试行）》与《上海市科技成果转化创新改革试点实施方案》等政策（见表 7-28）。

表 7-28　上海市促进科技成果传播的主要政策

政策名称	发布日期	重点方向	主要内容
《上海市高新技术成果转化专项扶持资金管理办法》	2020 年 11 月	资金来源	上海市高新技术成果转化专项扶持资金（以下简称扶持资金）是由地方财政预算安排，专项用于本市企业开展后续研发活动，推动高新技术成果转化的补助性资金

续表

政策名称	发布日期	重点方向	主要内容
《上海市高新技术成果转化专项扶持资金管理办法》	2020 年 11 月	支持对象	扶持资金支持对象为本市注册的企业经认定的高新技术成果转化项目（以下简称转化项目），并且该项目近三年未获得过其他市级专项资金支持
		扶持政策	本市注册的企业经认定的转化项目，可按照经确认的销售项目自身所产生的直接销售收入的一定比例乘以技术贡献系数、核心技术价值占比，在政策享受有效期内申请财政扶持资金。财政扶持资金的确定，将统筹考虑项目的地区财力贡献等因素，且单个项目当年度扶持金额最高不超过 500 万元
《上海市促进科技成果转移转化行动方案（2021—2023 年）》	2021 年 5 月	提升科技成果转化运用能力	建立科技成果全周期管理制度，健全机制保障。高校、科研院所、医疗卫生机构等科研事业单位健全科技成果管理制度，形成科技创新和知识产权管理、科技成果转化相融合的统筹协调机制，逐步建立科技成果披露制度，健全科研人员离岗或在岗创业实施细则
		提升技术转移服务能力	增强转化载体支撑能力，服务创新全链条。支持研发与转化功能型平台建设，发挥各区作用，平台所在区安排的运行资金，原则上不低于市级财政投入。优化考核评价机制，发挥平台在技术溢出、资源开放和成果转化中的作用
《上海市促进医疗卫生机构科技成果转化操作细则（试行）》	2022 年 11 月	成果处置	医疗卫生机构对其持有的科技成果，可以自主决定转让、许可或者作价投资，除涉及国家秘密、国家安全和关键核心技术外，不需报主管部门和市财政局审批或者备案。涉及国家秘密、国家安全和关键核心技术的科技成果转让、许可或者作价投资按有关规定执行
		收益分配	科技成果转化收益全部留归单位，纳入单位预算，实行统一管理，处置收入不上交国库。在保障本机构收益、权益基础上，对科技成果完成人（团队）、技术转移机构进行合理的收益分配，分配后余额主要用于技术研发与成果转化等相关工作。科技成果转化的奖励和报酬支出，计入所在单位绩效工资总量，但不受核定的绩效工资总量限制，也不作为社保缴纳基数
		人才评价	强化技术转移人才岗位保障，在职称晋升过程中，医疗卫生机构应当对其科技人员在科技成果转化、技术转移服务等工作中的业绩给予积极考虑，对业绩突出的，可由单位在核定的专业技术岗位结构比例内提高该部门的高级专业技术岗位结构比例
《上海市科技成果转化创新改革试点实施方案》	2023 年 7 月	赋予科研人员职务科技成果所有权	试点单位科研人员完成的职务科技成果所有权属于单位，为国有资产。深化科技成果产权制度改革，在明确单位科技成果转化权益前提下，试点实施职务科技成果全部或部分赋予成果完成人
		建立职务科技成果单列管理制度	试点单位应遵循科技成果转化规律，落实职能部门、优化管理流程、完善考核方式，探索建立区别一般国有资产的科技成果资产管理制度，开展台账登记、权利维护、成果放弃等贯穿科技成果转化全链条的成果管理，完善科技成果资产确认、使用和处置等规范化的资产管理，建立健全市场导向的价值评估路径，推动科技成果管理从“行政控制资产”向“市场配置资源”转变

（十七）深圳

评估显示，深圳市科技传播政策机制建设情况较为良好，城市科技传播政策评分为5.33，略高于全国平均值4.85。

1. 促进科技成果传播政策数量

在参与评估的36个城市中，深圳市的“促进科技成果传播政策数量”这一指标略高于全国平均水平，表明深圳市建设了相对完善的科技成果传播的政策机制，大力支持科技成果传播工作。

在促进科技成果传播政策方面，深圳市相继发布了《深圳市促进科技成果转移转化实施方案》《深圳市关于进一步促进科技成果产业化的若干措施》《促进深圳市医疗卫生机构科技成果转化实施意见》与《深圳市技术转移和成果转化项目资助管理办法》等政策（见表7-29）。

表7-29　深圳市促进科技成果传播的主要政策

政策名称	发布日期	重点方向	主要内容
《深圳市促进科技成果转移转化实施方案》	2021年2月	成果创新	基础研究固本强基计划。将不低于30%的市级科技研发资金投向基础研究和应用基础研究，支持围绕前沿基础领域和关键核心技术重大科学问题，开展长周期、高风险的原创性研究，努力实现“从0到1”的重大成果突破。鼓励和支持跨领域、跨学科交叉研究
		科技成果支持	知识产权融通计划。建设全国性的知识产权和科技成果产权交易平台，完善确权、登记和公示等基础功能，开展知识产权和科技成果产权交易、知识产权证券化、股权转让、跨境交易等业务，为科技成果交易、转移转化提供一站式服务。优化科技成果信息管理、检索和分析，完善技术成果转化公开交易与监管体系。鼓励高等院校、科研机构、企业依托知识产权和科技成果产权交易平台，开展科技成果转化以及知识产权、科技成果产权和股权交易
《深圳市关于进一步促进科技成果产业化的若干措施》	2021年2月	加速转化激励计划	建立知识发现、技术发明到产业发展的全链条成果跟踪反馈机制，推动科技成果加速转化为现实生产力、引领产业变革新方向、催生科技新成果、提升产业新动能，形成科技与产业螺旋上升、双向促进、同频共振
《促进深圳市医疗卫生机构科技成果转化实施意见》	2023年2月	支持开展科技成果转化	支持医疗卫生机构与高校、科研机构、企业及其他组织开展科技人员交流，根据专业特点、行业领域技术发展需求，聘请高校、科研机构、企业及其他组织的科技人员兼职从事教学和科研工作；支持本单位的科技人员按有关规定到高校、科研机构、企业及其他组织从事科技成果转化活动
		科技成果转化机制	医疗卫生机构对其持有的科技成果，应当通过协议定价、在技术交易市场挂牌交易、拍卖等方式确定价格。通过协议定价的，应当在本单位公示科技成果名称和拟交易价格，公示时间不少于15日。鼓励在技术交易市场或知识产权交易市场公示相关交易信息

续表

政策名称	发布日期	重点方向	主要内容
《促进深圳市医疗卫生机构科技成果转化实施意见》	2023年2月	科技成果转化工作机制	支持医疗卫生机构设立专门的科技成果转化部门或工作岗位，明确统筹科技成果转化责任主体，负责落实科技成果转化的知识产权管理、资产经营管理、合同管理和法律事务等工作，积极与高校、研究机构及企业对接，加速推进成果转化
		科技成果转化激励机制	医疗卫生机构应当制定科技成果转化收益分配制度，充分听取本机构科研人员意见，建立健全科技成果转化管理规定和公示办法，明确现金奖励享受政策人员范围、具体分配办法和相关流程，相关规定应在本机构公开。提高科研人员职务成果转化收益比重，科技成果完成人和为科技成果转化做出重要贡献的人的收益占成果转化收益的比例提升至70%以上，其中用于医疗卫生机构内部转化服务专职人员奖励和人才培养的比例不低于成果转化收益的3%。事前有约定的，按约定执行
《深圳市技术转移和成果转化项目资助管理办法》	2023年3月	技术合同资助项目	申请技术合同资助的，对符合申请条件的项目，按申请单位上年度技术交易收入额的3%予以资助，每年资助金额累计不超过200万元
		技术转移机构培育项目	申请技术转移机构培育资助的，按照申请单位上年度经审计的在深圳投入技术转移的专项费用的50%予以资助，其中，高校科研院所技术转移培育、技术转移人才培养基地培育、新认定国家级技术转移机构单项资助每年不超过100万元，技术转移特色基地培育单项资助每年不超过500万元

2. 促进科学家精神传播政策数量

在参与评估的36个城市中，深圳市“促进科学家精神传播政策数量”这一指标略高于全国平均水平，表明深圳市出台了较多涉及科学家精神传播内容的政策，但针对性政策较少（见表7-30）。

表7-30 深圳市促进科学家精神传播的主要政策

政策名称	发布日期	重点方向	主要内容
《深圳市全民科学素质行动规划纲要实施方案（2022—2025年）》	2022年2月	弘扬科学家精神	突出科学精神引领。践行社会主义核心价值观，弘扬科学精神和科学家精神，传递科学的思想观念和行为方式，加强理性质疑、勇于创新、求真务实、包容失败的创新文化建设，坚定创新自信，形成崇尚创新的社会氛围。焕发科学家精神的时代感召力、引领力，让“爱国、创新、求实、奉献、协同、育人”的科学家精神成为全社会的价值观引领

（十八）沈阳

评估显示，沈阳市科技传播政策机制建设情况表现突出，城市科技传播政策评分为9.33，显著高于全国平均值4.85。

1. 促进科技成果传播政策数量

在参与评估的36个城市中，沈阳市的“促进科技成果传播政策数量”这一指标显著高于全国平均水平，表明沈阳市较为重视科技成果传播的政策机制建设，指导科技成果传播政策支撑体系较为完善，对沈阳市科技发展的引领作用显著。

在促进科技成果传播政策方面，沈阳市相继发布了《沈阳市促进高校院所科技成果转化实施方案》《沈阳市关键核心技术攻关及重大科技成果转化科技计划专项实施细则》《沈阳市促进科技成果本地转化行动方案》《关于完善沈阳市科技成果评价机制的实施方案》与《沈阳市科技创新成果转化补助资金人才专项实施细则》等政策（见表7-31）。

表7-31 沈阳市促进科技成果传播的主要政策

政策名称	发布日期	重点方向	主要内容
《沈阳市促进高校院所科技成果转化实施方案》	2020年3月	建立高校院所协同创新机制，提升成果转化动力	发挥市校（院所）合作机制效能。以市长、大学校长（科研院所长）联席会议为依托，建立市校（院所）高效能合作机制。以沈阳创新需求为导向，根据高校院所特色特点，支持东北大学人工智能研究院、辽宁大学量子信息前沿技术创新研究院等10个重大创新平台建设。每年支持100个重大成果转化项目、50项重大协同创新活动。重点支持开展硬科技、黑科技项目研发，积极推进产业化。建立沈阳产业创新、生态环境保护等高端智库，拉动在沈高校院所深度参与沈阳经济社会发展
《沈阳市关键核心技术攻关及重大科技成果转化科技计划专项实施细则》	2020年6月	支持方式	本专项采取前资助方式。同一企业可以以自主研发、联合攻关、“揭榜挂帅”等形式承担多个项目，每家企业支持金额最高不超过1000万元。对重大科技专项自主研发、联合攻关项目，按照不超过研发总投入50%的比例，给予最高700万元资金支持，其中，项目承担单位拨付联合攻关合作方资金不低于自主研发、联合攻关项目补助资金总额的30%；对重大科技专项“揭榜挂帅”项目，按照不超过技术合同登记机构核定的技术交易额50%的比例，对发榜方给予最高300万元资金支持
《沈阳市促进科技成果本地转化行动方案》	2022年3月	加强技术创新熟化，提高成果产出能力	提升创新平台溢出效能。筹建辽宁材料实验室、辽宁智能制造实验室，培育国家战略科技力量。推进沈阳材料科学国家研究中心等5个国家级重大科技创新平台建设，支持各平台设立成果转化中心。布局建设高能射线多束源材料多维成像分析测试装置等4个重大科技基础设施，依托其建设技术创新中心。到2025年，国家级科技创新平台达到70个以上，集成科技创新平台达到500个，平台转化成果达到1500项
《关于完善沈阳市科技成果评价机制的实施方案》	2022年7月	健全完善科技成果分类评价体系	明确基础研究成果评价方式。以同行评议为主，鼓励引入国内外“小同行”评议，推行代表作制度，实行定量评价与定性评价相结合，评价结论应体现科技成果的科学价值、创新程度、学术影响等。 明确应用研究成果评价方式。以行业用户和社会评价为主，注重高质量科技成果产出，把新技术、新材料、新工艺、新产品、新设备样机性能等作为主要评价指标，采用科技成果标准化评价方式。

续表

政策名称	发布日期	重点方向	主要内容
《关于完善沈阳市科技成果评价机制的实施方案》	2022年7月	健全完善科技成果分类评价体系	明确技术开发和产业化成果评价方式。对于不涉及军工、国防等敏感领域的技术开发和产业化成果，以用户评价、市场检验和第三方评价为主，把技术交易合同金额、市场估值、市场占有率、重大工程或重点企业应用情况等作为主要评价指标，采用科技成果标准化评价方式
《沈阳市科技创新成果转化补助资金人才专项实施细则》	2022年12月	支持标准	1. 科技成果完成人（团队）。对驻沈高校、科研院所科技成果在本市转移转化的，按照每年每项不超过实际支付技术合同费用的5%给予职务科技成果完成人（团队）补贴，每人（团队）每年每项最高50万元。 2. 企业通过参与校企合作、项目对接等智力支持活动，推动科技成果在沈阳市转化，经济社会效益显著的，按照不超过项目实际支付技术合同费用的30%给予奖励，最高不超过20万元。 3. 技术转移机构。对促成企业与高校、科研院所签订技术合同的技术转移机构，每个项目按照不超过企业实际支付技术合同费用的3%给予奖励，每个项目最高50万元。 4. 技术经纪人。上一年度绩效评价优秀的技术经纪人评为“服务之星”，每年评选一等奖1名、二等奖2名、三等奖3名、优秀奖30名，分别给予最高10万元、5万元、3万元、1万元奖励

2. 促进科学家精神传播政策数量

在参与评估的36个城市中，沈阳市“促进科学家精神传播政策数量”这一指标显著高于全国平均水平，表明沈阳市注重科学家精神传播的政策机制，出台了专门的科学家精神传播政策，构建了基本的科学家精神传播框架，提升了沈阳市科学家精神传播的政策保障能力（见表7-32）。

表7-32　沈阳市促进科学家精神传播的主要政策

政策名称	发布日期	重点方向	主要内容
《沈阳市科学技术局关于进一步弘扬科学家精神加强作风和学风建设的通知》	2020年3月	大力弘扬和宣传新时代科学家精神	在全市报刊、广播、电视、网络等媒体开设专栏专版专题，在重要版面、黄金时段、显著位置刊播弘扬新时代科学家精神公益广告，打造科技精品栏目。 利用科普基地等设施，科技活动周、科普日、青少年科学营等活动，推动科学家精神进校园、进课堂、进头脑。 在沈阳市选树优秀科技工作者典型，并通过举行发布仪式、媒体宣传、举办巡回报告会、制作最美科技工作者画册（丛书）等形式，引导和激励广大科技工作者大力弘扬新时代科学家精神。 面向高等学校、科研机构、医疗卫生机构、企业和社会公众，挖掘宣传一批作风学风建设优秀科学家和优秀创新团队，在报刊、电视、广播、网站、微信公众号等媒体上进行宣传推介

续表

政策名称	发布日期	重点方向	主要内容
《关于进一步弘扬科学家精神加强作风和学风建设的实施方案》	2020年7月	大力弘扬和宣传新时代科学家精神	在全市报刊、广播、电视、网络等媒体开设专栏专版专题，在重要版面、黄金时段、显著位置刊播弘扬新时代科学家精神公益广告，打造科技精品栏目；在沈阳市选树优秀科技工作者典型；开展弘扬科学家精神文艺采风活动；面向高等学校、科研机构、医疗卫生机构、企业和社会公众，挖掘宣传一批作风学风建设优秀科学家和优秀创新团队，在报刊、电视、广播、网站、微信公众号等媒体上进行宣传推介；建立市级科学道德宣传教育专家团，大力弘扬新时代科学家精神，宣传科技工作者的先进事迹和宝贵精神品质

（十九）石家庄

评估显示，石家庄市科技传播政策机制建设情况较为良好，城市科技传播政策评分为6.00，高于全国平均值4.85。

1. 促进科技成果传播政策数量

在参与评估的36个城市中，石家庄市的“促进科技成果传播政策数量”这一指标显著高于全国平均水平，表明石家庄市较为重视科技成果传播，积极制定有利于新兴科技成果传播的政策，构建了较为完善的科技成果传播政策的支撑体系。

在促进科技成果传播政策方面，石家庄市相继发布了《河北·京南国家科技成果转移转化示范区石家庄高新区建设任务落实方案（2018—2020年）》《石家庄市科技成果转化风险补偿专项资金管理办法》《关于建立完善技术经纪服务体系促进科技成果转化的实施方案》《关于进一步吸引京津科技成果在石转移转化的若干措施》等政策（见表7-33）。

表7-33　石家庄市促进科技成果传播的主要政策

政策名称	发布日期	重点方向	主要内容
《河北·京南国家科技成果转移转化示范区石家庄高新区建设任务落实方案（2018—2020年）》	2018年10月	实施引进科技成果转化落地	实施重大科技成果转化专项。每年组织实施省、市、区重大关键技术研发和重大科技成果转化项目（重点支持从京津引进的重大科技成果来石家庄高新区转化、产业化项目）不少于10项。对获得省级重大科技成果转化专项支持的项目，石家庄高新区给予省资助金额20%的配套资金支持，最高不超过60万元
《石家庄市科技成果转化风险补偿专项资金管理办法》	2021年7月	支持对象	市风险补偿资金的授信贷款用于扶持石家庄市科技型中小企业成果转化项目，其项目应符合以下条件： （1）技术创新性强，拥有申报项目的自主知识产权； （2）项目实施能产生较好的经济效益和社会效益； （3）已完成研究开发，具备产业化生产的基本条件； （4）项目总投入的自有资金比例不低于30%
《关于建立完善技术经纪服务体系促进科技成果转化的实施方案》	2022年3月	实施技术经纪服务平台建设工程	完善科技成果转化供需对接信息服务平台。针对企业需求“提不准、提不全、提不好”和科技成果供给渠道不畅问题，依托石家庄科技大市场、市科技信息研究所，重点围绕全市主导产业和传统优势产业，挖掘产业需求，及时收集制约产业、企业发展的共性和关键性技术难题，充实技术需求资源

续表

政策名称	发布日期	重点方向	主要内容
《关于建立完善技术经纪服务体系促进科技成果转化的实施方案》	2022 年 3 月	实施技术经纪服务平台建设工程	库，构建多层次、多领域重点产业技术成果供给资源库。利用服务平台进行技术需求、供给信息自主发布、技术交易智能搜索、智能匹配等服务，以提升项目对接和成果转化成功率
《关于进一步吸引京津科技成果在石转移转化的若干措施》	2023 年 2 月	支持企业吸纳转化京津科技成果	石家庄市企业以技术转让和技术许可方式吸纳京津科技成果，单项技术交易额在 50 万元（含）至 100 万元（含）的，按照技术合同实际交易额给予最高 10%的补助，超过 100 万元的部分给予最高 5%的补助，每项最高补助 50 万元

2. 促进科学家精神传播政策数量

在参与评估的 36 个城市中，石家庄市“促进科学家精神传播政策数量”这一指标高于全国平均水平，表明石家庄市出台了科学家精神传播相关的专门政策，具有相对完善的科学家精神传播政策条件（见表 7-34）。

表 7-34　石家庄市促进科学家精神传播的主要政策

政策名称	发布日期	重点方向	主要内容
《石家庄市全民科学素质行动规划纲要实施方案（2021—2025 年）》	2022 年 6 月	弘扬新时代科学家精神	加强科学精神、科学家精神的宣传教育。实施科学家精神进校园、院士专家进校园行动，将科学精神融入课堂教学和课外实践活动，将科学思想、科学方法融入科学教育当中，激励青少年树立投身建设科技强国的远大志向，培养学生爱国情怀、社会责任感、创新精神、团队精神和实践能力

（二十）天津

评估显示，天津市科技传播政策机制建设情况较为良好，城市科技传播政策评分为 9.67，高于全国平均值 4.85。

1. 促进科技成果传播政策数量

在参与评估的 36 个城市中，天津市的“促进科技成果传播政策数量”这一指标略高于全国平均水平，表明天津市较为重视科技成果传播，政策支持力度较大，为科技成果传播营造了良好的环境。

在促进科技成果传播政策方面，天津市相继发布了《天津市促进科技成果转化补助资金管理办法（征求意见稿）》《天津市促进科技成果转化条例（2021 修正）》《天津市人民政府办公厅关于完善科技成果评价机制的实施意见》与《天津市促进科技成果转化后补助办法》（见表 7-35）。

表 7-35　天津市促进科技成果传播的主要政策

政策名称	发布日期	重点方向	主要内容
《天津市促进科技成果转化补助资金管理办法（征求意见稿）》	2021 年 10 月	补助方式及标准	市级科技成果交易平台。根据年度运营任务，平台运营单位通过考核后，每年给予不超过 500 万元的补助。其中 100 万元用于展厅维护与升级。

续表

政策名称	发布日期	重点方向	主要内容
《天津市促进科技成果转化补助资金管理办法（征求意见稿）》	2021 年 10 月	补助方式及标准	高校院所类、行业类、服务类技术转移机构。各机构根据主营业务进行分类登记，并开展工作。市科技局对技术转移机构上一年度的基础条件、服务绩效、服务能力、规范管理、社会信誉等情况进行考核。对考核结果为优秀的机构，给予每家机构不超过 50 万元的补助。 区域类技术转移机构。该类机构补助与各区技术合同额挂钩。市科技局对各区的年度技术合同额的绝对值、占 GDP 比重、增速进行综合考核，根据考核结果给予以下补助额度。第 1~6 名补助额度为 100 万元、90 万元、80 万元、70 万元、60 万元、50 万元；第 7~11 名补助额度为 40 万元、35 万元、30 万元、25 万元、20 万元；其余名次补助额度为 15 万元。由各区自主确定并推荐区域类技术转移机构领取补助，市科技局不再对推荐的机构进行考核
《天津市促进科技成果转化条例（2021 修正）》	2021 年 11 月	技术交易和服务	市和区人民政府应当鼓励设立各类科技成果转化专业服务机构，培育和发展技术交易市场，为科技成果转化提供下列服务：科技成果信息的收集、筛选、分析、加工；科技成果的交易代理；科技成果的价值评估；科技成果转化人才培训；科技创业孵化服务；科技成果转化的其他服务
《天津市人民政府办公厅关于完善科技成果评价机制的实施意见》	2022 年 3 月	强化科技成果转化激励机制	赋予科研单位科技成果使用、处置和收益分配自主权，利用财政资金设立的高等院校和科研机构可以赋予科技人员职务科技成果所有权或长期使用权，单位依法依规制定操作细则，自主实施。科研单位自主决定转让、许可、作价投资等转化方式，通过协议定价、挂牌交易、拍卖等方式确定价格。公益一类事业单位可以依法依规从市场上获取技术开发、技术咨询、技术服务等成果转化收入。成果转化收入全部留归本单位，应依据《促进科技成果转化法》，将技术转让、许可不低于 50%的净收入，作价投资不低于 50%的股份或者出资比例，自行实施或者与他人合作实施转化投产后连续 3~5 年每年不低于 5%的该项成果营业利润，奖励给对完成、转化职务科技成果做出重要贡献的人员；各单位在此基础上，可自主提高奖励比例，最高可达 100%
《天津市促进科技成果转化后补助办法》	2022 年 4 月	科技成果概念验证后补助	利用科技成果标准化评价方法，对高校院所设立的概念验证资金（基金）项目进行评价考核，考核合格可以纳入补助范围。按照不超过项目投入总额的 10%、单项项目不超过 50 万元的标准给予补助，每家单位年度补贴总额不超过 200 万元。高校院所利用财政资金设立概念验证资金支持的项目，不再给予此项补助。 从基础条件、服务绩效、服务能力、规范管理、社会信誉等方面，对相关单位进行考核。绩效考核结果优秀的，按照不高于年度服务总收入的 50%、最高额度不超过 50 万元的标准给予补助

2. 促进科学家精神传播政策数量

在参与评估的 36 个城市中，天津市“促进科学家精神传播政策数量”这一指标显著高于全国平均水平，表明天津市较为重视科学家精神传播，出台了专门的科学家精神政策，形成了较为完善的科学家精神传播的政策机制（见表 7-36）。

表 7-36　天津市促进科学家精神传播的主要政策

政策名称	发布日期	重点方向	主要内容
《关于贯彻落实〈关于进一步弘扬科学家精神加强作风和学风建设的意见〉的实施意见》	2020 年 5 月	开展弘扬科学家精神行动	持续推进老科学家学术成长资料采集工程。积极争取中国科协支持，推进天津市老科学家学术成长资料采集工作，深度挖掘老科学家心系祖国的感人事迹和科学精神，把在津科学家的宝贵科研财富和精神财富发掘出来，保护起来。 扩大“共和国脊梁——科学大师名校宣传工程”宣传影响。组织好“共和国脊梁——科学大师名校宣传工程”天津市项目《侯德榜》与《杨石先》的改进提升工作，推动话剧面向广大高校教师、科技工作者和青年学生进行公演，向天津市老科学家致敬，深化科学家精神教育。 开展优秀科技工作者系列宣传活动。与新闻媒体合作，采访天津市老科学家、优秀科技工作者、最美科技工作者，设置新闻媒体专题、网站专栏、杂志专版，宣传科技工作者的感人事迹，弘扬他们身上爱国奋斗、建功立业新时代的科学家精神。 组织科学家精神“七进”行动。深度挖掘整理天津市老科学家代表人物和他们的感人故事，编辑制作展板内容，向机关、学校、社区、企业和军营推送，推动科学家精神进机关、进校园、进社区、进企业、进军营、进乡村、进网络

（二十一）武汉

评估显示，武汉市科技传播政策机制建设情况较为良好，城市科技传播政策评分为 6.00，高于全国平均值 4.85。

1. 促进科技成果传播政策数量

在参与评估的 36 个城市中，武汉市的“促进科技成果传播政策数量”这一指标高于全国平均水平，表明武汉市在推动科技成果传播方面表现出高度重视，科技成果传播政策支持机制较为健全。

在促进科技成果传播政策方面，武汉市相继发布了《武汉市促进在汉高校科研院所科技成果就地转化行动方案（2018—2020）》《武汉市促进科技成果转化条例》与《武汉市科技成果转化中试平台（基地）备案管理办法》（见表 7-37）。

表 7-37　武汉市促进科技成果传播的主要政策

政策名称	发布日期	重点方向	主要内容
《武汉市促进在汉高校科研院所科技成果就地转化行动方案（2018—2020）》	2018 年 11 月	加强科技成果转化的孵化载体建设	鼓励企业与高校院所共建各具特色、梯次衔接的新型孵化载体，面向产业发展进行中试熟化与产业化开发，进一步加快科技成果转化。不断完善武汉市工研院“市校（企）共建、市场化运作”模式，深化和推进工研院改革。加快推进“创谷”建设，在实体空间建设、服务体系布局和招商招才上取得更大成效，将“创谷”打造成融合高端生产生活生态功能、聚集高端创业创新创造要素的创新集聚区。大力发展国家级和省级孵化器、加速器、众创空间、星创天地、双创基地等孵化载体，加快培育更多的科技型创新企业。以企业集聚、要素集约、技术集成、产业集群、服务集中为重点任务，大力推进现代产业园和科创小微企业园建设，为科技成果提供孵化平台

续表

政策名称	发布日期	重点方向	主要内容
《武汉市促进科技成果转化条例》	2021 年 1 月	科技成果费用	企业用于科技成果转化所发生的费用，作为技术开发费计入成本。企业为开发新技术、研制新产品所购置的试制用关键设备、测试仪器，单台价值在 10 万元以下的，可一次或者分次摊入管理费用，其中达到固定资产标准的，应当单独管理，不再提取折旧。企业用于研究开发新产品、新技术、新工艺发生的各项费用，可以按照规定据实列支，其中盈利企业比上年实际发生额年增长达到 10%以上的，可以再按照实际发生额的 50%抵扣当年应纳税所得额
《武汉市科技成果转化中试平台（基地）备案管理办法》	2022 年 6 月	鼓励中试平台建设	鼓励高校院所、新型研发机构、双创孵化载体、园区和企业，按照“市场配置资源、政府引导支持、坚持开放共享”的原则，依托优质科技创新资源和生产线、车间建设中试平台

2. 促进科学家精神传播政策数量

在参与评估的 36 个城市中，武汉市“促进科学家精神传播政策数量”这一指标高于全国平均水平，表明武汉市出台了包含科学家精神内容的相关政策，保障了科学家精神宣传活动的稳定开展（见表 7–38）。

表 7–38　武汉市促进科学家精神传播的主要政策

政策名称	发布日期	重点方向	主要内容
《武汉市全民科学素质行动规划纲要实施方案（2022—2025 年）》	2022 年 7 月	开展科学精神和科学家精神进校园系列活动	全面开展科学精神和科学家精神进校园系列活动。坚持立德树人，将弘扬科学精神贯穿育人全链条、融入课堂教学和课外实践活动。邀请院士专家进校园开展科学精神和科学家精神主题宣讲，培养学生创新精神和实践能力

（二十二）西安

评估显示，西安市科技传播政策机制建设情况较为良好，城市科技传播政策评分为 5.33，略高于全国平均值 4.85。

1. 促进科技成果传播政策数量

在参与评估的 36 个城市中，西安市的“促进科技成果传播政策数量”这一指标略高于全国平均水平，表明西安市较为重视科技成果传播的政策机制建设，科技成果传播政策支撑体系较为完善。

在促进科技成果传播政策方面，西安市相继发布了《西安市加快促进科技成果转移转化 20 条措施》《西安市科技成果转化中试平台（基地）认定管理办法》与《西安市完善科技成果评价机制实施方案》（见表 7–39）。

表 7-39 西安市促进科技成果传播的主要政策

政策名称	发布日期	重点方向	主要内容
《西安市加快促进科技成果转移转化 20 条措施》	2018 年 12 月	促进科技成果转移转化	通过发展高校院所经济、建立科技成果转移转化联合体、完善市场化服务体系、创新成果转化模式、扩展科技招商平台、建立国际化转移机构、设立科技成果转化专项基金、科技成果宣讲等 8 个方面共计 20 条政策推进西安市科技成果转化，并制定了详细的支持和奖励政策
《西安市科技成果转化中试平台（基地）认定管理办法》	2023 年 5 月	申报条件	中试平台（基地）为科研院所、新型研发机构、产业链重点企业联合市级科技成果就地转化示范高校建立，有近两年签署的合作协议；或市级科技成果就地转化示范院所联合产业链上下游企业共同建立，有稳定的高价值科技成果转化项目来源
《西安市完善科技成果评价机制实施方案》	2023 年 9 月	完善科技成果评价机制	建立完善全市科技成果分类评价标准、指标体系和评价规程；建立全市科技成果评价服务体系，建立科技成果评价新的管理机制和责任机制；培育一批科技成果评价专业化机构，积极探索为成果转化"三项改革"提供评价服务的有效模式；推动科技成果市场化评价结果的应用推广

2. 促进科学家精神传播政策数量

在参与评估的 36 个城市中，西安市"促进科学家精神传播政策数量"这一指标高于全国平均水平，表明西安市较为重视科学家精神的传播，出台了科学家精神相关政策，为科学家精神传播提供了政策保障（见表 7-40）。

表 7-40 西安市促进科学家精神传播的主要政策

政策名称	发布日期	重点方向	主要内容
《西安市贯彻〈全民科学素质行动规划纲要（2021—2035 年）〉实施方案》	2022 年 4 月	弘扬科学家精神	坚持立德树人，通过宣讲、辅导等形式，开展科学家精神进校园活动，培养学生爱国情怀，激励青少年树立科学思维和创新志向

（二十三）长沙

评估显示，长沙市科技传播政策机制建设情况较为良好，城市科技传播政策评分为 6.00，高于全国平均值 4.85。

1. 促进科技成果传播政策数量

在参与评估的 36 个城市中，长沙市的"促进科技成果传播政策数量"这一指标高于全国平均水平，表明长沙市政府对科技成果的传播政策机制建设较为重视，建立了相对完备的科技成果传播政策支撑机制。

在促进科技成果传播政策方面，长沙市相继发布了《长沙市促进高等院校科研院所科技成果转化实施细则》《长沙市科技成果转化奖励操作规程》《长沙市促进科技成果转化实施细则》《长沙市科技成果转化基金管理办法》与《长沙市促进科技成果转移转化行动方案（2022—2024 年）》（见表 7-41）。

表 7-41　长沙市促进科技成果传播的主要政策

政策名称	发布日期	重点方向	主要内容
《长沙市促进高等院校科研院所科技成果转化实施细则》	2016 年 12 月	实施细则	毕业两个年度内的高校毕业生在长创业，给予 3000~20000 元一次性开办费补贴和创业经营场所租金补贴。支持申报创新创业带动就业示范项目，按不超过其实际有效投入的 50% 给予最高 20 万元的项目扶持。所需资金从长沙市创新创业带动就业扶持资金中列支
《长沙市科技成果转化奖励操作规程》	2017 年 9 月	操作规程	奖励对象：市属高校、科研院所、事业单位和国有企业中为科技成果研发、转化工作做出重要贡献的技术和管理人员。 奖励资金来源：自行投资实施科技成果转化；向他人转让科技成果；许可他人使用科技成果；以科技成果作为合作条件，与他人共同实施转化；以科技成果作价投资，折算股份或者出资比例；其他协商确定的科技成果转化方式。 奖励发放程序：单位自愿申报；行政部门审核备案；审批发放奖励
《长沙市促进科技成果转化实施细则》	2020 年 8 月	促进科技成果转化	进一步加强市校（科研院所）科技合作，建立长沙市促进科技成果转化协商机制，统筹并督促落实科技成果转化工作措施和目标，协调解决科技成果转化工作中的重大事项。 加大对科技成果转化的投入，在市科技发展专项资金中每年安排专项资金用于支持本市科技成果转化。 对于承接市内外技术开发、技术转让，并实施转化和产业化的企业，其年度技术交易额累计超过 500 万元的，在市科技计划项目立项、平台建设等方面予以优先支持
《长沙市科技成果转化基金管理办法》	2021 年 8 月	科技转化母、子基金的管理	母基金按照“政府引导、市场运作、科学决策、防范风险”原则，主要采取与专业管理机构及其他社会资本合作，参股设立子基金（以下简称子基金）的方式进行投资。引导社会资本重点投向早、中期拥有创新技术与创新商业模式、具有成长潜力的科技型企业。 母基金（含长沙市各级财政出资但不包括园区平台公司或国有企业自有资金出资额）在子基金中的出资中，原则上不得超过子基金总规模的 50%
《长沙市促进科技成果转移转化行动方案（2022—2024 年）》	2022 年 8 月	鼓励开展核心技术攻关	围绕“四个面向”，聚焦先进制造、先进计算、人工智能、先进储能、种业、新材料、生命健康、“双碳”、量子科技、工业软件、信创、防灾减灾、新型电力系统等领域，优化市场主体“出题”，政府“发榜”，高校、科研院所（含在长转制为企业的科研院所、新型研发机构等）、创新团队联合攻关的“揭榜挂帅”模式，实施“揭榜挂帅”重大科技攻关项目和科技重大专项。支持“三超”（超级杂交稻、超级计算机、超高速轨道交通）等专精特尖高科技成果转化运用，鼓励更多的科技成果实现产品化、产业化

2. 促进科学家精神传播政策数量

在参与评估的 36 个城市中，长沙市“促进科学家精神传播政策数量”这一指标高于全国平均水平，表明长沙市科学家精神传播政策机制的建设较为完善，对科学家精神传播的支持力度较大（见表 7-42）。

表 7-42 长沙市促进科学家精神传播的主要政策

政策名称	发布日期	重点方向	主要内容
《长沙市全民科学素质行动规划纲要实施方案（2021—2025 年）》	2021 年 12 月	将弘扬科学精神和科学家精神贯穿于育人全链条	将弘扬科学精神和科学家精神贯穿于育人全链条。坚持立德树人，实施科学家精神进校园行动，弘扬科学家胸怀祖国、服务人民的爱国精神和勇攀高峰、敢为人先的创新精神等，将求真务实、理性质疑、开拓创新等科学家精神及科学精神融入课程与教学

（二十四）郑州

评估显示，郑州市科技传播政策机制建设情况较为良好，城市科技传播政策评分为 5.33，略高于全国平均值 4.85，出台了一系列科技传播相关的政策。

1. 促进科技成果传播政策数量

在参与评估的 36 个城市中，郑州市的“促进科技成果传播政策数量”这一指标略高于全国平均水平，表明郑州市较为重视科技成果传播的政策机制建设，科技成果传播政策支撑体系较为完善（见表 7-43）。

表 7-43 郑州市促进科技成果传播的主要政策

政策名称	发布日期	重点方向	主要内容
《郑州市科技成果转移转化补助实施细则》	2019 年 3 月	科技成果转移转化补助	鼓励企业引进先进技术成果在郑州市转移转化，按照上年度技术转让合同实际付款额的 5%给予补助，单个技术合同补贴不超过 20 万元，同一单位年度最高补助 100 万元。已享受财政资金补贴的项目不属于上述补助范围
《郑州市科技成果转移转化实施细则》	2023 年 6 月	鼓励科技成果转移转化	鼓励各类创新主体转移转化科技成果，进行技术合同登记，依据上年度登记技术合同成交额，对年度累计登记额分别为 500 万元（含）～5000 万元、5000 万元（含）～1 亿元、1 亿元（含）～10 亿元、10 亿元（含）及以上的，按实际到款且不超过核定技术交易金额最高 1%的比例，分别给予最高 10 万元、20 万元、30 万元、50 万元补助

2. 促进科学家精神传播政策数量

在参与评估的 36 个城市中，郑州市“促进科学家精神传播政策数量”这一指标高于全国平均水平，表明郑州市出台了科学家精神传播政策，保障了科学家精神宣传活动的有效开展（见表 7-44）。

表 7-44 郑州市促进科学家精神传播的主要政策

政策名	发布日期	重点方向	主要内容
《郑州市提升全民科学文化素质行动实施方案（2021—2025 年）》	2022 年 1 月	弘扬科学家精神	开展科学家精神进校园活动，将科学精神融入课堂教学和课外实践活动。依托郑州科技馆等设施和资源，打造“三基地一平台”（科学家精神教育基地、前沿科技体验基地、公共安全健康教育基地和科学教育资源汇集平台）

（二十五）重庆

评估显示，重庆市科技传播政策机制建设情况相对较好，城市科技传播政策评分为6.00，高于全国平均值4.85。

1. 促进科技成果传播政策数量

在参与评估的36个城市中，重庆市的“促进科技成果传播政策数量”这一指标高于全国平均水平，表明重庆市重视科技成果传播的政策机制建设，政策支撑体系较为完善。

在促进科技成果传播政策方面，重庆市相继发布了《关于进一步促进高校科研院所科技成果转化的若干措施》《重庆市促进科技成果转化条例》《重庆市进一步促进科技成果转化的实施细则》《支持重庆国际生物城建设生物科技成果转移转化示范地若干措施》与《重庆市加快推动高校科技成果转化与产业化若干措施（征求意见稿）》（见表7-45）。

表7-45 重庆市促进科技成果传播的主要政策

政策名称	发布日期	重点方向	主要内容
《关于进一步促进高校科研院所科技成果转化的若干措施》	2019年4月	开展职务科技成果分配改革试点	对接受企业或其他社会组织委托形成的职务科技成果，允许合同双方自主约定成果归属和使用、收益分配等事项。合同未约定的，职务科技成果由项目承担单位自主处置，允许赋予科研人员所有权或长期使用权。对使用财政资金形成的职务科技成果，在高校院所开展试点，按照权利与责任对等、贡献与回报匹配的原则，允许赋予科研人员所有权或长期使用权。试点高校院所在财政资金支持下形成的不涉及国家安全、国家利益、社会公共利益的职务科技成果，在需要转化时，所有权可以让渡给科研人员，由科研人员自主实施转化，高校院所可以从转化金额中收取不超过30%的资源使用费，用于补给物资条件支持、人力资源支出和科研后续再投入。鼓励高校院所科研人员以技术许可的方式进行成果转化，以作价入股和自行实施方式进行成果转化的，可依据协议定价、挂牌交易、拍卖等市场化方式确定的价格收取资源使用费，让渡程序、收取比例等细则由高校院所自主制定
《重庆市促进科技成果转化条例》	2021年1月	转化实施	利用财政资金设立的研究开发机构、高等院校，在不变更职务科技成果权属的前提下，可以将职务科技成果部分或者全部给予科技成果完成人使用、转让、投资等，同时应当约定双方对转化收入的分配方式，并不得损害国家安全、国家利益、社会公共利益。鼓励开展职务科技成果所有权和长期使用权等改革试点，促进科技成果转化和产业化
《重庆市进一步促进科技成果转化的实施细则》	2021年5月	推进赋权科技成果限时转化	试点单位优先赋权成果完成人开展成果转化，成果完成人自单位赋权之日起1年内未实质性启动成果转化的，试点单位可以自行组织或委托第三方开展成果转化。经上述程序仍未转化的科技成果，试点单位应当在科技成果转化公共服务平台上面向社会公开发布，并按照原单位成果转化管理办法中第三方收益分配比例执行。公示不得涉及保密条款内容（包括军工项目），若涉及保密条款的，从其规定和约定
《支持重庆国际生物城建设生物科技成果转移转化示范地若干措施》	2022年6月	支持促进科技成果转移转化机制创新	改革市属高校、科研院所等公益属性研发机构知识产权权益分配机制，采取“先赋权、后研发、再转化”的事前产权激励方式，支持将职务科技成果赋予成果完成人15年以上的科技成果长期使用权。对实现职务科技成果交易的单位或个人，支持按规定减免税费和交易服务费

续表

政策名称	发布日期	重点方向	主要内容
《重庆市加快推动高校科技成果转化与产业化若干措施（征求意见稿）》	2023年9月	优化高校科技成果转化机制	支持高校面向需求有组织研发科技成果。支持高校面向经济主战场和国家重大需求，紧密对接“33618”现代制造业集群体系，聚焦打造数智科技、生命健康、新材料、绿色低碳四大科创高地，围绕企业技术需求，与企业共建创新联合体，突破一批事关全市产业竞争力的关键核心技术，研发一批技术成熟度高、转化前景好的科技成果

2. 促进科学家精神传播政策数量

在参与评估的36个城市中，重庆市“促进科学家精神传播政策数量”这一指标高于全国平均水平，表明重庆市发布了包含科学家精神传播内容的相关政策，建立了较为完善的科学家精神传播政策体系，弘扬科学家精神（见表7-46）。

表7-46 重庆市促进科学家精神传播的主要政策

政策名	发布日期	重点方向	主要内容
《重庆市全民科学素质行动规划纲要实施方案（2021—2025年）》	2021年12月	弘扬科学家精神	将弘扬科学精神贯穿于育人全链条。坚持立德树人，实施科学家精神进校园行动，将科学精神融入课堂教学和课外实践活动，持续开展院士专家科普校园行活动，激励青少年树立投身建设世界科技强国的远大志向，培养学生爱国情怀、社会责任感、创新精神和实践能力

（二十六）长春

评估显示，长春市科技传播政策机制建设情况还有待提升，城市科技传播政策评分为2.00，低于全国平均值4.85。

1. 促进科技成果传播政策数量

在参与评估的36个城市中，长春市的“促进科技成果传播政策数量”这一指标略高于全国平均水平，表明长春市较为重视科技成果传播的政策机制建设，出台了较多的促进科技成果传播政策（见表7-47）。

表7-47 长春市促进科技成果传播的主要政策

政策名称	发布日期	重点方向	主要内容
《长春市促进科技成果转化条例（征求意见稿）》	2021年4月	促进科技成果转化	全市各级人民政府应当加强对科技成果转化工作的管理、指导和协调，将科技成果转化工作纳入国民经济和社会发展计划，并制定和完善相关政策措施，为科技成果转化创造良好环境
《院士向在长企业转化科技成果项目评审及资助实施细则（试行）（征求意见稿）》	2022年11月	科技成果项目评审及资助	支持院士向在长企业转化科技成果，依据转化数量和所产生的经济效益，享受最高500万元奖励。院士向在长企业转化的科技成果实现国内首次产业化的，给予院士最高1000万元的资金补助

续表

政策名称	发布日期	重点方向	主要内容
《长春市科技成果转化中试基地认定管理办法》	2023 年 5 月	科技成果转化中试基地认定管理	鼓励高校院所、新型研发机构、双创孵化载体、园区和企业，按照“市场配置资源、政府引导支持、坚持开放共享”的原则，依托优质科技创新资源和生产线、车间建设中试基地

2. 促进科学家精神传播政策数量

在参与评估的 36 个城市中，长春市“促进科学家精神传播政策数量”这一指标低于全国平均水平，表明长春市在科学家精神传播政策机制方面有待完善，应结合实际情况，制定科学家精神相关以及专门政策。

（二十七）贵阳

评估显示，贵阳市科技传播政策机制建设情况较为薄弱，城市科技传播政策评分为 2.00，低于全国平均值 4.85。

1. 促进科技成果传播政策数量

在参与评估的 36 个城市中，贵阳市的“促进科技成果传播政策数量”这一指标略高于全国平均水平，表明贵阳市较为重视科技成果的传播，出台的促进科技成果传播的政策数量较多，科技成果传播政策支撑机制较为完善（见表 7-48）。

表 7-48 贵阳市促进科技成果传播的主要政策

政策名称	发布日期	重点方向	主要内容
《贵阳市科技成果转移转化试点示范单位管理办法（试行）（征求意见稿）》	2022 年 7 月	科技成果转移转化试点	推进科技成果使用权、处置权和收益权改革，支持开展赋予科研人员职务科技成果所有权或长期使用权机制改革研究。充分激发科技人员创新创造活力，推动产学研协同技术转移，拓宽科技成果转化路径，促进技术要素与资本要素融合发展，提升科技成果供给质量和转化效率
《关于促进科技成果转化落地和激励科技人员创新创业的建议》	2023 年 10 月	促进科技成果转化落地和激励科技人员创新创业	建议市科技局统筹、市财政局等相关部门配合，加大财政资金成果转化投入，强化项目的市场导向，高校和科研院所要完善分类管理考核机制，建立专业高效的科技成果转化市场交易服务体系，还要建立健全合理的成果转化利益分配制度

2. 促进科学家精神传播政策数量

在参与评估的 36 个城市中，贵阳市“促进科学家精神传播政策数量”这一指标低于全国平均水平，表明贵阳市在科学家精神传播政策机制方面有待完善，应结合实际情况，制定科学家精神相关以及专门政策。

（二十八）太原

评估显示，太原市科技传播政策机制建设情况较为良好，城市科技传播政策评分为 5.33，高于全国平均值 4.85。

1. 促进科技成果传播政策数量

在参与评估的 36 个城市中，太原市的“促进科技成果传播政策数量”这一指标略高于全国平均水平，表明太原市积极出台促进科技成果传播的政策，促进科技成果传播，有利于科技成果传播的政策机制建设（见表 7-49）。

表 7-49　太原市促进科技成果传播的主要政策

政策名称	发布日期	重点方向	主要内容
《太原市促进科技成果转化试行规定》	2017 年 12 月	落实科研机构、高等院校科技成果处置权	科技成果完成单位享有科技成果的使用权、处置权和收益权，除涉及国家秘密、国家安全外，不需审批或者备案。鼓励市属高等院校、科研机构与发明人或由发明人团队组成的公司之间，探索通过约定股份或出资比例方式进行知识产权奖励，对既有职务科技成果进行分割确权，以共同申请知识产权的方式分割新的职务科技成果权属。发明人可享有不低于 70% 的股权
《太原市技术转移服务机构认定管理暂行办法》	2018 年 12 月	加强对太原市技术转移服务机构管理	对认定的太原市技术转移服务机构实行年度报告制度。经认定的太原市技术转移服务机构在每年的 1 月 31 日前向太原技术转移促进中心报送上年度技术转移工作总结报告。根据工作情况，依据《中共太原市委太原市人民政府关于科技创新推动转型升级的若干意见》（并发〔2018〕6 号）和《太原市科技创新推动转型升级若干意见实施细则（试行）》（并政办发〔2018〕21 号）文件有关规定，对认定的太原市技术转移服务机构进行奖补

2. 促进科学家精神传播政策数量

在参与评估的 36 个城市中，太原市“促进科学家精神传播政策数量”这一指标高于全国平均水平，表明太原市根据实际情况出台了针对性较强的专门性促进科学家精神传播的政策，为促进科学家精神传播提供了良好的条件（见表 7-50）。

表 7-50　太原市促进科学家精神传播的主要政策

政策名称	发布日期	重点方向	主要内容
《太原市“十四五”全民科学素质行动规划纲要实施方案》	2022 年 11 月	弘扬新时代科学家精神	弘扬科学家精神，强化科技工作者社会责任。大力宣传科技界优秀典型、生动实践和成就经验，激发全社会创新热情和创造活力。加强科研诚信和科技伦理建设，深入开展科学道德和学风建设宣讲活动，引导广大科技工作者坚守社会责任，提升科技工作者科普能力，针对社会热点、焦点问题，主动、及时、准确发声

（二十九）南宁

评估显示，南宁市科技传播政策机制建设情况较为薄弱，城市科技传播政策评分为 4. 67，略低于全国平均值 4. 85。南宁市出台了相关的科技成果传播政策与科学家精神传播政策，但数量均较少。

1. 促进科技成果传播政策数量

在参与评估的 36 个城市中，南宁市的“促进科技成果传播政策数量”这一指标低于全国平均水平，表明南宁市对科技成果传播的重视程度亟待提升，科技成果传播政策支撑体系有待完善，可以组织制定更多的科技成果传播政策（见表 7-51）。

表 7-51 南宁市促进科技成果传播的主要政策

政策名称	发布日期	重点方向	主要内容
《南宁市企业科技成果转化后补助管理办法》	2022 年 7 月	科技成果转化后补助	强化企业技术创新和成果转化的主体地位，激励企业主动引进并转化先进适用科技成果，促进科技创新和成果转化直接服务经济主战场

2. 促进科学家精神传播政策数量

在参与评估的 36 个城市中，南宁市“促进科学家精神传播政策数量”这一指标高于全国平均水平，表明南宁市根据实际情况出台了针对性较强的专门性促进科学家精神传播的政策，为促进科学家精神传播提供了良好的条件（见表 7-52）。

表 7-52 南宁市促进科学家精神传播的主要政策

政策名称	发布日期	重点方向	主要内容
《南宁市全民科学素质行动规划纲要（2021—2035 年）》	2022 年 4 月	提升全民科学素质	围绕践行社会主义核心价值观，大力弘扬科学精神，培育理性思维，树立新发展理念，养成文明、健康、绿色、环保的生活方式，提高劳动、生产、创新创造的技能，更好服务南宁市经济社会高质量发展大局，重点提升青少年、农民、产业工人、老年人、领导干部和公务员科学素质

（三十）兰州

评估显示，兰州市的科技传播政策机制建设情况较为薄弱，城市科技传播政策评分为 1. 33，低于全国平均值 4. 85。

1. 促进科技成果传播政策数量

在参与评估的 36 个城市中，兰州市的“促进科技成果传播政策数量”这一指标低于全国平均水平，表明兰州市在科技成果传播政策机制的建设方面仍有一定提升空间。建议兰州市组织调研科技成果传播实际问题，充分采纳群众及专家意见，完善科技成果传播政策体系。

2023 年 3 月，兰州市科学技术局发布《兰州市科技成果登记暂行办法》，规定了科技成果登记类别与所需材料等方面内容（见表 7-53）。

表 7-53 兰州市促进科技成果传播的主要政策

政策名称	发布日期	重点方向	主要内容
《兰州市科技成果登记暂行办法》	2023 年 3 月	规范科技成果登记程序	科技成果登记坚持客观、真实、准确、自愿的原则，依托国家科技成果登记系统办理，内容主要包括成果概况、立项和评价情况、知识产权和应用情况、完成者情况等

2. 促进科学家精神传播政策数量

在参与评估的 36 个城市中，兰州市“促进科学家精神传播政策数量”这一指标低于全国平均水平，表明兰州市在科学家精神传播政策机制方面有待完善，应结合实际情况，制定科学家精神相关以及专门政策。

（三十一）乌鲁木齐

评估显示，乌鲁木齐市科技传播政策机制建设情况较为薄弱，城市科技传播政策评分为4.67，略低于全国平均值4.85。

1. 促进科技成果传播政策数量

在参与评估的36个城市中，乌鲁木齐市的“促进科技成果传播政策数量”这一指标低于全国平均水平，表明乌鲁木齐市在科技成果传播政策机制的建设方面仍有一定提升空间。建议乌鲁木齐市组织调研科技成果传播实际问题，充分采纳群众及专家意见，完善科技成果传播政策体系。

2023年2月，乌鲁木齐市人民政府办公室发布《乌鲁木齐市科技成果转化和知识产权创造实施奖励办法》。目的是深入实施创新驱动发展战略，推进科技成果和知识产权产出及转化为现实生产力，推动经济社会高质量发展（见表7-54）。

表7-54　乌鲁木齐市促进科技成果传播的主要政策

政策名称	发布日期	重点方向	主要内容
《乌鲁木齐市科技成果转化和知识产权创造实施奖励办法》	2023年2月	科技成果转化和知识产权创造	企业获得高校、科研院所等企事业单位的科技成果并实现转化应用的，按其技术交易额的1.5%给予奖励。驻乌高校、科研院所等企事业单位面向乌鲁木齐的企业开展科技成果转化活动，其科技成果落地实施的，按其实际发生技术交易额的1%给予奖励。企业在生产经营过程中获得的植物新品种、国家级农作物品种、国家新药、国家一级中药保护品种、集成电路布图设计专有权等科技成果并转化实施的，经过审核，给予每项奖励1万元

2. 促进科学家精神传播政策数量

在参与评估的36个城市中，乌鲁木齐市“促进科学家精神传播政策数量”这一指标高于全国平均水平，表明乌鲁木齐市积极出台了科学家精神专门政策，科学家精神传播政策机制相对较为完善（见表7-55）。

表7-55　乌鲁木齐市促进科学家精神传播的主要政策

政策名称	发布日期	重点方向	主要内容
《自治区全民科学素质行动规划纲要实施方案（2021—2025年）》	2022年1月	提升全民科学素质	到2025年，自治区公民具备科学素质的比例达到12%，南北疆公民科学素质发展不均衡明显改善，特别是南疆各地州公民科学素质水平得到较大提升，“科学普及与科技创新同等重要”的制度安排基本形成，科普高质量服务体系基本建立，科普有效供给显著增强，科普“去极端化”成效明显，科学精神和科学家精神在全社会广泛弘扬，崇尚创新的社会氛围日益浓厚

（三十二）海口

评估显示，海口市的科技传播政策机制建设情况较为薄弱，城市科技传播政策评分为1.33，低于全国平均值4.85。

1. 促进科技成果传播政策数量

在参与评估的36个城市中，海口市的“促进科技成果传播政策数量”这一指标低于全国平均水平，表明海口市在科技成果传播政策机制的建设方面仍有一定提升空间。建议海口市组织调研科技成果传播实际问题，充分采纳群众及专家意见，完善科技成果传播政策体系。

2022年11月，海口市科学技术工业信息化局发布《海口市促进科技成果转化项目补助奖励实施细则》，对省级科技成果转化平台认定奖励，科技成果转化补助，科学技术奖项目配套奖励的奖励标准、申报条件、申报流程等进行了明确（见表7-56）。

表7-56 海口市促进科技成果传播的主要政策

政策名称	发布日期	重点方向	主要内容
《海口市促进科技成果转化项目补助奖励实施细则》	2022年11月	科技成果转化项目补助奖励	经海口市科技主管部门推荐申报，上年度获批省级科技成果转化平台的，给予一次性30万元的补贴奖励。科技成果转化补助的申请对象为引进吸纳国内外高校、科研院所技术成果，并成功在海口实现科技成果产业化的企业

2. 促进科学家精神传播政策数量

在参与评估的36个城市中，海口市“促进科学家精神传播政策数量”这一指标低于全国平均水平，表明海口市在科学家精神传播政策机制方面有待完善，应结合实际情况，制定科学家精神相关以及专门政策。

（三十三）银川

评估显示，银川市科技传播政策机制建设情况较为薄弱，城市科技传播政策评分为4.67，略低于全国平均值4.85。在促进科技成果传播与科学家精神传播方面，银川市均发布了相关政策，但数量相对较少，仍有待进一步完善。

1. 促进科技成果传播政策数量

在参与评估的36个城市中，银川市的“促进科技成果传播政策数量”这一指标低于全国平均水平，表明银川市在科技成果传播政策机制的建设方面仍有一定提升空间。

2020年6月，银川市科学技术局发布《银川市促进科技成果转移转化实施方案（征求意见稿）》，目的是加快实施创新驱动发展战略，促进科技成果转化为现实生产力，推动全市经济实现高质量发展（见表7-57）。

表7-57 银川市促进科技成果传播的主要政策

政策名称	发布日期	重点方向	主要内容
《银川市促进科技成果转移转化实施方案（征求意见稿）》	2020年6月	促进科技成果转移转化	在“十四五”期间，促进科技成果转移转化的制度环境更加优化，线上线下相结合的多层次技术转移服务体系更加完善，科技成果转移转化机构服务能力明显提升，专业化的技术转移人才队伍逐步壮大，建成一批与银川市高质量发展要求相适应的科技成果转移转化研究开发机构、企业和服务机构，借助银川离岸孵化器和飞地科研成果育成平台培育引进一批技术创新性强、经济效益

续表

政策名称	发布日期	重点方向	主要内容
《银川市促进科技成果转移转化实施方案（征求意见稿）》	2020年6月	促进科技成果转移转化	好、产业带动广的重大科技成果来银川落地转化，加快银川市科技成果转移转化进程，促进银川市经济社会高质量发展

2. 促进科学家精神传播政策数量

在参与评估的36个城市中，银川市“促进科学家精神传播政策数量”这一指标高于全国平均水平，表明银川市积极出台了科学家精神专门政策，科学家精神传播政策机制相对较为完善（见表7-58）。

表7-58　银川市促进科学家精神传播的主要政策

政策名称	发布日期	重点方向	主要内容
《银川市全民科学素质行动规划纲要实施方案（2021年—2025年）》	2022年3月	提升全民科学素质	到2025年，全市各类人群科学素质发展不平衡明显改善，“科学普及与科技创新同等重要”的制度安排基本形成，科学精神在全社会广泛弘扬，崇尚创新的社会氛围日益浓厚，社会文明程度实现新提高。全市科普公共产品和服务供给能力明显提升，科普活动覆盖面和有效性进一步拓展，科普人才队伍不断壮大，全域科普体系逐步形成，全市公民具备科学素质的比例达到15%

（三十四）呼和浩特

评估显示，呼和浩特市科技传播政策机制建设情况较为良好，城市科技传播政策评分为5.33，略高于全国平均值4.85。

1. 促进科技成果传播政策数量

在参与评估的36个城市中，呼和浩特市的“促进科技成果传播政策数量”这一指标高于全国平均水平，表明呼和浩特市较为重视科技成果传播政策机制的建设，取得了阶段性的效果（见表7-59）。

表7-59　呼和浩特市促进科技成果传播的主要政策

政策名称	发布日期	重点方向	主要内容
《呼和浩特科技成果转化公共服务中心服务机构运营规范》	2022年4月	规范呼和浩特科技成果转化公共服务中心	按照“整合、共享、服务、创新”的总体思路，优化全市科技创新生态，增强科技创新资源服务能力
《呼和浩特市技术转移服务机构管理办法》	2023年10月	完善技术转移服务体系建设	按照服务业绩考核评价得分对两类技术转移服务机构分别划分等级并给予经费支持，加快对技术转移服务机构的培育

2. 促进科学家精神传播政策数量

在参与评估的36个城市中，呼和浩特市“促进科学家精神传播政策数量”这一指标略高于全国平均水平，表明呼和浩特市在科学家精神传播政策机制方面取得了阶段性的建设成效，在传播科学家精神方面有一定收获（见表 7-60）。

表 7-60 呼和浩特市促进科学家精神传播的主要政策

政策名称	发布日期	重点方向	主要内容
《呼和浩特市全民科学素质行动规划纲要实施方案（2021—2025 年）》	2022 年 6 月	提升全民科学素质	“十四五”期间重点围绕青少年、农民、产业工人、老年人、领导干部和公务员五类人群开展“五大提升行动”。明确打造首府特色科学文化体系、完善科技资源科普化运作机制、完善现代科普场馆体系、建设特色科普教育基地、搭建数字化科普平台、健全科技志愿服务体系等具体措施。并明确实施方案的责任落实、机制完善与保障条件

（三十五）西宁

评估显示，西宁市科技传播政策机制建设情况较为薄弱，城市科技传播政策评分为 2.00，显著低于全国平均值 4.85。西宁市出台的科技成果传播政策较多，但在科学家精神传播政策方面存在明显短板，未出台科学家精神传播专门及包含科学家精神传播内容的政策，不利于科技传播政策机制的完善。

1. 促进科技成果传播政策数量

在参与评估的 36 个城市中，西宁市的“促进科技成果传播政策数量”这一指标略高于全国平均水平，表明西宁市较为重视科技成果传播的政策机制建设，出台了较多的促进科技成果传播政策（见表 7-61）。

表 7-61 西宁市促进科技成果传播的主要政策

政策名称	发布日期	重点方向	主要内容
《西宁市促进科技成果转化办法》	2022 年 12 月	促进科技成果转化活动	科技成果转化活动应当尊重科技创新规律和市场规律，发挥企业主体作用与政府引导作用，体现知识价值分配导向，遵循自愿、互利、公平、诚实信用的原则，加强知识产权保护，保障参与科技成果转化各方的合法权益
《西宁市科技成果评价登记管理办法（修订）》	2023 年 7 月	规范科技成果评价登记工作	加强组织领导。市科技行政管理部门深化“放管服”改革，对科技成果评价登记工作进行业务指导，在专家选定、评价结论审定等关键环节加强监督管理，确保科技成果评价登记工作有序开展

2. 促进科学家精神传播政策数量

在参与评估的 36 个城市中，西宁市“促进科学家精神传播政策数量”这一指标低于全国平均水平，表明西宁市在科学家精神传播政策机制方面有待完善，应结合实际情况，制定科学家精神相关以及专门政策。

（三十六）拉萨

评估显示，拉萨市科技传播政策机制建设情况较为薄弱，城市科技传播政策评分为

3.34，显著低于全国平均值4.85。拉萨市出台了专门的科学家精神传播政策，但在科技成果传播政策方面存在明显短板，不利于科技传播政策机制的完善。

1. 促进科技成果传播政策数量

在参与评估的36个城市中，拉萨市“促进科技成果传播政策数量”这一指标低于全国平均水平，表明拉萨市在科技成果传播政策机制方面有待完善，应结合实际情况，制定科技成果传播相关以及专门政策。

2. 促进科学家精神传播政策数量

在参与评估的36个城市中，拉萨市“促进科学家精神传播政策数量”这一指标略高于全国平均水平，表明拉萨市在科学家精神传播政策机制方面取得了阶段性的建设成效，在传播科学家精神方面有一定收获（见表7-62）。

表7-62　拉萨市促进科学家精神传播的主要政策

政策名称	发布日期	重点方向	主要内容
《拉萨市全民科学素质行动计划纲要实施方案（2021—2025年）》	2023年3月	推动公民科学素质建设工作的开展	到2025年，拉萨市公民具备科学素质的比例达到10%左右。城乡、区域和重点人群之间公民科学素质差异不断缩小；落实科学普及与科技创新同等重要的制度安排基本形成；构建政府引导、各部门协作的全民科学素质行动计划纲要工作领导小组，建立沟通顺畅、协调高效的科学素质建设体制机制进一步完善；强化科普人才、资金、基础设施等要素保障力度，科普公共服务均等化基本实现；社会化科普服务机制基本形成；科普信息化建设和科普公共服务能力提升取得明显成效；科学精神在全社会广泛弘扬，创新文化氛围日益浓厚，全市各族群众对伟大祖国、中华民族、中华文化、中国共产党、中国特色社会主义的认同感不断增强

二、地区评分情况

基于我国六大地区，在平均值方面，全国城市的科技传播政策评分平均值为4.85，华北、东北、华东和中南地区的平均值均超过了全国平均值，而西北与西南地区显著低于全国平均值（见图7-1）。其中，华北地区的科技传播政策评分平均值最高，达到7.07，并且该地区内所有城市的评分均高于全国平均值；其次为东北、华东和中南地区，其平均值相差较小，分别为5.33、5.07和4.86；西北与西南地区的评分平均值较低，分别仅为3.60与3.06。在数值离散程度方面，华东地区仅合肥市的评分相对较低，为2.00，其余城市的评分处于4.67~6.00，因此其离散程度最小。中南地区的情况与华东地区相似，除了合肥市，其他城市的评分相对聚集，但海口市的评分仅为1.33，与其他城市的差距相较于合肥市更大，导致离散程度也相对更高一些。东北地区的城市评分离散程度最大，沈阳市的评分高达9.33，而长春市仅为2.00，大连市与哈尔滨市则分布于全国均值线上下。

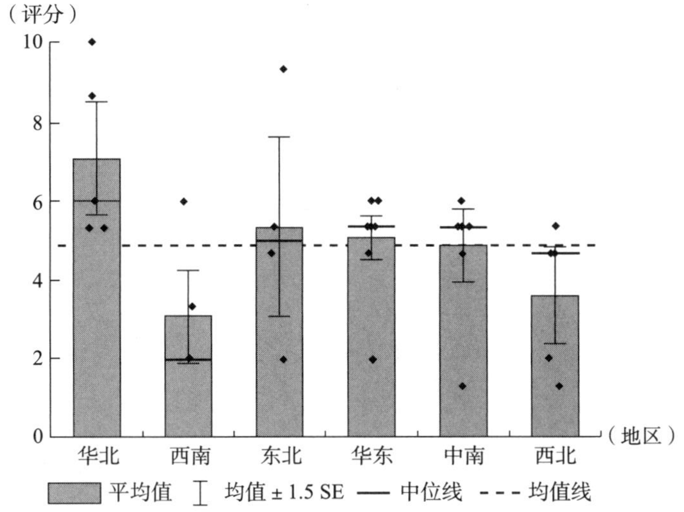

图 7-1 地区科技传播政策评分

第二节 传播资金

一、城市评分情况

（一）北京

2023 年，北京市科技传播预算资金为 45109.63 万元，为活动开展提供了充足支持，大力保障了科技传播工作开展。城市科技传播资金评分为 10.00，远高于全国平均值 3.31。

“科技传播预算资金”这一指标主要考查该城市科学技术协会的预算金额。

在参与评估的 36 个城市中，北京市的“科技传播预算资金”这一指标显著高于全国平均水平，表明北京市拥有充足的预算资金，在科技传播方面进行了大量的资金投入，能大力促进北京市科技传播生态的发展。

在预算收入中，2023 年财政拨款收入为 41378.63 万元，其他收入为 798.42 万元，上年结转收入为 2932.58 万元。

分单位来看，2023 年北京市科学技术协会（本级）收入预算为 11060.71 万元，北京市科学技术协会综合服务中心预算收入为 3576.18 万元，北京科技国际交流中心预算收入为 1156.27 万元，北京市科技教育中心（北京市科学技术协会党校）预算收入为 2745.06 万元，北京科普发展与研究中心预算收入为 5771.33 万元，北京科技社团服务中心预算收入为 3219.54 万元，北京市科学技术协会创新服务中心预算收入为 4497.14 万元，北京科学中心预算收入为 13083.4 万元。

（二）成都

2022 年，成都市科学技术协会的预算共计 4534.72 万元，预算资金相对充裕，为成都科技传播事业发展提供了保障。城市科技传播资金评分为 4.00，高于全国平均值 3.31。

在参与评估的 36 个城市中，成都市的“科技传播预算资金”这一指标高于全国平均水平，表明成都市在科技传播方面的资金投入较多，对科技传播生态体系建设起到良好的促进作用。

2023 年，成都市科学技术协会的预算收入共计 4534.72 万元，全部为本年财政拨款收入。

分单位来看，2023 年成都市科学技术协会（本级）预算收入为 3488.14 万元，成都市科技创新服务中心预算收入为 1046.58 万元。

（三）大连

评估显示，大连市的科技传播资金存在欠缺，城市科技传播资金评分为 2.00，低于全国平均值 3.31，不利于科技传播生态体系的持续运行。

在参与评估的 36 个城市中，大连市的“科技传播预算资金”这一指标低于全国平均水平，表明大连市在科技传播生态中资金投入水平有待提高。

2023 年，大连市科学技术协会的预算收入共计 1424.66 万元，其中，一般公共预算拨款收入为 1416.12 万元，上年结转结余 8.54 万元。

（四）福州

评估显示，福州市的科技传播资金较为充裕，城市科技传播资金评分为 4.00，高于全国平均值 3.31。

在参与评估的 36 个城市中，福州市的“科技传播预算资金”这一指标高于全国平均水平，表明福州市在科技传播方面的资金投入较多，重视并积极促进科技传播体系的发展。

2023 年，福州市科学技术协会的预算收入共计 6760.94 万元，其中，本年财政拨款收入为 6515.94 万元，上级补助收入为 245 万元。

（五）广州

评估显示，广州市的科技传播资金状况良好，城市科技传播资金评分为 8.00，显著高于全国平均值 3.31，表明广州市为科技传播活动的开展提供了优良条件，助力未来更加长远的发展。

在参与评估的 36 个城市中，广州市的“科技传播预算资金”这一指标显著高于全国平均水平，表明广州市重视科技的宣传与传播，大力推动科技传播生态的提升。

2023 年，广州市科学技术协会的预算收入共计 31335.05 万元，全部为本年财政拨款收入。

分单位来看，2023 年广州市科学技术协会（本级）预算收入为 24965.89 万元，广州市科学技术发展中心预算收入为 3154.67 万元，广州市科学技术协会创新与交流中心预算收入为 3214.49 万元。

（六）哈尔滨

评估显示，哈尔滨市的科技传播资金存在不足，城市科技传播资金评分为2.00，低于全国平均值3.31。

在参与评估的36个城市中，哈尔滨市的“科技传播预算资金”这一指标低于全国平均水平，表明哈尔滨市在科技传播领域的资金投入力度有待加强。

2023年，哈尔滨市科学技术协会的预算收入共计1831.02万元，为本年财政拨款收入。分单位来看，2023年哈尔滨市科学技术协会（本级）预算收入为1091.22万元，哈尔滨科学宫预算收入为739.80万元。

（七）杭州

评估显示，杭州市的科技传播资金较为充裕，城市科技传播资金评分为4.00，略高于全国平均值3.31。表明杭州市预算资金相对充裕，很好地保障了科技传播工作开展。

在参与评估的36个城市中，杭州市的“科技传播预算资金”这一指标高于全国平均水平，表明该城市在科技传播方面的资金投入较多，能较好地促进科技传播工作的发展。

2023年，杭州市科学技术协会的预算收入共计9077.09万元，其中，本年财政拨款收入为9026.08万元，其他收入为40万元，上年结转收入为11.01万元。

分单位来看，2023年杭州市科学技术协会（本级）预算收入为3326.22万元，杭州低碳科技馆（中国杭州低碳科技馆）预算收入为958.54万元，杭州低碳科技馆预算收入为4933.96万元，杭州市院士专家中心预算收入为579.20万元。

（八）合肥

评估显示，合肥市的科技传播资金较为充裕，城市科技传播资金评分为8.00，显著高于全国平均值3.31。

在参与评估的36个城市中，合肥市的“科技传播预算资金”这一指标显著高于全国平均水平，表明该城市在科技传播方面的资金预算较多，对科技传播的投入较大，有利于科技传播生态的发展。

2023年，合肥市科学技术协会的预算收入共计25153.58万元。

（九）济南

评估显示，济南市的科技传播资金较为不足，城市科技传播资金评分为2.00，低于全国平均值3.31。

在参与评估的36个城市中，济南市的“科技传播预算资金”这一指标低于全国平均水平，表明该城市在科技传播方面的资金投入较少，可以进一步加大资金支持力度。

2023年，济南市科学技术协会的预算收入共计2675.03万元，全部为本年财政拨款收入。分单位来看，济南市科学技术协会（本级）预算收入为1639.35万元，济南市科学技术馆预算收入为627.13万元，济南市科学技术协会学会服务中心预算收入为408.55万元。

（十）昆明

评估显示，昆明市的科技传播资金状况相对不足，城市科技传播资金评分为 2.00，低于全国平均值 3.31。

在参与评估的 36 个城市中，昆明市的“科技传播预算资金”这一指标低于全国平均水平，表明昆明市在科技传播方面的资金投入较为薄弱，建议昆明市对当地科技传播事业给予更多资金支持。

2023 年，昆明市科学技术协会的预算收入共计 2529.32 万元，其中，本年财政拨款收入为 2502.52 万元，其他收入为 1.44 万元，上年结转收入为 25.36 万元。

分单位来看，2023 年昆明市科学技术协会（本级）预算收入为 1835.81 万元，昆明科普中心预算收入为 296.31 万元，昆明科技进修学院预算收入为 163.29 万元，昆明市科协科技咨询服务中心预算收入为 208.55 万元。

（十一）南昌

评估显示，南昌市的科技传播资金状况较为薄弱，城市科技传播资金评分为 2.00，低于全国平均值 3.31。

在参与评估的 36 个城市中，南昌市的“科技传播预算资金”这一指标低于全国平均水平，表明南昌市在科技传播方面的资金投入有待提升，建议南昌市加大资金支持力度以促进科技传播生态的发展。

2023 年，南昌市科学技术协会的预算收入共计 1639.45 万元，其中，本年财政拨款收入为 1559.45 万元，上级补助收入为 80 万元。

分单位来看，2023 年南昌市科学技术协会（本级）预算收入为 834.58 万元，南昌市院士专家服务中心预算收入为 688.87 万元，南昌市老科学技术工作者协会预算收入为 116 万元。

（十二）南京

评估显示，南京市的科技传播资金状况较为薄弱，城市科技传播资金评分为 2.00，低于全国平均值 3.31。

在参与评估的 36 个城市中，南京市的“科技传播预算资金”这一指标低于全国平均水平，表明南京市需要进一步加大在科技传播方面的资金投入，以对该城市科技传播生态的发展起到充分的支撑作用。

2023 年，南京市科学技术协会的预算收入共计 2939.70 万元，其中，本年财政拨款收入为 2814.70 万元，其他收入为 125 万元。

（十三）宁波

评估显示，宁波市的科技传播资金状况较为充裕，城市科技传播资金评分为 4.00，高于全国平均值 3.31。

在参与评估的 36 个城市中，宁波市的“科技传播预算资金”这一指标高于全国平均水平，表明宁波市较为重视科技传播方面的资金投入，加强了科技传播建设。

2023 年，宁波市科学技术协会的预算收入共计 5284.66 万元，其中，本年财政拨款收入为 5018. 47 万元，上年结转收入为 266. 19 万元。

分单位来看，2023 年宁波市科学技术协会（本级）预算收入为 2579. 24 万元，宁波市科普发展中心预算收入为 578. 88 万元，宁波市院士和海外智力服务中心预算收入为 2126. 55 万元。

（十四）青岛

评估显示，青岛市的科技传播资金状况较为充裕，城市科技传播资金评分为 4. 00，高于全国平均值 3. 31。2023 年青岛市科学技术协会的预算资金充裕，很好地保障了科技传播工作开展。

在参与评估的 36 个城市中，青岛市的“科技传播预算资金”这一指标高于全国平均水平，表明青岛市对于科技传播重视程度较高，在科技传播方面资金投入力度较大，拥有较为完善的科技传播体系。

2023 年，青岛市科学技术协会的预算收入共计 6450. 76 万元。分单位来看，青岛市科学技术协会（本级）的预算收入为 5030. 86 万元，青岛市科技馆预算收入为 1419. 90 万元。

（十五）厦门

评估显示，厦门市的科技传播资金状况较为薄弱，城市科技传播资金评分为 2. 00，略低于全国平均值 3. 31。

在参与评估的 36 个城市中，厦门市的“科技传播预算资金”这一指标低于全国平均水平，表明厦门市在科技传播方面的预算投入有待提升，建议厦门市加大对科技传播的预算投入，更好地发挥科技传播资金对科技传播生态建设发展的支持作用。

2023 年，厦门市科学技术协会的预算收入共计 3171. 12 万元，全部为本年财政拨款收入。

分单位来看，2023 年厦门市科学技术协会（本级）预算收入为 2898. 17 万元，厦门市科技工作者服务中心预算收入为 272. 95 万元。

（十六）上海

评估显示，上海市的科技传播资金状况良好，城市科技传播资金评分为 6. 00，高于全国平均值 3. 31。2023 年上海市科学技术协会的预算收入充裕，保障了科技传播活动的开展，为数字化升级提供了条件。

在参与评估的 36 个城市中，上海市的“科技传播预算资金”这一指标显著高于全国平均水平，表明上海市在科技传播方面的预算资金较为充分，为科技传播生态的建设提供了资金保障。

2023 年，上海市科学技术协会的预算收入共计 14188 万元，其中，本年财政拨款收入为 12020 万元，事业收入为 2115 万元，其他收入为 52 万元。

（十七）深圳

评估显示，深圳市的科技传播资金较为充裕，城市科技传播资金评分为 4. 00，略高于全国平均值 3. 31。

在参与评估的36个城市中，深圳市的“科技传播预算资金”这一指标略高于全国平均水平，表明深圳市在科技传播方面的资金投入较多，有利于促进科技传播生态的发展。

2023年，深圳市科学技术协会的预算收入共计9724万元。分单位来看，2023年深圳市科学技术协会（本级）预算收入为5473万元，深圳市科技交流服务中心预算收入为1931万元，深圳市科学馆预算收入为2320万元。

（十八）沈阳

评估显示，沈阳市的科技传播资金较为充裕，城市科技传播资金评分为4.00，略高于全国平均值3.31。

在参与评估的36个城市中，沈阳市的“科技传播预算资金”这一指标略高于全国平均水平，表明该城市在科技传播方面的资金投入较多，较好地促进了科技传播生态的发展，能够较为有效地培育沈阳市科技传播新动能。

2023年，沈阳市科学技术协会的预算收入共计5262.95万元，其中，本年财政拨款收入为4814.57万元，上年结转收入为448.38万元。

分单位来看，2023年沈阳市科学技术协会（本级）预算收入为2879.49万元，沈阳市老科学技术工作者协会预算收入为80.73万元，沈阳科学宫（沈阳市科普宣传中心）预算收入为2302.73万元。

（十九）石家庄

评估显示，石家庄市的科技传播资金存在欠缺，城市科技传播资金评分为2.00，低于全国平均值3.31，说明预算资金有所不足。

在参与评估的36个城市中，石家庄市的“科技传播预算资金”这一指标低于全国平均水平，表明石家庄市对于科技传播重视程度有待提升，建议石家庄市加大在科技传播方面的资金投入力度，助力科技传播生态发展。

2023年，石家庄市科学技术协会的预算收入为总计1578.32万元，全部为一般公共预算收入。

（二十）天津

评估显示，天津市的科技传播资金较为充裕，城市科技传播资金评分为4.00，高于全国平均值3.31，表明天津市科技传播生态体系的资金保障较为充足。

在参与评估的36个城市中，天津市的“科技传播预算资金”这一指标高于全国平均水平，表明天津市在科技传播方面投入了较为充足的资金，为科技传播工作提供了重要保障。

2023年，天津市科学技术协会的预算收入为9293.1万元，其中，一般公共预算拨款收入为8164.2万元，事业收入为435万元，事业单位经营收入为500.6万元，其他收入为193.3万元。

（二十一）武汉

评估显示，武汉市的科技传播资金较为充裕，城市科技传播资金评分为4.00，略高于全国平均值 3.31，说明武汉市科技传播的资金供给较为充足，可以很好地保障科技传播生态体系持续发展。

在参与评估的 36 个城市中，武汉市的“科技传播预算资金”这一指标高于全国平均水平，表明该城市在科技传播方面的资金投入较多，能较好地促进科技传播工作的发展。

2023 年，武汉市科学技术协会的预算收入共计 9359.27 万元，其中，本年财政拨款收入为 9343.89 万元，其他收入为 15.38 万元。

分单位来看，2023 年武汉市科学技术协会（本级）预算收入为 2514.85 万元，武汉科学技术馆预算收入为 5488.15 万元，武汉市科技创新服务中心预算收入为 1356.27 万元。

（二十二）西安

评估显示，西安市的科技传播资金较少，城市科技传播资金评分为 2.00，低于全国平均值 3.31，表明西安市科技传播的资金投入仍有较大提升空间。

在参与评估的 36 个城市中，西安市的“科技传播预算资金”这一指标低于全国平均水平，表明该城市在科技传播资金方面亟待加强，建议加大科技传播资金的投入，为科技传播提供充足的资金保障。

2023 年，西安市科学技术协会的预算收入共计 3805.85 万元，全部为一般公共预算拨款收入。

分单位来看，2023 年西安市科学技术协会（本级）预算收入为 1704.99 万元，西安市科学技术交流馆预算收入为 734.03 万元，西安市院士专家服务中心预算收入为 621.53 万元，西安市科学技术馆预算收入为 745.28 万元。

（二十三）长沙

评估显示，长沙市的科技传播资金支持相对不足，城市科技传播资金评分为 2.00，低于全国平均值 3.31，表明长沙市预算资金相对较少，不利于科技传播生态体系的持续发展。

在参与评估的 36 个城市中，长沙市的“科技传播预算资金”这一指标低于全国平均水平，表明长沙市可以适当加大预算资金的投入，保障科技传播体系持续运行。

2023 年，长沙市科学技术协会的预算收入共计 2207.99 万元，全部为一般公共预算拨款。分单位来看，2023 年长沙市科学技术协会（本级）预算收入为 1571.15 万元，长沙市科技活动中心（长沙市科技馆）预算收入为 343.29 万元，长沙市院士专家服务中心预算收入为 293.55 万元。

（二十四）郑州

评估显示，郑州市的科技传播资金状况较为不足，城市科技传播资金评分为 2.00，低于全国平均值 3.31。

在参与评估的 36 个城市中，郑州市的“科技传播预算资金”这一指标低于全国平均水平，表明郑州市可以加大在科技传播方面的资金投入，保证科技传播生态体系的流畅运行。

2023 年，郑州市科学技术协会的预算收入共计 2765. 7 万元，分单位来看，2023 年郑州市科学技术协会（本级）预算收入为 1193. 0 万元，郑州市科技进修学院预算收入为 126. 9 万元，郑州市科技咨询服务中心预算收入为 179. 4 万元，郑州市市科普中心预算收入为 58. 6 万元，郑州科学技术馆预算收入为 1141. 6 万元，郑州市反邪教协会秘书处预算收入为 66. 2 万元。

（二十五）重庆

评估显示，重庆市的科技传播资金状况较好，城市科技传播资金评分为 6. 00，高于全国平均值 3. 31，这表明重庆市在科技传播方面的资金投入较大，保障了重庆市科技传播活动的顺利开展。

在参与评估的 36 个城市中，重庆市的“科技传播预算资金”这一指标高于全国平均水平，表明重庆市十分重视科技传播方面的资金投入，保障了科技传播活动的资金支持。

2023 年，重庆市科学技术协会的预算收入共计 12968. 85 万元，其中，一般公共预算财政拨款为 11653. 10 万元，事业收入为 64. 5 万元，事业单位经营收入为 228. 3 万元，其他收入为 1022. 95 万元。

分单位来看，2023 年重庆市科学技术协会（本级）预算收入为 5191. 76 万元，重庆市反邪教协会预算收入为 131. 96 万元，重庆科技馆预算收入为 5709. 5 万元，重庆市科协科技服务中心预算收入为 586. 92 万元，重庆市院士工作服务中心预算收入为 714. 75 万元。

（二十六）长春

评估显示，长春市的科技传播资金支持相对不足，城市科技传播资金评分为 2. 00，低于全国平均值 3. 31。2023 年长春市科学技术协会的预算共计 861. 7 万元，预算资金较少，不利于科技传播生态体系的发展。

在参与评估的 36 个城市中，长春市的“科技传播预算资金”这一指标低于全国平均水平，表明该城市在科技传播资金方面亟待加强，建议加大科技传播资金的投入，为科技传播提供充足的资金保障。

（二十七）贵阳

评估显示，贵阳市的科技传播资金较为不足，城市科技传播资金评分为 2. 00，低于全国平均值 3. 31，2023 年贵阳市科学技术协会的预算收入共计 3368. 32 万元。

在参与评估的 36 个城市中，贵阳市的“科技传播预算资金”这一指标低于全国平均水平，表明贵阳市可以加大在科技传播方面的资金投入，保证科技传播生态体系的流畅运行。

（二十八）太原

评估显示，太原市的科技传播资金状况较为薄弱，城市科技传播资金评分为 2. 00，低于全国平均值 3. 31。2023 年太原市科学技术协会在科技传播领域的预算投入较少，预算收入总计 1262.13 万元，全部为本年财政拨款。

在参与评估的 36 个城市中，太原市的“科技传播预算资金”这一指标低于全国平均水平，表明太原市在科技传播方面资金投入力度有待提升，建议太原市准备充足的预算资金，促进科技传播效果。

（二十九）南宁

评估显示，南宁市的科技传播资金存在欠缺，城市科技传播资金评分为 2.00，低于全国平均值 3.31。2023 年南宁市科学技术协会的预算收入总计 2814.1 万元，预算资金有所不足。

在参与评估的 36 个城市中，南宁市的“科技传播预算资金”这一指标低于全国平均水平，表明南宁市在科技传播生态中资金投入水平有待提高。建议南宁市加大对科技传播生态的资金投入，为科技传播事业发展提供物质基础。

（三十）兰州

评估显示，兰州市的科技传播资金不足，城市科技传播资金评分为 2.00，低于全国平均值 3.31。2023 年兰州市科学技术协会的预算收入共计 424.42 万元，在科技传播领域的资金投入力度有待加强。

在参与评估的 36 个城市中，兰州市的“科技传播预算资金”这一指标低于全国平均水平，表明兰州市在科技传播领域的资金投入力度有待加强。建议兰州市重视资金在科技传播生态体系建设中的保障地位，增大科技传播资金的投入额。

（三十一）乌鲁木齐

评估显示，乌鲁木齐市的科技传播资金较为不足，城市科技传播资金评分为 2.00，低于全国平均值 3.31。2023 年乌鲁木齐市科学技术协会的预算收入共计 1530.5 万元，资金支持力度有待加强。

在参与评估的 36 个城市中，乌鲁木齐市的“科技传播预算资金”这一指标低于全国平均水平，表明该城市在科技传播方面的资金投入较少，可以进一步加大资金支持力度，促进科技传播工作的发展。

（三十二）海口

评估显示，海口市的科技传播资金较为充裕，城市科技传播资金评分为 4.00，略高于全国平均值 3.31。2023 年海口市科学技术协会的预算收入共计 10663.01 万元，预算资金相对充裕，很好地保障了科技传播工作开展。

在参与评估的 36 个城市中，海口市的“科技传播预算资金”这一指标高于全国平均水平，表明该城市在科技传播方面的资金投入较多，能较好地促进科技传播工作的发展。

（三十三）银川

评估显示，银川市的科技传播资金相对不足，城市科技传播资金评分为 2.00，低于全国平均值 3.31。2023 年银川市科学技术协会的科技传播资金投入有所不足，预算收入共计653.65万元。

在参与评估的36个城市中，银川市的“科技传播预算资金”这一指标低于全国平均水平，表明银川市在科技传播方面的资金投入较为薄弱，需要给予更多资金支持。

（三十四）呼和浩特

评估显示，呼和浩特市的科技传播资金状况较为薄弱，城市科技传播资金评分为2.00，低于全国平均值3.31，2023年呼和浩特市科学技术协会的预算收入共计1805.32万元。

在参与评估的36个城市中，呼和浩特市的“科技传播预算资金”这一指标低于全国平均水平，表明呼和浩特市在科技传播方面的资金投入有待提升，建议呼和浩特市加大资金支持力度以促进科技传播生态的发展。

（三十五）西宁

评估显示，西宁市的科技传播资金存在不足，城市科技传播资金评分为2.00，低于全国平均值3.31。2023年西宁市科学技术协会的预算收入共计585.81万元，在科技传播领域的资金投入力度有待加强。

在参与评估的36个城市中，西宁市的“科技传播预算资金”这一指标低于全国平均水平，表明西宁市在科技传播领域的资金投入力度有待加强。建议西宁市重视资金在科技传播生态体系建设中的保障地位，增大科技传播资金的投入额。

（三十六）拉萨

评估显示，拉萨市的科技传播资金状况较为不足，城市科技传播资金评分为1.00，低于全国平均值3.31，资金支持力度有待加强。

在参与评估的36个城市中，拉萨市的“科技传播预算资金”这一指标显著低于全国平均水平，表明拉萨市在科技传播方面的资金投入较为薄弱，建议拉萨市对当地科技传播事业给予更多资金支持。

二、地区评分情况

基于我国六大地区，在平均值方面，全国城市的科技传播资金评分平均值为3.31，华北、华东和中南地区的平均值超过全国平均值，而西南、东北与西北地区的平均值低于全国平均值（见图7-2）。其中，华北地区的科技传播资金评分平均值最高，但与华东和中南地区的平均值较为接近，三个地区的评分平均值分别为4.00、3.80与3.71；其次为西南与东北地区，平均值分别为3.00与2.50；西北地区的平均值最低，仅为2.00。在地区数值的离散程度方面，西北地区的城市评分均为2.00，因此不存在离散；东北地区除沈阳外其余城市的评分也相同，且其相互之间差距相对较小，因此其离散程度也相对较低。华北地区的城市评分离散程度最大，北京市的评分为10.00，而石家庄市、太原市与呼和浩特市的评分仅为2.00，差距过大。

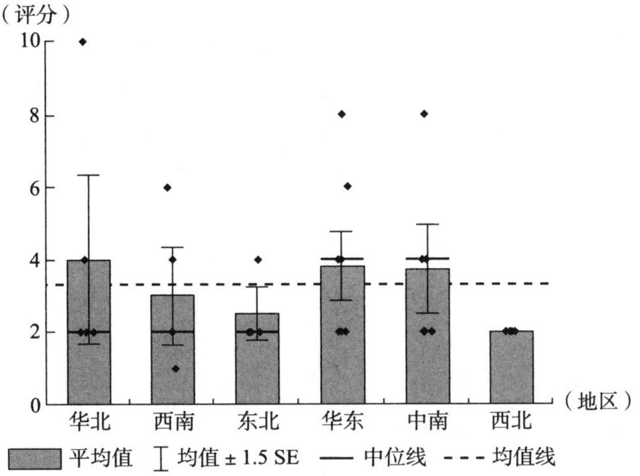

图 7-2　地区科技传播资金评分

第三节　传播技术

一、城市评分情况

（一）北京

评估显示，北京市科技传播技术的应用情况在全国处于领先水平。城市科技传播技术评分为 10.00，远高于全国平均值 5.42。

1. 内容生产新技术在科技展馆、互联网平台的应用情况

这一指标主要考查“AIGC、大数据、人工智能等内容生产新技术在科技展馆、互联网平台生产力发生端”的应用数量。

在参与评估的 36 个城市中，北京市的“内容生产新技术在科技展馆、互联网平台的应用情况”这一指标显著高于全国平均水平，表明北京市的绝大部分科技展馆、互联网平台技术基础优良，应用水平较高，展馆或平台可以实现有序运营，保障内容生产的高质高效。

中国科学技术馆为解决参观者长期难以处于安全通畅游览环境的问题，与百度合作，在场馆内引进“百度 AI 大脑”。该系统基于区域人流量统计技术模型，使用 AI 智慧场馆解决方案，为场馆提供完善的区域人数统计，解决观众二次入场、人流轨迹智能分析等科技展馆运营难题，助力场馆运营方适当引导人流，提升参观体验。

2. 传播服务新技术在科技展馆、互联网平台的应用情况

这一指标主要考查“云平台、元宇宙、VR/AR 等传播服务新技术在科技展馆、互联网平台”的应用案例数量。

在参与评估的 36 个城市中，北京市的“传播服务新技术在科技展馆、互联网平台的

应用情况”这一指标显著高于全国平均水平，表明北京市的科技展馆、互联网平台在新兴技术手段方面应用广泛，形式丰富，有效服务于科技传播。

北京市石景山科技馆于 2022 年 9 月 30 日重新亮相，科技馆馆内设施全面升级。除了原本的三大板块、九大主体展区，科技馆新增石景山区首个 VR-4K 体验空间，游客可以在该体验空间中穿梭时空，观摩星辰的形成与陨灭，见证宇宙的诞生与发展，了解宇宙神奇的演化历史。

（二）成都

成都市科技展馆、互联网平台在应用内容生产新技术和传播服务新技术两个方面的应用数量均较少，存在较大的发展潜力，不利于科技传播生态体系的发展。城市科技传播技术评分为 3.63，低于全国平均值 5.42。

1. 内容生产新技术在科技展馆、互联网平台的应用情况

在参与评估的 36 个城市中，成都市的“内容生产新技术在科技展馆、互联网平台的应用情况”这一指标低于全国平均水平，表明成都市科技展馆、互联网平台应用内容生产新技术情况较为滞后，建议成都市科技展馆、互联网平台增强与其他城市智慧化科技馆交流，学习先进经验，推动自身内容生产新技术的应用。

2. 传播服务新技术在科技展馆、互联网平台的应用情况

在参与评估的 36 个城市中，成都市的“传播服务新技术在科技展馆、互联网平台的应用情况”这一指标低于全国平均水平，表明成都市的科技展馆、互联网平台在 VR/AR、元宇宙、云平台等方面技术的应用有待增多。建议成都市科技展馆、互联网平台加强对该方面的重视程度，引入更多传播服务新技术。

比如，四川省科技馆占地面积约为 2.5 万平方米，1~3 层展示了航空航天、机器人、基础科学等科学知识，共计 16 个展区和 4 个剧场。其中，2 层展厅展出内容涵盖了物理、数学等基础科学类的经典展项以及利用 VR 技术的展项。尤其是 VR 展项，呈现了极强的沉浸感、交互感和体验感，体现出科技的美感和神奇。

（三）大连

评估显示，大连市科技传播技术的应用情况存在不足，城市科技传播技术评分为 2.73，低于全国平均值 5.42。

1. 内容生产新技术在科技展馆、互联网平台的应用情况

在参与评估的 36 个城市中，大连市的“内容生产新技术在科技展馆、互联网平台的应用情况”这一指标低于全国平均水平，表明大连市科技展馆、互联网平台在智能技术应用方面存在上升空间，需要加大科技展馆、互联网平台数字化发展，促进科技传播体系完善。

2. 传播服务新技术在科技展馆、互联网平台的应用情况

在参与评估的 36 个城市中，大连市的“传播服务新技术在科技展馆、互联网平台的应用情况”这一指标显著低于全国平均水平，表明大连市科技展馆、互联网平台对新兴技术应用情况有待加强。

（四）福州

评估显示，福州市科技传播技术的应用情况较为领先，城市科技传播技术评分为8.16，显著高于全国平均值5.42。

1. 内容生产新技术在科技展馆、互联网平台的应用情况

在参与评估的36个城市中，福州市的“内容生产新技术在科技展馆、互联网平台的应用情况”这一指标高于全国平均水平，表明福州市积极倡导互联网平台智能化发展，打造数字化、互动性强的科技展览。

2023年4月，中国核工业科技馆（福建）的数字展馆正式升级上线。此次升级后的数字展馆，适配手机、电脑、互动屏、VR等多种形式的终端展示场景；依托于8K技术采集，让游览的界面更加流畅清晰；通过3D建模与采集技术的提升，实现渐进式的游览，将AI主播讲解服务融入不同场景中，让观众拥有更加沉浸式的观展体验。

2. 传播服务新技术在科技展馆、互联网平台的应用情况

在参与评估的36个城市中，福州市的“传播服务新技术在科技展馆、互联网平台的应用情况”这一指标高于全国平均水平，表明福州市的科技展馆、互联网平台在VR/AR、元宇宙、云平台等方面技术应用丰富多样，不断推动科技传播方式的创新和发展。

中国核工业科技馆（福建）隶属中国核工业集团有限公司，依托福建福清核电有限公司建设并运营管理。一方面，该科技馆利用4台移动的电子设备，使用AR技术立体投射出核电站的构造，形成触手可及的三维交互展示。另一方面，该科技馆引进了2台VR设备，让参观者佩戴VR设备，进一步了解核电厂内的相关设备布置，并执行核电厂内不同工种的任务，了解相应的工作内容。

（五）广州

评估显示，广州市科技传播技术的应用情况良好，城市科技传播技术评分为10.00，显著高于全国平均值5.42。

1. 内容生产新技术在科技展馆、互联网平台的应用情况

在参与评估的36个城市中，广州市的“内容生产新技术在科技展馆、互联网平台的应用情况”这一指标高于全国平均水平，表明广州市较为重视新兴技术在科技展馆、互联网平台等进行内容生产的应用，数字化应用较为广泛，达到较好的智能化水平。

2023年暑期，占地45万平方米，建筑面积为14.07万平方米的广东科学中心新升级上线，此次升级后，广东科学中心携手浪潮科技充分利用中台体系、微平台、虚拟现实集群等技术，优化整合信息服务系统，为游客提供AR、AI、物联网等新技术服务，让静止的数据服务变成可交互、可互动的体验中心，从而让游客在动手参与、亲身体验中获得科技知识。

2. 传播服务新技术在科技展馆、互联网平台的应用情况

在参与评估的36个城市中，广州市的“传播服务新技术在科技展馆、互联网平台的应用情况”这一指标显著高于全国平均水平，表明广州市的科技展馆、互联网平台在VR/AR、元宇宙、云平台等方面实行了优良的新兴技术应用，以丰富多样的科技传播形

式来提升受众体验。

广东科学中心将飞天之梦馆进行更新改造，推出VR秀演致敬中国航天，以广东科学中心作为穿越场景，带大家重温中国航天高光时刻，如探火历程，从火箭升空、着陆巡视器与环绕器分离到“天问一号”成功着陆等。

（六）哈尔滨

评估显示，哈尔滨市科技传播技术的应用情况相对薄弱，城市科技传播技术评分为3.63，低于全国平均值5.42。哈尔滨市的科技展馆、互联网平台在内容生产新技术和传播服务新技术方面存在不足，应用的传播技术整体数量较少。

1. 内容生产新技术在科技展馆、互联网平台的应用情况

在参与评估的36个城市中，哈尔滨市的“内容生产新技术在科技展馆、互联网平台的应用情况”这一指标低于全国平均水平，表明哈尔滨市对科技展馆、互联网平台智能化水平重视程度有待加强。建议哈尔滨市加大科技展馆、互联网平台在内容生产新技术方面的实际应用，促进科技展馆、互联网平台的发展。

2. 传播服务新技术在科技展馆、互联网平台的应用情况

在参与评估的36个城市中，哈尔滨市的“传播服务新技术在科技展馆、互联网平台的应用情况”这一指标低于全国平均水平，表明哈尔滨市在VR/AR、元宇宙、云平台等技术方面有较大应用空间，可以加大科技展馆、互联网平台对传播服务新技术的应用，增加其吸引力。

（七）杭州

评估显示，杭州市科技传播技术的应用情况较为领先，城市科技传播技术评分为8.16，显著高于全国平均值5.42。

1. 内容生产新技术在科技展馆、互联网平台的应用情况

在参与评估的36个城市中，杭州市的“内容生产新技术在科技展馆、互联网平台的应用情况”这一指标高于全国平均水平，表明杭州市较为重视科技展馆、互联网平台在内容生产新技术方面的实际应用，科技展馆、互联网平台的智能化水平较高。

比如，2020年底，杭州低碳科技馆迎来了一位新成员“碳碳”，也是杭州低碳科技馆引进的第一台智能服务机器人。方立科技所研发的机器人“碳碳”，此次以“讲解员”的身份亮相杭州低碳科技馆，借助机器人的人工智能交互和大数据能力，可针对低碳科技馆内8个常设展厅进行讲解。机器人“碳碳”除了可以为游客提供讲解服务，还具备智能问答、路线推荐、参观引导、利用人脸识别功能，可主动上前与游客打招呼、互动等。

2. 传播服务新技术在科技展馆、互联网平台的应用情况

在参与评估的36个城市中，杭州市的“传播服务新技术在科技展馆、互联网平台的应用情况”这一指标高于全国平均水平，表明杭州市的科技展馆、互联网平台在VR/AR、元宇宙、云平台等方面技术的实际应用较多，科技传播方式较为多样。

比如，杭州低碳科技馆为能更好地达到宣传效果，大多会在建设时期采用一些互动装置，将低碳知识与全息投影、地面互动投影、VR互动、雷达技术、体感游戏等流行的

科技互动技术相结合，让参观者在游戏活动中学习低碳知识，树立低碳理念，践行双减理念。

（八）合肥

评估显示，合肥市科技传播技术的应用情况较为领先，城市科技传播技术评分为6.37，高于全国平均值5.42。合肥市在科技传播内容生产新技术方面应用情况较好。近年来，安徽省科技馆始终坚持科技馆的数智化道路，围绕“服务场景化、资源共享化、决策数据化、平台集约化”的理念，引入数字孪生技术，建设智慧科技馆项目，力求打造全国首个“数字孪生科技馆”。

1. 内容生产新技术在科技展馆、互联网平台的应用情况

在参与评估的36个城市中，合肥市的“内容生产新技术在科技展馆、互联网平台的应用情况”这一指标高于全国平均水平，表明合肥市科技展馆、互联网平台引进了生产力发生端的先进技术，数智化水平相对较高。

比如，位于合肥市滨湖新区的安徽省科技馆，总建筑面积为6万平方米，在建设过程中融入数字孪生、大数据分析、物联网等先进的人工智能技术，对展品进行全生命周期管理，搭建具有安徽特色的科学教育资源汇集平台，打造全国首个“数字孪生科技馆”。

2. 传播服务新技术在科技展馆、互联网平台的应用情况

在参与评估的36个城市中，合肥市的“传播服务新技术在科技展馆、互联网平台的应用情况”这一指标略低于全国平均水平，表明合肥市的科技展馆、互联网平台应用VR/AR、元宇宙、云平台等服务技术水平有待提升，建议加大传播服务新技术的引进力度。

近年来，合肥科技馆推出了全新的VR全景技术，可以让参观者足不出户，置身虚拟世界，拥有全景视野，身临其境地参观合肥科技馆，打破科技馆展项的时间与空间隔阂，极大地便利了游客的参观。

（九）济南

评估显示，济南市科技传播技术的应用情况较好，城市科技传播技术评分为6.37，高于全国平均值5.42。

1. 内容生产新技术在科技展馆、互联网平台的应用情况

在参与评估的36个城市中，济南市的“内容生产新技术在科技展馆、互联网平台的应用情况”这一指标高于全国平均水平，表明济南市较为重视内容生产新技术在科技展馆、互联网平台的应用，推动了科技展馆、互联网平台智慧化水平的提高。

比如，2023年初正式开馆的山东省科技馆新馆，引入了浪潮信息的智慧科技馆解决方案，通过科技馆展教系统前端、中台系统及数据集成开发服务，为观众提供针对性、个性化服务，如最优浏览路线引导、最佳科技传播资源推荐等。

2. 传播服务新技术在科技展馆、互联网平台的应用情况

在参与评估的36个城市中，济南市的“传播服务新技术在科技展馆、互联网平台的应用情况”这一指标略低于全国平均水平，表明济南市的科技展馆、互联网平台在VR/

AR、元宇宙、云平台等方面技术的应用水平可以进一步提高。

山东省科技馆成立于1956年，并于2023年成功开放新馆。新馆利用VR/AR等技术手段，引进有眼动打靶、三维空间设计绘画、裸眼3D等展项和设备，为游客打造极具震撼的沉浸式体验盛宴。

（十）昆明

评估显示，昆明市科技传播技术的应用情况仍有进步空间，城市科技传播技术评分为3.63，低于全国平均值5.42。昆明市在科技展馆和互联网平台中积极应用传播服务新技术，不过，AIGC、大数据、人工智能等内容生产新技术在昆明市科技展馆、互联网平台生产力发生端的应用较少。

1. 内容生产新技术在科技展馆、互联网平台的应用情况

在参与评估的36个城市中，昆明市的“内容生产新技术在科技展馆、互联网平台的应用情况”这一指标低于全国平均水平，表明昆明市科技展馆、互联网平台在内容生产新技术方面的实际应用有待加强，需进一步提升科技展馆、互联网平台的智能化水平。

2. 传播服务新技术在科技展馆、互联网平台的应用情况

在参与评估的36个城市中，昆明市的“传播服务新技术在科技展馆、互联网平台的应用情况”这一指标低于全国平均水平，表明昆明市的科技展馆、互联网平台在VR/AR、元宇宙、云平台等方面技术的实际应用仍有进步空间，科技传播方式需要进一步优化。

不过，昆明市在传播服务新技术方面已经取得初步进展。比如，昆明富民县科技馆设有VR头显体验模拟、VR火灾逃生演练等应用虚拟现实技术的体验项目。在VR火灾逃生演练项目中，游客们通过佩戴VR眼镜和手柄操作选择，模拟遇到的火情，了解正确的火灾遇险自救防护知识。

（十一）南昌

评估显示，南昌市科技传播技术的应用情况较为领先，城市科技传播技术评分为5.43，略高于全国平均值5.42。

1. 内容生产新技术在科技展馆、互联网平台的应用情况

在参与评估的36个城市中，南昌市的“内容生产新技术在科技展馆、互联网平台的应用情况”这一指标低于全国平均水平，表明南昌市在内容生产新技术方面的发展亟待提升，建议增加在科技展馆、互联网平台中对该类技术的应用数量。

2. 传播服务新技术在科技展馆、互联网平台的应用情况

在参与评估的36个城市中，南昌市的“传播服务新技术在科技展馆、互联网平台的应用情况”这一指标高于全国平均水平，表明南昌市在传播服务新技术方面的活跃度和创新性较高，科技展馆、互联网平台在传播服务方面对新技术的接纳和应用比较积极。

比如，南昌“遨天一号”VR太空科技体验馆是一座太空主题的科技馆，通过先进的技术手段传播太空的科技文化和展现中国航天的光辉发展历程。该场馆内设有丰富的VR交互式体验项目，包括VR太空行走模拟、VR探月、VR太空出征、VR飞行模拟、VR高空跳伞等，可以让观众充分感受到虚拟现实技术的魔力，仿佛置身于太空中。

（十二）南京

评估显示，南京市科技传播技术的应用情况较为良好，城市科技传播技术评分为6.33，高于全国平均值5.42。南京市科技展馆、互联网平台大量运用VR/AR、元宇宙、云平台等技术，大幅提高展示的科技含量、生动程度等。

1. 内容生产新技术在科技展馆、互联网平台的应用情况

在参与评估的36个城市中，南京市的“内容生产新技术在科技展馆、互联网平台的应用情况”这一指标低于全国平均水平，表明AIGC、大数据、人工智能等内容生产新技术在南京市科技展馆、互联网平台的实际应用较少，智能化水平有待提高。

2. 传播服务新技术在科技展馆、互联网平台的应用情况

在参与评估的36个城市中，南京市的“传播服务新技术在科技展馆、互联网平台的应用情况”这一指标显著高于全国平均水平，表明南京市科技展馆、互联网平台大量运用VR/AR、元宇宙、云平台等技术，大幅提高展示的科技含量、生动程度等，对观众的吸引度较高。

比如，南京市的水-Park科技馆通过电子显示屏、油墨导电墙、VR看水利等设备，让科技带给游客沉浸式的水情教育体验。此外，水-Park科技馆还采用虚拟洗车、互动答题、节水游戏和“小水珠的奇幻旅程”让节水科普更加寓教于乐。

（十三）宁波

评估显示，宁波市科技传播技术的应用情况相对较为良好，城市科技传播技术评分为5.47，略高于全国平均值5.42。

1. 内容生产新技术在科技展馆、互联网平台的应用情况

在参与评估的36个城市中，宁波市的“内容生产新技术在科技展馆、互联网平台的应用情况”这一指标高于全国平均水平，表明宁波市对科技展馆、互联网平台的内容生产技术在实际应用方面投入大量资源，并取得显著成效。

2021年，宁波科学探索中心引入全球首款五星级服务接待机器人——“豹小秘”，现场智慧导览，通过语音、视觉、动作等多模态实时人机交互，全面提升游馆品质。

2. 传播服务新技术在科技展馆、互联网平台的应用情况

在参与评估的36个城市中，宁波市的“传播服务新技术在科技展馆、互联网平台的应用情况”这一指标低于全国平均水平，表明宁波市科技展馆、互联网平台在VR/AR、元宇宙、云平台等领域的技术实际应用有待进一步提升，建议宁波市积极推动相关领域的建设。

宁波慈溪科技馆采用一些互动装置，将低碳知识与全息投影、地面互动投影、VR互动、雷达技术、体感游戏等流行的科技互动技术相结合，让参观者在有趣的游戏活动中学习科学知识，体验科学奥秘。

（十四）青岛

评估显示，青岛市科技传播技术的应用情况较为领先，城市科技传播技术评分为

8.16，显著高于全国平均值 5.42。青岛市的科技展馆、互联网平台在 VR/AR、元宇宙、云平台等方面技术应用较为普遍，科技传播方式较为多样。

1. 内容生产新技术在科技展馆、互联网平台的应用情况

在参与评估的 36 个城市中，青岛市的“内容生产新技术在科技展馆、互联网平台的应用情况”这一指标高于全国平均水平，表明青岛市较为重视科技展馆、互联网平台智能化水平，促进科技展馆、互联网平台的数字化发展。

青岛动车小镇科技馆是以动车为主题的科技展览馆，展览内容丰富多样，涵盖了动车的制造、运行、维护等方面的知识。馆内设有多个展区，包括动车模型展示区、动车技术展示区、动车历史展示区等。该科技馆充分利用人工智能对科技馆进行导览和讲解，同时利用人工智能与游客进行互动体验，利用机器学习和深度学习等人工智能技术，可以对展品进行数据分析和模拟实验，提高展品的研发效率和质量。

2. 传播服务新技术在科技展馆、互联网平台的应用情况

在参与评估的 36 个城市中，青岛市的“传播服务新技术在科技展馆、互联网平台的应用情况”这一指标显著高于全国平均水平，表明青岛市充分利用 VR/AR、元宇宙、云平台等技术，丰富科技展馆、互联网平台科技传播方式。

青岛海洋科技馆为了满足广大市民对文旅生活和科普海洋知识的需求，向市民免费开放青岛水族馆线上博物馆（升级 2.0 版），为公众带来一场云端的“海洋智慧”体验。通过“VR 全景+博物馆”的结合，青岛水族馆成功将线下展览搬到线上，采用“5G+VR”的“云游”模式，使人们无须出门，只需通过手机就能够“逛”遍景区，全天候地向大众普及海洋文化和民族历史。

（十五）厦门

评估显示，厦门市科技传播技术的应用情况较为领先，城市科技传播技术评分为 8.16，显著高于全国平均值 5.42。

1. 内容生产新技术在科技展馆、互联网平台的应用情况

在参与评估的 36 个城市中，厦门市的“内容生产新技术在科技展馆、互联网平台的应用情况”这一指标高于全国平均水平，表明厦门市在科技展馆、互联网平台中应用了较多的内容生产新技术，数智化水平较高。

2. 传播服务新技术在科技展馆、互联网平台的应用情况

在参与评估的 36 个城市中，厦门市的“传播服务新技术在科技展馆、互联网平台的应用情况”这一指标高于全国平均水平，表明厦门市在传播服务新技术方面积极创新，并广泛应用于科技展馆、互联网平台。

比如，厦门市消防科技教育馆开辟了 VR 体验区，参观者可以头戴及手持交互式的 VR 设备，模拟进入虚拟的火灾场景中，来一场堪比真实场景的消防逃生体验，在互动娱乐中切实掌握消防安全知识。

（十六）上海

评估显示，上海市科技传播技术的应用情况良好，城市科技传播技术评分为 10.00，

显著高于全国平均值5.42。

1. 内容生产新技术在科技展馆、互联网平台的应用情况

在参与评估的36个城市中，上海市的“内容生产新技术在科技展馆、互联网平台的应用情况”这一指标高于全国平均水平，表明上海市较为重视科技展馆、互联网平台在内容生产新技术方面的实际应用，科技展馆、互联网平台的智能化水平较高。

上海科技馆建设有“‘三馆合一’集群化智慧管理大系统”，该系统由上海仪电旗下云赛智联所属上海仪电鑫森科技发展有限公司承建，该项目全面覆盖上海科技馆、自然博物馆、天文馆“三馆”，以“三馆合一”集群化建设为亮点，打造“一平台、一中心、一门户、N应用”，建设服务器、网络、安全等基础设施，数据资源平台，综合展示、联动处置等功能中心及场馆运行、公众服务场景应用和展示屏等门户渠道。

2. 传播服务新技术在科技展馆、互联网平台的应用情况

在参与评估的36个城市中，上海市的“传播服务新技术在科技展馆、互联网平台的应用情况”这一指标显著高于全国平均水平，表明上海市的科技展馆、互联网平台在VR/AR、元宇宙、云平台等方面进行了丰富的新兴技术应用，科技传播形式多样，强化受众体验。

上海科技馆坐落于上海浦东新区行政文化中心，场馆建筑面积10.06万平方米，常设生物万象、信息时代、探索之光等11个展厅。在探索之光展馆，游客可通过穿戴VR设备，体验虚拟现实技术，置身虚拟世界，进行一场令人兴奋的虚拟旅途。

（十七）深圳

评估显示，深圳市科技传播技术的应用情况较为领先，城市科技传播技术评分为8.16，高于全国平均值5.42。

1. 内容生产新技术在科技展馆、互联网平台的应用情况

在参与评估的36个城市中，深圳市的“内容生产新技术在科技展馆、互联网平台的应用情况”这一指标高于全国平均水平，表明AIGC、大数据、人工智能等内容生产新技术在深圳市科技展馆、互联网平台的实际应用较多，科技传播方式较为多样。

2. 传播服务新技术在科技展馆、互联网平台的应用情况

在参与评估的36个城市中，深圳市的“传播服务新技术在科技展馆、互联网平台的应用情况”这一指标明显高于全国平均水平，表明深圳市科技展馆、互联网平台大量运用VR/AR、元宇宙、云平台等技术，生动形象地为观众展示科技作品，提升了科技传播效果。

深圳市红立方科技馆位于龙岗区中心区域，毗邻龙岗区政府，共设有科学之基、科创之路等5个板块。在科技馆三层，建有VR体验区，设置了恐怖主题、冒险主题等多样化的VR游戏，戴上头盔即可进入虚拟现实世界，仿佛置身于真实环境中，切身体会先进科技带来的感官盛宴。

（十八）沈阳

评估显示，沈阳市科技传播技术的应用情况有待推进，城市科技传播技术评分为

3.63，低于全国平均值5.42。由于沈阳市科技展馆、互联网平台数量较少，沈阳市科技展馆、互联网平台在VR、元宇宙、人工智能等方面技术的实际应用总体数量较少。

1. 内容生产新技术在科技展馆、互联网平台的应用情况

在参与评估的36个城市中，沈阳市的“内容生产新技术在科技展馆、互联网平台的应用情况”这一指标低于全国平均水平，表明沈阳市科技展馆、互联网平台在内容生产新技术方面的实际应用情况有待提升，可以积极引入各类信息化设备，利用新技术手段创新内容，提升科技展馆、互联网平台的智能化水平。

在辽宁省科技馆项目中，东软集团承担了辽宁省新馆建设的总集成工作和25个业务系统的信息化建设，为辽宁省科技馆实现智慧科技馆的建设提供了极大助力。2012—2018年，东软集团多次中标辽宁科技馆信息化建设项目，总中标额达1500余万元。

2. 传播服务新技术在科技展馆、互联网平台的应用情况

在参与评估的36个城市中，沈阳市的“传播服务新技术在科技展馆、互联网平台的应用情况”这一指标低于全国平均水平，表明沈阳市科技展馆、互联网平台在VR/AR、元宇宙、云平台等方面技术的实际应用有待加强，可以积极引入智能化展示设备，开发智能化应用，提高科技创新成果的展示和交流效率。

为能更好地达到交互体验，沈阳科学宫内建有AR梦幻剧场等设施，尤其是在宇宙探秘展厅，观众可以戴上VR设备，感受坐三维滚环走“太空步”的极致体验，仿佛置身于空间站，体验真实的太空生活。

（十九）石家庄

评估显示，石家庄市科技传播技术的应用情况存在不足，城市科技传播技术评分为4.53，低于全国平均值5.42。石家庄市在内容生产新技术方面应用情况较弱，但是在传播服务新技术方面与其他城市差距较小。

1. 内容生产新技术在科技展馆、互联网平台的应用情况

在参与评估的36个城市中，石家庄市的“内容生产新技术在科技展馆、互联网平台的应用情况”这一指标低于全国平均水平，表明石家庄市科技展馆、互联网平台智能化水平存在上升空间。建议石家庄市加大科技展馆、互联网平台在内容生产新技术方面的实际应用，促进其数字化发展。

2. 传播服务新技术在科技展馆、互联网平台的应用情况

在参与评估的36个城市中，石家庄市的“传播服务新技术在科技展馆、互联网平台的应用情况”这一指标略低于全国平均水平，表明石家庄市在VR/AR、元宇宙、云平台等技术应用方面有待加强。建议石家庄市丰富科技传播方式，满足广大市民的需求。

2018年，河北省科技馆新增常设展厅“风世界”“小小建筑师”和“创意空间”，其中的“创意空间”设有“虚拟实验室”“幻想与现实”等项目，运用VR/AR和多媒体技术来实现新技术的展示与应用，呈现“身临其境”的体验效果。

（二十）天津

评估显示，天津市科技传播技术的应用情况良好，城市科技传播技术评分为6.33，

高于全国平均值5.42。

1. 内容生产新技术在科技展馆、互联网平台的应用情况

在参与评估的36个城市中，天津市的“内容生产新技术在科技展馆、互联网平台的应用情况”这一指标低于全国平均水平，表明天津市科技展馆、互联网平台对内容生产新技术应用的重视程度有待提升。建议天津市科技展馆、互联网平台提高智能化水平，提升自身工作效率，也为受众获取更丰富、精准和个性化的服务提供便利。

2. 传播服务新技术在科技展馆、互联网平台的应用情况

在参与评估的36个城市中，天津市的“传播服务新技术在科技展馆、互联网平台的应用情况”这一指标高于全国平均水平，表明天津市将传播服务新技术应用于科技展馆和互联网平台，从而提供更高效、便捷和沉浸式的传播服务。

比如，2023年2月28日，VR全景武清区科技馆正式上线。该展馆分为4个展厅、21个场景，运用“互联网+科普”形式，将传统实体展馆科普服务做了全链条的信息化提升，配以语音导览、文字介绍、演示视频等内容，实现了在线平台与实体场馆展项的有效结合，让VR全景科技馆整体内容更加丰富，公众可以通过VR全景科技馆获得更专业、多层次、可参与的科普信息服务。

（二十一）武汉

评估显示，武汉市科技传播技术的应用情况良好，城市科技传播技术评分为7.27，高于全国平均值5.42。

1. 内容生产新技术在科技展馆、互联网平台的应用情况

在参与评估的36个城市中，武汉市的“内容生产新技术在科技展馆、互联网平台的应用情况”这一指标高于全国平均水平，表明武汉市的科技展馆、互联网平台在内容生产新技术方面应用程度较好，助力科技展馆、互联网平台的科技传播效率提升。

武汉科学技术馆（新馆）是一座多功能、综合性、智能化的特大型科普教育活动场所。由于场馆接待人数众多，展区与展厅数量较多，场馆设有智能化景区导览系统，游客可通过该系统线上智能定制游览路线，提前制订旅游计划，在旅途过程中享受全自动化引导，智能管理游玩项目。

2. 传播服务新技术在科技展馆、互联网平台的应用情况

在参与评估的36个城市中，武汉市的“传播服务新技术在科技展馆、互联网平台的应用情况”这一指标高于全国平均水平，表明武汉市的科技展馆、互联网平台在传播服务新技术方面的实际应用较多，增强了展示方式的新颖性和有效性。

比如，武汉市南湖航空航天科技馆集航空科普、模拟体验于一体，场馆设有航空飞机、航空驾驶体验、VR星际探险、神笔马良、VR玩转航天站等8个板块，设置了丰富的互动、沉浸体验项目，帮助游客体验虚拟驾驶航天器，或身临浩瀚星空中，探索宇宙的奥妙。

（二十二）西安

评估显示，西安市科技传播技术的应用情况较为良好，城市科技传播技术评分为

5.43，略高于全国平均值5.42。

1. 内容生产新技术在科技展馆、互联网平台的应用情况

在参与评估的36个城市中，西安市的“内容生产新技术在科技展馆、互联网平台的应用情况”这一指标低于全国平均水平，表明西安市科技展馆生产力发生端运用先进技术的水平亟待提升，建议西安市科技展馆加快数字化、智慧化进程。

2. 传播服务新技术在科技展馆、互联网平台的应用情况

在参与评估的36个城市中，西安市的“传播服务新技术在科技展馆、互联网平台的应用情况”这一指标高于全国平均水平，表明西安市的科技展馆、互联网平台应用了较多的传播服务新技术，有助于科技馆科技传播能力的提升。

比如，西安市的陕西科学技术馆设有多媒体展区，通过运用AR/VR等技术以生动的方式向公众展示航天、航空、人体科学等内容，让参观者近距离体验科技的快乐。同时，场馆依托数字化展品、VR互动体验、常设科普展厅“云展馆”等数字资源向公众广泛普及科学知识，传播科学精神。

（二十三）长沙

评估显示，长沙市科技传播技术的应用相对不足，城市科技传播技术评分为3.63，低于全国平均值5.42。长沙市虽然在湖南省科学技术馆、长沙航空科技体验中心等机构应用了元宇宙、VR/AR等传播服务新技术，但是，长沙市建设的科技展馆、互联网平台基数较小，应用内容生产新技术的程度较低，影响了长沙市科技传播技术的应用水平。

1. 内容生产新技术在科技展馆、互联网平台的应用情况

在参与评估的36个城市中，长沙市的“内容生产新技术在科技展馆、互联网平台的应用情况”这一指标低于全国平均水平，表明长沙市科技展馆、互联网平台在内容生产新技术方面的实际应用数量有待增多，科技展馆、互联网平台的智能化水平存在一定提升空间。

2. 传播服务新技术在科技展馆、互联网平台的应用情况

在参与评估的36个城市中，长沙市的“传播服务新技术在科技展馆、互联网平台的应用情况”这一指标低于全国平均水平，表明长沙市可以进一步加强科技展馆、互联网平台在VR/AR、元宇宙、云平台等方面技术的应用，提升科技传播能力。

比如，2021年，长沙航空科技体验中心投入使用，该中心是国内首个以航空互动为主题的大型沉浸式体验中心，场馆使用面积为3400平方米，分为“探索云端”“展翅高飞”“创客空间”“5D影院”“VR体验馆”五大部分。其中各类体验设备61项，互动演示装置21项，展示模型22架，大型客舱段综合展项1项，大型互动5D影院1项。

（二十四）郑州

评估显示，郑州市科技传播技术的应用情况良好，城市科技传播技术评分为7.27，高于全国平均值5.42。

1. 内容生产新技术在科技展馆、互联网平台的应用情况

在参与评估的36个城市中，郑州市的“内容生产新技术在科技展馆、互联网平台的

应用情况”这一指标高于全国平均水平，表明郑州市科技展馆、互联网平台在内容生产新技术方面应用程度较好，科技展馆、互联网平台的智能化和实际使用性水平较高。

在郑州科技馆新馆的建设中，浪潮结合郑州科学技术馆现有智能化基础，综合运用5G、物联网、大数据、人工智能、云计算等新型信息技术，全方位创新建设多融合、可生长、真智慧的科技馆信息化体系，进而助力郑州科技馆实现建设目标，通过数字化管理模式和智慧化的运行思路汇聚优质资源，为学生与社会公众提供丰富多彩的科技内容。

2. 传播服务新技术在科技展馆、互联网平台的应用情况

在参与评估的36个城市中，郑州市的“传播服务新技术在科技展馆、互联网平台的应用情况”这一指标高于全国平均水平，表明郑州市的科技展馆、互联网平台在VR等技术应用上较好，传播和服务的方式多样化，有利于科技的传播。

郑州科技馆设有虚拟现实展区及线上VR游馆，将科技馆展厅通过虚拟现实技术以三维形式呈现给观众，让观众可以在家中或者在移动设备上通过虚拟现实头盔、手机等设备进行参观和体验。同时，虚拟现实展览还可以根据不同的主题和展览需求进行定制和优化，为观众提供更加个性化、交互式的参观体验。

（二十五）重庆

评估显示，重庆市科技传播技术的应用情况较好，城市科技传播技术评分为8.16，高于全国平均值5.42。

1. 内容生产新技术在科技展馆、互联网平台的应用情况

在参与评估的36个城市中，重庆市的“内容生产新技术在科技展馆、互联网平台的应用情况”这一指标高于全国平均水平，表明重庆市较为重视科技展馆、互联网平台在内容生产新技术方面的实际应用，科技展馆、互联网平台的智能化水平较高。

比如，重庆科技馆是国家4A级旅游景区，为更好地服务观众，场馆不断追求数字化、智能化的智慧场馆建设，秉持以用户为本，以观众的需求为导向，打造重庆市数字科技馆，利用信息化、大数据的思路，通过对展品的交互数据和用户行为数据的采集、分析，搭建观众与展品之间的联系。

2. 传播服务新技术在科技展馆、互联网平台的应用情况

在参与评估的36个城市中，重庆市的“传播服务新技术在科技展馆、互联网平台的应用情况”这一指标高于全国平均水平，表明重庆市的科技展馆、互联网平台在VR/AR、元宇宙、云平台等方面技术的实际应用丰富，能更加生动地展现重庆市现代科技馆体系，将科技馆与博物馆、文化馆等融合共享，提升了科技馆的服务功能，对于建设虚拟现实产业高地意义重大。

比如，重庆市万盛科技馆设有AR互动沙盘项目，该互动项目通过将AR技术融入教育沙盘，创建山水建筑教会孩子们大自然的基本概念，例如天气、地质、水纹等，同时提高孩子们的沟通技巧、动手和团队协作能力，学习地球结构形态与山川河流分布及环境变化等地球科学知识。

（二十六）长春

评估显示，长春市科技传播技术的应用情况存在不足，城市科技传播技术评分为

4.53，低于全国平均值5.42。长春市在内容生产新技术方面应用情况较弱，但在传播服务新技术方面与其他城市差距较小。

1. 内容生产新技术在科技展馆、互联网平台的应用情况

在参与评估的36个城市中，长春市的“内容生产新技术在科技展馆、互联网平台的应用情况”这一指标低于全国平均水平，表明长春市科技展馆、互联网平台的智能化水平存在上升空间。建议长春市加大科技展馆、互联网平台在内容生产新技术方面的实际应用，促进其数字化发展。

2. 传播服务新技术在科技展馆、互联网平台的应用情况

在参与评估的36个城市中，长春市的“传播服务新技术在科技展馆、互联网平台的应用情况”这一指标略低于全国平均水平，表明长春市的VR/AR、元宇宙、云平台等技术应用情况有待加强。建议长春市丰富科技传播方式，满足广大市民的需求。

（二十七）贵阳

评估显示，贵阳市科技传播技术的应用情况存在不足，城市科技传播技术评分为2.73，低于全国平均值5.42。

1. 内容生产新技术在科技展馆、互联网平台的应用情况

在参与评估的36个城市中，贵阳市的“内容生产新技术在科技展馆、互联网平台的应用情况”这一指标低于全国平均水平，表明贵阳市科技展馆、互联网平台在智能技术应用方面存在上升空间，需要加大科技展馆、互联网平台数字化发展，促进科技传播体系完善。

2. 传播服务新技术在科技展馆、互联网平台的应用情况

在参与评估的36个城市中，贵阳市“传播服务新技术在科技展馆、互联网平台的应用情况”这一指标显著低于全国平均水平，表明贵阳市科技展馆、互联网平台对新兴技术应用情况有待加强。

（二十八）太原

评估显示，太原市科技传播技术的应用情况较为薄弱，城市科技传播技术评分为2.73，低于全国平均值5.42。虽然，太原市有一些在科技领域的数字化应用案例，但是相对于其他城市，太原市在科技传播领域的实际应用仍然远远不足。

1. 内容生产新技术在科技展馆、互联网平台的应用情况

在参与评估的36个城市中，太原市的“内容生产新技术在科技展馆、互联网平台的应用情况”这一指标低于全国平均水平，表明太原市科技展馆、互联网平台在数字化技术应用方面存在上升空间。建议太原市加大科技展馆、互联网平台在内容生产新技术方面的实际应用，完善科技传播体系。

2. 传播服务新技术在科技展馆、互联网平台的应用情况

在参与评估的36个城市中，太原市的“传播服务新技术在科技展馆、互联网平台的应用情况”这一指标显著低于全国平均水平，表明太原市科技展馆、互联网平台对新兴

技术应用情况有待加强。建议太原市进一步完善科技展馆、互联网平台建设，提高智能化水平。

山西省科技馆设有 VR 和 3D 打印科普体验馆，该展厅展区总面积为 800 平方米，VR 展区展示有虚拟现实模拟驾驶平台、虚拟现实模拟飞行平台、虚拟现实空间科普平台、三维仿真科普交互平台、虚拟现实多人动感体验平台、增强现实互动攀岩平台 6 款体验设备，共 20 余项沉浸式活动项目。

（二十九）南宁

评估显示，南宁市科技传播技术的应用情况仍有进步空间，城市科技传播技术评分为 2.73，显著低于全国平均值 5.42，内容生产新技术在南宁市科技展馆、互联网平台生产力发生端的应用案例数量较少。

1. 内容生产新技术在科技展馆、互联网平台的应用情况

在参与评估的 36 个城市中，南宁市的“内容生产新技术在科技展馆、互联网平台的应用情况”这一指标低于全国平均水平，表明南宁市科技展馆、互联网平台在内容生产新技术方面的实际应用有待加强，需进一步提升科技展馆、互联网平台的智能化水平。

2. 传播服务新技术在科技展馆、互联网平台的应用情况

在参与评估的 36 个城市中，南宁市的“传播服务新技术在科技展馆、互联网平台的应用情况”这一指标低于全国平均水平，表明南宁市的科技展馆、互联网平台在 VR/AR、元宇宙、云平台等方面技术的实际应用仍有进步空间，科技传播方式需要进一步优化。

（三十）兰州

评估显示，兰州市科技传播技术的应用情况较为薄弱，城市科技传播技术评分为 2.73，低于全国平均值 5.42，相对于其他城市，兰州市在科技传播领域的实际应用仍然远远不足。

1. 内容生产新技术在科技展馆、互联网平台的应用情况

在参与评估的 36 个城市中，兰州市的“内容生产新技术在科技展馆、互联网平台的应用情况”这一指标低于全国平均水平，表明兰州市科技展馆、互联网平台在数字化技术应用方面存在上升空间。建议兰州市加大科技展馆、互联网平台在内容生产新技术方面的实际应用，完善科技传播体系。

2. 传播服务新技术在科技展馆、互联网平台的应用情况

在参与评估的 36 个城市中，兰州市的“传播服务新技术在科技展馆、互联网平台的应用情况”这一指标显著低于全国平均水平，表明太原市科技展馆、互联网平台对新兴技术应用情况有待加强。建议兰州市进一步完善科技展馆、互联网平台建设，提高智能化水平。

（三十一）乌鲁木齐

评估显示，乌鲁木齐市科技传播技术的应用情况存在不足，城市科技传播技术评分为 2.73，低于全国平均值 5.42。

1. 内容生产新技术在科技展馆、互联网平台的应用情况

在参与评估的 36 个城市中，乌鲁木齐市的“内容生产新技术在科技展馆、互联网平

台的应用情况”这一指标低于全国平均水平，表明乌鲁木齐市科技展馆、互联网平台在智能技术应用方面存在上升空间，需要加大科技展馆、互联网平台数字化发展，促进科技传播体系完善。

2. 传播服务新技术在科技展馆、互联网平台的应用情况

在参与评估的36个城市中，乌鲁木齐市的“传播服务新技术在科技展馆、互联网平台的应用情况”这一指标显著低于全国平均水平，表明乌鲁木齐市科技展馆、互联网平台对新兴技术应用情况有待加强。

（三十二）海口

评估显示，海口市科技传播技术的应用情况有待推进，城市科技传播技术评分为3.63，低于全国平均值5.42。

1. 内容生产新技术在科技展馆、互联网平台的应用情况

在参与评估的36个城市中，海口市的“内容生产新技术在科技展馆、互联网平台的应用情况”这一指标低于全国平均水平，表明海口市的科技展馆、互联网平台在内容生产新技术方面的实际应用情况有待提升，可以积极引入各类信息化设备，利用新技术手段创新内容，提升科技展馆、互联网平台的智能化水平。

2. 传播服务新技术在科技展馆、互联网平台的应用情况

在参与评估的36个城市中，海口市的“传播服务新技术在科技展馆、互联网平台的应用情况”这一指标低于全国平均水平，表明海口市的科技展馆、互联网平台在VR/AR、元宇宙、云平台等方面技术的实际应用有待加强，可以积极引入智能化展示设备，开发智能化应用，提高科技创新成果的展示和交流效率。

（三十三）银川

评估显示，银川市科技传播技术的应用情况较为薄弱，城市科技传播技术评分为2.73，低于全国平均值5.42，在科技传播领域的实际应用仍然存在不足。

1. 内容生产新技术在科技展馆、互联网平台的应用情况

在参与评估的36个城市中，银川市的“内容生产新技术在科技展馆、互联网平台的应用情况”这一指标低于全国平均水平，表明银川市科技展馆、互联网平台在数字化技术应用方面存在上升空间。建议银川市加大科技展馆、互联网平台在内容生产新技术方面的实际应用，完善科技传播体系。

2. 传播服务新技术在科技展馆、互联网平台的应用情况

在参与评估的36个城市中，银川市的“传播服务新技术在科技展馆、互联网平台的应用情况”这一指标显著低于全国平均水平，表明银川市科技展馆、互联网平台的新兴技术应用情况有待加强。建议银川市进一步完善科技展馆、互联网平台建设，提高智能化水平。

（三十四）呼和浩特

评估显示，呼和浩特市科技传播技术的应用情况存在不足，城市科技传播技术评分

为4.53，低于全国平均值5.42。呼和浩特市在内容生产新技术方面应用情况较弱，但是在传播服务新技术方面与其他城市差距相对较小。

1. 内容生产新技术在科技展馆、互联网平台的应用情况

在参与评估的36个城市中，呼和浩特市的“内容生产新技术在科技展馆、互联网平台的应用情况”这一指标低于全国平均水平，表明呼和浩特市科技展馆、互联网平台的智能化水平存在上升空间。建议呼和浩特市加大科技展馆、互联网平台在内容生产新技术方面的实际应用，促进其数字化发展。

2. 传播服务新技术在科技展馆、互联网平台的应用情况

在参与评估的36个城市中，呼和浩特市的“传播服务新技术在科技展馆、互联网平台的应用情况”这一指标略低于全国平均水平，表明呼和浩特市的科技展馆、互联网平台在VR/AR、元宇宙、云平台等方面技术应用情况有待加强。建议呼和浩特市丰富科技传播方式，满足广大市民的需求。

（三十五）西宁

西宁市科技展馆、互联网平台在应用内容生产新技术和传播服务新技术两个方面的应用数量均较少，存在较大的发展潜力，不利于科技传播生态体系的发展。城市科技传播技术评分为2.73，低于全国平均值5.42。

1. 内容生产新技术在科技展馆、互联网平台的应用情况

在参与评估的36个城市中，西宁市的“内容生产新技术在科技展馆、互联网平台的应用情况”这一指标低于全国平均水平，表明西宁市科技展馆、互联网平台应用内容生产新技术情况较为滞后。建议西宁市科技展馆、互联网平台增强与其他城市智慧化科技馆交流，学习先进经验，推动自身内容生产新技术的应用。

2. 传播服务新技术在科技展馆、互联网平台的应用情况

在参与评估的36个城市中，西宁市的“传播服务新技术在科技展馆、互联网平台的应用情况”这一指标低于全国平均水平，表明西宁市的科技展馆、互联网平台在VR/AR、元宇宙、云平台等方面技术的应用有待加强。建议西宁市科技展馆、互联网平台加强对该方面的重视程度，引入更多传播服务新技术。

（三十六）拉萨

评估显示，拉萨市科技传播技术的应用情况存在不足，城市科技传播技术评分为2.73，低于全国平均值5.42。

1. 内容生产新技术在科技展馆、互联网平台的应用情况

在参与评估的36个城市中，拉萨市的“内容生产新技术在科技展馆、互联网平台的应用情况”这一指标低于全国平均水平，表明拉萨市科技展馆、互联网平台在智能技术应用方面存在上升空间，需要加大科技展馆、互联网平台数字化发展，促进科技传播体系完善。

2. 传播服务新技术在科技展馆、互联网平台的应用情况

在参与评估的36个城市中，拉萨市的“传播服务新技术在科技展馆、互联网平台的

应用情况”这一指标显著低于全国平均水平，表明拉萨市科技展馆、互联网平台对新兴技术应用情况有待加强。

二、地区评分情况

基于我国六大地区，在平均值方面，城市的科技传播技术评分平均值为5.42，华东、中南与华北地区的评分平均值超过了全国平均值，而西南、东北与西北地区的平均值低于全国平均值（见图7-3）。其中，华东地区的科技传播技术评分平均值最高，达到7.26，并且该地区所有城市的评分均高于全国平均值；其次为中南与华北地区，其平均值分别为6.10与5.62；西南地区仅有重庆市的评分超过全国平均值，该地区平均值为4.18；而东北地区的城市评分均低于全国平均值，其平均值为3.63；西北地区的平均值最低，为3.27，该地区仅有西安市的评分与全国平均值基本持平，其余城市的评分仅为2.73。在数值离散程度方面，东北地区呈低值聚集的分布状态，因此其离散程度最低。华东地区的数值则在高值区域相对聚集，因此其离散程度也相对较低。华北与中南地区从低值到高值均有分布，因此离散程度相对较高。

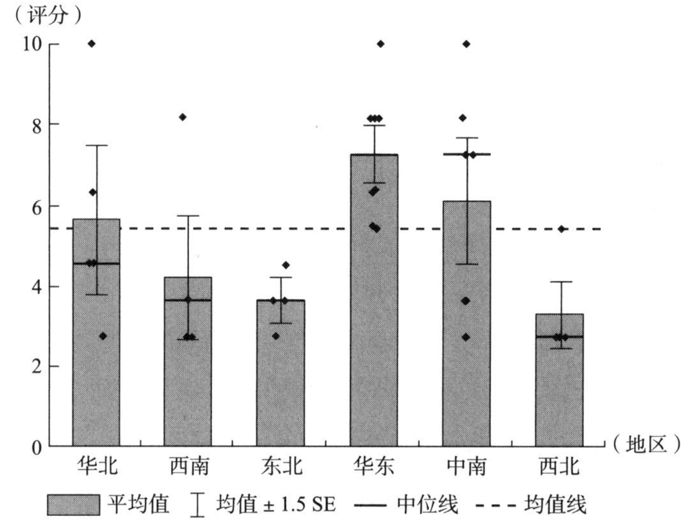

图7-3　地区科技传播技术评分

第四节　传播教育

一、城市评分情况

（一）北京

评估显示，北京市的高校及科研院所开设了科技传播专业。城市科技传播教育评分为10.00，远高于全国平均值1.11。

“设置科技传播专业、研究方向的高校及科研院所数量”这一指标主要考查该城市设置科技传播专业、研究方向的高校及科研院所数量。

北京市的“设置科技传播专业、研究方向的高校及科研院所数量”这一指标显著高于全国平均水平，表明北京市高校十分重视科技传播的专业教育工作，建立了科技传播专业或研究方向，保障了科技传播的后备人才供给。

北京市设置科技传播专业、研究方向的高校及科研院所主要有中国科学院大学、首都师范大学和清华大学。

中国科学院大学科技传播专业属于大学新闻传播系下的三个分支方向之一，主要研究新媒体和大数据背景下与科技相关的人类传播行为及其机制，健康传播、环境传播等领域的新特点，以及科学传播活动的策划、展品展览设计等传播实务。

首都师范大学物理系下设科学技术史。科学技术史专业目前有两个方向：物理学史、科技史与科技传播。其中，首都师范大学科技史与科技传播方向主要研究科技史与科学文化传播的相互关系、影响、交叉与融合。

清华大学科学史系成立于 2017 年 5 月 16 日，隶属人文学院，在西方科学技术史、中国科学技术史、科学哲学与技术哲学、科学传播学与科学博物馆学 4 个方向推进该学科建设，在本科、硕士、博士三个层次培养科学技术史专业人才。其中，清华大学科学传播学与科学博物馆学是科学史系下的重点研究方向之一。

（二）成都

评估显示，成都市的高校及科研院所还未开设科技传播专业。城市科技传播教育评分为 0。

成都市共有 58 所大学及若干所科研院所，有 2 所大学开设了传播学相关的专业，分别是西南交通大学、四川传媒学院，但均未设置科技传播的细分专业方向。

（三）大连

评估显示，大连市的高校及科研院所暂未开设科技传播专业。城市科技传播教育评分为 0，建议大连市注重科技传播人才的培育，引导合适高校开设科技传播专业。

大连市共有 31 所大学及若干所科研院所，有 1 所大学开设了传播学相关的专业，即大连外国语大学，但未设置科技传播的细分专业方向。

（四）福州

评估显示，福州市的高校及科研院所还未开设科技传播专业。城市科技传播教育评分为 0。建议福州市高校以开设了科技传播专业的高校及科研院所为榜样，研究开设科技传播专业，提升科技传播人才的培养能力。

福州市共有 36 所大学及若干所科研院所，共有 5 所大学开设了传播学相关的专业，分别是福州大学、福建理工大学、福建师范大学、闽江学院、福建商学院，但均未设置科技传播的细分专业方向。

（五）广州

评估显示，广州市的高校及科研院所还未开设科技传播专业。城市科技传播教育评分为 0。

广州市“设置科技传播专业、研究方向的高校及科研院所数量”这一指标暂没有得分，应当加大重视科技传播专业建设，积极引导广州市高校开设科技传播专业。广州市共有83所大学及若干所科研院所，共有6所大学开设了传播学相关的专业，分别是中山大学、暨南大学、华南理工大学、华南师范大学、广州大学、广东财经大学，但均未设置科技传播的细分专业方向。

（六）哈尔滨

评估显示，哈尔滨市暂未有设置科技传播专业、研究方向的高校及科研院所。城市科技传播教育评分为0。建议哈尔滨市高校引进优秀师资力量，增设科技传播专业，助力科技传播事业发展。

哈尔滨市共有51所大学及若干所科研院所，只有1所大学开设了传播学相关的专业，为黑龙江大学，但未设置科技传播的细分专业方向。

（七）杭州

评估显示，杭州市的高校及科研院所还未开设科技传播专业。城市科技传播教育评分为0。

杭州市共有47所大学及若干所科研院所，共有5所大学开设了传播学相关的专业，分别是浙江大学、杭州电子科技大学、浙江传媒大学、浙江理工大学、浙江工商大学，但均未设置科技传播的细分专业方向。

（八）合肥

评估显示，合肥市的高校及科研院所开设了科技传播专业。城市科技传播教育评分为10.00。

在参与评估的36个城市中，合肥市的“设置科技传播专业、研究方向的高校及科研院所数量”这一指标显著高于全国平均水平，表明合肥市对科技传播人才培养的重视程度较高，高校及科研院所设置了科技传播相关专业，有助于完善科技传播的人才储备。

合肥市共有54所大学及若干所科研院所，有1所大学开设了传播学相关的专业，即中国科学技术大学。中国科学技术大学是中国科学院所属的一所以前沿科学和高新技术为主的高等院校。中国科学技术大学新闻传播学系设有新闻与传播类专业，其中，新闻与传播类专业目前共有4个方向：科技传播、网络与新媒体、新闻实务、传播实务。

（九）济南

评估显示，济南市的高校及科研院所还未开设科技传播专业。城市科技传播教育评分为0。

济南市共有44所大学及若干所科研院所，共有5所大学开设了传播学相关的专业，分别是山东大学、济南大学、山东师范大学、山东艺术学院、山东财经大学，但均未设置科技传播的细分专业方向。

（十）昆明

评估显示，昆明市的高校及科研院所还未开设科技传播专业。城市科技传播教育评分为 0。建议昆明市高校应结合自身情况，发掘或引进科技传播教育人才，推动科技传播专业的开展。

昆明市共有 52 所大学及若干所科研院所，共有 4 所大学开设了传播学相关的专业，分别是云南大学、云南师范大学、云南财经大学、昆明理工大学，但均未设置科技传播的细分专业方向。

（十一）南昌

评估显示，南昌市的高校及科研院所还未开设科技传播专业。城市科技传播教育评分为 0。

南昌市共有 56 所大学及若干所科研院所，共有 6 所大学开设了传播学相关的专业，分别是南昌大学、江西师范大学、江西财经大学、南昌航空大学、豫章师范学院、江西科技学院，但均未设置科技传播的细分专业方向。

（十二）南京

评估显示，南京市的高校及科研院所还未开设科技传播专业。城市科技传播教育评分为 0。

南京市共有 51 所大学及若干所科研院所，有多所大学开设了传播学相关的专业，分别是南京大学、东南大学、南京航天航空大学、南京理工大学、南京工业大学、南京邮电大学、河海大学、南京林业大学、南京农业大学、南京医科大学等，但均未设置科技传播的细分专业方向。

（十三）宁波

评估显示，宁波市的高校及科研院所还未开设科技传播专业。城市科技传播教育评分为 0。建议宁波市设立科技传播专门人才的奖励办法，吸引科技传播人才进入宁波高校，助力高校设立科技传播专业及研究方向。

宁波市共有 16 所大学及若干所科研院所，有 2 所大学开设了传播学相关的专业，分别是宁波大学、宁波诺丁汉大学，但均未设置科技传播的细分专业方向。

（十四）青岛

评估显示，青岛市的高校及科研院所还未开设科技传播专业。城市科技传播教育评分为 0。表明青岛市对科技传播后备人才培养的重视程度有待提升，应激励青岛市高校开设科技传播专业，完善科技传播后备人才培养机制的建设。

青岛市共有 25 所大学及若干所科研院所，有 1 所大学开设了传播学相关的专业，即青岛农业大学，但未设置科技传播的细分专业方向。

（十五）厦门

评估显示，厦门市的高校及科研院所还未开设科技传播专业。城市科技传播教育评分为 0。

厦门市共有 16 所大学及若干所科研院所，有 2 所大学开设了传播学相关的专业，分别是厦门大学、厦门工学院，但均未设置科技传播的细分专业方向。

（十六）上海

评估显示，上海市的高校及科研院所科技传播专业开设情况良好，城市科技传播教育评分为10.00，显著高于全国平均值1.11。

上海市“设置科技传播专业、研究方向的高校及科研院所数量”这一指标显著高于全国平均水平，表明上海市相当重视对科技传播人才的培养，高校及科研院所开设了科技传播的相关专业。

上海市共有65所大学及若干所科研院所，共有5所大学开设了传播学相关专业，分别是复旦大学、上海建桥学院、东华大学、上海理工大学、上海交通大学。其中，上海交通大学媒体与传播学院开设了科技传播相关专业。

2023年5月，在第二届上海科技传播大会主旨论坛上，上海市正式推出“科技传播领航计划”，其中之一是科技传播专业学科建设，在上海交通大学媒体与传播学院开设科技传播二级学科硕士点。2023年10月初，上海交通大学研招网发布了2024年的硕士招生简章，媒体与传播学院新闻与传播专硕新增科技传播专业研究方向。

（十七）深圳

评估显示，深圳市的高校及科研院所还未开设科技传播专业。城市科技传播教育评分为0。

深圳市共有8所大学及若干所科研院所，有1所大学开设了传播学相关的专业，即深圳大学，但未开设科技传播的细分专业方向。

（十八）沈阳

评估显示，沈阳市的高校及科研院所还未开设科技传播专业。城市科技传播教育评分为0。

沈阳市共有28所大学及若干所科研院所，仅有辽宁大学开设了传播学相关的专业，但未设置科技传播的细分专业方向。

（十九）石家庄

评估显示，石家庄市的高校及科研院所还未开设科技传播专业。城市科技传播教育评分为0，表明石家庄市对科技传播后备人才培养机制建设有待完善。建议石家庄市进一步重视科技传播人才的培养，在高校或科研院所设立科技传播专业、研究方向。

石家庄市共有44所大学及若干所科研院所，有1所大学开设了传播学相关的专业，即河北传媒学院，但未设置科技传播的细分专业方向。

（二十）天津

评估显示，天津市的高校及科研院所还未开设科技传播专业。城市科技传播教育评分为0。

天津市共有59所大学及若干所科研院所，有4所大学开设了传播学相关的专业，分别是天津外国语大学、天津中医药大学、天津财经大学珠江学院、天津仁爱学院，但均未设置科技传播的细分专业方向。

（二十一）武汉

评估显示，武汉市的高校及科研院所还未开设科技传播专业。城市科技传播教育评分为0。

武汉市共有83所大学及若干所科研院所，有5所大学开设了传播学相关的专业，分别是武汉大学、华中科技大学、湖北大学、武汉传媒学院、武汉文理学院，但均未设置科技传播的细分专业方向。

（二十二）西安

评估显示，西安市的高校及科研院所还未开设科技传播专业。城市科技传播教育评分为0。

西安市共有64所大学及若干所科研院所，有3所大学开设了传播学相关的专业，分别是西安交通大学、西北大学、陕西师范大学，但均未设置科技传播的细分专业方向。

（二十三）长沙

评估显示，长沙市的高校及科研院所尚未开设相关的科技传播专业。城市科技传播教育评分为0。

长沙市共有60所大学及若干所科研院所，有1所大学开设了传播学相关的专业，即湖南师范大学，但未设置科技传播的细分专业方向。

（二十四）郑州

评估显示，郑州市的高校及科研院所还未开设科技传播专业。城市科技传播教育评分为0。建议郑州市建立科技传播学研激励机制，助力高校开展科技传播专业。

郑州市共有62所大学及若干所科研院所，有7所大学开设了传播学相关的专业，分别是郑州大学、河南大学、河南工业大学、河南财经政法大学、郑州升达商贸管理学院、郑州商学院、郑州西亚斯学院，但均未设置科技传播的细分专业方向。

（二十五）重庆

评估显示，重庆市的高校及科研院所还未开设科技传播专业。城市科技传播教育评分为0。重庆市应鼓励高校开展科技传播内容研究，设置科技传播专业或研究方向。

重庆市共有72所大学及若干所科研院所，有3所大学开设了传播学相关的专业，分别是重庆大学、西南政法大学、西南大学，但均未设置科技传播的细分专业方向。

（二十六）长春

评估显示，长春市的高校及科研院所还未开设科技传播专业。城市科技传播教育评分为0。建议长春市注重科技传播人才的培育，引导合适高校开设科技传播专业。

（二十七）贵阳

评估显示，贵阳市的高校及科研院所尚未开设科技传播专业。城市科技传播教育评分为0。建议贵阳市高校以设置了科技传播专业、研究方向的高校及科研院所为榜样，研究开设科技传播专业，提升科技传播人才的培养能力。

（二十八）太原

评估显示，太原市的高校及科研院所开设了科技传播专业。城市科技传播教育评分为10.00，远高于全国平均值1.11。太原市设置科技传播专业、研究方向的高校主要有山西大学。2022年，山西大学科学技术史一级学科博士点设立“科技传播史”博士招生方向。

在参与评估的36个城市中，太原市“设置科技传播专业、研究方向的高校及科研院所数量”这一指标显著高于全国平均水平，表明太原市高校十分重视科技传播的专业教育工作，重视科技传播人才的培养，建立了科技传播专业或研究方向。

（二十九）南宁

评估显示，南宁市的高校及科研院所还未开设科技传播专业。城市科技传播教育评分为0。

南宁市“设置科技传播专业、研究方向的高校及科研院所数量”这一指标暂没有得分，目前全国范围内仅有少数高校开设了科技传播专业，南宁市应当加大重视科技传播专业建设，积极引导南宁市高校开设科技传播相关专业。

（三十）兰州

评估显示，兰州市的高校及科研院所尚未开设科技传播专业。城市科技传播教育评分为0。建议兰州市高校引进优秀师资力量，增设科技传播专业，助力科技传播事业发展。

（三十一）乌鲁木齐

评估显示，乌鲁木齐市的高校及科研院所尚未开设科技传播专业。城市科技传播教育评分为0。

（三十二）海口

评估显示，海口市的高校及科研院所尚未开设科技传播专业。城市科技传播教育评分为0。海口市高校应结合自身情况，发掘或引进科技传播教育人才，推动科技传播专业的开展。

（三十三）银川

评估显示，银川市的高校及科研院所还未开设科技传播专业。城市科技传播教育评分为0。建议银川市设立科技传播专门人才的奖励办法，吸引科技传播人才进入银川高校，助力高校设立科技传播专业及研究方向。

（三十四）呼和浩特

评估显示，呼和浩特市的高校及科研院所还未开设科技传播专业。城市科技传播教育评分为0，表明呼和浩特市对科技传播后备人才培养的重视程度有待提升。建议呼和浩特市高校开设科技传播专业，完善科技传播后备人才培养机制的建设。

（三十五）西宁

评估显示，西宁市的高校及科研院所尚未开设科技传播专业。城市科技传播教育评分为0。

（三十六）拉萨

评估显示，拉萨市的高校及科研院所尚未开设科技传播专业。城市科技传播教育评分为0。建议拉萨市建立科技传播学研激励机制，助力高校开展科技传播专业。

二、地区评分情况

基于我国六大地区，在平均值方面，全国城市的科技传播教育评分平均值为1.11，全国仅有北京市、太原市、合肥市与上海市的评分为10.00，其余城市的评分均为0（见图7-4）。因此，仅有华北与华东地区的科技传播教育评分平均值超过了全国平均值，华北地区的平均值为4.00，华东地区的平均值为2.00，其余地区的平均值均为0。

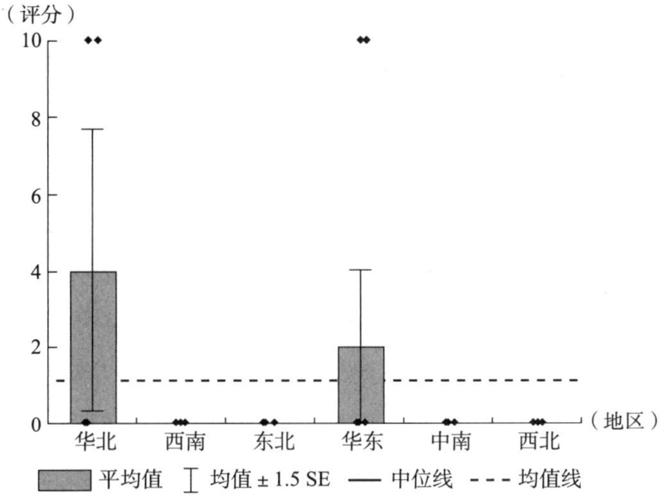

图7-4　地区科技传播教育评分

第五节　传播支撑要素

一、城市评分情况

（一）北京

评估显示，在科技传播支撑要素建设上，北京市重视科技传播政策机制建设，出台了一系列科技成果、科学家精神传播相关的政策，进行了大量的科技传播资金投入，应用人工智能等新兴技术提升科技传播效果和受众体验，在高校及科研院所设置科技传播专业及研究方向，蓄力科技传播人才培养，为科技传播的发展创造良好生态条件。城市科技传播支撑要素评分为 10.00，远高于全国平均值 2.97。

（二）成都

评估显示，成都市为科技传播事业提供了相对充裕的资金支持，但是在科技传播政策机制、科技传播技术、科技传播教育等方面仍然有较大的提升空间。城市科技传播支撑要素评分为 1.68，低于全国平均值 2.97。

（三）大连

评估显示，大连市科技传播支撑要素的建设情况相对薄弱，城市科技传播支撑要素评分为 1.62，低于全国平均值 2.97。大连市在促进科技传播的政策机制方面较为完善，但是在科技传播资金、技术应用及科技传播教育方面的不足，影响了整体科技传播支撑要素的建设情况。

（四）福州

评估显示，福州市科技传播支撑要素的建设情况较为良好，城市科技传播支撑要素评分为 3.28，高于全国平均水平 2.97。在科技传播支撑要素建设上，福州市的传播资金相对充裕，较为重视科技传播政策机制建设，出台了一系列科技传播相关的政策，为科技传播的发展打下了良好的基础。

（五）广州

评估显示，广州市科技传播支撑要素的建设情况较为良好，城市科技传播支撑要素评分为 4.25，高于全国平均值 2.97。广州市对科技传播的相关要素支撑较为重视，发布了科技传播相关政策，进行了大量的资金投入，科技传播数字化水平较高，拥有较为良好的科技传播生态条件。

（六）哈尔滨

评估显示，哈尔滨市科技传播支撑要素的建设情况相对薄弱，城市科技传播支撑要素评分为 1.77，低于全国平均值 2.97。虽然哈尔滨市积极出台科学家精神政策，比如，哈尔滨市政府办公厅于 2021 年 10 月发布了《哈尔滨市全民科学素质行动规划纲要实施方案（2021—2025 年）》。但是，在科技传播资金、传播技术和传播教育方面的状况不佳，较大地影响了整体传播支撑要素的情况。

（七）杭州

评估显示，杭州市科技传播支撑要素的建设情况较为良好，城市科技传播支撑要素评分为 3.28，高于全国平均值 2.97。在科技传播支撑要素建设上，杭州市的传播资金相对充裕，较为重视科技传播政策机制建设，出台了一系列科技传播相关的政策，为科技传播的发展打下了良好的基础。杭州市还积极尝试新一代信息技术在科技传播领域的应用，对于提升科技传播的体验有较大的助力作用。

（八）合肥

评估显示，合肥市科技传播支撑要素的建设情况较为良好，城市科技传播支撑要素评分为7.81，高于全国平均值2.97。在科技传播支撑要素方面，合肥市建设了相对完善的科技成果传播政策机制，预备了充足的科技传播资金，并且领先在大学设立了科技传播相关专业，以较为优势的科技成果政策机制、资金、人才夯实了科技传播基础，保障科技传播生态体系的高效运行。

（九）济南

评估显示，济南市科技传播支撑要素的建设情况有一定发展空间，城市科技传播支撑要素评分为2.57，低于全国平均值2.97。在科技传播支撑要素建设上，济南市较为重视科技传播政策机制建设，为科技成果传播和科学家精神传播提供了政策保障；但是，科技传播预算资金较少，并且济南市尚无设置科技传播专业、研究方向的高校及科研院所，在科技传播教育的支撑上有一定不足。

（十）昆明

评估显示，昆明市科技传播支撑要素的建设情况仍有进步空间，城市科技传播支撑要素评分为1.44，低于全国平均值2.97。昆明市的科技传播政策机制建设较为薄弱，对科技传播领域的资金投入有所不足，这在一定程度上制约了昆明市科技传播生态体系的高效运转。

（十一）南昌

评估显示，南昌市科技传播支撑要素的建设情况较为薄弱，城市科技传播支撑要素评分为2.33，低于全国平均值2.97。在科技传播支撑要素建设上，南昌市出台了较多的科技传播相关政策，为科技传播事业发展提供了可靠支撑。此外，南昌市积极尝试新一代信息技术在科技传播领域的应用，在较多的科技展馆、互联网平台中应用传播服务新技术来提升传播效果。

（十二）南京

评估显示，南京市科技传播支撑要素的建设情况较为薄弱，城市科技传播支撑要素评分为2.48，低于全国平均值2.97，但在传播服务新技术方面应用情况较好。比如，南京科技馆在二楼设有“信息与技术展厅”“无人驾驶”“VR 变装”等展项，提供吸引力较强的科技传播沉浸式体验。

（十三）宁波

评估显示，宁波市科技传播支撑要素的建设情况有所不足，城市科技传播支撑要素评分为2.58，略低于全国平均值2.97。在科技传播支撑要素建设上，宁波市的传播资金相对充裕，并且出台了一系列科技传播相关的政策，为科技传播的发展打下了良好的基础。但是宁波市在信息技术对科技传播领域的应用方面还有所欠缺。

（十四）青岛

评估显示，青岛市科技传播支撑要素的建设情况较为良好，城市科技传播支撑要素评分为3.37，高于全国平均值2.97。青岛市在科技传播方面资金投入力度较大，较为重视科技传播政策机制建设，积极制定有利于新兴科技成果传播的政策，为科技传播支撑要素建设打下了良好的基础。

（十五）厦门

评估显示，厦门市科技传播支撑要素的建设情况较为良好，城市科技传播支撑要素评分为3.04，高于全国平均值2.97。在科技传播支撑要素建设上，厦门市出台了较多政策，大力支持科技成果传播和科学家精神传播。同时，厦门市积极创新应用科技传播技术，致力于提升科技传播体验，从而进一步扩大科技传播影响力。

（十六）上海

评估显示，上海市科技传播支撑要素的建设情况良好，城市科技传播支撑要素评分为9.02，显著高于全国平均值2.97。在科技传播支撑要素建设上，上海市对科技传播相关领域较为重视，发布了科技成果、科学家精神传播相关的政策，对科技传播进行资金投入，提升科技传播智能化水平，为发展科技传播提供了良好条件。

（十七）深圳

评估显示，深圳市科技传播支撑要素的建设情况较为良好，城市科技传播支撑要素评分为3.28，高于全国平均值2.97。深圳市建设了相对完善的科技成果传播政策机制，在科技传播方面投入大量资金，形成了强大的资金、政策支持。同时，将内容生产、传播服务新技术大量运用在科技展馆、互联网平台，提供多样化的技术支撑，大幅提升科技传播效果。

（十八）沈阳

评估显示，沈阳市科技传播支撑要素的建设情况相对薄弱，城市科技传播支撑要素评分为2.60，低于全国平均值2.97。虽然沈阳市建立了较为完善的传播政策支撑体系，但在传播技术与传播教育方面存在不足，影响了整体支撑要素的建设进程。

（十九）石家庄

评估显示，石家庄市科技传播支撑要素的建设情况存在欠缺，城市科技传播支撑要素评分为2.17，低于全国平均值2.97。石家庄市较为重视科技成果传播，积极制定有利于新兴科技成果传播的政策，构建了较为完善的科技成果传播政策支撑体系。但石家庄市在科技展馆、互联网平台智能化水平上存在上升空间。

（二十）天津

评估显示，天津市科技传播支撑要素的建设情况较为良好，城市科技传播支撑要素评分为3.22，高于全国平均值2.97。天津市建设有较为完善的科技传播政策保障机制，在科技传播方面投入了较多资金，传播技术的应用也较为普遍，为科技传播生态体系规范、持续、先进地运行提供了保障。

（二十一）武汉

评估显示，武汉市科技传播支撑要素的建设情况较为良好，城市科技传播支撑要素评分为3.13，高于全国平均值2.97。武汉市科技传播资金供给较为充足，科技传播政策机制搭建较为完善，先进传播技术应用较为广泛，为武汉市科技传播生态体系的运转提供了有力保障。

（二十二）西安

评估显示，西安市科技传播支撑要素的建设情况较为薄弱，城市科技传播支撑要素评分为2.33，低于全国平均值2.97。在科技传播支撑要素中，西安市建设有较好的科技传播政策机制，科技展馆、互联网平台也运用了较多的VR/AR等服务新技术，但在科技传播资金投入额、科技传播教育等方面仍有较大的提升空间。

（二十三）长沙

评估显示，长沙市科技传播支撑要素的建设相对薄弱，城市科技传播支撑要素评分为1.94，低于全国平均值2.97。长沙市较为重视科技传播政策机制建设，建立了相对完备的科技传播政策支撑体系。但是，长沙市在其余几个科技传播支撑要素的建设上相对滞后，比如，科技传播过程中的资金投入水平较低，科技传播技术应用水平较低等。

（二十四）郑州

评估显示，郑州市科技传播支撑要素的建设情况较为不足，城市科技传播支撑要素评分为2.81，略低于全国平均值2.97。郑州市出台了一系列科技传播相关的政策，为促进科技传播提供了一定的政策支撑，但郑州市的科技传播预算资金方面相对薄弱。

（二十五）重庆

评估显示，重庆市科技传播支撑要素的建设情况较为良好，城市科技传播支撑要素评分为3.61，高于全国平均值2.97。在科技传播支撑要素建设上，重庆市的传播资金相对充裕，较为重视科技传播政策机制建设，出台了一系列科技传播相关的政策，为科技传播的发展打下了良好的基础。此外，重庆市较为重视科技展馆、互联网平台在内容生产新技术方面的实际应用，科技展馆、互联网平台的智能化水平较高。

（二十六）长春

评估显示，长春市科技传播支撑要素的建设情况相对薄弱，城市科技传播支撑要素评分为1.68，低于全国平均值2.97。长春市在促进科技成果传播政策方面较为完善，但是在促进科学家精神传播政策、科技传播资金、技术应用及科技传播教育方面的不足，影响了整体科技传播支撑要素的建设情况。

（二十七）贵阳

评估显示，贵阳市科技传播支撑要素的建设情况相对薄弱，城市科技传播支撑要素评分为1.21，低于全国平均值2.97。虽然贵阳市积极出台科技成果传播相关政策，但是在科技传播资金、传播技术和传播教育方面的状况不佳，较大地影响了整体传播支撑要素的情况。

（二十八）太原

评估显示，太原市科技传播支撑要素的建设情况较为良好，城市科技传播支撑要素评分为6.55，高于全国平均值2.97。整体来看，太原市建立了较为完善的科技传播政策体系，并且在高校及科研院所设置科技传播专业及研究方向，蓄力科技传播人才培养。

（二十九）南宁

评估显示，南宁市科技传播支撑要素的建设情况相对薄弱，城市科技传播支撑要素评分为1.54，低于全国平均值2.97。虽然南宁市积极出台科学家精神传播相关政策，但是在科技传播资金、传播技术和传播教育方面的状况不佳，较大地影响了整体传播支撑要素的情况。

（三十）兰州

评估显示，兰州市科技传播支撑要素的建设情况仍有进步空间，城市科技传播支撑要素评分为1.12，低于全国平均值2.97。兰州市在科技传播政策、资金投入、技术应用与相关专业开设等方面均存在一定程度的不足，这显著制约了兰州市科技传播生态体系的高效运转。

（三十一）乌鲁木齐

评估显示，乌鲁木齐市科技传播支撑要素的建设情况相对薄弱，城市科技传播支撑要素评分为1.54，低于全国平均值2.97。虽然乌鲁木齐市积极出台科学家精神传播相关政策，但是在科技传播资金、传播技术和传播教育方面的状况不佳，较大地影响了整体传播支撑要素的情况。

（三十二）海口

评估显示，海口市科技传播支撑要素的建设情况相对薄弱，城市科技传播支撑要素评分为1.60，低于全国平均值2.97。海口市为科技传播事业提供了相对充裕的资金支持，但是在科技传播政策机制、科技传播技术与科技传播教育等方面仍然有较大的提升空间。

（三十三）银川

评估显示，银川市科技传播支撑要素的建设情况相对薄弱，城市科技传播支撑要素评分为1.54，低于全国平均值2.97。虽然银川市积极出台科学家精神传播相关政策，但是在科技传播资金、传播技术和传播教育方面的状况不佳，较大地影响了整体传播支撑要素的情况。

（三十四）呼和浩特

评估显示，呼和浩特市科技传播支撑要素的建设情况相对薄弱，城市科技传播支撑要素评分为2.09，低于全国平均值2.97。呼和浩特市在促进科技传播的政策机制方面较为完善，但是在科技传播资金、技术应用及科技传播教育方面的不足，影响了整体科技传播支撑要素的建设情况。

（三十五）西宁

评估显示，西宁市科技传播支撑要素的建设情况相对薄弱，城市科技传播支撑要素评分为1.21，低于全国平均值2.97。西宁市在促进科技成果传播政策方面较为完善，但是在促进科学家精神传播政策、科技传播资金、技术应用及科技传播教育方面的不足，影响了整体科技传播支撑要素的建设情况。

（三十六）拉萨

评估显示，拉萨市科技传播支撑要素的建设情况相对薄弱，城市科技传播支撑要素评分为1.25，低于全国平均值2.97。虽然拉萨市积极出台科学家精神传播相关政策，但是在科技成果传播政策、科技传播资金、传播技术和传播教育方面的状况不佳，较大地影响了整体传播支撑要素的情况。

二、地区评分情况

基于我国六大地区，在平均值方面，全国城市的科技传播支撑要素评分平均值为2.97，仅有华北和华东地区的整体评分平均值高于全国平均值，而中南、东北、西南与西北地区的平均值低于全国平均值，其中，东北与西北地区各城市的科技传播支撑要素评分均低于全国平均值（见图7-5）。在各地区评分具体数值方面，华北地区的评分平均值最高，为4.81；其次为华东和中南地区，平均值分别为3.97与2.65；东北与西南地区的平均值较为接近，分别为1.92与1.84；西北地区的平均值最低，仅为1.55。在数值离散程度方面，由于东北和西北地区的评分平均值均偏向于低值，其离散程度相对较低；而华北与华东地区存在北京与上海等个别极高值城市，同时存在低值城市，因此其离散程度偏高。

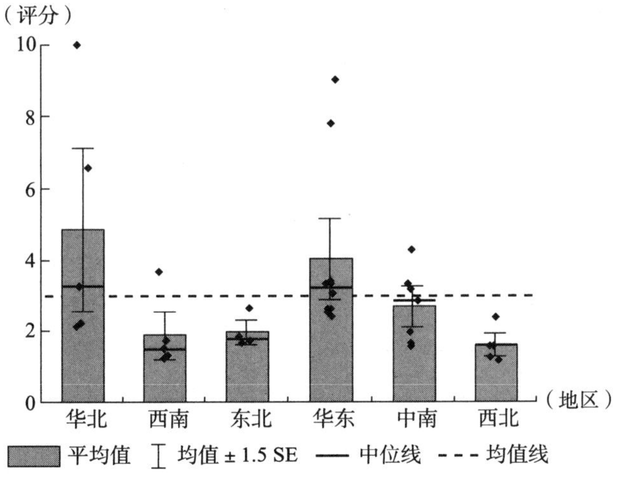

图7-5　地区科技传播支撑要素评分

第八章

科技传播总评分

第一节　总体排名情况

根据科技传播生态体系建设的第三方评估结果，将参与评估的36个城市划分为传播生态一级、二级、三级及四级城市：传播生态一级城市是指科技传播生态体系建设相对全面，处于领先地位的城市；传播生态二级城市是指在科技传播生态体系建设的重点领域实现突破，具备较大发展潜质的城市；传播生态三级城市是指科技传播生态体系建设初见成效，逐步进入快速发展的城市；传播生态四级城市是指科技传播生态体系建设尚处于起步阶段，并初步在部分领域取得发展的城市（见表8-1）。

表8-1　城市传播总评分及评级

排名	城市	总评分	评级
1	北京	8.72	传播生态一级城市
2	上海	6.88	传播生态一级城市
3	广州	5.55	传播生态一级城市
4	南京	4.84	传播生态二级城市
5	杭州	4.58	传播生态二级城市
6	深圳	4.42	传播生态二级城市
7	合肥	3.91	传播生态二级城市
8	重庆	3.89	传播生态二级城市
9	天津	3.74	传播生态二级城市
10	西安	3.53	传播生态二级城市
11	郑州	3.46	传播生态二级城市
12	武汉	3.45	传播生态二级城市
13	成都	3.31	传播生态三级城市
14	长沙	3.11	传播生态三级城市
15	济南	3.04	传播生态三级城市
16	宁波	2.69	传播生态三级城市
17	太原	2.65	传播生态三级城市
18	厦门	2.63	传播生态三级城市
19	南昌	2.59	传播生态三级城市

续表

排名	城市	总评分	评级
20	福州	2.53	传播生态三级城市
21	沈阳	2.48	传播生态三级城市
22	石家庄	2.48	传播生态三级城市
23	哈尔滨	2.45	传播生态三级城市
24	青岛	2.33	传播生态三级城市
25	昆明	2.07	传播生态三级城市
26	南宁	1.89	传播生态三级城市
27	长春	1.88	传播生态四级城市
28	大连	1.87	传播生态四级城市
29	贵阳	1.72	传播生态四级城市
30	呼和浩特	1.64	传播生态四级城市
31	银川	1.63	传播生态四级城市
32	兰州	1.49	传播生态四级城市
33	乌鲁木齐	1.49	传播生态四级城市
34	海口	1.41	传播生态四级城市
35	西宁	1.35	传播生态四级城市
36	拉萨	1.10	传播生态四级城市

评级结果显示，北京、上海与广州为传播生态一级城市，表明其具有相对完善的科技传播生态体系，在全国城市科技传播水平中处于领先地位。南京、杭州、深圳、合肥、重庆、天津、西安、郑州与武汉为传播生态二级城市，表明其具有良好的科技传播生态体系，但仍存在进一步提升的空间。成都、长沙、济南、宁波、太原、厦门、南昌、福州、沈阳、石家庄、哈尔滨、青岛、昆明与南宁为传播生态三级城市，表明其在科技传播生态体系建设方面取得了一定的成效，但仍具有一些薄弱之处，需要继续努力提升其整体水平。长春、大连、贵阳、呼和浩特、银川、兰州、乌鲁木齐、海口、西宁与拉萨为传播生态四级城市，表明其科技传播生态体系水平还相对较弱，各项指标均存在较大的提升空间。

第二节　城市评分情况

一、北京

评估显示，在参与评估的 36 个城市中，北京市的科技传播总评分为最高值，达到了 8.72。除了科学家精神传播，其余各项一级指标与二级指标的评分均为全国城市中的最高值，说明北京市在科技传播主体、传播内容、传播渠道、传播受众与传播支撑要素等方面均取得了显著的成效，构建了相对完善的科技传播生态体系。

二、成都

评估显示，成都市的科技传播总评分略高于全国平均值，为3.31。在具体指标方面，成都市在传播内容、传播渠道与传播受众方面的建设情况良好，但在传播主体与传播支撑要素方面还存在不足，需要采取针对性措施加强科技传播生态体系建设。

三、大连

评估显示，大连市的科技传播总评分低于全国平均值，为1.87。大连市在科技传播主体、传播内容、传播渠道、传播受众与传播支撑要素五个一级指标方面的评分均低于全国平均值，二级指标中也仅有传播政策一项略高于全国平均值，表明其需要加大投入，全面推动科技传播生态体系建设。

四、福州

评估显示，福州市的科技传播总评分低于全国平均值，为2.53。福州市在科技传播支撑要素建设方面的成效较为良好，但在传播主体、传播内容、传播渠道与传播受众方面与全国平均值还存在一定差距，严重影响了福州市科技传播的整体发展。

五、广州

评估显示，广州市的科技传播生态体系建设情况较为良好，总评分高于全国平均值，达到了5.55。广州市的各项科技传播评价一级指标均高于全国平均值，仅在传播教育方面有所欠缺，需要重视科技传播专业建设，积极引导高校开设科技传播相关专业。

六、哈尔滨

评估显示，哈尔滨市的科技传播总评分低于全国平均值，为2.45。哈尔滨市在传播渠道与传播受众方面表现较好，高于全国平均值，而在传播主体、传播内容与传播支撑要素方面较为薄弱，并且在二级指标方面，仅有传播媒介与传播覆盖度高于全国平均值。因此，哈尔滨市科技传播生态体系建设还需要得到全面的提升。

七、杭州

评估显示，杭州市的科技传播生态体系建设情况较为良好，总评分高于全国平均值，达到了4.58。杭州市的各项科技传播评价一级指标均高于全国平均值，二级指标仅在传播教育方面有所欠缺，需要进一步重视科技传播人才的培养，在高校或科研院所设立科技传播专业、研究方向。

八、合肥

评估显示，合肥市的科技传播总评分高于全国平均值，为3.91。合肥市的科技传播内容、传播渠道、传播受众与传播支撑要素均高于全国平均值，仅在传播主体方面较为薄弱，对于传播机构与传播人才均需要提出针对性的改善措施。

九、济南

评估显示，济南市的科技传播总评分基本与全国平均值持平，为3.04。济南市在科技传播渠道与传播受众方面表现较好，但其传播主体、转播内容与传播支撑要素的评分均低于全国平均值，影响了科技传播生态体系的建设进程。

十、昆明

评估显示，昆明市的科技传播总评分低于全国平均值，为2.07。昆明市在科技传播主体、传播内容、传播渠道、传播受众与传播支撑要素五个一级指标方面的评分均低于全国平均值，二级指标中也仅有传播媒介一项略高于全国平均值，表明其科技传播生态体系建设需要得到全面加强。

十一、南昌

评估显示，南昌市的科技传播总评分低于全国平均值，为2.59。南昌市在科技传播主体、传播内容、传播受众与传播支撑要素方面的评分均低于全国平均值，仅在传播渠道方面表现相对较好，还需要加强多方面指标的提升以推动科技传播生态体系的建设。

十二、南京

评估显示，南京市的科技传播总评分高于全国平均值，为4.84。南京市的科技传播主体、传播内容、传播渠道与传播受众均高于全国平均值，仅在传播支撑要素方面较为薄弱，对于传播政策、传播资金与传播教育均需要提出针对性的改善措施。

十三、宁波

评估显示，宁波市的科技传播总评分低于全国平均值，为2.69。宁波市在科技传播主体、传播渠道与传播支撑要素方面的评分均低于全国平均值，而在传播渠道与传播受众方面表现相对较好，还需要加强多方面指标的提升以推动科技传播生态体系的建设。

十四、青岛

评估显示，青岛市的科技传播总评分低于全国平均值，为2.33。青岛市在科技传播支撑要素建设方面的成效较为良好，但在传播主体、传播内容、传播渠道与传播受众方面与全国平均值还存在一定差距，严重影响了青岛市科技传播的整体发展。

十五、厦门

评估显示，厦门市的科技传播总评分低于全国平均值，为2.63。厦门市在科技传播主体、传播受众与传播支撑要素方面的评分均高于全国平均值，而在传播内容与传播渠道方面较为薄弱，与全国平均值之间存在显著的差距，还需要采取针对性的提升措施以推动科技传播生态体系的建设。

十六、上海

评估显示，在参与评估的36个城市中，上海市的科技传播总评分仅次于北京市，达到了6.88。上海市在科技传播主体、传播内容、传播渠道、传播受众与传播支撑要素等方面均显著高于全国平均值，表明其科技传播发展取得了显著的成效，构建了良好的科技传播生态体系。

十七、深圳

评估显示，深圳市的科技传播总评分高于全国平均值，为4.42。深圳市的科技传播主体、传播内容、传播受众与传播支撑要素均高于全国平均值，仅在传播渠道方面较为薄弱，对于传播媒介需要提出针对性的改善措施。

十八、沈阳

评估显示，沈阳市的科技传播总评分低于全国平均值，为2.48。沈阳市在科技传播受众方面的表现较为良好，但在传播主体、传播内容、传播渠道与传播支撑要素方面与全国平均值还存在一定差距，严重影响了沈阳市科技传播的整体发展。

十九、石家庄

评估显示，石家庄市的科技传播总评分低于全国平均值，为2.48。石家庄市在科技传播渠道方面的表现较为良好，但在传播主体、传播内容、传播受众与传播支撑要素方面与全国平均值还存在一定差距，需要加强多方面指标的提升以推动科技传播生态体系的建设。

二十、天津

评估显示，天津市的科技传播生态体系建设情况较为良好，总评分高于全国平均值，达到了3.74。天津市的各项科技传播评价一级指标均高于全国平均值，仅在传播教育方面有所欠缺，需要重视科技传播专业建设，积极引导高校开设科技传播相关专业。

二十一、武汉

评估显示，武汉市的科技传播生态体系建设情况较为良好，总评分高于全国平均值，达到3.45。武汉市的各项科技传播评价一级指标均高于全国平均值，但在传播机构、科学家精神传播、传播活动与传播教育等二级指标方面还存在一定程度的提升空间。

二十二、西安

评估显示，西安市的科技传播总评分高于全国平均值，为3.53。西安市的科技传播主体、传播内容、传播渠道与传播受众均高于全国平均值，仅在传播支撑要素方面较为薄弱，对于传播资金与传播教育均需要提出针对性的改善措施。

二十三、长沙

评估显示，长沙市的科技传播总评分略高于全国平均值，为3.11。长沙市在科技传播主体方面的表现较为良好，但在传播内容、传播渠道、传播受众与传播支撑要素方面与全国平均值还存在一定差距，需要加强多方面指标的提升以推动科技传播生态体系的建设。

二十四、郑州

评估显示，郑州市的科技传播总评分高于全国平均值，为3.46。郑州市在科技传播主体方面的表现较为良好，尤其是传播机构的发展较为突出，但在传播内容、传播渠道、传播受众与传播支撑要素方面与全国平均值还存在一定差距，严重影响了郑州市科技传播的整体发展。

二十五、重庆

评估显示，重庆市的科技传播总评分高于全国平均值，为3.89。重庆市的科技传播内容、传播渠道、传播受众与传播支撑要素均高于全国平均值，仅在传播主体方面较为薄弱，对于传播机构需要提出针对性的改善措施。

二十六、长春

评估显示，长春市的科技传播总评分低于全国平均值，为1.88。长春市在科技传播主体、传播内容、传播渠道、传播受众与传播支撑要素五个一级指标方面的评分均低于全国平均值，也不存在超过全国平均值的二级指标，表明其科技传播生态体系建设需要进行全方位的提升。

二十七、贵阳

评估显示，贵阳市的科技传播总评分低于全国平均值，为1.72。贵阳市在科技传播主体、传播内容、传播渠道、传播受众与传播支撑要素五个一级指标方面的评分均显著低于全国平均值，二级指标中也仅有传播媒介一项略高于全国平均值，表明其需要加大投入，全面推动科技传播生态体系建设。

二十八、太原

评估显示，太原市的科技传播总评分低于全国平均值，为2.65。太原市在传播渠道与传播支撑要素方面表现较好，高于全国平均值，而在传播主体、传播内容与传播受众方面较为薄弱，并且在二级指标方面，仅有传播媒介、传播政策与传播教育高于全国平均值。因此，太原市科技传播生态体系建设还需要得到相对全面的提升。

二十九、南宁

评估显示，南宁市的科技传播总评分低于全国平均值，为1.89。南宁市在科技传播主体、传播内容、传播渠道、传播受众与传播支撑要素五个一级指标方面的评分均显著低于全国平均值，二级指标中也仅有传播机构一项略高于全国平均值，表明其需要加大投入，全面推动科技传播生态体系建设。

三十、兰州

评估显示，兰州市的科技传播总评分低于全国平均值，为1.49。兰州市在科技传播主体、传播内容、传播渠道、传播受众与传播支撑要素五个一级指标方面的评分均显著低于全国平均值，也不存在超过全国平均值的二级指标，表明其科技传播生态体系建设需要进行全方位的提升。

三十一、乌鲁木齐

评估显示，乌鲁木齐市的科技传播总评分低于全国平均值，为1.49。乌鲁木齐市在科技传播主体、传播内容、传播渠道、传播受众与传播支撑要素五个一级指标方面的评分均显著低于全国平均值，也不存在超过全国平均值的二级指标，表明其需要加大投入，全面推动科技传播生态体系建设。

三十二、海口

评估显示，海口市的科技传播总评分低于全国平均值，为1.41。海口市在科技传播主体、传播内容、传播渠道、传播受众与传播支撑要素五个一级指标方面的评分均显著低于全国平均值，仅在传播资金的投入方面表现相对较好。

三十三、银川

评估显示，银川市的科技传播总评分低于全国平均值，为1.63。银川市在科技传播主体、传播内容、传播渠道、传播受众与传播支撑要素五个一级指标方面的评分均显著低于全国平均值，二级指标中也仅有传播机构一项略高于全国平均值，表明其需要加大投入，全面推动科技传播生态体系建设。

三十四、呼和浩特

评估显示，呼和浩特市的科技传播总评分低于全国平均值，为1.64。呼和浩特市在科技传播主体、传播内容、传播渠道、传播受众与传播支撑要素五个一级指标方面的评分均低于全国平均值，二级指标中也仅有传播政策一项略高于全国平均值，表明其科技传播生态体系建设需要进行全方位的提升。

三十五、西宁

评估显示，西宁市的科技传播总评分低于全国平均值，为1.35。西宁市在科技传播主体、传播内容、传播渠道、传播受众与传播支撑要素五个一级指标方面的评分均显著低于全国平均值，也不存在超过全国平均值的二级指标，表明其需要加大投入，全面推动科技传播生态体系建设。

三十六、拉萨

评估显示，在参与评估的36个城市中，拉萨市的科技传播总评分为最低值，仅为1.10。拉萨市在科技传播主体、传播内容、传播渠道、传播受众与传播支撑要素五个一级指标方面的评分均显著低于全国平均值，也不存在超过全国平均值的二级指标，表明其科技传播生态体系建设需要进行全方位的提升。

第三节 地区评分情况

基于我国六大地区，在平均值方面，全国城市的科技传播总评分平均值为3.02，华北、华东与中南地区的总评分平均值高于全国平均值，而西南、东北与西北地区低于全国平均值（见图8-1）。其中，华北地区的科技传播总评分平均值最高，为3.85；其次是华东与中南地区，平均值分别为3.60与3.33；西南与东北地区的总评分平均值较低，分别为2.42与2.17，且东北地区各城市的评分均低于全国平均值；西北地区的平均值最低，仅为1.90。在总评分的离散程度方面，东北地区各城市的评分呈低值区间聚集的状态，因此，其离散程度最小。华北地区的离散程度最大，其中北京市总评分高达8.72，而呼和浩特市仅为1.64。其他地区城市的总评分也具有一定的离散性，但离散程度均相对较弱。

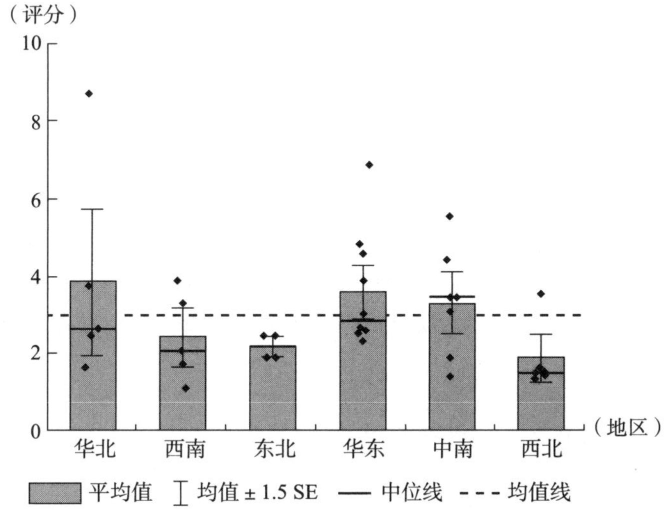

图8-1 地区科技传播总评分

第九章 策略建议

第一节 北京市科技传播生态体系建设策略建议

一、拓展传播类型重点，实现体系能力升级

一方面，继续加强科技成果和科学家精神宣传，在形式、类别、渠道等方面做进一步丰富。第一，北京市应加大科技传播媒体端的支持力度，增设科技类广播电台，填补目前北京市在该领域的空白，鼓励电视台更多邀请科技专家参与成果解读，鼓励在媒体端更多披露在京科技成果研发进展；第二，发挥北京群众的科技传播积极性，继续支持各类新媒体发展，包括但不限于鼓励在京自媒体群体自发融合，由分散化转向有序化、有组织化，帮助建立一批新鲜的科技类自媒体兴趣团体，充分发挥北京群众传播科技成果的积极性；第三，鼓励各现有媒体机构在多平台开设科技类矩阵账号，扩展其科技传播覆盖范围，鼓励各类其他类型媒体共同报道科技成果，汇聚多方力量，加大科技成果传播的覆盖度和美誉度。

另一方面，重点加大对基础科研、战略性新型行业的技术突破和科研进展的宣传力度。基础科研是科技创新的基石，战略性新型行业是未来经济和社会发展的重要方向，对于中国突破产业“瓶颈”、提升国际竞争力具有长远而重大的意义。北京市作为我国首都以及核心科创阵地，应加强在科技传播方面的引领作用。积极举办国际性科技创新展览、论坛和研讨会等活动，吸引国内外优秀科研人才和资本聚集，通过媒体报道等途径，引导社会各界关注和支持相关行业的发展，提供更加广阔的平台和机遇，推动科技创新资源的交流和合作，充分挖掘自身的科技创新潜力和优势，为中国乃至全球的科技进步作出更大贡献。

二、打造精神宣贯层次，扩大中心区域影响

一方面，继续完善科学家精神教育基地的多层次建设。北京市应当积极推进市级、区级科学家精神教育基地的评选和建设，完善在京科学家精神教育基地层次。建立市、区级科学家精神教育基地评选机制，设立评选原则和目标，构建市、区级科学家精神教育基地建设的激励制度，定期评选市级、区级科学家精神教育基地，并依据其游览人次、传播效果给予荣誉和资金奖励。同时，加大对现存国家级科学家精神教育基地的宣传力度，编写基地宣传手册，线上线下同步推广，以“科学家精神旅”为中心打造北京市科学家精神游玩路线，增设专门旅游项目，吸引群众前来参观。另外，北京市应继续提升已有科学家精神教育基地的传播质量和能力，通过鼓励各基地制作宣传片、书籍等体现

基地风采的作品，拓宽各基地科学家精神的呈现方式，加深传播效果。

另一方面，不断增进科学家精神宣传媒介的多渠道部署。第一，应拓宽现有科学家精神教育基地的宣传渠道，增设线上微博、微信、短视频平台等多平台账号，线下定期举办展览会、校园行等活动，提升基地自身宣传渠道的丰富度和知名度。第二，鼓励媒体积极报道科学家进校园、科学家精神影视作品等宣传科学家精神相关的活动，鼓励媒体与政府部门建立公开、及时的信息对接渠道，更好掌握北京市科学家精神传播活动的各项部署。

三、推动新兴技术应用，提升智慧传播效果

一方面，继续推动科技传播的数字化水平。建议北京市利用科技资源优势，建设改造一批具有智慧能力的科技传播场馆，利用人工智能、云计算、VR/AR 等技术，改造场馆信息系统、中控系统，提升场馆智慧化服务和管理的能力；继续在科技传播场馆中引进虚拟演播厅技术，扩大场馆科技传播能力；促进在京线下的科技成果、科学家精神传播资源数字化、虚拟化转变，适当转移部分内容至线上，提升可流通性的同时更加生动形象地展现作品内涵，加深受众体验。

另一方面，积极建设科技传播整体协作平台。北京市应依托本地财政与科技企业的优势，加大对科技信息共享平台的研发运维投入，立足区位优势，联动京津冀城市圈，大力建设科技传播整体协作平台，集中统筹全市乃至更广泛地区的科技传播工作，运用智能化平台提升传播能级，增强影响力。同时面向公众及媒体开放，联结各相关方，利用人工智能等新兴技术对接和匹配各类科技信息，使各类媒体可更加及时地获取北京市科技传播的信息并予以宣传，科技产业工作者等人群可更加便利地获知北京市科技传播的各类信息，并根据自身需求有选择性地参与或游览。

第二节 成都市科技传播生态体系建设策略建议

一、推动科技传播机构建设，强化先进科技传播技术应用

首先，推动科技传播机构的建设。一方面，建议成都市通过建议或增加财政预算的方式，引导各区新建或翻新科学技术展览馆，建立网格化科技传播场馆支撑体系，有效整合科技资源，提升科技传播的效率。同时，增加展览馆科技传播相关的活动和讲座场次，加强对科技成果、科学家精神的宣传，激发公众的兴趣。另一方面，建议成都市加强政府在科技传播领域的统筹能力，建设科技传播事业单位，推动城市内科技传播活动有序开展、科技传播生态体系科学的建立。

其次，强化先进科技传播技术的应用。一方面，建议成都市引入多种新型科技传播技术，积极尝试建设虚拟演播厅；通过 VR/AR、AI 等形式，增加展览科技传播方式的多样性和趣味性，吸引更多的观众参观。另一方面，建议成都市加强与中国科学技术协会、国家科技传播中心的沟通和交流，增加与科学技术协会合作，多方面引进科学技术协会

推荐的新型科学技术。

二、加强科技新闻工作者人员储备，加大科技教育力度

首先，加强科技新闻工作者人员储备。建议成都市高校、科研院所加强对科技传播教育的重视程度，引进优秀的科技教育家，开设更多科技传播相关课程，提升学生科技传播意识和能力；同时，建议成都市出台相关政策，扶持科技报纸、科技电台等科技新闻媒体的发展，增加科技新闻工作相关岗位，引导公众投身科技新闻行业，加强科技传播生态的人才保障。

其次，加大科技教育力度。一方面，建议成都市加强中小学的科技、科学家精神相关课程和培训的开设，增加科技类、科学家精神类选修和研习班，增加学生的科学知识储备，涵养优秀科学家精神。另一方面，成都市可以通过画报、板报、公益广告等方式，利用社区、道路两旁、地铁站等人流量大的场所，开展科学家精神教育，展示先进科学家的光辉事例，推动科学家精神的广泛传播。

三、大力表彰科学家，制定科学家精神传播政策

首先，大力表彰和奖励优秀科学家。一方面，成都市可以增设更多科技相关的比赛和奖项，制定严谨、吸引力显著的奖励制度，并通过各个渠道广泛公示，在激发科技工作者工作兴趣的同时，弘扬获奖者具备的优秀品质。另一方面，成都市应当积极将科技与文化相结合，在宣传科学家成果的同时，将科学家生平、故居、任教学校等的宣传加入进来，让科技宣传带有更多的“人情味”，更有利于科学家精神的传播和传承。

其次，加强对于科学家精神政策的制定。建议成都市政府及相关单位，积极组织科学家精神方面的相关调研，采用调查会、论证会、书面意见征求等方式，广泛听取群众和专家的意见，针对科学家精神传播资金、活动管理、人才聘用、传播体系保障及监管等角度，制定促进科学家精神传播的专门政策，健全成都市科学家精神传播政策保障机制。同时，建议成都市从公众科学家精神意识、企业对于科学家精神的重视程度入手，加强科学家精神相关的思想建设，保证科学家精神政策有效落实。

第三节　大连市科技传播生态体系建设策略建议

一、加强科技成果传播建设

第一，建议大连市制订科技成果宣传计划。大连市政府可以制订科技成果宣传计划，通过各种渠道加强对优秀科技成果的宣传和推广。例如，可以在政府网站、社交媒体等平台上设立科技成果展示专区，定期发布科技成果信息。第二，建议大连市完善科技成果评价和转化机制。大连市人民政府可以建立健全科技成果评价和转化机制，鼓励科研机构和企业加强科技成果的转化和应用。例如，可以设立科技成果转化专项资金，对具有市场前景的科技成果给予一定的资金支持。第三，建议大连市加强与媒体的沟通合作。

政府可以加强与媒体的沟通合作，通过媒体的力量加大对科技成果的宣传和推广力度。例如，可以邀请媒体参加科技成果发布会、科技展览等活动，提高公众对科技成果的认知度和关注度。

二、加大科学家精神宣传力度

一方面，建议大连市设立科学家精神宣传周。大连市政府可以设立科学家精神宣传周，邀请优秀的科学家进行交流和分享，让公众更深入地了解科学家的精神风貌和价值观念。同时，建立科学家纪念馆或博物馆。大连市政府可以建立科学家纪念馆或博物馆，展示科学家的生平和成就，弘扬科学家的精神和价值观念。另一方面，建议大连市加强科学家精神的普及教育。大连市政府可以加强科学家精神的普及教育，让更多的人了解科学家的贡献和价值；可以组织各种形式的科学活动，如科学展览、科学实验、科学讲座等，让学生亲身体验科学的魅力，增强对科学的兴趣和热爱。同时鼓励公众参与科学研究和科学普及活动，提高公众的科学素养和科学意识。大连市也可以与其他国家开展科学教育合作，共同推动科学精神普及教育的发展。

三、拓宽科学家精神传播渠道

建议大连市建立多元化的科技传播渠道，满足不同人群的需求。一方面，大连市可以建立科技网站、科技论坛等平台，提供多元化的科技信息和服务。利用社交媒体进行传播。大连市政府可以利用社交媒体的力量进行科技传播。例如，可以通过微信、微博等社交媒体平台发布科技信息和服务，提高公众的参与度和互动性。同时，大连市政府可以加强线下活动的组织，如科技展览、科技讲座等，让公众更直观地了解科技知识和信息。例如，可以在公共场所设立科技展示厅或科技体验馆等场所进行线下科技传播活动。另一方面，建议大连市发挥民间组织的作用。大连市政府可以引导和支持民间组织参与科技传播活动。例如，可以鼓励科技类民间组织开展科普活动、科技竞赛等活动，提高公众的科技素养和意识水平；支持科研机构和企业建立科普宣传团队，定期发布科技信息和服务；支持学术团体、高校等开展学术交流活动加强学术交流和合作；支持媒体开展科技类节目的制作和播出，提高公众对科技的认知度和关注度；支持公共场所开展科技展示活动，营造浓厚的科技氛围；支持公益组织开展科技教育和科普活动，提高公众的科技素养和文化水平；支持网络平台开展科技传播活动，扩大科技传播的范围和影响力。

第四节　福州市科技传播生态体系建设策略建议

一、加强科技图书出版能力建设

福州市在科技图书出版能力建设上亟须加强。创新科技图书出版的组织架构，加强科技图书出版的能力建设。一方面，福州市的科技出版社，可以尝试在组织建设方面寻求创新，以学科分类为主，深耕于细分专业领域，在特色学科建设上充分考虑专业前沿性、技术发展趋势、编辑专业能力、作者影响力等因素，高质量出版一批能反映福州市最新科技创新成果的精品力作。另一方面，建议福州市加强科技出版编辑的专业能力建设，培养更多具备专业科技素养的出版团队。与此同时，积极与高校及科研院所建立深度合作，深挖内容选题资源，从而实现高质量科技图书内容的出版。

二、重视科技传播数字化智能化建设

重视虚拟演播厅在科技场馆的应用，持续加强科技传播互联网平台的数字化建设。虚拟演播厅在电视台等专业科技媒体机构的内容创作上应用较为普遍，极大地丰富了内容创作的形式。一方面，建议福州市加大科技场馆的数字化内容建设，积极尝试引进虚拟演播厅，使科技场馆的内容生产制作更为灵活和便捷，为观众呈现更加真实、生动的视觉效果，提升科技传播的互动性及体验感。另一方面，建议福州市加强科技传播互联网平台的数字化建设，探索智能写稿、AI 纠错等 AIGC 相关的人工智能技术辅助科技内容生产，同时可以积极尝试“5G+4K”直播、VR/AR、裸眼 3D 等技术的应用。

三、提升科技展览的参与活跃度

丰富宣传手段，提升科技展览活动的参与活跃度。一方面，福州市在设计科技展览时，可以尝试建立专业的观众数据库，长期收集并整理潜在观众的信息，并通过电话、邮件等方式邀请专业观众参加展览，可以有效提升参会率。同时，建立专业的数据库也可以为未来的展览活动提供参考，更准确地了解专业观众的需求和喜好。另一方面，设立互动展览体验区，这是一种直观地吸引观众的方式。通过设计较好的互动体验，让参会观众亲身体验技术创新的魅力，对技术展品的发展有更直观的认识。

四、创新科学家精神宣传方式，打造具备福州特色的科学家形象

建设多元化融合的科学家精神宣传方式。一方面，福州市可以继续举办多种类型的科学家主题展览、科学家精神讲座等科学家精神宣传活动，吸引更多的民众参与进来。通过传统媒体和新媒体相结合的全渠道宣传方式，提升科学家精神宣传活动的传播覆盖度。另一方面，建议福州市积极评选市级的科学家精神教育基地，努力争取省级和国家级的科学家精神教育基地，利用媒体力量扩大科学家精神教育基地的宣传范围，通过新闻专访等方式宣传福州市的科学家精神教育基地的特色和亮点。

积极打造具有福州特色的科学家形象。福州市可以依托现有的各类科学家故居、科学家纪念馆等，积极推动建设福州市的科学家足迹地图和科学家精神博物馆，彰显福州科学家的文化精神，让民众更好地了解身边的科学家及科学家精神。此外，福州科学家博物馆还可以与旅行社合作，开发科学家博物馆的旅游线路，吸引更多旅游者前来参观科学家博物馆，扩大福州科学家博物馆的传播范围。

第五节 广州市科技传播生态体系建设策略建议

一、强化载体基础建设，实现传播水平升级

一方面，加强传播媒介能力提升。在科技图书出版方面，建议广州市鼓励和支持出版社增加科技图书、期刊等的数量和质量，涵盖更广泛的科学领域，特别是新兴技术和前沿科研成果，与国外优秀科技出版机构合作，引进更多国际前沿科技著作；建立评价体系，激励作者和出版机构更好地提升创作水平和出版质量。在科技传播互联网平台方面，建议广州市创建更多的科技传播互联网平台，通过政策引导和资金支持，鼓励企业和机构进行投资，提升这些平台的用户体验和服务水平，促进科技成果转移转化和科学家精神宣传，形成积极向上的科技创新氛围。

另一方面，加强科技展览馆等载体打造。建议广州市加大对科学技术展览馆、科学家精神教育基地的投资建设，积极提升数字化水平，丰富 VR/AR、大数据、云计算和人工智能等新兴技术的实践应用，积极引进虚拟演播厅，使内容生产和技术服务实现提升，为观众呈现更加真实、生动的视觉效果，以提升科技传播的体验感。建议广州市增加科技场馆、基地等基础载体的人力资源投入，做好场馆工作人员的配备和培训，确保每个科技场馆都有足够的工作人员覆盖各个岗位，建议引入专业培训机构或与高校合作，招引培育专业人才，为科技传播提供有力支撑；同时，可以建立工作人员的评价体系，设立奖励机制，激励其专业水平不断提升，有更高的工作积极性和服务热情。

二、提升宣传推广能力，加大传播受众覆盖

一方面，增强科技成果宣传活动的影响力。鼓励高校、科研院所和科技创新企业积极开展科技成果路演，以及会议、论坛、沙龙等活动，交流创新思想，展示科技成果，加大投资和合作力度，促进成果转化和科技创业。建立有效的宣传推广机制，鼓励组织更多有深度、前瞻性的科技活动，邀请国际、国内知名专家学者参与，吸引更多专业人士和公众参与。通过社交媒体、科技平台等多样化渠道，广泛宣传路演活动信息，引发公众和专业人士的关注，传达给有相应需求的受众，利用新媒体工具，如短视频、直播等形式，生动呈现科技成果，激发受众兴趣，增加参与人次。注重活动的策划和执行，让受众切实感受科技成果的实际效果，增强参与感，安排专业的主持人和讲解员，以简洁生动的语言解读科技成果，使复杂的科研内容更易于理解。注重吸引不同群体的受众，激发跨领域的思想和产业可能，促进科技成果转移转化，提升科技创业成功率，更好地满足社会需求。

另一方面，增强科技展览传播活动的影响力。在科技展览方面，建议广州市根据自身科学家资源和历史文化特点，通过设置主题多样的展览内容，举办丰富多彩的科技活动，覆盖不同领域的科技成果，吸引更广泛的观众群体。加强跨界合作，打造具有影响力的科技展览品牌，增加参与人次。注重公众教育，设立互动体验区域，激发观众学习

科技知识的兴趣，提高参与度。同时，提升场馆的数字化体验，以更生动、直观的方式呈现科技知识，吸引更多年轻人参与。在科技传播互联网平台方面，需积极拓宽在线科技传播渠道，通过建设更多科技传播网站、科技成果转移转化平台、科学家精神线上展览、社交媒体账号等渠道，提高浏览人次，扩大传播影响。同时，借助数据分析和人工智能技术，个性化推送科技内容，满足不同层次、兴趣的受众需求，鼓励科技机构与互联网平台合作，共同推动科技信息的传播，扩大影响范围，推动广州市科技传播的全方位发展。

三、推动专项政策发布，做好顶层设计规划

一方面，推动促进科技成果传播政策发布。建议广州市通过制定和优化相关政策，设置责任单位，委派专业团队，进行详细部署，为科技成果的宣传推广和转移转化提供更有力的支持。这包括设立科技成果传播奖励制度，鼓励企业和科研机构在成果传播方面的创新实践。设立科技成果传播专项资金，定期举办更多科技路演、会议、论坛、大赛和展览等活动，支持有潜力和有创意的科技传播项目，促进科技成果更广泛、更深入地传达到社会大众。同时，重视科技成果传播的媒体宣传，可与主流媒体合作，开展科技成果宣传专栏、科技创新故事等系列报道，提高科技成果传播的曝光率和影响力，吸引更广泛的受众关注。借助社会力量，广泛动员资源，实现科技信息的全方位传播。同时，鼓励企业开展社会责任项目，将科技成果传播融入企业的社会责任体系中，形成企业、政府、社会多方合力的科技传播网络。

另一方面，推动促进科学家精神传播政策发布。设立立体化多元化宣传机制，注重对女性科学家和青年科学家进行宣传，强调跨部门协作和合作，设立科学家精神传播协调机构，由相关政府部门、科研机构、教育机构、社区组织、科技企业等共同参与，形成政府引导、多方合作的科学家精神传播体系。广州市可设立面向学校的科学家示范讲座计划，邀请知名科学家到学校开展科学讲座，建设科学家进校园的交流平台，促进科学家精神在青少年中的传承。可设立科学家精神传播专项基金，用于支持科学家参与科教活动，设置科学家精神传播奖励计划，激发科学家等相关群体参与传播活动的积极性。积极评选市级的科学家精神教育基地，努力争取省级和国家级的科学家精神教育基地，投资建设科学家工作室、科学馆等硬件基础，并积极提升数字化应用水平。建立线上科学家精神教育宣传平台、线上科学家资源库等数字化展示渠道，整合科学家的研究成果和科研事迹，大力弘扬科学家精神。

第六节　哈尔滨市科技传播生态体系建设策略建议

一、丰富科技传播内容供给，加强科技传播数字化建设

一方面，建议哈尔滨市丰富科技传播内容供给。哈尔滨市可以通过设立奖项及补贴等方式，鼓励各类媒体机构设立科技传播专栏，加强科技成果、科学家精神等科技传播内容的宣传力度。同时，哈尔滨市可以持续推进科技传播的全渠道传播体系建设，建立

“融媒体+科技传播”联动发布机制，及时报道科技成果路演、科技类展览、科学家精神宣传活动等科技传播活动。另一方面，建议哈尔滨市加强科技场馆及互联网平台的数字化建设。哈尔滨市可以加大科技场馆的数字化建设，积极尝试引进虚拟演播厅，可以使科技场馆的内容生产制作更为灵活和便捷，为观众呈现更加真实、生动的视觉效果，提升科技传播的互动性及体验感。同时，哈尔滨市可以加强科技传播互联网平台的数字化建设，探索智能写稿、AI 纠错等 AIGC 相关的人工智能技术辅助科技内容生产，同时可以积极尝试“5G+4K”直播、VR/AR、裸眼 3D 等技术的应用。

二、加强科技成果传播宣传力度，加大对科技成果传播活动的支持力度

一方面，建议哈尔滨市加强科技成果的宣传和推广力度。哈尔滨市可以积极与媒体机构建立双向的联动对接机制，建立全媒体渠道的发布机制，及时报道最新的科技成果展览、科技成果路演等科技成果传播活动。同时，哈尔滨市可以大力建设科技成果传播及转化平台，汇聚哈尔滨市高校及科研院所的优秀科技成果，实现科技成果传播的供需双方更有效对接。另一方面，加大对科技成果传播活动的支持力度。哈尔滨市可以积极承接国家级和省级等大型的科技成果展览、科技成果路演、科技成果推介会等科技成果传播活动，扩大科技成果传播关注度和知名度。同时，哈尔滨市可以通过补贴或设立奖项等方式，鼓励高校及科研院所、科技型企业积极开展科技成果路演、科技成果展览等科技成果传播活动，将科技成果更好地传播出去。

三、大力弘扬科学家精神，形成科技传播的良好氛围

一方面，建议哈尔滨市建设多元化融合的科学家精神宣传方式。哈尔滨市可以进一步多举办科学家主题展览、科学家精神讲座等科学家精神宣传活动，吸引更多的民众参与进来，尤其是通过传统媒体和新媒体相结合的全渠道宣传方式，提升科学家精神宣传活动的传播覆盖度。同时，哈尔滨市可以积极评选市级的科学家精神教育基地，努力争取省级和国家级的科学家精神教育基地，并利用媒体的力量扩大科学家精神教育基地的宣传范围，通过新闻专访等方式宣传科学家精神教育基地的特色和亮点。另一方面，建议哈尔滨市积极打造科学家印记，形成符合哈尔滨特色的科学家印象。哈尔滨市可以依托现有的各类科学家故居、科学家纪念馆等，积极推动建设科学家遗迹（足印）地图和科学家精神博物馆，以此更好地记录哈尔滨市的科学印象，彰显哈尔滨市科学家的文化精神、科学的时代变迁，让民众更好地了解身边的科学家及科学家精神。此外，哈尔滨市的科学家博物馆还可以与旅行社合作，开发科学家博物馆的旅游线路，吸引更多旅游者前来参观科学家博物馆，提高哈尔滨市科学家博物馆的传播范围。

第七节　杭州市科技传播生态体系建设策略建议

一、加强科技图书出版能力建设

杭州市在科技图书出版能力建设上亟须加强。杭州市应创新科技图书出版的组织架

构，加强科技图书出版的能力建设。一方面，杭州市的科技出版社可以尝试在组织建设方面寻求创新，以学科分类为主，深耕于细分专业领域，在特色学科建设上充分考虑专业前沿性、技术发展趋势、编辑专业能力、作者影响力等因素，高质量出版一批能反映杭州市最新科技创新成果的精品力作。另一方面，杭州市应当加强科技出版编辑的专业能力建设，培养更多具备专业科技素养的出版团队。与此同时，积极与高校及科研院所建立深度合作，深挖内容选题资源，从而实现高质量科技图书内容的出版。

二、重视科技传播数字化智能化建设

重视虚拟演播厅在科技场馆的应用，持续加强科技传播互联网平台的数字化建设。虚拟演播厅在电视台等专业科技媒体机构的内容创作上应用较为普遍，极大地丰富了内容创作的形式。一方面，建议杭州市加大科技场馆的数字化内容建设，积极尝试引进虚拟演播厅，使科技场馆的内容生产制作更为灵活和便捷，为观众呈现更加真实、生动的视觉效果，提升科技传播的互动性及体验感。另一方面，建议杭州市加强科技传播互联网平台的数字化建设，探索智能写稿、AI 纠错等 AIGC 相关的人工智能技术辅助科技内容生产，同时可以积极尝试“5G+4K”直播、VR/AR、裸眼 3D 等技术的应用。

三、提升科技展览的参与活跃度

丰富宣传手段，提升科技展览活动的参与活跃度。一方面，杭州市在设计科技展览时，可以尝试建立专业的观众数据库，长期收集并整理潜在观众的信息，并通过电话、邮件等方式邀请专业观众参加展览，可以有效提升参会率。同时，建立专业的数据库也可以为未来的展览活动提供参考，更准确地了解专业观众的需求和喜好。另一方面，设立互动展览体验区，这是一种直观地吸引观众的方式。通过设计较好的互动体验，让参会观众亲身体验技术创新的魅力，对技术展品的发展有更直观的认识。

四、创新科学家精神宣传方式，打造具备杭州特色的科学家形象

建设多元化融合的科学家精神宣传方式。一方面，杭州市可以继续举办多种类型的科学家主题展览、科学家精神讲座等科学家精神宣传活动，吸引更多的民众参与进来。通过传统媒体和新媒体相结合的全渠道宣传方式，提升科学家精神宣传活动的传播覆盖度。另一方面，建议杭州市积极评选市级的科学家精神教育基地，努力争取省级和国家级的科学家精神教育基地，利用媒体力量扩大科学家精神教育基地的宣传范围，通过新闻专访等方式宣传杭州市科学家精神教育基地的特色和亮点。

积极打造具有杭州特色的科学家形象。杭州市可以依托现有的各类科学家故居、科学家纪念馆等，积极推动建设杭州市的科学家足迹地图和科学家精神博物馆，彰显杭州科学家的文化精神，让民众更好地了解身边的科学家及科学家精神。此外，杭州科学家博物馆还可以与旅行社合作，开发科学家博物馆的旅游线路，吸引更多旅游者前来参观科学家博物馆，扩大杭州科学家博物馆的传播范围。

第八节　合肥市科技传播生态体系建设策略建议

一、完善科学家精神政策，加大科学家精神宣传力度

首先，制定促进科学家精神传播的政策。建议合肥市高度重视科学家精神传播的发展，组织开展全面性调研，发现科学家精神传播过程中的问题。在科学家精神的受众端，合肥市政府可以通过调查问卷、抽样调查的方式，面向广大群众征集科学家精神的意见，了解科学家精神受众对科学家精神内容、传播形式等方面的具体需求。在科技类机构、高校、企业等科学家精神内容生产端，合肥市政府可以采用问询的方式，重点发现和理解科学家事迹挖掘方面以及生产端与媒介渠道协作的难题。了解现行问题后，建议针对现有问题开展充分的论证、专家咨询工作，协同政府各个部门，制定全面的、能解决切实问题的科学家精神政策。

其次，加大科学家精神宣传力度。一方面，建议合肥市大力弘扬科学家精神，在宣传科学家生平事迹和研究成果的同时，将国家提倡的创新、求实、奉献、协同等精神融入进去，积极利用互联网和媒体，扩大宣传的受众范围。另一方面，建议合肥市增加“院士进校园”“科学家精神宣讲团主题展讲”等活动的举办，让科学家精神浸润人心。同时，可以把科学家事迹纳入教材，鼓励文艺工作者用影视剧、诗歌、漫画等形式，讲好科学家故事，推动科学家精神充分传播。

二、推动开源开放生态建设，提高开源开放成果数量

首先，建议合肥市增强开源开放企业的建设。可以进一步加强开源体系顶层设计，出台针对开源企业设立、企业设立开源子公司等方面的便利性政策，营造更加良好的政策环境，引导开源企业的成立，吸引国内外领先的开源企业进入合肥市设立分公司，带动开源产业建设，推动开源生态发展。

其次，建议合肥市关注优秀开源人才的引进和培养。从开源研发人才、开源渠道拓展人才、开源融资人才等方面入手，通过补贴、住房的激励性措施，引进国内外优秀的开源人才，提升合肥市开源人才市场活力。同时，注重开源人才的培养，建议合肥市开源企业加强员工能力培训，高校增设开源类课程，持续不断地培育高水平开源人才，为开源生态的建设注入动力，增加开源开放成果数量。

三、加强科技传播机构建设，增加科学技术宣传形式

首先，加强科技传播机构建设。一方面，建议合肥市重视科技传播的顶层设计，推动科技传播事业单位的建立，可以与中国科学技术协会合作共同建设科技传播中心，增强合肥市科技传播事业的统筹引领。另一方面，建议合肥市关注新型科技传播设施的建设，多方面增加基础科技传播场所，将科学技术展览馆、科技宣传板报、科普画廊、移动科普巡演等设施结合起来，加强科技传播设施建设的创新性，为科技传播提供多样化

的支点。同时，建议合肥市根据不同人群的特点和喜好，使用不同方法进行科技宣传，针对中年人和老年人可以加强展览馆讲座和社区活动等形式的设施，对于青年和儿童，则可以增加场所的互动活动，建设可以亲身体验的设施。

其次，增加科学技术宣传形式。一方面，拓宽宣传渠道，除了实体的科技宣传方式以外，加入科技图书、科技宣传公众号、科学歌曲征集大赛等形式，激发公众对于科技的兴趣。另一方面，建议合肥市增加科技传播宣传技术，在科技馆、科技展览活动中尽量加入AI、AR等新兴技术，尝试网络虚拟科技馆等方式，增加科技传播宣传方式的多样性。

第九节　济南市科技传播生态体系建设策略建议

一、加强科技传播主体建设

首先，建议济南市积极与国家科技传播中心或其他科技类非营利组织合作，建立科技传播中心，夯实科技传播的策划、组织和实施基础，加强科技传播理论研究力量。同时，建议济南市在全市范围内开展科学家精神宣传自评活动，建议高校、科研机构、科技类企业、公园等具备科学家资源的单位，利用现有场地或新建展厅，传播科学家精神力量，利用科学家使用过的物品、手稿等史料，结合办展、与中小学建立合作关系等方式，弘扬科学家精神，并积极申报成为科学家精神教育基地。

其次，建议济南市加大对科技类自媒体发展的支持力度，增加科技类自媒体从业人数。建议济南市通过出台科技自媒体人才激励措施，鼓励MCN等自媒体内容生产机构增强科技类自媒体的培训等措施，吸引和培养更多科技类自媒体从业人员。同时，济南市可以通过政策引导、资金支持等方式，提升新媒体平台机构对科技传播的资源倾斜，如提供流量支持，加大科技传播作者分成比例等，激发公众投身科技自媒体行业的意愿，增加科技类自媒体从业人数，繁荣科技类自媒体生态，增加科技传播人才供给。

二、提高科学家精神宣贯水平

首先，增加科学家精神宣传活动次数。济南市可以通过对科学家精神的深入挖掘和理解，充分利用当地科学家精神文化资源，制作具有深度和思想性的宣传作品；同时，加强与山东省内科研机构、大学等机构的合作关系，邀请机构内科学家参与宣传活动，讲述他们的科研经历和心路历程，展示科学家的精神风貌和价值追求。

其次，丰富科学家精神宣传的科学家类型。一方面，满足科技活动中多样化的科学家参与类型。建议济南市在科技会议、科技沙龙等活动中，邀请不同领域、年龄、成就的科学家参与；同时，要注重邀请女性科学家和青年科学家参与，可以举办青年科学家、女性科学家的专门活动，或者在部分类型的科技活动中，规定青年及女性科学家的最低参与比例。另一方面，建议济南市充分利用新媒体及传统媒体渠道，宣传举办科学家精神活动、投放科学家精神公益广告、制作科学家精神宣传节目，并将多类型科学家的参与作为宣传作品的制作或宣传侧重点之一，丰富科学家精神的宣传类型。

三、提高科技传播媒介的传播能力

提高科技传播媒介的传播水平。一方面，建议济南市利用政府组织生产的手段，加大国有出版社、科研机构出版科技类图书、期刊的力度，利用税收调控、行政便利等方式，支持科技图书和期刊的出版，降低出版成本；通过加强编辑队伍建设、优化出版流程等方式，提升科技图书、期刊的学术价值和知名度，提升纸质传播媒介的影响力。另一方面，建议济南市的广播电视台加大对科技信息的重视程度，增建科技广播电台，覆盖行车受众，增加其他广播电视台频道对科学知识、科技成果、科技人物的报道，提升科技传播媒介的建设水平。还可以深化科技传播媒介之间的交流与合作，通过经验交流、联合制作、交换素材等方式，实现资源共享和优势互补，增强科技媒介传播能力，提高整体的科技传播水平。

第十节　昆明市科技传播生态体系建设策略建议

一、加大科学家精神弘扬力度，强化政策支持

一方面，建立多层次、多样化、互补性的科学家精神传播体系，将科学家精神融入社会方方面面。一是搭建多种形式的科学传播平台，包括科普媒体、科普书籍、科学博物馆、科普教育课程等，覆盖不同年龄段和社会群体的需求，为科学家精神的传播提供全方面的支持。二是鼓励科学家积极参与科学传播活动，包括撰写科学文章、出版科普书籍、举办科学讲座等。三是将科学家精神的传播纳入科学教育和科普教育体系，推动科学教育与科普教育的融合发展。通过课堂教育、实践活动和社会互动，引导学生了解科学家精神的价值和内涵。

另一方面，政府有关部门应加大对弘扬科学家精神的重视程度，持续研究出台相关政策，为科学家精神传播提供政策支持。设立科学家精神传播奖励政策，奖励那些在宣传科学家精神中表现优异的团体，鼓励他们参与科学知识传播和公众科学教育。设立科学家精神传播资金保障政策，增加科学家精神传播专项经费的投入，为相关科普机构提供充足的资金支持。设立科学家精神传播人才政策，促进各地相关机构的建设和相关队伍的发展，提高科普事业的水平，产出更优异的宣传科学家精神的作品。设立科学家精神传播合作政策。鼓励企业和社会机构参与科学家精神传播，设立科学家精神传播合作基金，鼓励更多社会力量参与其中。

二、积极引入新技术，打造智能化科技展览馆

一是建立虚拟现实展示区域，配备 VR 头盔和 AR 眼镜，观众可以通过这些设备，沉浸在虚拟的科技展览中，体验逼真的展览内容。二是通过元宇宙技术构建一个数字化的展览空间，观众可以通过计算机和移动设备进入元宇宙中，与其他观众互动、参观展览、

参与活动，营造出全新的展览体验。三是利用云平台技术实现展览数据管理的高效性和可视化，在云平台上建立展览数据库，记录参观者信息、展品介绍、活动进展等数据。展览馆管理人员可以实时监控数据，并进行数据分析，为展览优化和升级提供决策支持。四是将展览馆的文物、展品、历史资料等数字化，并存储在云平台上，实现数字文化遗产的保存和共享。观众可以通过云平台访问这些资源，随时了解科技展览馆的历史和收藏。通过以上措施，利用新技术为科技展览馆建设提供全新的展览方式和数据管理方式，提升观众体验，拓展观众范围，并推动科技展览馆的数字化、智能化转型。

三、整合相关资源，优化科技传播互联网平台体系

一方面，在城市科技成果转移转化线上平台的优化方面，继续完善相应的规章制度和服务流程，积极提供科技成果展示、商业化转化、合作机会发布等服务，同时要重视用户体验，提供快速、高效、优质的服务。也可以引入专业的科技转移机构、投资机构、法律机构等，提供专业的技术咨询、资金支持、法律咨询等服务。此外，吸引一批专业的技术转移、商业开发等人才加入，发挥其专业技能和资源优势，推动城市科技成果转移转化线上平台的高质量发展。

另一方面，在科学家精神教育线上展厅的建设方面，将科学家精神教育展示的内容数字化，制作成线上展厅。通过虚拟现实、数字化人物形象等技术手段，实现科学家精神的生动呈现。此外，寻找合适的合作伙伴，如科研机构、教育机构、科学博物馆等，与合作伙伴合作，共同提供展品和内容，丰富线上展厅的资源。同时，可以通过互动方案和游戏设计等方式，提高观众的参与度和趣味性，让观众获得更好的学习和体验效果。

第十一节　南昌市科技传播生态体系建设策略建议

一、建立多元化的科技传播体系

推进建设多元化科技传播机构，构建科技传播大格局。积极引导多元化主体参与科技传播，鼓励各类科技传播机构的发展，包括科技报社、科技出版社、科技博物馆、科技文化企业等，形成多元化的科技传播体系。依托本地科技资源，打造科学家精神教育基地，通过开展科技活动、科普展览、学术交流等方式，向公众传播科学家精神，提高公众的科学素养和科技意识。同时，在科技传播机构的建设中，融合运用互联网、大数据、人工智能等现代信息技术手段，创新科技传播方式和方法，提高科技传播的效率和覆盖面。

二、强化科技传播人才供给

一方面，加强人才培育。支持高校设立科技传播专业及课程，为科技传播领域培养专门人才。注重理论与实践结合，支持高校、科研机构和科技企业与媒体、科普机构等合作，为科技传播专业的学生提供实习和实践机会，在实际工作中提高技能水平。提高

教师的科技传播能力，通过组织教师参加科技传播培训课程、参与科技传播实践活动等方式，提高教师的科技传播教育水平。另一方面，推广科技传播职业资格证书，为科技传播人才提供职业认证。通过设立科技传播职业资格证书，提高科技传播从业人员的专业素养和技能水平，同时有效增强他们的社会认可度和竞争力。

三、提高科技传播资金保障水平

强化资金对科技传播活动的支撑作用。一方面，设立专项资金，支持科技展馆、互联网平台等开展传播服务新技术应用示范项目，鼓励传统媒体和新媒体开展科技传播活动。同时，出台相关政策，支持社会资本进入科技传播领域，推动多元化的投资和经营模式，从而吸引更多的企业参与科技传播活动，提高科技传播水平。另一方面，完善资金使用评估机制，对资金使用效果进行评估和反馈，及时了解资金的使用效果和不足之处，为进一步完善政策、提高资金使用效益提供参考。

第十二节　南京市科技传播生态体系建设策略建议

一、推进数字网络平台建设，不断提高科技传播互联网平台传播效能

建设数字网络平台，促进科技转移转化供需对接，不断提高科技传播互联网平台传播效能。一是推进数字网络平台建设，打造科技传播互联网平台、科学家精神数字展厅等，不断提升互联网服务平台发展能级和辐射带动力，实现科技传播破圈，推进数字经济与实体经济融合发展；二是对科技传播互联网服务平台的创新案例进行系列宣传，供行业参考和借鉴，不断提高科技传播的传播力、影响力、渗透力；三是完善配套制度及协调机制，整合资源创新方式，持续增加对基础硬件及人力资源的投入，为科技传播网络平台的运转、发展提供坚实支撑。

二、持续优化科技场馆展示、服务能力，提高科技场馆参观活跃度

在发挥原有工作成效的基础上，持续优化科技场馆展示、服务能力，针对性地提高科技展馆的参观量。一方面，优化科技场馆内外环境，加强同各个学校、机构、企业的合作，提升科技馆参观体验感，进一步扩大并获取相对稳定的受众群体，提升科技馆的参观覆盖面；另一方面，注重发挥科技馆科技的传播主阵地作用，多维度开展具有特色的科技传播活动，提升科技馆的吸引力，同步利用报纸、微信公众号、短视频等开展全媒体宣传，提升科技馆的“粉丝量”和知名度。

三、持续加大科技传播资金投入和资金利用率

加大科技传播资金投入，提高资金利用率，为科技传播提供坚实的经济支撑。一是应充分发挥财政职能作用，强化科技传播资金投入保障，全力支持科协、科学技术馆、科学家精神教育基地等科技传播机构的建设和发展，从而推动科技传播事业稳步发展；

二是进一步规范项目资金的使用和管理，提高资金使用效能，制定年度项目经费、企事业资助资金专项检查工作方案，对项目单位开展项目验收及专项经费检查，评估项目单位经费使用合规性和使用效益，持续提升资金使用实效。

四、促进科技展馆、互联网平台的智慧化建设

促进新技术在科技展馆、互联网平台的实际运用，大幅提升吸引力、内容生产水平，为科技传播提供强大技术支撑。首先，推进数字化转型，探索AIGC、人工智能、大数据的运用，以先进的技术手段优化现有科技展馆和互联网平台，创新内容生产，运用智慧化手段开展导览、预约、个性化推荐等观众服务，提升参观体验。其次，新建科技馆时，同步开展数字孪生工作，注重展览展品和教育活动开发的数字化技术运用，提升科技馆内容建设智慧化水平。最后，以满足公众参观需求为出发点，搭建并鼓励科技馆入驻“手机应用服务中心”等，实现“智慧服务”；搭建共建共享平台，推进“展品信息管理系统”等应用软件共享和复用，推动优质展览展品数字化转化；加强业务中心和数据中心建设，促进对科技馆业务和数据的高效运维，实现“智慧管理”。

第十三节　宁波市科技传播生态体系建设策略建议

一、加强科技传播主体建设，构建完善的传播体系

首先，建议宁波市加强科技传播主体建设。成立专业的科技传播事业单位，拥有一支高素质、多层次的专业科技传播团队，致力于科技成果推广、行业信息发布和科普宣传工作。同时，鼓励企业、高校与科研机构等组建科技传播合作联盟，共同致力于科技成果推广和交流合作。

其次，建设科学技术展览馆。积极引进国内外先进的科学技术馆模式，打造具有本土特色的科技馆，为市民提供科学知识普及和科技成果展示的场所，增强科技文化氛围。

再次，加强对科技传播机构和主体的扶持。通过政策引导、资金支持、人才培养等手段，加强对科技传播机构和主体的扶持力度，为他们提供更好的发展环境和发展机会。

最后，宁波市可以建立健全科技传播监管体系。加强对科技传播活动的监管和引导，确保科技传播活动的规范和有效进行，保障科技传播生态体系的健康发展。

二、丰富科技传播内容供给，加强科技场馆建设

首先，创新科技场馆展览内容。一方面，宁波市可以定期更新科技场馆的展览内容，拓展展示领域，增加互动性和趣味性。可以引进最新的科技成果和前沿技术，设置实物展示、多媒体展示和互动体验区，将复杂的科技概念以简洁易懂的方式呈现给观众。同时，组织丰富的科普讲座、科学实验演示等活动，可吸引更多民众参观和学习。另一方面，建设科技场馆数字化体验中心。在科技场馆中建设数字化体验中心，结合VR和AR技术，提供沉浸式的科技体验。通过虚拟场景和互动设备，让观众能够亲身体验科技成

果的应用，例如参观虚拟实验室、参与科学探索游戏等。这样的数字化体验中心能够吸引更多的年轻人和科技爱好者参与科技传播，激发他们的兴趣和探索精神。

其次，建立科技场馆与高校、科研机构合作机制。宁波市可以积极与高校和科研机构建立合作机制，促进科技成果的转化和应用。一方面，与高校合作可以共同举办科技讲座、科研成果展示，邀请知名学者和专家开展学术交流活动。另一方面，与科研机构合作可以共同策划科技创新项目，建立科研成果展示窗口，将最新的科研成果与市民分享。这样的合作机制能够丰富科技场馆的内容供给，提高科技传播的水平和影响力。

三、加大科技成果传播宣传力度，建设线上线下联动的全媒体矩阵

首先，建设官方科技新闻发布平台。宁波市可建立一个官方科技新闻发布平台，定期发布科技领域的新闻动态、成果宣传信息、人才培养成果、政策解读等内容。该平台应支持多种信息展示方式，包括文字、图片、视频、图表等形式，同时提供翻译版本，吸引更多境内外科技专家、观众关注和参与互动。

其次，针对不同受众建设推广平台。为更好地宣传科技成果，宁波市可以根据受众特征建设推广平台。例如，可以利用第三方社交媒体平台（如微信公众号、微博）和视频平台（如抖音、快手）建设推广渠道，针对不同年龄、性别、职业等人群特征，推送不同形式、不同角度、不同语境的科技成果宣传信息，贴近他们的生活和需求。

最后，建议宁波市加强互联网科技成果推广。可以积极推进互联网科技成果推广策略，建立一个互联网科技成果平台，通过专业的科技媒体机构、知名科技专家、博客、自媒体、媒体合作、互联网推广等渠道，加强宣传推广和在线观看，争取观众关注和网民广泛参与。同时开展线下宣传推广活动，例如科技成果展览、科技系列影视剧目等，使成果宣传覆盖更广泛。

第十四节　青岛市科技传播生态体系建设策略建议

一、丰富科技传播渠道

一方面，青岛市可以推动传统媒体与新媒体的融合发展，丰富科技传播渠道。传统媒体和新媒体各有优劣，充分发挥两者的优势，实现资源共享、优势互补。传统媒体如报纸、电视等具有较高的权威性和深度，而新媒体如互联网、手机 App 等具有较高的传播速度和广度。通过融合发展，可以打造全媒体传播平台，提高科技传播的效率和效果。另一方面，建议青岛市注重科学传播的精准性和可信度。科学知识是建立在严谨的科学研究基础上的，因此在传播过程中要确保准确性和可信度。可以邀请专业的科学编辑和科学记者来进行审稿和报道，避免虚假信息的传播。

二、创新科学家精神传播方式

一方面，建议青岛市增加科学家宣传次数，如科学文化节、科普周、科学家讲座等，

吸引公众参与，增强公众对科学家精神的认识和理解，并制定清晰的宣传目标，在开展宣传活动之前，科学家明确宣传的目标和受众群体。不同的受众可能对科学的需求和兴趣有所不同，因此需要有针对性地制定宣传策略。科学家在宣传活动中要尽量避免使用专业术语和复杂的科学概念，而是使用通俗易懂的语言来解释科学原理和研究成果，这样可以更好地吸引公众的兴趣和理解。另一方面，建议青岛市丰富科学家精神宣传类型，创新宣传方式，如采用微电影、动漫、游戏等生动有趣的方式进行宣传，增加宣传的吸引力和感染力。青岛市也可以与其他城市、科研机构和科普机构建立合作关系，共同开展科学传播活动，吸引更多的人参与其中，推广科学知识。

三、完善技术转移生态体系

加大建设技术转移生态体系建设，实现技术合同成交额逐步提升。一方面，强化市场导向，发挥市场在促进技术转移中的决定性作用，强化市场加快科学技术渗透扩散、促进创新要素优化配置等功能。政府多注重抓战略、抓规划、抓政策、抓服务，为技术转移营造良好环境。另一方面，完善创新机制，遵循技术转移规律，把握开放式、网络化、非线性创新范式的新特征，探索灵活多样的技术转移体制机制，调动各类创新主体和技术转移载体在青岛市的积极性。聚焦关键问题，针对技术转移体系的薄弱环节和转移转化中的关键症结，提出有针对性、可操作的政策措施，补齐技术转移短板，打通技术转移链条。

四、提高科技传播人才素养

一方面，建议青岛市加大对科技传播后备人才培养的重视程度，完善科技传播后备人才培养机制的建设。加强对科学传播从业人员的培训和培养，提高他们的专业水平和传播能力。同时，政府可以支持建立科技传播人才库，将优秀的科技传播人才集中起来，提供交流、学习和合作的平台。通过人才库的建立，可以促进科技传播人才的互相学习和经验分享，提高整个行业的素质和能力。另一方面，建议青岛市完善科技传播人才评价机制，政府可以制定评价标准，建立完善的科技传播人才评价机制。通过评价机制，可以客观地评估科技传播人才的素质和能力，为人才的培养和使用提供参考依据。同时，可以通过评价机制激励更多的科技传播人才不断进步和发展。

第十五节　厦门市科技传播生态体系建设策略建议

一、加大科学家精神宣传力度

创新科学家精神宣传方式，加强宣传阵地建设。厦门市可以支持科技节与文艺界定期座谈交流，调研采风，引导支持文艺工作者运用多种艺术形式讲好科研故事。积极选树科技工作者，依托科技馆、国家重点实验室、重大科技工程纪念馆等建设科学家精神教育基地并积极参加评选。依托厦门市现有的各类科学家故居、科学家纪念馆等，积极推动建设厦门市的科学家遗迹地图和科学家精神博物馆。同时，加强网络和新媒体宣传平台内容建设，积极宣传科学家精神建设阵地。

二、进一步提高科技传播活动水平

高质量举办科技传播活动，提升公众科学意识。一方面，积极承办科技传播活动。厦门市可以承接更多国家级或省级的大型科技成果展览、科技成果路演、科技成果推介会等科技成果传播活动，通过活动展示厦门本地的科技成果，同时吸引更多科技成果来到厦门交流展示，打开厦门市对科技成果传播的知名度。另一方面，善用数字化技术。建议厦门市深度拓展大数据、云计算等数字化技术的应用，通过数据分析等手段，了解科技成果传播实际效果，把握受众偏好变化，从而提升科技传播活动效果。

三、着力丰富科技期刊种类

打造多元的科技期刊体系，营造科技传播创新学术氛围。一方面，提升政府支持与政策引导。建议厦门市政府强化科技期刊发展专项基金支撑，用于资助和奖励优秀的科技期刊，鼓励其提升质量和影响力。同时，出台税收优惠、资金补贴等相关政策，降低科技期刊的运营成本，吸引更多优秀的科技期刊落户厦门。另一方面，强化产学研合作。鼓励厦门市的高校和研究机构积极参与科技期刊的创办和编辑工作，提供优质的稿源和审稿专家。同时，搭建产学研一体化平台，加强科技期刊与产业界的联系，集聚力量，共同推动科技期刊的发展。

第十六节　上海市科技传播生态体系建设策略建议

一、加强传播主体建设，形成科创策源力量

首先，建议推动科技传播事业单位和机制建设。科技传播事业单位是进行科技传播工作的带头者，为此，上海市可以在相关事业单位内部建设专门的职能部门和专业团队，包括管理人员、科技传播专家、科学编辑、多媒体制作人员等科技传播工作者，以提高科技传播的规划统筹能力。与高校、科研机构、科技产业、媒体等建立紧密的合作网络，促进科研成果的及时传播与共享，明确企业需求和产业未来方向，加强科技传播事业单位的资源整合能力，也有助于形成更加广泛的传播网络。通过组织培训课程、研讨会等形式，提升科技传播人员的专业素养，使其能够更好地适应科技传播工作的需要，提升科技传播工作的专业性和有效性，鼓励不同单位之间的经验交流，促进业界共同提升。

其次，建议提供专项政策和资金支持。上海市可以制定明确的科技传播政策方向，涵盖科技传播工作机制、科学家精神传播、渠道和平台建设、专业人员服务等多个层面，确保政策的引领性和全面性。建立政府、企事业单位和科技传播从业者之间的政策沟通渠道，以便及时了解各方需求，有针对性地调整和完善专项政策。利用各类媒体渠道，加大对科技传播政策的宣传力度，确保政策的广泛了解和执行，引导社会对科技传播的

关注。上海市可以在财政预算中划定科技传播专项资金，用于支持科技传播领域的项目和机构，如科技传播事业单位的建设、科学家精神的传播等多个方面，同时设立评审机构，确保专项资金的使用符合科技传播能力提升的总体目标，并引导社会资本积极参与科技传播领域投资，通过设立奖励机制、税收政策等方式，吸引更多社会力量投入科技传播事业中。

最后，为了达到科技传播效果，确保专项政策和资金的有效实施，建议建立科技传播监测和评估机制。通过监测和评估，及时了解政策和资金的执行情况，把握科技传播工作效率和取得成果，为进一步的调整和改进提供依据。

二、聚力宣传体系打造，提升传播渗透能力

一方面，建立健全科技传播宣传体系链条。专业的科技图书出版是提升传播渗透能力的重要手段，上海市可以鼓励出版社推动创新性的科技图书出版，涵盖科技前沿、产业热点、科教读物等多个领域，推动跨学科合作，促使不同领域的专家共同参与科技图书的编写，有助于打破学科壁垒，形成更为全面和深刻的科技内容，满足差异化需求，激发创新思维。科技传播互联网平台的打造是提升科技传播能力的现代化途径，上海市可以加大数字化平台建设，打造包括网站、移动应用、社交媒体等多种形式的科技传播平台，通过数字化手段推广电子书、在线图书馆等，提升科技创新活力。更加完善的宣传体系可以满足不同人群的信息获取需求，提高科技传播的触达范围和渗透深度。

另一方面，加强科技传播人才队伍的培养。工作人员的科技传播素养是打造宣传体系的关键一环，上海市可以设立面向科技传播从业人员的专业培训课程，内容涵盖科技产业领域的前沿知识、传播技巧以及媒体运作等方面，以提高他们的专业水平和应对复杂信息的能力。鼓励科技新闻工作人员与科研院所、高校、企业等建立更紧密的合作关系，深入了解科技成果，提高对科技传播的敏感性和工作能力。针对数字化时代的需求，强调科技新闻工作者的数字化素养，如数据分析、多媒体报道技能等，以更好地适应信息传播的多样性和复杂性。

三、提升精神宣传能力，营造爱国敬业风尚

一方面，发布弘扬科学家精神专项政策和工作举措。上海市可以发布弘扬科学家精神专项政策，设立科学家相关奖励与荣誉制度，以表彰做出卓越贡献的科学家，突出青年科学家和女性科学家等重点类型，为弘扬科学家精神提供机制保障，并提出工作目标，强调工作重点，明确工作举措。建立科学家宣传平台，如科学家故事库，以在线平台或移动应用为数字化展示载体，集结科学家的故事、科研成果及对社会的贡献，合作共建科技传播平台。强化主流媒体支持，合作制订一系列科技传播计划，提升科学家在媒体中的曝光度，有助于将科学家塑造为社会公众关注的人物，推动科技传播更深入地融入社会生活。通过培训和资源支持，帮助科技传播人员更好地利用新兴媒介传递科技产业信息，促进不同领域间的交流与合作。

另一方面，提升科学家精神宣传活动的举办频率和丰富性。对科学家精神宣传活动进行创新，以更生动形象的方式展现科学家的风采，举办科学家展览、讲座等，定期举

办科学家故事分享活动，邀请优秀科学家分享他们的科研心路历程、科技成果以及对社会的贡献。加强举办活动的主题丰富性，注意对青年科学家和女性科学家的侧重，树立科学家的正面形象，激发更多人投身科研事业。设计互动体验活动，如科研成果展览、实验室开放日等，拉近科学家与大众之间的距离。利用多媒体手段，如微电影、纪录片等，生动展现科学家在科研中的坚持和付出，深化公众对对科学家的尊重和敬佩。提供资金人才等要素支持，用以科学家精神传播活动的举办，旨在弘扬科学家精神，传递科学理念，营造爱国、敬业等社会风尚。

第十七节　深圳市科技传播生态体系建设策略建议

一、大力建设科技传播机构平台

深圳市没有科技传播事业单位，科技传播机构数量较少。因此，一方面，建议深圳市加快建设科技传播事业单位。借鉴北京等城市的先进经验，建设科技传播中心，或寻求国家科技传播中心支持，共同建设科技传播主管机构，为城市内科技传播、教育、资源整合等方面搭建机构平台。另一方面，大力建设科学家精神教育基地。建议深圳市以高等院校、科研机构和科技馆为依托，深入挖掘城市历史或现存的科学家先进事例，收集相关史料和材料，设立更多的科学家精神博物馆或纪念馆，同时鼓励社会力量积极参与科学家精神基地建设工作。

二、注重发展科技传播传统媒介

深圳市在科技传播传统媒介方面存在短板。一方面，建议深圳市提升纸媒传播能力。增加专门性科技报纸、期刊的数量和种类，鼓励科研院所、高校等研究机构加强在本地期刊上的学术文章发表，提高本地科技期刊的办刊水平；建立作家群体与高校、科研机构之间的资源对接平台，便利科研机构、科研院所等单位出版科技成果和科学家精神相关书籍。另一方面，加强广播电视台报道科技新闻的占比。在广播电视台中增加科技类新闻占比，聘请高水平的科技新闻制作人，制作满足群众需求的科技广播电视台节目，及时有效传播科技要闻。

三、推进设立科技传播相关专业

深圳市在科技传播教育方面较为薄弱，建议深圳市从政策、资金、合作等多个方面同时发力。第一，出台相关政策支持，从体制层面调动高校设置科技传播专业、研究方向的积极性，引导科技传播教育事业的发展，从而培养优秀的科技传播人才。第二，投入专项资金，支持高校科技传播专业的建设工作，完善相关教育配套设施、师资等。第三，政府牵头与院校积极合作共建科技传播专业，与其他高校、机构、企业等展开密切的交流与合作，共同建设科技传播专业、方向，联动多方资源，培养专业人才，促进科技传播专业的协调发展。

第十八节　沈阳市科技传播生态体系建设策略建议

一、丰富科技传播主体生态

丰富科技传播主体生态建设，促进科技成果的传播和应用，推动科技创新与社会经济发展的紧密结合。一方面，在全媒体时代，沈阳市应当积极建立“主流媒体+商业媒体+自媒体”的生态体系，创立优秀的科技节目与自媒体账号，引领沈阳市建立多元化的科技传播主体体系。另一方面，把握好科技传播内容的质量，打造一批优秀的科技传播人才队伍，包括科研人员、科技管理人员、科技传播人员等。建立扁平化组织形式，增强对自媒体的建设和管理。

二、加强科技传播数字化建设

积极推进 VR/AR、人工智能、大数据等技术在内容生产、传播推广等方面的落地应用，加强传播数字化建设。一方面，沈阳市应当积极打造科技数字化软件平台以及科技创新与成果转化平台，推动不同科技传播媒介集团化、数字化运营；另一方面，沈阳市应当积极探索智能化科技传播新路径，开发智能化应用，将语音识别、图像识别等人工智能技术融入科技传播，对沈阳市科学宫等科技传播中心进行数字化升级，提升科技展馆、互联网平台的智能化水平，提高科技创新成果展示和交流的效率和质量。

三、推动科技成果转移转化

建立健全科技创新平台建设，并通过产学研结合推动科技成果转移转化。一方面，应当奖励签订技术转移合同的相关单位加大科技成果转化中试基地的建设力度，鼓励引进成果转化人才团队，形成科学合理的科技传播渠道。另一方面，沈阳市应当建立起“以市场为导向、以企业为主体、多方协同发展”的合作机制，以合作项目为切入点，提高科研成果转化为生产力的效率，促成沈阳市关键核心技术的孵化，实现科技成果落地转化。

第十九节　石家庄市科技传播生态体系建设策略建议

一、促进科技传播渠道多样，加强科技成果多角度推广

一方面，建议石家庄市加强多渠道推广。可以通过新闻媒体、社交平台、科技网站等多种渠道，向公众传播石家庄的科技成果，让更多人了解和关注这些成果。同时，政府可以设立奖励机制，鼓励媒体和机构积极报道和宣传石家庄的科技成果，提高科技成果的知名度和影响力。另一方面，建议石家庄市加强举办科技成果路演与展览。政府提高组织举办科技成果展览和路演活动次数，并邀请相关企业、科研院所和高校参与，展

示他们的科技成果和创新成果，吸引更多投资者和合作伙伴。同时，政府可以提供场地和资金支持，鼓励企业和科研机构参与这些活动，促进科技成果的交流和合作。

二、大力弘扬科学家精神，大力营造科学研究创新氛围

一方面，建议石家庄市开展科学家精神教育活动。政府可以增加组织开展科学家精神教育活动的次数，向公众传播科学家的精神和思想。这些活动可以包括科学家讲座、科学家故事分享、科学家文化展览等，通过多种形式和渠道，提高公众对于优秀科学家的了解程度，让石家庄市的公众了解和学习科学家的精神和思想，激发他们的科研热情和创新意识。另一方面，建议石家庄市建立科学家精神传承机制。为了让科学家的精神得到更好的传承和发扬，政府可以建立科学家精神传承机制。此机制可以包括科学家精神传承基地、科学家精神传承基金等，用于支持和维护科学家精神的传承和发展，为科学家精神传播搭建平台。同时，政府可以通过引进人才、支持科研项目等方式，鼓励更多人投身科学研究，继承和发扬科学家的精神。

三、丰富科技传播内容供给体系，推动科技传播数字化精神

一方面，建议石家庄市全面推进全媒体传播方式。政府发力制定政策，支持和鼓励石家庄各类媒体机构全面推进全媒体传播方式，将传统媒体与新兴媒体有机结合，实现信息传播的多元化和立体化。这包括在报纸、电视、广播、互联网等平台上进行科技传播，提高科技信息的覆盖面和传播效果，同时需要加强对媒体从业人员的相关培训，提高他们的科技传播能力。另一方面，建议石家庄市推动“融媒体+科技”传播。政府可以鼓励媒体机构加强“融媒体+科技”传播，通过新技术手段，如 VR、AR 等，为观众呈现更加生动、直观的科技内容。同时，政府应提高支持媒体机构与科研机构、高校等合作的力度，共同制作科技专题节目、科普视频等，提高科技传播的质量和深度。提高科技传播的覆盖面和深度，为石家庄市的科技传播数字化建设创造良好的环境和条件。

第二十节　天津市科技传播生态体系建设策略建议

一、加大线上线下活动宣传力度，拓宽科技传播渠道

首先，增加科技展览和路演举办场次。通过组织更多场次的科技展览和路演，将最新的科技成果进行线下展示和推广，吸引更多的专业人士和投资者参与，提高天津市科技内容的知名度和认可度。在线下活动中，通过积极挖掘科技内容供给，引进科技展示的新技术、新渠道，充分发挥人工智能、虚拟现实等前沿技术对科技传播的促进作用，从而吸引更多参观者，让参观者更加直观地了解展览项目的价值和应用前景。

其次，协同发展传统媒体与新媒体。当前，天津市在传播媒介方面尚有较大的提升空间，建议天津市积极利用报纸、期刊等传统媒体，同时结合社交媒体、微信公众号等新媒体宣传手段，多渠道、全方位地宣传科技成果。可以通过专题报道、访谈等形式，

深入挖掘科技成果背后的故事和价值，让公众更加深入地了解科技成果的研究过程和应用前景。此外，也可以通过制作科技节目、科技纪录片等方式，提高公众对科技成果的认知和理解。

二、进一步提高科学家精神传播受众覆盖率，丰富宣传方案与内容

首先，进一步扩大科学家精神传播范围。一方面，针对不同受众制定不同的传播策略。根据受众的年龄、职业、兴趣等因素，制定差异化的科学家精神传播策略，如针对中小学生制定趣味性的科学家精神读物和游戏，针对大学生和研究生举办科学家精神讲座和科学竞赛等。另一方面，加强跨领域合作。与教育、文化、旅游等领域合作，共同开展科学与人文相结合的活动，从而吸引更多受众参与。

其次，丰富科学家精神宣传类型。当前，天津市的“丰富科学家精神宣传类型”这一指标得分高于全国平均水平，但集中于青年科学家的相关宣传，对于女性科学家的宣传力度仍有较大提升空间。一方面，挖掘天津市女性科学家的相关事迹，加大宣传和报道力度，向公众传递女性科学家的研究成果和奉献精神。另一方面，增加“青年科学家”与“女性科学家”专题活动，鼓励更多年轻人和女性投身于科学研究领域，为推动科技进步作出贡献。

三、夯实科技人才培养基础，推动产教融合

首先，增设科技传播课程。一方面，为培养具备科学素养和传播技能的专门人才，建议中小学引入科技传播类选修、兴趣班，从小激发青少年对科技传播事业的兴趣，高等教育机构加大科技类专业培养方案中科技传播知识的比例，增设科技传播类课程，向学生提供实用性的科技传播知识教育。另一方面，鼓励跨学科学习。鼓励学生跨学科学习，放宽传播学专业与科技类专业的转专业限制，培养更多具备综合能力的科技传播人才。

其次，推动产教融合。促进企业与高校等教育机构合作开发相关课程，推进行业需求与学术研究充分结合。实施校企合作项目，鼓励定点单位、企业与高等教育机构实施校企合作项目，精准对接匹配科技传播人才供需，为学生提供实习和工作机会，通过实践，使学生在实际工作中锻炼科技传播相关技能。

第二十一节　武汉市科技传播生态体系建设策略建议

一、重视科学家精神宣传，增强科学家宣传类型的全面性

首先，提高科学家精神宣传次数。一方面，建议武汉市增加科学家精神主题活动的举办场次，如科学家宣讲团宣讲、科学家精神研讨会、科学家事例展览等，在三八妇女节、五四青年节等特殊节日组织针对不同科学家群体的特别宣传活动。另一方面，建议武汉市加大科学家精神宣传力度，与电视台、广播电台、网络媒体等合作，播出科学家

故事、成就追忆等节目，增加社交媒体平台发布科学家精神相关内容的频率，利用全媒体的手段、高频率的方式，增加科学家精神宣传次数，促进科学家精神传播。同时，注重青少年群体的科学家精神教育，建议武汉市加大中小学科学家精神教育的活动力度，包括组织科学家精神课堂教学、主题班会、科学竞赛等，邀请科学家进校园，进行面对面的交流和演讲，让科学家的伟岸形象植根于青少年心中。

其次，重视青年及女性科学家的宣传。一方面，建议武汉市在科学家精神宣传中重视青年科学家的案例和突破性成果的宣传，在宣传中增加人物生平、生活故事等内容，树立鲜活的青年科学家形象；举办青年科学家竞赛、设立青年科学家奖项，激发青年科学家的探索精神和创新能力；建立青年科学家交流设施及网站平台，便利青年科学家交流会、沙龙等活动的举办和报道。另一方面，重视女性科学家的宣传，武汉市科协、妇联等单位可以出台相关措施，助力武汉市女科技工作者协会的发展，便利女性科学家素材挖掘和报道；借助武汉市富有影响力的互联网平台，更多发布女性科学家的消息，突出展示女性科学家在科研和社会各领域的成就，推动女性科学家精神的宣传。

二、完善科技成果路演活动支撑机制，增强科技成果路演宣传力度

建议武汉市加强对科技成果路演的重视程度。建议武汉市完善科技成果路演的政策支持机制，保障科技成果路演有序、便利地进行；联合社会投融资机构，设立“科技成果路演”专项基金，通过共同出资，转化成功后政府分步退出的方式，引导社会资金共同支持科技成果路演活动，增加科技成果路演活动的举办场次及社会影响力。同时，武汉市有关单位可以设立专门的科技成果路演办公室，或鼓励企业成立科技成果路演企划部，研究路演的组织方式、内容的革新，提升科技成果路演活动对各方的吸引力。

建议武汉市加大对科技成果路演的宣传力度。建议武汉市积极承接国家级和省级等大型的科技成果路演、含有科技成果路演环节的大型会议活动，有利于提升武汉市科技成果路演活动的知名度，吸引更大范围的潜在受众。武汉市可以围绕高规格的路演活动，打造高水平的武汉科技成果路演印象，提升各参与方的参与意愿和信心。同时，鉴于科技成果路演具备专业性，建议武汉市在科技传播活动和传播渠道中，加大科技成果路演的宣传力度，如在科技会议、科技展览、科技创投融资平台中增加科技成果路演信息的宣传次数，提升信息传播效率；加强宣传内容的制作能力，针对成果提供方、需求方、金融机构等不同主体，各个不同的成果学科领域，制作特色的宣传内容，切实提高宣传效果。

三、加强科技传播机构的建设，多元升级科技媒体体系

加强科技传播事业单位的建设。建议武汉市推动科技传播的人才培养体系建设，为科技传播机构增强人才供给；引进国内外科技传播领域中卓有成就的专家和机构团队，利用先进的科技传播理念和管理经验，整合武汉市现有的科技传播资源，设立管理先进、资源丰富、实战力强的科技传播事业单位，为武汉市科技传播事业发展提供支点。

重视科技类媒体的升级。建议武汉市在现有的武汉广播电视台科技生活频道、《武汉科技报》等媒体渠道基础上，发展成为武汉科技融媒，减小武汉科技新闻、信息的报道

成本，提升科技信息传播效率。同时，建议武汉市出台相关政策，引导科技类自媒体机构向全媒体发展，由较为单一的自媒体渠道拓展为纵深多元媒体渠道，全面提升传播能级，加强行业竞争力及科技信息的宣传力量，以科技媒体升级推动科技传播机构的跨越式发展。

第二十二节　西安市科技传播生态体系建设策略建议

一、加强科技传播事业单位建设，提升科学技术展览馆数字化建设水平

首先，加强科技传播事业单位的建设。建议西安市与国家科技传播中心合作共建科技传播中心，增强西安市科技传播生态的统筹服务能力，加大科技传播事业单位方面的财政拨款，为科技传播事业单位的运行提供充足的资金保障。同时，西安市可以通过多元化的方式，促进科技传播中心运营能力的提升，比如，引导社会资本进入科技传播领域，鼓励企业、高校、科研机构等与科技传播中心合作开展科技传播活动；通过与高校、培训机构等合作，定向培养具备科学素养、拥有良好沟通能力和具备新媒体运营能力的科技传播人才，并聘入科技传播中心工作。此外，还可以通过设立优秀人才激励措施、引进措施，吸引更多的人才加入科技传播事业单位中。

其次，提升科学技术展览馆数字化建设水平。一方面，建议西安市提升科学技术展览馆的数字化建设水平，创新科技展品的展陈方式，如利用3D投影等先进展陈技术，提升科技馆展览的吸引力和数字化建设水平。另一方面，西安市科技馆应推动生产新技术在科技馆的应用，以数字化赋能现代科技馆体系建设，遵循公民数字能力的发展规律，结合数字化理念和信息技术发展趋势，通过引进智能化的场馆管理、导览、流量控制等系统，完善场馆数字化建设、提升数字科技资源服务能力，不断增强科技传播服务的数字化、科学化水平。

二、完善科学家精神政策机制，加强科技传播人才培养

首先，要推动西安市出台科学家精神传播专门政策。政府应通过开展深入的调研工作，了解西安市科学家精神传播的现状和存在的问题，在调研的基础上，充分听取各方面的意见和建议，确保政策内容和实施方案更加科学、合理。此外，要加强监督和执行力度，确保政策得到有效落实。同时，要根据实际情况不断进行调整和完善，以适应科学家精神传播工作的变化和发展，通过政府相关部门、专家学者和社会各界的共同努力和支持，推动政策的制定和实施取得良好的效果。

其次，建议西安加强科技传播人才培养。西安市高校及科研院所需要了解当前科技传播领域的市场需求和发展趋势，充分把握自身的学科优势和资源情况，开设科技传播类相关大学课程、社会课程。在鼓励高校开设科技传播理论课程的基础上，也要加强实践教学，如开展科技传播实习、实践课程等，让学生有机会将理论知识应用到实践中，提高实际操作能力。西安市高校可以与企业和科研机构合作，建立科技传播实践基地，

为学生提供实习和实践的机会。同时，可以邀请行业专家和学者来基地进行授课和讲座，让学生了解行业前沿动态和市场需求。通过多方面的措施，才能培养出更多优秀的科技传播后备人才，为科技传播生态体系的发展作出贡献。

三、推动科技类广播电视台的建设和运营，拓宽科技传播渠道

提升科技类广播电视台的建设和运营能力。建议西安市增设科技类广播电视台，以传递科技知识、弘扬科学精神为运营宗旨，围绕科技教育、科技创新等领域展开传播活动。在节目策划和制作中，始终围绕目标定位，打造具有针对性和实用性的节目内容；同时应注重内容创新，不断推出具有科技特色的原创节目，可以邀请专家、学者或知名科技工作者等影响力较强的人士，通过访谈、对话等形式，向观众传递最新的科技动态和研究成果。同时，科技类电视台可以增设更多科技类栏目，如科学实验、科技人物等，拓宽科技传播的领域和深度；此外，电视台可以通过探索多元化经营，增加收入来源。例如，电视台可以开展广告业务、提供科技咨询服务、举办科技类培训等，提高自身的盈利能力和市场竞争力。

第二十三节　长沙市科技传播生态体系建设策略建议

一、提升开源开放水平，增强科学家精神传播

首先，长沙市开源开放水平有待提升。一方面，长沙市应鼓励企业增强与国内外知名开源组织的合作，提高企业开源意愿和开源能力，加强技术人才引进与资金投入，提高开源开放成果供给能力；另一方面，长沙市应加强开源成果的知识产权保护，通过完善知识产权保护制度，维护企业开源开放成果应有权益，进而提高企业参与技术成果开源开放的积极性。

其次，长沙市科学家精神传播方面仍有提升空间。可以结合当地特色，充分发掘科学家精神资源，在原有的网络宣传、评奖宣传等活动的基础上继续深化和拓展，如与互联网公司合作，加强网络宣传中的大数据应用，推进科学家精神传播精准化；或定期组织创新性的科学家精神传播方式研究会和学习会，不断在科学家精神传播过程中加入新方法、新形式，推动科学家精神更好传播。

二、深挖科技传播受众需求，提升科技传播活动对受众的覆盖能力

建议长沙市提升科技传播活动对受众的覆盖能力。建议从受众分类入手，深入研究市内科技传播受众群体划分，如不同年龄段受众、不同职业类型受众、不同文化水平受众等，通过问卷、抽样调查等方式，挖掘不同受众群体对科技传播活动的需求及兴趣点，组织具有针对性的科技传播活动，增强传播效果。在活动组织过程中，建议主办方重点关注受众参与活动的参与体验，有序规划活动时间、场地使用、场馆卫生保护、服务咨询、应急措施等切实影响受众参与体验的事项，为科技传播受众提供舒心、有温度的参

与体验，增强受众多次参与科技传播活动的意愿，打造长沙市科技传播活动品牌形象。

同时，建议长沙市加强对科技传播活动的宣传力度，可以充分利用多样化的宣传形式，通过全媒体、道路广告牌等宣传媒介，推广科技传播活动，采用线上线下同步宣传的方式，吸引更多人关注，扩大受众群体，提高科技传播活动的影响力。

三、健全科技传播支撑要素体系，保障科技传播事业发展

首先，加强科学家精神政策机制的建设，推动出台科学家精神传播专门政策。长沙市可以建立跨部门协作机制，增进各部门之间的沟通与合作，加强科学家精神政策制定过程的流畅性。同时，建议加强科学家精神传播政策的调研和起草工作，深入了解其他城市的政策和经验，结合实际情况，制定符合长沙特色的科学家精神政策。此外，可以加强对新政策、新法规的宣传和解读，提高公众对政策的认知度和接受度。

其次，加大对科技传播生态体系的资金投入。以资金保运行助提高，通过政府牵头、社会参与等方式，为科技传播融入更多支持者和资金，保障科技传播事业的发展。

最后，提升科技传播技术的应用水平，积极推动新技术在科技传播领域的应用，如科技馆增设 VR、AR 设施，提高科技传播的互动性和体验性；在科技馆日常管理、互联网平台数据处理中融入人工智能技术，增强科技馆智能化建设水平。

第二十四节　郑州市科技传播生态体系建设策略建议

一、加强科技传播主体建设，完善科技传播内容供给机制

首先，建议郑州市加强科学家精神教育基地的建设和科技新闻工作者队伍的建设。一方面，加强科学家精神教育资源的整合，挖掘和利用当地的科学家精神教育资源；同时，加强科学家精神教育基地的设施建设；此外，建立科学家精神教育基地的评价机制，对基地建设工作进行评价和评估，及时发现问题并加以改进，通过全面规划、系统实施，可以确保基地建设工作的有效推进，更好地发挥科学家精神教育在促进科技传播中的重要作用。另一方面，建议郑州市建立健全科技新闻工作者培训机制；搭建科技新闻工作者之间的交流平台，促进他们之间的信息共享和经验交流，加强合作，提高整体素质；同时，加大对科技新闻工作的资金支持和技术保障力度，为科技新闻工作者提供良好的工作环境和条件，全面提升科技新闻工作者的专业素养和业务能力，为科技创新和科技进步提供有力的舆论支持和服务。

其次，建议郑州市完善科技传播内容供给机制。第一，建立多元化的科技传播内容供给体系，鼓励科研机构、高校、企业等主体参与科技传播内容的供给，建立政府引导、市场运作、社会参与的多元化供给体系；第二，建立科技传播内容的质量评估和审核机制，确保传播内容的专业性和准确性，提高公众对科技传播的信任度和满意度；第三，根据不同受众群体和传播渠道的特点，优化科技传播内容的形式和渠道，通过各种渠道和形式，加强对科技成果转化的宣传推广，提高公众对科技成果转化的认识和了解，增

强对科技成果转化的参与和支持；第四，加大对科技传播和科技成果转化的资金支持和技术保障力度，为科技传播和科技成果转化提供良好的工作环境和条件。

二、拓宽科技传播渠道，完善科技传播渠道生态

首先，加强郑州市科技期刊建设，为专业科技工作者提供科技传播渠道。建议郑州市培育和引进科技期刊管理和运营人才；同时，协调高校及科研院所合作对接机制，整合科研资源，加强对科技期刊运营主体的支持，加大对科技期刊的资金支持和技术保障力度，为科技期刊的建设提供良好的工作环境和条件，全面提升科技期刊的建设水平和质量，为科技创新和科技进步贡献力量。

其次，建议郑州市加强科技传播电视台等科技传播媒体建设。一方面，要加强科技传播媒体的人才队伍建设，通过引进优秀人才和加强内部培训，建立一支高素质的科技传播媒体团队，提高节目的制作水平和专业素养；另一方面，鼓励和支持科技传播媒体探索新的发展模式和业务领域，如互联网电视、手机电视等，实现多元化发展，通过创新节目形式和内容，提高科技节目的质量和影响力。发挥科技传播媒体在科技成果转化中的宣传推广作用，促进科技成果的落地和应用，为郑州市的科技创新和经济发展贡献力量。

三、提高科技传播受众体验，加强科技活动观众参与感

首先，加强科技家精神宣传活动需要针对不同人群制定多样化的活动策划，包括专业人士、学生、企业家等，以确保传播对象的覆盖面和参与度。可以通过组织讲座、展览、科技体验营等形式，吸引更多的人参与到科技家精神的传播中。

其次，科技会议、论坛和沙龙的参与人数可通过增强活动的吸引力和实用性来增加。可以邀请知名专家学者进行主题演讲，组织互动环节和小组讨论，开设针对性强的分论坛等，以吸引更多的与会者参与其中。

最后，科技成果路演的参与人数可通过加大宣传力度、提高路演项目的吸引力和实用性等方式来增加。可以加强与各大媒体的合作，提高路演项目在社会上的知名度，同时加强路演项目的创新性和应用性，以吸引更多的观众和投资方的关注与参与。

四、强化科技传播要素支撑，为郑州科技传播事业的发展提供助力

首先，郑州市需要增加科技传播预算投入，同时可以设立科技传播的专项资金，确保对科技传播的支持落到实处；此外，必须加强对科技传播资金的监管。可以建立专门的监督机制，对资金的使用情况进行定期评估和审计。也可以通过各种渠道，鼓励社会各界参与科技传播活动，通过各方面的合力，推动科技传播事业的发展。

其次，郑州市要进一步完善科技传播政策。第一，为了确保科技传播政策的有效性，需要建立科学的评估机制。可以对科技传播的效果进行定期评估，并对政策进行及时调整和改进。第二，为了确保科技传播政策的顺利实施，需要加强不同部门之间的政策协调。政府部门之间应建立有效的沟通机制，共同解决科技传播中遇到的问题和挑战。第三，通过加强社会监督，提高科技传播政策的透明度和公正性。可以建立相关的举报机

制，鼓励社会各界对科技传播政策进行监督和评价。通过多方面的努力和措施，加强郑州市科技传播政策支撑，促进郑州市科技传播事业的健康发展。

第二十五节　重庆市科技传播生态体系建设策略建议

一、丰富传播载体维度，深化机构宣传影响

一方面，加强科技传播主体单位建设。建议重庆市设立专门的科技传播事业单位，可增加对科教机构的财政支持，鼓励其拓展服务领域，提高传播效能；培养专业人才，建立完整团队，使科技传播事业单位更好地适应多层次、多领域的科技传播需求；鼓励企事业单位与科技传播机构合作，促进资源共享。建议重庆市关注科学技术展览馆的数量和质量，可增设科技馆、科学展览馆，提升展览的主题丰富度和内容趣味性，以吸引更多人群参与；支持科技馆与学校合作，将科学知识融入学科课程，使科技展览馆不仅成为独立的科教场所，更成为学校教育的延伸；加大对科技展览馆的经费支持，确保其设施更新和展品更新，提升科技传播的吸引力和影响力。

另一方面，增加传播载体类别。在科技传统媒体和新媒体机构方面，建议重庆市加强与传媒机构的合作，推动科技主题的深度报道；通过设立科技专栏、增加科技节目，引导传媒关注科技热点，拓展科技传播的深度和广度；制定激励政策，鼓励新媒体机构开展创新性的科技传播工作，包括科教短视频、科技直播等，以更灵活、富有创意的方式传递科技信息，吸引更多群体的关注。在科学家精神教育基地方面，建议积极申报国家级科学家精神教育基地，设立更多市级基地，让科学家与公众更紧密地互动；组织科学家走进学校、社区，开办讲座等活动，促使科学家精神深入人心；建立科学家精神教育平台，提供在线课程、影片、科教读物等资源，使科学家的事迹和成果能够更广泛地传递给社会大众，为重庆市科技传播注入活力。

二、完善科创交流生态，促进成果质量升级

一方面，建立紧密的技术转移网络。建议重庆市设立更多专门的技术转移平台，并加强完善现有平台，加强技术转移成果的整合和共享，建设转移转化网络，为科研机构、高校和企业搭建桥梁，促进技术成果的共享和交流，促进资源的最大化利用，实现更加紧密的合作；提供在线信息资源库，方便科研成果的查询和了解，并设置实体交流中心，定期组织专题研讨会、路演活动等，以便技术人员能够面对面地分享经验、展示成果；加强科技成果转化的扶持力度，提供奖励和资金支持，鼓励科研人员深度参与技术转移和产业化进程，提供更加灵活多样的转化途径和服务支持，以激励更多优秀科技成果的转移转化。

另一方面，建设完善的科技创业支持体系。建议重庆市加强科创孵化器的建设与运营，设立更多高水平的创业孵化器，为创业者提供场地、人才、资源、导师、市场推广等全方位支持服务；加强科研界与产业界的合作，搭建产学研用一体化的平台，促进创

新成果与市场需求的深度对接合作，培育更多具有高成长性的科技企业；加强创业团队的培训和辅导，建立更加清晰明确的产业化路径，提供专业咨询、法律支持、投融资等服务，鼓励不同领域间的合作与交流；加强科技创业人才的培养和引进，通过奖励政策吸引更多具有创新创业意识的人才加入科技创业队伍，为科技创业生态的构建提供更多活力和创造力。

三、提升渠道专业水准，保障传播长远效能

一方面，加强科技传媒的专业人才培养。在科技新闻领域，建议重庆市加强科技新闻工作人员的培训与引进，设立专项经费，支持新闻机构举办科技新闻培训班，提升新闻工作人员的科学素养和专业水平；建议新闻机构与科研院所、高校、科技企业等建设合作机制，加强对科技研究、产业发展的连续报道；推动更多科技专题的深度报道，拓展科技新闻的深度和广度，使之更好地满足社会和产业需求；设立科技新闻奖励计划，促进优秀科技新闻作品的产生和传播。在科技自媒体方面，建议重庆市出台相应管理举措，激发自媒体创作活力，同时保障行业健康规范发展；为自媒体人才提供专业的培训课程，包括科技传播技巧、创意写作等，提高其传播效能；建立科技自媒体平台，提供资源共享、经验交流的机会，形成科技自媒体行业及人才联盟；设立专项奖励基金，支持有潜力的科技自媒体项目，促使更多有创意和深度的科技创新内容在新媒体平台传播。

另一方面，提升科技传播内容的专业水准。在科技图书出版方面，加强出版社在科技领域的图书出版力度，特别是针对当地的科技研究和创新成果，加强与重庆本地或周边区域的高校、科研院所、科创企业等建立更加紧密的合作关系，以便及时获取最新科技动态并进行出版；提供资金支持，鼓励科学家、科技产业人员等撰写科技著作，加强社会影响。在科技期刊方面，推动期刊主办单位与国际知名机构合作，确保期刊内容的学术性和前沿性，推动期刊的国际化标准化发展；建立评审专家库，吸引更多国际领域专家参与评审工作，提升期刊的学术影响力和国际知名度。同时，加强对科技内容编辑人员的培训，提高其科技传播专业水平。最后，推动数字化出版和新媒体平台建设，拓宽电子书和在线阅读等科技内容的传播渠道，以适应公众日益增长的数字阅读需求，推动社会科技文化发展。

第二十六节　长春市科技传播生态体系建设策略建议

一、加强科技成果传播建设

第一，制订科技成果宣传计划。可以制订科技成果宣传计划，通过各种渠道加强对优秀科技成果的宣传和推广。例如，可以在政府网站、社交媒体等平台上设立科技成果展示专区，定期发布科技成果信息。第二，完善科技成果评价和转化机制。可以建立健全科技成果评价和转化机制，鼓励科研机构和企业加强科技成果的转化和应用。例如，

可以设立科技成果转化专项资金，对具有市场前景的科技成果给予一定的资金支持。第三，加强与媒体的沟通合作。可以加强与媒体的沟通合作，通过媒体的力量加大对科技成果的宣传和推广力度。例如，可以邀请媒体参加科技成果发布会、科技展览等活动，提高公众对科技成果的认知度和关注度。

二、大力表彰科学家，制定科学家精神传播政策

首先，大力表彰和奖励优秀科学家。一方面，长春市可以增设更多科技相关的比赛和奖项，制定严谨、吸引力显著的奖励制度，并通过各个渠道广泛公示，在激发科技工作者的工作兴趣的同时，弘扬获奖者具备的优秀品质。另一方面，长春市应当积极将科技与文化相结合，在宣传科学家成果的同时，将科学家生平、故居、任教学校等的宣传加入进来，让科技宣传带有更多的“人情味”，更有利于科学家精神的传播和传承。

其次，加强对于科学家精神政策的制定。建议长春市政府及相关单位积极组织科学家精神方面的相关调研，采用调查会、论证会、书面意见征求等方式，广泛听取群众和专家的意见，针对科学家精神传播资金、活动管理、人才聘用、传播体系保障及监管等角度，制定促进科学家精神传播的专门政策，健全长春市科学家精神传播政策保障机制。同时，建议长春市从公众科学家精神意识、企业对于科学家精神的重视程度入手，加强科学家精神相关的思想建设，保证科学家精神政策有效落实。

第二十七节　贵阳市科技传播生态体系建设策略建议

一、提升宣传推广能力，加大传播受众覆盖

增强科技成果宣传活动的影响力。鼓励高校、科研院所和科技创新企业积极开展科技成果路演，以及会议、论坛、沙龙等活动，交流创新思想，展示科技成果，加大投资和合作力度，促进成果转化和科技创业。建立有效的宣传推广机制，鼓励组织更多有深度、前瞻性的科技活动，邀请国际、国内知名专家学者参与，吸引更多专业人士和公众参与。通过社交媒体、科技平台等多样化渠道，广泛宣传路演活动信息，引发公众和专业人士的关注，传达给有相应需求的受众，利用新媒体工具，如短视频、直播等形式，生动呈现科技成果，激发受众兴趣，增加参与人次。注重活动的策划和执行，让受众切实感受科技成果的实际效果，增强参与感，安排专业的主持人和讲解员，以简洁生动的语言解读科技成果，使复杂的科研内容更易于理解。注重吸引不同群体的受众，激发跨领域的思想和产业可能，促进科技成果转移转化，提升科技创业成功率，更好地满足社会需求。

二、推动专项政策发布，做好顶层设计规划

推动促进科技成果传播政策发布。建议贵阳市通过制定和优化相关政策，设置责任

单位，委派专业团队，进行详细部署，为科技成果的宣传推广和转移转化提供更有力的支持。这包括设立科技成果传播奖励制度，鼓励企业和科研机构在成果传播方面的创新实践。设立科技成果传播专项资金，定期举办更多科技路演、会议、论坛、大赛和展览等活动，支持有潜力和有创意的科技传播项目，促进科技成果更广泛、更深入地传达到社会大众。同时，重视科技成果传播的媒体宣传，可与主流媒体合作，开展科技成果宣传专栏、科技创新故事等系列报道，提高科技成果传播的曝光率和影响力，吸引更广泛的受众关注。借助社会力量，广泛动员资源，实现科技信息的全方位传播。同时，鼓励企业开展社会责任项目，将科技成果传播融入企业的社会责任体系中，形成企业、政府、社会多方合力的科技传播网络。

三、加强科技传播数字化建设

加强科技场馆及互联网平台的数字化建设。贵阳市可以加大科技场馆的数字化建设，积极尝试引进虚拟演播厅，可以使科技馆的内容生产制作更为灵活和便捷，为观众呈现更加真实、生动的视觉效果，提升科技传播的互动性及体验感。同时，贵阳市可以加强科技传播互联网平台的数字化建设，探索智能写稿、AI 纠错等 AIGC 相关的人工智能技术辅助科技内容生产，同时可以积极尝试“5G+4K”直播、VR/AR、裸眼 3D 等技术的应用。

第二十八节　太原市科技传播生态体系建设策略建议

一、提升科技传播主体建设能力，增加科技传播主体数量

一方面，建议太原市增强科技传播事业单位的建设能力。太原市可以聘请具备科技传播知识、事业单位管理能力及有威望的事业单位主理人员，建设科技传播事业单位领导班子，并且选拔高校科技传播专业输出的人才，外聘科技传播专业教授为顾问，组建科技传播事业单位人员梯队。同时，太原市可以出台科技传播事业单位相关的政策及保障措施，助力科技传播事业单位建设，并为日后运营提供便利。另一方面，引进虚拟演播厅。太原市科技馆可以采用 PPP 模式，与社会企业一道投资，对场馆进行针对性改造，引入虚拟演播厅设施，加强太原市科技馆建设。同时，太原市可以通过新闻媒体、社交平台、科技网站等多种渠道进行推广，向公众传播太原的科技知识和成果，让更多人了解和关注科技知识和成果，加大宣传力度。

二、聚焦科技传播活动与技术，推动科技传播能力提升

一方面，建立科技传播活动运行体系。第一，太原市应统筹管理科技传播宣传活动，组建科技活动宣传档案，完善官方科技活动的备案制度，建设科技活动信息公示平台，鼓励民间科技活动信息同步报备，同步公示。第二，积极向先进城市学习，充分利用先用的展览中心、学校、体育馆等可举办科技传播活动的场馆，与专业的展览公司、活动

组织公司合作，举办多类型、多场次的科学家精神宣传、科技展览、科技路演等科技传播活动。第三，建立完善的科技传播活动监测保障体系，确保科技传播活动安全、高效开展。另一方面，加强科技传播技术能力。太原市各传播主体应注重先进技术和先进生产方式的应用，如科技馆可以引入智能化场馆管理系统；科技媒体机构向融媒发展，打通全媒体渠道；科学家精神教育基地引入虚拟现实、三维呈现等先进展陈技术等。

三、强化科技传播内容供给与传递，扩大科技传播内容规模

一方面，强化科技传播内容的挖掘能力。针对科技成果角度，太原市应出台相应政策，支持基础科研提速，对企业研发先进技术、开源开放进行扶持，提升科技成果内容供给能力。同时，针对科学家精神角度，太原市应定期组织科研院所、高校等科学家资源较为丰富的单位开展自身科学家精神资源挖掘活动，并对内容质量高和产出量多的单位进行嘉奖，提升太原市科学家精神内容供给。另一方面，提升科技传播内容的传递能力。太原市可以从现存平台入手，提升“太原科技资源信息服务网”等科技成果平台的信息收集能力，并通过短信、入企介绍等方式，加大对该类科技成果转移转化平台的宣传力度，提升其知名度，加强平台对科技成果传播的能力。同时，太原市的科学家精神教育基地作为主要的科学家精神传播平台，可以积极邀请中小学、企事业单位前来参观，组织科学家精神进校园等活动，或组织印制科学家精神宣传书籍、视频，让科学家精神多渠道传播。

第二十九节　南宁市科技传播生态体系建设策略建议

一、促进科技展馆、互联网平台的智慧化建设

促进新技术在科技展馆、互联网平台的实际运用，大幅提升吸引力、内容生产水平，为科技传播提供强大技术支撑。首先，推进数字化转型，探索 AIGC、人工智能、大数据的运用，以先进的技术手段优化现有科技展馆和互联网平台，创新内容生产，运用智慧化手段开展导览、预约、个性化推荐等观众服务，提升参观体验。其次，新建科技馆时，同步开展数字孪生工作，注重展览展品和教育活动开发的数字化技术运用，提升科技馆内容建设智慧化水平。最后，以满足公众参观需求为出发点，搭建并鼓励科技馆入驻“手机应用服务中心”等，实现“智慧服务”；搭建共建共享平台，推进“展品信息管理系统”等应用软件共享和复用，推动优质展览展品数字化转化；加强业务中心和数据中心建设，促进对科技馆业务和数据的高效运维，实现“智慧管理”。

二、强化科技传播人才供给

一方面，加强人才培育。支持高校设立科技传播专业及课程，为科技传播领域培养专门人才。注重理论与实践结合，支持高校、科研机构和科技企业与媒体、科普机构等

合作，为科技传播专业的学生提供实习和实践机会，在实际工作中提高技能水平。提高教师的科技传播能力，通过组织教师参加科技传播培训课程、参与科技传播实践活动等方式，提高教师的科技传播教育水平。另一方面，推广科技传播职业资格证书，为科技传播人才提供职业认证。通过设立科技传播职业资格证书，提高科技传播从业人员的专业素养和技能水平，同时有效增强他们的社会认可度和竞争力。

第三十节　兰州市科技传播生态体系建设策略建议

一、完善科学家精神传播政策

制定促进科学家精神传播的政策。建议兰州市高度重视科学家精神传播的发展，组织开展全面性调研，发现科学家精神传播过程中的问题。在科学家精神的受众端，可以通过调查问卷、抽样调查的方式，面向广大群众征集科学家精神的意见，了解科学家精神受众对科学家精神内容、传播形式等方面的具体需求。在科技类机构、高校、企业等科学家精神内容生产端，兰州市政府可以采用问询的方式，重点发现和理解科学家事迹挖掘方面以及生产端与媒介渠道协作的难题，了解现行问题后，建议针对现有问题开展充分的论证、专家咨询工作，协同政府各个部门，制定全面的、能解决切实问题的科学家精神政策。

二、加强科技传播数字化建设

积极推进 VR/AR、人工智能、大数据等技术在内容生产、传播推广等方面的落地应用，加强传播数字化建设。一方面，兰州市应当积极打造科技数字化软件平台以及科技创新与成果转化平台，推动不同科技传播媒介集团化、数字化运营；另一方面，兰州市应当积极探索智能化科技传播新路径，开发智能化应用，将语音识别、图像识别等人工智能技术融入科技传播，对科学宫等科技传播中心进行数字化升级，提升科技展馆、互联网平台的智能化水平，提高科技创新成果展示和交流的效率和质量。

第三十一节　乌鲁木齐市科技传播生态体系建设策略建议

一、加强科技传播主体建设，构建完善的传播体系

首先，加强科技传播主体建设。成立专业的科技传播事业单位，拥有一支高素质、多层次的专业科技传播团队，致力于科技成果推广、行业信息发布和科普宣传工作。鼓励企业、高校与科研机构等组建科技传播合作联盟，共同致力于科技成果推广和交流合作。

其次，建设科学技术展览馆。积极引进国内外先进的科学技术馆模式，打造具有本土特色的科技馆，为市民提供科学知识普及和科技成果展示的场所，增强科技文化氛围。

再次，加强对科技传播机构和主体的扶持。通过政策引导、资金支持、人才培养等手段，加强对科技传播机构和主体的扶持力度，为他们提供更好的发展环境和发展机会。

最后，建立健全科技传播监管体系。加强对科技传播活动的监管和引导，确保科技传播活动的规范和有效进行，保障科技传播生态体系的健康发展。

二、丰富科技传播内容供给

创新科技场馆展览内容。一方面，定期更新科技场馆的展览内容，拓展展示领域，增加互动性和趣味性。可以引进最新的科技成果和前沿技术，设置实物展示、多媒体展示和互动体验区，将复杂的科技概念以简洁易懂的方式呈现给观众。同时，组织丰富的科普讲座、科学实验演示等活动，可吸引更多民众参观和学习。另一方面，建设科技场馆数字化体验中心。在科技场馆中建设数字化体验中心，结合 VR 和 AR 技术，提供沉浸式的科技体验。通过虚拟场景和互动设备，让观众能够亲身体验科技成果的应用，例如参观虚拟实验室、参与科学探索游戏等。这样的数字化体验中心能够吸引更多的年轻人和科技爱好者参与科技传播，激发他们的兴趣和探索精神。

三、针对不同受众建设推广平台

为更好地宣传科技成果，乌鲁木齐市可以根据受众特征建设推广平台。例如，可以利用第三方社交媒体平台（如微信公众号、微博）和视频平台（如抖音、快手）建设推广渠道，针对不同年龄、性别、职业等人群特征，推送不同形式、不同角度、不同语境的科技成果宣传信息，贴近他们的生活和需求。

第三十二节　海口市科技传播生态体系建设策略建议

一、进一步提高科学家精神传播受众覆盖率，丰富宣传方案与内容

一方面，针对不同受众制定不同的传播策略。根据受众的年龄、职业、兴趣等因素，制定差异化的科学家精神传播策略，如针对中小学生制定趣味性的科学家精神读物和游戏，针对大学生和研究生举办科学家精神讲座和科学竞赛等。另一方面，加强跨领域合作。与教育、文化、旅游等领域合作，共同开展科学与人文相结合的活动，从而实现吸引更多受众参与的目标。

二、丰富科技传播渠道

一方面，海口市可以推动传统媒体与新媒体的融合发展，丰富科技传播渠道。传统媒体和新媒体各有优劣，充分发挥两者的优势，实现资源共享、优势互补。传统媒体如报纸、电视等具有较高的权威性和深度，而新媒体如互联网、手机 App 等具有较高的传播速度和广度。通过融合发展，可以打造全媒体传播平台，提高科技传播的效率和效果。另一方面，建议海口市注重科学传播的精准性和可信度。科学知识是建立在严谨的科学

研究基础上的，因此在传播过程中要确保准确性和可信度。可以邀请专业的科学编辑和科学记者来进行审稿和报道，避免虚假信息的传播。

第三十三节 银川市科技传播生态体系建设策略建议

一、推动科技类广播电视台的建设和运营，拓宽科技传播渠道

提升科技类广播电视台的建设和运营能力。建议银川市增设科技类广播电视台，以传递科技知识、弘扬科学精神为运营宗旨，围绕科技教育、科技创新等领域展开传播活动。在节目策划和制作中，始终围绕目标定位，打造具有针对性和实用性的节目内容；同时应注重内容创新，不断推出具有科技特色的原创节目，可以邀请专家、学者或知名科技工作者等影响力较强的人士，通过访谈、对话等形式，向观众传递最新的科技动态和研究成果。同时，科技类电视台可以增设更多科技类栏目，如科学实验、科技人物等，拓宽科技传播的领域和深度。电视台可以通过探索多元化经营，增加收入来源，例如，开展广告业务、提供科技咨询服务、举办科技类培训等，提高自身的盈利能力和市场竞争力。

二、提高科技传播受众体验，加强科技活动观众参与感

首先，加强科技家精神宣传活动需要针对不同人群制定多样化的活动策划，包括专业人士、学生、企业家等，以确保传播对象的覆盖面和参与度。可以通过组织讲座、展览、科技体验营等形式，吸引更多的人参与到科技家精神的传播中。

其次，科技会议、论坛和沙龙的参与人数可通过增强活动的吸引力和实用性来增加。可以邀请知名专家学者进行主题演讲，组织互动环节和小组讨论，开设针对性强的分论坛等，以吸引更多的与会者参与其中。

最后，科技成果路演的参与人数可通过加大宣传力度、增强路演项目的吸引力和实用性等方式来增加。可以加强与各大媒体的合作，提高路演项目在社会上的知名度，同时加强路演项目的创新性和应用性，以吸引更多的观众和投资方的关注与参与。

三、推进设立科技传播相关专业

银川市在科技传播教育方面较为薄弱，建议从政策、资金、合作等多个方面同时发力。第一，出台相关政策支持，从体制层面调动高校设置科技传播专业、研究方向的积极性，引导科技传播教育事业的发展，从而培养优秀的科技传播人才。第二，投入专项资金，支持高校科技传播专业的建设工作，完善相关教育配套设施、师资等。第三，政府牵头与院校积极合作共建科技传播专业，与其他高校、机构、企业等展开密切的交流与合作，共同建设科技传播专业、方向，联动多方资源，培养专业人才，促进科技传播专业的协调发展。

第三十四节　呼和浩特市科技传播生态体系建设策略建议

一、完善科技传播内容供给机制

首先，建立多元化的科技传播内容供给体系，鼓励科研机构、高校、企业等主体参与科技传播内容的供给，建立政府引导、市场运作、社会参与的多元化供给体系；其次，建立科技传播内容的质量评估和审核机制，确保传播内容的专业性和准确性，提高公众对科技传播的信任度和满意度；再次，根据不同受众群体和传播渠道的特点，优化科技传播内容的形式和渠道，通过各种渠道和形式，加强对科技成果转化的宣传推广，提高公众对科技成果转化的认识和了解，增强对科技成果转化的参与和支持；最后，加大对科技传播和科技成果转化的资金支持和技术保障力度，为科技传播和科技成果转化提供良好的工作环境和条件。

二、加大科技成果传播宣传力度，建设线上线下联动的全媒体矩阵

首先，建设官方科技新闻发布平台。呼和浩特市可以建立一个官方科技新闻发布平台，定期发布科技领域的新闻动态、成果宣传信息、人才培养成果、政策解读等内容。该平台应支持多种信息展示方式，包括文字、图片、视频、图表等形式，同时提供翻译版本，吸引更多境内外科技专家、观众关注和参与互动。

其次，针对不同受众建设推广平台。为更好地宣传科技成果，呼和浩特市可以根据受众特征建设推广平台。例如，可以利用第三方社交媒体平台（如微信公众号、微博）和视频平台（如抖音、快手）建设推广渠道，针对不同年龄、性别、职业等人群特征，推送不同形式、不同角度、不同语境的科技成果宣传信息，贴近他们的生活和需求。

最后，建议加强互联网科技成果推广。呼和浩特市可以积极推进互联网科技成果推广策略。建立一个互联网科技成果平台，通过专业的科技媒体机构、知名科技专家、博客、自媒体、媒体合作、互联网推广等渠道，加强宣传推广和在线观看，争取观众关注和网民广泛参与。同时开展线下宣传推广活动，例如科技成果展览、科技系列影视剧目等，使成果宣传覆盖更广泛。

第三十五节　西宁市科技传播生态体系建设策略建议

一、加大科学家精神弘扬力度，强化政策支持

一方面，建立多层次、多样化、互补性的科学家精神传播体系，将科学家精神融入社会方方面面。一是搭建多种形式的科学传播平台，包括科普媒体、科普书籍、科学博物馆、科普教育课程等，覆盖不同年龄段和社会群体的需求，为科学家精神的传播提供全方面的支持。二是鼓励科学家积极参与科学传播活动，包括撰写科学文章、出版科普

书籍、举办科学讲座等。三是将科学家精神的传播纳入科学教育和科普教育体系，推动科学教育与科普教育的融合发展。通过课堂教育、实践活动和社会互动，引导学生了解科学家精神的价值和内涵。

另一方面，政府有关部门应加大对弘扬科学家精神的重视程度，持续研究出台相关政策，为科学家精神传播提供政策支持。设立科学家精神传播奖励政策，奖励那些在宣传科学家精神中表现优异的团体，鼓励他们参与科学知识传播和公众科学教育。设立科学家精神传播资金保障政策，增加科学家精神传播专项经费的投入，为相关科普机构提供充足的资金支持。设立科学家精神传播人才政策，促进各地相关机构的建设和相关队伍的发展，提高科普事业的水平，产出更优异的宣传科学家精神的作品。设立科学家精神传播合作政策。鼓励企业和社会机构参与科学家精神传播，设立科学家精神传播合作基金，鼓励更多社会力量参与其中。

二、积极引入新技术，打造智能化科技展览馆

一是建立虚拟现实展示区域，配备 VR 头盔和 AR 眼镜，观众可以通过这些设备，沉浸在虚拟的科技展览中，体验逼真的展览内容。二是通过元宇宙技术构建一个数字化的展览空间，观众可以通过计算机和移动设备进入元宇宙中，与其他观众互动、参观展览、参与活动，营造出全新的展览体验。三是利用云平台技术实现展览数据管理的高效性和可视化，在云平台上建立展览数据库，记录参观者信息、展品介绍、活动进展等数据。展览馆管理人员可以实时监控数据，并进行数据分析，为展览优化和升级提供决策支持。四是，将展览馆的文物、展品、历史资料等数字化，并存储在云平台上，实现数字文化遗产的保存和共享。观众可以通过云平台访问这些资源，随时了解科技展览馆的历史和收藏。通过以上措施，利用新技术为科技展览馆建设提供全新的展览方式和数据管理方式，提升观众体验，拓展观众范围，并推动科技展览馆的数字化、智能化转型。

三、整合相关资源，优化科技传播互联网平台体系

一方面，在城市科技成果转移转化线上平台的优化方面，继续完善相应的规章制度和服务流程，积极提供科技成果展示、商业化转化、合作机会发布等服务，同时要重视用户体验，提供快速、高效、优质的服务。也可以引入专业的科技转移机构、投资机构、法律机构等，提供专业的技术咨询、资金支持、法律咨询等服务。此外，吸引一批专业的技术转移、商业开发等人才加入，发挥其专业技能和资源优势，推动城市科技成果转移转化线上平台的高质量发展。

另一方面，在科学家精神教育线上展厅的建设方面，将科学家精神教育展示的内容数字化，制作成线上展厅。通过虚拟现实、数字化人物形象等技术手段，实现科学家精神的生动呈现。此外，寻找合适的合作伙伴，如科研机构、教育机构、科学博物馆等，与合作伙伴合作，共同提供展品和内容，丰富线上展厅的资源。同时，可以通过互动方案和游戏设计等方式，提高观众的参与度和趣味性，让观众获得更好的学习和体验效果。

第三十六节 拉萨市科技传播生态体系建设策略建议

一、提升精神宣传能力，营造爱国敬业风尚

一方面，发布弘扬科学家精神专项政策和工作举措。拉萨市可以发布弘扬科学家精神专项政策，设立科学家相关奖励与荣誉制度，以表彰作出卓越贡献的科学家，突出青年科学家和女性科学家等重点类型，为弘扬科学家精神提供机制保障，并提出工作目标，强调工作重点，明确工作举措。建立科学家宣传平台，如科学家故事库，以在线平台或移动应用为数字化展示载体，集结科学家的故事、科研成果及对社会的贡献，合作共建科技传播平台。强化主流媒体支持，合作制订一系列科技传播计划，提升科学家在媒体中的曝光度，有助于将科学家塑造为社会公众关注的人物，推动科技传播更深入地融入社会生活。通过培训和资源支持，帮助科技传播人员更好地利用新兴媒介传递科技产业信息，促进不同领域间的交流与合作。

另一方面，提升科学家精神宣传活动的举办频率和丰富性。对科学家精神宣传活动进行创新，以更生动形象的方式展现科学家的风采，举办科学家展览、讲座等，定期举办科学家故事分享活动，邀请优秀科学家分享他们的科研心路历程、科技成果以及对社会的贡献。加强举办活动的主题丰富性，注意对青年科学家和女性科学家的侧重，树立科学家的正面形象，激发更多人投身科研事业。设计互动体验活动，如科研成果展览、实验室开放日等，拉近科学家与大众之间的距离。利用多媒体手段，如微电影、纪录片等，生动展现科学家在科研中的坚持和付出，深化公众对科学家的尊重和敬佩。提供资金人才等要素支持，用于科学家精神传播活动的举办，旨在弘扬科学家精神，传递科学理念，营造爱国、敬业等社会风尚。

二、强化载体基础建设，实现传播水平升级

一方面，加强传播媒介能力提升。在科技图书出版方面，建议拉萨市鼓励和支持出版社增加科技图书、期刊等的数量和质量，涵盖更广泛的科学领域，特别是新兴技术和前沿科研成果，与国外优秀科技出版机构合作，引进更多国际前沿科技著作；建立评价体系，激励作者和出版机构更好地提升创作水平和出版质量。在科技传播互联网平台方面，建议拉萨市建设更多的科技传播互联网平台，通过政策引导和资金支持，鼓励企业和机构进行投资，提升这些平台的用户体验和服务水平，促进科技成果转移转化和科学家精神宣传，形成积极向上的科技创新氛围。

另一方面，加强科技展览馆等载体打造。建议拉萨市加大对科学技术展览馆、科学家精神教育基地的投资建设，积极提升数字化水平，丰富VR/AR、大数据、云计算和人工智能等新兴技术的实践应用，积极引进虚拟演播厅，使内容生产和技术服务实现提升，为观众呈现出更加真实、生动的视觉效果，以提升科技传播的体验感。建议拉萨市增加科技场馆、基地等基础载体的人力资源投入，做好场馆工作人员的配备和培训，确保每

个科技场馆都有足够的工作人员覆盖各个岗位，建议引入专业培训机构或与高校合作，招引培育专业人才，为科技传播提供充分支撑；同时，可以建立工作人员的评价体系，设立奖励机制，激励其专业水平不断提升，有更高的工作积极性和服务热情。

三、提高科技传播资金保障水平

强化资金对科技传播活动的支撑作用。一方面，设立专项资金，支持科技展馆、互联网平台等开展传播服务新技术应用示范项目，鼓励传统媒体和新媒体开展科技传播活动。同时，出台相关政策，支持社会资本进入科技传播领域，推动多元化的投资和经营模式，从而吸引更多的企业参与科技传播活动，提高科技传播活力。另一方面，完善资金使用评估机制，对资金使用效果进行评估和反馈，及时了解资金的使用效果和不足之处，为进一步完善政策、提高资金使用效益提供参考。

参 考 文 献

[1]俞佳奇，沈佩翔．科技自立自强：建设中华民族现代文明的战略内涵及其实践进路[J]．科学管理研究，2024，42(4)：23-33.

[2]张子成，许兴．科技传播研究的基本方向分析[J]．创新科技，2018，18(3)：59-61.

[3]DANISH，KHAN S，HANEKLAUS N. Sustainable economic development across globe：the dynamics between technology，digital trade and economic performance[J]．Technology in Society，2023(72)：102207.

[4]MAO C X，KOIDE R，BREM A，et al. Technology foresight for social good：social implications of technological innovation by 2050 from a Global Expert Survey[J]．Technological Forecasting & Social Change，2020(153)：119914.

[5]王挺，王唯滢，王丽慧．加强国家科普能力建设，服务新时代国家战略需求[J]．中国科学院院刊，2023，38(5)：740-747.

[6]李魏．城市社区科学传播系统模式研究[D]．南京：南京农业大学，2010.

[7]翟杰全．建设世界科技强国的重要支撑：科技创新与科技传播的协同互动机制研究[J]．人民论坛·学术前沿，2016 (16)：70-79，95.

[8]吴国盛．当代中国的科学传播[J]．自然辩证法通讯 ，2016，38(2)：1-6.

[9] KAPPEL K，HOLMEN S J. Why science communication，and does it work? A taxonomy of science communication aims and a survey of the empirical evidence[J]．Frontiers in Communication，2019(4)：55.

[10]RENNIE L J，STOCKLMAYER S M. The communication of science and technology：past，present and future agendas[J]．International Journal of Science Education，2003，25(6)：759-773.

[11]翟杰全，杨志坚．对“科学传播”概念的若干分析[J]．北京理工大学学报(社会科学版)，2002 (3)：86-90.

[12]柴玥，栾格格．科研机构科普短视频传播策略研究：以“中科院物理所”抖音号为例[J]．科技传播，2023，15(5)：33-37.

[13]ZHANG Y，CAO H Y，ZHANG W，et al. How digital skills influence on digital participation in China? The mediating roles of online interpersonal communication and online immersion[J]．SAGE Open，2023，13(4)：1-15.

[14]李志军，王群光．如何在公共政策评估中更好发挥智库的作用：中国实践、国际经验与政策建议[J]．智库理论与实践，2023，8(3)：29-36.

[15]程燕林，张娓．第三方评估在中国：特征、类型与发展策略[J]．中国科技论坛，2022（9）：139-146.

[16]CHEN Q，MAO Y，MORRISON A M. How do information sources influence the purchases of tourism，culture，and entertainment? An analysis of China family panel studies data[J]. SAGE Open，2024，14(2)：1-14.

[17]刘叶萍，付文绮，丁靖佳，等．5W传播模式下科技期刊传播力评价现状及模型构建研究[J]．中国科技期刊研究，2023，34(4)：510-518.

[18]李皋阳．论网络时代的科技传播机制[D]．石家庄：河北师范大学，2012.

[19]唐晓波，陈俭静，周禾深，等．基于知识元的科学—技术知识关联指标与测度方法研究[J]．数字图书馆论坛，2024，20(2)：58-69.

[20]周蔚华，邵士博．20世纪80年代科学思想的传播：基于图书出版的研究[J]．现代传播(中国传媒大学学报)，2021，43(6)：76-82.

[21]汪长明．科学家精神的历史逻辑、理论逻辑、实践逻辑[J]．湖北社会科学，2024（2）：5-19.

[22]章梅芳，张馨予．以弘扬科学家精神为核心，大力发展科学普及[J]．中国科技论坛，2022（2）：8-10.

[23]殷昊，林奇富．窄播时代的政治传播：中国传统媒体的挑战及其应对策略[J]．公共行政评论，2023，16(5)：141-157，199.

[24]翟杰全．科技传播政策：框架与目标[J]．北京理工大学学报(社会科学版)，2009，11(2)：10-12.

[25]MARKOWITZ D M. From complexity to clarity：how AI enhances perceptions of scientists and the public's understanding of science[J]. PNAS nexus，2024，3(9)：387.

[26]李欣．人工智能技术在科学传播中的应用探索[J]．科技资讯，2024，22(8)：25-27.

[27]王硕，阎妍．生成式人工智能时代下科技传播的机遇与挑战：基于科技传播体系的分析[J]．中国科技论坛，2024（9）：134-143.

[28]林坚．科技传播的结构和模式探析[J]．科学技术与辩证法，2001（4）：49-53，56.

[29]何苗，郑保章．新媒体时代科技传播的伦理失范与构建[J]．学术论坛，2016，39(6)：11-15，150.

[30]李舒沁，严佳君，姜晨怡．信息时代关于科技传播跨界融合路径的思考[J]．科技传播，2024，16(12)：93-98.

[31]翟杰全．科技公共传播的传播主体及其参与动机[J]．北京理工大学学报(社会科学版)，2005（5）：13-16.

[32]HAN C J，THOMAS S R，YANG M，et al. Evaluating R&D investment efficiency in China's high-tech industry[J]. Journal of High Technology Management Research，2017，28

(1)：93-109.

[33]郑保章，刘则渊．我国科技传播生态健康评价探析[J]．大连理工大学学报(社会科学版)，2010，31(3)：72-75.

[34]岳洪江．省级公共财政科普专项支出绩效评价体系构建：以江苏为例[J]．科技和产业，2017，17(10)：119-126.

[35]武丹，张鑫．基于犹豫模糊语言投影算法的县级融媒体中心科技传播能力评价模型[J]．技术经济，2022，41(8)：123-135.

[36]陈雅忱，李浩明，陶贤都．浅谈科技传播与知识产权的关系[J]．知识产权，2012 (2)：79-82.

[37]鲁云鹏．科学社会学理论视角下科技社团治理有效性评价与检验[J]．科技进步与对策，2020，37(24)：125-133.

[38] ONCIOIU I，POPESCU D M，AVIANA A E，et al. The role of environmental, social，and governance disclosure in financial transparency [J]. Sustainability，2020，12 (17)：6757.

[39]WANG F B，LIU P D，WANG P，et al. An evaluation study of rural scientific and technological talents based on TODIM method with hybrid indicator[J]. Journal of Intelligent & Fuzzy Systems，2021，40(6)：11717-11730.

[40]张朝辉，徐毓鸿，何新胜．我国人工智能产业发展路径研究[J]．科学学研究，2023，41(12)：2182-2192.

[41]LI H Y，WU P，ZHOU L G，et al. A new multi-criteria group decision-making method based on consensus mechanism in an interval type-2 fuzzy environment[J]. Journal of Intelligent & Fuzzy Systems，2021，40(6)：10935-10953.

[42]徐宗煌，蔡鸿宇，张伟，等．我国科技安全风险评估指标体系与模型构建研究[J]．情报科学，2023，41(12)：165-173，182.

[43]席志武，段韦．平台化时代的科学传播：泛化特征、现实困境与应对策略[J]．中国编辑，2023 (9)：79-85.

[44]赵勣，李响．中国科技期刊在弘扬科学家精神中的角色定位及功能[J]．编辑学报，2023，35(6)：610-614.

[45]周全，汤书昆．媒介使用、信息认知能力与公众的环境科学知识获取：基于全国代表性数据的实证研究[J]．科学学研究，2017，35(4)：481-490.

[46]刘丽英，汤丽云，肖宏，等．科技期刊传播要素分析及传播力指标体系构建[J]．中国科技期刊研究，2024，35(2)：171-176.

[47]王国燕，杨玉琴，金心怡．科学家参与科学传播：价值、关系与能力提升[J]．科学学研究，2022，40(10)：1729-1736.

[48]张可云，王洋志，孙三百．行政级别、财政支持与城市创新能力——兼论不同区域发展战略的影响[J]．浙江社会科学，2021 (12)：13-23，155.

[49]杨鹏，陶小马．基于空间计量的城市专利产出绩效研究[J]．学术论坛，2016，39(9)：44-50.

[50]李晓娣，饶美仙．数字经济赋能城市科技创新的组态路径研究[J]．科学学研究，2023，41(11)：2086-2097，2112.

[51]YU L G，LI D Z，MAO L，et al. Towards people-centric smart cities：a comparative evaluation of citizens' sense of gain in pilot cities in China[J]．Journal of Cleaner Production，2024(434)：140027.

[52]方曦，崔梁雨，刘云．基于专利特征的人工智能领域核心技术识别及发展趋势分析：层次分析(AHP)—熵权法[J]．科技管理研究，2024，44(2)：35-44.